한국 사람 만들기 I

〈개정판〉

함재봉 지음

함재봉(咸在鳳)

한국한술연구원장. 연세대학교 정치외교학과 교수(1992~2005), 프랑스 파리 유네스코 본부(UNESCO) 사회과학국장(2003~2005), 미국 서던캘리포니아대학교(University of Southern California) 한국학연구소 소장 겸 국제관계학부 및 정치학과 교수(2005~2007), 랜드연구소(RAND Corporation) 선임 정치학자(2007~2010), 아산정책연구원 이사장 겸 원장(2010~2019) 등을 역임했다. 미국 칼튼대학교(Carleton College)에서 경제학 학사학위(1980), 존스홉킨스대학교(Johns Hopkins University)에서 정치학 석사 및 박사학위(1992)를 취득하였다.

블로그 http://www.hanguksaram.com
페이스북 https://www.facebook.com/hahmchaibong
유튜브 함재봉TV - 역사와 시사
카카오톡 오픈채팅 한국사람사랑방

한국 사람 만들기 I

〈개정판〉

제1부
조선 사람 만들기

제2부
친중위정척사파

함재봉 지음

서문

「한국 사람」은 누구인가?

타고난 역마살 때문인지 필자는 어려서부터 외국을 수 없이 드나들었다. 1966~1968년, 아버님이 미국 예일대학 교환교수로 연구년을 보내시게 됨에 따라 초등학교 3-4학년을 미국 동부 코네티컷주의 뉴헤이븐(New Haven)시에서 보냈다. 당시만 해도 미국에 동양인이 흔치 않던 시절이었기에 길거리에 나가거나 가게에 들릴때면 흑인, 백인을 막론하고 내 또래의 아이들이 나를 보는 순간 놀라 눈이 동그래지면서 「Chinese!」(중국 사람이다!)라고 하는 경우가 허다했다. 영어를 어느 정도 구사하게 된 후 어느날 또 같은 일이 발생하자 나는 드디어 용기를 내어 「I am not Chinese!」(나는 중국 사람이 아니다!)라고 답했다. 그랬더니 곧바로 「Japanese!」(일본 사람이다!)라는 답이 돌아왔다. 내친김에 「I am not Japanese!」(나는 일본 사람이 아니다!)라고 했더니 「Then what are you?」(그렇다면 너는 뭐냐?)라는 질문이 돌아왔다. 「I am Korean!」(나는 한국 사람이다!)이라고 답을 했더니 이번에는 「What is that?」(그게 뭐냐?)란 반문이 왔다.

「그게 뭐냐?」라니! 할말이 없었다. 그 아이들은 한국이란 나라가 있는지조차 몰랐다. 그런 아이들에게 「한국 사람」이 무엇인지 도대체 어떻게 설명할 것인가? 「한국 사람」이 「중국 사람」이나 「일본 사람」과 다르다는 것을 어떻게 설명할 수 있나? 나는 이때부터 나의 정체성, 「한국 사람」의 정체성에 대한 궁금증이 싹트기 시작했다. 한국 사람이라는 사실에 대해 강한 자부심을 갖고 있던 나에게 미국 사람들이 한국 사람이 누구인지를 모른다는 사실은 충격이었다. 「한국 사람」만의 특성을 알고 싶었다. 「한국 사람」이 누군지 한마디로 설명하고 싶었다.

일단 「한국 사람」을 설명하기 위해서는 나 자신부터 「한국 사람」으로서의 정체성을 강화시켜야 한다고 생각했다. 「한국 사람」과 「한국 문화」의 특성과 우수성을 알려야만 한다고 생각하기 시작했고 그래서 한국의 역사와 문학에 심취했다. 민족주의 사관에도 매료되었다. 우리 민족의 오랜 역사와 자랑스러운 성취를 배우고 이를 외국사람들에게 전달하는 것은 곧 나의 정체성을 확인하고 강화시키는 일이라고 생각했다. 박사 학위 과정에서도 인식론과 존재론, 언어철학을 연구했다. 「한국 사람」의 인식론, 존재론, 언어가 다른 나라 사람들과 어떻게 다른지 규명해 보고 싶었기 때문이다.

그러나 들여다보면 볼수록 「한국 사람」의 정체성은 점점 더 규명하기 힘들어졌다. 「한국 사람」이 너무나 다양하고 복잡한 역사적, 정치적, 국제정치적, 이념적, 문화적, 인종적 배경을 가졌다는 사실을 깨닫기 시작했기 때문이다.

「한국 사람」의 다양성에 대한 문제의식을 보다 명료하게 할 수 있었던 계기는 20년전 참석했던 미국의 한 학술 회의였다. 워싱턴의 조지타운 대학에서 개최한 한국학(Korean Studies) 학회 중 한국에서 유학생활을 했고 한국어가 능통한 한 미국인 교수가 다음과 같은 얘기를 했다.

영어로 「코리안」은 어디에 살든지 「코리안」이다. 남한에 사는 사람들은 「사우스 코리안」(South Korean), 북한에 사는 사람들은 「노스 코리안」(North Korean), 미국에 사는 코리안들은 「코리안-아메리칸」(Korean-American), 일본에 사는 코리안들은 「코리안-재패니즈」

(Korean-Japanese)라고 부른다. 또, 중국에 사는 코리안들은 「코리안-차이니즈」(Korean-Chinese), 중앙아시아에 사는 코리안은 「에스닉 코리안 인 센트럴아시아」(ethnic Koreans in Central Asia) 라고 부른다. 그런데 정작 한국말에는 「코리안」에 해당하는 단어가 없다.

「Korean」에 해당하는 한국어가 없다? 언뜻 이해가 안 됐다. 그가 부연 설명했다.

한국말로 남한에 사는 코리안들은 자신들을 「한국사람」이라 부르고, 북한에 사는 코리안들은 자신들을 「조선사람」이라고 한다. 미국에 사는 코리안들은 「재미교포」라고 하고, 일본에 사는 코리안들은 「재일교포」라고 부른다. 그런데 「재미교포」나 「재일교포」란 그냥 「미국에 사는 사람들」, 「일본에 사는 사람들」을 뜻할 뿐 정확히 누가 미국이나 일본에 건너가서 사는지 알 수 없다. 주어가 빠져있다. 한편, 중국에 사는 코리안들은 「조선족」이고 중앙아시아에 사는 코리안들은 「고려인」이다. 한국말에는 영어의 「코리안」처럼 「한국사람」, 「조선사람」, 「재미교포」, 「재일교포」, 「조선족」, 「고려인」을 총칭하는 단어가 없다.

듣고 보니 정말 그랬다. 유태인(Jew)들은 어디에 살든 자신들은 물론 남들도 유태인이라고 부른다. 중국 본토 바깥에 사는 중국사람들은 동남아에 살든 미국에 살든, 일본에 살든 모두 「화교」(華僑)라고 부른다. 「화」는 물론 중국을 지칭한다. 그러나 「코리안」의 경우는 다르다. 한국사람들이 「한민족」이라고 부르는 사람들은 2015년 기준 남한에 5천만, 북한에 2천 4백만, 중국에 260만, 미국에 220만, 일본에 86만, 러시아와 중앙아시아에 50만 등이 흩어져 살고 있다.[1] 그러나 한국에 사는 사람들을 「조선사람」이라 하지 않고 북한에 사는 사람들을 「한국사람」이라 하지 않는다. 미국이나 일본에 사는 재미,

재일동포를 「한국사람」이라고 부르면 어딘가 어색하다. 미국에 사는 교포들은 「한인」이라는 말을 많이 쓴다. 「한인회」, 「한인사회」, 「한인교회」라고 한다. 그러나 중국이나 일본에 사는 「동포」들을 「한인」이라 부르지는 않는다.

「코리안」에 해당하는 한국말이 없기 때문에 그 대안으로 가장 흔히 쓰는 말이 「우리」다. 그러나 「우리」는 「교포」와 같이 「우리」가 누구인지, 남한사람인지, 북한사람도 포함되는 것인지, 재외동포들도 「우리」인지, 그 범주가 어디까지인지를 말해주지 않는다. 때로는 남한사람들만, 때로는 모두를 포함하는, 그 경계가 한없이 늘어나기도 하고 줄기도 하는 개념이다. 「우리」야 말로 「우리」의 정체성을 규정하고 범주를 구분하기가 애매하고 힘들 때 사용하는 용어다.

「코리안」을 하나로 묶어주는 공통의 단어만 없는 것이 아니다. 사실 한국사람과 조선사람(북한사람), 재미교포와 재일교포, 조선족과 고려인 사이에는 다른 공통점도 찾아보기 힘들다. 「코리안」들을 하나로 묶어주는 것이 있는가? 있다면 언어인가, 이념인가, 종교인가, 풍습인가, 피인가?

언어일 리는 없다. 재미교포나 재일교포, 고려인 중 한국말을 못하는 사람은 많다. 이념일 리도 없다. 나라가 남북으로 분단되었고 한국 내에서도 극단적인 이념 대립과 갈등을 겪고 있다. 풍습도 아니다. 조선시대의 전통 혼례나 장례, 제례는 한국에서 거의 다 사라졌다. 한국의 결혼식과 장례식, 입학식과 졸업식 등의 의례들은 아무런 감동도 주지 못하는 국적불명의 허례허식인 경우가 대부분이다. 「관혼상제」에 있어서 무엇이 「한국적」인 것인지 정해진 것도, 합의된 것도 없다. 대부분의 재외동포들은 각자가 살고 있는 나라의 풍습을 따른다. 고려인이나 조선족이 전통 풍습을 여전히 이어가고 있는 경우도 있다지만 이는 오히려 한국에서 전통이 실종되었음을 확인해줄 뿐이다.[2]

종교도 「우리」에게 공통점을 제공해주지 못한다. 많은 나라에서는 특정 종교가 국가 또는 민족의 정체성을 규정하다시피 한다. 인도의 종교는 힌두교, 파키스탄과 방글라데시, 인도네시아와 말레이시아의 종교는 이슬람교, 스리랑카와 태국, 미얀마의 종교는 불교다. 중동, 중앙아시아의 국가들은 모두 이슬람 국가들이다. 프랑스와 이탈리아, 스페인, 포르투갈, 폴란드 국민들의 절대다수는 가톨릭이고 영국과 스웨덴, 노르웨이, 덴마크, 네덜란드인들의 절대다수는 개신교도들이다. 심지어는 이민의 나라인 미국도 인구의 50%가 개신교, 20%가 가톨릭이다. 물론 이민의 나라답게 유대교(1.9%), 이슬람(0.9%), 불교(0.7%), 힌두교(0.7%) 등 다양한 종교가 있지만 그 숫자는 상대적으로 미미하다.

　　이에 비하면 한국 사회는 가히 「종교 백화점」이나 「종교 시장」이라고 부를수 있을 정도로 그 유례를 찾아보기 어려운 다종교 사회다. 종교를 가진 사람들(43.9%) 중 개신교도가 19.7%, 불교도가 15.5%, 천주교도가 7.9% 등이고 그 외에도 수는 적지만 원불교(0.17%), 유교(0.15%), 천도교(0.13%), 대순진리회(0.08%), 이슬람(0.07%), 대종교(0.01%)의 신자들도 있다.[3] 특기할 점은 아시아 국가 중 한국처럼 개신교(19.7%)와 가톨릭(7.9%) 신자가 많은 나라가 없다는 사실이다. 필리핀 인구의 대부분은 가톨릭이지만 이는 필리핀이 400년에 걸쳐 스페인의 식민지배를 받았기 때문이다. 중국의 가톨릭과 개신교 신자는 전체 인구의 2.35%에 불과하다.[4] 일본은 1% 미만이다.[5] 한국은 아시아의 다른 어느 나라보다도 종교적으로 다양할 뿐만 아니라 「서양」종교인 개신교와 가톨릭이 깊이 뿌리 내리고 있다. 종교는 한국 사람들에게 공통점을 제공해 주기는 커녕 오히려 그들이 얼마나 다양한지 적나라하게 보여준다.

　　「인종」이나 「혈통」도 「한국 사람」을 하나로 엮어주지 못한다.[6] 대한민국 상위 50대 성씨 본관중 14개 (26%)가 귀화성씨 본관이며,

특히 임진왜란과 명나라 멸망시 귀화한 성씨본관은 25개에 달한다.[7] 1985년 국내 전체 성씨 275중 절반에 육박하는 136개 성씨는 시조(始祖)가 귀화 외국인이었다. 「한국 사람」들이 그토록 중시하는 족보를 보더라도 한국 사회는 이미 오래전부터 「다문화 사회」였다.

뿐만 아니라 한국정부는 2006년 공식적으로 다문화사회를 선포한다. 그 이후 한국으로 귀화하는 외국인 숫자가 기하급수적으로 늘면서 2015년에는 한국의 성씨가 5,582개로 1985년 대비 20배 이상 증가한다. 이중 「한자가 없는」 성씨도 4,074개에 달한다.[8] 현재 대한민국의 초등학생 중 다문화가정 출신 학생의 비율은 2.77%에 달하고[9] 2017년 현재 1,000명이 넘는 다문화가정 출신 청년들이 군복무 중이다.[10] 한국 사람은 과거에는 물론, 앞으로 더욱 더 「같은 피」를 나눈 사람으로 규정할 수 없다.

「한국 사람」은 20세기 후반에 만들어지기 시작했다.

「한국 사람」이란 호칭이 최초로 등장하는 곳은 1897년 12월 2일 자 『독립신문』이다.[11] 10월 12일 「대한제국」이 선포된 직후였다. 「조선」이란 국호를 더 이상 사용하지 않게 되자 「조선 사람」을 대신할 호칭이 필요했다. 다시 말해서 「한국 사람」은 갓 수립된 「대한제국」의 국민을 호칭하기 위한 신조어였다. 그러나 『독립신문』은 1899년 12월 4일 폐간 되기 전까지 「한국 사람」을 「조선 사람」, 「조선 인민」, 「대한국 인민」, 「대한 신민」, 「대한 백성」, 「대한 인민」, 「대한 사람」 등의 명칭과 혼용하여 간헐적으로만 사용한다.[12] 조선이 일본의 식민지가 된 이후 「한국 사람」은 다시 자취를 감춘다. 1919년 『3.1. 독립선언서』에도 「오등은 자에 아 조선의 독립국임과 조선인의 자주민임을 선언하노라」고 하여 「한국」이 아닌 「조선」, 「한국 사람」이 아닌

「조선인」이란 호칭을 사용한다. 「한국 사람」이 잠시 다시 등장하는 것은 1923년 5월 19일부터 『동아일보』에 연재가 시작된 춘원 이광수의 소설 『선도자』에서다.[13] 그러나 같은 시기 일반기사에는 「조선 사람」, 「조선인」이란 호칭이 주로 사용된다.

「한국 사람」이란 용어가 보편화되기 시작한 것은 1949년부터다. 『대한민국』이라는 신생국이 설립되면서 새나라의 사람들을 호칭하기 위해서였다. 『조선일보』에는 「한국 사람」이란 표현이 1962년 9월 22일 기사에 처음 나타난다. 「한국 사람」은 20세기 후반에 만들어지기 시작한 새로운 인간형이다.

「조선 사람」에서 「한국 사람」으로

19세기 말까지만 해도 「조선 반도」라고 불리던 땅에는 「조선 사람」들이 살고 있었다. 「조선 사람」은 14세기 말, 조선의 건국세력이 천년 불교국가였던 고려를 멸망시키고 고려인들에게는 생소하고 이질적이기만 한 주자성리학이란 이념을 도입하여 새 문명을 건설하는 과정에서 태어난다. 조선왕조가 주도 면밀하게 추진한 급진 유교개혁의 결과 17세기에 도달하면 『사서삼경』을 배움의 근간으로 삼아 『삼강오륜』의 윤리관을 내재화시키고 『종묘사직』이라는 공동체의 일원으로 자신을 규정하는 「조선 사람」이 완성된다.

그러나 임진왜란(1592~1598)과 병자호란(1636~1637)은 조선의 건국을 가능케 했던 국제질서를 무너뜨린다. 조선의 안보를 보장해주던 명이 멸망하자 조선은 쇄국으로 들어간다. 양란은 조선의 경제도 무너뜨린다. 후기 조선은 전기의 경제력을 다시는 회복하지 못한다. 안보와 경제의 토대를 상실한 조선은 기존의 이념과 체제를 지키고자 청과 일본으로부터 나라를 봉쇄하는 것은 물론 일체의 신사상이나 신사조의 도입도 금기시 함으로서 명실상부한 쇄국을 실시한다.

그러나 17세기부터 시작된 전방위적인 쇄국에도 불구하고 19세기에 이르자 조선왕조의 체제모순과 실정이 극에 달하면서 「조선 사람」의 정체성을 떠받치던 정치, 경제, 사회체제와 함께 성리학적 윤리, 도덕, 예(禮)가 내부로부터 붕괴하기 시작한다. 18세기 중반 전래되기 시작한 「서학」(西學) 즉, 천주교는 중국이나 일본의 경우처럼 서양 선교사들을 통하여 전래된 것이 아니라 조선의 선비들에 의하여 자발적으로 도입된다. 조선의 주자성리학 체제를 대변하는 조선의 선비들이 체제의 핵심인 제사를 거부하기 시작하면서 천주교는 신유박해(1801), 기해박해(1839), 병오박해(1846), 병인박해(1866)의 탄압 속에서 수천 명이 순교하지만 끝내 뿌리 뽑히지 않는다.

「동학」(東學)은 서학에 대한 대안으로 1860년에 창시된 신흥종교였지만 이 역시 조선에 대한 이념적, 정치적, 사회적 도전이었고 1894년에 일어난 동학난은 조선조가 외세의 힘을 빌어서야 간신히 진압할 수 있을 정도로 체제를 위협한다. 1880년대 중반에 처음 소개된 개신교는 1890년대에 들어서 비로소 본격적인 포교활동을 할 수 있었다. 그러나 조선조가 교육과 의료 등 가장 기본적인 국가의 역할마저 포기한 상태에서 개신교가 그 공백을 채우기 시작하는 한편 청일전쟁으로 중화질서가 무너지고 러일전쟁으로 일본의 조선 침탈이 본격화되면서 이 새로운 미국의 종교는 여성과 평민, 천민은 물론 양반계층, 특히 정치인들과 지식인들 사이에 급속히 퍼진다.

임오군란(1882), 갑신정변(1884), 갑오개혁(1894), 대한제국수립(1896)은 모두 더 이상 작동하지 않는 조선의 전통체제를 개혁해보려는 시도들이었다. 위정척사파가 주장하듯이 주자성리학의 이념과 쇄국정책을 유지할 것인지, 친청 개화파가 주장하듯이 청의 「양무운동」을 따르는 「동도서기」식 온건개혁 정책을 따를 것인지, 친일 개화파가 주장하듯이 일본의 명치유신식 급진 개화정책을 추진할 것인지, 친미 기독교파가 주장하듯이 민주공화국을 세울 것인지, 국내 정치적 계산과 국제 정치적 세력균형이 난마처럼 얽히면서 정변과 숙청의 악순환이 거듭된다. 그렇지만 그 어떠한 시도도 조선왕조를 구하지는 못한다.

1910년 8월 22일, 조선은 일본제국에게 국권을 빼앗기면서 멸망한다. 그러나 조선을 떠받쳐 온 체제와 문명은 이미 오래 전부터 대부분의 조선 사람들로부터 버림 받았다. 의병을 일으키고 일본에 끝까지 무력으로 항거한 것은 주자성리학자들인 위정척사파 선비들뿐이었다. 나머지 조선 사람들은 국권을 상실한 울분은 공유하였지만 조선조가 사라지는 것을 아쉬워하지는 않았다. 1919년, 나라를 빼앗긴지 9년만에 일어난 3.1 운동 때도 조선왕조의 복원을 주장하는 사람은 없었다. 곧 이어 수립된 상해 임시정부도 공화국을 주창하였다. 빼앗긴 나라를 되찾는 것과 조선왕조를 복원하는 것은 별개의 문제였다.

그렇다면 빼앗긴 나라를 되찾을 경우 어떤 나라를 만들 것인가? 주자성리학도, 왕조체제도, 중화질서도 아니라면 이제 어떤 이념을 바탕으로 어떤 체제를 구축하고, 어떤 질서를 따를 것인가? 새 나라는 조선 사람이 아닌 어떤 사람들을 위한 나라가 되어야 할 것인가?

나라를 빼앗기고 전통을 거부한 조선사람들은 「문명개화론」으로, 「애국계몽운동」으로, 「민족개조론」으로 새로운 인간형을 모색하기 시작한다. 간도로, 연해주로, 상해로, 중경으로, 연안으로, 동경으로, 모스크바로, 하바로브스크로, 하와이로, 상항(샌프란시스코)으로, 나성(로스앤젤레스)으로 새 나라와 새 정체성을 찾아 나선다. 빼앗긴 조선반도를 뒤로 하고 전세계로 흩어져 새로운 이념과 사상, 정치체제를 공부하고 새로운 종교로 개종하면서 각종 유형의 단체를 조직하고 공동체를 건설하면서 빼앗긴 나라를 되찾고 새 나라에 걸 맞는 새로운 정치체제와 인간형을 찾기 위한 긴 여정에 나선다. 「코리안 디아스포라」(Korean Diaspora)는 이렇게 시작된다.

다섯 종류의 「한국 사람」

해체되기 시작한 「조선 사람」을 대체할 새로운 정체성을 찾아 나선 조선 사람들은 5가지 대안을 찾는다. 첫째는 「친중위정척사파」, 둘째는 「친일개화파」, 셋째는 「친미기독교파」, 넷째는 「친소공산주의파」, 다섯째는 「인종적민족주의파」다.

「친중 위정척사파」는 500년을 이어온 조선의 주자성리학 질서가 대내외적으로 심각한 도전에 직면하기 시작하는 19세 중엽에 형성된다. 청이 아편전쟁에서 서구열강에게 패하고 왜(倭)가 서구의 문물을 급속히 받아들이기 시작하는 와중에 조선에서는 천주교가 확산되고 서양 오랑캐의 침입이 빈번해지자 조선의 마지막 선비들은 「위정척사」(衛正斥邪)의 이념 하에 체제 수호에 나선다. 임진왜란 이후 조선은 쓰시마를 통한 극히 제한된 무역을 제외하고는 일본과의 교류를 끊는다. 명(明, 1368~1644)이 청(淸, 1636~1912)에게 멸망한 후 조선의 선비들은 조선만이 정통문명인 주자성리학을 사수하고 있다는 「소중화」(小中華)의식과 「친명반청」(親明反淸) 사상으로 무장하고 청과의 교류도 끊는다. 청의 황제에게 조공을 바치는 「연행사」를 제외하고는 철저한 쇄국을 고수한다. 이러한 세계관을 물려받은 조선말의 선비들은 천주교와 서구열강, 일본을 막론하고 조선의 문명과 체제에 변화를 가져올 수 있는 모든 것을 배척한다. 이들은 중국, 특히 명나라를 문명의 원천이요 중심으로 봤다는 점에서 「친중」이었다. 그러나 이들이 지키고자 한 것은 문명의 마지막 보루인 조선이었다.

「친일개화파」는 1870년대 말부터 형성되기 시작한다. 이들은 메이지유신(1868) 이후 눈부시게 발전하는 일본을 모델로 삼는다. 이들이 꿈 꾼 「개화」는 일본을 따라가는 것이었다. 임진왜란을 일으켜 조선을 초토화시켰고 조선이 전통적으로 「왜」라고 부르면서 업신여기던 일본이었지만 친일개화파에게는 새로운 문명의 기준이었다. 이들이 볼때 조선이 500년 동안 떠받들어 온 중국이 오히려 봉건성과 후진성의 극치였다. 친일개화파는 일본의 제도를 따라가는 것뿐만 아니라 서양문명과의 교류를 「문명개화」라는 일본이 개발한 문제의식의 틀을 그대로 채용하였다는 점에 있어서 분명히 「친일」이었다. 그러나 일본으로부터 배우고 일본과 친하고자 한 것도 그것이 조선을 살리는 길이라고 생각 하였기 때문이다. 일본식 문명개화의 궁극적 목표는 조선의 부국강병이었다.

「친미 기독교파」 역시 강력한 근대국가를 꿈꿨다. 그러나 이들은 근대국가를 건설하기 위해서는 조선사람들이 기독교, 혹은 개신교라 일컫는 미국의 새로운 종교를 받아들여 새롭게 태어나는 동시에 개신교가 윤리적, 제도적 기초를 제공한 민주공화제를 도입해야 한다고 생각했다. 특히 일본이 점차 조선 침략의 야욕을 드러내자 근대화를 주장하던 조선의 많은 지식인과 정치인들은 일본이 아닌 미국을 모델로 삼기 시작한다. 더구나 당시는 수 많은 미국의 선교사들이 조선에서 교육과 의료사업을 펼치면서 조선사람들에게 미국에 대한 깊은 인상을 심어주고 있었던 때다. 미국의 이념인 기독교와 미국의 체제인 민주공화정을 받아들여야 한다고 주장했다는 점에서 이들은 「친미주의자」들이었다. 그러나 이들이 기독교와 민주공화제를 택한 이유는 온 나라가 유교를 버리고 기독교로 개종 할 때, 그리고 전제군주제를 버리고 민주공화국을 수립할때 비로소 국권을 되찾고 융성 하는 나라를 세울 수 있다고 생각했기 때문이다.

1917년 볼셰비키혁명을 통해 역사에 혜성처럼 등장한 소련은 제국주의 하에서 억압받고 있던 수 많은 나라와 민족들에게 새로운 이상으로 떠오른다. 소련은 서구열강들이 서로에게 총부리를 겨누고 전대미문의 살생과 파괴를 거듭하면서 자멸해가던 제1차 세계대전

(1914~1918) 와중에 탄생한다. 소련의 탄생은 자본주의가 자체적인 모순 때문에 필연적으로 멸망할 것이라는 마르크스의 명제가 옳았음을 증명하는 듯 했다. 일본제국주의의 식민지로 전락한 조선의 독립운동가들에게 「반자본주의」, 「반제국주의」를 주창하는 소련의 공산주의 이론은 안성맞춤이었다. 조선의 「친소공산주의파」는 이러한 배경에서 태동한다. 그리고 소련은 조선의 공산주의자들을 조직적으로 지원한다. 조선의 공산주의자들은 친소주의자들이었다. 그러나 이는 모두 조선의 독립을 쟁취하고 조선소비에트를 건설하기 위해서였다.

「인종적 민족주의파」는 당시 전세계를 휩쓸고 있던 인종주의와 민족주의를 도입하여 조선 사람을 재 규정한다. 조선 사람을 대신할 새로운 정체성을 이념이나 종교, 예법이나 사상에서 찾지 않고 「피」를 공유하는 「인종」(race)과 「민족」(nation, ethnicity)이라는 새로운 개념을 통해서 찾는다. 「우리」를 하나로 엮어주는 것은 주자성리학도, 천주교도, 일본식 개화도, 미국식 기독교도, 소련식 공산주의도 아닌 「혈통」이라고 주장하기 시작한다. 나라를 빼앗기고 신분과 계급이 서로 다르고, 상이한 이념과 사상, 문화와 종교를 갖고 있고, 지리적으로 뿔뿔이 흩어져 있다 하더라도 「피」는 「우리」를 하나로 묶어줄 수 있다고 생각했다. 「조선 민족」, 「한민족」, 「한겨레」, 「우리 민족」은 이렇게 태어난다.

조선이 사라지고 조선 사람이 해체되는 조선말부터 일제 강점기를 지내는 동안 이 다섯 가지 대안은 온갖 멸시와 차별, 핍박과 학살, 투쟁과 전쟁 속에서 구체화되고 다듬어진다. 나라도, 문화도, 정체성도 상실한 채 조선 사람 노릇하기 너무나 힘들었던 이 시대에 「전통」을 지키려고 한 것도, 「외국 것」을 모방하고자 한 것도 모두 새 나라를 세우고 새 정체성을 정립해보려는 치열한 문제의식과 「나라」와 「백성」, 「민족」과 「겨레」에 대한 뜨거운 애정과 열정 때문이었다. 물론 나라를 팔고 민족을 배반한 사람들도 있었다. 그러나 대부분은 자신이 선택한 정체성과 이념, 체제와 제도가 「우리」에게 가장 적합하다는 신념으로 배우고 가르치고 조직하고 선동하면서 자신들을 불살랐다. 송나라의 주자학이든, 메이지 일본의 개화사상이든, 미국의 기독교든, 소련의 공산주의든, 인종주의든, 민족주의든 모두 「우리 백성」, 「우리 나라」, 「우리 민족」에게 도움이 될 수 있다고 생각했기에 찾아가서 배우고 수입하고 정착시키고자 하였다.

1945년 일본이 패망하면서 이 다섯 가지 대안은 동시에 한반도로 모여든다. 그러나 이 중 어느 것이 새 나라의 체제와 정체성을 제공할지에 대해서는 합의에 도달하지 못한다. 여전히 「조선 사람」들의 의식구조를 강력하게 지배하고 있는 유교적 세계관, 일제 식민지 기간 동안 더욱 깊이 뿌리 내린 개화사상, 미국과 소련, 중국 등지에서 배우고 독립투쟁의 밑거름으로 삼았던 이념과 체제, 그리고 좌, 우, 유교, 기독교, 공산주의를 막론하고 모두가 채용하기 시작한 인종적 민족주의 담론이 뒤엉키면서 서로 투쟁하기 시작한다. 나라를 잃었을 때나 나라를 되찾았을 때나 여전히 지정학적인 이유로 한반도에 개입하고자 하는 주변 강대국들의 이해가 얽히면서 되찾은 나라가 갈라지고 「동족상잔」의 비극을 겪으면서 「우리」는 남북으로, 좌우로 동서로, 갈라진다.

「한국 사람」이라는 담론의 틀

그럼에도 불구하고 이제 나라를 되찾은지 75년이 되면서 「조선 사람」을 대체할 새로운 정체성이 어렴풋이나마 윤곽을 드러내기 시작했다. 조선의 멸망을 전후로 「조선 사람」의 대안으로 제시된 「친중 위정척사파」와 「친일개화파」, 「친미기독교파」, 「친소공산주의파」,

「인종적민족주의파」 등 다섯까지 담론의 각축 속에서 형성되기 시작한 새로운 인간형은 다름 아닌 「한국 사람」이다.

「한국 사람」이 본격적으로 형성되기 시작한 20세기 후반에도 「한국 사람」 노릇하기는 쉽지 않았다. 「한국 사람」의 정체성이 희미한 상태에서 자타가 공인할 수 있는 「한국 사람」을 찾아내고 드러내 보이는 것은 지난한 일이었다. 그러나 이제 「한국 사람」은 국제적으로 그 정체성이 확연히 각인되기 시작하였다. 한국기업들의 제품이 세계 시장을 휩쓸고 K-Beauty가 세계인들의 미감을 사로잡기 시작했고, K-Pop이 세계의 젊은이들을 열광시키고, 한국의 영화와 드라마, 소설이 그 독특한 정체성을 국제적으로 인정받기 시작했다. 「대한민국」이라는 새 나라가 구현하고 있는 「한국 사람」이라는 새 정체성이 이제 100여년 전 나라를 빼앗기고 전통을 거부하면서 전 세계로 흩어졌던 사람들을 다시 모으고 있다. 「코리안」은 「한국 사람」으로 수렴되고 있다.

그러나 「한국 사람」은 여전히 진행형이다. 「한국 사람」은 이제 생겨난지 60년 밖에 안된 새로운 인간형이다. 어떤 것이 「한국다움」인지, 무엇이 「한국 문화」인지, 누가 「한국 사람」인지에 대한 논쟁은 아직도 초기단계에 머물고 있다. 그리고 이러한 논의들은 여전히 친중위정척사파, 친일개화파, 친미기독교파, 친소공산주의파, 인종적민족주의파 등 다섯개의 담론의 틀 속에서 진행되고 있다.

친중위정척사파의 담론이 「한국 사람」의 정체성에 끼치고 있는 영향력은 중국 문명에 대한 한국 사람들의 뿌리 깊은 존중과 이해, 그리고 강한 동질의식에서 찾아볼 수 있다. 한국 사람들은 『논어』, 『맹자』, 『대학』, 『중용』 등 주자성리학의 핵심 고전을 우리의 「전통사상」으로 중시하고 『삼국지』, 『수호지』, 『서유기』를 필독서로 간주한다. 한시와 서예, 사군자는 배운사람, 문인, 학자의 표상이고 「삼강오륜」, 「충효사상」 등 주자성리학의 핵심 가치들은 오늘날에도 물려받아야 하는 가치관, 윤리도덕관이다. 상업과 시장, 돈과 자본주의를 「천시」하고 사치를 죄악시하는 한편 근검절약을 미덕으로 여기고, 화려함보다는 검박함을 추구하고 모두가 가난하지만 서로 나누는 평등한 작은 공동체, 법보다 윤리도덕, 혈연, 학연, 지연과 같은 「인간 관계」를 중시하는 「전원일기」와 같은 공동체를 이상으로 삼는 한국 사람의 심성 역시 주자성리학, 소중화, 친중위정척사파의 영향 때문이다. 관료나 「고관대작」보다 학자나 「선비」를 존경하고 정치, 즉 「패도」(覇道)보다 도덕, 즉 「왕도」(王道)를, 법치보다 덕치를 중시하는 것도 모두 친중위정척사파가 지키고자 한 가치들이다. 또한 정신이 물질을 이길 수 있다고 생각하고 정신력(이념)만 있으면 그 아무리 강력한 무력을 가진 외세도 물리칠 수 있다는 위정척사사상은 반자본주의, 반미를 표방하는 한국의 좌익은 물론 북한의 주체사상과 쇄국주의 이념의 기저를 형성하고 있다.

「친일」과 「개화」는 한국 사람의 정체성을 형성하는 근본 주제다. 「친일」은 가장 「반민족적」 사고방식과 행위를 일컫는다. 그런 의미에서 일본은 한국 사람의 「대자」(對自, the other)다. 반면 「개화」는 19세기말의 「개국」 이후 조선 사람들과 한국 사람들이 대를 이어 추구해온 이상이다. 개화라는 이상의 가장 큰 영감과 가장 강력한 추동력을 제공한 것은 일본이다. 일본은 아직도 한국 사람이 가장 경계해야 할 대상인 동시에 따라야할 모델이다. 「친일개화파」는 한국 근대사의 가장 큰 역설이자 한국 사람의 가장 큰 심리적 콤플렉스다.

일본이 조선에 근대 문명을 전수해 주었다는 사실은 한국 사람의 입장에서는 소화하기 힘들다. 이러한 역사적 사실을 받아들이기 싫어서 만들어낸 이론이 「내재적 발전론」, 「자본주의 맹아론」 등이다. 조선이 비록 근대화에 실패하여 일본의 식민지가 되었지만 조선의 역사 속에는 이미 근대화의 「맹아」, 즉 「씨앗」이 뿌려져 있었기에 일본이 개입하지 않았어도 자체적인 힘으로 근대화에 성공할 수 있었을 것이라는 주장이다. 주장의 타당성 여부를 떠나서 이처럼 「반사실적 역사」(counterfactual history)까지 동원하여 굳이 이러한 주장을 한다는 것 자체가 한국사람들 사이에 일본에 대한 콤플렉스가 얼마나 깊이 뿌리내려 있는지 여실히 보여준다.

이 세상에서 일본 사람들을 우습게 보는 사람들은 한국 사람들밖에는 없다는 우스갯소리가 있다. 이러한 경쟁 심리가 오늘날 한국이 발전할 수 있었던 원동력의 하나라고 말하는 사람들도 있다. 실제로 한국 사람들은 모든 것을 일본과 비교한다. 일본의 과학자들이 노벨상을 탈 대마다 거국적인 관심을 보이고 그들이 어떻게 국제적인 인정과 찬사를 받게 되었는지를 연구해야 한다고 하는 것이 한국 사람들이다. 축구와 야구 등 스포츠에서도 한-일전이 가장 큰 관심거리이고 올림픽 메달 경쟁도 일본과의 비교가 주된 관심사다.

뿐만 아니라 한국 사람들은 여전히 일본을 가장 큰 잠재적 위협국이자 적성국(敵性國)으로 생각한다. 핵무기 보유국인 중국은 6.25전쟁 당시 북한을 도와 남북 분단을 영속화하는데 결정적인 기여를 했을 뿐만 아니라 최근에는 급속히 커진 경제력을 바탕으로 막대한 군비를 쏟아 부으면서 군사력 증강에 열을 올리고 있다. 그리고 이 힘을 바탕으로 한국을 포함한 주변국에 패권국의 면모를 적나라하게 보이고 있다.

그러나 한국 사람들은 이런 중국 보다는 지난 70년간 「평화헌법」하에서 정식 군대도 없이 핵무장을 거부하고 일체의 무력 사용을 금기시하고 있는 일본을 더 큰 적으로, 언제라도 군국주의로 되돌아 가서 다시 한번 한반도를 침략할 수 있는 위협으로 간주한다. 일본에 대한 복합적이고 이율배반적인 심리는 오늘날 한국 사람의 정체성의 큰 부분을 차지하고 있다. 물론 이러한 심리는 조선이 겪은 특이한 근대화 과정에 그 뿌리를 두고 있다. 그 근저에는 친일개화파가 있다.

친미기독교파는 오늘날 한국 사람의 「주류」를 형성하고 있다. 조선이 주자성리학이라는 이념과 종법제도라는 사회체제, 강남농법이라는 경제체제를 명으로부터 도입하였듯이 한국은 미국의 자유민주주의 정치체제와 자유시장 경제체제, 그리고 자유개인주의 이념을 도입하고 있다. 명이 조선의 「동맹국」으로 임진왜란때 파병을 하여 조선을 구했듯이 미국도 6.25전쟁때 한국에 대군을 보내 구해줬고 아직도 유일한 「동맹국」으로 한국의 안보를 책임지고 있다. 한국의 근대교육과 의료는 미국의 기독교 선교사들이 그 토대를 마련하였다: 배재, 경신, 이화, 정신, 연희, 숭실, 세브란스 등의 교육, 의료기관들은 종교와 종파를 떠나 한국의 근대화를 상징한다. 한국은 인구 비율로 따지면 가장 많은 수의 유학생을 미국으로 보내고 있다. 조선시대에는 중국을 다녀오는 것이, 일제시대에는 일본 유학이 엘리트들의 필수 코스였듯이 한국의 엘리트들에게는 미국 유학이 필수다. 한국의 역대 대통령 11명 중 이승만, 윤보선, 김영삼, 이명박 등 4명이 개신교 신자였다. 2014년 현재 한국에 있는 개신교 교회 숫자는 55,767개로 추산된다. 오늘날 한국은 세계에서 미국 다음으로 해외에 기독교 선교사를 많이 파견하는 나라다. 친미기독교파를 빼 놓고는 한국의 종교는 물론 정치와 사회, 문화, 심리를 이해할 수도 설명할 수도 없다.[14]

소련과 공산주의가 한국사에 미친 영향 역시 지대하다. 제정시대부터 러시아는 조선반도를 극동전략의 핵심으로 간주하였다. 비록 제정러시아는 조선반도에 대한 영향력을 확보하는데 실패하지만 소련(1922~1991)은 결국 한반도의 북부에 친소공산주의 정권을 세우는데 성공함으로써 한반도의 지정학과 이념적 지도를 바꿔 놓았다.

공산주의의 이상은 자급자족하면서 모든 것을 공유하고 함께 나누는 농경사회였다. 아직 농경사회에서 벗어나지 못하고 있던 조선사람들과 특히 주자성리학적 윤리도덕을 바탕으로 하는 향촌 공동체를 지향하던 조선의 지식인들에게 공산주의는 매력적일 수 밖에 없었다.

공산주의는 「근대사상」이면서도 조선사람들의 이상향이었던 농촌사회를 파괴하고 농업기반의 경제를 붕괴시키고 산업화와 도시화를 촉진하여 빈부격차를 심화시키면서 물질주의, 이기주의 사회를 배태시킨 자본주의에 대한 대안을 제시하였다. 더구나 공산사회는 자본주의에 대한 대안에 그치는 것이 아니라 자본주의가 자체적인 모순으로 붕괴하면서 도래할 새로운 사회, 역사에서 한 단계 더 「진보」한 사회로 제시되었다. 공산주의가 조선의 지식인뿐만 아니라 제3세계 지식인들을 사로잡을 수 있었던 이유다. 소련은 비록 역사의 뒤안길로 사라졌지만 소련이 제시하고 추구했던 공산주의는 전통주자학적 이상향과 절묘하게 혼합되면서 아직도 한국 사회에 강력한 정서적, 이념적 영향력을 행사하고 있다.

현재 남북한에 널리 펴져있는 민족주의의 기저는 인종주의다. 「한민족」, 「한겨레」, 「한핏줄」, 「단군의 자손」, 「배달민족」 등의 개념은 모두 한국 사람을 같은 「피」, 「혈통」을 나눈 공동체로 간주한다. 「민족」이란 개념은 언어와 풍습, 문화에 의해서 규정되는 측면도 있지만 궁극적으로는 「피」 또는 「인종」의 문제로 귀결된다. 남북통일의 당위도 남북한이 같은 「피」를 나눈 형제라는 믿음에서 비롯된다. 70년간 지속된 분단 속에서 이념과 체제, 가치관과 풍습 등 모든 것이 이질적으로 변했어도 남북한을 「하나」로 묶어주는 것은 「피」다. 3대, 4대에 걸쳐 해외에 살고 있는 「동포」들이 여전히 「우리」일 수 있는 것도 그들이 우리와 같은 「피」를 나눴다고 생각하기 때문이다.

그러나 이제 한국이 다문화주의를 선포함으로써 「인종적 민족주의」 담론은 도전 받고 있다. 다문화주의는 비록 「피」를 나누지는 않은 「이민족」이나 「타인종」도 우리의 언어와 풍습, 문화를 공유함으로써 같은 「민족」이 될 수 있다는 이념이다. 또, 비록 다른 「피」가 섞이더라도 「한국 사람」으로 간주하는 이념이다. 오늘날 인종적민족주의는 한국 사람의 정체성을 규정해주는 가장 강력한 담론의 하나인 동시에 현재 가장 크게 도전 받고 있는 담론이기도 하다.

「한국 사람」의 계보학

이 책은 「한국 사람」의 계보학이다. 「한국 사람」의 기저를 형성하고 있는 다섯 가지 인간형의 정치적, 국제정치적, 사상적 배경을 추적한다.

제1부는 「조선 사람 만들기」다. 한국 사람이 만들어지는 과정을 알기 위해서는 한국 사람이 대체하고 있는 조선 사람이 누구였고 어떻게 만들어졌는지 알아야 한다. 조선은 송의 강남농법과 주자성리학, 그리고 명이 이 둘을 조화시키면서 만들어낸 정치체제를 받아들인다. 조선 초의 개국 개혁 세력들은 주자 성리학의 근간인 종법제도를 도입하는 한편 강력한 불교 억압 정책을 펼치면서 종교는 물론 사회 제도와 풍습을 근본적으로 바꾸는 개혁을 밀어붙인다. 당시 최첨단 농법인 중국의 강남농법을 도입하기 위해서 이앙법을 실험하고 수차를 개발하고 측우기와 해시계를 발명한다. 그리고 새로운 문명을 퍼뜨리기 위하여 대편찬 사업을 일으키고 주자성리학에 입각한 새로운 예법, 풍속을 만들어낸다. 조선 사람은 세종을 비롯한 조선 초기의 개혁 세력들이 중국의 주자성리학 체계를 도입하고자 추진한 급진 개혁이 가져온 대격변 속에서 탄생한다.

제2부는 「친중위정척사파」의 시대적, 사상적, 정치적 계보를 추적한다. 조선 초기의 급진 개혁을 통하여 탄생한 조선 사람은 17세기에 그 정체성을 시험 받는다. 조선이 늘 오랑캐로 간주하던 여진족이 세운 청(淸)은 1636년 병자호란을 일으켜 조선을 복속시킴은 물론, 8년 뒤인 1644년에는 명을 멸망시키고 중국대륙을 차지한다. 세계 질서가 붕괴되고 문명의 축이 사라지면서 조선사람들은 자신들의 사상적, 정치적, 국제정치적 정체성을 재정립해야만 했다. 이 과정에서 조선은 강력한 쇄국주의 이념을 태동시킨다. 겉으로는 청을 「상국」으로 섬기지만 내심으로는 「오랑캐」로 경멸하면서 사라진 명의 문명을 이어 간다는 「소중화」(小中華)사상과 「친명반청」(親明反淸) 사상을 구축한다. 그리고 청이 강요하는 조공을 바치기 위한 「연행사」를 제외하고는 청과의 일체의 교류를 단절한다. 임진왜란 이후 왜관을 통한 극히 제한된 교역을 제외한 일본과의 모든 교류를 이미 단절한 조선은 이제 중국으로부터도 자신을 단절시킨다. 이렇게 형성되는 후기 조선의 자아관, 국가관, 그리고 세계관은 조선 말의 위정척사상으로 이어진다. 대내적으로는 새로운 「사문난적」(斯文亂賊)인 천주교의 도전과 대외적으로는 새로운 오랑캐인 「양이」(洋夷)의 출현이 가져온 서세동점(西勢東漸)과 개국의 시대에 맞서 천주교 박해와 쇄국정책을 주창하면서 임진왜란과 병자호란으로 형성된 조선의 쇄국주의는 19세기에 다시 만개한다.

　　제3부는 친일개화파가 왜, 어떻게 형성되었는지 알아본다. 조선 사람의 뇌리에 깊이 뿌리내린 반일감정과 「왜」에 대한 문화적 우월의식, 강력한 쇄국정책에도 불구하고 19세기 말에 이르면 일본을 새로운 문명의 기준으로 받아들이는 친일개화파가 출현한다. 오랫동안 중국을 문명의 축으로 생각해온 조선 사람들 사이에서 이는 놀라운 인식의 전환이었다. 이러한 「코페르니쿠스적 혁명」(Copernican Revolution)이 가능했던 이유는 세계역사상 그 유례를 찾아볼 수 없게 성공적이었던 일본의 메이지유신을 현장에서 직접 목격하고 배웠기 때문이다. 당시 일본을 보고 배우고자 하는 것은 어렵고 위험한 일이었지만 이들은 모든 역경을 극복하면서 급격한 근대화 과정을 겪고 있는 일본을 보고 배운다. 친일개화파들은 메이지유신이라는 정치, 경제, 사회, 문화, 사상의 혁명을 성공적으로 주도한 일본의 정치인, 경제인, 사상가들과 직접 교류하면서 새로운 세계관과 국가관을 정립한다. 그리고 조선에서도 메이지유신과 같은 급진개혁을 추진하고자 한다. 그러나 이들은 결국 친중위정척사파와 「동도서기론」(東道西器論)에 입각한 온건개혁을 주장하던 친청파의 저항에 부딪히며 몰락한다.

제4부는 조선조의 가혹한 천주교 박해와 반서구주의에도 불구하고 어떻게 「친미기독교파」가 형성될 수 있었는지 살펴본다. 이를 위해 초기 미국선교사들이 왜, 어떻게 조선을 찾게 되었으며 그들이 전교한 개신교가 어떤 종교인지, 그리고 왜 이 새로운 종교가 많은 조선사람들을 매료시키고 그들에게 새로운 이념적 대안을 제시할 수 있었는지 살펴본다. 친미기독교파들은 대부분 친일개화파로 출발하였으나 일본의 조선침탈이 노골화되면서 미국을 새로운 모델로 받아들이는 동시에 기독교로 대거 개종한다. 조선이 일본의 식민지로 전락한 후에도 미국은 조선사람들의 피난처인 동시에 독립운동의 본거지가 된다. 그러나 다른 한편 도미하는 조선의 인사들과 유학생들은 당시 미국을 휩쓸던 지독한 인종차별주의을 겪으면서 강력한 「인종의식」과 「민족의식」을 갖게 되고 미국 시민이 아닌 독립국가의 국민으로서의 자아의식을 형성하게 된다. 따라서 「친미기독교주의」의 계보를 추적하기 위해서는 미국의 인종주의 담론의 형성과정과 미국기독교 간의 상호작용도 분석 한다.

제5부는 「친소공산주의파」의 계보를 추적한다. 1860년 베이징 조약으로 러시아가 연해주를 할양 받은 직후부터 조선사람들이 러시아로의 이주를 시작하면서 조-러관계가 형성된다. 조선과 극동아시아에 대한 영향력을 확대하려던 제정 러시아의 전략은 러-일전쟁(1904~1905)의 패배로 실패한다. 그러나 1917년 볼셰비키혁명으로 1922년 소련이 수립되고 코민테른(Comintern) 극동지부가 생기면서 연해주에 망명해 있던 조선의 독립운동가들은 「소비에트」라는 새로운 체제와 「공산주의」란 새로운 이념을 접하게 된다. 그리고 소련은 조선의 공산주의자들에게 조직과 함께 막대한 자금도 지원한다. 1919년 파리 강화조약은 조선은 물론 중국과 월남등지의 공산주의가 태동하는 결정적인 계기를 제공한다. 제1차 세계대전 이후 파리 강화조약을 통하여 재정립된 서구 열강 중심의 국제질서가 여전히 식민지 지배하에서 신음하는 피압박 민족들의 독립을 외면하자 수 많은 조선의 독립운동가, 지식인들은 공산주의로 전향한다.

제6부는 「인종적 민족주의파」의 계보를 추적한다. 19세기는 전 세계적으로 인종주의(racism)가 풍미하던 시대였다. 제 4부에서 살펴보는 미국의 인종주의도 이러한 세계적인 흐름의 한 부분이었다. 인종주의는 「사회진화론」(Social Darwinism)을 통하여 제국주의를 정당화시켜줬다. 사회진화론은 국제사회가 약육강식과 적자생존의 논리가 지배하는 곳이며 끊임없는 투쟁속에서 오직 강력한 인종과 민족만이 다른 약한 인종과 민족을 지배함으로써 생존할 수 있다는 논리다. 이는 서구와 일본의 제국주의를 합리화시켜주기도 하지만 동시에 제국주의 침탈의 대상이 되는 약한 나라 사람들로 하여금 자신들도 「인종」(race)과 「민족」(ethnicity 또는 nation)이란 개념으로 재규정하면서 새로운 정체성을 구축하는 계기를 마련한다. 나라를 빼앗기고 전통문화를 거부한 채 서구열강과 일본제국주의의 침

탈을 받고 있던 조선 사람들에게 국가와 문화와 관계없이 상존하는 「민족」이란 개념은 매력적일 수 밖에 없었다. 신채호와 박은식, 정인보 등이 「민족사」에 입각하여 정립한 사학은 나라를 되찾은 후에도 남북한에 공히 가장 강력한 이념적 기저로 작동하게 된다.

방법론에 대하여

문화인류학자 클리포드 기어츠(Clifford Geertz)는 「인간은 자신이 만들어 낸 의미의 망(거미줄)들 위에 얹혀 있는 동물이다」고 하였다.[15] 「한국 사람」이 누구인지를 규명하는 것은 「한국 사람」이 자신의 정체성을 규정하는데 사용하는 담론의 틀(terms of discourse), 즉 「의미의 거미줄」이 무엇인지를 규명하는 일이다. 「한국 사람」이라는 담론의 틀, 의미의 망은 「친중위정척사파」, 「친일개화파」, 「친미기독교파」, 「친소공산주의파」, 「인종적민족주의파」등 다섯개의 담론으로 엮어져있다. 물론 그외에도 「한국 사람」들이 자신을 규정하는데 사용하는 담론은 무수히 많을 것이다. 그러나 이 다섯 개의 담론은 「조선 사람」이 해체되고 「한국 사람」이 탄생하는 과정에서 결정적인 역할을 해 온 정치적, 지정학적, 이념적 요소들을 압축적으로 망라하고 있다.

기어츠는 이러한 의미의 망을 이해하기 위해서는 「두터운 묘사」(thick description), 즉 중층적인, 입체적인 묘사가 필요하다고 한다.[16] 이 책은 「한국 사람」이라는 의미의 망을 형성하는 담론들을 중층적으로, 입체적으로 묘사 한다. 「친중위정척사파」의 형성을 제대로 이해하기 위해서 조선사람들이 중국을 어떻게 인식했는가를 추적하는 것은 물론 당시 중국의 역사는 어떻게 전개되고 있었고 그 역사 속에서 중국은 조선을 어떻게 인식하고 있었는지, 동북아에 대한 중국의 시각과 정책은 무엇이었는지 살펴본다. 「친일개화파」의 계보를 추적하는 과정에서 조선사람들이 일본을 어떻게 인식하였는지를 추적하는 것은 물론 일본이 어떻게 근대화를 이루었고 이 과정에서 조선에 대한 인식과 정책이 어떻게 진화하였는지 입체적으로 살펴본다. 「친미개화파」가 이해하던 미국과 실제 미국이 어떻게 달랐으며 미국은 조선을 어떻게 보고 있었는지, 조선에 대한 어떠한 정책기조를 유지하였는지, 왜 기독교 선교사들은 조선 선교에 나섰는지, 그들이 갖고 온 기독교는 어떤 종교였는지 입체적으로 살펴본다. 「친소공산주의파」의 형성을 추적하는 과정에서 조선사람들이 갖고 있던 소련과 공산주의에 대한 이해와 인식을 살펴보는 것뿐만 아니라, 제정 러시아와 소련이 조선을 어떻게 서로 다르게 인식하였고 조선과 극동러시아에 대한 러시아와 소련의 정책이 어떤 변화를 겪었는지 「두터운 묘사」를 한다. 「인종적 민족주의파」의 계보를 추적하면서 이들이 조선의 인종과 민족을 어떻게 설정했는지 살펴보는데 그치지 않고 인종주의와 민족주의 담론이 어떻게 형성되었고 어떤 과정을 거쳐서 조선의 주변국에, 그리고 궁극적으로 조선에 도달하게 되었는지 입체적으로 살펴본다.

이 책의 목적은 「한국 사람」의 「변치 않는 본질」을 찾는 것이 아니다. 한 개인의 정체성도 다양한 요소들로 형성된다. 태어난 집안, 자라난 지역, 다닌 학교, 몸담고 있는 직장, 물려받은 사고방식, 다양한 경험을 통해서 갖게 되는 새로운 인식, 추억, 등 수 많은 「담론」으로 구성된다. 그리고 그 정체성은 인생을 통하여 끊임없이 변한다. 하물며 「한국 사람」이라는 거대한 공동체의 정체성을 한두 가지의 변치 않는 「본질」에서 찾는다는 것은 불가능한 일이다. 「인종적 민족주의파」 담론은 「한국 사람」을 「인종」이나 「혈통」 같은 「본질」로 규명하고자 한다. 이는 분명 오늘날 「한국 사람」들이 자신들을 규정하는데 사용하는 중요한 담론의 틀 중 하나다. 그러나 이는 한국 사람들이 자신들을 규정하는 중요한 담론의 틀 중 하나일 뿐 실제로 「한국 사람」을 규정하는 절대적인 척도는 될 수 없다.

이는 「한국 사람」에게만 해당되는 얘기가 아니다. 이 책은 「중국 사람」, 「일본 사람」, 「미국 사람」, 「러시아(소련) 사람」 역시 근대사를 통하여 그 정체성이 급격히 변해 왔음을 보여준다. 「청」이라는 「오랑캐」 또는 「이민족」왕조의 통치를 받던 중국은 아편전쟁으로 중국문명의 우월성에 대한 자신감에 결정적인 타격을 입고 태평천국의 난, 서구열강의 침탈, 청일전쟁의 패배 등을 통하여 정체성의 대혼란을 겪는다. 「중체서용론」으로 중국의 전통과 서양의 근대를 조화시키려고 노력하기도 하고 「한족」의 민족주의를 부추겨 「만주족」의 청을 무너뜨리기도 하고, 서구식 합리주의와 과학정신을 받아들이면서 중국의 전통을 전면적으로 부정하는 「5.4운동」을 일으키기도 한다. 유교전통을 전면적으로 부정한 1960~70년대의 「문화대혁명」 역시 「중국 사람」의 새정체성을 찾고자하는 몸부림이었다. 그리고 이 혼란기는 아직도 끝나지 않고 있다.

일본은 메이지유신이라는 혁명을 통해서 전통사회를 무너뜨린다. 일본의 전통을 상징하는 사무라이 계급과 번(藩)체제를 무너뜨리고 서양의 정치, 경제체제와 사회제도, 문화를 통째로 수입한다. 이 과정에서 전통을 고수하려던 세력, 더 급진적인 근대화를 요구하던 세력들 사이에서 수없이 많은 내전과 정변을 겪는다. 「일본 사람」이 누구인가에 대한 일본 사람들의 논쟁은 지금까지도 「니혼진론」(日本人論)등을 통하여 이어지고 있다.

「미국 사람」의 정체성에 대한 논쟁은 19세기 중반에 극에 달한다. 남북전쟁(1861~1865)은 제2의 건국이었다. 이 참혹한 내전은 미국의 건국 이념과 정치, 경제, 사회체제를 뿌리째 흔든다. 특히 건국초기부터 미국경제 체제의 한 축이었던 노예제도가 폐지되면서 해방된 흑인들을 「미국 사람」으로 받아들일 것인지에 대한 대논쟁이 벌어진다. 이어지는 「인종」(race) 논쟁은 흑인 차별 정책, 중국인(동양인) 이민 금지, 아메리칸 인디언 학살로 귀결된다. 그리고 그때까지 금지하고 있던 유럽의 가톨릭 국가의 이민을 대거 받아들이기 시작한다. 누가 「미국 사람」이 될 수 있고 누가 될 수 없는지에 대한 논쟁은 오늘날에도 계속되고 있다.

「러시아 사람」의 정체성 역시 근대에 와서 대전환기를 맞는다. 전통 러시아의 정체성은 차르(Tsar)와 동방교회가 상징하는 제정 러시아였다. 그러나 제정 러시아가 1917년 볼셰비키 혁명으로 무너지면서 그 뒤를 이은 「신 소비에트 사람」(New Soviet Man)은 전통 러시아의 정치, 경제, 사회체제는 물론 종교와 관습, 문화를 철저하게 부정한다. 그로부터 70년이 지나 소련이 무너지자 러시아 사람들은 자신들의 정체성을 다시 만들어가고 있다.

이 책은 「변치 않는 한국 사람」이나 「조선 사람」을 상정하지 않으면서도 한국사의 사상과 논쟁, 사건들을 설명한다. 「한국 사람」의 변치 않는 본질이 없다고 해서 「한국 사람」이 없다고 주장하는 것으로 오해하는 독자는 없기 바란다. 「한국 사람」은 분명히 있다. 다만 그 정체성이 한두 가지의 영구불변한 본질에 의해서 규정될 수 없을 뿐이다. 「한국 사람」은 다양한 담론의 틀로 규정되고 있다. 그래서 늘 변하고 있다. 「한국 사람」은 「고려 사람」과도, 「조선 사람」과도 판이하게 다른 인간형이다. 「한국 사람」은 한국 사람을 형성하는 담론에 의해서 만들어지고 동시에 「한국 사람」을 형성하는 담론을 만들어간다. 그렇기 때문에 우리가 더욱 바람직스럽게 생각하는, 더 한국적이라고 생각하는 정체성을 만들어나갈 수 있다.

위정척사파, 개화파, 기독교파, 공산주의파 앞에 「친중」, 「친일」, 「친미」, 「친소」를 붙인 것은 한국사람을 형성하는 가치관, 사상, 종교, 이념의 「계보」를 명확히 하기 위해서다. 조선이 건국과 더불어 받아들이고 위정척사파가 이어가고자 한 주자성리학은 송대 중국의 것이고 개화파의 개화사상은 근세 일본의 것이며 조선에 전수된 기독교는 칼빈주의와 청교도 정신, 복음주의가 혼합된 미국 특유의 개신교이며 조선의 공산주의는 소련의 볼셰비크들이 발명한 소비에트라는 독특한 유형의 공산주의 체제와 이념이었다. 인종적 민족주의도 독일의 헤르더(Johann Gottfried Herder) 등이 발명한 이념이므로 앞에 「친독」이라고 붙이는 것이 마땅하다. 그러나 민족주의는 조선에 전파될 때쯤에는 전세계에 광범위하게 퍼져 있었고 구체적인 내용에 있어서는 오히려 일본과 중국 민족주의의 영향을 받은바 크기에 굳이 붙이지 않았다. 그렇다고 인종적 민족주의가 「자생」적인 것이라고 착각해서는 안된다. 인종주의와 민족주의 역시 「외래사상」이다.

한국 사람의 정체성을 규정하는 사상과 이념, 종교 등은 중국, 일본, 미국, 러시아 등으로부터 도래했다. 주변 4강이 한국에 미치는 지정학이나 외교, 안보에만 국한된 것이 아니다. 한국 사람의 이념과 사상, 종교 역시 지정학, 국가 간의 세력균형, 제국주의, 패권주의와 불가분의 관계 속에서 전파되고 수용된다.

그러나 이념과 사상, 철학과 종교가 외래의 것이라고 해서 그 설득력이나 객관성, 진실성이 떨어지는 것은 결코 아니다. 주자성리학이 중국으로부터 전래한 것이라고 해서 「삼강오륜」과 「충효」사상이 덜 중요해지는 것이 아니다. 개화사상이 일본으로부터 받아들인 것이라고 해서 문명개화를 추구해야 하는 당위성이 약해지지 않는다. 기독교가 고대 유대지방이나 로마에서 태동된 「외래종교」라고 해서, 또는 「미제국주의의 앞잡이」 노릇을 했다고 해서 기독교 신자가 신앙을 버릴 수 없고 예수의 「사랑」과 「구원」, 「복음」의 메시지가 약해지는 것도 아니다. 공산주의가 소련으로부터 전수되었다고 해서 그 이론의 토대를 이룬 계급이론과 같은 보편적인 사회과학의 분석틀이 사라지는 것도 아니고 노동권의 중요성이 없어지는 것도 아니고 자본주의에 대한 비판이 불가능해지는 것도 아니다.

감사의 말씀

2017년 가을, 「한국 사람 만들기」 제 1, 2권의 초판이 나온 이후 많은 독자분들의 성원에 힘입어 제1권은 5쇄까지, 제2권은 4쇄까지 나왔다. 그런데 초판의 글씨체가 너무 작아서 읽기 어렵다는 독자분들이 많았다. 이번에 출판사를 바꿔 개정판을 내면서 글자를 좀 더 크게 하고 자간도 넓힘으로써 가독성을 높이고자 하였다.

책쓰는 사람에게는 책과 삶만큼 뒤엉켜 있는 것도 없다. 어디까지가 책쓰기이고 어디까지가 삶인지 구분하기가 여간 어려운 일이 아니다. 가장 큰 피해는 가족들이 본다. 그럼에도 불구하고 내가 책을 쓸 수 있는 시간과 공간 등 모든 것을 평생토록 아낌없이 제공해 주면서 늘 기다려준 가족에게 고마움을 전한다.

멋진 「한국 사람」으로 자라준 아들 진호와 딸 서호는 아버지가 그토록 공수표를 남발하던 책이 드디어 나오게 된 것을 그 누구보다도 기뻐해 줄거다. 이제 각자의 학문의 길을 가기 시작한 진호, 서호에게 이 책이 지적인 자극과 동시에 자신들의 정체성을 찾는 여정의 유용한 길잡이가 되었으면 하는 바램이다.

이 책은 나의 아내 유현에게 바친다. 30년전부터 곧 쓰겠다고 하던 책을 드디어 썼다. 30년 동안 나와 아이들을 위해 모든 것을 희생하면서 기다려준 아내에게 고마움과, 미안함, 사랑을 전한다. 과연 30년을 기다릴 만한 가치가 있는 책인지는 모르겠지만 그동안에 진 빚을 조금이나마 갚을 수 있다면 더할나위 없이 좋겠다.

2020년 7월
함재봉

차례

서문 · 4

제1부 조선 사람 만들기   39

서론 · 40

제1장   고려 사람 대 조선 사람 · 47

1. 「장가가지 말고 시집가라」 · 48
2. 장가만 갔던 고려 사람들 · 52
3. 고려의 근친혼 풍습 · 61
4. 처가살이한 조선 사람들 · 64
5. 제사를 거부한 조선 사람들 · 67

제2장   주자성리학의 정치경제 · 73

1. 중국의 강남 개발 · 76
2. 강남농법과 송의 경제혁명 · 85
3. 송대의 국가-시장 관계 · 90
4. 송의 영화 · 95

제3장   선비의 탄생 • 101

1. 과거제도와 「사」의 탄생 • 103
2. 문학에서 도학으로 • 108
3. 주자와 강남농법 • 111
4. 「사」와 예(禮)의 부활 • 115
5. 사와 종법제도의 부활 • 119
6. 주자가례(朱子家禮)의 완성 • 124
7. 명의 대안 • 132

제4장   조선의 혁명 • 135

1. 원과 고려: 주자학 문명 도입의 창구 • 136
2. 세종의 급진개혁 • 142
3. 조선의 농업혁명 • 149
4. 조선 향촌질서의 구축 • 153
5. 족보와 집성촌의 탄생 • 163

제1부 결론 • 166

제2부 친중위정척사파   171

서론 · 172

제1장   병자호란과 명의 멸망 · 179

1. 명의 쇠퇴와 여진족의 등장 · 186
2. 누르하치의 부상 · 190
3. 팔기군의 탄생 · 192
4. 몽골의 항복과 요동함락 · 196
5. 청태종과 도르곤 · 201
6. 청의 성공요인 · 209

제2장   청의 대륙정복과 중국 지식인들의 반응 · 219

1. 중국 지식인들의 반응 · 221
2. 황종희의 주자학, 양명학 비판 · 225
3. 고염무와 왕부지, 안원의 주자성리학 비판 · 230
4. 고증학의 태동 · 236

제3장   청의 대륙정복과 조선의 대응 · 239

  1. 소현세자: 닫히는 조선의 첫 희생양 · 242
  2. 송시열과 「기축봉사」 · 252
  3. 숭명반청이념의 체제화 · 259
  4. 제1차 예송 · 261
  5. 제2차 예송 · 271
  6. 예송의 3가지 논점 · 272
  7. 주자성리학 근본주의와 도통이론 · 280
  8. 주자성리학 근본주의와 남존여비사상 · 286
  9. 『양주십일기』의 기록 · 293

제4장   천주교의 도전 · 297

  1. 예와 신앙 · 299
  2. 이익: 주자성리학과 천주교의 만남 · 306
  3. 주자학적 금욕주의와 천주교의 침투 · 311
  4. 정약용과 상제의 역할 · 322
  5. 신앙으로써의 천주교 · 327
  6. 강희제와 교황 클레멘트11세의 제례논쟁 · 330
  7. 조선의 전례논쟁과 제사거부 · 334
  8. 천주교 박해의 시작: 신유박해 · 339
  9. 황사영 백서 사건 · 345
  10. 파리 외방선교회와 조선 선교의 시작 · 349
  11. 기해박해와 프랑스함대의 출현 · 352

제5장   아편전쟁과 태평천국의 난, 동치중흥 · 361

1. 제1차 아편전쟁 · 364
2. 제2차 아편전쟁 · 369
3. 베이징 함락과 원명원 약탈 · 374
4. 태평천국의 난과 후난학파 · 387
5. 상군의 결성 · 396
6. 상군의 성공요인 · 400
7. 상승군의 역할 · 407
8. 동치중흥의 실패 · 410

제6장   위정척사파와 쇄국정책 · 415

1. 양이의 출현 · 417
2. 조선의 중국정세 정탐 · 420
3. 병인박해 · 423
4. 제너럴셔먼호 사건 · 431
5. 병인양요 · 436
6. 이항로의 척사사상 · 445
7. 신미양요 · 457

제7장　　　　위정척사파와 흥선대원군의 대립 • 473

1. 조선 경제의 모순 • 476
2. 조선 정치의 모순 • 484
3. 흥선대원군의 개혁 • 486
4. 마지막 선비 최익현 • 489
5. 왕도정치 대 부국강병 • 499
6. 고종의 친정과 조선 경제의 몰락 • 506

제2부 결론 • 513

주(註) • 530

참고문헌 • 566

색인 • 575

제1부

조선사람 만들기

서론

제1부

서론

조선 사람은 고려가 멸망하고 조선(朝鮮, 1392~1910)이 개국하는 정치적 격동기에 만들어지기 시작한다. 문명사적으로는 삼국시대부터 1,000년에 걸쳐 건설된 불교 문명이 해체되고 그 자리를 주자성리학이라는 신사상이 대신하기 시작하는 혼돈의 시대였다. 대외적으로는 원(元)-명(明) 교체기라는 국제질서의 대 전환기였다. 조선은 이 대 변혁의 시대에 능동적으로 대처한다. 1368년 개국한 명(明, 1368~1644)이 주자성리학을 국교로 채택하자 불과 24년 후인 1392년에 개국하는 조선도 이 첨단 이념을 채택한다. 조선의 주자성리학자들은 인류 역사상 유일무이한 유교 쿠데타를 일으켜 새 나라를 세우고 대륙의 신사상을 적극 수용하면서 새 이념에 입각한 개혁을 주도적으로, 지속적으로 밀어 부친다. 대외적으로는 원(元, 1271~1368)을 멸망시키고 새로운 패권국가로 떠오른 명이 주도하는 국제질서에 적극 합류한다.

조선의 건국세력이 제시한 새로운 사상과 체제는 개인의 실존적인 문제와 형이상학에 치우친 불교 대신 정치, 경제, 교육, 윤리 등 현실적인 문제에 대한 이론과 대안을 제시할 수 있는 성리학이었다. 많은 사람들은 「실사구시」(實事求是)가 마치 현실과 동떨어진 형이상학과 예법논쟁만 일삼던 주자성리학에 지친 실학파들이 만들어낸 구호로 착각한다. 그러나 「실사구시」는 주자가 자신의 사상을 표현하기 위하여 즐겨쓴 구호다. 18~19세기 조선의 관점에서 볼 때 주자성리학은 이미 사회변혁과 경제발전의 추동력과 이상을 상실한 고리타분한 보수 이데올로기로 전락하였지만 14세기말 여말선초에서 16세기 말 임진왜란까지의 200년 동안은 선진 경제체제와 이에 상응하는 정치, 사회체제의 청사진을 제시한 글로벌 스탠더드였다.

조선과 송-명의 모델

명은 조선의 모델이었다. 명은 송(宋, 960~1279)이 이룬 경제혁명과 역시 송대에 집대성된 주자성리학이라는 최첨단 사상체계를 조화시키고 제도적으로 완성한다. 송은 11세기에 이미 18세기 유럽의 산업혁명에 필적할 만한 경제혁명을 이룬다. 「강남농법」을 바탕으로 한 농업혁명, 철의 대량생산을 통한 산업혁명, 세계 최초로 지폐를 도입한 상업혁명, 화약과 나침반의 발명이 상징하는 과학기술혁명, 그리고 당시 세계최대의 도시였던 카이펑(開封, 개봉) 과 항저우(杭州, 항주)가 상징하는 도시혁명으로 송은 인류문명사의 신기원을 이룩한다.

송의 경제혁명은 「사」(士)라는 새로운 계급, 새로운 인간형을 탄생시킨다. 조선 「선비」의 원형이다. 폭발적인 생산성의 증가로 대규모 경제적 잉여가 창출되면서 노동에 종사하지 않고 학문에만 전념할 수 있는 「독서인」계층이 배출되기 시작하고 그 결과 과거 응시자 숫자가 폭발적으로 증가한다. 송대 중기인 12세기 초에 연 3만 이었던 과거 응시자 숫자는 송대 말기인 13세기 중반에는 무려 45만에 달한다.

그러나 이들이 모두 과거에 합격하여 관직에 나아갈 수는 없었다. 「사」들은 대부분 초시에만 합격한 후 고향에 머물면서 향촌의 교육과 사회질서 확립에 종사하는 한편 관직에 나아가는 것 보다 학문 그 자체를 숭상하고 권력(패도) 보다는 도덕(왕도)를 강조하는 새로운 이념을 구축한다. 과거에 급제하고 관료가 되는 것을 목표로 시작한 공부였지만 원래의 목적 달성이 어려워지자 학문을 학문 자체로 숭상하는 새로운 지식인 문화를 창출한다. 공부는 더 이상 과거급제를 위한 것이 아니라 「수신」(修身)을 위한 것이 되고 자기수양, 공부를 통한 인격의 완성, 도덕의 완성이 관직에 진출하는 것 보다 더 고귀한 목표가 된다.

이렇게 형성되기 시작한 「사」는 역설적으로 송의 상업화와 산업화, 도시화에 대해 지극히 비판적인 이념을 구축한다. 송의 경제혁명을 토대로 등장하지만 경제혁명이 가져온 전통 질서의 파괴와 가치관의 혼란, 향촌 질서의 붕괴를 목격하였기 때문이다. 그리고 이들은 새로운 질서를 위한 영감을 「전통」, 즉 「원시 유교」에서 찾는다. 수-당 대에 도입되고 토착화된 불교에 의해 「오염」되고 「왜곡」되기 이전의 「전통 사상」, 산업혁명과 상업혁명 이전의 「원시 유교」를 재발견하고 재해석하기 시작한다. 이 과정에서 탄생하는 새로운 사상체계가 「도학」(道學), 즉 「성리학」이다. 중세말기의 유럽이 중세 기독교가 뿌리내리기 이전의 고대 그리스와 로마의 전통을 재발견하면서 「르네상스」(Renaissance, 다시 태어남)라는 새로운 문명을 만들어 내듯이 송대의 성리학은 원시 유교를 재발견하면서 중국판 르네상스를 이룬다.

「사」의 이념과 계급 논리인 「성리학」을 집대성하면서 중국판 르네쌍스를 주도한 사상가가 주자(주희, 朱熹, 1130~1200)다. 경제혁명의 긍정적인 측면들을 수용하되 경제혁명이 필연적으로 수반하는 사회와 가치관의 혼란을 극복하는 보다 안정적이고 지속가능한 사회질서와 가치체계를 고안하고 구축하고자 한다. 이를 위하여 주자를 필두로 한 성리학자들은 「실사구시」(實事求是)라는 표어 아래 「주례」와 「종법제도」를 부활시키고 「강남농법」을 연구하고 중국 고대의 유교경전을 재해석하면서 새로운 정치-경제-사회체제와 이념을 고안한다. 「성리학」을 「주자학」 또는 「주자성리학」이라고 일컫는 이유다.

그러나 송대의 주자성리학은 배척받는다. 주자성리학을 본격적으로 채택하기 시작한 것은 원(元, 1271~1368)이었다. 원의 인종(仁宗, 1285~1320, 재위: 1311~1320)은 남송의 멸망 후 폐지되었던 과거제도를 1315년에 다시 도입한다. 그리고 이때부터 주자가 주석을 달은 『사서』가 과거의 주교재로 채택된다. 몽골의 유목민족이 세운 원은 한족을 다스리기 위해서 주자성리학을 도입하지만 자신들의 고유 종교인 라마불교를 믿었고 그 외에도 다양한 종교의 자유를 허락하였다. 또한 송대의 시장중심의 개방적인 경제체제를 답습하였다.

송의 경제혁명과 이를 비판적으로 수용하면서 새로운 대안을 제시한 주자성리학을 상호 조화시키고 제도적으로 반영한 것은 명(明, 1368~1644)이었다. 명태조 주원장(朱元璋, 1328~1398)은 중국 역사상 가장 강력한 전제군주 체제를 구축하면서 송, 원대의 경제적인 역동성과 개방성, 다양성이 가져다준 풍요를 수용하는 동시에 보다 안정적이고 지속가능한 정치, 경제, 사회질서를 완성한다. 세금을 대폭 낮춤으로써 경제적인 역동성을 보장하는 한편 향촌질서를 강화함으로써 사회안정을 도모한다. 그러나 향촌질서의 확립을 위해 중앙 조정의 관료를 파견하여 법률로 다스리기 보다 향촌의 원로들이 유교적 윤리도덕을 기반으로 자체적으로 다스리는 도덕공동체를 강조한다. 주자성리학에 기반한 질서였다.

명의 모델과 조선초의 개혁정치

여말선초(麗末鮮初), 즉 고려말~조선초의 사회는 주자성리학이 그리던 모습과는 극단적으로 달랐다. 고려사회에는 종법제도가 요구하는 부계혈통주의, 장자상속제도 대신 「모계」(母系)의 전통이 강하게 뿌리내려 있었다. 결혼을 하면 대부분의 경우 남자가 여자집에 가서 살았고 (「장가간다」는 말의 유래다) 이혼과 재혼이 자유로왔으며 딸과 사위도 아들들과 똑 같이 재산을 상속 받았다. 부계혈통의 관념이 약했기 때문에 근친혼도 성행했다. 한편, 경제는 아직도 휴한법(休閑法)을 극복하지 못하면서 지극히 노동집약적인 농업에 의존하고 있었다. 대규모 노동력이 요구되는 경제체제였기에 사회는 「군, 현」등 대규모 행정단위로 나뉘어져 있었고 민간의 삶은 「향도」(香徒)라는 종교-경제-사회 결사체를 중심으로 조직되어 있었다.

세종(世宗, 1397~1450, 재위: 1418~1450)은 당시의 글로벌 스탠더드였던 중국의 문명, 즉, 송대에 완성되고 원, 명에 의해서 계승, 발전된 최첨단 문명의 수월성을 누구보다 확실하게 이해했다. 그는 송의 경제혁명을 가능케 한 강남농법을 도입하기 위해 측우기와 해시계를 만들고 수차(水車)개발을 명하고 『농사직설』을 지어서 반포한다. 가족제도와 결혼관습을 비롯한 일체의 세시풍속을 송두리째 바꾸고 전통 종교였던 불교를 탄압한 것 역시 명의 정치, 경제, 사회체제를 뒷받침한 종법(宗法)제도라는 주자성리학 특유의 가족-사회제도를 정착시키기 위해서였다. 세계사에 유례를 찾아보기 힘든 국가주도의 편찬사업을 벌여 주자학적 제도와 풍습을 설명하는 서적들을 무수히 제작, 반포한 것도 송의 새로운 체제와 제도, 윤리와 사상을 하루빨리 정착시키기 위해서였다. 당시 세계최고의 인쇄술을 발명하고 한글을 창제한 것도 모두 이러한 목적에서였다.

흔히 세종대를 「태평성대」라고 한다. 그러나 세종의 시대는 오랜 전통과 관습을 파괴하면서 낯선 외래 사상과 제도를 도입하고 정착시키는 급진개혁이 극에 달했던 격변의 시대였다. 비록 외적의 침입이 없었고 왕조교체기의 혼란과 왕실내부의 권력투쟁도 수그러들었지만 사회제도와 관습, 종교와 문화적으로 조선의 그 어느 때보다 급격한 변화가 일어난 시기였다. 그리고 이 과정에서 「조선 사람」의 윤곽이 드러나기 시작한다. 주도 면밀하게, 계획적으로, 압축적으로 이루어진 조선 초기의 혁명은 새로운 인간형인 「조선 사람」을 태동시킨 국가와 국민 대개조 과정이었다.

그 결과 건국 후 100년이 지나면 조선 특유의 주자성리학 체제와 이념이 뿌리내린다. 조선 역사상 처음으로 불교 교육을 받지 않고 주자성리학 교육만 받고 보위에 오른 왕은 성종(成宗, 재위: 1457~1494)이었다. 불교의 영향을 전혀 받지 않고 주자성리학 교육만 받고 자란 「사」, 즉 「사림」(士林)이 나타나는 것도 같은 시기다. 종법제도가 뿌리내리면서 「집성촌」이 생겨나고 강남농법이 보급되면서 「향도」가 아닌 「씨족」중심의 경제단위인 「동네」(동리, 洞里), 「마을」이라는 조선의 전형적인 「향촌」 공동체가 생겨난다.

명은 조선의 모델 역할만 한 것이 아니었다. 명을 정점으로 하는 중화질서는 조선의 외교와 안보의 축이기도 하였다. 명을 모델로 건설한 조선과 그 속에서 형성된 조선사람들이 임진왜란으로 존망의 기로에 서게 되자 명은 원군을 파병하여 조선을 구한다. 이는 명을 중심으로 하는 중화 질서속에 자신을 편입시킨 조선의 선택이 옳았음을 보여주었다. 조선의 정치, 경제, 사회, 문화가 당시 세계 최고의 선진국인 명을 따라가면서 급속히 선진화 되었음은 물론, 외교와 안보 측면에서도 명 중심의 중화질서를 따름으로써 나라를 지킬 수 있었다.

명의 선진 정치, 경제, 사회 체제와 이념을 토착화 하는데 성공하는 한편 세계최강국인 명과 조공관계를 맺음으로서 명 주도의 국제질서에 성공적으로 편입한 조선은 정치적 안정과 경제적 풍요를 누리면서 조선 특유의 문화를 꽃피운다. 그리고 놀랍게 성공적인 개혁을 통하여 조선은 고려시대와는 전혀 다른 새로운 나라와 새로운 인간형을 만들어낸다. 「조선 사람」은 이렇게 만들어진다.

제1부 – 제1장
고려 사람 대 조선 사람

1. 「장가가지 말고 시집가라」
2. 장가만 갔던 고려 사람들
3. 고려의 근친혼 풍습
4. 처가살이한 조선 사람들
5. 제사를 거부한 조선 사람들

제1부 - 제1장

고려 사람 대 조선 사람

우리는 조선 사람이 한국 사람의 「원형」이라고 흔히 생각한다. 그러나 조선 사람 역시 조선조의 개혁세력에 의해서 만들어진 인간형이다. 고려사람은 조선 사람과는 전혀 달랐다. 고려 사람들은 결혼을 하면 남자가 여자의 집으로 가서 사는 풍습을 갖고 있었다. 따라서 대부분의 고려 남자들은 처가살이를 하였다. 또 대부분의 고려 사람들은 외가에서 나서 자랐다. 이러한 풍습은 조선 중기까지도 널리 성행하였다. 그뿐이 아니었다. 고려 시대에는 왕실을 비롯한 모든 계층에서 근친혼이 성행했다. 불교사회였던 고려에서는 제사라는 조상숭배제도도 없었고 따라서 가묘도, 위패도 없었고 무엇인지도 몰랐다. 조선 초기의 주자성리학 개혁 세력들은 이러한 고려 특유의 풍습을 모두 「패륜」으로 규정하고 이를 바로잡기 위하여 중국의 「종법제도」를 도입한다. 그러나 고려의 오랜 종교와 세시풍속을 새로운 이념과 제도로 대체하는 과정은 지난했다. 조선 초기의 왕조 실록들은 이러한 개혁의 과정이 얼마나 힘들었는지 적나라하게 보여준다.

1. 「장가가지 말고 시집가라」

상참을 받고, 정사를 보고, 윤대를 행하고, 경연에 나아갔다. 임금이 김종서(金宗瑞)에게 이르기를, 「친영」(親迎)의 예는 우리나라에서 오랫동안 실시하지 않았는데, 부윤(府尹) 고약해(高若海) 등이 고례(古

禮)에 의거하여 이를 실행할 것을 요청하였다. 태종 때에 친영의 예를 실시하자는 의논이 있었으나, 나이 어린 처녀도 모두 결혼을 시킨 것은 친영을 행하기가 어려웠기 때문이었다. 그 어려운 이유란 무엇인가?」하니, 종서가 대답하기를, 「우리나라의 풍속은 남자가 여자의 집으로 가는 것이 그 유래가 오랩니다. 만일 여자가 남자의 집으로 들어가게 된다면, 곧 거기에 필요한 노비·의복·기명(器皿)을 여자의 집에서 모두 마련해야 되기 때문에, 그것이 곤란하여 어렵게 되는 것입니다. 남자의 집이 만일 부자라면 곧 신부를 접대하는 것이 어렵지 않겠지만, 가난한 사람은 부담하기가 매우 어렵기 때문에, 남자의 집에서도 이를 꺼려 왔습니다」하였다. 임금이 말하기를, 「이 예법이 과연 갑작스레 실시될 수 없다면 왕실에서 먼저 실시하여, 사대부들로 하여금 본받게 한다면 어떨까?」하니, 종서가 대답하기를, 「정말 말씀과 같이 하시와 왕실에서부터 먼저 실시하시고, 아래에서 행하지 않는 사람에게도 죄를 주지 않으시면, 고례를 행할 뜻을 가진 사람은 저절로 따라올 것이며, 그렇게 해서 오래 되면 온 나라에서 저절로 행하게 될 것입니다.」하매, 임금이 「그렇다.」하였다.[1]

세종12년(1430) 12월 22일, 세종이 김종서(金宗瑞, 1383~1453)와 나눈 대화다. 이들이 논의하고 있는 「친영의 예」란 결혼을 한 후 신부가 시부모(媤父母)가 사는 시댁(媤宅)으로 살러 가는 것을 말한다. 즉, 시집가는 제도다.

　이 대화에서 알 수 있듯이 조선 초기의 결혼 풍습은 김종서의 말대로 「남자가 여자의 집으로 가는 것」즉, 신랑이 장인(丈人), 장모(丈母)가 사는 집인 장가(丈家)로 살러 가는 것이었다. 한국말에 남자가 결혼할 때 「장가간다」라는 표현을 쓰는 것은 고려 시대까지의 고유의 결혼 풍속의 잔재다. 이 기록에서 볼 수 있듯이 나라에서 장가드는 대신 시집보내는 제도를 강요하지만 일반 백성들은 물론 사대부들도 따르지 않는다. 태종 때 이미 한번 시집보내는 정책을 시도해 보았지만 결과는 실패였다. 백성들은 새로운 결혼제도를 피하기 위해서 어린 딸들까지 전통적인 방법으로 결혼을 시켜버렸다. 저항이 거세자 세종과 김종서는 결국 새로운 결혼제도를 사대부나 일반백성들에게 강요하는 것은 소용이 없음을 깨닫고 왕실이 솔선수범하는 모습을 보이기로 한다.

세종은 약속을 지킨다. 김종서와의 대화가 있은 지 5년 후인 1435년 (세종 17년) 2월 29일, 세종은 자신의 이복 여동생 숙신옹주(淑愼翁主, ?~1453)를 조선 역사상 처음으로 시집 보낸다.[2] 『세종실록』17년(1435 을묘) 3월 4일자 기사는 이 역사적인 사건을 다음과 같이 기록하고 있다.

> 파원군(坡原君) 윤평(尹泙)이 숙신 옹주(淑愼翁主)를 친히 맞아 가니, 본국에서의 친영(親迎)이 이로부터 비롯되었다.[3]

세종이 사대부와 백성들이 그토록 꺼려하는 새 결혼제도를 정착시키려고 한 것은 그것이 주자성리학이라는 새 체제를 정착시키는데 필수였기 때문이다. 주자성리학적 질서의 핵심은 중국 주나라(西周, BC 1046~771) 고유의 「종법제도」(宗法制度)다. 종법제도는 부계혈통과 장자상속의 원칙을 바탕으로 혈연 중심의 「국가」, 즉 나라(國)와 집안(家)를 조직하는 체제다. 중국에서도 하(夏, BC 2070~1600), 은(殷, BC 1600~1046) 시대까지만 해도 왕위를 형제간에 계승하는 것은 흔히 있는 일이었다. 가산 상속도 장자에게만 유리하게 이루어지지 않았다. 그러나 주나라는 「종법」을 체계적으로 수립하여 정치, 경제, 사회 조직의 근본원리로 삼았다.

종법제도는 우선 「종족」(宗族)을 「대종」(大宗)과 「소종」(小宗)으로 나눈다. 주왕(周王)은 왕실의 대종으로 대대로 적장자가 계승하고 왕의 형제나 자손들은 제후에 봉해져서 왕실의 소종이 된다. 제후인 공(公)들은 공족(公族) 대종이 되어 적장자가 계승하고 그 형제와 방계는 경대부(卿大夫)에 봉해져서 공족의 소종이 된다. 경대부에 봉해진 별자(別子), 즉 적장자 이외의 아들들은 각자의 가문의 대종이 되어 대대로 적장자가 계승하고 다른 아들들은 가문의 소종이 된다. 마지막으로 대부의 방계 형제들인 사족(士族)은 가묘에서 가문의 조(祖)만 모실뿐 시조는 모시지 않는다.[4] 종법제도하에서 상속은 곧 제사와 결부되어 있다. 종자(宗子)는 제사를 책임짐으로써 가문의 계승자가 되고 친족 집단의 장이 된다.[5]

종법제도는「주례」(周禮)를 이상적인 사회질서의 표본으로 계승하고자 한 공자에 의하여 이론적으로, 사상적으로 재정립되어, 유교(儒敎)라 일컫는 중국의 주류사상으로 자리잡는다. 그러나 수(隨, 581~618), 당(唐, 618~907) 대에 이르러서는 종법제도가 무너지면서 맏아들, 즉 종손만 상속을 받는 것이 아니라 모든 아들들이 균등하게 상속을 받기 시작한다. 이는 보다 공정한 상속을 가능케 하였지만 아들이 여럿일 경우 집안의 재산이 분산될 수 밖에 없었고 대를 거듭할수록 더 잘게 쪼개져 가문의 부와 영향력이 줄어드는 단점이 있었다.[6]

송(宋, 960~1279)대에 일어난 성리학은 철학적으로는 춘추전국시대의 원시유교와 수-당대에 꽃을 피운 불교의 형이상학을 결합시킨 새로운 형태의 유교다. 제도적으로는 수.당대에 무너진 종법제도를 복원시키고자 한 사상이었다. 남송(南宋)의 주희(朱熹, 1130~1200)라는 걸출한 학자가 이론적인 측면은 물론 『주자가례』(朱子家禮) 등을 통하여 제도적인 측면까지 집대성하였기에「주자학」또는「주자성리학」이라고도 불린다.

세종과 김종서가「고례」라고 일컫는 것은 주희가 복원하고자 했던 종법제도와 주례(周禮)였다. 세종과 김종서가 대화를 나눈 시점은 조선이 건국한지 30년이 지난 시점에서 이루어졌다. 그러나 주자성리학 체제를 도입하기로 하고 새 나라를 세운지 30년이 되었건만 조선 사람들은 여전히 새로운 사상과 제도에 적응하지 못하고 있었다. 고려 시대부터 내려오던 조선의 전통적인 가족제도, 결혼풍습, 상속제도는 성리학의 종법제도와 너무나도 달랐기 때문이다.

신라 시대부터 고려 시대까지의 왕위, 신분, 관작, 특권, 재산상속은 물론 결혼과 가족제도 모두 부계혈통이나, 장자승계 원칙을 따르지 않았다. 신라 시대에는 딸이 왕위를 계승하는 경우도 많았고 고려조에서는 형제간의 왕위상속이 부자간의 상속 못지 않게 많았다. 고려 시대의 혼인제도의 가장 큰 특징은 근친혼이었다. 고려 초기의 왕실의 여자들은 대부분 왕실 내부의 다른 남자들과 결혼하였고 이복남매간의 혼인도 있었다.[7] 그렇기에 주자성리학을 「국교」로 내건 조선의 왕실에서 조차 「친영」의 예는 행해지지 않고 있었다. 세종 때에 숙신옹주가 조선사람으로는 처음으로 시집을 간 기록을 세웠지만 「친영」의 예법에 따라 혼례를 올린 첫 왕은 제11대 왕 중종(中宗, 재위: 1506~1544)이었다.

2. 장가만 갔던 고려 사람들

고려(高麗, 918~1392)의 가족제도가 중국의 종법제도와 달랐다고 해서 고려가 중국의 제도를 받아들이는데 적극적이지 않았던 것은 아니다. 고려는 당의 멸망(906) 이후에 건국되었음에도 불구하고 당시의 글로벌 스탠더드였던 당의 찬란한 문명을 따르고자 하여 과거제도, 정부직제, 토지제도, 형법 등 여러 분야에 걸쳐 당의 제도를 적극 도입하였다.[8]

삼국(三國) 이전에는 과거(科擧)의 법이 없었고, 고려(高麗) 태조(太祖)는 먼저 학교(學校)를 세웠으나 과거로 선비(士)를 취하기에는 겨를이 없었다. 광종(光宗)이 쌍기(雙冀)의 말을 채택하여 과거로써 선비를 뽑았으며, 이로부터 학문을 숭상하는 풍조(文風)가 비로소 일어났다. 대체로 그 「과거의」 법은 자못 당(唐)의 제도를 사용하였다.[9]

고려(高麗) 태조(太祖)가 나라를 연 처음에는 신라(新羅)와 태봉(泰封)의 제도를 참작하여 관청을 세우고 관직을 나누어서 모든 업무를 조화시켜 나갔다. 그렇지만 그 관호(官號)에 혹 방언이 섞여 있기도 하였으니, 「이것은」 대개 「나라를 세운」 초창기라 고칠 여력이 없었기 때문이었다. 「태조」 2년(919)에 3성(三省)·6상서(六尙書)·9시(九寺)·6위(六衛)를 두었으니, 「이는」 대체로 당제(唐制)를 본 뜬 것이었다.[10]

고려(高麗)의 토지제도[田制]는 대체로 당(唐)의 제도를 모방하였다.[11]

고려 일대의 제도는 대저 모두 당(唐)을 본받아 형법(刑法)에 이르기까지 역시 당률(唐律)을 채택하고 시의(時宜)를 참작하여 사용하였으니…[12]

그러나 고려는 모든 분야에 당의 제도를 도입하지는 않았다. 고려 태조 왕건(太祖, 877~943, 재위: 918~943)은 당의 풍속을 무조건 따를 필요는 없다고 생각했다.[13]

우리 동방(東方)은 옛날부터 당의 풍속(唐風)을 흠모하여 문물(文物)과 예악(禮樂)이 다 그 제도를 따랐으나, 지역이 다르고 인성(人性)도 각기 다르므로 꼭 같게 할 필요는 없다.[14]

고려 초기의 유학자이자 문신인 최승로(崔承老, 927~989) 역시 같은 의견이었다.

중국[華夏]의 제도는 따르지 않을 수 없습니다. 그러나 천하의 습속은 각기 그 지역의 특성을 따르는 것이므로, 모두 바꾸기는 어려울 것 같습니다. 예악(禮樂)이나 시서(詩書)의 가르침과 군신·부자의 도리는 마땅히 중국을 모범으로 삼아서 비루한 습속을 개혁하도록 하고, 그 나머지 거마(車馬)·의복 제도는 토착적인 풍속을 따를 수 있게 하여 사치와 검약을 적절히 하되 중국과 꼭 같이 할 필요는 없습니다.[15]

고려가 당의 제도를 따르지 않고 유지한 「토착 풍속」 중 대표적인 것이 결혼제도와 가족제도였다. 고려시대의 가장 보편적인 결혼방식은 남자가 여자의 집으로 「장가」가는 것이었다. 신랑이 신부집으로 들어가 살았고, 자식들은 물론 손자, 손녀도 여자의 집에서 자랐다. 원나라의 공녀 차출을 반대하는 상소를 보면 고려의 이러한 결혼 풍습을 확인할 수 있다.

원(元)이 고려에 동녀(童女)를 여러 번 요구하였으므로 이곡(李穀)이 어사대(御史臺)에 그 일을 말하여 어사대가 중지해줄 것을 청하였는데, 이곡이 대신 지은 상소문에서 말하기를, 옛날의 성왕(聖王)께서 천하를 다스릴 때는 「모든 백성을」 똑같이 대하고 다스림도 같게 하였습니다[一視同仁]. 비록 사람의 힘이 닿는 한 제도[文軌]를 반드시 같게 하였으나, 그 풍토에 적합한 것과 인정상 숭상하는 것은 구태여 반드시 고칠 필요는 없습니다. 생각건대 사방의 먼 나라[荒徼]들은 풍속이 각각 다른데, 굳이 중국(中國)과 같게 만들려고 하면 인정이 따르지 않을 것이며 형세상 행해지지 않을 것입니다. 형세상 행해지지 않고 인정이 따르지 않는데도 잘 다스리려고 한다면 비록 요(堯) 순(舜)

이라도 능히 잘 다스릴 수 없을 것입니다. … (중략) … 그런데 지금 자주 특별 명령을 내리셔서 남의 집 딸을 빼앗는 것은 심히 옳지 못합니다. 무릇 사람이 자식을 낳아 기르는 것은 뒷날 자식들의 봉양을 기대하는 것이며, 이는 존비(尊卑)의 차별이나 화이(華夷)의 구분이 없는 것이니 그 천성이 같기 때문입니다. 또한 고려의 풍속은 차라리 아들로 하여금 따로 살게 할지언정 딸은 내보내지 않으니 이는 진(秦)의 데릴사위(贅婿)와 비슷합니다. 무릇 부모에게 봉양을 바치는 것은 딸이 맡아서 하는 것이므로 딸을 낳으면 은혜와 부지런함으로 키워서 밤낮으로 자라서 능히 봉양하게 되기를 바라는 것인데, 하루아침에 품 안에서 빼앗아 4천 리 밖으로 보내버리기 때문에, 발걸음이 한 번 문을 나서면 죽을 때까지 돌아오지 못하니, 그 마음이 어떠하겠습니까?[16]

고려 시대에는 딸이 부모를 모셨다. 남자가 장가를 들어서 장인, 장모를 모셨기 때문에 사위와 처부모와의 관계 또한 각별하였다. 고려에서는 왕명으로 처부모상의 상은 1년을 치르게 하였고, 사위가 먼저 죽을 경우 장인, 장모는 죽은 사위를 위해 5개월 상을 치르도록 하였다.[17]

명종(明宗) 14년(1184) 7월 제서를 내려 9품 이상의 문무 관리[入流]가 처부모상을 당했을 때는 친백모와 친숙모의 예에 의거하여 자최(齊衰) 1년에 20일의 휴가를 주게 하였다.[18]

소공(小功) 5개월은 관리들에게 15일의 휴가를 준다…. 의복(義服)은 처부모와 사위의 상 때 입는다.[19]

고려 시대 결혼 풍습의 또 다른 특징은 중혼(重婚)이 이루어졌다는 점이다. 고려 시대의 남자들은 한 명이 아닌 여러 명의 여자들과

결혼을 할 수 있었다. 다음은 이러한 고려의 풍습에 대한 조선 초기의 비판 기사들이다.[20]

군자 주부(軍資注簿) 강순(姜順).전 낭장(郞將) 김중절(金仲節)을 외방에 귀양 보냈다. 김중절이 강순과 더불어 집터[家基]를 다투어 헌부(憲府)에 호소하기를, 「강순은 네 사람의 아내와 한 사람의 첩을 거느리고 있어 이미 큰 집을 가지고 있는데, 지금 또 내 집터를 함부로 빼앗으려고 합니다.」하였다. 헌부(憲府)에서 한성부(漢城府)에 이첩(移牒)하여 강순의 가사(家舍)가 있는지 없는지를 물어, 김중절의 무고(誣告)인 것을 알아내고, 또 강순에게 처첩(妻妾)을 많이 거느리고 있는 까닭을 물으니, 강순이 모두 이미 버렸다고 대답하였다. 이에 헌부(憲府)에서 강순이 잇달아 세 아내를 버리고 제 욕심을 자행(恣行)하여 남녀(男女)의 분수를 문란[瀆亂]하게 하였다고 논하여, 마침내 양편에게 죄를 주자고 청하였다.[21]

언양 감무(彦陽監務) 정포(鄭包)를 파직하였다. 정포가 처음에 최씨에게 장가들어 함께 아비의 상(喪)을 지내고, 또 안씨(安氏)에게 장가들었다. 그 뒤에 최씨에게 자식을 낳았으나 까닭 없이 최씨를 도로 내버리었다. 헌사(憲司)에서 추핵(推劾)할 즈음을 당하여 정포가 두 아내를 함께 거느리고 있다는 죄를 면하도록 꾀하여 소생 자식을 자기 자식이 아니라고 하였다. 최씨와 대변(對辯)시키니, 실정을 숨기지 못하였다. 윤리(倫理)에 누(累)가 되므로 백성에게 임할 수 없다고 하여 헌사(憲司)에서 상소하여 청하였다. 일이 사유(赦宥)하기 전에 있었으므로 다만 파직만 하였다.[22]

영락 10년에 사헌부가 계한 것인데, 부부(夫婦)가 있은 뒤에 군신(君臣)도 있게 되는 것이므로, 부부라는 것은 인륜(人倫)의 근본이 되나니, 적처(嫡妻)와 첩(妾)의 구별을 문란케 할 수 없는 것이다. 그러나 고려 말기에 예의(禮義)의 교화가 시행되지 못하여 부부(夫婦)의 도가 드디어 문란하게 되었다. 경사대부(卿士大夫)로서 흔히 처(妻)가 있으면서 또 처를 두게 된 자도 있고, 때로는 첩(妾)으로 처를 삼은 자도 있게 되어, 드디어 지금에 이르러 처(妻) 첩(妾)이 서로 송사하기에 이른 폐단이 생겨서, 원망과 싸움이 자주 일어나게 되어 화기를 손상하고 변괴가 일어나게 되니, 이것은 적은 손실이 아니다. 이것을 바로잡지 아니할 수 없는 것이니, 신 등은 삼가 안찰하건대, 『대명률(大明律)』에 말하기를, 무릇 처(妻)를 첩(妾)으로 삼는 자는 장(杖) 1백 도(度)로 하고, 처가 있는데 첩으로 처를 삼는 자는 장(杖) 90도의 형으로 한다고 모두 개정한다. 하였으며, 만약 처가 있는데 또 처를 맞이하게 된 자는 또한 장(杖) 90도에 처하고, 다음에 얻는 처(妻)는 따로 떠나게 한다. 하였으니, 신 등은 청컨대, 중매 절차와 혼례식의 구비하고 소략한 것으로 처와 첩을 작정하게 하고, 남자 자신이 현재에 첩을 처로 삼은 자나, 처가 있는데 또 처를 맞이한 자는 모두 법률에 의하여 죄를 주라 하였다.[23]

고려 시대의 남자들이 중혼을 할 수 있었던 이유는 결혼한 여자들이 경제적으로 남편에게 의존하지 않았기 때문이다. 고려의 여자들은 결혼 후에도 대부분 친정에서 살았다. 따라서 여러 명의 부인을 거느린 고려의 남자는 여러 처가를 「순회 방문」하면서 지냈을 것으로 추정된다.[24] 고려 시대에는 이혼과 재혼 또한 자유롭게 이루어졌다.

고려의 결혼제도나 가족제도는 엄격한 격식이나 까다로운 규정에 얽매이지 않았다.[25] 이는 고려를 다녀간 중국인들에게 적잖은 충격이었다.

남녀 간의 혼인에서도 가볍게 합치고 쉽게 헤어져 전례(前例)를 본받

지 않으니 참으로 웃을 만한 일이다.[26]

관혼상제(冠婚喪祭)는 예기(禮記)를 따른 것이 매우 적다.[27]

또 부유한 집(富家)에서는 아내를 3-4인이나 맞이하는데, 조금만 맞지 않아도 헤어진다.[28]

고려의 남녀 관계 역시 조선조에 비해서 개방적이었다.

그들은 항상 중국인이 때가 많은 것을 비웃는다. 그래서 아침에 일어나면 먼저 목욕을 한 후 집을 나서며, 여름에는 하루에 두 번씩 목욕을 한다. 흐르는 시냇물에 많이 모여 남녀 구별 없이 모두 의관을 언덕에 놓고 물구비 따라 속옷을 드러내는 것을 괴상하게 여기지 않는다.[29]

고려의 가족 제도는 고려의 결혼 제도를 뒷받침했다. 고려와 같은 귀족 사회에서는 조선조에서 보다 가계(家系)가 더 중요했다. 조상이 누구냐에 따라 과거를 볼 수 있는 자격이 결정되었고 족보가 없는 사람은 과거에 응시하는 것이 금지되었다.[30]

「문종(文宗)」 9년(1055) 10월 내사문하성(內史門下省)이 아뢰기를, 「씨족(氏族) 관련 서류를 제출하지 않은 자[氏族不付者]는 과거(科擧)에 응시하지 못하게 하십시오.」라고 하였다.[31]

이듬해 「최충」은 식목도감사(式目都監使)가 되었으며, 내사시랑(內史侍郎) 왕총지(王寵之) 등과 함께 주문(奏文)을 올리기를, 「과거 급제자 이신석(李申錫)은 씨족을 기록하지 않았으니, 마땅히 조정에 오를 수 없습니다.」라고 하였다.[32]

그런데 고려 초기에는 족보가 없었다. 대부분의 귀족들은 자신들이 신라 조상들의 후예라는 막연한 기억 밖에는 없었다.[33] 12세기 중반에 이르러서야 비교적 상세한 족보가 만들어지기 시작한 것으로 보인다. 13세기 말에 이르면 「사조」(四祖)를 기록하는 관습이 생겨나는데 과거에 응시하려면 사조를 적어 제출해야 했다.[34]

시험에 응시하는 여러 생도들(諸生)은 답안지 첫머리(卷首)에 성명(姓名), 본관(本貫) 및 사조(四祖)를 쓰고 풀로 봉하여(糊封) 시험을 치르기 며칠 전에 시원(試院)에 제출한다.[35]

여기서 「사조」란 부친, 조부, 증조부, 그리고 외조부를 말한다.[36] 고려의 「족」(族)은 주자성리학에서 말하는 「종족」(宗族) 또는 「친족」(親族)과 달리 부계, 모계를 모두 포함하였다. 고려시대의 족보는 시간이 흐를수록 더 많은 조상을 기록하게 된다. 정치 변혁과 더불어 새롭게 부상한 권문세가와 신흥귀족들이 가문을 과시하기 위해 족보에 더 많은 조상들을 포함시키면서 「사조」는 「팔조」로 진화한다. 「팔조」는 조부와 증조부, 그리고 외조부의 「사조」, 그리고 처가의 「사조」를 일컫는 개념이었다.[37] 이처럼 고려시대에는 조상을 따질 때 부계 혈통만 따진 것이 아니라 모계 혈통은 물론 처가의 혈통도 따졌다.

고려 시대에는 아들과 딸에 대한 차별도 없었다. 형제자매는 가족 내에서 동등한 지위를 누렸다. 하지만 형제자매간의 평등은 권력이나 재산을 세습할 때 갈등의 원인이 되기도 했다. 정확한 세습 원칙이 없었기 때문에 문제가 생기면 아들, 딸, 그리고 그 자손들이 모두 같은 권리를 주장하였다. 왕위 세습도 마찬가지였다. 고려 초기 왕위 세습 과정에서 형제자매간 갈등이 무수히 벌어진 이유다.[38] 태조 왕건은 「훈요십조」(訓要十條)에서 장자 상속의 원칙을 세우고자 하였다.

셋째, 적자(嫡子)에게 나라를 전하는 것이 비록 상례(常禮)이기는 하나

단주(丹朱)가 불초(不肖)하므로 요가 순에게 선양한 것은 참으로 공정한 마음이었다. 만약 맏아들이 불초하거든 그 다음 아들에게 주고, 또 「그마저」 불초하면 그 형제 가운데 뭇사람들이 추대하는 왕자에게 물려주어 대통(大統)을 잇도록 하라.[39]

고려조에서 장자 승계의 원칙은 지켜지지 않았다. 오히려 형제간 왕위세습의 전통이 강했다.[40] 고려 20대 왕인 신종 (神宗, 1144~1204, 재위: 1197~1204)은 형 명종(明宗, 1131~1202, 재위: 1170~1197)으로부터 왕위를 물려 받으면서 금나라에 명종의 이름으로 아래와 같은 표문(表文)을 보낸다.

엎드려 생각해보건대 저는 능력도 없으면서 외람되게도 제후의 직책을 이어받아 동쪽 변방에서 오랫동안 상국(上國)의 교화를 받아왔습니다. 노년에 들어서면서 갑자기 병에 걸렸는데, 한쪽 다리가 불편하여 걸을 때에는 반드시 다른 사람의 부축을 받아야 하게 되었으며, 두 눈은 침침해져서 한 발짝 밖은 아예 보지도 못합니다. 나이 때문에 이렇게 되었으므로 약으로 고칠 수 있는 것이 아닙니다. 또 산더미 같은 국가 정무를 대하면 일의 경중[去取]을 가리는 데에도 혼미하니 혹시 상국의 사신이라도 온다면 영접하는 예의도 필시 지키지 못할 것입니다. 생각해보니 비록 작은 나라여도 임금의 자리는 하루라도 비워둘 수는 없는 것입니다. 일찍이 아버지께서 「모름지기 동생에게 왕위를 전하라.」고 하신 말씀이 귀에 남아있습니다. 이에 신은 제가 일찍이 형에게서 의탁을 받아 왕위를 이은 것처럼 이제 아우에게 이 중책을 맡기려고 합니다.[41]

고려시대에는 딸이 결혼을 해도 계속 가족의 일원으로 인정해주었다. 결혼 후 그대로 집에서 살 수 있었고, 남편의 집에 가서 살더라도 아무 때고 자신의 친정으로 돌아갈 수 있었다. 결혼 후에도 친정의 경제력에 기댈 수 있었고, 유산도 받을 수 있었다. 딸은 결혼할 때에 자신의 재산 몫을 「혼수」로 받는 대신 부모가 돌아갈 때까지 기다렸다가 재산을 상속하였다.[42] 이로써 고려의 여인들은 경제적 안정을 누릴 수 있었다.[43] 남자의 입장에서도 처가의 재산이 많은 경우에는 처가살이를 마다할 이유가 없었다. 본인뿐만 아니라 자식들도 처가의 재산을 상속받을 수 있었기 때문이다.[44]

3. 고려의 근친혼 풍습

종법제도의 토착화를 꾀하던 조선의 건국세력의 입장에서 볼 때 가장 심각한 문제는 고려의 근친혼 풍습이었다. 고려 시대에 근친혼이 얼마나 성행했는지는 고려 왕실의 결혼 풍습을 통해 확인할 수 있다. 태조 왕건은 왕권 강화를 위하여 수 많은 호족, 개국공신, 귀족, 토호들의 딸들과 결혼 하여 29명의 왕비로부터 아들 25명과 딸 9명을 낳았다. 그리고 왕실의 기반을 다지고자 자신의 첫째 딸과 막내 딸만 신라의 마지막 왕인 경순왕에게 결혼시키고 나머지 딸 7명은 다른 왕비들에게서 낳은 아들들, 즉 딸들의 이복 오빠나 남동생과 결혼시켰다.[45] 『고려사』는 이를 다음과 같이 묘사하고 있다.

태조(太祖)께서는 옛 것을 본받아 풍속을 교화하려는[化俗] 뜻이 있었지만, 그러나 토습(土習)에 익숙하여 아들을 자기 딸에게 장가보내면서 휘(諱)하여 「딸은」 그 외가의 성(姓)으로 칭하였다. 그 자손들도 가법(家法)으로 삼아서 괴이하게 여기지 않았으니, 안타깝도다![46]

태조의 아들인 고려 제2대 국왕 혜종(惠宗, 재위: 943~945)은 아버지 태조의 15번째와 16번째 왕비의 아버지인 개국공신 왕규(?~945)의 딸을 자신의 두 번째 왕비로 맞이하였다. 역시 태조의 아들인 고려 제3대 국왕 정종 (定宗, 재위: 945~949)은 아버지 태조의 17번째 왕비의 아버지인 후백제 출신의 박영규의 딸을 두명이나 왕비로 맞았다. 혜종과 정종은 각기 김능율의 딸들을 왕비로 맞이 하였다.[47] 혜종은 자신의 큰 딸을 자신의 이복동생인 고려 제 4대 국왕 광종(光宗, 재위: 949~975)과 결혼시킨다. 광종의 또 다른 왕비는 자신의 이복 여동생이었고 고려 제 5대 국왕 경종(景宗, 재위: 975~981)은 이들의 아들이었다. 고려시대에 왕과 왕자가 동성혼인을 한 사례는 63건이고 그 중에서 47건은 10촌 이내의 근친 간의 혼인이었으며 이복 남매간의 혼인도 10건이었다.[48] 이처럼 고려왕실은 근친혼 정책을 통해 왕실내부는 물론 귀족과 권문세가의 집안을 아우르는 강력한 씨족집단을 형성한다.

하지만 원나라의 정치적 간섭기를 거치면서 고려 왕실의 근친혼 풍습은 규제를 받게 된다. 원나라는 고려 왕실의 동성혼을 극구 반대했다.[49]

경술(庚戌) 원(元)에서 악탈연(岳脫衍)과 강수형(康守衡)을 파견해 왔다. 왕이 선의문(宣義門) 밖으로 나가서 맞이하였다. 조서(詔書)에 이르기를, 「그대 나라의 여러 왕씨(王氏)들은 동성(同姓)끼리 결혼을 하니 이것은 무슨 이치인가? 이미 우리와 한 집안[一家]이 되었으니 마땅히 우리와 통혼해야 할 것이다. 그렇지 않으면 어찌 한 집안이라는 의리라고 하겠는가?」[50]

원 세조 쿠빌라이(世祖 忽必烈, 1215~1294, 재위: 1260~1294)는 자신의 딸 제국대장공주(齊國大長公主, 1259~1297)를 고려 제25대 충렬왕(忠烈王, 1236~1308, 재위: 1274~1298, 복위: 1299

~1308)에게 시집 보낸다. 충렬왕과 제국대장공주 사이에 태어난 고려 제26대 국왕 충선왕은 1308년 즉위년 하교에서 외조부인 원 세조의 뜻을 받들어 동성이나 외사촌 간의 결혼을 금한다.[51]

앞서 지원(至元) 12년(1275) 세조(世祖) 황제의 은혜를 입어 아독인(阿禿因)을 보내와 성지(聖旨)를 전달하셨으며, 또한 지원 28년(1291)에는 내가 정가신(鄭可臣), 유청신(柳淸臣) 등과 함께 자단전(紫檀殿) 안으로 들어가 친히 세조황제의 성지를 받았도다. 성지에서 말씀하시기를, 「동성(同姓)끼리 통혼하지 못하는 것은 천하에 통용되는 이치이다. 하물며 그대 나라는 문자를 해독할 수 있으며, 공자의 도(道)를 행하고 있으니, 응당 동성과 통혼해서는 안 될 것이다.」라고 하셨도다. 그때 이수구(李守丘)가 유청신(柳淸臣)에게 전해 말하였으며, 또 정가신(鄭可臣)에게도 번역하여 전하였으나, 본국에서는 머뭇거리며 바꾸지 못하였다. 지금부터는 만약 종친이 동성과 혼인하는 경우 성지(聖旨)를 위반한 것으로 「죄를」 논할 것이니 마땅히 대대로 재상을 지낸 가문의 딸과 혼인하여 아내로 맞아들일 것이며, 재상의 아들은 종실의 딸과 혼인하라….. 남자는 종실의 딸과 혼인하고 여자는 종실의 아내가 될 수 있다. 문무양반(文武兩班) 가문은 동성과 혼인할 수 없으며, 외가(外家) 사촌에게는 구혼하는 것을 허락하노라.[52]

동시에 충선왕은 왕실과 통혼할 수 있는 가문의 명단도 발표한다.

신라왕손 김혼(金琿)의 가문은 또한 순경태후(順敬太后)와 큰 집, 작은 집 가문이며, 언양 김씨(彦陽 金氏) 일족, 정안임태후(定安 任太后) 일족, 경원 이태후(慶源 李太后)와 안산 김태후(安山 金太后), 철원 최씨(鐵原 崔氏), 해주 최씨(海州 崔氏), 공암 허씨(孔岩 許氏), 평강 채씨(平康 蔡氏), 청주 이씨(淸州 李氏), 당성 홍씨(唐城 洪氏), 황려 민

씨(黃驪 閔氏), 횡천 조씨(橫川 趙氏), 파평 윤씨(坡平 尹氏), 평양 조
씨(平壤 趙氏)는 모두 누대의 공신과 재상 가문이니 대대로 혼인할 수
있을 것이다.[53]

그러나 고려의 근친혼 관습은 쉽게 사라지지 않는다. 왕을 제외하고
는 고려 왕실내의 근친혼 관습은 고려 왕조가 끝날 때까지 지속된다.[54]

4. 처가살이한 조선 사람들

조선 개혁가들의 부단한 노력에도 불구하고 장가가는 결혼풍습은
물론 친가와 외가, 본가와 처가를 동등하게 대하는 전통은 조선 중기
까지 이어졌다. 조선 최고의 성리학자 율곡 이이(李珥, 1537~1584)
도 외가인 강릉 오죽헌에서 자란다. 율곡이 태어났을 때는 조선이 건
국된 지 이미 150년 가까이 되었을 때다. 오죽헌은 잘 알려진 대로 그
의 어머니 신사임당(申師任堂, 1504~1551)의 생가다.

그런데 잘 알려지지 않은 것은 오죽헌이 신사임당의 친가가 아닌
외가라는 사실이다. 신사임당의 아버지 신명화(申命和, 1476~1522)
는 처가의 지원을 받아 한양에서 오랜 동안 과거 공부를 하다 진사
(進士)에 합격한다. 하지만 당쟁으로 인하여 관직에 나갈 길이 끊기
자 강릉에 내려와 장인 장모를 모시고 살았다. 신사임당은 당시의 관
습대로 외가에서 태어나 아버지 신명화와 외할아버지 이사온의 사랑
을 한 몸에 받으며 자랐다. 신사임당의 남편이자 율곡의 아버지인 이
원수 역시 결혼 초기에는 오죽헌에서 살았다. 신사임당은 결혼 몇 달
뒤 친정 아버지 신명화가 세상을 떠나자 친정이자 외가인 강릉에서
3년상을 치른 후 친정과 시집인 경기도 파주를 오가는 생활을 했다.

신사임당이 그토록 높은 학식을 갖추고 시와 그림 등에서 뛰어난

재능을 발휘할 수 있었던 것은 외가에서 좋은 교육을 받으며 자랐고 결혼 후에도 외가겸 친정에서 생의 대부분을 보냈기에 가능했다. 신사임당의 아버지는 물론 남편까지도 외할아버지가 경제적 뒷받침을 해주었기 때문에 신사임당은 남편에 대한 경제적 우위를 유지하면서 자신의 삶을 주도적으로 살 수 있었다. 아직 종법제도나 남존여비사상이 확산되기 전이었기에 신사임당의 아버지 신명화는 유난히 영특했던 사임당 뿐만 아니라 자신의 다섯 딸 모두에게 최고 수준의 교육을 시켰다.

반면 신사임당보다 200여 년 늦게 태어난 사주당 이씨(師朱堂 李氏, 1739~1821) 는 신사임당 못지 않은 학식을 갖추었지만 신사임당과는 판이한 삶을 살았다. 사주당 이씨가 살았던 시대는 이미 주자 성리학적 질서가 깊이 뿌리를 내린 뒤였다. 사주당 이씨의 어린 시절 이름은 전해지지 않는다. 사주당 이씨는 넉넉치 않은 집에서 태어났지만 아버지의 사랑을 받으며 어린 시절 경학 공부에 전념하여 문중의 남자들 보다 출중하다는 평가를 들을 정도로 학문에 뛰어난 재능을 보였다. 하지만 아버지를 여의고 가난한 선비에게 시집 간 후 사주당 이씨의 삶은 고난의 연속이었다. 시어머니를 모시고 살면서 궁핍한 살림을 꾸렸고 남편이 먼저 세상을 떠난 뒤에는 어린 자식들을 홀로 키웠다. 찢어지게 가난하고 힘든 상황에서도 사주당 이씨는 손에서 책을 놓지 않았고 선비로서의 삶을 살고자 했다. 영조(英祖, 재위: 1724~1776)의 경연관이었던 송명흠(宋明欽, 1705~1768)은 사주당에 대해 「친척이 아니라 대면하지 못함을 한스럽게 여겼다」고 하였다.[55] 신사임당과 사주당 이씨가 이토록 다른 삶을 산 것은 그들이 살았던 시대가 너무나도 달랐기 때문이다. 세종이 추진한 성리학적 급진개혁의 결과로 탄생한 후기 조선은 전기의 조선과는 전혀 다른 나라였다.

외가에서 자란 것은 율곡만이 아니었다. 『조의제문』(弔義帝文)을 쓴 당대 최고의 예학자이자 조선 사림의 태두인 김종직(金宗直,

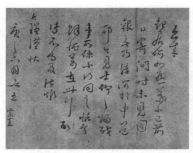
김종직의 편지

1431~1492)은 외가인 밀양에서 자라 처가가 있는 금산으로 장가갔다. 김종직의 부인과 아들의 묘는 금산에 위치한 창녕(昌寧) 조(曺)씨 가문의 선산에 있다.[56] 김종직 친가의 선산이 아닌 처가의 선산이다.

이언적(李彦迪, 1491~1553)과 퇴계 이황(退溪 李滉, 1501~1570) 역시 장가를 갔고, 처가로부터 큰 재산을 상속 받았다.[57] 조선 중기까지도 딸들은 물론 사위들도 아들들과 똑같이 재산을 상속 받을 수 있었다. 1611년 퇴계 이황의 손자, 손녀가 재산을 분배하면서 작성한 화회문기(和會文記)를 보면 종법제도가 자리잡아 가던 시기라 장자에게 가묘를 유지하고 제사를 지내라는 명목으로 더 많은 재산을 주지만, 딸들도 여전히 상당한 재산을 상속 받는 것을 볼수 있다.

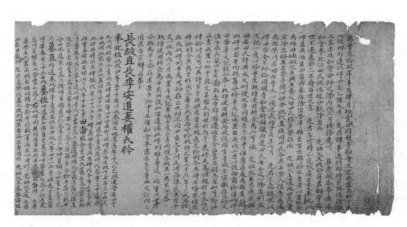
퇴계 가문의 화회문기

5. 제사를 거부한 조선 사람들

조선이 주자성리학적 질서를 확립하기 위해서 개국 초기부터 중점적으로 추진한 또 하나의 정책은 사당(祠堂), 즉 가묘(家廟)의 설립이었다. 절이 불교의 제례인 불공을 드리는 곳이고 교회는 기독교의 제례인 예배를 드리는 곳이라면 사당은 유교의 전례인 제사를 드리는 곳이다. 그러나 조선 초기 사람들은 사당이 뭔지, 조상의 위패가 뭔지, 제사가 뭔지 알지 못했다. 당시만 해도 종교의식은 물론 결혼과 장례 등 일상의 모든 전례와 의식들이 불교식으로 이루어졌기 때문이다.

1397년(태조 6) 4월 25일 가묘의 설치와 제사를 권하는 상소가 올라온다.

> 사대부(士大夫)의 가묘(家廟)의 제도가 이미 영갑에 나타나 있는데, 오로지 부도(浮屠)를 숭상하고 귀신을 아첨하여 섬겨, 사당을 세워서 선조의 제사를 받들지 않으오니, 원컨대 지금부터는 날을 정하여 사당을 세우게 하되, 감히 영을 어기고 오히려 예전 폐습을 따르는 자가 있으면 헌사(憲司)로 하여금 규리(糾理)하게 하소서.[58]

백성들이 「부도」즉, 불교를 숭상하고 귀신을 섬기는 무속에 빠져 조상에 제사 지낼 사당을 세우지 않음을 한탄하면서 명령을 어기면 형벌로 다스리라는 상소다.

1401년(태종 1) 12월 5일 대사헌 이지(李漬) 역시 비슷한 내용의 상소를 올린다.

> 가묘(家廟)의 법은 엄하게 하지 않을 수 없습니다.... 부도(浮屠)의 속화설(速化說)이 행해지면서부터 남의 자식된 자는 간사한 말에 혹하

여, 부모가 죽으면 부처에게 천거하여 천당(天堂)에서 산다고 생각하고, 상(喪)을 마친 뒤에는 공허(空虛)한 것에 붙이고 다시 사당[廟]을 세워 섬기지 않으니, 그러므로, 국가에서 풍속이 날로 박(薄)하여지는 것을 염려하여 매양 명령을 내리매, 반드시 가묘(家廟)의 영(令)을 먼저 하여 백성의 덕이 후한 데로 돌아가게 하려고 한 지가 이미 여러 해가 되었습니다. 그러나, 즐겨 행하는 자가 없으니, 대개 이단의 사설(邪說)이 굳어져서 깨뜨릴 수 없고, 또는 시설(施設)하는 방법을 알지 못하기 때문입니다.[59]

5년 후인 1406(태종 6)/6/9일 기사를 보면 대사헌 허응(許應, ?~1411)이 여전히 사당 설치에 대한 상소를 올린다. 사당을 설치할 시한을 또 연장하고 그래도 말을 듣지 않으면 벌을 내리라는 내용이다.

이제 가묘(家廟)를 세운자가 백 사람에 한 두 사람도 안되고, 나라의 법령을 따르지 아니하고도 예사로이 부끄러워하지 아니하니, 조금도 사람의 자식 된 뜻이 없습니다. 원하건대, 중외(中外)에 가묘를 세워야 할 자들로 하여금 금년을 기한으로 하여 독촉하여 세우게 하고, 만일 따르지 아니하는 자가 있거든, 경중(京中)에서는 본부(本府)에서 외방에서는 감사(監司)가 자세히 살펴서 논죄하게 하소서.[60]

가묘 건립 정책이 별다른 성과를 거두지 못하자 조선 조정은 불교를 본격적으로 탄압하기 시작한다. 조선의 사대부들과 백성들로 하여금 사당에서 조상의 위패를 모시고 제사를 드리게 하기 위해서는 불교 의식이 거행되는 불교사찰들을 철폐하고 승려들을 강제로 환속시켜 버림으로써 전통 불교식 제례를 거행할 수 없도록 해야했다.
1406년(태종 6), 태종은 전국의 3천 개에 달하는 불교 사찰 중 11

개 종단 242개만 남겨놓고 모두 강제로 폐쇄시킨다.[61] 사사전(寺社田), 즉 사찰에 속한 토지를 몰수하고 절에 속한 8만 명의 노비를 풀어줌으로써 불교의 경제적 기반을 무너뜨린다. 전례가 없는 종교탄압이었다. 세종은 더욱 과격한 억불 정책을 펼친다. 1424(세종 6), 세종은 태종이 11개로 축소시킨 종단을 다시 선종과 교종의 두 종단으로 통폐합시키고, 각 종단에 18개씩 총 36개의 사찰만 허용하고 나머지를 모두 폐쇄한다.[62] 가묘건립을 강제하는 정책은 이처럼 불교를 철저하게 탄압하는 정책과 동시에 진행되었다.

태종과 세종의 불교 탄압으로 인하여 수 많은 사찰들이 폐쇄되었고 그 중 일부는 유생들이 차지하여 서원으로 탈바꿈시켰다. 서원의 건물 배치 구조가 불교 사찰의 배치도와 꼭 같은 이유다. 오늘날 국립경주박물관에 가보면 머리가 없는 불상들을 많이 볼 수 있는데, 몽고나 일본 등 외적의 침입에 의해서 훼손된 것도 있으나 조선 초기의 억불 정책 때 훼손된 것이 대부분이다. 사찰을 폐쇄하면서 유생들이 불상들을 우물에 빠뜨리거나 도끼나 몽둥이로 훼손하였는데 이 과정에서 불상의 가장 약한 부분인 목 부분이 부러졌기 때문이다.

대대적인 억불 정책에도 불구하고 가묘의 설치와 제사 권장 정책은 좀처럼 뿌리를 내리지 못한다. 1427년(세종 9) 2월 10일 기사를 보면 예조가 다음과 같은 보고서를 올린다.

대소 인원(大小人員)의 가묘(家廟) 제도는 여러 번 교지(教旨)를 받아 법을 마련하였으나, 근년 이래로 고찰(考察)이 없으므로 인하여, 서울과 지방에서 가묘를 세우지 않고 신주(神主)를 만들지 않는 사람이 자못 많이 있습니다. 청하건대 거듭 밝혀서 2품 이상은 오는 무신년으로, 6품 이상은 오는 경술년으로, 9품 이상은 오는 계축년으로 기한을 삼아 모두 가묘를 세우게 하고, 그 주묘(主廟)의 가사(家舍)는 주제(主祭)하는 자손에게 전하고 다른 사람에게 주지 말도록 할 것이며, 전과 같이 가묘를 세우지 않고 신주를 만들지 않는 사람은, 서울에서는 사헌부가, 외방(外方)에서는 감사가 일정한 때가 없이 고찰(考察)하여 풍속을 바로잡도록 하소서.[63]

4년 후인 1431년 (세종 13) 11월 11일 『세종실록』을 보면 이제 대부분의 집안에 가묘는 세워졌지만 제대로 된 제사를 지내기 위해 꼭 있어야 하는 신주를 사당 안에 모셨는지는 알 수 없는 상황이다.

임금이 이긍에게 이르기를, 「서울과 지방의 사대부와 서인의 집에 모두 사당을 세웠는가. 비록 사당을 세웠더라도 신주를 설치하지 않고 제사를 지낸다면 한갓 빈 그릇이 될 뿐인 것이다.」하니, 이긍이 대답하기를, 「사당은 이미 일정한 기한이 있으므로 모두 이를 세웠지마는, 신주를 설치했는지 아니했는지는 신은 알지 못합니다.」하였다. 임금이 말하기를, 「예조에서 상고해서 아뢰도록 하라.」하였다.[64]

1432년 (세종 14) 2월 2일에는 예조가 평민과 아전들의 가묘 설치에 대한 보고서를 올리고 있다. 왕실과 사대부들 사이에서는 이제 어느 정도 사당을 세우는 것이 보편화되었지만, 일반 백성과 아전들 사이에서는 그렇지 않았다.

「지금 크고 작은 인민과 아전들 중에는 가묘를 세우지 않은 자가 상당히 많습니다. 청컨대, 헌부로 하여금 오는 갑인년 정월을 시작으로 하여 그 일을 봉행하지 않는 자를 조사하게 하여, 일찍이 내린 교지에 의거하여 처벌하게 하소서. 그 중에 집이 가난하여 노비가 없고 살고 있는 집이 10간을 넘지 않는 자와, 여염(閭閻)의 사이에 집터가 3, 4부(負) 이하인 자에게는 한 간을 세우는 것을 허가하고, 그 힘이 부족하여 세울 수 없는 자와 본래부터 의관한 사족(士族)의 집안이 아닌 자는 당

분간 그 침실(寢室)에서 제사 지내게 하소서.」하니, 그대로 따랐다.[65]

불교를 믿던 조선의 백성들에게 가묘를 세우고 조상에 대한 제사를 지내는 것은 생소하고 부자연스러운 일이었다. 이는 가묘 건립을 강력하게 추진한 조선 초기의 왕들의 경우도 마찬가지였다. 태조는 물론 세종을 포함한 조선 초기의 왕들은 개인적으로는 독실한 불교 신자들이었다. 새 도읍을 정하는 국가 대사에서부터 지극히 사적인 일에 이르기까지 태조 이성계를 최 측근에서 보좌한 사람은 다름아닌 불교승 무학대사(無學大師, 1327~1405)였다. 세종은 중전 소헌왕후(昭憲王后, 1395~1446)가 세상을 떠나자 슬픔을 달래기 위하여 석가의 일대기를 서술한 『석보상절』(釋譜詳節)의 편찬을 명한다. 본인이 지은 『월인천강지곡』(月印千江之曲)도 불교 찬가다. 세조 역시 독실한 불교신자였다. 부친의 명을 받들어 『석보상절』 편찬을 주도하였고 말년에 불치의 병에 걸리자 더욱 불교에 의지한다.

불교 교육을 전혀 받지 않고 새로 도입된 주자성리학 교육만 받고 즉위한 왕은 성종(成宗, 1457~1494, 재위: 1470~1494)이 처음이다. 그 이전까지 조선의 왕들은 개인적으로는 불교를 신봉하면서도 국가의 지도자로서 새 나라가 필요로 하는 주자성리학이라는 새로운 사상과 제도를 도입하기 위해 조선의 개혁이 궁극적으로 성공할 수 있었던 이유다. 자신들의 종교까지 탄압하면서 개혁을 추진하였다.

제1부 - 제2장
주자성리학의 정치경제

1. 중국의 강남 개발

2. 강남농법과 송의 경제혁명

3. 송대의 국가-시장 관계

4. 송의 영화

제1부 - 제2장

주자성리학의 정치경제

송(宋, 960~1279)은 중국 문명을 재해석하고 재정립한다. 송은 농업 혁명과 산업 혁명, 상업 혁명을 일으켜 당시 세계에서 가장 부유한 나라를 건설한다. 송학(宋學)은 정치, 경제, 사회, 문화, 철학과 사상 전반에 걸쳐 새로운 문명의 기준을 세운다.[1] 송의 영화(榮華)가 가능했던 것은 역설적으로 북송이 거란의 요나라와 여진의 금나라에게 「강북」, 즉 양쯔강(楊子江,양자강) 이북의 「중원」(中原)을 빼앗기면서 중국문명의 중심이 「강남」(江南), 즉 양자강 남쪽으로 옮겨갈 수밖에 없었기 때문이다. 당(唐)대에 일어난 안녹산의 난(755~763)으로 강북이 황폐화되면서 시작된 강남으로의 인구 대이동은 송대에 이르러 절정에 달한다.

강남으로의 강제 이주는 수자원이 풍부하고 비옥한 양쯔강 유역의 본격적인 개발로 이어진다. 특히 양쯔강 삼각주에서는 기술발달로 대규모 토목사업을 통한 치수가 이루어지고 이앙법(모내기), 시비법(거름주기), 객토법(토양 개량법)등 첨단 농법이 개발되면서 농업 생산성이 폭발적으로 증가한다. 송대의 농업 혁명은 막대한 경제적 잉여를 창출하면서 중국 경제의 본격적인 상업화와 도시화를 가져온다. 그리고 대단위 철 생산을 기반으로 하는 산업 혁명은 경제와 사회는 물론 군사 문화도 획기적으로 발전시킨다.

송대의 폭발적인 경제 성장으로 중국의 강남은 풍요의 상징이 된다. 「친구 따라 강남 간다」라는 속담에서 말하는 「강남」은 바로 양쯔강 이남의 강남을 뜻한다. 「흥부전」의 제비가 겨울이 되면 날아가서

봄이 되면 박씨를 물어오는 곳도 중국의 강남이다. 한국 사람들에게는 미국이 풍요의 상징이요 정치, 경제의 이상을 제시한다. 조선 사람들에게는 중국의 강남이 이상향이었다.

송의 경제 혁명은 국가와 시장, 나라와 개인의 관계를 근본적으로 재설정한다. 양자강 유역의 비옥한 지역이나 대도시와 척박한 내륙 간의 심각한 빈부격차는 국가 경제 정책을 둘러싼 격렬한 논쟁과 함께 왕안석의 「신법」(新法)과 같은 과감하고 획기적인 정책적 실험을 낳기도 한다. 남송의 주자(주희, 朱熹, 1130~1200)에 의해서 집대성되는 주자성리학은 이러한 정치경제를 배경으로 태동한다.

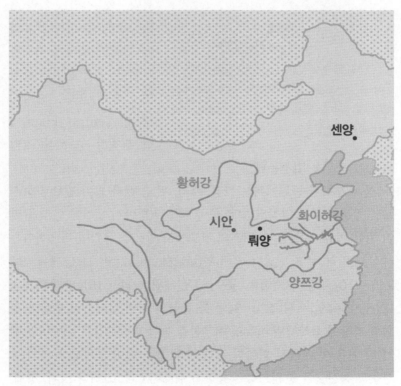

중국 문명의 발상지인 황허 유역

중국의 대운하

1. 중국의 강남 개발

중국 문명의 발상지는 황허(黃河, 황하) 유역이다. 진(秦, BC 221~206)에서 수(隋, 581~619), 당(唐, 618~907)에 이르기까지 중국의 역대 왕조는 모두 시안(西安, 서안, 長安, 옛 장안), 뤄양(洛陽, 낙양) 등 황허강 유역에 위치한 도시에 수도를 두었다. 중국 문명의 중심인 「중원」(中原, 중앙의 평원, Central Plain)이란 황허강 중-하류 지역의 넓은 평원을 일컫는다.

물이 부족한 중원에서는 기장, 보리, 밀 등 물을 많이 필요로 하지 않는 곡물이 주로 경작되었다. 중국 북부 지방에서 밀가루 음식을 많이 먹는 이유다. 물론 송 이전의 왕조들도 양쯔강 유역이 비옥하다는 사실은 익히 알고 있었다. 진시황(秦始皇, BC 259~210, 재위: BC 246~210), 수양제(隋煬帝, 569~618, 재위: 604~618), 당태종(唐太宗, 599~649, 재위: 626~649) 등 중국의 역대 황제들이 대운하 건설과 확장에 집착했던 이유도 대운하를 통하여 양자강과 화이허강(淮河,회하)을 잇고 다시 화이허 강과 황허 강을 이어 양쯔강 유역의 농산물과 특산물을 중원으로 수송하기 위해서였다. 그러나 정치, 경제, 사회, 문화의 중심은 늘 「중원」, 즉 양쯔강 이북이었다.

중국 문명의 중심이 강남, 양쯔강 이남으로 이동하기 시작한 것은 당 말의 혼란기부터였다. 번영하던 당은 안녹산의 난(755~763)으로 갑자기 기울기 시작한다. 안녹산(安祿山, 703~757) 은 오늘의 북경을 중심으로 평로, 범양, 하동 등 삼도의 절도사(節度使)로 휘하에 18만 대군을 두고 있었다. 절도사는 당의 6대 황제 현종(玄宗, 685~762, 재위: 712~756)이 변방을 지키기 위해 도입한 군사제도였다. 초기의 당은 영토를 급속하게 확장하면서 이를 보다 효과적으로 통치할 수 있는 군사 행정 제도가 필요했다. 특히 중국 역사상 가장 모범적인 치세의 하나로 일컬어지는 「정관의 치」(貞觀之治)를 이룬 당의 제2대 황제 태종은 영

토확장에도 힘을 기울여 당을 당시 세계 최대, 최강의 대국으로 키웠다. 비록 안시성(安市城) 전투에서 패하여 고구려 정벌의 꿈은 버려야 했으나 당태종은 토번(吐蕃,현재의 티베트)과 안남(安南,베트남)을 정복하고 서역(西域,신장)을 넘어 중앙아시아로까지 영토를 넓혔다. 현종은 태종이 정복한 변방 지

567 ~ 573년경에 제작된 북제(北齊) 시대의 부조에 그려진 소그드인들의 모습

역을 10개의 도로 나눠 각 도에 절도사를 두어 지키도록 하였다.

각 절도사는 적게는 1만 5천, 많게는 7만 5천에 이르는 병력을 지휘하였다. 병력은 모병제를 통해서 충당하였고 군사들은 둔전(屯田, 변경이나 군사 요지에 주둔한 군대의 군량을 마련하기 위하여 군사들에게 나눠주는 토지)과 포목, 동전을 지급받았다. 만리장성 내에 위치한 도의 절도사에는 문관이 임명되었지만 장성 밖의 도를 통치하는 절도사는 주로 군인이 맡았다.

안녹산

당현종

말에 오르는 양귀비

　절도사는 당의 드넓은 영토를 돌궐, 토번, 거란, 말갈, 여진 등 수많은 북방민족으로부터 지키기는 데 있어서 매우 효과적인 제도였다. 문제는 절도사가 하시라도 군벌로 변질 될 수 있는 모든 조건을 갖추고 있었다는 점이다. 절도사들의 지휘하에 있는 직업군인들은 가족과 함께 둔전을 경작하며 독자적인 경제력을 갖추고 거대한 병영 사회를 형성했다. 외적과 끊임없는 전쟁을 치르면서 이들은 절도사들에게 막강한 군사적, 정치적 기반을 제공해 주었다. 중앙정부의 손

李昭道 明皇幸蜀图, 촉으로 향하는 현종의 일행,
11세기 송대의 그림

길이 닿기 힘든 먼 변방의 절도사의 경우가 특히 그랬다. 따라서 야심이 있거나 조정에 불만이 있는 절도사라면 언제든지 조정에 반기를 들 수 있었다. 이러한 우려는 안녹산의 난으로 현실화 되었다.

안녹산의 아버지는 이란계 소그드인이었고 어머니는 돌궐족이었다. 안(安)이라는 성은 소그디아나의 부하라(Bukhara, 지금의 우즈베키스탄)를 가리키는 중국식 이름에서 유래했고, 녹산(祿山)이라는 이름은 빛을 의미하는 이란어 로우샨(rowshan)을 중국식으로 표기한 것이다. 그가 속했던 부족의 지도자인 카파간 카간(Kapaghan Khagan)이 716년에 죽자, 안녹산의 일족은 혼란을 피하여 중국으로 망명한다.

안녹산은 당시 배상(拜相, 당 시대의 최고 관직)으로 최고 권력을 휘두르던 이임보(李林甫, 683~753)의 후원으로 출세 가도를 달리면서 현종의 애첩인 양귀비(楊貴妃, 본명 양옥환,楊玉環,719~756)의 양자까지 된다. 그러나 753년 이임보가 죽고 양귀비의 사촌 오빠 양국충(楊國忠, ?~756)이 배상의 자리에 오르자 안녹산은 양귀비, 양국충을 상대로 권력투쟁을 벌인다. 결국 양귀비와 양국충이 현종의 신임을 얻게 되자 입지가 위태로워진 안녹산은 755년 난을 일으킨다.[2]

당 조정은 위구르와 토번 군의 도움으로 763년 간신히 난을 평정한다. 이 과정에서 당은 태종이 정복했던 서역과 토번의 영토를 모두 잃는다. 보다 심각한 것은 경제적 타격이었다.

6년에 걸친 전란으로 중원은 초토화된다. 안녹산의 난이 일어나기 직전인 755년의 호구조사에 의하면 당의 인구는 52,919,309명이었고 세금을 내는 가구는 8,914,709호에 이르렀다. 그러나 난이 평정된 이듬 해인 764년의 호구조사에 의하면 인구는 16,900,000명에 세금을 내는 가구는 2,900,000호로 격감한다. 6년 사이에 인구가 3천 6백만 감소하였다. 어떤 학자는 이를 인류역사상 최악의 학살이었다고 한다.[3] 물론 3천 6백만이 모두 전쟁으로 희생된 것은 아닐 수도 있다. 우선 전란으로 세금을 낼 수 있는 가구숫자가 격감할 수 밖에 없었고, 많은 영토를 상실하였기 때문에 절대 인구 역시 감소할 수 밖에 없었다. 또한 전란으로 호구조사 통계를 포함한 방대한

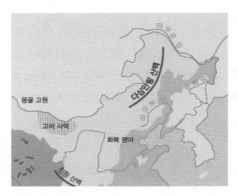

다싱안링 산맥

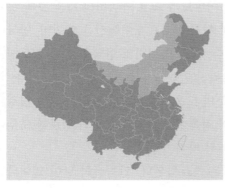

화베이(화북)

양의 정부 서류와 문건이 소실되고 중앙정부의 행정제도가 붕괴되었다는 사실로 참작할 필요가 있다. 그럼에도 불구하고 안녹산의 난은 중국 역사상 가장 처참했던 내전 중 하나였음은 이론의 여지가 없다. 안녹산의 난이 일어난지 백년이 지난 855년의 호구조사에서도 중국의 호구수는 난 직전의 절반에 불과한 4,955,151호로 집계되고 있다.

안록산의 난으로 국력이 쇠하기 시작하면서 근근이 명맥을 이어가던 당은 황소의 난(875~884)으로 907년 멸망한다.

당의 마지막 황제인 애제(哀帝, 892~908, 재위: 904~907)는 소금 밀수꾼 출신인 절도사 주전충(朱全忠, 852~912)에 의해 폐위된다. 같은 해 거란의 야율아보기(耶律阿保機, 遼太祖, 872~926, 재위: 916~926)는 요(遼, 916~1125)를 세운다. 만주의 대평원과 몽고를 가르는 다싱안링(大興安嶺, 대흥안령) 산맥의 동쪽에서 발흥한 거란족은 당 말기의 혼란을 틈타 동북아의 패권국으로 급부상한다. 요는 926년 발해를 멸망시키고 고려와는 전쟁과 화친을 거듭하면서 후방을 안정화시킨 후 만리장성을 넘어 중원을 넘보기 시작한다.

중원에서는 당의 멸망 후 오대십국(五代十國)의 혼란기가 도래한다. 907년~979년 사이에 화베이(華北, 오늘의 베이징시, 톈진시, 허베이성, 산시성, 내몽골 자치구에 해당하는 지역으로써 화이허강(淮河,회하) 이북을 칭한다) 에서는 후량, 후당, 후진, 후한, 후주 등의 「오대」가 명멸하였고 화중(華中)과 화난(華南,화남)에서는 오월, 민, 형남, 초, 오, 남당, 남한, 북한, 전촉, 후촉 등의 10국이 흥망을 거듭한다.

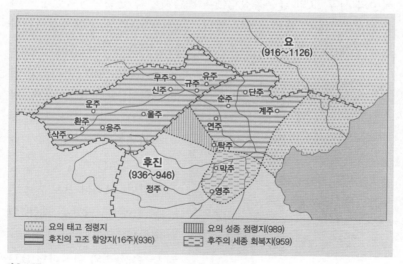

연운 16주

금 태조, 완안아골타

후당 명종의 사위였던 석경당(石敬瑭, 892 ~942)은 요의 도움으로 장인을 폐위시키고 후진(後晉, 936~946)을 창업한다. 938년, 석경당은 자신의 건업을 도와준 대가로 요에게 연운 16주(燕雲十六州)를 양도한다. 연운 16주는 오늘날의 톈진(天津, 천진)에서 산시성을 가로질러 몽골 초원과 중원을 가로막는 산줄기를 따라 형성된 지역으로 만리장성의 거의 대부분이 위치한 지역이다. 이로써 북방 이민족의 침략으로부터 중원을 지키기 위해 역대 왕조가 국력을 기울여 끊임없이 확장, 보수하면서 유지해온 만리장성은 거란의 손에 넘어가고 요는 중원을 공략할 발판을 마련한다.

951년, 「오대」의 마지막 왕조인 후주(後周, 951~960)의 창업주인 시영(柴榮, 세종, 921~959, 재위: 954~959)은 연운 16주를 되찾고자 군사를 일으키지만 959년 숙원을 이루지 못하고 급사한다. 세종의 사후 그의 금군총장령(禁軍總將領), 즉 근위대장이었던 조광윤(趙匡胤, 태조, 927~976, 재위: 960~976)은 세종의 7살 난 아들 시종훈(柴宗訓, 공제, 953~968, 재위: 959~960)의 양위로 960

휘종

남송 고종

년 송(宋, 960~1279)을 창업한다. 송은 형남, 후촉, 남한, 남당, 오월 등을 모두 복속시키면서 오대십국시대에 종지부를 찍고 중원을 통일한다. 그러나 요로부터 연운 16주를 되찾는 데는 실패한다.

송,고려와 대적하던 요나

휘종의 오색앵무도

라는 100여 년 만에 여진족이 세운 금(金, 1115~1234)에게 멸망한다. 여진의 완안 아골타(完顔阿骨打, 金太祖, 1068~1123, 재위: 1115~1123)는 1115년 국호를 대 금(大金)이라 하고 송나라와 손잡은 후 1125년, 송과 협공하여 요를 멸망시킨다. 요를 멸망시킨 금은 곧바로 송을 공격하 여 1127년 1월 9일 북송의 수도 카이펑

휘종이 그린 앵무도, 일본의 국보로 지정되어 있다.

을 함락시킨다. 금군이 수도로 진격해 오 자 북송의 제 8대 황제 휘종(徽宗, 1082~1135, 재위: 1100~1125) 은 큰아들 흠종(欽宗, 1110~1161, 재위: 1125~1127)에게 양위 하 고 자신은 상황(上皇)으로 물러난다. 그러나 금군은 휘종과 흠종은 물 론 황실 가족 3천 명을 생포하여 금의 수도인 상경회령부(上京會寧府, 오늘 의 헤이룽장성 아청현)로 압송한다. 휘종은 끝내 풀려나지 못하고 1135 년 상경회령부에서 죽는다.

　북송이 멸망하자 휘종의 둘째 아 들이자 흠종의 동생인 강왕(康王) 조

중국 항저우의 악비장군 사당

구(趙構, 1107~1187)가 강남으로 도망하여 1127년 난징(南京, 남경)에서 즉위하니 그가 송의 제10대, 남송의 초대 황제 고종(高宗 1107~1187, 재위: 1127~1162)이다. 금과의 전쟁을 지속하던 남송은 1141년 금과 소흥화의(紹興和議)를 체결한다. 이 강화조약의 조건으로 남송은 화이허강 이북의 모든 영토를 금에게 양도하고 이에 반대하는 명장 악비(岳飛, 1103~1141)를 처형한다. 또한 송은 금에게 1164년까지 매년 은 25만냥과 비단 25만필을 조공으로 바치기로 한다. 송은 평화를 얻는 대가로 금의 조공국이 된다.

755년, 안녹산의 난으로 시작된 전란은 당의 멸망과 오대십국 시대를 거쳐 1141년 송이 화이허강 이북의 중원을 후금에게 빼앗기고 굴욕적인 강화조약을 맺을 때까지 무려 400년간 지속된다. 이 과정에서 강북은 초토화되고 중원의 인구는 대거 강남으로 이동한다. 당 중엽인 750년경만 하더라도 중국 인구의 75%가 강북에 살았지만 남송 시대인 1250년에 이르면 중국 인구의 75%가 강남에 살게 된다.

광시성의 계단식 논

2. 강남농법과 송의 경제 혁명

강남에 정착한 송은 「강남농법」이라
불리는 첨단 농업기술을 개발한다. 중국
의 농법은 당 말기와 오대십국 시대까지
만 해도 「자연주의 농업」이었다.[4] 『제민요
술』(齊民要術)등 당시의 농서에 의하면 중
국은 아직도 휴한법(休閑法)을 극복하지
못하고 있었다. 즉, 일 년 동안 농사를 짓
고 나면 지력을 회복시키기 위해서 농지
를 1~2년간 놀려야만 했다. 휴한법을 극

왕안석

복하지 못하는 한 농업 생산성을 높이는 데는 근본적인 한계가 있었
다. 강남농법은 중국에서 처음으로 자연주의 농법의 한계를 극복한
획기적인 신농법이었다.

송대 농업 혁명의 가장 중요한 계기는 치수 기술의 발달이었다.
양쯔강 유역에 대규모 간척 제방을 쌓아 바닷물을 빼는 한편 강물을
대기 시작하면서 삼각주의 늪지대가 광활한 농토로 변한다.[5] 타이후
(太湖, 태호) 주변 농지를 개간하기 위하여 배수를 하고 우쑹강(吳淞
江, 오송강)의 흐름을 바꾼 것도 이때다.[6] 한편 내륙의 산과 언덕에서
는 빗물을 저장하는 저수조를 개발하고 강의 방향을 자유자재로 바
꾸고 수차로 이를 고산지대로 길어오르는 기술이 개발되면서 대규
모 계단식 논(梯田)이 축조된다. 이 과정에서 수많은 종류의 수차가
발명되고 정부는 이를 적극적으로 보급한다.[7] 북송의 왕안석(王安石,
1021~1086)은 신법(新法) 정책에 따라 1만 1천개 이상의 관개 치수
사업을 추진한다.[8] 당시 건설한 저수지 중에는 둘레가 45km에 달하
는 것도 있었다.[9] 이러한 투자를 통하여 북송 말기에만 양쯔강 삼각
지 유역에 1천 1백만 헥타르의 농지를 개간한다. 농지 개간은 남송

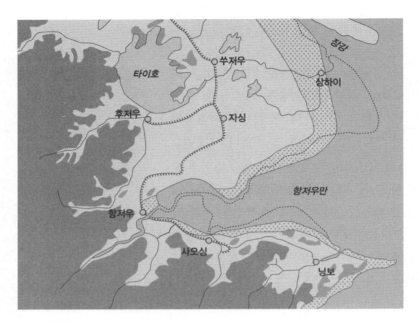

양쯔강 삼각주

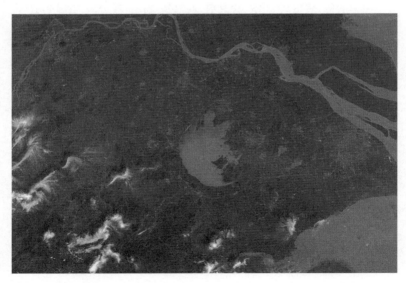

양쯔강 삼각주의 위성사진

에서도 계속되고 이때는 특히 중앙정부 대신 토지를 소유한 개인들의 투자로 이루어진다.[10]

대규모 농지 확장이 이루어지면서 새로운 농업 기술이 속속 개발된다. 강남농법은 원래 저장(浙江, 절강), 안후이(安輝, 안휘), 장시(江西, 강서)등 양자강의 충적토가 쌓여 있던 지방의 농부들에 의해서 개발되었다. 관개용수를 위한 저수지와 계단식 논의 축조, 심경(深耕), 제초기술 등은 모두 이 지역에서 개발되었다.

특히 「이앙, 移秧」, 즉 모내기 기술의 개발은 혁명적인 변화를 가져온다. 모판에서 먼저 모를 키운 후에 논으로 옮겨 심기 때문에 잡초를 제거하거나 병충해로부터 벼를 보호하는데 드는 노동력이 절감된다. 모내기를 할 때 일정한 간격으로 모를 심기 때문에 벼를 관리하기도 훨씬 수월해진다. 또, 모내기를 하기 전까지 비어 있는 논에 다른 작물을 심어서 토지를 더 효율적으로 사용하게 되고 논에 물을 대는 기간이 줄어들어 관개수를 절약할 수 있다.

시비법과 객토법도 획기적으로 발달한다. 강남에서는 축분(畜糞)을 비료로 사용하던 기존의 시비법에 더해 인분도 비료로 사용하기 시작하면서 농토의 소진된 지력을 더 빨리 회복시킬 수 있게 되었다. 저습지대의 기름진 진흙을 농토에 섞는 객토법도 개발된다. 이러한 기술들을 총망라한 강남농법은 고도의 정밀성을 요구했다. 농사짓는 과정도 그만큼 복잡했다. 당시 양쯔강 삼각주에서는 논농사를 짓기 위해 우선 볍씨를 가축의 뼈를 달인 물에 담궜다가 모판에 심었다. 논은 토질이 부드러워지도록 가을과 겨울에 걸쳐 최소 2~3번 깊게 갈아 엎은 후 나무재로 덮어 놓았다. 초봄까지 쟁기로 다시 여러 차례 논을 갈아 엎고 축분, 인분과 마 줄기를 섞어서 만든 비료를 주었다. 볍씨를 심은 다음에는 흐르는 「생수」를 논에 댔다.[11]

안남, 즉 월남에서 재배되고 있던 우량 품종이었던 「참파벼」(Champa rice)가 중국에 본격적으로 보급되기 시작한 것도 이때다. 참파벼는

송대의 모내기

송대의 수차

병충해 피해가 적었고 특히 가뭄의 피해가 적었다. 토질이 그다지 좋지
않은 논에서도 잘 자랐고 또 빨리 익었다. 참파벼가 중국에 소개된 것
은 당태종이 안남을 정복하고 인도차이나 반도의 절반이상을 중국의 영
토에 편입시키면서였지만 본격적으로 재배되기 시작한 것은 송대였다.

새로운 벼 품종도 개발되었다. 당대까지 재배되던 벼의 품종은 모두 사라지고 송대에선 새로 개발된 품종들만 재배되었는데 당시 강남의 한 현에서는 찰기(糯, glutinosity)가 중급인 벼 21개 품종, 찰기가 높은 벼 8종, 찰기가 낮은 벼 4종, 기타 품종 10개가 재배되고 있었다고 기록되어 있다.[12] 새로운 벼 품종의 도입과 개발로 송대에는 쌀의 이모작, 또는 쌀과 보리의 겸작이 가능해졌다. 남부로 내려갈수록 이모작과 삼모작은 보편화 되었다.[13]

송대의 강남에서는 토양과 기후, 경제적인 조건에 적합한 다양한 종류의 곡물을 재배하면서 가뭄이나 홍수에 의한 작물 피해도 줄일 수 있었다. 이러한 사실은 주희가 가뭄으로 피해를 입은 저장성의 신창현(新昌县)을 방문한 후 제출한 보고서를 통해서도 확인할 수 있다.[14]

7월 16일에 메뚜기를 보러 다시 논밭에 갔더니, 큰 메뚜기는 많지 않

송대의 물레방아

고 작은 메뚜기가 아직 많았습니다. 그 땅은 대부분 메말라 있었고, 중도(벼의 한 품종)는 이미 다 익었습니다…. 19일에 신창현에 도착했는데, 그날 오후부터 큰 비가 밤새도록 쏟아졌습니다. 신창현은 그전에도 가뭄 때문에 올벼(벼의 한 품종)를 거두지 못했고, 중도와 늦벼(벼의 한 품종)의 논 역시 가뭄으로 말라있었습니다. 그러나, 이번 달 중순부터 비가 연일로 와서 논에 물이 차기 시작했기 때문에, 중도와 늦벼 수확이 희망적입니다.[15]

강남농법의 획기적인 생산성 증대를 가능케 한 또 다른 요인은 송의 산업 혁명으로 인하여 철제 농기구가 광범위하게 보급되었기 때문이다. 송의 농민들은 20세기 초반 중국의 농민들보다 철제 농기구를 더 많이 사용하였다.[16] 특히 논농사에 적합한 쟁기의 발명은 생산성 증대에 결정적인 역할을 한다. 북방의 건조한 지방에서의 밭농사는 쟁기 하나를 끄는 데 평균 3마리의 들소가 필요했으나 강남에서는 논농사에 맞는 쟁기가 발명되면서 소 한마리가 쟁기를 거뜬히 끌수 있게 되었다.[17]

일반적으로 벼농사는 보리나 밀농사보다 노동력이 많이 들지만 송대에는 강남농법의 발전으로 오히려 동일 면적의 토지에서 보리나 밀을 재배했을 때보다 5배 더 많은 식량을 생산할 수 있게 된다.[19] 강남농법의 발전으로 인하여 중국에서는 처음으로 밀가루와 보리대신 쌀이 주식이 된다.[18]

3. 송대의 국가-시장 관계

송대의 경제 발전은 국가와 경제, 국가와 개인의 관계도 근본적으로 변화를 가져온다. 수와 당 대까지 중국의 경제는 중앙 정부가 완전히 장악하고 있었다. 나라의 모든 땅은 국가 소유였다. 수와 당은 균전법(均田法)을 시행하여 백성들에게 1가호 당 80묘(畝)의 농지와 20묘의 뽕나무 밭을 분배하고 이들로부터 곡물과 비단을 세금으로 거둬들이는 한편 각종 부역(賦役)에 동원하였다. 세수를 늘리기 위해서는 대규모 개간, 간척 사업을 통해 경작지를 넓히고 이를 또다시 백성들에게 나눠주어 농사를 짓게 하였다. 수공예품을 거래하는 상업 역시 정부가 철저하게 관리하였다. 각 현에는 현청 소재지인 「현치, 縣治」한 곳에만 장마당을 허용하였고 장소는 물론 개장 시간과 상인들의 왕래, 가격까지도 중앙정부가 모두 직접 관리하였다.[20]

그러나 국가가 경제를 완벽하게 통제하는 체제는 8세기 중엽부터 무너지기 시작한다. 인구 증가, 농업 생산성 증대, 상업의 발달과 함께 중국 경제는 점차 중앙정부의 통제에서 벗어난다. 경제 규모가 커지면서 자생적인 시장 질서가 형성되고, 시장 논리에 따라 지역경제는 물론 국가 경제가 하나의 유기적인 경제단위로 움직이기 시작한다. 토지, 노동력, 자본 등 경제의 기본 요소를 전례없이 효율적으로 이용할 수 있는 시장들이 형성되고, 높은 수요를 창출함으로써 경제가 지속인 발전을 이룬다. 시장을 통한 사적인 경제 행위가 급속히 늘면서 정부의 통제와 간섭이 오히려 경제적 비효율을 증대시키기 시작한다. 당-송 교체기를 기점으로 정부의 역할은 대기근과 같은 자연재해 시의 규휼(救恤)이나 대규모 치수, 관개 사업과 같은 「공공재」를 제공하는 것으로 국한되기 시작한다. 공공재의 성격이 강했기 때문에 국가가 독점하던 소금과 철 산업도 시간이 흐를수록 보다 효율적인 경영을 위하여 상인들이나 기타 개인들에게 맡긴다.[21]

송대에 들어서면서 토지 사유제가 정착된다. 당은 이미 780년부터 새로운 종류의 토지세를 신설해야 했다. 균전제(均田制)가 무너지기 시작했기 때문이다. 개인들이 토지를 사고팔면서 각기 소유하는 토지의 면적이 달라지자 가구당 균일한 세금을 걷는 균전제는 더 이상 유지할 수 없었다. 따라서 국가에서는 토지를 많이 소유한 개인들로부터 세금을 더 많이 거둬들이기 시작한다. 토지의 사유화 현상은 안녹산의 난으로 정부의 통제력이 무너지면서 급속히 확산된다. 북송 초기에도 정부가 형식적으로 남아있던 균전법을 실행하려고 시도하지만 실패한다. 토지는 이제 국가의 소유가 아닌 개인 소유가 되었다.[22] 토지의 사유화가 보편화되고 세금을 물품이 아닌 화폐로 징수하게 되고 또 백성들이 각종 부역에서 자유로워지면서 노동과 토지, 자본 등 경제 요소의 보다 효율적인 배분이 가능해졌다.

당-송 교체기를 거치면서 정부는 농업과 상업의 통제를 포기한다. 당대까지만 해도 중앙정부의 중요한 역할 중 하나는 새로운 농법을 개발하고 이를 반영하는 농서를 편찬하여 반포하는 것이었다. 그러나 송 조정은 더 이상 새로운 농서, 농기구, 새로운 벼 품종을 개발하는 역할을 하지 않는다. 이미 정부가 시장의 생산성과 창의성을 따라갈 수 없게 되었기 때문이다.[23]

9세기부터는 정부가 장이 서는 장소를 지정하는 제도도 폐지되면서 상업과 주거 지역을 구분하던 대도시의 구획도 무너진다. 상인들은 원하는 곳에서 물건을 사고 팔 수 있게 된다. 도시 내에서 자연스럽게 상권이 형성되고 특정 품목을 전문적으로 판매하는 골목들이 생겨난다. 정부는 상세(商稅)를 신설하여 도시 외곽에서 세금을 징수하기 시작하였고, 782년 이후에는 시장으로 이동 중인 물품에 대한 관세를 부과하기 시작한다. 징수 대상에는 상인뿐만 아니라 자신이 생산한 물품을 시장에서 팔고자 하는 농민들도 포함되었다.[24]

이로써 농부와 상인 간의 엄격한 신분 차별도 사라지기 시작했다. 균전제하에서는 농민들이 농사를 짓지 않고 상업에 종사하면 정부의 세수가 줄어들 수 밖에 없었다. 따라서 수 당 시대까지만 해도 정부는 농민들이 장사를 하는 것을 엄금하였다. 「사농공상, 士農工商」의 사회적 위계질서를 바탕으로 한 「농본 사회」는 정부의 재정을 농업에 의존하는 체제가 강요하였던 가치관이었다. 그러나 송대에 이르면 이러한 질서는 무너진다. 송의 정부는 더 이상 농민들이 상업에 종사하는 것을 막지 않았다. 상업이 정부 재정을 충당하는 데 충분한 세수원이 되면서 더 이상 농업이 상업화되는 것을 막지 않았고, 정부가 오히려 환금 작물(換金作物, cash crop) 재배를 적극 권장하고 보호하게 된다.[25]

상업의 발달로 대도시들은 행정 도시에서 상업의 중심지로 변해갔다. 대도시 어느 곳에서나 장이 서고 상행위가 이루어졌다. 대도시는 종래의 성벽을 넘어 외곽으로 확장되어 나갔고, 대도시가 필요로 하는 각종 물품과 품목을 제공하는 중소 위성도시와 마을이 생겨나기 시작했다. 그리고 이 새로운 경제는 정부의 통제로부터 자유로웠다.

11세기에 이르면 대규모 화폐의 유통이 이루어지면서 경제가 더욱 성장한다.[26] 화폐공급의 증대와 각종 사금융 제도가 새롭게 고안되면서 무역과 투자가 활성화된다. 경제의 성격이 근본적으로 바뀌면서 쌀, 밀, 보리 등 주식은 물론 섬유, 조선, 인쇄, 유약, 금속가공이 발달하면서 전국 단위의 시장이 형성된다. 상업의 발달과 함께 소득이 급격히 증대되었고 소비경제가 생겨났다. 시장의 확대는 비단, 도자기, 종이, 자개상품, 차, 설탕 등의 지역 간 생산 특화를 가능하게 함으로써 일반 백성들도 이러한 기호품들을 소비할 수 있게 된다.[27]

농업 생산성의 증가가 지역적 특성과 비교 우위를 바탕으로 하는 특산품 생산과 전국적 유통으로 이어지면서 상업을 발달시킬 수 있었던 것은 효율적인 교통망이 있었기에 가능했다. 특히 누구나 값싸게 사용할 수 있는 수로(水路)의 발전은 송의 경제 혁명에 결정적으로 기여한다. 대운하와 양쯔강, 화이허강, 황허강의 수 많은 지류를 통해 연결되는 수로를 공유하는 전국 단위의 상권이 형성되면서, 지역마다 자급자족을 위한 생산 활동이 아닌 판매를 위한 지역 특산물 생산에 주력할 수 있었다. 한편 전국 각지의 농민들은 자기 지역의 특산품을 생산해 판매하고 그 돈으로 식량과 기타 생필품을 시장에서 구입할 수 있게 되었다. 특히 대운하는 수백만 섬에 달하는 세곡 운반은 물론 소금과 같은 국가 독점 품목의 운반을 가능하게 함으로써 송 경제의 젖줄 역할을 하였다.[28]

북송 초기까지만 해도 정부 재정의 대부분은 농업에 대한 징수로 충당하였다. 납세는 곡물 외에도 종이, 유약(lacquer), 밀랍(wax), 비단, 광물로 대신할 수 있었다. 그러나 북송 중기를 지나면서는 정부가 거둬들이는 세금의 대부분이 상업세로 충당되기 시작하였고, 정부의 물품 조달이나 군용품 조달 역시 대규모 구매를 통하여 이루어지기 시작하였다. 즉, 물품으로 내던 세금을 화폐로 내게 되었고 정부 지출 역시 화폐를 이용한 구매를 통해 이루어지게 된다. 이로써 송의 경제는 완전한 상업화를 이룬다.

균전제가 무너지고 상업화가 급격히 이루어지면서 정부의 역할, 특히 정부와 시장의 관계, 관료의 역할 등에 대한 근본적인 재검토가 일기 시작한다. 국가 주도형 경제체제를 주장하는 신법(新法)학파의 왕안석과 정부 개입을 최소화하여 민간중심의 경제를 운용해야 한다는 구법(舊法)학파의 사마광(司馬光, 1019~1086)의 「신-구법 논쟁」이 대표적이다. 왕안석은 정부가 경제에 적극적으로 개입하여 대규모 치수 사업과 같은 공공재를 제공하는 것은 물론 화폐의 공급량을 대폭 늘리고 부역을 돈으로 납부할 수 있게 하는 등 정부가 재정 확보를 위해 적극적으로 수익을 창출해야 한다고 주장했다. 동시에 과도한 상업화가 가져오는 소비문화와 사치를 조장하는 상행위는 제어하고자 하였다. 왕안석은 예법이나 윤리도덕, 학문의 장려 대신 「이재, 理財」야말로 정부의 주된 역할이라고 주장하였다.[29]

이는 사마광을 필두로 하는 구법학파의 강력한 반발을 샀다. 사마광은 정부의 역할은 결코 부의 창출과 관리에 있다고 생각하지 않았다. 정부의 역할은 백성들의 경제 활동에 개입하지 않고 자유롭게 놔

두는 것이라고 주장하였다. 조정이 세금을 걷는 이유는 최소한의 사회 질서를 유지하기 위해서일 뿐이라고 한다. 정부가 경제활동에 적극적으로 개입 한다면 이는 오히려 부패와 경제적 비효율성만 가져올 것이라고 비판한다.[30]

신-구법 논쟁은 경제혁명의 와중에서 국가와 시장 경제 사이의 균형을 어떻게 잡는 것이 옳은지에 대한 이론적, 이념적 논쟁이었다. 동시에 송대에 와서 본격적으로 등장하는「재지지주」(在地地主), 즉「사」(士)의 정치적, 경제적 이해를 대변하는 사마광과 중앙 집권 체제의 우월성을 주장하는 왕안석 간의 논쟁이기도 하였다.

4. 송의 영화

당(唐, 618~907) 대였던 8세기까지만 해도 5천만이던 중국의 인구는 북송(北宋, 960~1127) 말기인 1102년에는 1억을 돌파한다.[31] 북송의 수도 카이펑(開封, 개봉)과 남송(南宋, 1127~1279)의 수도 항저우(杭州, 항주)는 인구가 100만이 넘는 당시 세계 최대의 도시들이었다. 상업의 급속한 발달으로 인하여 1085년 북송에서는 60억 개의 동전이 유통된다. 당 시대에 비해 10배 늘

북송의 지폐인 회자(會子)

어난 통화량이었다.[32] 경제 규모가 더 커지면서 동전 사용이 불편해지자 북송의 조정은 1120년 세계 최초로 지폐를 발행한다.[33] 화이저우(懷州, 회주)와 청두(成都, 성도) 항저우(杭州, 항주)와 안츠(安次, 안치) 등에 조폐공사를 운영하였다. 1175년 기록에 의하면 항저우의 조폐

공사는 1천명 이상의 직원을 고용하고 있었다. 세계최초의 주식회사와 전문경영인들이 등장하고 최초로 기업의 「소유와 경영의 분리」가 일어나는 것도 이 때다.[34]

송대에는 상업만 발전한 것이 아니다. 1070년대 송나라의 철 생산량은 연 7만5천~15만 톤에 달했다. 산업 혁명이 일기 시작하던 18세기 초 유럽 전체의 철 생산량인 14만 5천~18만 톤과 맞먹는 규모다. 철 생산량의 증가 속도 역시 놀라웠다. 영국의 철 생산량이 1540년부터 1740년까지 200년 사이에 4배 증가한 반면 송의 철 생산량은 850년부터 1050까지 200년간 12배 증가한다.[35]

철의 주된 사용처는 동전 주조와 무기 제조였다. 1041년에는 산시(陝西, 섬서성)의 군비를 조달하기 위해서 동전 3백만 관(貫, 1관 = 100냥)을 주조하였데 2만 9천 톤의 철이 소요되었다. 18세기 초 프랑스 전체의 철 생산량의 4분의 3에 달하는 규모였다. 1080년경에 이르면 쓰촨(四川, 사천)과 산시지방에서 필요한 동전 주조를 위해 매년 4천 3백 톤의 철을 사용하게 된다. 1084년에는 쉬저우(徐州, 서주)에 조폐국을 설치하고 흐베이(河北,하북)에서 필요한 동전 40만 관을 주조하기 위해 4천 6백 톤의 철을 사용한다.[36]

거란과 여진 등 북방 민족과 끊임없이 전쟁을 치르던 송은 북쪽과 서쪽 변방에 대군을 유지해야 했다. 송 조정은 1084년 시샤(西夏,서하)와의 접경지대의 주둔군에 보급하기 위해서 3만 5천 자루의 검과 8천개의 철제 방패, 1만 개의 철제 창, 그리고 1백만개의 철제 화살촉이 달린 화살을 주문한다. 송의 군대가 사용한 철제 무기는 당시의 최첨단 무기였다. 철을 국경 밖으로 유출시키는 행위는 철저하게 금지되었다. 북송은 1126년 거란의 요(遼)에게 멸망하면서 양쯔강 이북의 철광들을 상실한다. 이는 송의 무기 생산 체계를 붕괴시켰고 결국 남송이 몽골의 원(元)에게 패망하는 주요 원인이 된다.[37]

이 밖에도 철은 쟁기, 괭이, 삽, 낫 등 농기구를 생산하는 데 사용되었다. 철제 농기구 사용은 송대의 농업 혁명에 일조하였고 농업의 폭발적인 성장은 농기구에 대한 수요를 더욱 증폭시켰다. 철이 「전략물자」가 되면서 1083년부터는 철 생산을 정부가 독점하게 된다.

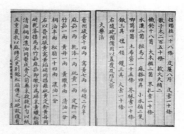

무경총요『武経総要』(1044)에 나오는 세계에서 가장 오래된 화약 제조법

송이 철을 대량생산할 수 있었던 것은 석탄을 연료로 사용하기 시작했기 때문이다. 처음에는 숯을 용광로의 주 연료로 사용하였으나 중국 북부의 산림이 황폐화되어 숯 공급이 어려워지자 대체 연료로 석탄을 사용하기 시작한다. 1075년에는 북송의 수도인 카이펑에 석탄만 취급하는 장이 서기 시작하였고, 12세기 초에 이르면 카이펑의 모든 개인 주택들도 난방을 위해 나무가 아닌 석탄을 때게 된다. 1074년 정부가 운영하는 카이펑/개봉 외곽의 벽돌 공장은 1천 2백명의 노동자를 고용하여 1년에 벽돌 1천5백만장을 생산하였는데 벽돌을 굽는 가마에 모두 석탄을 사

『무경총요』에 나오는 화약 투척기

송대의 배 사진

용하였다.[38] 석탄을 때는 용광로 덕분에 강력한 화력으로 도자기를 대량 생산할 수 있게 되면서 도자기 가격이 급감하여 일반 백성들도 흙으로 빚은 투박한 식기 대신 고급 도자기 식기를 사용할 수 있게 된다.

송대의 나침반

송은 세계 최초로 화약을 발명하여 축제 때는 불꽃놀이로, 전쟁 중에는 최첨단 무기로 사용하였다. 당태종의 정복 전쟁으로 중국 영토로 편입된 하이난섬(海南島, 해남도)의 특산물인 목화가 중국 본토에 널리 보급되기 시작한 것 역시 송대였다. 목화뿐 아니라 삼베와 뽕나무 재배도 광범위하게 이루어지면서 의복 문화에 혁명이 일어난다.

상업의 발달은 교통과 운송 수단의 발달을 가져왔고 중국의 조선 기술과 산업을 세계 최고 수준으로 끌어 올렸다. 송의 상인들은 실론, 보르네오, 자바, 인도, 메카, 이집트, 바그다드, 아만, 시칠리아, 모로코, 탄자니아, 소말리아, 일본, 고려를 포함한 전 세계 50여 개국과 무역을 했는데 이는 항해술 발달과 나침반의 발명으로 이어졌다.

상업과 산업의 급속한 발전과 더불어 송의 도시들도 번영한다. 송 이전의 중국 역대 왕조들은 항상 창안(長安, 장안, 오늘의 시안(西安, 서안)이나 뤄양(洛陽, 낙양)을 수도로 삼았다. 송은 최초로 창안도 뤄양도 아닌 대운하 끝에 위치한 카이펑(開封, 개봉)을 수도로 정한다.[39] 당의 수도 장안은 계획도시로 사각형의 큰 성벽으로 둘러싸인 정치,

송대의 도시

행정 수도였다. 반면 카이펑에는 도시의 성벽이 없었다. 경제의 발전과 함께 도시도 팽창하여 관료와 평민들이 자연스럽게 섞여 살았다. 도시에는 상점, 창고, 전당포, 술집, 음식점, 약방, 사창가가 즐비하였다. 당 시대에는 금지되었던 야시장(夜市)과 새벽시장(昏市)이 정착되었고 상인들은 각종 계(商行)를 통하여 조직화되면서 상업경제가 만개하였다. 1063년에는 통행금지마저 폐지되면서 카이펑은 24시간 성업하는 도시가 된다.[40]

맹원로(孟元老)는 북송 말기에 카이펑에 살다가 금의 침입으로 강남으로 강제로 이주할 수 밖에 없었던 수많은 북송인들 중 하나였다. 그는 말년인 1187년에 카이펑을 그리며『동경몽화록』(東京夢華錄)이라는 책을 썼다. 「동경」은 카이펑의 별칭이었다. 다음은『동경몽화록』에 나오는 카이펑의 시장 장면들의 일부분이다.

주작문(朱雀門)을 나와 곧바로 가면 용진교(龍津橋)가 나왔다. 주교(州橋)에서 남쪽으로 가면 길거리에서 수반(水飯), 삶은 고기의 일종인 오육(爊肉)과 건포(乾脯)를 팔았다. 옥루(玉樓) 앞에서는 오소리 고기(獾兒)와 들여우 고기(野狐肉), 닭고기 포(脯鷄)를 팔았다. 매씨네(梅家)와 녹씨네(鹿家) 가게에서는 거위, 오리, 닭, 토끼의 간과 폐, 장어(鱔魚)와 만두(包子), 닭껍질(鷄皮), 콩팥(腰腎)과 닭 으깬 것(鷄碎)을 팔았는데, 이런 음식들의 가격은 각각 15문(文)을 넘지 않았다. 조씨네 가게(曹家)에서는 간단한 음식(從食)들을 팔았다. 주작문에 이르면 즉석에서 지져주는 양곱창(羊白腸), 절인 생선(鮓脯), 생선머리를 물에 넣어 졸을 때까지 삶아 식혀서 굳힌 음식인 찬동어두(爨東魚頭), 돼지고기를 삶아 그 즙을 굳혀 만든 음식인 강시(薑豉), 얇게 저민 고기(膎子), 내장을 썰어 만든 음식인 말장(抹臟), 홍사(紅絲), 얇게 썬 양머리 고기(批切羊頭), 매운 족발(辣脚子), 생강을 넣은 매운 맛 무(薑辣蘿蔔)등을 팔았다. 여름에는 마부계피(麻腐鷄皮), 마음세분

(麻飲細粉), 소첨(素簽), 겨울부터 저장한 얼음을 잘게 부숴 설탕을 뿌린 사탕빙설(沙糖冰雪), 냉원자(冷元子), 조협(皂莢)의 씨를 삶아 설탕물에 담근 수정조아(水晶皂兒), 생엄수모과(生淹水木瓜), 약모과(藥木瓜), 계두 줄기(鷄頭穰), 설탕(沙糖), 녹두(菉豆), 감초(甘草) 등에 잘게 부순 얼음을 넣은 빙설(冰雪) 냉수(凉水), 여지고(荔枝膏), 광개과아(廣芥瓜兒), 소금에 절인 채소(醎菜), 행편(杏片), 매자강(梅子薑), 와거순(萵苣筍), 개랄과아(芥辣瓜兒), 고급 만두의 일종인 세료골돌아(細料餶飿兒), 향당과자(香糖果子), 상이한 색상의 여지(荔枝)를 설탕에 재어 만든 간도당려지(間道糖荔枝), 월매(越梅), 굴도자소고(鋸刀紫蘇膏), 금사당매(金絲黨梅), 향정원(香梃元)등을 팔았는데 모두 매홍갑아(梅紅匣兒)에 가득 넣어두었다. 겨울에는 삶은 토끼고기 요리의 일종인 반토(盤兎), 빙빙 돌려서 구워주는 돼지껍질요리인 선자저피육(旋炙猪皮肉), 야생 오리고기(野鴨肉), 적소(滴酥), 얇게 뜬 생선편이나 고기편을 조미료를 넣고 삶은 뒤 냉동하여 반투명 상태로 만든 식품인 수정회(水晶鱠), 전협자(煎夾子), 돼지내장(猪臟) 같은 것들을 팔았는데, 용진교(龍津橋)에 있는 즉석 골 요리인 수뇌자육(須腦子肉)에서 끝이 났다. 이것들을 일러 「잡작雜嚼」즉 「잡다한 씹을 거리」라고 불렀는데 밤 삼경(三更, 밤 11시에서 1시)까지 장사를 하였다.[41]

제1부 – 제3장
「선비」의 탄생

1. 파거제도와 「사」의 탄생

2. 문학에서 도학으로

3. 주자와 강남농법

4. 사와 예의 부활

5. 사와 종법제도의 부활

6. 주자가례의 완성

7. 명의 대안

제1부 - 제3장

「선비」의 탄생

　「사」(士)와 「사대부」(士大夫)는 고대 중국에서부터 존재하던 계급이다. 그러나 송대에 들어서면 그 성격이 근본적으로 바뀐다. 당(唐)과 그 이전의 왕조들은 대부분 국가를 경영하는 엘리트를 극 소수의 귀족 가문에서 충원하였다. 이들은 대부분 수도인 장안과 그 인근에 거주하였다. 송대 이전까지 「사」와 「사대부」는 이들을 지칭하였다. 그러나 북송(北宋, 960~1127)대에 이르면 과거제도가 확대되고 국립학교가 현(縣)단위까지 설립되면서 국가의 엘리트 충원에 있어서 집안 배경 외에 교육 수준도 점차 중요한 선발 기준이 되기 시작한다. 이때부터 「사」는 과거시험을 쳐서 중앙정부의 관료가 되고자 하는 계층을 지칭하게 된다.[1]

　남송(南宋, 1127~1279)대에 이르러 「사」의 정체성은 또다시 근본적인 변화를 겪는다. 북송대 사대부의 주된 관심은 관료로서 국가경영에 참여하고 사회를 변혁시키는 것이었다. 북송이 멸망한 이후에도 강북에 남아있던 지식인들은 계속해서 국가경영에 참여하는 것을 이상으로 삼았다. 강북을 점령한 금나라(1115~1234)가 과거제도를 부활시켜 북송때에 비해 상대적으로 많은 관료를 선발했기 때문이다.

　반면 남송의 사대부들은 관료로서 국가경영에 직접 참여하고자 하기 보다는 지식인으로서 학문 그 자체를 중시하는 한편 지역 자치에 적극 참여하고자 한다.[2] 이들은 중앙정부의 관직과 상관없이 높은 교육 수준을 유지하면서 현이나 치주(治州) 등 지방이나 향촌에 뿌리를 내리고 타 지역의 「사」들과 연대를 맺는 것을 중시하기 시작한다. 이때부터 「사」는 자신의 신분과 정체성을 국가로부터 보장 받는 대신 서로 간의 인정을 통해서 획득하고 유지하면서 자신들만의 사회 문화적, 정치적 영향력을 키운다.[3]

「사」의 성격이 변하는 가장 큰 이유는 지극히 현실적인 고민 때문이었다. 남송대에 이르면 과거에 응시하는 「사」의 숫자가 급증한다. 따라서 응시자 대부분은 과거에 낙방할 수 밖에 없었다. 자신의 정체성을 과거급제와 그에 따르는 관료직에서 찾고자 한다면 대부분 실패할 수 밖에 없는 구조였다. 이에 남송의 「사」는 존재의 이유를 다른 곳에서 찾기 시작한다.

과거 준비에 아무리 많은 시간과 노력을 기울여도 급제해서 높은 관직에 올라갈 확률이 점차 낮아지면서 「사」는 합격보다는 배움 그자체를 중시하기 시작한다. 자신의 정체성을 관직보다는 학문에서 찾기 시작하고 관료로서의 지위보다는 학자로서의 명성을 더 중시하기 시작한다. 과거에 급제하기 위해서 공부하는 것을 오히려 창피하게 여기기 시작하면서 학문을 통하여 자신을 수양하고 사상을 정립하는 것을 더 의미있는 목표로 설정하게 된다. 「관」(官) 보다는 「학」(學)이 중요해진 「사」들은 이제 다른 사람들을 가르침으로써 「문」(文)을 보급하는 일, 즉 「학문」(學問)을 가장 큰 사명으로 여기게 된다. 조선 사람의 이상인 「선비」의 원형은 이렇게 탄생한다.

1. 과거제도와 「사」의 탄생

경제가 비약적으로 발전한 송대에는 수도와 그 인근의 귀족 계층만이 아니라 향촌의 다른 계층들도 경제적으로 자립할 수 있는 토대를 마련하기 시작한다. 이들은 자식들에게 농사 대신 글공부를 시키고

황제가 응시자를 만나는 장면　　　　　　　과거시험 결과를 보러 몰려든 응시자들

과거시험 「컨닝 페이퍼」

과거시험을 치르게 한다. 향촌의 수 많은 집안의 젊은이들이 경제적 잉여가 가져다주는 여가를 활용하여 「독서인」이 되고 신분 상승을 위한 과거 준비를 할 수 있게 되었다. 강남농법의 개발로 인한 잉여 창출이 제공해 준 정치적 공간과 기회를 가장 잘 활용하여 새로운 정치세력으로 부상하기 시작한 이들이 바로 중국 강남의 「재지지주」(在地地主)들이다. 향촌에서 경제력을 쌓은 가문들은 이제 과거를 통하여 국가로부터 자신들의 새 지위를 공인 받고자 한다.

　　한편 북송이 당말과 오대십국(五代十國, 907~979)의 혼란을 수습하고 통일을 이루면서 관료에 대한 수요는 급증한다. 본인이 군벌출신이었던 송태조 조광윤(趙匡胤,927~976, 재위: 960~976)은 군벌정치의 폐해를 누구보다 잘 알고 있었다. 더구나 당나라가 안록산이라는 군벌의 반란으로 쇠락의 길을 걸었기에 송태조는 철저하게 「문민」 중심의 정치를 꾀하였고 그 방편으로 과거제를 통한 문관 엘리트

선발을 역대 어느 왕조보다 강조하였다.[4] 관료에 대한 수요와 공급이 급증하면서 과거를 치르는 사의 숫자는 급증한다. 12세기 초에는 전국적으로 과거 응시자가 3만을 넘었고 12세기 말에는 8만을 돌파하여 송이 멸망하기 직전인 13세기 중반에는 무려 45만에 이른다.[5]

그러나 관료 수급의 균형은 곧 깨진다. 중앙정부가 필요로하는 관료의 수는 제한적일 수 밖에 없었던 반면 과거를 준비하는 사의 숫자는 기하급수적으로 늘었기 때문이다. 최고 수준의 과거시험인 진사시는 3년에 한번만 치러졌는데 합격하는 숫자는 400~600명에 불과했다. 더구나 북송에서는 고위관직에 오른 사대부에게는 「음서」(蔭敍)의 특권이 주어져 자신의 아들, 손주, 형제, 조카 등 모든 친족에게 관직을 줄 수 있었고 음서제도를 통해서 관직에 진출하는 숫자는 전체관료의 40%에 달했다.[6] 따라서 북송의 사대부 집안들은 수 대에 걸쳐서 수많은 고위 관료들을 배출할 수 있었다. 사마광(司馬光, 1019~1086)은 자신의 친척 23명이 관직을 갖고 있다고 기록하고 있다.[7]

명문 사대부 집안의 후예들이 음서제도를 통하여 낮은 관직까지 차지하면서 유명한 관료를 조상으로 두지 못한 집안에서는 말단 관직조차 점차 얻기 힘들어진다. 반면 북송대 중후반에 이르면 경제발전과 교육의 확산, 인쇄술의 발달로 인한 책의 광범위한 보급으로 인하여 음서제도가 아닌 과거를 통한 정부관료 충원이 급증하면서 명문가에서 조차 대를 이어 과거급제자와 고위 관직자를 배출할 확률이 급감한다.

결국 높은 수준의 교육을 받은 사 중에서도 관직에 나갈 수 있었던 것은 극소수였다. 응시자들은 낙방을 거듭하면서도 재수, 삼수를 할 수 밖에 없었고 과거 급제시 평균 나이는 30세가 넘기 시작한다. 과거에 낙방한 이들이 할 수 있는 일은 다른 사람들을 교육시키는 것이었다. 이는 송대에 교육이 보편화 되는 긍정적인 효과도 가져왔지만 다시 과거 응시자들을 양산하는 결과를 낳는다.

「사」는 과거에 급제하기 어려워졌을 뿐 아니라, 급제하더라도 하급 관료로 평생 지방 관리직을 전전할 수 밖에 없었다. 이제 「사」는 중앙정부가 아닌 지역사회에 눈을 돌려 어떻게 하면 실질적인 차원에서 백성들의 삶을 향상시킬 수 있을지 고민하게 된다. 주자(朱熹, 주희 1130~1200)도 평생을 하급 관료로 이곳저곳을 전전하면서 지역 주민의 실제 삶과 밀착된 삶을 살았고, 이들의 삶을 향상시키기 위해 매우 실질적인 정책을 담은 『권농문』(勸農文), 『가례』(嘉禮)등을 저술하였다. 주자로 대표되는 재지지주 출신 하급관료, 진사시에 급제한 향반(鄕班)들이 「실사구시」(實事求是)를 구호로 내세운 것은 지극히 당연한 일이었다.

이렇게 형성되기 시작한 「사」는 매우 강한 계급적, 정치적 연대의식을 갖게 된다. 과거 시험을 준비하는 젊은 「사」들은 대부분 고향을 떠나 저명한 학자들의 문하생이 된다. 저명한 학자들 대부분도 재지지주 출신에 학문은 높지만 고위관직에는 진출하지 못한 인물들이었다. 「사」들은 전국을 돌아다니면서 견문을 넓히는 동시에 다른 「사」들과의 긴밀한 관계를 맺으면서 전국적인 관계망을 형성하고 자신들만의 공동체 의식과 연대 의식, 고유의 문화와 정치적 기반을 구축한다. 관직에 나아가서도 초급 관료로서 이곳 저곳 수없이 전출 다니면서 견문을 넓히고 전국 각지에 흩어져 있는 사대부, 향사(鄕士)들과 돈독한 유대관계를 맺는다. 한 예로 육유(陸游, 1125~1209)라는 관료는 1170년 자신의 고향을 떠나 쓰촨(四川, 사천)의 임지(任地)로 가는 중 157일을 여행하면서 수십 명의 관료, 퇴직 관료, 불교 스님, 도가의 도사들을 만나고 시와 역사서에 등장하는 명승지를 방문한다.[8]

남송의 사대부들이 과거 급제 대신 학문 자체에 의미를 두기 시작했다고 해서 과거는 보지 않고 공부만 한 것은 아니다. 과거 시험을 치르는 것은 여전히 중요했다. 급제 여부와 상관없이 과거시험을 치렀다는 사실 그 자체가 「사」를 규정하는 핵심 기준이었기 때문이다. 「사」는 이제 과거 합격 여부나 정부 공직 진출 여부와 상관없이 과거를 치렀다는 사실 자체만으로 사회의 엘리트 계층으로 받아들여지기 시작한다.

송대 이후로 「사」는 「관료」보다 더 존경 받는 사회계층이 되었지만 「사」는 공식적인 직함도, 중앙정부가 법적으로 인정하는 계층도 아니었다. 어떤 사람이 「사」인지 아닌지를 결정하는 것은 황제도, 조정도 아닌 「사」를 자칭하는 다른 「사」들이었다.[9] 그렇기에 전국적으로 산재해 있는 「사」의 정체성과 일체성이 유지되는 것은 과거 시험을 통해서만 가능하였다. 과거 시험 준비 과정에서 「사」는 「사」로서 알아야되는 모든 것을 습득하였다. 그리고 향촌에서도 과거를 준비하고 치렀다는 사실 자체만으로 「향반」, 「유지」(有志), 「향사」로서의 지위를 유지할 수 있었다.[10]

과거제도와 더불어 송의 국립 교육기관은 전국 방방곡곡에 흩어져 있는 향촌의 「재지지주」, 「유지」들이 하나의 통합된 엘리트 문화를 창출할 수 있는 토대를 제공해준다. 중국이 송대 이후로는 왕조 교체기에도 장기적인 분열기를 거치지 않고 정치적인 통합을 유지할 수 있었던 것은 송대의 경제 발전을 통한 경제 통합이 기여한 바가 크다. 그러나 이에 못지않게 중국의 장기적인 정치적, 문화적 통합을 가능케 해 준 것은 송이 전국에 세운 국립 교육기관과 과거제도였다.[11]

국립 학교와 과거 시험은 「재지지주」들에게 「사」의 문화에 참여함으로써 자신의 엘리트 정체성을 더욱 공고히 할 수 있는 제도적 기반을 제공하여준다.[12] 이들은 같은 책을 읽고, 같은 시험 문제를 풀고, 같은 글쓰기를 배우고, 같은 위인들에 대해 공부하고, 같은 예절을 지키면서 「사」의 문화를 만들어낸다. 재지지주들은 과거시험 준비를 함으로써 향촌을 떠나지 않고도 나라를 걱정하고 「국사」에 참여할 수 있게 된다. 이러한 「사」 계층의 출현으로 송은 중앙 조정과 향촌 사회 간의 강력한 정치적, 문화적 통합을 이룰 수 있었다.[13]

11세기 중엽 송에서 과거를 준비하고 있거나 과거를 치른 「사」의 숫자는 220만을 넘었던 것으로 추산된다.[14] 대부분의 「사」가 과거 급제를 못하는 상황에서 과거제도의 역할은 정부 관료를 충원하는 것이 아니라 오히려 「사」라는 엘리트 계층이 자신들의 지위를 영속시킬 수 있는 기제가 된다.[15] 이로써 「사」는 국가 관료와는 독립된 정체성을 갖게 된다. 「사」는 향촌에 기반을 두고 「종법제도」의 부활을 통한 「사족」(士族)으로서, 그리고 주변의 다른 「사족」과의 결혼을 통한 경제, 사회적 기반을 마련하면서 향촌에 뿌리내린다. 남송의 사대부 가문들이 송-원 전환기의 혼란을 극복하고 원대에 대부분 중앙 조정에 입조하지 못함에도 불구하고 자신들의 지위를 유지할 수 있었던 것도 이미 남송대부터 중앙 조정에 의지하지 않는 정치, 경제, 사회, 문화적인 기반을 마련했기 때문이다.[16]

송대를 거치면서 과거제도는 중앙정부의 인력 충원 제도에서 향촌의 「사」가 전국적인 계층 의식과 문화적 공동체성을 형성해 나가는 기제로 변환된다. 송대 과거제도의 역설은 수험생의 99%가 낙방하는 시험제도가 「사」라는 국가 엘리트 층의 형성에 결정적인 기여를 했다는 사실이다.

2. 문학에서 도학으로

한, 당을 거치면서 발전한 유학은 선조로부터 물려받은 문명의 모습과 틀을 배우고, 경전의 원래의 의미에 충실하기 위하여 고문(古文)과 유려한 문체, 글씨를 중시하는 「문학」(文學)이었다. 그러나 관학으로부터 자유로워진 송대의 「사」들은 고전과 역사와 문화를 새롭게

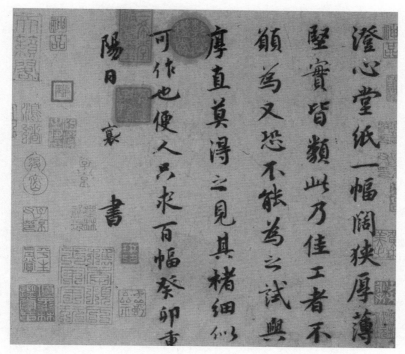

채양의 글씨

해석하기 시작한다. 이들은 고전의 수려한 문장을 외우고 반복하는 것보다 그 안에 담겨있는 뜻과 이념을 해석해내고 이해하는 것이 더 중요하다고 생각했다. 선조로부터 물려받은 「문」의 스타일을 익히는 것 보다는 그 안에 담긴 사상을 깨닫고 전하는 것이 지식인의 역할이라고 생각했다. 고전에 담긴 원래의 의미를 그대로 습득하려고 하기 보다 그 고전이 자신의 시대와 상황에 어떠한 의미를 갖는지를 해석하는 것이 학자의 역할이라고 생각했다. 시(詩), 서(書)에 능한 것도 중요하였지만 시대를 읽고 이념을 정립하는 것이 더 중요해졌다.

이들간의 논쟁은 새로운 해석의 틀, 역사 방법론, 철학 이론을 태동시켰다. 당 시대까지 훈고학적 경학(經學)이 발달하였다면 남송에서는 주희의 『사서집주』(四書集注)가 발달한 것은 이러한 이유 때문이다.[17] 이러한 경향은 「수기」(修己), 즉 자기 수양을 통해서 「도」(道)를 깨우치는 「도학」(道學)의 발달로 이어진다.

글씨에 있어서 소식(蘇軾, 소동파, 1037~1101), 황정견(黃庭堅, 1045~1105), 미불(米芾, 1051~1107)과 함께 북송의 사대가(四大家)의 하나로 꼽히는 채양(蔡襄, 1012년~1060년)은 친구와 편지를 주고 받으면서 문학과 도학을 명확히 구분한다. 그는 친구가 한유(韓愈, 768~824)의 고문을 그대로 베끼는 것이 아무런 소용이 없음을 지적한다.

소위 도(道)에서 문(文)을 배운다면 도에 도달할 수 있을 것이며 문도 도달할 것이다. 그러나 문에서 도에 도달하고자 한다면 이는 그 과정에서 갇히게 된다. 그러므로 도는 문의 근본이고, 문은 도의 수단이다. 문으로써 사람을 일깨우는 것을 어찌 도로 먼저 사람을 일깨운 것과 비교 할 수 있는가? 경산(景山)이 전에 보낸 온 편지에 문사(문장)를 주장한 것을 어찌 제가 감히 문사를 무시하겠는가? 하지만 모든일에는 순서가 있다.[18]

친구가 「문」을 배우는 것은 동시에 「도」를 깨우치는 것이라고 답하자 채양은 다시 편지를 보낸다.

내가 전에 보낸 편지에서 도(道)에서 문(文)을 배운다면, 문에도 도달하고 도 역시 도달하는 것인데 문에서 도에 도달하려면 그 과정에 갇히게 된 자가 많다고 하였다. 내가 말하고자 한 것은 학자가 도를 먼저 배우고 문을 배워야 한다는 것이다. 그러나 경산은 육경(六經)의 도가 모두 문에서 먼저 밝혀졌는데 먼저 문을 배운다고 해서 도를 잃은 자가 있다는 것을 들은 적이 없다고 하였다. 경산이 이전 저의 편지의 뜻을 잘못 이해하고 있다.[19]

도학을 완성하는 것은 정이(程頤, 1033~1107)와 주희다. 도학자들이 1241년 문묘(文廟)에 배향되고 1315년 도학을 집대성한 『사서집주』(四書集注)가 과거의 교재로 채택되면서 도학은 명실상부한 중국의 주류 사상으로 자리잡는다. 주자의 역할이 워낙 컸기에 「주자성리학」이라고도 일컫는 도학은 우주의 질서는 하나의 통합된 원리인 「이」(理)로 작동하고 있고 이 질서의 원리를 인간세상에 반영하는 것이 윤리도덕이라고 생각했다. 그리고 이 우주의 원리는 인간의 「성」(性)으로 개개인 속에 모두 잠재해 있으며 인간의 격, 즉 「인격」은 자신이 우주로부터 부여 받은 「성」을 얼마나 갈고 닦아서 그 속에 내재한 도덕성을 함양하는가에 달렸다고 생각했다.[20] 도학, 즉 주자성리학은 원시 유교와 달리 정치 권력을 도덕적으로 제어하는데 관심을 두기보다, 개개인들이 내적인 수양을 통해서 도덕적인 삶을 살 수 있는 기반을 마련하는 데 집중하였다.

3. 주자와 강남농법

경제는 발전시켰지만 외교 안보에는 무능했던 북송 조정은 강북을 여진에게 빼앗긴다. 남송의 초대 황제 고종(高宗, 1107~1187, 재위: 1127~1162)은 금나라와 화평을 맺는 데만 매달리고 정부가 주도한 개혁은 모두 유명무실하게 된다. 남송의 정부는 당이나 북송의 정부와 달리 경제에 개입하지 않고 시장이 작동할 수 있도록 하였을 뿐만 아니라 정부도 시장에 의존하기 시작했다. 과거의 중국 왕조들과 달리 이상적인 국가의 모델을 설정하지도 않았고 이에 따라 사회를 개조하려는 시도조차 하지 않았다. 한편으로는 정부의 무능을 목격하면서 깊이 좌절하고 다른 한편으로는 국가의 역할에 대한 인식이 근본적으로 바뀌면서 송의 사대부들은 정부의 역할 자체에 대해 깊은 회의를 품는다.

남송의 정부가 백성들의 일상에 개입하지 않고 경제 활동도 시장에 맡기면서 생기기 시작한 공백을 채운 것이 사대부였다. 남송의 「사」는 무능한 정부와 상관없이 어떻게 하면 자신들이 수기치인을 통하여, 교육을 통하여 세상을 바로잡을 수 있을까 고민하기 시작한다. 국가가 지방 경제와 사회에 일일이 개입하지 않게 되자 사대부들은 자신들이 살고 있는 향촌의 질서로 관심을 돌린다. 이들은 중앙정부에 들어가야만 나라에 기여할 수 있는 것이 아니라 자신이 속해 있는 향촌에 기여하는 것 만으로도 나라에 기여할 수 있다고 믿기 시작했다. 비록 중앙정부의 관료도 아니고 아무런 정부직책도 없었지만 「향사」로서 자기가 살고 있는 고향의 교육, 복지, 질서문제에 대한 책임을 져야 한다고 생각하기 시작했다. 사립학교인 서원(書院)이 생겨나고 사대부들이 과거급제를 위해서가 아니라 자기수양과 배움 그자체를 중시하게 되면서 이러한 경향은 더욱 두드러졌다. 모두 재지지주 계층의 자의식에서 비롯된 것이다.[21]

남송의 사대부들이 적극적으로 최신 농법을 설명하는 농서를 집필하고 보급한 것도 지역 경제에 이바지하기 위해서였다. 사대부들은 강남농법의 보급으로 마련된 경제적 여유를 바탕으로 형성된 계층이었으며 동시에 강남농법을 완성하고 전파하는 주체가 된다. 사대부들과 강남농법 간의 밀접한 관계는 주희가 1179년(순희 6년) 12월에 쓴 『권농문』(勸農文)을 보면 알 수 있다.

나는 오랫동안 시골에 거처하면서 농사일을 잘 알고 있는데, 이번에 외람되이 군(郡)의 태수(太守)가 되어 권농(勸農)의 직무를 담당하게 되었다. 삼가 살피건대, 본 군(郡, 행정 단위)은 전부터 땅이 메마르고 세금이 무거운데, 민간은 또 부지런히 힘쓰지 않아 밭 갈고 씨앗 뿌리고 김매는 것이 성글고 조잡하여 다른 곳과 비교하여 보아도 매우 같지 않다. 토맥(土脈)이 성글고 얕아 풀만 무성하고 곡식의 싹은 드물어 비가 조금만 내리지 않아도 곧 흉년을 만나게 되니, 모두 관리들이 권하고 독려하는 것이 부지런하지 못하여 이에 이르게 한 것에 연유한다. 아래로 나라의 근본을 굳게 할 방도가 없음을 깊이 두려워하니 나의 근심을 늦추어주기 바란다. 이제 마땅히 행할 바가 있으니 아래 항목을 권유하노라.

一, 무릇 가을에 수확한 후 모름지기 겨울이 되기 이전에 집집마다 소유한 논을 같은 방식으로 갈아엎어 얼어서 부풀어 오르게 하고, 정월 이후에 이르러 다시 여러 번 쟁기로 갈고 써레로 고르게 한 후 씨앗을 뿌린다. 자연히 논흙이 깊이 숙성되고 흙살이 살지고 두터워 파종한 벼가 쉽게 잘 자라며, 논에 가득찬 물이 잘 마르지 않는다.

一, 논갈이를 한 후, 봄철에 비옥하고 좋은 논을 골라 거름흙을 많이 써서 종자와 섞어 볏모가 싹트게 한다. 거름흙을 만드는 일은 역시 가을이나 겨울 한가한 때에 하되, 미리 지면의 풀을 깎아 말려 불태운 재를 인분에 휘저어 섞어 그 속에 종자를 넣은 연후에 씨를 뿌린다.

一, 볏모가 이미 자라거든 모름지기 때가 되면 일찍 모를 심어, 늦추다가 절기를 지나치지 않도록 하라.

一, 볏모가 자라면 잡초도 또한 나게 되니, 논물을 방류하여 말리고 자세히 분별하여 하나하나 뽑아내서 흙속에 밟아 넣어 벼 뿌리를 배양하라. 논둑과 밭둑의 경사면에 난 피풀 따위도 역시 때를 맞추어 깎아 깔끔하고 깨끗하게 하여 지력을 떨어뜨리고 작물을 침해하지 못하도록 할 것이니, 장차 곡식이 잘 여물고 충실하게 할 것이다.

一, 산간 육지로서 조, 보리, 삼, 콩 등을 심을 수 있는 곳 또한 때가 되면 힘을 다해 갈고 파종하여 땅의 힘을 다할 수 있도록 힘써 벼가 익기 전의 식량이 떨어질 즈음에 먹거리를 이을 수 있도록 하여 굶주림에 이르지 않도록 하라.

一, 저수지의 이용은 농사의 근본이니, 더욱 협력하여 공사를 일으키거나 수리하여야 한다. 만일 태만하여 때에 맞추어 작업을 하지 않는 사람이 있으면, 무리를 문서에 나열하여 현에 보고하고 징계하도록 요구하라. 만일 공력이 많이 들어가는 넓은 곳이 있어 민간에서 사람들을 규합하여 모으기 어려우면 현을 통해 진정하여 관에서 수축하도록 의뢰하라. 만약 현의 담당자가 조치하지 않으면 곧 군을 통해 진정하여 공사를 별도로 시행하기를 기다리라.

一, 뽕나무와 삼의 이로움은 의복이 의뢰하는 바이다. 모름지기 뽕나무, 삼, 모시를 많이 심고 부녀자들이 부지런히 힘써 누에를 기르고 길쌈을 하여 옷감을 만들도록 하라. 뽕나무는 매 가을 겨울이 되면 옆에서 자라나 구부러진 작은 가지를 모두 잘라주어 큰 가지의 기맥이 온전하고 왕성하도록 힘쓰라. 자연 새로 난 잎이 두텁고 커서 누에를 먹이는데 힘이 될 것이다.

一, 대체로 농상(農桑)의 일은 앞의 항목 몇 개조에 불과하다. 그러나 향토의 풍속이 또한 저마다 같지 않음이 있으니, 늘 몸소 살피고 미진한 것이 있으면 다시 널리 묻고 살펴 삼가 지키고 힘써 행하여야 한다. 오직 부지런히 수고하는 것은 지나쳐도 되지만 태만하여 실패하면 안된다. 전(傳)에 이르기를, "민생(民生)은 부지런함에 있고, 부지런하면 궁핍하지 않는다."고 하였다. 경(經)에 이르기를, "나태한 농부는 스스로 편안하여 늦도록 일하지 않고 밭일에 복무하지 않아 이에 서직(黍

稷)이 없게 되었다."고 하였다. 이것은 모두 성현이 내린 교훈이 분명하니, 무릇 모든 백성들은 일체 준수함이 마땅하다.[22]

주희는 당시 최첨단 농법의 모든 것을 꿰뚫고 있었다. 거름을 주는 방법, 모내기를 하는 방법, 조, 보리, 삼, 콩 등의 재배법, 저수지 유지법, 잠업(蠶業) 등 강남농법의 정수를 정확히 파악하고 이를 백성들이 따르도록 강력히 권고하고 있다. 남송대 사대부들이 강남농법 전파에 힘쓴 것은 자신들의 임지나 고향의 지역 경제와 사회에 직접적으로 기여하고자 하는 「실사구시」 정신의 발현이었다.

4. 「사」와 예(禮)의 부활

남송의 사대부는 강남농법의 적극적인 전파를 통하여 향촌의 경제를 일으키고자 노력하는 동시에 향촌의 사회 질서 확립을 위하여 새로운 예법을 고안하고 종법제도를 부활시킨다. 유교 국가의 핵심은 예(禮)였다. 한대(漢代)에 이르러 예에 관련한 기록은 『주례』(周禮), 『예기』(禮記), 『의례』(儀禮)로 정리된다. 『주례』는 가례는 거의 다루지 않고 주나라 시대의 정부 제도를 다루고 있다. 한편 『예기』와 『의례』는 관혼상제에 관한 가장 권위있는 고전들이었다.[23] 조선에서도 예에 관련한 모든 것은 『예기』와 『의례』를 참조하였다.

그런데 『의례』는 주나라의 예법들의 일부만 전하고 있었다. 그나마 제사와 관련된 예법은 경대부(卿大夫)와 관련된 것들만 남아있었다. 주지하다시피 공경대부사는 봉건제였던 주나라와 춘추전국시대의 계급질서였다. 『의례』와 『예기』는 모두 봉건 질서를 전제로 고안된 것들이었다. 그러나 법가의 중앙 집권제를 도입한 진나라가 천하를 통일하고 한나라가 진의 체제를 물려 받으면서 봉건 신분 질서는 사라진다. 황실과 극소수의 귀족들을 제외하고는 모두 평민이었던 진, 한, 당 시대에 공경대부사를 위한 예법은 적용 대상 자체가 없었다. 반면, 봉건시대에는 없던 황제나 평민을 위한 예법은 아무것도 전해지는 것이 없었다.[24]

한-당 시대의 유학자들은 새로운 중앙집권 체제가 요구하는 예법을 고안하고 해석하는 데 힘을 쏟는다. 대표적인 것이 후한의 정현(鄭玄, 127~200)이 정리한 『의례』다. 그러나 한, 당 시대를 거치면서 정리되기 시작한 예법들은 대부분 황제와 귀족들에 관련된 것들이었다. 송대에 출현하는 「사」나 평민들에 관련한 예법은 아무것도 없었다.

「사」와 평민을 위한 예법은 11세기 송 유학자들이 만든다. 특히 조상에 대한 제사를 새롭게 정비한다. 조상에 대한 제사는 신분 질서와 가장 밀접한 관계가 있는 예법이었다. 춘추전국시대에 이미 제사는 신분에 따라 엄격히 구분되었다. 일 년에 몇 번 제사를 드려야 하는지, 제사상에는 어떤 제례 음식을 몇 가지 올려야 하는지, 조상 몇 대까지 제사를 드려야 하는 지 등에 관한 모든 것이 신분에 따라 정해졌다. 712년 당의 오례(五禮) 제도를 정리하여 편찬한 『개원례』(開元禮)도 관료들에게만 해당되는 것이었고 따라서 모든 제례를 관직의 높낮이에 따라서만 상세히 규정하였다.

그러나 『고례』에도, 당 『개원례』 어디에도 관직이 없는 집안에 대한 제례법은 규정해 놓은 것이 없었다. 교육 수준이 아무리 높아도 관직이 없는 집안이면 따라야 할 제례법을 찾을 수 없었다.[25] 송의 재지지주 출신 「사」, 즉 「향사」들은 조상에 대해 어떤 예를 갖춰야 하는지 알지 못했다. 음서제도를 통해서 관직을 물려받지도 못하고 과거에 급제하지도 못한 「사」들은 아무리 경제력을 갖췄고 아무리 많은 공부를 했더라도 나라에서 정한 예법에서는 제외되었다. 따라서 사대부들의 제례를 규정하고 나라의 인정을 받는 것은 「사」의 계급 이

사마광

해와 직접 연관되는 일이었다. 이 작업을 주로 한 것이 주희를 필두로 하는 성리학자들이다.

성리학이라는 새로운 사상 체계를 정립한 송대의 유학자들은 예(禮)를 정치, 사회질서는 물론 철학의 핵심으로 간주하였다. 예는 습(習)과 구분되었다. 습은 어느 공동체가 오랫동안 해 오던 익숙한 것들, 즉 「풍습」을 뜻했다. 그러나 「습」은 윤리, 도덕적 원칙에 근거하지도 않았고 경전에 기반하지도 않았다. 또한 구습은 교육받지 않은 평민들이 따르는 것으로 바람직하지 않은 방향으로, 저속하게 변질될 수도 있었다. 반면 예법은 성현들이 고안하고 경전을 통하여 후대에 가르쳐 준 엄숙하고 세련된 의식들이었고, 참여하는 모든 이들을 감동시키고 변화시키는 힘을 가졌다고 성리학자들은 생각했다.[26] 풍습과 예법이 일치되는 것, 모든 사람들이 올바른 예법을 즐겨 행하는 풍습이 되는 것이 이들이 그리는 이상국이었다.

북송의 대학자들 중 특히 「가례」(嘉禮)에 대해 가장 많이 논한 것은 사마광(司馬光, 1019~1086)이었다. 북송의 대표적인 명문가 출신이었던 그는 왕안석의 부상 이전까지 신종(神宗, 1048~1085) 황제의 최측근이었다. 왕안석이 부상한 이후에는 야당의 지도자가 된다. 송대의 가장 탁월한 역사가였던 사마광은 고대에서부터 송의 건국까지의 역사를 기술한 『자치통감』(資治通鑑)의 저자다. 그는 관직에 있는 동안 여러 차례 예법의 중요성을 강조한다. 1062년의 상소에서는 「나라에 질서가 있는지 무질서한지는 예법에 달렸다」고 하면서, 예법을 정립하는 것은 권위에 대한 존경심을 심어줌으로써 황실

의 안녕을 꾀하는 길이라고 주장하였다.[27]

말년에 사마광은 『서례』(書禮)라는 책을 써서 제1장에는 편지를 쓰는 형식을 서술하였고, 나머지 9장에는 자신이 생각하는 올바른 관혼상제의 예법을 기술하였다. 그는 자세한 각주를 달아서 자신이 주장하는 예법이 경전을 따르는 것임을 주장하는 한편 당시 사대부들의 잘못된 예법을 신랄하게 비판하였다.[28]

성리학의 창시자 중 하나로 간주되는 북송의 장재(張載, 횡거, 橫渠, 1020~1077)도 고대의 제례와 상례의 복원을 주도하였다.

> 근세의 상제례(喪祭禮)에 법도가 없어 초상 때 삼년복(三年服)을 융숭히 다할 뿐, 기년(期年) 이하의 복(服)은 최마(衰麻)로 바꿔 입지도 않으며, 제례(祭禮)는 엄숙히 거행하지 않고 하나같이 세속의 저속한 예절에 따랐다. 그러나 선생은 연이어 기공(期功)의 초상을 당하여 처음으로 고례(古禮)에 따라서 상복을 마련하여 경중(輕重)에 맞게 하였고, 가제(家祭)에서도 처음으로 사시(四時)의 천식(薦食)을 거행하여 제사를 받드는데 정성을 극진히 다하였다. 이 말을 처음 전해들은 자들은 그들을 의심하기도 하고 비양거리기도 하였으나 마침내는 선생을 믿고 따라서 세속의 저속한 예절을 버리고 고례를 따르는 사람이 매우 많았다. 이 모두가 선생의 주창(主倡)에 의한 것이다.[29]

그는 예와 이(理)를 같은 것으로 규정하였다.

> 예는 리이다. 모름지기 리를 연구해야 한다. 예는 그 마땅한 것을 실천하는 것이다. 리를 알면 예를 만들 수 있다. 그러므로 예는 리보다 뒤에 나온다… 지금 예문은 온전한 형태가 아니어서 먼저 예의 의미를 구한 뒤에 예가 그 원리에 부합하는지를 보아야 하니, 이것이 성인들이 (예를) 만든 방법이다. (원리에) 맞지 않는 것은 다른 유자들이 첨

가하여 집어 넣은 것으로 버려도 되고 취해도 된다.[30]

문제는 당대에 와서 예법이 무너졌다는 사실이었다.

옛 사람들은 예를 논의하고 검토해서 정해지면, 집집마다 모두 같은 방식으로 실천하였다. 지금은 정해진 제도가 없어서 모든 가문들이 제각각 정하였는데 이것이 소위 집집마다 관습을 달리한다는 것이다.[31]

정이(程頤, 1033~1107)와 정호(程顥, 1032~1085) 역시 예법의 중요성을 강조하였다. 그러나 그들은 옛 예법을 그대로 따를 것이 아니라 시대에 맞게 새로운 예법을 고안해야 한다고 주장하였다. 옛 예법을 탐구하는 것은 선왕들의 뜻을 헤아리기 위한 것이고 그것을 일단 터득하면 새로운 예법을 고안해도 된다고 했다. 또한, 「예의 근본은 백성들의 감정으로부터 나오니, 성인은 이에 기초하여 도를 만들었을 뿐이다.」[32]고 하였다.

5. 사와 종법제도의 부활

송의 성리학자들이 종법제도의 부활을 주장하기 시작한 것도 당시의 혼란스럽고 타락한 예법을 바로잡기 위해서였다. 종법제도는 봉건제하에서 귀족의 가산(家産)이 영구히 종손에게 세습되도록 고안된 주나라 특유의 제도였다.[33] 경전에 등장하는 종법제도에 따르면 가산을 물려받은 종자(宗子), 종손(宗孫)만이 조상에게 제사를 지낼 수 있었다. 대종(大宗)의 경우 종손들이 계속해서 제사를 지내지만 소종(小宗)의 경우에는 사대봉사(四代奉祀)만 하도록 되어있다.

그러나 진나라가 천하를 통일하여 봉건제를 폐지하고 관료 선발이 점차 과거를 통해 이루어지기 시작하면서 세습 귀족가문은 사라진다. 이미 한대에 이르면 극히 일부 권문세가를 제외하고는 종(宗) 전체가 종손을 중심으로 거대한 장원에서 함께 생활하는 봉건제도는 사라진다. 그 대신 조부모와 부모, 자식이 함께 사는 「가」(家)가 보편화되기 시작한다. 세습이나 혈통을 따지는 데 있어서도 더 이상 종법을 따르지 않았고 작은 아들들도 재산을 동등하게 물려받았다.[34] 당의 『개원례』는 종법제도를 전혀 따르지 않았다. 따라서 종손이 아니었더라도 제사를 지낼 수 있었다.

정치, 경제, 사회가 판이하게 달랐던 춘추전국시대의 봉건제도를 위해 고안된 종법제도를 송대에 부활시키는 것은 쉬운 일이 아니었다. 더구나 종법제도의 재도입을 주장한 성리학자들은 대부분 향사 출신으로 봉건시대의 귀족들을 염두에 둔 종법제도의 적용 대상 조차 아니었다. 송대 이전의 모든 제례 문제는 황실과 귀족, 권문세가, 고관들의 문제였다. 반면 향사들은 종을 따질 수 있는 오래된 귀족가문 출신도, 고관대작을 지낸 권문세가의 후예도 아닌 일반 「사」일 뿐이었다. 그럼에도 불구하고 이들은 전통이나 국가에 의존하지 않고도 자신들의 조상을 받드는 예법을 고안해야 한다고 생각했다. 엄숙하고 감동적인 예법을 갖추는 것은 집안의 명예를 지키고, 친족간의 유대 관계를 강화시키고, 강력한 공동체를 형성할 수 있는 방법이었기 때문이다.

소식(蘇軾, 동파, 東坡, 1037~1101)은 자신의 고조부로부터 내려오는 족보를 작성하고 비석에 새겨서 가족 묘 앞에 세웠다. 그러면서 그는 천자나 일부 권문세가만이 대종(大宗)을 이룰 수 있으며 자신의 집안과 같은 경우에는 소종(小宗)을 따라야 한다며 일반 사대부들을 위한 종법제도를 정립할 것을 주장하였다.[35]

장재(張載)역시 종법제도의 부활을 강력히 주장하였다.

천하의 민심을 관섭(管攝)하여 종족을 거둬들이고 풍속을 두터이 하여 사람으로 하여금 근본을 잊지 않도록 하는 방법으로는 보계세족(譜系世族)을 명백히 하는 것과 종법(宗法)을 세우는 데 있다. 종법이 성립되지 않으면 계통의 유래를 모르게 된다. 옛사람들은 자신이 태어난 곳을 알지 못하는 자가 거의 없다. 이제 종법은 폐지되었지만 후세에 보첩을 숭상하여 오히려 그 유풍이 남아 있는데 보첩마저 폐지한다면 사람들은 자기가 태어난 곳을 알지 못하게 될 것이며, 백년의 역사를 가진 집안이 없으므로써 골육(骨肉)의 계통이 사라지게 되어, 매우 가까운 친척

소식(소동파)

이라도 은혜 또한 박(薄)하게 될 것이며, 종법이 성립되지 않으면 조정에는 세신(世臣)이 없어질 것이며, 또한 빈천한 가정에서 태어나 하루 아침에 공상(公相)에 이르게 될 것이며, 종법이 서지 않으면 그가 죽은 이후엔 가족들이 분산되어 그의 집안이 전해지지 못할 것이다. 그러나 종법이 엄정하면 사람마다 각기 자신이 태어난 곳을 알게 되어 조정에는 큰 이익이 있을 것이다. 어떤 이는 「조정에 무슨 이익이 있겠는가?」라고 반문하지만, 공경(公卿)은 제각기 그의 집안을 보존할 것이니, 충의(忠義)가 서지 않겠는가? 충의(忠義)가 서게 되면 조정의 근본은 따라서 견고하지 않겠는가? 오늘날 갑작스럽게 부귀를 얻은 사람들은 30~40년간의 계획에 그치게 되어 한 구역에 집을 지어 그 소유를 누리다가 그가 죽으면 많은 자식들이 각기 분열되고, 얼마되지 못하여 탕진되므로 그의 가정은 보존할 수 없게 된다. 이와 같

은 상황으로는 집안도 보존할 수 없는데 어떻게 국가를 보존할 수 있겠는가.[36]

그러나 당시의 시대 상황으로 봤을 때 고대의 종법제도를 그대로 부활시킬 수는 없었다. 장재는 타협안을 제시한다.

오늘날 대신의 가문에서는 종자법(종법)을 시행할 수 있다. 비유하자면 한 사람에게 여러 아들들이 있을 때 적장자를 대종(大宗)으로 삼아 가문의 부에 맞게 후하게 주어 종자를 기른다. 종자의 위세가 무거워져서 혹 그것을 바랄 경우, 종자를 모시는 것 외의 소유를 친척들에게 균등하게 나누어줄 수 있다.…종자가 선하지 않으면 다음으로 현명한 자를 따로 선택해서 (종자로) 세운다.[37]

비록 종손이 아니더라도 오늘날의 고위 관리들은 따로 자신들을 종으로 세우고 지금부터라도 종법제도를 각 집안에서 도입하자는 제안이었다.

종법제도를 재 도입함으로써 「가」(家)는 이제 다시 「종」(宗)으로 확대 되었고 사(士)는 과거에 낙방하여 정부의 관직도, 녹봉도 받지 못하더라도 자신들의 지위를 유지할 수 있는 제도적 토대를 마련하게 되었다. 학인(學人)으로서 자신은 이제 「가」의 대표만이 아닌 「종」의 대표로서, 또 자신의 「종」을 기반으로 지역사회에서 유지로서의 역할을 강화할 수 있었다.

장재

송대 제례 논쟁의 가장 획기적인 전기는 정이(程頤, 1033~1107)가 마련한다. 정이도 소식이나 장재와 마찬가지로 종법제도의 부활을 주장한다.

종자(적장자)의 법이 서지 않으면, 조정에는 대대로 국가에 충성하는 신하들이 존재할 수 없을 것이다. 종법은 몇몇 큰 관료의 집안에서 법을 세운 것이다. 종법이 세워지면, 사람들은 각기 (자신이) 유래한 곳을 알게 된다.[38]

정이는 그러나 종법제도를 부활시키는 데 그치지 않고 보편화시키고자 한다. 소식이나 장재 등은 모두 당시까지만 해도 아무런 규정이 없던 사대부들의 제례를 정립시키는 것을 고민하였다. 이들이 종법제도를 도입하고자 한 것도 사대부 계층에 적용시키기 위해서였다. 그러나 정이는 황실이나 귀족, 사대부는 물론 일반 백성들도 모두 제례를 지내도록 해야 한다고 주장한다.

천자로부터 일반 사람에 이르기까지 오복(五服)제도는 다름이 없으니, 모두 고조(高祖)까지 이르는 것은 상복도 그렇게 하고 제사 역시 그렇게 한다. 그 친소 수(數)의 절목은 고찰하기 어렵지만 그 원리는 반드시 이와 같다. 칠묘와 오묘(를 모신 자)라도 제사는 고조까지만 지낸다. 대부와 사는 혹 삼묘, 이묘, 일묘(를 모시고) 또는 침묘에서 제사지낼 수 있는데, 비록 차이는 있지만 제사를 고조까지 지내도 무해하다. 아버지까지만 제사지내는 것은 단지 어머니만을 알고 아버지는 모르는 것이므로 금수의 도이다. 아버지만 제사지내고 (고)조까지 미치지 않는 것은 사람의 도가 아니다.[39]

정이는 관직과 신분 고하에 관계없이 모든 사람들이 위패를 사용할 것도 최초로 주장한다. 당시에는 제사를 지내는 사람들 중에서 조상의 초상화를 사용하는 경우도 있었고 「신판」(神板)을 사용하는 사람들도 있었다. 정이는 나무로 만든 패에 조상의 이름과 직함을 쓴 「위패」의 도입을 주장하였고 이를 설명하는 자세한 그림도 그렸다. 그는 일 년에 제사의 횟수를 규정하는 것을 철폐해야 한다는 주장도 하였다.[40]

6. 주자가례(朱子家禮)의 완성

주희는 예법과 윤리는 완벽하게 일치한다고 생각했다. 그러나 불행히도 그가 활동했던 시대에는 대부분의 고례가 이미 사라진 후였다.

지금처럼 옛날의 예가 산실되어서 백 가지 중 한 두 가지도 남아 있지 않은 상태에서 표면에서 모호하게 도리를 말한다면 어떠하겠는가? 그 말한 것이 어떤 도리를 얻겠는가? 모름지기 산실된 여러 예들을 이리 저리 비교하고 검토하고, 구체적인 조목들을 하나하나 그 실제를 드러내어야 비로소 그 (예의) 도리가 분명해질 수 있다. 비교해서 확실하다면, 그 도리 역시 설명하지 않더라도 자연히 분명해질 것이다.[41](섭가손) (주자어류 84:5)

그는 고례를 재발견하여 그대로 복원하는 것은 불가능함을 알았다. 위대한 성인이 출현한다면 필요한 모든 예법을 새롭게 고안할 수 있겠지만 그때까지는 일반인들이 이미 채택하고 있는 예법들을 고쳐나가면서 올바른 예를 정착시키려고 노력하는 수 밖에 없었다.

옛날의 예는 지금 실행하기가 정말 어렵다. 이전에 말했듯이, 후세에 위대한 성인이 나타나 예를 정리해주고 사람들로 하여금 깨닫게 하면 일일이 옛 사람의 번거로운 방식을 다하지 않고도 옛날의 큰 뜻에 어긋나지 않을 것이다. (황의강) 옛 예는 실행하기 어렵다. 후세에 만약 (예를 새롭게) 만들고자 하는 사람이 있다면, 반드시 고금의 (시대에 적절한) 마땅함을 가려내어 (만들어야) 한다.[42]

북송의 마지막 황제 휘종(徽宗, 1082~1135, 재위: 1100~1125) 연간인 1113년 조정은 『정화오례신의』(政和五禮新儀)를 반포한다. 이 예서는 최초로 평민들의 관혼상례를 규정하고 있다. 그러나 평민들을 위한 제례는 포함되지 않았다. 편찬자들이 평민들에게도 삼대봉사(三代奉祀)를 규정할 것을 제안하였으나 휘종의 강력한 반대로 무산되었다.[43] 그 후의 전란으로 인하여 『정화오례신의』마저 제대로 시행되지 않는다.

주희는 지방관을 수차례 역임하면서 지방의 평민들 사이의 예법이 얼마나 철저히 무너졌는가를 직접 목격한다. 18세에 진사시에 합격한 주희는 24세인 1153년 푸젠성(福建省, 복건성) 남부의 동안현주부(同安縣主簿)로 부임한다. 그는 평민들의 가례(家禮)를 시정해야 한다고 생각했다.[44] 그가 목격한 현실은 참담했다. 그는 상소를 올린다.

예법에 관한 글 중에서 결혼의 예를 중시하는 까닭은 남녀를 구별하고 부부 사이의 도리를 확립하여 풍속을 바르게 하고 화란의 근원을 막기 때문입니다. 본 현에 과거로부터 전해오는 결혼 풍속을 들어보니 혼인의 예가 없었습니다. 일반 서민들은 가난하여 혼인의 예식을 치르지 않거나 유혹하여 여자 편에서 남자 편으로 달려가기도 하니, 이를 인반위처(引伴爲妻, 반려자를 끌어들여 처로 삼는다)이라 하는데, 이와 같은 습속이 풍속을 이루었습니다. 그러한 유행이 부유한 사대부 집안까지 미쳐서, 그와 같이 행위하고도 더 이상 거리낌이 없습니다. 그러한 폐단은 비단 예의의 법도를 어그러뜨릴 뿐만 아니라 국가의 법도도 모독하는 것입니다. 부부끼리 서로 시새움하고 싸워 상처가 빚어지게 되면 혹은 이러한 상처 때문에 자신을 망치고도 뉘우침이 없습니다. 혼인의 풍속이 이와 같이 어둡고 문란하니 매우 근심스럽습니다. 바라건대 현재 통행하는 예에 관한 조법을 조사하여 깨우쳐 금지토록 하십시오. 아울러 갖추어 사주에 보고하여 정화오례에서 사대부와 일반서민의 결혼과 관련된 의식을 검토하여 내려 보내 준수하게 하고 엄격히 시행하여 주십시오.[45]

주희는 「윗사람들이 예법을 따르는 것은 쉬우나 하층민들은 따르고 싶더라도 많은 어려움에 봉착한다」고 했다. 조정에서는 모든 예법이 명확하게 규정이 되어있을 뿐만 아니라 올바른 예법을 해석해주는 관리들도 수없이 많았다. 그러나 현과 같은 지방 행정 단위에서는 『정화오례신의』가 제대로 보급이 되어 있지도 않았고 알려지지도 않았기 때문에 사대부나 평민 집안이 가례를 행하는데 어려움을 겪고 있었다. 따라서 주희는 『정화오례신의』에서 현의 관리나 평민들에 해당되는 부분들을 발췌하고 최신 규정들과 맞게 수정하여 새롭게 요약, 반포할 것을 주장한다. 그리고 이 새로운 요약본을 각 치와 현에 각기 3부씩 보내 현치와 학교, 불교나 도교 사찰에 한 부씩 배포할 것과 현의 관리들에게 새로운 예법이 시장과 마을에서 제대로 널리 설명되도록 책임 지울 것을 제안한다.

예법이란 위에서 실천하기가 어려운 것이 아니라, 아래에서 실천하도록 하는 것이 어렵습니다. 위로 조정에는 전장이 밝게 갖추어졌고, 또 상서성에 예부를 설치하고, 상서·시랑에서 낭리 수십 명에 이르기까지, 태상시에 태상경·소경으로부터 박사·장고를 둔 것이 또 수십 명입니다. 매 번 일을 치를 때마다 옛 사례를 살펴 시행하고, 또 이 수십 명의 사람들이 서로 모여서 계획을 짭니다. 그릇, 폐백, 제물, 술 등을 들여왔다 내어 가는데도 모두 정해진 격식이 있습니다. 오르내리며 일을 주관하는 사람들도 용모와 절도에 대해 모두 익숙하게 보고 듣던 것이라 어긋난 점이라는 없습니다. 설사 한 가지 잘못이 생기더라도 또 간관과 어사들이 고금의 근거를 가져 와서 따져 묻고 바로잡습니다. 이것이 '위에서 실천하기가 어렵지 않다'는 말입니다. 오직 주나 현 등의 사대부·서민들의 집안은 예법을 그만 둘 수 없어 실천하고자 하여도 그 형세가 '곤란하다'고 할 만 합니다. 총괄해보면 합당하지 않는 이유를 다섯 얻을 수 있으니, 그들 각각을 거론해서 바로 잡으려면 또한 다섯 가지 주장이 필요합니다.

오늘날 위 아래에서 함께 이어받아 사용하는 예법은 『정화오례』입니다. 그 책은 비록 예전에 반포되었지만 율령과 함께 담당 관서에 보관되어 있고, 예법에 종사하는 서리들도 대부분이 세속적인 서리[俗吏]들인지라 그 내용을 충분히 알지 못합니다. 백성들의 수장이 된 사람 역시 때에 맞춰 선포해서 아래에 통하게 하지 못하고, 심하게는 그 책을 버려버리고 없는 경우도 있습니다. 이것이 예법이 합당하지 않는 첫째 이유입니다.

책이 다행이 보존되었다 해도 위아래에서 대충대충 처리하는 풍습을 이어갈 뿐, 평소에는 예법을 익히지 않아 일이 닥치고서야 갑자기 배우려 합니다. 이런 까닭에 베풀어 널려 놓은 것이라고는 대부분 잘못된 것들인데, 조정에서는 또 감독하면서 바로잡지 못하니 이것이 예가 합당하지 않는 두 번째 이유입니다.

제사에 쓰는 기물들은 정화(政和) 연간을 거치면서 제도를 바꿨는데, 옛날의 기물로서 오늘날 남아있는 것을 모두 취해서 법도로 삼았으니, 오늘날 교외의 사당(郊廟, 교묘)에서는 그 제도에 따라 기물을 씁니다. 그러나 주와 현에서는 오로지 섭씨(聶氏)의 『삼례, 三禮』에서 정한 제도를 택하고 있습니다. 괴이하고 불경스러우며 옛날의 제도를 회복한 것도 아닌데, 정화 연간에 결정한 것은 아직도 반포되어 내려오지 않고 있으니 이것이 예가 합당하지 않는 세 번째 이유입니다.

주현에서는 오직 세 명의 헌관만이 제사용 복식을 입을 뿐 분헌·집사·배위 등은 모두 평상복을 입습니다. 옛과 오늘이 뒤섞이고, 올바른 것과 세속적인 것이 분별되지 않으며, 현과 읍에서 곧장 평상복을 입을 뿐이어서 전례에 상응하지 않으니 이것이 예가 합당하지 않는 네 번째 이유입니다.

또 『정화오례』라는 책은 만들 당시에 여러 사람의 손을 거쳐 편찬되었기 때문에, 그 사이 앞뒤로 서로 모순되고, 소략해서 완비되지 않는 곳이 있습니다. 이 때문에 그 행사를 다 따르기 어려우니 이것이 예가 합당하지 않는 다섯 번째 이유입니다. 예가 합당하지 않는 이유가 다섯이기 때문에 일일이 바로잡는데도 다섯 가지 주장이 있습니다.

아래와 같이 말씀드립니다. 조정에서 시행되는 예법은 주나 현의 사민들이 참여해서 알 수 없습니다. 이 모두를 반포하려 하면 전달하는 자들이 많다는 이유로 힘들어 하고, 익히는 자들은 너무 광범위해서 제대로 궁구할 수 없다고 근심합니다. 그러므로 이렇게 하는 것이 더 좋습니다. 주나 현의 관청과 민간에서 쓸만한 것들을 택해서 근래의 예제를 참고하고, 종이에 적어 끈으로 묶고 『소흥찬차정화민신예략』이라고 이름을 붙이고서, 판각을 하고 인쇄를 해서 주와 현에 반포시키되 각각 세 통을 만들어(한 통은 수령의 청사에 두고, 한 통은 학교에 두며 다른 한 통은 명산의 사찰이나 도관에 둡니다) 모두 나무 궤짝 속에 보관해 둡니다. 지키고 관리하는 것은 마치 조서처럼 합니다. 그리고 백성들이 많이 쓰면 또 주현에서 판각한 목판을 정월(正歲)에는 베껴서 시장이나 시골에 게시해 두고 두루 알게 한다면 오래 갈 수 있을 것입니다. 이것이 첫 번째 주장입니다.

예법을 기록한 책이 이미 반포되었다면 또 주현에서 사인들 가운데 독실하고 예법을 좋아하는 사람을 택해서 그 내용을 외우고 강론하게 하고, 서식과 예법을 익히게 하되 주현마다 각각 몇 명씩을 학교에 모아 두고 『치례』(治禮)라고 이름을 붙입니다. 매번 일을 치룰 때마다 그들이 (예법을) 가르치도록 합니다. 또 제학사(提學司)와 같은 감사에게 조칙을 내려 예법대로 받들어 행하지 않는 자들을 살펴서 모두 죄로 다스리게 합니다. 이것이 두 번째 주장입니다.

제수용 그릇이 한 둘이 아닌지라 군이나 현에서 사용하는 것이 무척 많습니다(여러 제사 가운데 석전례에 쓰이는 기물만이 많습니다. 당연히 이 수량을 기준으로 삼아 주나 현에서 반드시 갖추도록 해야 합니다.) 이 때문에 조정에서 다 공급하기는 어렵습니다. 다만 각각의 일마다 (제기) 하나씩을 공급해서 그것을 기준으로 삼아, 주군에 보내 수령의 관사에 보관하게 하고, 그 제도대로 (제기를) 만들게 해서, 주에서 쓰는데 공급하고 여러 현에도 줍니다(어떤 사람은 주나 현에서 기물을 만들면 모두 똑같이 만들 수 없을 것이라고 합니다. 그렇다면 주현에 돈을 얼마 정도 주어서 수도로 보내 그곳의 장인에게 만들도록 하면 될 것입니다). 쓰이는 기물은 별도로 한 창고를 만들어 따로 담당하는 관리를 배치하고 궤에 넣어 보관해 둔 것과 함께 수령이 새로 부임하거나, 교체되어 떠날 때 둘 다를 서로 인수인계하고서, 인지에 기록해서 그 일을 중요하게 취급하도록 합니다.(예서와 예복도 아울러 이러한 방법을 씁니다.) 이것이 세 번째 주장입니다.

제사 복식은 당연히 『정화오례』를 기준으로 삼아서 주현의 삼헌·분헌·집사·찬·축·배위의 복식은 있는 것을 고쳐서 쓰고 없는 것은 의논해서 보충해서 모두 옛날의 예복으로 만듭니다(석전례에서 분헌을 담당하는 사람은 모두 선비를 쓰고, 나머지 제사의 경우에는 서리(吏)를 쓰므로 당연히 그 제도를 달리합니다). 만들어서 배포하는 것은 제수용 기물을 다루는 방법처럼 합니다. 이것이 네 번째 주장입니다.

예서에서 완비하지 못한 것(희가 예전에 석전 의례의 잘못을 고찰한 것은 지금 따로 내어 놓았습니다)은 다시 자세한 고찰을 더해서 고치고 바로잡아 반열의 순서·진설·행사·승강의 일을 각각 하나의 그림으로 그려서 예서와 함께 널리 반포한다면(지키고 보는 것는 책을 다루는 방법과 같이 합니다) 보는 사람들이 환하게 이해할 것입니다. 이것이 다섯 번째 주장입니다.

예법이 합당치 않는 것이 이와 같으니, 반드시 모두를 바로잡고자 한다면 또한 그 주장이 이와 같아서 또한 명백하고 쉬이 알 수 있다고 할 것입니다. 세상에 의논할 사람이 없다면 경솔한 풍속이 이기게 되니 이것은 뜻을 기울이지 못했기 때문입니다. 이런 까닭에 언제나 어려운 것입니다. 그래서 저는 「예법이란 위에서 실천하기가 어려운 것이 아니라, 아래에서 실천하도록 하는 것이 어렵다」고 말씀드린 것입니다. 이 때문에 이런 의론을 서술하면서 이를 들어 실천할 수 있다면 거의 보탬이 될 것이라고 생각하는 것입니다.[46]

20년 후인 1179년, 다시 한번 지방관으로 장시(江西, 강서)의 난장(南江, 남강)에 부임한 주희는 다시 한번 상소를 올려 지방에서 사용할 수 있는 예법 교본을 배포할 것을 요청한다. 1190년 푸젠성 남부의 장저우(漳州, 장주)의 현감으로 부임한 주희는 여전히 지방의 풍속이 문란함에 놀란다.

장주(漳州)의 풍속은 야박하고 비루하여 부모의 상이 있을 때 문복최질[服衰]을 하지 않는 데까지 이르렀다. 선생이 먼저 고금의 예와 법을 써서 그들을 깨우쳤다. 또한 고금의 상례, 장례와 시집가고 장가가는 의례를 모아서 부로(父老)들에게 보여주어 그 자제들에게 풀어서 설명하고 가르치도록 하였다. 풍속이 부처를 숭상해서 남녀가 경전공부를 위해 절(佛廬)에 모였다. 여자 중 결혼하지 않으려는 자는 자신들끼리 암사(菴舍)에 거주하였다. 선생이 이런 것들을 엄하게 금지하였다.[47]

사회의 현실을 직접 목격한 주희는 예법을 정착시키기 위해서는 평민들도 쉽게 이해하고 실천할 수 있는 예법의 편찬과 보급이 무엇보다도 시급하다고 생각했다. 『주자가례』는 그렇게 탄생한다. 주희의 저작중 중국과 조선의 문명에 가장 직접적이고 지대한 영향을 끼친 것은 『주자가례』였다. 주희가 가례를 집필한 계기도 「사」로서, 지방관료로서 지역사회의 발전을 위한 그의 실사구시에 입각한 노력의 일환이었다. 『주자가례』는 주희가 많이 의존한 사마광의 『서례』등 과거의 예서를 대폭 간소화 한다. 평민들에게 쉽게 예법을 따르는데 조금이라도 방해가 된다고 생각한 부분들은 과감하게 삭제하였다. 엘리트들을 위한 예서를 따로 집필하지도 않았다. 사대부든 평민이든 모두가 함께 쉽게 따를 수 있는 예서를 만드는 것이 주희의 목표였다.[48]

남송의 사대부들은 자신들의 신분과 계급의 이해를 충족시킬 수 있는 제례방법을 고안해내는 데 성공한다. 중국 역사상 가장 역동적이고 상업화되고 도시화되었던 송대를 살았던 「사」는 자신들의 정체성, 사회에서의 역할, 특권 등을 새롭게 강구해야만 했다. 관습과 사회 통념이 급변하는 시대에 이들은 서로를 엮어줄 공통점을 찾고자 애썼고 자신들만의 정체성을 정립하고자 하였다. 이 과정에서 이들은 고전을 탐구하였다. 그러나 고대의 예법을 참조하면서도 이에 얽매이지 않았다. 신분 고하에 따라 예법을 엄격하게 구분하고 규정하는 것도 거부하였다. 그 대신 올바른 「예」와 「습」은 구별하였다. 그리고 습은 얼마든지 고칠 수 있다고 보았다. 올바른 예만 가르쳐주고 이를 따르고자 하는 의지만 있다면 신분 고하, 귀천에 관계 없이 모두 예를 따를 수 있다고 생각했다.[49]

제례와 종법제도는 송대에 새로운 엘리트 계층으로 부상하기 시작한 「사」가 국가로부터 독립된 정체성을 유지할 수 있는 제도적인 기반을 제공해 주었다.[50] 그리고 누구나 제례와 종법제도를 따르도록

명태조 주원장. 홍무제

장려함으로써 신분 질서의 벽을 허물었다. 이들이 자신들의 신분과 계급 이익을 지키기 위해서만 제례와 종법제도의 복원을 주장한것은 아니다. 이들은 올바른 예법과 가족제도를 통해 자신들이 추구하는 윤리와 도덕이 회복된 사회를 건설할 수 있다고 생각했다. 이들에게 예와 종법은 곧 「이」(理)를 실현하는 방법이었다. 「성리학」(性理學)은 이렇게 태동된다.

송나라에서 종법제도가 부활하고 『주자가례』가 집필된 것은 이러한 정치, 경제, 사회적 배경 때문이었다. 성리학이 「가」(家)라는 제도를 「국」(國)에 못지 않게 중요시 하면서 「충」과 「효」를 각각 「국」과 「가」 운영의 핵심 가치로 삼으면서 동급으로 놓은 것도 바로 이러한 이유에서다.

7. 명의 대안

명(明, 1368~1644)은 주자성리학 체제를 완성한다. 명 특유의 정치, 경제, 행정 체제는 태조 주원장(朱元璋, 1328~1398, 재위: 1368~1398)이 그 초석을 놓는다. 명태조는 완벽한 전제군주로 모든 백성을 직접 통치하고자 하였다. 주원장은 1380년 승상(丞相)제도를 폐지하고 다시는 부활시키지 않았다. 모든 행정업무는 태조가 직접 보았다.[51] 전국에서 올라오는 모든 상소도 직접 챙겼다.[52] 고위 관료들에게는 태조의 칙령(勅令)을 쓰는 단순 업무만 맡겼고 태조에게 조언은 할 수 있었지만 정책을 결정할 수 있는 아무런 권한도 주지 않았다.[53] 주원장이 1376년부터 1396년 사이에 수만명에 이르는 공신과 관료를 숙청하자 명의 관료는 더욱 위축되었다. 조정의 역할은 단순히 태조의 의중을 전달하는 것으로 국한되었다.[54]

반면 주원장은 향촌 질서는 중앙 조정과는 정반대로 운영하고자 하였다. 향촌 운영은 주자성리학의 윤리, 도덕규범을 기반으로 하는 자치제를 원칙으로 하였다. 향촌 간의 분쟁이 났을 경우에만 지방의 관리가 개입하고 중재를 할 뿐, 향촌 내의 모든 문제는 그 지역의 원로와 유지들에게 맡겼다. 태조는 관리들이 향촌에 발을 들여놓는 것 자체를 금지하였다. 주원장이 고안한 명의 제도는 황제의 전제주의와 향촌의 이상적인 도덕 공동체를 합쳐 놓은 특이한 모습이었다.[55]

명태조는 경제도 단순한 농업경제를 선호하였다. 농업 이외의 경제활동은 중요하지 않게 생각했다. 그 대신 황제 자신으로부터 일반 백성에 이르기까지 모두가 지극히 검소한 생활을 할 것을 권장하였다. 정부의 재정도 절약을 극도로 강조하면서 관료의 숫자를 줄여 나갔고 관료들은 최소한의 봉급만 받았다. 많은 재정이 들어가는 정복전쟁에도 일체 나서지 않았다.[56]

재정도 단순화시켰다. 국가의 재정과 지방의 재정도 구분하지 않았다. 모든 지방 관리들은 동시에 중앙 조정의 관리로서 재정을 담당하였다. 황실의 비용과 국가의 비용도 차별을 두지 않았다. 조정에 납부되는 모든 세금과 물품들은 황궁내에 보관하게 하면서 황제가 직접 관리하였다. 황실의 규모와 업무가 급격히 늘어났지만 황실의 재정과 업무를 별도로 관리하는 부서를 두지도 않았다. 심지어는 군대의 보급과 재정도 민간 부서에 맡길 뿐 별도의 기구를 두지 않았다. 군대는 둔전을 두어 자급자족하도록 하였다.[57]

그 대신 세금은 낮게 유지하였다. 토지세는 소출(所出)의 3%정도에 불과했다. 그리고 모든 세금은 물품으로 걷고자 하였다. 송-원대에 화폐가 통용되던 것과 극단적으로 다른 정책이었다. 세금을 납부하는 것도 별도의 수송망을 두지 않고 납부자들이 직접 하도록 하였다.

태조의 정책은 송-원대의 경제발전이 가져온 지역 간, 계층 간의 소득 불균형과 불평등을 해소하고자 하는 노력의 일환이었다. 송, 원대에는 상업이 발달하면서 일부 지역과 수공업, 해외무역에 종사하는 특정 분야는 높은 소득을 올리고 있었다. 그러나 명태조와 그를 보좌하는 주자성리학자들의 입장에서는 경제의 일부만 계속해서 발전하게 하는 것은 나라 전체의 경제적 불균형을 초래하고 결국은 정치적 통합을 저해한다고 생각했다. 따라서 나라의 모든 지역이 비슷한 경제 수준을 유지하는 것이 무엇보다도 바람직하다고 생각했다.

결과는 경제의 하향평준화였다. 송-원대에 번창하던 상업과 산업은 쇠퇴하기 시작하고 가장 기본적인 농업경제만 유지되었다.[58] 명의 제3대 황제인 영락제(永樂帝, 1360~1424, 재위: 1402~1424)는 수많은 정복 전쟁을 일으키고 정화(鄭和, 1371~1434)의 거대한 함대를 전 세계에 파견하는 등 대규모의 재정이 필요한 사업들을 펼쳤다. 그러나 그 후의 명 황제들은 다시금 태조의 정책으로 돌아간다. 조선은 명의 이러한 체제를 받아들인다. 주자성리학이 이상으로 삼던 왕도 정치였다.

제1부 - 제4장

조선의 혁명

1. 원과 고려: 주자학 문명 도입의 창구

2. 세종의 급진개혁

3. 조선의 농업혁명

4. 조선 향촌질서의 구축

5. 족보와 집성촌의 탄생

제1부 - 제4장

조선의 혁명

　주자학은 주희의 말년에 「위학」(僞學), 즉 거짓 학문이라 하여 남송에서 금지 되었고 주희 본인도 탄압을 받는다. 주자집주의 『사서』를 과거 시험 교재로 처음 채택한 것은 오히려 남송을 멸망시킨 원(元, 1271~1368)이었다. 송의 선진 문명이 고려에 본격적으로 소개되기 시작한 것은 고려가 원의 속국으로 양국이 밀접한 관계를 맺게 되면서부터였다. 주자학이 고려에 처음 전파된 것도 원을 통해서였다. 특히 고려 왕실과 원 황실 간의 수대에 걸친 혼인을 통해 형성된 관계는 송 문명 전파의 중요한 통로를 제공한다. 고려의 왕실과 조정은 송의 첨단 문명을 도입하고자 노력한다. 공민왕(恭愍王, 재위: 1351~1374)의 개혁 시도가 그 대표적인 예다.

　그러나 본격적인 주자성리학 개혁은 조선조의 몫이 된다. 특히 세종은 주자성리학 이념의 보급과 제도의 정착을 위해 본격적인 개혁을 추진한다. 새 시대와 새 이념에 걸맞는 정책을 개발하기 위하여 「집현전」을 설치하여 인재들을 모으고, 장영실 등의 기술자들을 길러 내면서 강남농법을 위시한 중국의 첨단기술 도입과 신기술 개발에 박차를 가한다. 세조(世祖)의 치세에 이르면 종법제도 중심의 향촌 질서가 조선에도 뿌리내리기 시작한다. 성종(成宗)대에 이르면 조선 최초의 족보가 발간되면서 성씨 중심의 사회제도가 뿌리 내리기 시작한다.

1. 원과 고려: 주자학 문명 도입의 창구

1259년 3월, 제9차 몽골의 침입을 끝으로 고려는 40년에 걸친 항몽전쟁을 접고 원에 항복한다. 같은 해 7월, 고종(高宗, 1192~1259, 재위: 1213~1259)이 승하하고 원종(元宗, 1291~1274, 재위: 1259~1274)이 즉위한다. 고종은 46년간의 재위 기간 동안 한편으로는 무단정치에 억눌리면서도 다른 한편으로는 40년에 걸친 항몽전쟁을 치르면서『팔만대장경』(八萬大藏經)의 대 역사를 일으키기도 했다. 원종 때부터 고려의 왕세자는 원나라로 가서 연경(燕京, 베이징)에서 몽골식 이름을 받고 외가인 원의 황실에서 자란다. 그리고 원 황실의 공주와 결혼한 후 귀국하여 왕위에 오른다.

원종이 즉위 원년(1260년) 세자로 책봉한 맏아들 심(諶)은 1272년 36세가 되던 해에 원나라로 간다. 그리고 1274년 원 세조(世祖) 쿠빌라이(忽必烈, 1215~1294, 재위: 1260~1294)의 딸 제국대장공주(齊國大長公主, 1259~1297)와 결혼한다. 같은 해 원종이 승하하자 귀국하여 즉위하니 그가 고려 제25대 충렬왕(忠烈王, 1236~1308, 재위: 1274~1298, 복위 1299~1308)이다. 충렬왕의 아들 장(璋)은 3살 때 세자로 책봉 됨과 동시에 연경으로 가서 외가인 원 황실에서 자란다. 세자는「이지르부카」(益知禮普花)라는 몽골 이름을 받고 몽골의 언어와 풍습을 완전하게 배워 22세 때인 1296년 원 황실의 진왕 감마랄의 딸 부다시리 공주(계국대장공주, 薊國大長公主,?~1315년)를 정비로 맞이한다. 1298년 귀국하여 즉위하니 그가 제26대 충선왕(忠宣王, 1275~1325, 재위: 1298, 1308~1313)이다.

이러한 과정을 통하여 고려의 왕실과 원의 황실은 혈통으로나 언어적으로, 문화적으로 하나가 된다. 원의 문물이 고려로 물밀듯이 들어오고 몽고 음식과 변발, 의복이 고려에 널리 보급되기 시작한다. 동시에 송이 완성한 선진 농법과 주자성리학도 본격적으로 전해진다.

중국의 강남을 처음으로 언급하는 고려의 공식 기록은 1291년(충렬왕 17년), 6월자『고려사』의 기사다. 고려에 대기근이 들자 원 세조

쿠빌라이가 대량의 강남쌀을 구휼미로 보냈다는 내용이다.

> 충렬왕 17년 6월에 원(元)에서 해도만호(海道萬戶) 황흥(黃興)과 장유
> (張侑), 천호(千戶) 은실(殷實)과 당세웅(唐世雄)을 보내어 선박 47척에
> 강남(江南)의 쌀 10만 석을 싣고 와서 굶주린 사람들을 진휼하게 하였
> 다. 세자(世子)가 일찍이 원 황제에게 아뢰기를, 「근래에 나라 사람들
> 이 전쟁과 군량 수송 때문에 농사를 짓지 못하여 기근이 들었습니다.」
> 라고 하였으므로 이러한 하사가 있게 되었다.[1]

「전쟁과 군량 수송 때문」이라 한 것은 원과 고려 연합군의 일본
정벌 준비를 말하는 것으로 보인다.[2] 원은 1291년과 1295년 두 차례
더 구휼미로 강남미를 보내온다.[3]

고려 왕실과 원 황실 간의 빈번한 교류를 통하여 고려의 관료
와 학자들은 연경(북경)을 자주 드나들면서 주자성리학이라는 새
로운 사상에 매료된다. 고려에 주자학을 최초로 도입한 안향(安珦,
1243~1306)도 충렬왕 16년(1290) 훗날 충선왕으로 보위에 오르는
세자를 수행하여 처음 연경에 간다.[4] 연경에서 주자성리학을 접한 그
는 주자학이야말로 「공자 문하의 정통의 맥」(孔門正脈)을 잇는 학문
이라고 하면서 주자학 관련 서적을 베끼고 공자, 주자의 초상화를 그
려서 귀국한다. 귀국 후에는 고려에 주자학을 보급하기 위해 힘쓴다.
백이정(白頤正, 1247~1323), 우탁(禹倬, 1263~1342), 권보(權溥,
1262~1346)와 그들의 제자인 이제현(李齊賢, 1287~1367) 등은 고
려 주자학의 기초를 놓는다.

1314년에는 고려가 처음으로 중국의 강남에 관료들을 파견하여
다량의 서적을 구입한다.

> 6월 경인일. 찬성사(贊成事) 권보(權溥), 상의회의도감사(商議會議都監

事) 이진(李瑱) 삼사사(三司使) 권한공(權漢功), 평리(評理) 조간(趙簡), 지밀직(知密直) 안우기(安于器) 등이 성균관(成均館)에 모여 새로 구입한 서적(書籍)을 열람하는 한편 경학(經學)시험을 보였다. 당초 성균제거사(成均提擧司)에서 박사(博士) 유연(柳衍)과 학유(學諭) 유적(兪迪)을 중국 강남(江南)으로 보내 서적을 구입하게 했는데, 도중에 배가 파선하는 바람에 유연(柳衍) 등이 빈털터리로 중국 해안에 표박했다. 마침 태자부참군(太子府參軍)으로 남경(南京)에 머물고 있던 판전교시사(判典校寺事) 홍약(洪瀹)이 유연(柳衍)에게 보초(寶鈔)[5] 150정(錠)을 주어 경학관련 서적 10,800권을 구입해 귀국하게 한 것이다.[6]

충선왕은 개혁에 뜻을 두었다 한계에 부딪히자 아들 충숙왕(忠肅王, 1294~1339, 재위: 1332~1339)에게 양위한 후 고향이나 다름없는 연경으로 돌아가서 『만권당』(萬卷堂)을 세운다. 충선왕은 고려의 젊은 학자들을 불러들여 당대 최고의 중국 학자들과의 교류를 주선한다. 백이정(白頤正, 1247~1323), 이제현(李齊賢, 1287~1367), 박충좌(朴忠佐, 1287~1349) 등 고려의 학자들은 『만권당』에서 원의 조맹부(趙孟頫, 1254~1322), 염복(閻復, 1236~1312), 우집(虞集, 1272~1348), 요봉(姚燧, 1239~1314) 등과 만나 중국의 최첨단 사상과 정책을 접할 수 있었다.

이들은 또한 광활한 대륙을 여행하면서 송, 원 문명의 영화를 직접 목격한다. 특히 이제현은 충선왕을 보필하여 서촉(西蜀, 오늘의 쓰촨성)과 저장(浙江, 절강) 등지를 시찰하면서 견문을 넓힌다.

3월. 상왕이 황제에게 어향(御香)을 내려달라고 청한 뒤 남쪽으로 강절(江浙)을 유람하고 보타산(寶陀山)에 이르렀다가 돌아왔다. 권한공(權漢功)과 이제현 등이 그를 따랐다. 호종하는 신하들에게 명을 내려서 다녀갔던 산천의 절경을 기록하여 행록(行錄) 한 권을 만들게 하였다.[7]

번영하는 중국 강남의 곡창인 절강성 등을 직접 목격한 이제현에게 고국 고려의 현실은 뼈아플 수밖에 없었다. 이재현은 고려 경제의 현실을 다음과 같이 표현하고 있다.

삼한의 땅은 사방에서 주거(舟車)가 모여드는 곳이 아니라, 물산(物産)의 풍요함과 화식(貨殖)의 이익이 없으므로 백성의 생활은 다만 토지의 생산력에 의지할 뿐인데, 압록강 이남 지방은 거의 모두 산이므로 매년 갈아먹을 수 있는 기름진 전지(田地)가 많지 않다.[8]

이제현 초상(국보 110호): 원의 화가 진감여(陳鑑如)그림, 원의 석학 탕병룡(湯炳龍) 글씨

이제현에게 중국을 세계 최강의 부국으로 만든 강남농법과 주자 성리학을 도입하는 것은 당연하고 시급한 일이었다.

이제현의 「기마도강도」

이들이 중국에서 보고 배운 사상은 이색(李穡, 1328~1396), 이숭인(李崇仁, 1349~1392), 정몽주(鄭夢周, 1337~1392) 등에게 전수되었고 다시 정도전(鄭道傳, 1342~1398), 권근(權近, 1352~1409) 등이 이어받는다.

고려의 제31대 공민왕은 고려의 부흥을 위한 마지막 개혁을 시도한 인물이다. 그는 즉위하기 전 원에서 10여 년을 지내면서 당시 세계 최대 제국의 문물을 익힌다. 왕비는 원나라 위왕(魏王)의 딸 노국대장공주(魯國大長公主, ?~1365)였다. 그는 즉위하면서 곧바로 원과 거리를 두는 외교정책을 펴는 한편 세제를 개혁하고 귀족들의 농민 수탈을 막고자 애쓴다. 그러나 이러한 그의 개혁 노력은 권문세족의 반발로 무위에 그친다. 그는 재위 후반기에는 신돈(辛旽, ?~1371)에게 실권을 주면서 개혁을 주도하도록 한다. 그리고 신돈의 개혁 역시 수구 세력의 반대로 실패하자 성균관을 개혁하고 당시 등장하기 시작한 주자성리학을 기치로 내걸은 신진사대부를 기용하여 개혁을 꾀한다.

공민왕이 시도한 개혁의 구체적인 내용 역시 송과 원의 강남농법을 도입하는 것이었음은 『고려실록』 기사에 잘 나타난다.

공민왕 11년. 밀직제학(密直提學) 백문보(白文寶)가 다음과 같은 차자(箚子)를 올렸다. 「강회」(江淮)[9]의 민(民)들이 농사를 지으면서 홍수와 가뭄 걱정을 하지 않는 것은 수차의 힘을 믿기 때문입니다. 우리나라 사람들은 무논(물이 괴어 있는 논)에 농사를 지을 때 용수로에서 물을 끌어들일 뿐 수차로 물을 대는 법을 알지 못합니다. 그러므로 밭 아래에 한 길도 못되는 곳에 도랑이 있어도 그저 내려다보기만 할 뿐 기어 올릴 엄두도 내지 못합니다. 이 때문에 대부분의 논은 물이 괴거나 잡초가 무성한 황폐한 땅이 되었습니다. 계수관(界首官)에게 명령을 내려 수차를 제조하고 그 기술을 민간에 보급하도록 한다면 이야말로 가뭄에 대비하고 황무지를 개간하는 가장 좋은 방책이 될 것입니다. 또 민들이 직파(直播)와 이앙(移秧)을 겸해 힘을 기울인다면 가뭄에 대비할 수 있게 되고, 종자도 망실하지 않게 될 것입니다.[10]

고려는 아직도 이앙법을 도입하지 못하고 있었다. 물이 부족해서였다. 물 부족문제를 해결하기 위해서는 수차를 도입하는 방법 밖에 없었다. 원나라의 문명을 보고 「만권당」에서 수학하면서 원의 최고 학자들과 교류한 백문보는 강남농법의 핵심이 「수차」임을 알았고 고려도 이를 개발해야 한다고 적극 간하고 있다.

그러나 공민왕의 개혁은 결국 실패로 돌아간다. 주자성리학이라는 신사상을 바탕으로 중국의 선진 문명을 본격적으로 도입하여 체제를 개조하는 작업은 조선이 추진하게 된다.

2. 세종의 급진개혁

세종은 조선 개국 24년 만에 보위에 오른다. 할아버지 태조는 자신이 섬기던 고려를 배신하고 왕위를 찬탈한 후 수 많은 고려인들을 죽였고, 아버지 태종은 어린 동생들을 죽이고 형으로부터 왕위를 찬탈했다. 충효의 사상과 종법 질서를 근간으로 하는 나라를 세운다면서 할아버지와 아버지는 권력 다툼 끝에 원수가 되었고 아버지는 장자상속의 원칙을 무시한 채 다섯째 아들로서 왕위를 빼앗았고 세종자신도 셋째 아들임에도 불구하고 왕위에 올랐다. 주자학이 그토록 선진학문이고 종법이 인륜을 따르는 길이라고 하여 역성혁명까지 하면서 나라를 세운 조선은 성리학의 나라이기는커녕 배신과 패륜과 골육상쟁(骨肉相爭)의 나라였다.

권력의 생리를 그 누구보다 잘 알았던 태종은 나라를 제대로 세울 사람은 셋째 아들 충녕밖에 없다고 보고 세종을 왕좌에 앉힌 후 상왕으로 물러앉아 자신의 처가 민씨 일족뿐만 아니라 사돈이자 세종의 처가인 심씨 일족들까지 철저하게 숙청한다. 외척이 권력에 접근하여 세도를 부릴 수 있는 여지를 뿌리째 제거하기 위해서였다. 이로써 착하고 똑똑한 세종이 마음껏, 재주껏 나라를 다스릴 수 있는 모든 여건을 만들어준다.

왕위에 오른 세종은 갈 길이 바빴다. 아버지가 자신을 왜 왕위에 앉혔는지, 자신이 해야 할 일이 무엇인지 잘 알고 있었다. 세종은 왕위에 오르자마자 주자성리학을 바탕으로 한 송, 원, 명의 선진 질서를 정착시키기 위한 개혁을 무서운 기세로 밀어붙인다.

한편으로는 전통 종교였던 불교를 뿌리뽑기 위하여 불교식 전례를 전면 금지하고 불교 사찰을 폐쇄하고 승려들을 강제로 환속시키면서 다른 한편으로는 친영(親迎)을 강요하고 사당을 짓게 하여 주자성리학의 「관혼상제」를 뿌리내리게 한다. 친영은 어떻게 하는 것인지, 사당은 왜 필요한지, 위패란 무엇에 쓰는 물건이고 어떻게 만드는지, 제사는 왜 지내는 것이고 제사상은 어떻게 차리는지, 백성은 물론 왕실과 사대부조차 아무것도 몰랐기에 나라가 모든 것을 결정하고 제정하여 일일이 백성들을 가르치는 방법밖에 없었다.

세종은 「집현전」(集賢殿)이라는 국가정책 싱크탱크(think tank)를 만들어 성삼문(成三問, 1418~1456), 박팽년(朴彭年, 1417~1456), 하위지(河緯地, 1412~1456), 신숙주(申叔舟, 1417~1475) 등의 젊은 학자와 관료들을 등용하고 새 나라의 뼈대를 형성할 정책 개발에 몰두한다. 「집현전」은 철학과 이론만 연구하는 곳이 아니었다. 새 국가 이념인 주자성리학에 입각하여 조선 사회를 혁명적으로 바꿀 수 있는 구체적인 제도와 정책을 개발하는 곳이었다. 「집현전」 학사들은 일상의 모든 상황에 맞는 새로운 제도와 정책을 만들기 위하여 중국의 고대 문헌을 상고하는 동시에 조선의 상황에 맞는 제도와 관행,

예법을 고안하는 작업을 수행하였다.

「집현전」에서 쏟아내는 새로운 제도와 예법을 널리 반포하여 하루빨리 정착시키기 위해서 세종은 대규모 편찬 사업을 일으킨다. 「집현전」이 고안하고 개발한 모든 것을 글과 그림으로 정리하고 반포해서 백성들이 읽고 참고할 수 있도록 한다. 책을 대량 출판하기 위해서는 당시 최고의 인쇄술을 보유하고 있던 불교 승려들을 고용하고 첨단 인쇄 기술을 개발한다. 『세종실록』에는 세종이 얼마나 주자소(鑄字所)에 자주 들러서 인쇄공들을 격려하였는지 상세히 나온다.

> 주자소(鑄字所)에 술 1백 20병을 내려 주었다. 전자에 책을 찍는데 글자를 구리판(銅板)에 벌여 놓고 황랍(黃蠟)을 끓여 부어, 단단히 굳은 뒤에 이를 찍었기 때문에, 납이 많이 들고, 하루에 찍어 내는 것이 두어 장에 불과하였다. 이 때에 이르러 임금이 친히 지휘하여 공조 참판 이천 (李蕆)과 전 소윤 남급 (南汲)으로 하여금 구리판을 다시 주조하여 글자의 모양과 꼭 맞게 만들었더니, 납을 녹여 붓지 아니하여도 글자가 이동하지 아니하고 더 해정 (楷正)하여 하루에 수십 장에서 백 장을 찍어 낼 수 있다. 임금은 그들의 일하는 수고를 생각하여 자주 술과 고기를 내려 주고, 『자치통감강목』(資治通鑑綱目)을 찍어 내라고 명령하고, 집현전으로 하여금 그 잘못된 곳을 교정하게 하였는데, 경자년 (1420) 겨울부터 임인년 (1422) 겨울에 이르러 일을 끝냈다.[11]

책을 인쇄하고 반포하는 것은 요즘으로 말하면 전국을 가장 빠른 브로드밴드로 연결하는 것과 마찬가지였다. 새로운 지식을 가장 빨리, 널리 퍼트리는 방법이었다. 인쇄술이야말로 전국을 하나로 묶을 수 있는 최첨단 통치술이었다.

주자(鑄字)를 만든 것은 많은 서적을 인쇄(印刷)하여 길이 후세에 전하려 함이니, 진실로 무궁(無窮)한 이익이 될 것이다. 그러나 그 처음 만든 글자는 모양이 다 잘 되지 못하여, 책을 박는 사람이 그 성공(成功)이 쉽지 않음을 병 되게 여기더니, 영락 경자년 겨울 11월에 우리 전하께서 이를 신념(宸念)하사 공조 참판 이천(李蕆)에게 명하여 새로 글자 모양을 고쳐 만들게 하시니, 매우 정교(精巧)하고 치밀하였다. 지신사 김익정과 좌대언(左代言) 정초(鄭招)에게 명하여 그 일을 맡아 감독하게 하여 일곱 달 만에 일이 성공하니, 인쇄하는 사람들이 이를 편리하다고 하였고, 하루에 인쇄한 것이 20여 장에 이르렀다. 삼가 생각하건대, 우리 광효대왕(光孝大王) 이 앞에서 창작하시고, 우리 주상 전하께서 뒤에서 계승하셨는데, 조리(條理)의 주밀(周密)함은 그전 것보다 더 나은 점이 있다. 이로 말미암아 글은 인쇄하지 못할 것이 없어, 배우지 못할 사람이 없을 것이니, 문교(文敎)의 일어남이 마땅히 날로 앞서 나아갈 것이요, 세도(世道)의 높아감이 마땅히 더욱 성해질 것이다. 저 한(漢)·당(唐)의 임금들이 단지 재리(財利)와 병혁(兵革)에만 정신을 쏟아, 이를 국가의 급선무로 삼은 것에 비교한다면, 하늘과 땅의 차이뿐만이 아닐지니, 실로 우리 조선(朝鮮) 만세(萬世)에 한이 없는 복이다.[12]

세종은 새로운 인쇄술을 개발한 신하들과 인쇄공들에게는 늘 포상을 하였다.

『통감속편』(通鑑續編)을 인쇄한 주자소(鑄字所)의 중(僧人), 서원(書員), 재랑(齋郎) 등에게 전체적으로 면포(縣布) 74필, 정포(正布) 52필을 주어 그들을 포상 (褒賞)하였다.[13]

그 대신 오탈자가 많이 나온 인쇄물을 출간한 자들은 엄하게 문책하였다.

교서 저작랑(校書著作郎) 장돈의(蔣敦義)와 성균 직학(成均直學) 배강(裴杠)을 의금부에 가두도록 명하였으니, 주자소(鑄字所)의 관원으로서 『강목통감』(綱目通鑑)을 인쇄하였는데 착오(錯誤)가 많았기 때문이었다.[14]

인쇄술에 대한 세종의 지대한 관심과 지원은 치세 내내 계속된다.

「태종께서 처음으로 주자소(鑄字所)를 설치하시고 큰 글자를 주조(鑄造)할 때에, 조정 신하들이 모두 이룩하기 어렵다고 하였으나, 태종께서는 억지로 우겨서 만들게 하여, 모든 책을 인쇄하여 중외에 널리 폈으니 또한 거룩하지 아니하냐. 다만 초창기(草創期)이므로 제조가 정밀하지 못하여, 매양 인쇄할 때를 당하면, 반드시 먼저 밀(蠟)을 판(板) 밑에 펴고 그 위에 글자를 차례로 맞추어 꽂는다. 그러나, 밀의 성질이 본디 유(柔)하므로, 식자(植字)한 것이 굳지 못하여, 겨우 두어 장만 박으면 글자가 옮겨 쏠리고 많이 비뚤어져서, 곧, 따라 고르게 바로잡아야 하므로, 인쇄하는 자가 괴롭게 여겼다. 내가 이 폐단을 생각하여 일찍이 경에게 고쳐 만들기를 명하였더니, 경도 어렵게 여겼으나, 내가 강요하자, 경이 지혜를 써서 판(板)을 만들고 주자(鑄字)를 부어 만들어서, 모두 바르고 고르며 견고하여, 비록 밀을 쓰지 아니하고 많이 박아 내어도 글자가 비뚤어지지 아니하니, 내가 심히 아름답게 여긴다. 이제 대군들이 큰 글자로 고쳐 만들어서 책을 박아 보자고 청하나, 내가 생각하건대, 근래 북정(北征)으로 인하여 병기(兵器)를 많이 잃어서 동철(銅鐵)의 소용도 많으며, 더구나, 이제 공장들이 각처에 나뉘어 있어 일을 하고 있는데, 일이 심히 번거롭고 많지마는, 이 일도 하지 않을 수 없다.」하고, 이에 이천에게 명하여 그 일을 감독하게 하고, 집현전 직제학 김돈(金墩)·직전(直殿) 김빈(金鑌)·호군 장영실(蔣英實)·첨지사역원사(僉知司譯院事) 이세형(李世衡)·사인(舍人)

정척(鄭陟)·주부 이순지(李純之) 등에게 일을 주장하게 맡기고, 경연에 간직한 『효순사실』(孝順事實)·『위선음즐』(爲善陰騭)·『논어』(論語) 등 책의 자형(字形)을 자본으로 삼아, 그 부족한 것을 진양 대군(晉陽大君) 유(瑈)에게 쓰도록 하고, 주자(鑄字) 20여 만 자(字)를 만들어, 이것으로 하루의 박은 바가 40여 장[紙]에 이르니, 자체(字體)가 깨끗하고 바르며, 일하기의 쉬움이 예전에 비하여 갑절이나 되었다.[15]

인쇄술이 급속히 발달하고 제작해야 하는 책의 숫자가 기하급수적으로 늘어나면서 종이에 대한 수요도 폭증한다. 세종은 늘 종이가 모자라 전국적으로 종이를 제작하여 올리라는 영을 수 없이 내린다.

호조에 교지(教旨)를 내리기를, 「내가 주자소로 하여금 『강목속편』(綱目續編)을 인쇄하고자 하니, 경상도에서 책지(冊紙) 1천 5백권(卷)을 준비하게 하고, 전라도에서 2천 5백 권을 준비하게 하되, 국고(國庫)의 쌀로써 민간(民間)의 닥나무[楮]와 교환하여 종이를 만들어 바치게 하라.」고 하였다.[16]

호조에 전지하기를,

「주자소에서 책을 인쇄하는 데 쓰는 광장지(廣狀紙)를 충청도에서 4백 권, 경상도에서 9백 권, 전라도에서 7백 권을 각각 그 도내의 창고의 양곡으로 백저(白楮)를 교환 무역하여 제조 상납하도록 하라.」하였다.[17]

지조소(紙造所)에서 댓잎(竹葉)·솔잎(松葉)·쑥대(蒿節)·창포대(蒲節)를 섞어 만든 사색 책지(四色冊紙) 모두 4백 6첩(貼)을 올리니, 주자소에 내려보냈다.[18]

지조서(紙造所)에서 새로 만든 호절지(蒿節紙) 2백 80첩(貼), 송엽지(松葉紙) 22첩을 바치니, 주자소(鑄字所)에 내려 주었다.[19]

예조에서 계하기를, 「지금 수찬색(修撰色)이 바친 『신속육전』(新續六典)과 『원육전』(元六典)을 청컨대 주자소(鑄字所)로 하여금 8백 벌을 인쇄해서 경외(京外)의 각 아문(衙門)에 나누어 준 뒤에 『구원전』(舊元典)과 『속전』(續典)을 환수(還收)하도록 하소서. 또 『등록』(謄錄)은 가히 일시적으로 쓸 뿐이옵고 영구히 쓸 법이 아니오니, 단지 10벌만 복사하여 1벌은 궁중에 두고, 그 나머지는 정부·육조(六曹)와 대간(臺諫)에게 나누어 주도록 하소서. 또 그 인쇄할 종이는 평안도와 함길도의 두 도는 제하고 그 나머지 각도로 하여금 도내의 각 관청의 숫자 내에서 한 관청에서 3벌에 소용될 종이와 먹을 거두어서 올려보내도록 하소서.」하니, 명하여 아뢴 대로 시행하게 하고, 아울러 『등록』(謄錄)도 1백 벌을 인쇄하게 하였다.[20]

임금이 말하기를, 「이제 큰 글자의 주자를 주조(鑄造)하였으니 중한 보배가 되었다. 나는 『자치통감』(資治通鑑)을 박아서 중외에 반포(頒布)하여 노인들이 보기 쉽도록 하고자 하는데, 만약 종이 30만 권(卷)만 준비하면 5, 6백 질(帙)을 인쇄할 수 있다. 그 종이와 먹을 준비하는 계책은 승정원에서 마련하라.」하였다.[21]

『자치통감』을 인쇄할 종이를 각 처에 나누어 만들게 하되, 5만 권은 조지소(造紙所)에 서 만들고, 10만 5천 권은 경상도에서, 7만 8천 권은 전라도에서, 3만 3천 5백 권은 충청도에서, 3만 3천 5백 권은 강원도에서, 합하여 30만 권을 만들라고 명하고, 전지하기를, 「닥(楮)은 국고의 쌀로써 바꾸고, 경내(境內)의 중(僧)들을 시켜 종이 뜨는 일을 하게 하되, 의복과 음식을 주고, 쑥대(蒿節)와 밀·보릿짚(麰麥節),

대껍질(竹皮)·삼대(麻骨) 등은 준비하기가 쉬운 물건이므로, 이를 5분(分)마다 딱 1분을 섞어서 만들면, 종이의 힘이 조금 강할 뿐만 아니라 책을 박기에 적합하고, 닥을 쓰는 것도 많지 않을 것이다.」하였다.[22]

조선이 당시 세계최고의 인쇄술을 개발할 수 있었던 것은 세종이 새로운 이념과 제도를 보급하기위해 거국적인 편찬사업을 벌여 무수히 많은 책들을 발간하였기 때문이다. 조선의 종이가 중국에서 알아줄 정도로 질이 좋았던 것은 그만큼 많은 책을 발간하기 위해서 끊임없이 종이를 만들고 보급했기 때문이다.

그러나 세종은 이런 노력으로도 부족하다고 생각했다. 새로운 제도를 더 빨리 정착시키고 새 이념으로 백성들을 교화시키려면 보다 강력한 정책적 도구가 필요했다. 무엇보다도 한문은 일반 백성들이 깨우치기에는 너무 어려웠다. 보다 쉬운 글을 통해서 새로운 사상과 제도를 보급할 필요가 있었다. 그래서 발명에 착수한 것이 새로운 글, 훈민정음(訓民正音)이다. 한글은 세종의 절박한 정책적 필요에 의해서 발명되었다. 세종이 그저 언어학에도 관심이 있어서 한가하게 새로운 글자를 고안해 낸 것이 아니다. 자신의 싱크탱크인 집현전에 모인 당대 최고의 브레인들에게 새 이념을 보급할 새로운 프로그램을 개발하도록 하였다. 한글은 새로운 국가의 새로운 운영 체계에 맞는 새로운 프로그램 언어였다.

3. 조선의 농업혁명

세종이 무엇보다도 심혈을 기울였던 것은 강남농법의 도입이었다. 한반도의 농법이 휴한법을 극복하여 같은 농토에 계속해서 매년 농사를 짓는 연작법이 가능해진 것은 14, 15세기였다.[23] 그 전까지는 한번 농사를 지은 땅은 1, 2년씩 쉬게 해야 땅이 지기(地氣)를 회복하여 다시 경작할 수 있었다. 주자학이 급속도로 도입되던 고려 말, 조선 초에 연작법이 가능해진 것은 결코 우연이 아니다. 중국에서도 휴한법이 완전히 극복된 것은 남송 시대였고 주자를 비롯한 성리학자들이 강남 농법개발에 앞장섰다. 조선에서도 주자학의 도입과 강남농법의 도입은 동시에 이루어진다.[24] 송대 산업 혁명을 가능케 한 강남농법을 조선에 도입하고 보급하는데 앞장선 것도 세종이었다.

강남농법의 핵심은 새로운 시비술, 즉 거름 주는 기술과 관개기술, 즉 논밭에 물을 대는 기술이었다. 세종은『농사직설』(農事直說)의 간행을 통해서 당시 가장 선진적인 농법을 전국에 보급하려고 애썼다. 새로운 시비술을 소개하고 관개기술을 전파시키기에 여념이 없었다.

강남농법은 중국 문명이 물이 풍족한 양자강 유역으로 옮겨가면서 개발된다. 물 집약적인 기술이다. 벼는 인도, 방글라데시, 필리핀, 미얀마, 태국과 같이 물이 풍족한 지방에서 자라는 곡물이다. 서남아시아와 동남아시아는 남서계절풍(Monsoon)으로 인하여 해마다 5월과 10월 사이에 발생하는 기나긴 우기로 인하여 물이 풍족하다. 이 지역에서 벼 농사가 삼모작, 때로는 사모작도 가능한 이유다. 벼를 재배하는 논에는 물이 늘 있어야 하는데 서남아시아와 동남아시아 그리고 양쯔강 유역은 이러한 상태가 자연적으로 유지될 수 있다.

농사직설

반면 장마가 짧고 건조한 한반도는 논농사를 하기에 물이 턱 없이 부족한 지역이다. 따라서 물을 얼마나 많이 댈 수 있느냐가 강남농법의 성패를 좌우할 수 밖에 없었다. 세종은 조선이 물이 부족하다는 사실을 알고 이를 극복하기 위해서 끊임없이 고민하고 연구한다. 『세종실록』에는 임금이 당시 가장 선진적인 관개 기술이었던 수차(水車)를 들여와서 보급시키기 위해 얼마나 노력을 했는지 잘 나타난다. 「측우기」와 「해시계」를 개발시키는 것도 강수량과 일조량을 파악하여 논농사에 적합한 환경을 만드는 데 참고 자료로 활용하기 위해서였다.

세종이 「수차」(水車)를 개발하기 위해서 노력한 것도 강남농법의 성패가 물을 얼마나 댈 수 있느냐에 달렸기 때문이다. 『세종실록』에는 수차에 대한 기록이 수없이 나온다. 세종은 때로는 백성들이 쉽게 사용할 수 있는 수차를 개발하지 못하는 관리들을 질타하였다.

> 호조에 전지하기를, 「본국 인민들이 다만 제언(堤堰)의 몽리(蒙利)만을 알고 수차(水車)로 관개(灌漑)하는 유익한 방법을 몰라서, 한재(旱災)만 당하면 농사를 실패하곤 하니 실로 딱하고 민망한 일이다. 각도의 감사(監司)로 하여금 수차를 설치할 만한 장소를 조사하여 지금 반포한 수차의 모양에 따라 제조하게 하고, 감사가 수시로 이를 고찰하여 매양 전최(殿最)를 당할 때마다 그의 근면과 태만도 아울러 기록하여 출척(黜陟)의 증빙으로 삼도록 하라.」하였다.[25]

중국과 일본에서 수차를 이미 사용하고 있음을 조사를 통해서 확인하고 나서는 왜 조선이 이 나라들의 기술을 못 따라가고 있는지 한탄하기도 한다.

> 임금이 사정전(思政殿)에 나아가 지신사(知申事) 안숭선(安崇善)을 인견(引見)하고 이르기를, 「지금 국가의 일에 밤낮으로 마음을 다하는 자가 적으니 진실로 탄식할 일이로다. 수차의 설치는 원래 한재(旱災)를 대비하기 위한 것인데, 받들어 행하는 관리가 모두 마음을 쓰지 아

수차(무자위)

측우기

훈민정음(언해본)

니하고 자갈땅에 설치하여 쓰지 못하게 되니 심히 부당하다. 위로는
중국으로부터 아래로는 왜국(倭國)에까지 모두 수차의 이익을 받는
데, 어찌 우리 나라에서만 행하지 못한단 말인가. 내가 여기에 마음을
두고 잊지 못하는 것은 급하게 백성들에게 이익을 보게 하려고 함이
아니다. 나는 반드시 성공시키고야 말 것이니 꼭 이일을 맡을 만한 사
람을 골라서 각도에 나누어 보내도록 하라.」하고, 드디어 경차관(敬差
官)으로 전 호군(護軍) 이온(李輼)을 경기, 강원, 함길도에 보내고, 전
서령(署令) 오치선(吳致善)을 충청, 전라도에, 경력 박결(朴絜)을 경상

도에, 호군 조곤(趙昆)을 평안, 황해도에 보냈다.[26]

기술자들을 전국에 파견하여 당나라식 수차, 일본식 수차의 제작과 보급을 명하기도 한다.

호조에서 아뢰기를, 「수차 감조관」(水車監造官)의 수본(手本) 가운데에, 「만약 전답(田畓)이 다 마르지 않은 때에 왜수차(倭水車)를 쓴다면, 2인이 하루 동안의 역사(役事)로서 여러 무(畝)의 전답을 관개(灌漑)할 수가 있다.」고 하였으니, 마땅히 각도에 공문을 보내어 미리 수차(水車) 만들 재목을 준비하게 하여 장인(匠人)들에게 만들도록 하고, 아울러 둑[陂澤]에 나아가서 세찬 수세(水勢)를 익히게 하여 농민으로 하여금 즐겨 쓰도록 하고, 당수차(唐水車)도 아울러 만들도록 하고, 외방의 장인들이 능히 전해 익혀서 관개하는 데 이롭게 하는 사람이 있으면, 감사에게 그 실제의 효과를 상고하여 계문해서 그 공을 상주게 하소서.」 하니, 그대로 따랐다.[27]

그러나 안타깝게도 세종은 수차 개발과 이를 바탕으로 한 「이앙법」(모내기)를 바탕으로 하는 강남농법의 개발과 보급에는 실패한다. 『농사직설』은 「이앙법」 대신 「직파법」(直播法)을 권고하고 있다. 그러나 세종은 분명 후대에 논농사가 조선의 주된 산업이 되는 기초를 마련한다.

4. 조선 향촌 질서의 구축

고려의 향촌 사회는 신라 시대부터 이어온 불교 및 토속신앙 공동체와 고려 광종 때 도입한 당나라의 「군현제」(郡縣制)가 혼합된 모습이었다. 다시 말해서, 고려 시대의 농촌의 삶이란 사찰을 중심으로 한 공동체였으며 이 공동체는 종교 조직의 성격을 띠는 동시에 공동으로 노동을 하고 농사를 짓는 경제 공동체이기도 했고 때로는 군사 조직의 역할도 했다.[28] 가장 보편적인 형태는 「향도」(香徒)였다.[29]

나라의 풍속에 계(契)를 결성하여 향(香)을 불태우는 자들을 일러 향도(香徒)라고 하였다. 서로 돌아가며 연회를 베풀고 남녀노소가 차례대로 앉아 함께 술을 마셨는데, 이를 가리켜 향도연(香徒宴)이라고 하였다.[30]

각 향도 조직의 규모는 약 1만 명 정도였던 것으로 추정되며 이는 고려의 「군」 또는 「현」의 규모와 일치했다.[31] 고려 시대의 향촌 조직이 이 정도의 규모를 유지했던 것은 휴한법도 극복하지 못하고 선진 농업 기술도 없는 상황에서 규모의 경제를 유지하기 위해서는 대규모의 노동력이 필요했기 때문이다.

그러나 여말선초의 혼란기를 거치면서 조선의 향촌 질서는 무너진다. 고려 말기는 원의 말기, 일본의 남북조 시대와 겹치면서 왜구, 홍건족, 여진족 등의 침입이 끊이질 않았다. 정치적 혼란과 외침 때문만이 아니었다. 강남농법의 도입은 신라, 고려 특유의 향촌사회 조직을 흔든다. 시비술과 관개 기술의 비약적인 발달로 농업 생산성이 급증하면서 더 이상 노동 집약적인 농업을 전제로 한 거대한 사회 조직인 「향도」가 필요 없게 되었기 때문이다. 그리고 그 자리를 차지하기 시작한 것은 향도보다 훨씬 작은 규모의 사회 조직인 「촌락」이다. 고려 말부터 「군현」 대신 「동」(洞)과 「리」(里)가 본격적으로 등장하게 되는 배경이다.[32]

정치적 혼란과 경제적 혁명을 거친 여말선초의 향촌은 새로운 규범과 문화가 필요하게 된다. 세종 등 조선 초의 개혁 세력은 종법제도를 도입하여 어지러워진 향촌 질서를 바로잡고자 한다. 주자의 「가례」는 새로 형성되기 시작한 동, 리 규모의 「촌락」이 같은 성씨를 가진 부계 혈통 중심의 가족 집단으로 자리 잡을 수 있는 조직원리를 제공 해주었고 주자성리학은 새로운 사회 질서의 이념적 토대를 제공하였다. 군현을 기반으로 한 향도 질서가 무너지면서 새로 생기기 시작한 「동」, 「리」, 즉 「동네」 규모의 자연촌을 「성씨」 중심의 향촌 조직, 즉, 「집성촌」으로 변환시킨다. 우리에게 익숙한 조선의 촌락사회, 「집성촌」은 이렇게 만들어진다.[33]

이 과정에서 조선의 주자성리학자들의 역할은 절대적이었다. 주희를 위시한 남송의 사대부들이 자신들의 향촌 사회 질서를 세우기 위하여 예법을 주도적으로 규정하고 반포하는 한편 종법제도의 재도입을 주도하였듯이 조선의 성리학자들도 『주자가례』를 따르는 향촌 질서 수립에 적극적으로 뛰어든다.

이러한 사실은 당시 조정에서 있었던 향촌 관련 정책 논쟁에서 여실히 드러난다. 조선의 성리학자들은 우선 향도를 비판하기 시작한다. 첫 비판은 향도의 행사가 낭비를 조장한다는 것이었다.

금년에 여러 도(道)에서 가뭄으로 인하여 연사(年事)가 흉년이오니, 만약 일찍이 도모하지 않는다면 기근(飢饉)이 거듭 닥쳐오게 될 것입니다. 또 무지한 백성들이 훗날의 걱정을 돌보지 않고서 신(神)에게 제사하고, 향도계(香徒契)등의 일로써 소비하는 것이 적지 않으며, 주군(州郡)의 수령들도 또한 빈객(賓客)을 전송하고 영접하는 일로 인하여 소비하는 것이 또한 많게 되니, 원하옵건대, 지금부터는 공상(供上)과 제초(祭醮)와 상국 사신(上國使臣)을 연향(宴享)하는 이외에는 술을 금하게 하소서.[34]

향도의 장례도 비판한다.

외방(外方)의 백성들은 그 부모의 장삿날에 이웃의 향도(香徒)를

모아서 술을 마시며 노래를 부르고 피리를 불면서 애통(哀痛)하지
않으니, 예속(禮俗)에 누(累)가 있습니다.[35]

사람이 역질(疫疾)에 걸려 죽으면, 혹은 산간에 갖다 놓고 풀로 덮어
장사하고, 혹은 싸서 나무 가지에 매달아 두었다가, 지금 어느 마을
어느 사람 할 것 없이 모두 향도(香徒)들과 결탁하여 매장하게 하는
데, 자손이 있고 부유한 집의 장사에는 다투어 모여들어 묻어 주고 있
으나, 자손도 없고 가난한 집 장사에는 내버려두고 돌아보지 않아서,
혹은 산화(山火)에 사체(死體)가 타기도 하고, 혹은 호리(狐狸)가 뜯어
먹기도 하여, 화기(和氣)를 손상하게 하오니, 원컨대, 이제부터는 곤
궁한 사람의 장사도 전부 향도에게 붙여, 이를 감독하여 매장하도록
할 것이며,[36]

그러나 백성들이 구습(舊習)에 오래 젖어서 귀신을 숭상하는 풍조가
오히려 없어지지 않고, 무당과 박수의 요망하고 허탄한 말을 혹신(酷
信)하여 생사(生死)와 화복이 모두 귀신의 소치라고 하고, 음사(淫祀)
를 숭상해서 집에서나 들에서 하지 않는 곳이 없사오며, 노래하고 춤
추어 하지 못하는 일이 없어, 심지어 예(禮)에 지나치고 분수를 어기
는 데 이릅니다. 산천(山川)과 성황(城隍)에 사람마다 모두 제사지내며
떼지어 술 마시고 돈을 허비하여, 집을 결단내고 가산을 탕진하여 한
번 수재나 한재를 만나면 문득 굶주린 빛이 있사오니, 이 유행의 폐단
이 가히 염려됩니다. 이것은 비단 세민(細民)들만 그러할 뿐이 아니옵
고, 경대부(卿大夫)의 집까지도 대개 보통으로 여겨서 괴이하게 여기
지 않사와, 혹은 은혜를 빈다고도 하고, 혹은 반행(半行)한다고도 하
여, 귀신에게 아첨하는 등 하지 아니하는 바가 없습니다. 심지어 제 조
상의 귀신으로 하여금 무당집에 가서 먹게 하니, 귀신이 만일 안다면
어찌 즐겨 받아 먹겠습니까. 심한 자는 제 계집과 딸을 데리고 가서 몸

소 기도를 드리면서도 조금도 부끄러움을 알지 못하오니, 한갓 귀신의 이치에 어두울 뿐만 아니라 또한 집을 바르게 다스리는 도리를 잃는 것입니다. 그 조상을 높이고 종가를 공경하는 예가 어디에 있사오며, 귀신을 공경하되 이를 멀리 한다는 뜻이 또한 어디에 있습니까.[37]

조선 조정은 새로운 향촌질서를 확립하기 위하여 명의 제도를 들여와 주, 부, 군, 현 등 지방 행정 단위에 땅의 신에게 제사를 지내는 사(社)를 설치하도록 한다.[38]

조정(朝廷)에서 반강(頒降)한 예제(禮制)에 주부군현(州府郡縣)에서 모두 사(社)를 세우고, 또 향촌(鄕村)에 이사(里社)가 있습니다. 이제 각 도의 주군(州郡)에 모두 사(社)를 세우고 수령(守令)이 때때로 제사를 지내나, 오로지 이사(里社)의 법은 폐(廢)하고 있습니다.[39]

그런데 상대적으로 규모가 큰 행정 단위의 수령들은 대부분 조정의 영을 따르지만 오히려 가장 작은 단위인 「리」(里)에서는 새로운 예제를 따르지 않고 전통적인 향도의 제례를 고집한다. 조정 중신들은 이러한 「음사」(淫祀)를 척결할 것을 주청한다.[40]

이 법에 의하여 각각 향촌(鄕村)에서 민호(民戶)의 많고 적음을 헤아리고 지경(地境)의 멀고 가까움을 헤아려서 혹은 40호(戶), 혹은 50호에 각각 1사(社)를 세워서 제사지내게 하소서. 이제부터 무릇 향리(鄕里)의 백성이 규정된 법령을 존중하지 않고 오히려 음사(淫祀)를 행하여 「신당」(神堂)이라 칭하고 따로 이중(里中)에 세운 것은 일체 모두 불태워 없애버리고 엄격히 다스리소서.[41]

「음사」라 함은 무속의 제례를 뜻했다.

지금 나라 사람들이 귀신을 속일 수 없음을 알지 못하고, 산천을 제사할 수 없음을 알지 못하며, 어리석게 분분(紛紛)하여 바람에 나부끼어 쓰러지듯 쏠리는 급속을 이루어, 나라의 진산(鎭山)으로부터 군현의 명산 대천(名山大川)에 이르기까지 모독하여 제사하지 아니함이 없으니, 그것이 예에 지나치고 분수를 넘음이 심합니다. 또 남녀가 서로 이끌고 끊임 없이 왕래하면서 귀신에게 아양부리며 곡식을 허비하는 폐단 또한 적지 아니하니, 원컨대, 이제부터는 중외의 대소 신하들이 함부로 산천에 제사 지낼 수 없게 하심으로써 존비의 분수를 밝히소서. 만일 어기는 자가 있으면 통렬히 법으로 다스리시고, 인귀(人鬼)의 음사(淫祀)에 이르러서도 모두 엄격히 금하여 풍속을 바르게 하소서."[42]

문제는 「음사」를 퇴치하고 새로운 예법이 자리잡도록 하기 위해서는 주자성리학의 예법을 알고 있는 사람들이 현지에 나가서 이를 집행하고 감시해야 했지만 조선 초기에는 그러한 인력이 없었다. 뿐만 아니라 조선은 명태조의 정책을 받아들여 향촌의 자치를 권장하고 있었다. 따라서 중앙에서 파견한 관리가 향촌 공동체의 문제에 직접적으로 간섭하는 것을 꺼렸다. 그 결과 유향품관(留鄕品官), 토성품관(土姓品官)으로 불린 향리들은 중앙에서 파견나온 관리들을 배척하거나 아니면 그들과 결탁하여 전횡을 부려 향촌사회 질서를 어지럽히는 경우가 많았다.[43]

원하옵건대, 이제부터는 속관이나 아전의 무리로서, 그 관(官)의 관리와 품관(品官)들을 고발하거나, 아전이나 백성으로 그 고을의 수령과 감사를 고발하는 자가 있으면, 비록 죄의 사실이 있다 하더라도 종사(宗社)의 안위(安危)에 관한 것이거나, 불법으로 살인한 것이 아니라면, 위에 있는 사람을 논할 것도 없고, 만약에 사실이 아니라면, 아래에 있는 자의 받는 죄는 보통 사람의 죄보다 더 중하게 하여야 할 것

입니다.[44]

　이 앞서 부민(部民)으로 하여금 관리의 불법한 일을 고소할 수 있게 하였는데, 이에 의영고(義盈庫)·장원서(掌苑署) 관리들이 모두 고소를 당하여 핵실(覈實)하였더니, 과연 증험이 있어 임금이 관리를 죄주고 고발한 자에게 상(賞)을 주었다. 이로 말미암아 고소하는 것이 봉기(蜂起)하여 여러 관사의 노복(奴僕)이 한 가지라도 뜻에 맞지 않음이 있으면, 문득 허위(虛僞)를 꾸며 만들어서 관리를 모함하여, 핵실하면 왕왕히 사실이 아닌 것이 많았다. 임금이 자못 이를 미워하여 이에 이르러 그 글을 불사르도록 명하고, 다시 추국(推鞫)하지 못하게 하였다.[45]

이들 향리들의 세력 기반은 「유향소」(留鄕所)라는 재래의 향촌제도였다.

　주(州)·부(府)·군(郡)·현(縣)에 각각 수령이 있는데, 향원(鄕愿) 가운데 일을 좋아하는 무리들이 유향소(留鄕所)를 설치하고, 때없이 무리지어 모여서 수령을 헐뜯고 사람을 올리고 내치고, 백성들을 침핍(侵逼)하는 것이 활리(猾吏)보다 심합니다. 원하건대, 모두 혁거(革去)하여 오랜 폐단을 없애소서.[46]

이 기사에서 볼 수 있듯이 지방의 향리들에게 조정에서 파견한 지방관들을 탄핵할 권한을 주자 향리들은 이 권한을 남용한다. 그런데 지방관들을 고소할 권한을 철폐하자 이번에는 향리들이 탐관오리들과 결탁하여 백성들을 상대로 학정을 일삼는다.[47] 세종도 이러한 폐단을 지적한다.

　지난번에 그 관하의 민간인이 수령을 고소하는 것은 그 풍습이 아름답지 못하다 하여, 부민(府民)으로서 수령의 고소를 금지하는 법을 세웠던 것이니, 이는 곧 후한 기풍이다. 그러나, 탐폭한 관리들이 그 금령(禁令)을 믿고 기탄 없이 자행하기 때문에, 내가 다시 찰방으로 하여금 민간에 가서 징험 탐문하게 하였던바, 이제 법을 범한 수령으로 탄핵을 입은 자가 많으니, 그 범한 바는 비록 작더라도 그 자리에 그대로 앉혀서 백성을 다스리게 하는 것은 아마도 불가하지 않겠는가. 내 생각에는 미세한 일은 비록 불문에 붙일 것이나, 모름지기 일단 모두 체임(遞任)시키고 따로 서용하는 것이 어떠한가.[48]

그러나 이러한 폐단을 바로잡는 것은 쉬운 일이 아니었다.

좌사간 김효정이 계하기를, 「신 등이 일찍이 상소하여 높고 낮은 자의 명분을 엄중하게 하여 서로 참람되게 능모(陵侮)하는 일이 없게 하기를 청하였으나 즉시 윤허를 얻지 못하였더니, 요사이 역리(驛吏)가 조관(朝官)을 능욕하고, 상민(常民)이 수령을 구타치상(毆打致傷)하였습니다. 이것뿐만이 아닙니다. 대상(大相)의 아내가 시골 백성에게 욕을 보고, 옛 관장(官長)의 아들이 향리(鄕吏)에게 굴욕을 당하였습니다. 이것은 작은 사고(事故)가 아니고 풍속에 관계되는 일입니다. 지금부터 윗사람을 업신여기는 죄를 범한 자가 있으면 죄의 등급을 가중(加重)하여 시행함으로써 명분을 엄정하게 하고 풍속을 순후하게 하소서.」[49]

그러자 세종은 철폐했던 유향소를 복원시키되 토호들이 정부에서 파견한 수령들을 상대로 하극상을 자행하는 것을 규제할 임무를 부여한다.[50] 그러나 이 역시 여의치 않자 세조대에 들어서서 유향소는 전국적으로 다시 한 번 폐지된다.[51]

조선 초기에 명의 제도와 주자가 직접 고안한 제도들을 도입하여 향촌 질서를 바로잡고자 하는 시도들은 결국 실패로 돌아간다.[52] 나라가 아무리 주자성리학을 강조하고 새로운 통치 이념을 대표하는 제도들을 정착시키려 하여도 그 원리를 공부하고 터득하여 실천에 옮길 수 있는 인재들이 없는 한 정책은 표류할 수밖에 없었다.

주자성리학에 입각한 향촌 질서가 정착될 수 있는 사상적, 문화적 토대가 마련되는 것은 성종 대에 이르러서다. 성종은 조선의 왕들 중 최초로 유교 교육만 받고 즉위한 왕이었다. 성종 대에는 조선의 최고 법전 『경국대전』이 완성된다. 그리고 주자성리학을 공부하여 습득하고 이를 자신의 고향에 뿌리 내리고자 하는 「사림」(士林)이 등장하기 시작한다. 주자성리학의 세례를 받고 자란 조선의 사(士)는 『주자가례』를 조선의 향촌에 뿌리내리기 위해서 힘을 쏟기 시작한다.

특히 조선 사림의 태두인 김종직(金宗直, 1431~1492)의 역할은 결정적이었다. 김종직은 유교 교육만 받고 자라 왕도 정치를 실현하려던 성종의 총애를 받아 주자성리학적 개혁을 추진한다. 1483년 승정원 동부승지, 이후 우부승지, 좌부승지, 도승지를 거치면서 성종을 측근에서 보좌했고 자신의 문하생들인 김굉필(金宏弼, 1454~1504.10.7.), 정여창(鄭汝昌, 1450.음력5.5.~1504), 김일손(金馹孫, 1464.2.13.~1498.8.14.) 등 사림파들의 정계 진출을 적극 후원한다. 사림파의 중앙 정계 진출은 국가 전반에 걸쳐 주자성리학적 예법을 강화하는 정책을 낳는다.

예조(禮曹)에 전지(傳旨)하기를, 「윗사람을 편안히 하고 백성을 다스리는 데는 예(禮)보다 더 좋은 것이 없다. 예전의 음사(飮射) 독법(讀法)은 백성에게 예(禮)를 가르치기 위한 것이 아닌 것이 없었다. 이제 향음주례(鄕飮酒禮)·향사례(鄕射禮)의 의식(儀式)이 예문(禮文)에 갖추실려 있으니, 차례로 거행(擧行)하는 것은 진실로 수령(守令)에게 있을 뿐이다. 또 생각하건대 경성(京城)은 왕화(王化)의 본원(本源)이 되는 지역이나, 백성을 가르치는 법이 제도로 마련되어 있지 못하여 내 마음이 허전하다. 그 향음주례·향사례의 의식에 의방하여 제도를 정하여 거행토록 하라.」하였다.[53]

예조(禮曹)에서 아뢰기를,『오례의주』(五禮儀註)에는「해마다 맹동(孟冬)에 개성부(開城府)와 주부군현(州府郡縣)에서 길일(吉日)을 가려 향음주례(鄕飮酒禮)를 행하고, 해마다 3월 3일과 9월 9일에 개성부와 주부군현에서 향사례(鄕射禮)를 행한다.」하였으니, 법이 상세하지 않은 것은 아닌데, 수령들이 구습에 따라 행하지 않는 것은 미편(未便)합니다. 이제부터는 유수(留守)·관찰사(觀察使)로 하여금 더욱 밝혀서 거행하게 하소서.」하니, 그대로 따랐다.[54]

김종직을 필두로 한 사림은 주자성리학적 질서를 뿌리내리기 위한 보다 효율적인 방안을 제시한다. 이들은 성리학의 예법을 가르치고 시행하기 위한 「향음주례」와 「향사례」를 토착제도인 유향소가 주도하도록 할 것을 제안하면서 유향소의 복원을 주장한다. 성종은 세조가 폐지한 유향소를 복원하는 것을 꺼려 이들의 건의를 수차례 물리친다.[55] 그러나 결국 성종은 1488년(성종 19년) 유향소 복원을 윤허한다.

사헌부(司憲府)에서 유향소를 다시 세울 절목(節目)을 아뢰니, 명하여 영돈녕(領敦寧) 이상에게 아뢰게 하였는데, 홍응(洪應)이 아뢰기를,「만약 부득이 유향소(留鄕所)를 세운다면 사헌부(司憲府)에서 아뢴 절목(節目)에 의거하되, 원수(員數)는 2, 3명을 넘지 않게 할 것이며, 그 나머지 절목의 자질구레한 것은 거행(擧行)하기 어려울 듯합니다. 또 신은 생각하건대, 인주(人主)는 몸소 위에서 시행하고 대신(大臣)은 아래에서 받들어 시행하게 되면, 주·부·군·현(州府郡縣)에서도 받들어 시행하지 않음이 없어서 호령(號令)이 시행되고 정교(政敎)가 밝아지며, 따라서 인심(人心)이 맑아지고 풍속(風俗)이 순박해질 것이니, 이것은 조정의 책임인데, 어찌 유향소를 기다려 그 사이에 손을 쓸 필요가 있겠습니까? 유향원(留鄕員)으로서 마땅한 사람을 얻지 못하면 향리(鄕吏)와 결당(結黨)해서 수령(守令)을 기망(欺罔)하고 백성을 침어(侵漁)하여 이로움은 없고 손해만 있을 것이니, 설치하지 않는 것만 못합니다.」하자, 전교하기를,「사헌부에서 아뢴 대로 시행하라.」하였다.[56]

유향소 복원 운동을 통해 주자성리학의 예를 향촌에 뿌리내리고자 한 사림파의 노력은 중종 대에 이르러 조광조(趙光祖, 1482~1519)가 주도한 여씨향약(呂氏鄕約) 운동으로 이어진다. 주자성리학의 제도적 토대인 주자가례와 향약 등의 제도가 뿌리를 내리면서 조선은 주자성리학의 나라가 되어간다.[57]

5. 족보와 집성촌의 탄생

종법제도를 바탕으로 한 향촌 질서가 자리잡으면서 조선 사람들은 사당을 중심으로 같은 성씨들끼리 모여서「집성촌」을 이루어 살기 시작한다.「본」(本)이라는 개념이 생기기 시작하고 부계혈통, 즉「성씨」를 중심으로 가족 관계를 추적하는 족보가 만들어지기 시작한다. 현존하는 족보 중 가장 오래된『안동권씨성화보』가 만들어진 것은 1476년(성종 7년)이었다. 1471년 사촌 간의 결혼을 금하는 법령이 공포되고 이어서「동성동본」간의 금혼령이 내려진다.

한 동네에 할아버지, 할머니, 큰집, 작은집 모두 모여서 살면서 100호 정도의 촌락을 이루는 전형적인 조선의 마을들이 생겨나기 시작한다. 뒷산에 올라가면 조상님들의 산소가 있고 동네 사람들은 모두가 아저씨, 아주머니 등 일가친척이거나 그 씨족 마을의 주인들을 섬기는 청지기, 머슴들이었다. 조선은 집성촌의 연합국가로 변해간다. 조선 시대에 「국민」이나 「인민」을 「백성」(百姓)이라 부른 것도 종법제도하에서는 사회의 가장 기본적인 단위가 성씨였기 때문이다. 백성이란 말 그대로 「백 가지 성씨」라는 뜻이다. 성이 백개가 모인 것이 곧 국가다. 다만 성이 백 가지가 넘기 시작하면서 그 앞에 「만」(萬)자를 하나 더 붙여 「만백성」(萬百姓)이라고 부를 뿐이었다.

이렇게 형성된 「집성촌 연합국가」체제는 「종묘」와 「사직」을 양대 축으로 하였다. 종법제도를 조선에 적용하면 조선의 왕실은 「대종」(大宗)이 된다. 따라서 종실(宗室)은 종묘(宗廟)에 역대 적장자들의 위패를 모시고 「대종회」(大宗會) 주제로 「종묘제례」(宗廟祭禮)를 지낸다. 한편 사대부는 소종의 조(祖)가 된다. 소종(小宗)은 대종의 가계가 소위 「백세불천종」(百世不遷宗)이라고 하여 무한히 이어지는 것과 달리 고조, 증조, 조부, 부, 자 등 5대만을 가계로 치고 가묘에서 「사대봉사」(四代奉祀)를 한다. 「사직」역시 고대중국의 제도였다. 사직은 땅의 신인 「사, 社」와 곡식의 신인 「직」(稷)에게 제사 지내는 제단이다. 왕실이 다른 성씨들과 다른 것은 자신들의 조상을 모신 종묘에만 제사를 지내는 것이 아니라 「만백성」을 대표하여 땅과 곡식의 신을 모시는 「사직단」에도 제를 올려야 했다.

이렇게 완성된 조선의 국가는 명의 속방 또는 제후국으로 「중화질서」에 편입되었다. 중국의 황제는 「폐하」라고 부르지만 조선의 왕은 중국의 왕자나 제후와 같이 「전하」로 불렸고 중국의 황제는 「천자」(天子), 즉 「하늘의 아들」로서 「천단」(天壇)에 나아가 하늘에 제사를 지냈지만 조선의 국왕은 사직단에서만 제사를 지낼 수 있었다. 천자가 아닌 조선의 왕은 천단을 지을 수도 없었고 하늘에 제사를 지낼 수도 없었다. 조선 말엽에 고종이 오늘의 서울 조선 호텔자리에 「천단」인 「환구단」(圜丘壇)을 짓고 그곳에서 황제로 즉위식을 갖고 국호를 「대한제국」, 연호를 「광무」로 「칭제건원」(稱帝建元)한 것은 중국과의 군신 관계를 폐기하고 중화질서에서 벗어나서 중국과 동등한 위치의 「제국」임을 보여주기 위한 것이었다. 그러나 당당한 주권국가임을 선포하기 위해서 천단을 짓고 연호를 제정했다는 사실은 대한제국의 건국을 주도한 세력이 여전히 지극히 주자학적인 국가관과 세계관에 사로잡혀 있었음을 보여준다.

제1부

결론

주자성리학이 도입되면서 조선 사회는 혁명적으로 바뀐다. 조선은 종교와 사상, 이념과 가치관, 정치와 제도, 윤리와 도덕, 경제와 사회, 관습과 예법, 가족관과 개인관 등 모든 면에 있어서 고려와는 판이하게 다른 나라가 된다. 14세기 말 당시의 글로벌스탠드였던 주자성리학을 바탕으로 새 나라를 세우고 15세기 전반기를 거치면서 사회를 개혁하는데 성공한 조선은 16세기에 이르러서는 수입한 사상과 이념, 제도를 토착화시키고 공고히 하는데 성공한다.

성종(成宗, 1457~1494, 재위: 1469~1495) 대에 이르러『경국대전』이 완성되면서 조선의 편찬사업도 대단원의 막을 내린다. 주자성리학을 도입하는 급진개혁 작업이 소기의 목적을 달성하였기 때문이다. 「친영」과 「제사」 등의 제도를 바탕으로 하는 「종법제도」가 왕실은 물론 사대부들 사이에도 어느 정도 정착되기 시작한다. 주자성리학의 경제적 기반인 「강남농법」이 조선에서도 뿌리내린다. 중국의 송대와 마찬가지로 「강남농법」의 도입으로 인한 농업생산의 폭발적인 증가로 조선의 인구도 늘기 시작한다. 조선 초기 550만에 불과했던 인구는 백 년 후인 1500년에는 940만 명에 달하였다. 1세기 만에 거의 배가 증가한 것이다.[1]

인구의 증가와 경제 발전으로 인한 잉여의 창출은 재지지주(在地地主), 즉 사림(士林)의 탄생을 가능케 한다. 김종직, 조광조로 대표되는 사림의 출현은 조선에서도 비로소 새 사상의 세례만 받고 성장한 주자성리학자들이 시대가 도래하였음을 알린다. 사림이 조선 왕 중

처음으로 주자학 교육만 받고 자라 왕위에 오른 성종 대에 등장하는 것은 우연이 아니다.

세종과 세조 등 조선 초기의 개혁가들은 의식적으로, 정치적인 목적으로 주자학적인 세계관을 건설하였지만 개인적으로는 불교의 세계에서 자랐다. 반면 사림은 창업세대와 달리 주자성리학 교육만 받고 자란다. 이들은 자신들이 주자학적인 세계 속에서 자라날 수 있고 교육받을 수 있도록 환경을 제공해 준 「훈신」(勳臣)들을 비판하기 시작한다. 세종 등의 개혁가들도 타협할 수 밖에 없었던 전통의 잔재들을 사림은 강하게 거부하면서 「훈척신」(勳戚臣)과 충돌한다. 사림파의 입장에서는 이들은 여전히 구시대의 관습과 전통을 완전히 버리지 못한 「보수」세력에 불과했다. 이들은 보다 철저하게 주자성리학에 입각한 사회를 만들기 위한 개혁을 요구하면서 훈척신 세력과 충돌한다. 사림은 네 차례의 사화를 겪지만 마침내 권력을 장악하는 데 성공한다.

사림파가 정치권력을 획득하는 시기는 조선 특유의 주자성리학이 꽃피는 시대였다. 이황(李滉, 1501~1570), 조식(曺植, 1501~1572), 기대승(奇大升, 1527~1572), 이이(李珥, 1536~1584) 등은 주자성리학을 새롭고 독창적으로 해석하면서 조선 특유의 사상을 창조해낸다. 그 결과 17세기 무렵의 조선은 세계에서 가장 완벽한 주자성리학 국가가 된다. 조선은 14세기말 당시에 가장 새롭고 근대적인 글로벌 스탠더드를 받아들이고 토착화 시키면서 새로운 문명을 태동시킨다. 조선 사람은 이렇게 만들어졌다.

이렇게 만들어진 조선 사람의 특징 중 한국 사람 속에 아직도 가장 강하게 남아 있는 것은 친족 중심주의다. 친족 중심주의는 한국 사람의 일상적인 용어 속에도 녹아 있다. 한국 사람은 누구를 만나든 그를 가족의 일원으로 환원 또는 소급시켜 본 후 비로소 친해진다. 「친 해지다」의 「친」(親)이란 개념은 물론 「부친」, 「모친」, 「친족」, 「친척」, 「친구」의 「친」이다. 다시 말해서 한국 사람에게 있어서 「가까워진다」, 「친해진다」라는 말은 말 그대로 「가족이 된다」는 뜻이다. 때문에 한국 사람들은 어떤 사람과 친해지면 그 사람을 「형」, 「언니」, 「누나」, 「오빠」등으로 호칭한다. 학교나 동네, 직장에서 만난, 전에는 모르던 사람을 가족을 부를 때 사용하는 호칭인 「형」, 「언니」, 「누나」, 「오빠」로 부르게 될 때, 우리는 비로소 그와 「친해졌다」고 한다. 나이 차이가 조금 나는 사람들에게는 「아저씨」, 「아줌마」등의 호칭을 사용한다. 자신의 부모님 연배의 분들에게 주로 사용되는 호칭이다. 「아저씨」, 「아줌마」 역시 이모나 삼촌에 대한 호칭이다. 「형」, 「오빠」, 「누나」, 「언니」, 「아저씨」, 「아줌마」라고 호칭하기 어렵거나 거북한 상대를 우리는 「선생님」이라고 부른다. 비록 자신을 직접 가르쳐준 스승이 아니라 할지라도 「선생님」이라고 부르는 경우가 허다하다. 선생님은 전통적으로 「군사부일체」(君師父一體)라는 어휘가 말해 주듯이 아버지의 의미를 갖는 존재다. 임금이 아버지의 일종이듯이 선생님 역시 아버지의 일종이다. 선생님 역시 가족적인 맥락에서 그 의미를 갖는 존재다.

이러한 가족주의는 한국인의 「인간관」을 형성한다. 「인간」(人間)이란 말그대로 「사람 사이」다. 「인간관」이란 「사람들 사이의 관계에 대한 사고방식」이다. 한국인들이 사람들 사이의 관계를 규정하는 사고방식은 모든 사람들을 가족으로 소급, 환원시키는 친족주의다.

이를 가장 집약적으로 표현하고 있는 것이 「삼강오륜」(三綱五倫)이다. 삼강오륜에 따르면 가장 핵심적인 인간관계는 군-신, 부모-자식, 부부의 관계이며 이세상의 모든 인간관계는 결국 오륜이 제시하고 있는 다섯 개의 관계로 모두 소급, 환원될 수 있다. 즉, 「인간」에는 「의, 義」라는 개념과 가치로 규정되는 군신 관계(君臣有義), 「친」으로 규정되는 부모 자식관계(父子有親), 「별」(別)이라는 개념으로 규정되는 부부 관계(夫婦有別), 「서」(序)라고 규정되는 어른-아이 또는 선후배 관계(長幼有序), 그리고 「신」(信)으로 규정되는 친구 관계(朋友有信) 등의 다섯 가지가 있다. 「친」이라는 개념은 바로 부모-자식의 관계, 보다 정확하게는 아버지와 아들의 관계다. 이것이 오륜(五倫)중에서도 으뜸인 「부자유친」이 말하고 있는 바다. 이러한 인간관계를 정확히 파악하고 실천에 옮길 수 있을 때 한국 사람들은 「인간이 됐다」고 한다. 오늘날도 한국 사람의 대인 관계와 윤리 도덕을 강력하게 규정하는 친족주의는 조선 초의 개국, 개혁 세력들이 추진한 급진 주자성리학 혁명을 통하여 만들어진 조선 사람의 것이었다.

한국 사람들은 중국 사람들보다 더 유교적이라고 한다. 한국에서 유교식으로 차례를 지내는 가구는 71%에 달한다. 유교식이란 물론 『주자가례』를 따르는 제사를 말한다. 다른 종교를 갖고 있는 한국사람들도 대부분 유교식 제사를 지낸다. 불교 신자의 93%, 천주교도의 66%, 심지어는 제사를 금하는 개신교도의 24%도 유교식 제사를 지낸다.[2] 제사는 유교질서의 근간인 종법제도를 반영하며 효(孝), 서(序), 별(別) 등 유교의 가치관을 재생산한다. 한국의 가족제도는 여전히 주자성리학적 질서를 성실하게 구현하고 있다. 반면 중국에서는 유교식으로 제사를 지내는 가구를 찾아볼 수 없다. 5.4 운동, 문화대혁명 등을 통해서 철저하게 유교를 배척하였을 뿐만 아니라 중국에서는 원래 도가식 가례가 성행했기 때문이다. 주자학이 뿌리를 내리지 못하였고 불교와 신토의 가례라 보편화된 일본에서도 『주자가례』에 따른 제사를 지내는 가구는 없다. 오늘날 전세계에서 주자성리학 전통과 예법, 가치관을 가장 철저하게 지키고 있는 사람들은 한국 사람들이다.

한국 사람들은 제사나 가족 제도뿐만 아니라 이름을 표기하는 방법도 중국의 것을 그대로 따른다. 성을 표시하는 한 글자, 그리고 이름을 표기하는 두 글자를 기본으로 하는 한국사람들의 이름표기 방식은 중국 방식이다. 성씨의 본관, 항렬 등을 따지는 것도 모두 중국식이다. 반면 일본이나 몽골, 만주 등 오랜 세월 중국의 변방이었던 다른 나라 사람들의 이름 표기 방식은 중국이나 한국의 것과 다르다. 월남 사람들은 한국 사람들처럼 중국식 이름을 사용하고 있지만 19세기 말 프랑스의 식민지가 되면서 한자는 점차 사라지고 현재는 꾸옥응으(國語, 국어)라는 포르투갈 문자를 기반으로 하는 라틴문자로 표기하고 있다.

한국 사람들이 인간이라면 당연히 따라야 한다고 생각하는 예절, 도덕률은 모두 주자학에 기반을 두고 있다. 「인의예지」와 같이 추구해야 할 가치관은 물론 인간의 심리 역시 「희로애락」이라는 주자성리학의 이론과 개념에 따라 이해한다. 인륜과 패륜, 왕도와 패도 등 정치, 사회 질서의 가장 중요한 기준도 주자성리학의 것들이다. 그리고 한국 사람들은 이러한 사고방식과 가치관을 표현하기 위해서 중국의 고전과 고사를 인용하고 고사성어를 즐겨 사용한다. 기독교가 퍼지고 자유 개인주의 사상이 만연하고 민주주의와 시장경제가 정착되고 있는 한국에서 유교, 즉 주자성리학의 담론은 여전히 한국 사람의 정체성을 형성하는 기본 축의 하나다.

제2부

친중위정척사파

서론

제2부

서론

조선말의 위정척사 사상은 흔히 화서 이항로와 면암 최익현의 학문에서 비롯된 것으로 알려져있다. 그러나 위정척사파의 기원은 병자호란(1637년)을 겪으면서 형성된 후기 조선의 친명반청(親明反淸) 이념과 소중화의식(小中華意識)으로 거슬러 올라간다.

청의 중원제패

1644년, 명이 멸망하고 청이 중원을 차지한다. 명은 조선의 모델이었을 뿐만 아니라 강력한 동맹국으로 임진왜란 당시 원군을 보내 일본을 격퇴하는데 결정적인 역할을 한 동맹국이었다. 명의 멸망은 조선이 의존하던 세계질서가 붕괴되고 문명의 축이 사라졌음을 의미하였다. 비유하자면 북한이 미국을 무너뜨리고 북미대륙을 차지하는 것과 같았다. 자유민주주의와 시장주의 질서를 조화시킨 체제를 만들어내고 이를 자유개인주의 사상으로 뒷받침하는 최첨단 문명을 만들어 낸 미국이 한국의 안보를 끊임없이 위협하던 북한에게 공격을 당하고 힘없이 무너진 것과 마찬가지인 상황이었다. 그야말로 「천붕지해」(天崩地解)의 형국이었다.

청을 세운 여진족은 조선 사람들에게는 매우 익숙한 존재였다. 특히 압록강 유역을 거점으로 산삼을 캐면서 농경과 수렵생활을 하던 「건주여진」(建州女眞)은 고려와 조선의 역사에 수 없이 등장한다. 조선태조 이성계의 가장 친한 동지이자 조선의 개국공신이었던 이지란(李之蘭, 1331~1402)도 본명은 퉁두란(佟豆蘭)인 건주여진 이었다. 그런데 조선 초만 하더라도 인구가 10여 만에 불과하던 건 주여진은 16세기말 누르하치(努爾哈赤, 청태조, 1559~1626, 재위: 1616~1626)라는 걸출한 지도자가 나타나면서 강력한 군사력과 경 제력을 바탕으로 「만주」라는 새로운 정체성을 만들면서 제국으로 성 장한다. 여타 여진족과 몽골, 조선을 복속시키고 요동을 차지한 청은 1644년 산하이관을 넘어 북경에 입성한다. 건주여진이 대청제국을 세우는 과정은 눈부셨다. 그러나 조선은 이를 오랑캐들의 일시적인 발호로만 치부 하면서 청의 성취를 애써 외면한다.

그토록 의지했던 명이 사라지고 「오랑캐」가 대륙을 차지한 천붕 지해의 시대에 조선사람들은 자신들의 정치적, 국제정치적, 사상적 정체성을 재정립해야만 했다. 명이 사라진 후 조선의 체제는 어떻게 진화할 것인지, 적성국가인 청이 대륙을 차지한 상황에서 어떤 외교 와 안보정책을 수립할 것인지, 문명의 척도였던 주자성리학이 중원 에서 사라진 후 무엇을 문명의 기준으로 할 것인지, 모든 것을 처음부 터 다시 설정해야 했다. 송시열의 『기축봉사』, 효종과 송시열의 「북 벌론」, 그리고 효종의 뒤를 이은 현종대에 조선을 뒤흔든 「예송」(禮 訟), 「사문난적」(斯文亂賊) 논쟁 등이 그 결과였다.

그중에서도 가장 중요한 것은 「예송」이었다. 「예송」은 흔히 알려 진것처럼 복상문제라는 허례허식을 둘러싼 당파간의 권력투쟁이 아 니었다. 「예송」은 명청교체기라는 대 혼란기에 조선이 새로운 정체 성을 구축하는 과정에서 벌어진 정치, 안보, 이념 논쟁이었다. 명이 사라지고 청이 그 자리를 대신한 상황에서 조선의 정통성을 어디에 서 찾을 것인지, 비록 명이 사라졌더라도 조선의 정통성을 명에서 찾 고자 한다면 청과의 관계는 어떻게 설정할 것인지, 조선이 과연 독자 적으로 문명의 중심이 될 수 있는지 등 조선의 정체성의 핵심 문제를 둘러싼 논쟁이 예송이었다.

이처럼 치열한 정치적, 이념적 검토의 과정을 거치면서 조선은 새로운 정체성을 정립 하는데 성공하지만 동시에 강고한 쇄국주의 체제와 이념을 탄생시킨다. 이념적으로는 「소중화」 사상을 구축한다. 비록 무력을 앞세운 청에게 정복당했지만 정신적으로, 문화적으로는 명의 문명을 이어받은 조선이 우월하다고 자부하면서 청을 「상국」으로 섬기면서도 내심으로는 「북인」, 「오랑캐」로 경멸한다. 체제적으로는 청이 강요하는 조공을 바치기 위한 「연행사」를 제외하고는 청과의 일체의 교류를 단절한다. 임진왜란 이후 왜관을 통한 극히 제한된 교역을 제외한 일본과의 모든 교류를 단절한 바 있는 조선은 이제 중국으로부터도 자신을 고립시킨다. 쇄국정책의 시작이었다. 이렇게 형성되는 후기 조선의 자아관, 국가관, 그리고 세계관은 조선 말의 위정척사파에 의해 답습된다.

천주교의 전래와 서구열강의 도래

조선은 명의 이름으로 청을 거절하지만 청은 명의 이념과 체제를 대부분 그대로 답습한다. 그리고 여진족 특유의 개방성과 기동성을 가미하여 당시 세계 최강국인 청제국(淸, 1636~1912)을 건설한다. 신장과 티벳, 내몽골과 대만이 중국의 영토로 편입되는 것은 모두 청의 정복전쟁을 통해서였다. 다양한 민족들이 공존하면서 티벳의 라마불교, 경교, 천주교 등 수 많은 종교들이 자유롭게 포교를 할 수 있었던 청은 개방적이고 역동적인 사회를 건설한다.

그리고 조선의 쇄국정책에도 불구하고 청에서 예수회 신부들의 활발한 포교활동을 통해 뿌리내리고 있던 천주교가 18세기 중반부터 조선으로 전래되기 시작한다. 연행사들이 연경에서 구입하는 서적들

가운데 섞여 유입되기 시작한 천주교 서적들을 접한 일부 조선의 선비들은 「서학」을 새로운 학문으로 공부하기 시작하고 18세기 말부터는 급기야 신앙으로 발전시키기에 이른다.

19세기에 들어서면서 서구 열강이 조선의 문을 두드리기 시작한다. 그러나 영국, 프랑스, 미국 등의 서구열강은 중국이나 일본에 비해 조선에 대해서는 별다른 관심을 갖지 않는다. 서양은 이미 명나라 때부터 중국과 깊은 경제 관계를 맺어왔다. 명의 향료와 비단, 도자기, 그리고 특히 차(茶)가 유럽에서 선풍적인 인기를 끌면서 기호식품으로 자리잡게 되자 유럽은 명과의 교역에서 대규모 적자에 끊임없이 시달리기 시작한다. 대규모 적자를 메우는 유일한 방법은 은으로 중국의 차를 사는 방법 밖에 없었다. 이로 인해 유럽의 은이 대거 명으로 유입되면서 명은 「유럽 은의 무덤」이라는 별명을 얻게 된다. 스페인이 남미에서 발견한 은과 심지어는 일본의 은까지도 대거 명으로 유입된다. 영국은 대규모 대중적자를 메우기 위해 인도의 면을 중국으로 수출하는 등 다양한 방법을 모색해 보지만 결국은 실패로 돌아간다. 영국이 19세기에 들어서면서 대중 적자를 메우는 마지막 수단으로 동원한 것이 인도산 아편을 중국에서 파는 것이었다. 이는 결국 아편전쟁으로 이어진다.

일본 역시 유럽의 열강에게는 별다는 관심의 대상이 되지 않는다. 한때 포르투갈과 스페인의 천주교 선교사들이 포교를 하면서 일본과 관계를 맺지만 이내 도쿠가와 바쿠후 초기의 천주교 박해로 인하여 이 모두 단절된다. 그 이후 네덜란드의 동인도 회사가 나가사키의 인공섬 데지마에 작은 무역거점을 유지하지만 유럽과의 직접적인 교류는 극히 제한적이었다.

반면, 미국은 유럽국가들과는 달리 19세기 중엽부터 일본에 대해 본격적을 관심을 갖기 시작한다. 미국은 서부개척시대가 끝나고 영토가 태평양 연안에까지 이르게 되자 본격적으로 태평양시대를 연다. 유럽의 배들이 인도양과 말라카 해협을 통과하여 동아시아에 도달했다면 미국은 반대편인 태평양을 건너서 동아시아에 도달했다. 유럽이 동아시아로 오는 관문이 마카오와 홍콩이었던 반면, 미국의 동아시아 관문은 에도(江戶, 도쿄의 옛이름)와 나가사키였다. 미국이 아시아, 그 중에서도 특히 일본에 관심을 갖게된 것은 고래잡이 때문이었다. 미국은 세계 최대의 포경국가였다. 고래의 기름이 산업혁명의「윤활유」로 역할을 하면서 미국은 세계최강의 고래잡이 선단을 갖춘다. 이때 필요했던 것이 원양에서 작업하는 포경선이 난파할 경우 조난당한 선원들을 안전하게 돌려받을 수 있도록 여러 나라들과 조약을 맺는 것, 그리고 증기선들이 연료인 석탄을 보급받을 수 있는 항구를 확보하는 것이었다. 미국은 이러한 이유로 일본을 개국시킨다.

한편 조선은 유럽열강이나 미국의 입장에서 볼 때 교역대상국으로 별다른 매력이 없었다. 서구 열강은 간헐적으로 조선의 연안에 나타나 통상과 조난 선원들 보호를 위한 조약을 요구하지만 조선의 관리들이 조선은 가난하여 외국과 교역할 아무런 물품도 없고 그럴 의향도 없다고 거부하자 이내 물러갔다. 반면「양이」(洋夷), 즉 서양오랑캐의 간헐적인 출현은 천주교의 확산과 맞물리면서 조선의 조정을 극도로 긴장시키고 천주교와 서구열강에 대한 적개심을 불러일으키는 결과를 가져온다. 조선조정은 천주교인들이 서구열강과 내통하여 조선을 침략하려는 계책을 세우고 있다고 오해하면서 한편으로는 천주교에 대한 대 박해를 반복하고 다른 한편으로는 쇄국 정책을 강화한다.

이처럼 대내적으로는 새로운「사문난적」인 천주교의 도전과 대외적으로는「서양 오랑캐」의 출현으로 빚어진 위기를 타개하고자 일어난 것이 위정척사파였다. 임진왜란과 병자호란으로 형성된 소중화사상과 쇄국 정책은 서세동점과 개국의 시대를 맞아 다시 한번 만개한다. 그러나 동아시아는 원-명, 명-청 교체기에 버금가는 또 한번의 난세로 빠져들고 있었다. 세계문명의 축이 동양에서 서양으로, 동아시아의 문명과 무력의 축이 중국에서 일본으로 바뀌고 있었다. 명-청교체기에 형성된 친중위정척사 사상과 쇄국 정책으로는 넘을 수 없는 파고였다.

조선과 청의 쇠퇴

건륭제(乾隆帝, 1711~1799, 재위: 1735~1796) 시대만 하더라도 세계 최강국이었던 청은 19세기에 들어서면서 급격히 쇠퇴한다. 만성적인 대중적자를 아편 판매로 만회하려던 영국의 시도를 막기 위해 시작한 아편전쟁(제1차, 1840~1842, 제2차, 1856~1860)은 청의 군사력과 경제력이 서구열강에 비해 얼마나 허약한지 여실히 노출한다. 1860년에는 영국과 프랑스의 연합군이 북경에 진주한다. 1644년 도르곤(多爾袞, 1612~1650, 재위: (예친왕,섭정왕) 1636~1650)의 청군이 자금성에 입성한지 216년 만이었다. 영국과 프랑스군은 청 황실의 영화의 상징이었던 원명원(圓明園)을 약탈하고 불태우지만 청은 속수무책으로 당한다.

제2차 아편전쟁 발발 직전인 1851년 태평천국의 난이 터진다. 서양의 기독교와 중국의 민간신앙의 기묘한 조합이었던 태평천국교는 어지러운 세태 속에서 불안해 하는 민심을 자극하여 급속도로 퍼지면서 급기야 청에 대한 본격적인 반란을 일으킨다. 한때 중원을 제패하고 티벳과 신장, 안남(월남)과 대만을 정복하면서 대청제국을 건설했던 청의 정규군인 팔기군과 녹영군은 태평천국의 농민군 앞에 힘없이 무너지진다. 다급해진 청의 조정은 청의 최고 엘리트 기관인 한림원 출신인 증국번(曾國藩, 1811~1872)에게 자원병을 조직하여 태평천국의 난 진압에 나설것을 명한다. 이에 증국번은 고향인 후난의 상향(湘鄕)에서 「상군」(湘軍, 후난군이라고도 함)이라는 향토군을 조직한다. 얼마 후 증국번은 자신의 휘하에 들어온 이홍장(李鴻章, 1823-1901)에게도 그의 고향인 안후이성에서 같은 방식으로 향토군을 조직하도록 한다. 그리고 증국번의 「상군」과 이홍장의 「회군」은 태평천국의 난을 성공적으로 진압한다.

이 과정에서 증국번과 이홍장은 서양의 무기와 서양군을 적극 활용하면서 서양과학기술의 힘과 중요성을 절감한다. 난을 평정한 공으로 북경과 천진이 위치한 중국의 가장 중요한 지역인 직례총독(直隸總督)을 연이어 맡은 증국번(직례총독 재임 1868~1870)과 이홍장(직례총독 재임 1870~1895, 1900~1901)은 「양무운동」을 일으키면서 「무비자강」을 꾀한다. 특히 이홍장은 당시 메이지유신으로 급격한 근대화를 추진하면서 국력을 키우던 일본을 의식하면서 나름대로 근대화에 박차를 가한다. 그러나 증국번과 이홍장은 유가적 세계관을 버리지 못한다. 청의 최고 엘리트 기관인 한림원 출신인 두 사람은 서양의 무기와 과학기술을 유학에 접목시키는 「중체서용」(中體西用)식 근대화로 충분하다고 생각한다.

청이 조선문제에 본격적으로 다시 개입하기 시작하는 것도 이때다. 당시 조선은 흥선대원군의 섭정하에 천주교 박해와 쇄국정책을 강력히 추진하고 있었다. 위정척사파들의 적극적인 지지를 받은 대원군은 청의 양무운동 정도의 근대화도 거부하였다. 이미 명-청교체기부터 세계사의 흐름에서 고립되어 온 조선의 위정자들은 시대를 읽을 줄 몰랐다. 청의 근대화 역시 청의 오랑캐들이 서양의 오랑캐들을 어설프게 흉내 내는 것으로 간주하였다. 이러한 위정척사 사상은 결국 대원군의 지극히 제한적인 개혁 시도조차 무산시킨다. 위정척사파가 고수한 명의 주자성리학 체제는 일본의 메이지 유신식 급진 근대화개혁은 물론 청의 양무운동식 개량적 근대화 조차 수용할 수 없었다. 조선은 급격한 몰락의 길을 걷는다.

제2부 - 제1장
병자호란과 명의 멸망

1. 명의 쇠퇴와 여진족의 등장

2. 누르하치의 부상

3. 팔기군의 탄생

4. 몽골의 항복과 요동함락

5. 청태종과 도르곤

6. 청의 성공요인

제2부 - 제1장

병자호란과 명의 멸망

송, 원, 명이 완성시킨 선진문명을 모델로 삼은 조선은 발전을 거듭한다. 문물이 정비되면서 개국 직후인 15세기까지만 해도 500만에 불과했던 인구는 100년 만에 천만을 돌파하고 임진왜란 직전인 16세기 말에는 천 4백만에 이른다.[1] 주자성리학의 수용과 토착화에 성공한 조선은 사상적으로, 문명적으로 명과 대등한 관계에 도달했다고 자부했다. 명에서 양명학이 성행할 때 조선의 유학자들은 명 문명의 쇠락을 과감하게 비판했다. 물론 명이 대국임을 인정하고 문명의 발상지임을 전제로 한 비판이지만, 그만큼 조선은 주자성리학을 기반으로 하는 문명국으로서의 자신감을 확보한다.

여진족

번영하던 조선의 가장 큰 안보위협은 바다 건너의 왜와 압록강 부근의 여진이었다. 조선은 때로는 교역을 장려하고, 때로는 군사력을 동원하여 왜와 여진의 발호를 막고자 노력했다. 세종 원년(1418)에는 상왕 태종의 명을 받들어 이종무가 병사 1만 7천 명을 병선 227척에 태우고 왜구의 본거지인 대마도를 정벌한다. 이후 대마도주 소사다모리(宗貞盛, 1385~1452)가 대마도를 경상도의 일부로 복속시키고 조선 조정

북관유적도첩(北關遺蹟圖帖)은 17~18세기에 만들어진 역사화첩(畵帖)이다. (이하 그림은 8가지 에피소드 중 5개)

척경입비도는 고려 예종 2년(1107년) 윤관이 함경도에서 여진족을 물리친 것을 그린 그림이다.

조선 세종 때, 김종서가 북방 여진족을 물리치고 6진을 개척하는 그림이다.

세조때, 함경도 도제찰사 신숙주가 여진족을 물리치는 그림이다.

조선 선조 16년(1583년) 신립 장군이 두만강병의 여진족을 물리치는 그림이다.

조선 선조 20년(1587년) 조산만호 이순신이
여진족을 물리치는 그림이다.

에 조공을 바칠 것을 청해 세종이 이를 허락하고 웅천(진해)의 내이포와 울산의 염포, 그리고 부산포 등 삼포를 개방하여 교역을 허락한다.

여진 역시 조선 건국 초부터 조선과 밀접한 관계를 맺는다. 함흥 출신인 태조 이성계는 여진족들과의 교류가 특히 많았다. 그의 의제(義弟)이자 처조카사위였으며 사후 태조의 사당에 함께 모셔진 이지란(李之蘭, 1331~1402)은 본명이 「퉁두란」인 여진족이었다. 조선은 여진족으로부터 마필, 해동청(송골매), 산삼, 모피 등을 수입하고 포목, 농기구, 종이 등과 교환하였다. 여진족의 귀화도 적극 장려하였다. 서울에는 조공을 바치러 오는 여진족이 묵을 수 있는 「북평관」이란 숙소도 있었다. 그러나 여진족이 경제적으로 궁핍해지거나 일부 부족의 세력이 강성해져서 노략질을 할 때면 조선은 무력으로 다스렸다. 세종이 김종서(金宗瑞, 1383~1453)를 시켜 「육진」을 개척하고 최윤덕(崔閏德, 1376~1445), 이천(李蕆, 1376~1451) 등을 보내 사군육진(四郡六鎭)을 둔 것도 모두 압록강 유역의 여진족을 다스리기 위해서였다.

그러나 결국 왜는 임진왜란을, 여진은 병자호란을 일으킨다. 임진왜란이 끝난 1598년 조선의 인구는 임란직전에 비해 200만이 감소했다. 전국이 잿더미로 변했고 경작지는 3분의 1로 준다. 백성들의 참상은 이루 말할 수 없었다. 조선의 위정자들의 정세판단력과 전쟁수행 능력은 최악이었다. 조선이 그나마 멸망하지 않은 것은 이순

1783년 변박(卞璞, 1742년-?) 이 그린
초량왜관도

신 장군과 권율 같은 극소수 명장의
놀라운 활약과 각지의 의병과 승병,
그리고 명이 보낸 원군 덕분이었다.

임진왜란이 끝나자 조선의 조
정은 「재조지은」(再造之恩)을 입었
다며 명을 더욱 극진히 받든다. 반
면 왜와의 관계는 철저하게 단절
한다. 도요토미 히데요시(豊臣秀
吉, 1537~1598)의 사후 그의 어
린 아들 도요토미 히데요리(豊臣秀
賴, 1593~1615)로부터 정권을 빼
앗은 도쿠가와 이에야스(德川家康,
1543~1616)가 화평을 끈질기게 요
청해 오자 조선은 1609년(광해군 1
년) 기유약조(己酉約條)를 맺고 조
일 관계를 정상화시킨다.

정상화라고는 하나 양국 간의 상
징적인 교역만 허락한 사실상의 쇄
국 정책이었다. 조일 간의 모든 교역은 대마도주를 통하도록 하였다.
교역의 규모도 엄격하게 제한하였으며 조선과의 교역에 투입할 수 있
는 배, 소위 「세견선」은 1년에 20척으로 제한하였고 이 왜선들은 조
선이 대마도주에게 내린 직인이 찍힌 허가장을 소지해야만 했다. 왜
선이 정박할 수 있는 항구는 임란 전의 삼포 대신 부산 초량진 단 한
곳으로 제한시켰다.

부산에서도 왜인들의 활동은 철저하게 제한되었다. 왜인들의 생
활과 활동반경은 초량진의 「왜관」으로 국한되었다. 왜관에 들어가기
위해서는 3개의 관문을 통과해야 했다. 각 관문에는 군사와 통역관

부산포 초량진 왜관도

이 배치되었고 매번 철저하게 몸 수색을 받아야 했다. 왜관을 둘러
싼 담 밖에는 6개의 검문소를 설치하였다. 왜관의 상근 직원은 임기
가 2년으로 제한된 관수 외에 태관(교역담당), 통역관, 비서, 장인 등
이었다. 모두 대마도주가 임명하는 자들이어야만 했다.[2] 조선 측에서
는 일상적인 일을 처리하는 왜관훈도와 그의 부관인 훈도별좌가 상
주하였다.[3]

　한편, 임진왜란으로 조선과 명이 국력을 소진하는 사이 만주에서
는 여진이 세력을 키우면서 조선과 명을 동시에 위협하기 시작한다.
결국 임진왜란이 끝난 지 30년도 채 안된 1627년 여진이 세운 청은
정묘호란을 일으키고 9년 후인 1636년에는 병자호란을 일으킨다.
그리고 1644년에는 중원을 정복한다.

　여진족은 한때 금(金, 1115~1234)을 세워 요(遼, 916~1125)와
북송(北宋, 960~1127)을 멸망시키고 양쯔강(揚子江) 이북을 모두 통
치할 정도로 세력을 키웠었다. 금을 세운 여진족들은 원래 오늘날의
러시아 연해주와 중국의 흑룡강성 주변에 살았다. 이들이 그 이전 시
대에 같은 지역에 살던 숙신(전한시대: 기원전 3~9세기경), 읍루(후
한시대: 1~2세기경), 물길(5~6세기경), 말갈(수, 당시대: 6~10세기

경) 등과 어떤 관계인지는 불확실하다. 금을 세웠던 여진족이나 청을 세운 여진족이 모두 유사한 알타이어의 퉁구스계 언어를 사용한 사실만 보면 이들이 같은 여진일 가능성이 크다. 그러나 금을 세운 여진은 몽골족과 같은 유목민족이었던 반면 후금과 청을 세운 여진족은 랴오허(遼河, 요하)변의 비옥한 땅에서 농사를 짓고 있었다. 따라서 이들이 모두 같은 「부족」이었는지는 불확실하다. 분명 한 것은 청을 세운 여진족이 자신들이 금을 세운 여진의 후예임을 주장했다는 사실이다.

명을 멸망시키고 청을 세운 여진족의 초기 인구는 40~50만 명에 불과했다. 이중 실제로 군사로 동원할 수 있는 숫자는 15만 명이었다.[4] 누르하치가 여진족을 규합하기 시작할 당시 조선의 인구는 1,400만 명이었고 명의 인구는 1억 5천만 명이었다. 여진은 인구가 30배가 넘는 조선을 굴복시키고 300배가 넘는 명을 무너뜨린다. 조선이 오랑캐라고 멸시하던 이들은 청이라는 찬란한 문명대국을 건설한다. 중국의 GDP가 세계 전체 GDP의 30%를 차지할 만큼 커진 것도 청대다.[5]

청의 중원제패가 가능했던 것은 여진족이 누르하치-홍타이지-도르곤 등 걸출한 지도자들을 배출하였기 때문이다. 청을 건설한 여진의 지도자들은 당시 중국 사람들이 가장 귀하게 여기던 약재인 인삼에 대한 독점권을 확보함으로써 경제기반을 다지고, 여진족, 몽골족, 조선인, 「접경인」을 아우르는 「만주족」이라는 새로운 정체성을 확립하여 사회통합을 이룬다. 또한 「팔기군」이라는 새로운 군사-정치-경제-사회 제도를 도입하고 당시 최첨단 무기인 서양의 포와 이를 사용하는 전술을 완성하여 세계 최강의 전투력을 갖춘다.

1. 명의 쇠퇴와 여진족의 등장

1400~1600년 사이 명의 인구는 약 6천 5백만에서 1억 5천만으로 증가한다. 그러나 16세기에 들어서면서 명은 급격히 기운다. 제10대 정덕제(正德帝, 무종, 1491~1521, 재위: 1505~1521)는 국사를 돌보지 않고 주색에 빠져 국고를 탕진한다. 명의 멸망에 가장 큰 원인 중 하나인 환관정치가 처음 고개를 들기 시작한 것도 정덕제 재위기간이었다. 그의 뒤를 이은 가정제(嘉靖帝, 세종, 1507~1566, 재위: 1521~1567)는 1539년 이후 죽을 때까지 거의 30년 동안 단 한 번도 등청하지 않았고 공식적인 조정회의도 열지 않았다. 1542년 이후에는 아예 자금성을 떠나 북경 외곽에 거주하면서 도교에 심취하였다. 그 이후 가정제를 실제로 알현한 사람은 국정을 농단한 엄숭(嚴嵩, 1480~1567)과 몇 명의 환관, 도교의 도사들뿐이었다. 그의 아들 12대 융경제(隆慶帝, 목종, 1537~1572, 재위: 1567~1572) 역시 짧은 재위기간 동안 국사를 돌보지 않고 모든 것을 환관들에게 맡겼다. 몽골의 거듭된 침략이 있었으나 명은 이들을 돈으로 매수하여 평화를 유지하였고 거듭된 왜구의 침략에는 무방비로 노출되었다.

융경제의 뒤를이어 즉위한 만력제(萬曆帝, 신종, 1563~1620, 재위: 1572~1620)는 임진왜란에 명군을 파병하여 조선에서는 「재조지은」을 베푼 은인으로 숭배되었지만 내치에 있어서는 최악의 황제였다. 만력제는 황실의 재정과 국가의 재정을 구분하지 못하고 모든 공금을 새로운 궁궐축조와 사치생활에 탕진하였다. 궁녀 3천명과 환관 2만 명을 거느리고 모든 황실 납품업자들에게 20%의 「수수료」를 뗄 수 있도록 허락함으로써 부패가 극에 달했다.[6] 만력제가 48년의 재위기간에 재상들을 직접 만나서 국사를 논한 것은 단 한 번뿐이었다.[7] 황제를 단 한 번도 직접 알현한 적이 없는 재상들은 환관들과 결탁하거나 당파를 만들어 자신들의 정책이 국사에 반영되도록 노력

정덕제

가정제

엄숭

만력제

할 수밖에 없었고 이 과정에서 환관들의 전횡은 물론 당파싸움이 극에 달했다.

　　명의 가장 큰 안보 위협은 만리장성 밖의 북방민족들이었다. 명태조 주원장(朱元璋, 1328~1398, 재위: 1368~1398)은 원을 멸망시키고 몽골족을 다시 만리장성 이북으로 축출하는 데 일단 성공했다. 그러나 몽골을 비롯한 북방민족을 완전히 복속시키지는 못했다. 따라서 언제 이들이 다시 세력을 규합해서 침략해 올지 몰랐다. 그는 「일본, 조선, 안남 사람들은 모기나 전갈에 불과하지만 북쪽의 오랑캐들은 우리의 심장부와 배를 끊임없이 위협한다」고 하였다.[8] 북방으로부터의 위협에 대비하기 위하여 주원장은 3백만 대군을 유지한다. 자신의 아들들에게도 만리장성 이북의 땅을 봉토로 내려서 직접 통치하도록 한다. 훗날 영락제(永樂帝, 1360~1424, 재위: 1402~1424)가 되는 그의 넷째 아들 주체(朱棣, 1360~1424)도 연왕(燕王)으로 봉해 북평(오늘날의 북경)에 보내 통치하도록 했다. 17째 아들 주권(朱權, 1378~1448)은 영왕에 봉하여 내몽골에 봉토를 주어 다스리게 한다.

주원장은 황성을 지키고 황제를 호위하는 군을 제외한 나머지 대군은 「위소」(衛所)제도를 통해 유지하였다. 위소는 군인들에게 봉급을 주는 대신 주둔지에 둔전(屯田)을 주어 경제적으로 자립할 수 있게 하는 제도였다. 둔전을 받은 군호(軍戶)는 군적(軍籍)에 따로 등록되어 세대 마다 군인을 배출해야 했다.[9] 1개 위(衛)는 5개의 천호소(千戶所)로, 각 천호소는 10개의 백호소(百戶所)로, 각 백호소는 2개의 총기(總旗), 그리고 각 총기는 10개의 소기(小旗)로 구성되어 있었다. 1개 위는 5,600명, 각 천호소는 1,120명, 각 백호소는 112명, 각 총기는 50명, 각 소기는 10명으로 구성되어 있었다.[10] 정상적인 위소는 평시에는 등록된 군인의 70%가 농사를 짓고 30%가 군사력을 담당했다.[11]

위소는 당의 절도사와 같이 군벌로 변질될 위험이 있었다. 따라서 명 조정은 장군이나 장교들과 사병들이 친밀해지는 것을 막기 위해 위소를 현지 사령관이 아닌 조정의 민간관료가 통제하도록 하였다. 각 위소는 사령관인 지휘사(指揮使)가 지휘하였지만 지휘사들은

병조(兵曹)의 관료가 관할하는 오군도독부(五軍都督府)의 지휘하에 두었다.[12]

명대 초기에는 원과의 전쟁으로 파괴되었던 광활한 농토를 둔전으로 전환해 연 3억 kg의 곡식을 생산하였는데 이는 100백만 대군을 유지하기에 충분한 양이었다.[13] 그러나 시간이 흐르면서 위소제도는 부정부패의 온상이 된다. 15세기가 되면 북경 주변의 위소 지휘관들은 자신들 가문의 묘역을 조성하거나 호화로운 주택을 짓는데 휘하의 병력을 동원하기 시작하고 병졸들은 부역자로 전락한다. 일부 지휘관들은 군인들로부터 돈을 받고 훈련을 면제해주기도 했다. 상인들은 돈을 주고 지휘사 자리를 산 다음 휘하의 병졸들로부터 돈을 받고 병역을 면제해주거나 종들의 이름을 병적에 올려 그들에게 돌아가는 군량미를 횡령하였다. 어떤 장군들은 둔전을 사유화하면서 병졸들을 노비로 부렸다. 부패가 만연하고 착취가 심해지면서 군인들은 어떻게 해서든지 군인 신분을 면하려고 했다. 16세기 초반에 이르면 변방 접경지역의 많은 위소들은 원래 병력의 50% 미만을 간신히 유지하였고 병력의 80%가 탈영 한 것으로 조사된 위소도 있었다.[14]

위소제도가 붕괴하면서 변방을 지키는 비용이 급격히 증가하기 시작했다. 둔전이 제 역할을 못하게 되자 모든 군인들의 월급을 중앙 정부가 지급해야 했다. 몽골 부족들의 거듭된 침략, 남방 원주민들의 반란, 임진왜란 등 16세기에만 큰 전쟁을 여러 번 치러야 했던 명의 재정은 고갈되어갔다.[15] 군비가 급증하고 군사의 숫자는 감소하자 명은 만리장성을 대대적으로 보수한다. 그러나 투자에 비해 그 효과는 미미하였다.

2. 누르하치의 부상

천명제, 아이신기오로 누르하치(愛新覺羅 努爾哈赤)

명은 여진도 「위소」(衛所)를 두어서 통치하였다. 명대의 중국과 조선의 기록에 의하면 여진족은 해서(海西), 야인(野人), 건주(建州)의 삼 부(部)으로 나뉘어 있었다. 해서는 몽골족과 같이 주로 유목생활을 하였고 야인여진은 수렵생활을 하며 문화적으로도 다른 여진과도 많이 달랐기 때문에 말 그대로 「야인」으로 불렸다. 건주여진은 농업을 바탕으로 수렵도 곁들여 경제나 문화적으로 명이나 조선과 가장 유사하였다.

명은 누르하치의 부상 이전까지만 해도 작은 부족으로 흩어져 서로 다투고있던 여진족을 이이제이(以夷制夷) 전략을 통해서 다스리고 있었다. 일부 여진 부족장에게 명의 접경도시에 와서 교역을 할 수 있는 권한을 주거나 명의 직위를 주어서 다른 부족들을 견제하도록 하였다. 당시 명과 밀접한 관계를 맺으면서 여진족 사이에서 패권을 잡고 있던 것은 훌룬구룬(호륜국, 忽刺國)이라 불린 해서여진이었다. 이들은 우라(烏拉), 후이파(輝発), 하다(哈達), 예허(葉赫) 등 4개의 부족으로 구성되어 있었고 주변의 코르친, 카르친 등의 몽골 부족들과의 밀접한 교류와 결혼을 통하여 문화적으로 언어적으로 몽골의 영향을 많이 받았다. 누르하치가 속해있던 건주여진은 이들을 「몽골」

이라고 부를 정도였다.[16]

당시 요동을 지키던 명의 요동총병(遼東總兵) 이성량(李成梁, 1526~1615)은 해서여진의 라이벌이었던 건주여진의 세력이 강해지자 여진 부족들 사이의 세력균형을 유지하기 위하여 건주여진을 공격한다. 이성량의 선조는 조선사람으로 고조 이영(李英)이 명에 귀의하여 「철령위지휘첨사」의 직을 받고 요동에 정착한다.[17] 이성량은 몽골족과 여진족을 정벌하여 탁월한 전공을 세웠고 명조정의 신임을 받으면서 요동을 장악했다. 그의 아들 이여송(李如松, 1549~1598)은 훗날 명군을 이끌고 임진왜란에 참전한다.

1583년 이성량은 니칸와일란(尼堪外蘭, 여진말로 「한족의 앞잡이」)이라는 현지인의 건의에 따라 건주여진을 공격하는데 이 전투에서 누르하치의 할아버지 기오창가(覺昌安, ?~1583)와 아버지 탁시(塔克世, ?~1583)를 죽인다. 복수를 맹세한 누르하치는 1586년 니칸와일란을 죽인다. 누르하치의 실력을 본 이성량은 1589년 누르하치를 도지휘사에 임명한다.[18]

누르하치는 이때부터 본격적으로 세력을 키우기 시작한다. 그는 해서여진의 예허, 하다 부족들과 혼인관계를 맺으면서 통합을 시도

만주어 문자　　　　　　　　　한자와 만주어로 쓰인 자금성 내의 현판

한다. 그러자 누르하치의 부상에 위협을 느낀 예허의 부족장 나림불루(納林布祿)가 1591년 하다와 후이파 부족 연합군을 이끌고 누르하치를 공격한다. 1593년, 요하의 지류인 훈허(渾河,훈하) 변의 자카 전투에서 누르하치의 건주여진군은 해서여진군 4천명을 사살하고 말 3천 마리를 포획하는 대승을 거둔다. 누르하치는 1599년에는 하다부족을, 1607년에는 후이파 부족을, 1613년에는 우라족을, 1619년에는 예허부족을 차례로 병합시킴으로써 여진족의 통합을 완성한다.[19]

세력이 커지고 인구가 급속히 늘자 누르하치는 문물을 정비한다. 이때까지 누르하치가 이룩한 통합은 과거에도 이지역의 수많은 부족장들이 이뤘던 수준이었다. 오늘의 만주와 연해주, 내몽고를 포괄하는 중국의 광활한 동북지방의 역사는 수많은 부족들이 합종연횡하고 명멸하는 역사였다. 그러나 누르하치는 이에 만족하지 않는다. 건주여진이 동북지방의 통일에 그치지 않고 이를 발판으로 중원을 정복하고 대제국을 건설할 수 있었던 것은 누르하치가 여진족을 통일한 후 도입한 만주어 문자와 팔기군(八旗軍)이라는 획기적인 군사제도 때문이었다.

그는 학자들에게 몽골 문자에 기반한 여진족의 문자를 만들도록 하여 이를 1599년 반포한다. 서로 다른 언어를 구사하던 수많은 부족과 종족이 이 문자를 통하여 공동의 정체성을 확보한다. 훗날「만주어」라고 불리게 되는 이 언어는「만주족」이라는 새로운 민족을 탄생시키는 밑거름이 된다. 또한「팔기군」이라는 획기적인 군사-정치-경제-사회제도를 도입하여 막강한 군사력을 확보함은 물론 고도의 정치적 통합을 이룬다. 건주여진이 동북 지방의 통일에 그치지 않고 이를 발판으로 중원을 정복하고 대 제국을 건설할 수 있었던 이유다.

3. 팔기군의 탄생

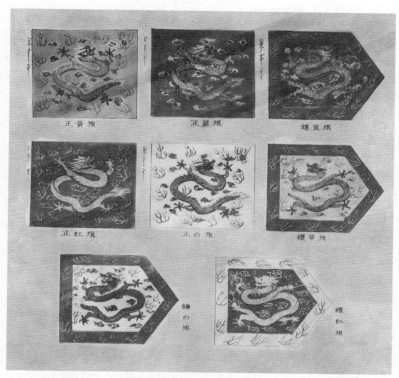

팔기 [정황기(正黃旗), 양황기(鑲黃旗), 정백기(正白旗), 양백기(鑲白旗), 정홍기(正紅旗), 양홍기(鑲紅旗), 정남기(正藍旗), 양남기(鑲藍旗)]

　팔기군에 대한 최초의 기록은 조선 선조(宣祖, 1552~1608 재위: 1567~1608)의 명으로 건주여진의 동태를 살피고 누르하치를 만나기 위해 1596년 건주를 다녀온 남부주부(南部主簿) 신충일(申忠一, 1554~1622)의 『건주기정도기』(建州紀程圖記)라는 보고서다. 신충일이 건주를 방문한 목적은 표면적으로는 당시 여진족의 포로가 된 조선사람들의 석방을 협상하기 위해서였다. 그러나 선조가 임진왜란 중에도 신충일을 보낸 진짜 의도는 급속히 세력을 확장하고 있던 여진의 실태를 파악하기 위해서였다.

　1596년 12월 21일 만포진(평안북도 강계군)에 도착한 신충일은

22일 마중나온 여진족의 안내로 얼어붙은 압록강을 건넌다. 신충일은 12월 28일까지 일주일 동안 건주에 머물면서 「노추」(奴酋, 누르하치)를 여러 차례 만나고 여진족의 군사체제, 경제, 주택, 성곽, 음식, 풍습 등에 대한 자세한 보고서를 작성한다. 『선조실록』에도 실려있는 신충일의 기록은 누르하치의 외모, 그의 집, 누르하치와 그의 동생 간의 알력 등은 물론 몽골족과 조선족, 한족이 투항해 오거나 포로로 잡혀 와서 「만주족」으로 동화되기 시작한 역동적인 여진사회의 모습 등도 상세히 서술하고 있다.

누르하치가 부상하기 시작한 초기의 여진사회에 대한 가장 오래 되고 생생한 기록인 『건주기정도기』에는 팔기군에 대한 최초의 묘사도 등장한다.[20]

정월 4일에 호인(胡人) 1백여 기(騎)가 각각 병기(兵器)와 양식 두어 말씩을 가지고 깃대를 세워 들고 북문(北門)으로 나가고 있었는데, 연대(烟臺) 및 방비처(防備處)를 살피러 간다고 하였습니다. 기는 청색·황색·적색·백색·흑색으로 각각 2폭씩 붙여서 만들었는데 길이는 2자쯤 되었습니다. 5일에도 역시 이와 같이 하였습니다.[21]

신충일이 목격한 팔기군은 아직 초기단계였다. 누르하치의 군대는 원래 여진족 특유의 소규모 사냥 조직을 그대로 활용하였다. 10~12명을 기본으로 하는 여진족 고유의 사냥조직은 같은 부족(할라), 가족(무쿤), 마을(팔가), 성(가산) 또는 도시(호톤) 사람들로 구성되어 있었다. 1601년 누르하치는 몽골의 군사조직을 본 딴 새로운 군사제도를 선포한다. 전사 300명과 그들의 식솔들을 1개 「니루」(대대)로 조직하고 니루의 장은 「니루어전」(牛錄額真), 좌령(佐領)이라고 불렀다. 5개의 니루가 1개 「잘란」(연대)을 형성하였고 10개 잘란이 모여서 1개 「구사」를 이룬다. 「구사」의 한자어가 「기」(旗)다. 구사

팔기군

또는 기는 총 4개가 있었고 각 기는 황, 백, 청, 홍 등 고유의 색깔을 부여 받았다.[22]

1616년에는 201개였던 니루가 1626년에는 234개로 1631년에는 292개, 그리고 1635년에는 419개로 늘어난다.[23] 누르하치는 1615년에 니루의 사령관인 니루어전에게 군사직위를 부여함으로써 전통적인 부족, 혈연, 지역관계로 맺어진 단위를 군사편제로 전환한다. 동시에 4개의 기를 8개로 늘린다. 새로 생긴 기들은 기존의 기에 홍색 띠(홍기의 경우에만 백색)를 두르도록 하였다. 팔기군(八旗軍) 은 이렇게 탄생한다.[24]

팔기군의 기병은 자신이 속한 기의 색깔과 같은 제복을 입었다. 머리에는 빨간 술이 달린 철제 투구를 쓰고 갈대로 만든 방패(cane shield)를 들었다. 각 기병은 말 3마리를 보유했으며 무기는 활과 칼을 사용하였다. 팔기군의 기병은 특히 궁사들로 유명했다. 활통에는 최소한 화살 30개를 넣고 다녔다. 이들의 활은 길이가 1m 가 조금 넘는 비교적 작은 활이었으나 다년간의 훈련과 강인한 체력이 있어야만 쏠 수 있는 강력한 무기였다. 팔기군의 기병은 전속력으로 달리는 말 위에서 왼손에 말고삐와 활을 함께 잡고 오른손으로 활 시위를 당겨서 쏘는 「니얌니얌비」라는 만주족 특유의 기술을 갖고 있었다. 팔기군의 보병 중에도 궁수들이 있었지만 보병은 주로 소총부대와 포병으로 이루어졌다. 소총부대는 주로 한족(漢族)으로 구성된 한군(漢軍)팔기군에 소속되어 있었고 포르투갈제 대포를 주조하여 사용하였다.[25]

1613년 누르하치는 자신의 사위 5명을 암반(대신)에 임명한다. 누르하치의 장자이자 권력승계자로 지명되었던 저영(褚英)이 모반을 꾀하자 누르하치를 도와 저영을 제거한다. 1615년에는 이들을 순야암반(오대신)에 임명한다. 누르하치는 나머지 아들 네 명은 호소이 바일러(최고족장)에 임명하고, 네 명의 직계 후손을 바일러에 임명하여 각각 1개의 기를 통솔하게 한다. 1621년 당시 기록에 의하면 8명의 구사어전, 즉 팔기의 사령관 중 3명은 순야암반이었고 나머지 5명은 바일러였다. 그리고 이들은 모두 자신이 통솔하는 팔기군 휘하의 니루(대대)의 세습장들이었다.[26] 팔기군은 중앙집권적인 조직과 봉건적인 조직이 절충된 형태였다. 누르하치에게 권력이 집중되었지만 그의 직계들도 기를 하나씩 소유하며 독자적인 세력 기반을 갖고 있었다.

팔기군은 청이 중원을 제패한 이후 청이 멸망할 때까지, 청의 중추적인 군사조직의 역할은 물론 경제, 행정, 정치조직의 역할도 담당한다. 팔기군의 전사는 니루에 배속되면 농토를 불하 받았다. 팔기군 전사는 직접 농사를 짓지 않아도 되었고 세금도 내지 않았다. 그의 식솔들은 직접 농사를 짓거나 또는 노예를 부려서 농사를 지었다.[27] 팔기군은 다양한 여진부족들은 물론, 몽골과 한족 같은 다른 민족들도 흡수해 강력한 통솔력과 전투력을 갖춘 군사조직인 동시에 경제공동체였다.[28] 정복전쟁이 끝난 이후에는 효율적인 국경수비대의 역할도 담당했고 청의 황실과 귀족들의 정치, 경제, 군사적 기반을 제공했다.

4. 몽골의 항복과 요동함락

청이 산하이관/산해관(山海關)을 돌파하기 전의 만주 지도

1607년에는 칼카 몽골족의 사신이 누르하치에게 찾아와 머리를 바닥에 9번 찧는 삼궤구고두례(三跪九叩頭禮)의 예를 갖추고 누르하치를 「존경하는 칸」(쿤둘렌 칸)이라고 칭한다. 그때까지만 해도 「지혜로운 추장」(수레 바일러)으로만 불리던 누르하치는 그 이후 「지혜롭고 존경받는 한」(수레 쿤둘렌 한)이란 칭호를 사용하기 시작한다.[29] 이로부터 몽골 부족들도 누르하치의 휘하에 들어오기 시작한다.

누르하치는 1616년 국호를 「후금」(後金), 연호를 「천명」(天命)으로 선포하면서 칭제건원(稱帝建元)하는 한편 여진을 「만주」로 개명한다. 그리고 2년 뒤인 1618년 드디어 명에 선전포고를 한다. 그해 5월 7일, 누르하치는 「칠대한」(七大恨) 즉, 자신이 명에 대해 품고 있는 원한 일곱가지를 열거하면서 1만의 병력으로 무순(撫順)을 공격한다.[30]

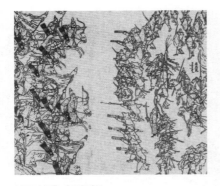
1619년 3월. 사르후전투

무순을 지키던 명군의 이영방(李永芳, ?~1634)은 한차례의 전투 끝에 투항한다. 이 공으로 이영방은 높은 지위를 하사하고 자신의 손녀와 결혼시킨다. 그 후 이영방은 누르하치의 옆에서 싸우면서 정묘호란 때도 큰 공을 세우고 그의 후손들은 대대로 청을 섬긴다.

다급해진 명은 누르하치를 본격적으로 진압하기로 결정하고 임진왜란에 참전했던 양호(楊鎬, ?~1629) 장군을 토벌군 사령관으로 임명한다. 또한 해서여진의 예허부족과 동맹을 맺고 조선에도 원군을 요청한다. 조선의 광해군은 마지못해 1618년(광해군 10년) 강홍립(姜弘立, 1560~1627)을 5도 도원수(五道都元帥)에 임명하고 1만 1천의 군대를 주어 명의 요청에 응한다. 그러나 쇠락하는 명이 청을 이길 수 없음을 직감한 광해군은 강홍립에게 전세를 봐서 필요하면 청에 투항하라는 밀지를 내린다.

1619년 3월, 명-해서여진-조선의 47만 연합군은 사르후(薩爾滸)에서 누르하치의 5만군과 격돌한다. 결과는 누르하치의 압승이었다.

1621년 랴오양전투

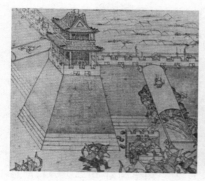

1626년 6월 1일. 영원성전투   1626년 6월 1일. 영원성전투 중의 누르하치

강홍립은 전세가 불리해지자 누르하치에게 투항하고 명군은 괴멸한다. 누르하치는 여진족, 몽골족, 한족들이 투항했을 때와 마찬가지로 강홍립을 비롯한 조선의 장수들과 병사들을 극진히 대접하면서 만주에 정착시켰고 조선과는 친선정책을 유지했다. 누르하치는 여세를 몰아 같은 해 6월 26일에는 개원(開原)을, 9월 3일에는 철령(鐵嶺)을, 그리고 1621년 5월에는 난공불락의 요새라던 선양(瀋陽, 심양)을, 그리고 곧 이어 랴오양(遼陽, 요양)을 함락시킴으로써 요동을 손에 넣는다. 이로써 인구 1백만의 요동땅이 누르하치의 후금에 합병된다.

만주의 여진을 통합하고 요동을 정복한 누르하치는 1626년 1월, 중원을 공략하기 위해 요하를 건너 요동에서 중원으로 나가는 길목의 요충지인 영원성(寧遠城)을 공격한다. 영원성은 명의 마지막 명장이자 충신인 원숭환(袁崇煥, 1584~1630)이 지키고 있었다. 원숭환은 이미 1622년 영원성의 중요성을 인식하고 성을 개축한바 있다. 그는 또한 당시 세계 최첨단 무기였던 서양의 대포를 적극 도입했다.

서양의 첨단 무기는 1620년대부터 마카오에서 예수회 신부들에 의해 중국에 본격적으로 소개되었다. 예수회 신부들은 명을 상대로 포교하는 데 있어서 첨단 무기 역시 중요한 수단으로 생각하였고 명 조정에 서양의 대포를 도입할 것을 적극 권유하였다. 뿐만 아니라 이들은 마카오에 무기창을 만들어 당시 세계 최고의 대포들을 생산해 냈다. 특히 홍이포(紅夷砲)는 역사상 처음으로 장전과 구경, 포격하고 자 하는 벽의 두께 등을 계산하여 제작한 당시로서는 가장 과학적인 첨단무기였다.[31] 명의 조정에서는 반대를 하는 전통주의자들도 있었 으나 결국 이 첨단 무기를 받아들여 일부를 요동 방비에 투입한다.[32]

원숭환은 홍이포를 효과적으로 사용하는 전술도 개발한다. 원래 팔기군의 자랑은 기병이었다. 만주군의 기병은 보병중심인 명의 군 대를 마음껏 유린하였다. 1619년 사르후 전투에서 명군-조선-해서 여진 연합군은 대포와 장총으로 무장하였고 강홍립 휘하의 조선군 중에는 평양주둔 포병 400명도 포함되어 있었다.[33] 그러나 이 전투 는 누르하치의 압승으로 끝났다. 그 이유는 당시 명군이 포병과 장총 부대를 성이나 진지의 가장 외곽에 배치하였고 따라서 팔기군의 기 병이 급습을 하면 속수무책으로 당할 수 밖에 없었기 때문이다. 당시 의 총과 대포가 한번 발사하고 나서 재장전하는 시간이나 조준의 정 확도를 고려할 때 열린 들판에서 빠른 기병을 대적하기에는 역부족 이었다. 청의 빠른 기병이 순식간에 포대를 덮치는 바람에 홍이포부 대는 제대로 위력을 발휘해 보지도 못하고 번번히 적군에 무너졌다.

그러나 원숭환은 1626년의 영원성전투에서 누르하치의 20만 대 군을 상대하여 대포를 성밖이 아닌 성루위에 배치해 잘 훈련된 포병 들을 시켜 포격을 하게 함으로써 팔기군을 원거리에서 궤멸시킨다. 포격을 피해 성곽 아래까지 도달한 팔기군도 성루에서 계속되는 조 총 사격 등으로 사상자가 속출하였다. 누르하치는 결국 6일만에 영원 성 포위를 풀고 후퇴할 수 밖에 없었다.[34] 원숭환의 대승이었고 누르 하치의 첫 패배였다. 그로부터 7개월 후, 누르하치는 중원제패의 꿈 을 이루지 못하고 죽는다.

5. 청태종과 도르곤

청태종, 아이신기오로 홍타이지(愛新覺羅皇太極)

누르하치가 요동을 차지한 후 많은 한족들이 여진족을 피하여 압록강 서안으로 모여들기 시작한다. 당시 이곳에서 독자적인 세력기반을 넓혀가고 있던 명의 장수 모문룡(毛文龍, 1576~1629)의 보호를 받기 위해서였다. 모문룡은 누르하치의 아들 아민의 공격으로 철산(오늘의 함경북도 철산군)으로 근거지를 옮겨야 했지만 이곳에서도 요동의 한족 유민들과 군사들을 규합하는 한편 간헐적으로 후금의 수중에 떨어진 고을들을 공격한다. 1624년에는 조선군과 함께 건주여진의 성지인 장백산을 습격하기도 한다. 이러한 공적으로 모문룡은 명 조정의 신임을 받기 시작하였고 1625년에는 천계제(天啓帝, 1605~1627, 재위: 1620~1627)로부터 선물을 하사 받고 산동의 등주(登州, 오늘의 산둥성 룽커우시 지역)를 통해서 명 중앙정부의 지원을 받기 시작한다.[35]

명 조정의 지원을 받으면서도 독자세력을 확대하여 점차 군벌로 변질되어 가던 모문룡은 철산 주변 지역에 대한 무차별적인 약탈로 조선에도 막대한 폐해를 끼친다. 그러나 인조(仁祖, 1595~1649)가 명의 책봉을 받는 과정에서 모문룡이 결정적인 역할을 하면서 조선 조정은 모문룡의 폐단에 대해 별다른 대응을 못한다.[36] 오히려 모문

룡은 조선으로부터 물자를 요구하고 청천강 이북 지역에 자신의 군사들을 위한 둔전을 설치하기도 한다.[37]

1626년 누르하치의 뒤를 이어 칸으로 선출된 그의 여덟째 아들 홍타이지(청태종, 숭덕제 崇德帝, 1592~1643, 재위: 1626~1643)는 모문룡을 제거하고 그를 매개로 한 조선과 명의 관계를 끊기 위하여 1627년 정묘호란을 일으킨다. 후금군은 모문룡을 철산에서 축출하는 한편 조선으로 하여금 명과의 관계를 끊고 후금과「형제지교」를 맺을 것을 약속한 강화조약을 받아내고는 철군한다. 그러나 철산에서 쫓겨난 모문룡은 가도(椵島, 피도(皮島)라고도 불림)로 근거지를 옮겨 조선과 명 간의 무역을 중재하면서 해상권을 장악하는 한편 산동반도의 등저우(登州, 등주)와 라이저우(來州, 내주)의 명군과도 긴밀히 왕래한다.[38]

1626년 영원성전투에서 누르하치를 격퇴한 원숭환은 모문룡이 명의 방어보다는 자신의 세력 확장에 전념해 오히려 명의 재정과 안보에 위협이 되어간다고 생각했다. 원숭환은1629년 6월 황제의 재가 없이 모문룡을 쌍도로 불러들여 그를 처단한다. 그러자 모문룡과 결탁되어 있던 환관과 신하들은 원숭환을 비난하기 시작한다. 모문룡의 급작스러운 죽음으로 명 조정은 큰 논쟁에 휩싸이게 되고 후금과의 접경지역의 방어에도 혼란이 생기게 된다.

원숭환

홍타이지는 이 틈을 타서 과감한 공격을 감행한다. 팔기군은 1629년 11월 원숭환이 지키던 영원, 금주성을 우회하여 후금과 긴밀한 관계를 맺고 있던 몽골의 투멘과 카라친 부족의 도움으로 만리장성 동북쪽의 시펑커우(喜峰口, 희봉구)를 통과하여 중원을 공격한다. 원숭환은 화급히 조대수(祖大壽, ?~1656)에게 2만의 병사를 주어 산하이관

(山海關, 산해관)을 통해서 허베이(河北, 하북)으로 나가는 지름길로 급파한다. 다행히 조대수의 군대는 베이징성곽 밖에서 홍타이지의 군대를 격퇴한다. 그러나 원숭환은 오히려 모반혐의를 받고 1630년 1월 13일 베이징에서 능지처참형을 당한다. 원숭환의 가족들도 사형 되거나 노비로 팔려간다.[39] 이로써 후금군에 맞설 수 있는 명의 마지막 장수가 제거된다.

홍타이지는 1631년 명의 육조제도를 도입하여 점차 커지는 제국을 운영할 수 있는 정치, 행정체제를 완비한다. 팔기군과 육조체제가 유기적으로 통합되면서 당대 최강의 군사-행정-정치 체제를 갖춘 제국이 탄생한다. 같은 해에 후금은 전투력에 있어서도 획기적인 진보를 이룬다. 홍타이지는 대대적인 군사력 근대화 정책을 통해 영원성 전투에서 드러난 팔기군의 약점을 극복하는데 전력투구한다. 그는 우선 유럽식 대포를 자체 개발하는 데 심혈을 기울여 한족과 조선족 무기 기술자들을 대거 투입하여 1631년 생산을 시작한다.[40] 홍타이지는 이 새 무기들을 잘 다루는 병사들과 부대들에게 각종 금은보화를 상으로 주고 진급을 시키면서 첨단 무기를 효과적으로 사용할 수 있는 숙련된 정예부대를 키운다.[41]

1631년 홍타이지는 새로운 무기체계와 전략을 십분 활용하여 대릉하성(大凌河城) 전투에서 결정적인 승리를 거둔다. 영원성 전투와는 달리 홍타이지는 팔기군의 첨단 포대를 이용하여 성을 공략하기 전에 대릉하성의 성곽을 포격한다. 그리고 성곽을 정면으로 무모하게 공격하는 대신 성 밖으로 나오는 명군이나 대릉하성을 구하러 오는 명의 원군들만 격퇴했다. 그리고 오랜기간 성을 포위하면서 명군의 식량과 사기가 떨어지기를 기다렸다. 결국 대릉하성은 포위 80일 만에 함락된다. 이 전투에서 맹활약한 것은 바로 1년전인 1630년 처음으로 편성된 한군 팔기군이었다.

홍타이지는 이어 기수를 북방으로 돌려 몽골정복에 나선다. 몽골은 북원의 링단 칸(林丹汗, 재위: 1604~1634)이 통치하고 있었다. 명은 1618년 청을 견제하기 위하여 링단 칸과 조약을 체결하고 그 대가로 은화 수만냥을 지불한다. 1619년 명으로부터 뇌물을 받은 몽골군은 후금을 공격하지만 대패한다. 1631년 후금군은 링단 칸의 몽골군을 격파하고 홍타이지는 1635년 북원을 멸망시킨다. 링단 칸은 간신히 살아서 다른 몽골 부족에 투항하지만 1년 후 병사한다. 이로써 원의 멸망 이후 새롭게 몽골족을 규합하려던 시도는 실패하고 몽골족은 자신들이 오랫동안 통치하던 여진족에게 복속되고 만다.

같은 해 홍타이지는 「여진」이란 이름 대신 앞으로 자신들을 '만주'로 칭할 것을 선포한다. 1년 후인 1636년, 병사한 링단 칸의 부인이 직접 칭기스칸으로부터 대대로 내려오던 원나라의 전국옥새를 홍타이지에게 바친다. 1636년 홍타이지는 국호를 「대청」(大淸)으로 고친다.

중원을 공략하기에 앞서 홍타이지는 후방을 안정시키기 위해 같은 해 12월 마지막으로 조선정벌에 나선다. 조선이 정묘호란 이후에도 강력한 친명반청 정책을 유지하고 있었기 때문이다. 병자호란은 불과 1개월 만에 끝난다. 인조는 삼전도에서 청태종에게 삼궤구고두례의 예를 갖추고 군신관계를 맺을 것을 맹세한다. 한때 청태종이 「형제지교」를 맺을 것을 요구하는 것도 치욕으로 생각하던 조선이었다. 삼전도에서 청태종 앞에 무릎을 꿇어야 했던 인조는 겉으로는 청에 굴복했지만 속으로는 「야만족」에 당한 굴욕에 치를 떨었고 끝까지 명을 돕고자했다.

그러나 명은 급속도로 쇠락하고 있었다. 명의 마지막 황제 숭정제(崇禎帝, 의종, 1626~1644, 재위: 1627~1644) 재위기간에는 끊임없는 자연재해로 헐벗고 굶주린 백성들이 걸식이나 도적질을 일삼게 되면서 중원의 수많은 고을들이 폐허로 변한다. 1626~1640년 사이에는 전 세계를 강타한 소빙하기로 중국 역시 극심한 가뭄과 대홍수가 교차하면서 대기근이 발생한다.[42] 1638년에는 대규모 메뚜기 떼의 습격이 있었고 1639~1644년에 걸쳐 전국적으로 천연두가 창궐한다. 1640~1641년 허난(河南, 하남)에는 11개월 동안 비가 전혀 오지 않았다. 곡창인 강남은 극심한 한파와 폭설에 시달렸다. 1641년에는 대가뭄으로 중국 경제의 대동맥인 대운하가 바닥을 드러낸다. 아사자와 병사자가 속출하면서 1585~1645년 사이 인구가 무려 40%나 격감한다.[43]

자연재해와 학정에 못 이긴 농민들이 반란을 일으키면서 명은 걷잡을 수 없는 혼란으로 빠져들었다. 이자성(李自成, 1606~1645), 장헌충(張獻忠, 1606~1647) 등이 이끄는 농민군은 관군을 격파하면서 급격히 세를 불려 나갔다. 반란군을 토벌하라고 보낸 관군의 약탈은 오히려 더 심했다. 좌량옥(左良玉, 1599~1645)은 장헌충을 진압하기 위해서 군대를 이끌고 1636년 후베이성(湖北省, 호북성)에 진입하지만 백성들은 반군보다 좌량옥의 군대를 더 무서워했다. 좌량옥도 결국은 1642년 반란을 일으키면서 군벌이 된다.

명의 마지막 황제 숭정제

도르곤

1644년 4월 24일, 이자성의 농민군이 베이징을 함락시키자 숭정제의 황후는 목을 매 자결했고 숭정제는 이를 보고 후궁과 공주를 자신의 손

으로 죽인 후 자금성의 후원인 경산에 올라 목을 매 자결한다. 1368
년 주원장이 창업한 명은 16대, 276년 만에 멸망한다.

명이 멸망하기 1년 전인 1643년 청태종은 중원정복의 꿈을 이
루지 못하고 급사한다. 그러자 그의 이복동생이자 누르하치의 14번
째 아들인 도르곤(多爾袞, 예충친왕(睿忠親王), 1612~1650)이 청태
종의 아홉째 아들이자 5살 밖에 안된 순치(順治)를 황제의 자리에 앉
힌 다음 자신은 「황부섭정왕」으로 실권을 잡는다. 이듬해 베이징이
이자성의 반군에게 함락되었다는 소식을 접한 도르곤은 군대를 이끌
고 중원정복에 나선다. 그러나 청군은 만주에서 중원으로 나아가는

산하이관

전략적 요충인 산하이관에 가로막혀 한 발자국도 못나간다. 당시 산하이관은 명의 마지막 명장인 오삼계(吳三桂, 1612~1678)가 지키고 있었다.

그러나 대세는 이미 청으로 기울고 있었다. 천운도 따랐다. 베이징을 점령한 이자성이 베이징에 살고 있던 오삼계의 가족을 인질로 잡은 후 오삼계에게 항복할 것을 요구한다. 오삼계가 답을 하지 않고 시간을 끌자 이자성은 오삼계의 부친을 포함한 전가족 38명을 처형하고 부친의 머리를 베이징성루에 내건다. 이에 격분한 오삼계는 곧바로 도르곤과 접촉하고 함께 이자성을 치기로 합의한다. 누르하치

오삼계   순치제

도, 청태종 홍타이지도 함락시키지 못한 난공불락의 요새인 산하이
관은 이렇게 도르곤의 군대에 문을 열어준다.

　도르곤과 오삼계의 연합군은 1644년 5월 27일, 산하이관 전투에
서 이자성의 군대를 격파하고 베이징으로 진격한다. 패전 후 급히 베
이징으로 돌아온 이자성은 자금성을 불태우고 베이징을 일주일 동안
약탈한 뒤 6월 4일에 빠져나간다. 청군은 6월 5일 베이징에 입성한
다. 심양에 남아있던 순치는 10월 19일 베이징에 도착하여 10월 30
일 천단에서 하늘에 제를 올리고 1644년 11월 8일 천자로 즉위한다.
청이 중원제패의 대업을 완수하는 순간이었다.

　명의 마지막 황제 숭정제가 자결하고 자금성이 청의 수중에 떨
어지면서 명은 공식적으로 역사의 뒤안길로 사라졌지만 명의 황족
과 일부 관료들의 저항은 한동안 계속된다. 명 왕실의 잔여세력이 화
중·화남에 세운 남명(南明, 1644~1662)은 1662년까지 존속한다.
1662년 만력제의 손자이자 숭정제의 사촌동생인 영력제(永曆帝, 소
종, 1625~1662, 재위: 1649~1662)가 미얀마까지 추격해온 오삼계

에게 죽으면서 남명은 멸망한다.

6. 청의 성공요인

청이 대업을 이룰 수 있었던 결정적인 요인은 세계 최첨단 군사기술을 적극 수용하여 팔기군을 무적의 군대로 키워냈기기 때문이다. 누르하치와 홍타이지는 전쟁에서 이기기 위해서는 무슨 방법이든지 적극적으로 배우고 도입하려는 실용적인 사고방식을 갖고 있는 지도자들이었다. 이들은 첨단무기의 중요성을 일찌감치 깨닫고 철기와 총, 대포를 생산할 수 있는 주물공장과 이를 운영할 수 있는 장인들을 양성하였다. 팔기군의 전통인 기병과 궁술만 고집하지 않고 당시의 최첨단 전쟁기술을 빨리 습득하고 전장에서 활용할 수 있도록 군사를 조련함으로써 명과의 군비경쟁에서 승리할 수 있었다.

군사력의 성공적인 증강 외에도 청의 성공에는 중요한 요인이 두 가지 더 있었다. 첫째는 다민족국가의 건설, 둘째는 경제발전이었다. 청은 이민족을 완벽하게 흡수하여 진정한 의미의 다민족 국가를 건설하는 데 성공한다. 누르하치와 홍타이지는 다른 여진부족을 흡수하는 것에 그치지 않고 몽골족과의 연합국을 건설하고 만주의 한족과 조선족을 흡수한다. 이들은 여진족이든 몽골족이든 한족이든 조선족이든 자신에게 투항을 하고 공만 세우면 높은 관직을 주고 결혼을 통하여 자기 일족으로 만드는 것은 물론 제국건설 과정에서 중책을 맡겼다.

당시 요동지역의 민족구성(ethnic makeup)은 매우 복합적이었다. 만리장성 밖의 동북 변방지방의 위소는 점차 독립적인 병영사회로 변질되어가고 있었다. 요동은 이성량과 같은 세습군인들의 식민지(military colony)가 되어버렸다. 그들은 중앙 조정의 지휘를 따르지만 실질적인 삶의 기반은 요동이었고, 특히 접경지역의 여진족, 몽골족들과의 활발한 교역을 통해서 공통의 경제와 사회를 만들었다. 이 과정에서 이 지역의 한족 출신 군인들은 지역사회에 동화되어 문화적으로 한족도 아닌, 여진족도 아닌 독특한 「변경인」(transfrontiersman)의 정체성을 형성해 갔다.[44]

만주족의 휘하에 들어간 한족은 여진족의 포로로 잡혀온 경우도 있었지만 변방의 한족들이 점차 여진족에 동화되어 여진 사회에 자진 합류한 경우도 많았다. 이들은 중국식 이름을 버리고 여진식 이름을 취하고 여진의 풍습을 따랐다. 누르하치의 명으로 대명률(大明律)을 만주어로 번역하고 누르하치가 명과 조선의 조정과 교신하는 모든 문서를 작성한 달해(達海, 1595~1632)는 중국어와 만주어에 모두 능통하였다. 원래 한족이었다가 만주족으로 동화된 전형적인 변경인이었을 것으로 추정된다.[45] 뿐만 아니라 누르하치가 만든 팔기군 중에는 한족이 대거 포함되어 있었다. 1623년 누르하치는 「퍼아라」(佛阿拉)때부터 우리와 함께한 중국인들은 만주인들과 똑같이 대하라」는 명을 내린다. 퍼아라는 1603~1619년 사이 누르하치의 근거지였다. 이는 수많은 한족들이 일찍부터 만주족에 합류하였고 누르하치의 국가건설에 적극적으로 참여하면서 핵심적인 역할을 했음을 보여준다. 한족 출신 변경인들은 만주족이 청의 건국을 선포할 때쯤에는 이미 만주족이 되어 있었다.

누르하치가 가장 아꼈던 장수이자 청의 개국 5공신의 하나였던 피옹돈(費英東, 비영동 1562~1620) 역시 대표적인 「변경인」이었다. 비영동의 성은 「퉁」씨로 원래 한족의 동(佟)씨였을 것으로 추정된다. 당대 최고의 궁사로 명성을 떨친 피옹돈은 1595년 누르하치의 휘하에 들어가 사르후 전투를 비롯한 수많은 전투를 승리로 이끈다. 누르하치는 군사뿐만 아니라 모든 방면에서 그에 의지하였고 결국 사위로 맞는다. 1620년 피옹돈이 죽었을 때 누르하치는 목 놓아 울었고 그의 무덤에서 밤 늦게까지 떠나지 않았다고 한다. 비영동의 아들인 등툴라이(佟圖賴, 동도뢰 1606~1658)는 후에 황제를 호위하는 호군의 사령관이 되어 혁혁한 무공을 세웠고, 청의 황실 부족인 아이신지오로(愛新覺羅, 애신각라) 부족 출신의 부인을 맞이하여 딸을 낳는데 이 딸이 순치제(順治帝, 세조, 1636~1661, 재위: 1643~1661)의 황후인 효강장황후(孝康章皇后, 1640~1663)이다. 효강장황후는 23세의 나이에 요절하지만 그가 낳은 아들 현엽(玄燁)이 1661년 7살의 나이에 순치제의 뒤를 이어 즉위하니 그가 강희제(康熙帝, 성조, 1654~1722, 재위: 1661~1722)다. 강희제는 변경인의 피를 물려받았고 따라서 만주족, 몽골족, 한족의 피가 모두 섞여 있었다.[46]

당시 요동에는 고려의 유민들과 조선사람들도 많이 살고있었다.[47] 자진해서 투항한 몽골족이나 한족, 조선족은 만주족과 똑같이 대우해줬다. 그러나 전쟁을 통해서 잡아온 한인이나 조선인들은 노예로 삼았다. 「부이」라고 불린 이들 노예들은 집안의 노비 역할에서부터 부유한 만주족 장들의 집사역할에 이르기까지 다양한 역할을 하였다. 그러나 비록 전쟁포로로 잡혀왔더라도 공인들은 세금과 부역을 면제해주고 음식과 노비도 제공해주면서 특별히 대우했다. 이들은 만주족의 경제력과 군사력 신장에 결정적인 역할을 한다. 특히 15세기말부터 명과 조선의 철기 제조 기술이 이들을 통해서 여진에게 흘러 들어가면서 만주족의 군사력과 경제력 강화에 크게 기여하였다. 17세기 초기 누르하치의 수도 허투알라(赫圖阿砬, 興京,흥경)에서는 수백 명에 이르는 한족, 조선족 공인들이 활과 화살, 철기구, 갑옷 등을 생산하고 있었다. 도시 자체를 건설한 것도 한족 기술자들이었고 건설비용은 이들 한족과 조선족들이 모피, 인삼 등을 명과 조선에 팔아서 조달하였다.[48]

홍타이지 역시 누르하치의 다문화주의 정책을 그대로 따랐다. 그가 권력기반을 다지고 있을 때 몽골족들 간에도 치열한 내분이 일고 있었다. 특히 차하르의 링단 칸은 북원의 마지막 칸으로 몽골족을 다시 한번 통합하려고 다른 몽골 부족들과 전쟁을 하고 있었다. 누르하치와 홍타이지는 몽골족과의 관계가 얼마나 중요한지 잘 알고 있었다. 몽골족은 만주에서 중원으로 나가는 길목을 차지하고 있었을 뿐만 아니라 때로는 명과 적극적으로 동맹을 맺으면서 여진족의 부상을 막고자 하였다. 그러자 누르하치와 홍타이지는 호르친을 비롯한 링단 칸의 차하르족에 반대하는 몽골족에게 접근하기 시작한다.

이들은 특히 혼인을 외교의 적극적인 도구로 사용한다. 누르하치는 13명의 호친 몽골족 공주나 추장의 딸들을 후궁으로 맞는다. 1614년, 홍타이지와 도르곤도 모두 몽골족 공주들과 결혼한다. 홍타이지의 첫번째 부인도 호르친 부족장 망구스의 딸이었고 그 외에도 6명의 몽골족 부인을 둔다. 홍타이지의 딸 14명 중 10명은 몽골족 부족장들과 결혼한다. 청 황실과 사돈관계를 맺은 몽골 부족은 호르친, 차하르, 바린, 아우하, 아바가 등 대부분의 몽골족을 망라한다.[49] 청은 실질적으로는 여진족과 몽골족의 연합국가였고 만주족 역시 여진과 몽골족의 「혼혈족」이었다. 누르하치와 홍타이지가 만들어 낸 「만주」라는 공동체는 혈연을 중심으로 하는 씨족 공동체였다. 연맹이라기보다는 지역공동체였다.[50] 「만주족」은 만리장성 밖의 모든 종족들을 혈연을 통해서 엮는 다민족 국가를 건설함으로써 그 어느 왕조보다 안정되고 강한 지역기반을 확보하였고 중원공략의 발판을 마련할 수 있었다.

1622년 차하르 몽골족에 쫓기던 카라친 몽골족이 자신에게 귀순해오자 누르하치는 이들을 팔기군에 배속시킨다. 투항해오는 몽골족의 숫자가 점차 늘자 1626~1627년에는 각 기에 5개 니루를 배치시킨다. 1635년 홍타이지는 몽골족 니루가 80개로 늘어나자 몽골족으로만 구성된 팔기군을 만든다. 몽골족 팔기군도 만주족 팔기군과 같은 색의 기를 가졌지만 만주팔기 중 같은 기의 사령관의 지휘를 받았다.[51] 한족으로만 구성된 팔기군도 만들어졌다. 당시 만주에 귀순한 한족은 세 부류가 있었다. 우선 만주족과 구별이 힘들었던 「변경인」 이 가장 먼저 귀순하여 후금과 청에서 요직을 차지했다. 다음으로 합 류한 한족은 누르하치가 요동을 점령하면서 복속된 한족이었다. 마 지막으로 합류한 한족은 영원성, 다링허성 전투등 청이 산하이관을 넘는 과정에서 청군에 패하여 흡수된 명의 정규군이었다. 1637년 두 개의 「한군기」가 만들어졌고 1639년에 두 개가, 1642년에는 네 개 가 추가로 만들어짐으로써 한군팔기가 완성되었다.[52]

　그러나 이 때쯤되면 「만주」, 「몽골」, 「한군」이라는 개념 자체가 매 우 모호해 진다. 때에 따라 필요에 따라, 또 본인들의 요구에 따라 한 군 팔기군이 만주 팔기군이 되는 경우도 있었고 반대의 경우도 허다 했다.[53] 「만주족」이란 한족, 조선족, 다양한 여진족, 몽골족으로 구성 되었고 중국, 몽골, 티벳, 돌궐, 조선의 언어와 문화, 종교가 뒤섞이면 서 형성되어 갔다.[54] 만주족이란 누르하치와 홍타이지가 수많은 부족 과 민족의 피를 섞어서 만든 새로운 민족이었다.

　청의 강력한 경제력 역시 만주족의 중원제패를 가능케 한 핵심 요 소였다. 누르하치는 만주의 경제를 발전시키는 데 놀라운 수완을 보 인다. 그는 만주의 상권을 장악하면서 부상하기 시작한다. 당시 만주 에는 두 종류의 교역이 주종을 이루었다. 첫째는 명의 변경에 있는 성 읍이나 고을에서 이루어지는 교역이었고 둘째는 소위 「조공무역」이 었다. 변경에서의 교역은 주로 여진족의 대표 상품인 산삼, 모피, 진 주를 명나라에 파는 것이었다. 누르하치가 속해있던 건주 여진족의 경제기반은 원래 농업과 목축이었지만 수렵을 통해 막대한 부를 쌓기 시작했다. 조공무역은 여진이 명에 말을 바치고 그 대신 명 황제로부 터 돈과 비단 등의 「하사품」을 받는 것이었다. 여진족의 「조공사절단」 은 평균 100명을 넘었고 300명이 넘을 때도 있었다.[55]

명대의 은화

청대의 은화

　당시 명은 여진족에게 명과 교역할 수 있는 면허를 발부했다. 중
국에서 진귀한 물품이었던 여진의 특산품을 안정적으로 공급받기 위
해서였다. 또한 여진족 사이에 이권을 적절하게 배분해주면서 여진
족을 통치하는 수단으로 활용하기 위해서였다. 누르하치가 등장할
즈음 명은 해서여진에 1,000개의 면허를, 건주여진에는 500개의 면

허를 내주고 있었다. 누르하치의 초기 전투의 대부분은 주요 교역의 거점과 무역로를 점령하기 위한 것이었거나 면허를 갖고 있는 다른 부족장들로 부터 면허를 빼앗기 위한 것이었다. 누르하치는 결국 명이 여진족에게 배부한 면허를 모두 차지함으로써 여진과 명 간의 무역을 독점하게 된다.[56]

그가 여진의 패권을 차지하게 되자 명은 누르하치에게 각종 직위는 물론 매년 대량의 은을 하사하였다. 누르하치는 여진을 대표하여 베이징에 조공을 바쳤고 이는 그에게 여진의 지도자로서의 정통성을 부여해 주었다.

명과의 무역에서 누르하치가 가장 큰 이윤을 남긴 것은 인삼이었다. 당시 건주여진이 살고 있던 압록강변과 백두산 부근은 주요한 인삼 산지였다. 누르하치는 젊어서부터 산삼 무역에 뛰어들었다. 만주족의 전설에는 누르하치가 심마니로 자주 등장한다. 중국에서는 원래 산시성(山西省, 산서성)의 타이항산(太行山, 태행산)이 인삼의 주산지였다. 그러나 명의 말기에 이르러 이 지역의 인삼은 고갈되기 시작하였다. 요동반도와 조선에서도 인삼이 났지만 명으로 수출되는 양은 줄어들고 있었다. 따라서 여진족의 인삼에 대한 수요는 급증하였고 누르하치는 이 인삼 무역을 장악한다.

1608년 명은 급부상하는 누르하치를 제어하고자 그의 인삼 무역을 2년간 금지한다. 당시의 기록에 의하면 2년 동안 누르하치가 비축해 놓았던 인삼 10만 근이 부패했다고 한다.[57] 누르하치가 장악한 인삼무역의 규모가 얼마나 컸는지 가늠해 볼 수 있다. 그는 건주여진의 영토 내에서 나는 인삼뿐만 아니라 야인 여진이 살고 있던 흑룡강변의 인삼무역까지 중계하는 한편 1만 명이 넘는 심마니를 고용하여 인삼을 캤다고 한다.[58] 당시의 무역구조를 살펴보면 여진은 인삼과 모피, 진주 등을 명에 팔면서 막대한 무역 흑자를 내고 있었고 명은 무역대금으로 은을 지불하고 있었다.

당시 명은 서구를 상대로 막대한 무역 흑자를 기록하고 있었다. 유럽은 명의 비단과 도자기 등을 수입면서 무역대금으로 은을 사용하였다. 남미의 스페인 영토로부터 나오는 은의 20%정도가 마닐라, 광둥, 푸젠, 저장성을 통해서 명으로 흘러 들어갔다.[59] 중앙아시아와의 무역을 통해서도 막대한 양의 남미 은이 중국으로 들어갔다. 결과적으로 남미의 스페인 식민지가 생산하는 은의 반 정도가 중국으로 흘러들어갔다.[60] 유럽사람들이 중국을 「유럽 돈의 무덤」이라고 부른 이유다.[61]

수입된 은은 명나라의 화폐로 쓰였다. 명은 관료들의 월급도 은으로 지급하였고 세금도 은으로 거둬들였다. 명은 송처럼 완벽한 화폐경제였다. 앞서 살펴본 바와 같이 송은 이미 11세기에 세계 최초로 종이화폐를 사용하였다. 그러나 원-명시대에 들어서면서 정부가 재정적자를 메우기 위해서 화폐를 남발하는 인플레 정책을 수차례 사용한 후 종이 화폐는 신용을 잃었다. 화폐로 사용할 수 있는 것은 은이나 동 같이 자체적인 가치를 갖고 있는 금속물질 밖에 없었다. 명의 막대한 무역흑자로 서구의 은이 중국으로 모여들면서 명은 은을 화폐로 사용하기 시작하였다. 명은 일본으로부터도 연평균 33,000~48,000kg에 달하는 은을 수입했다.[62]

명으로 흘러들어간 은의 25%는 만주와의 무역을 통해서 누르하치에게 들어갔다.[63] 누르하치 치하의 만주경제는 상업중심의 화폐경제로 탈바꿈한다. 기록에 의하면 당시 만주에서 소 한 마리는 은 15~18냥, 노비는 은 25~30냥이었고 귀족과 평민들 사이에서도 자유롭게 상행위가 벌어졌다. 홍타이지 치하에서 만주경제는 더욱 발전한다. 홍타이지가 처벌한 여진 족장 와크다의 재산 목록을 보면 은 4천 냥, 3개의 마을, 한족 노비 199명, 304명의 하인과 공예인을 소유하고 있었다. 당시 하찮은 일개 여진 족장의 재산목록이 이 정도였다는 것은 당시 만주경제가 얼마나 풍요로웠는지를 보여준다.[64] 누르하치와 홍타이지가 명에 비견할 만한 관료체제를 확립하고 세계 최강의 정예 상비군을 갖출 수 있었던 것은 당시 최강의 경제력이 뒷받침 해주었기 때문이다.

제2부 - 제2장

청의 대륙정복과
중국 지식인들의 반응

1. 중국 지식인들의 반응

2. 황종희의 주자학, 양명학 비판

3. 고염무와 왕부지, 안원의 주자성리학 비판

4. 고증학의 태동

제2부 - 제2장

청의 대륙정복과 중국 지식인들의 반응

　명말청초(明末淸初), 즉 명-청 교체기를 살았던 중국 지식인들은
당시를 「천붕지해」(天崩地解), 즉 하늘이 무너지고 땅이 꺼지는 시대
라고 불렀다. 중국대륙이 「동이」(東夷), 즉 「동쪽 오랑캐」 여진에의
통치를 받게 된 현실은 받아들이기 힘들었다. 끊임없이 오랑캐들의
침략을 받아온 중국이었지만 중국 본토가 오랑캐의 수중에 떨어진 것
은 「북적」(北狄), 즉 「북쪽의 오랑캐」 중 하나인 몽골족이 세운 원나
라 때가 유일했다. 그나마 몽골족의 지배는 채 100년도 안 되어 명의
중원수복으로 끝났다. 그 후 명이 찬란한 문명을 꽃피우면서 원의 지
배를 받았다는 수치심과 충격은 어느 정도 완화되었다. 그런데 이번
에는 동쪽 오랑캐가 중국 본토를 점령한 것이다.

　청에 대한 모든 무력 항쟁이 결국 무위로 돌아가면서 중국의 지
식인들은 치열한 지적 반성을 시작한다. 무엇보다도 명이 오랑캐에
게 중원을 내어주게 된 원인을 분석하기 시작한다. 이들은 명이 멸망
하게 된 근본적인 이유를 명의 주류 사상이었던 주자성리학과 양명
학으로부터 찾았다. 「명말청초삼대유」(明末淸初三大儒)로 일컬어
지는 황종희(黃宗羲, 1610~1695), 고염무(顧炎武, 1613~1682), 왕
부지(王夫之, 선산, 船山, 1619~1692) 등은 명대의 지식인들이 개인
의 수양만 강조하는 이학(理學) 또는 마음에 대한 연구만을 강조하는
심학(心學)에 매몰되어 현실의 문제를 소홀히 한 것이 명 멸망의 주
요 원인이라고 분석하였다. 이들은 실천을 강조하는 경세치용(經世
致用)학파, 주자의 해석에 매달리지 않고 문헌학과 언어학을 바탕으

로 경전을 새로 해석하고자 하는 고증학파(考證學派) 등 새로운 사조를 태동시킨다.

1. 중국 지식인들의 반응

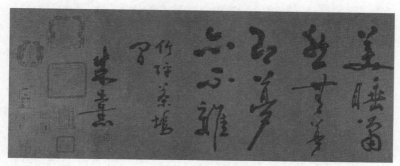

주희의 글씨

명대 사상의 양대산맥은 주자성리학과 양명학이 이루었다. 주자성리학은 주희가 각주를 달은 주자집주(朱子集註) 『사서』(四書)가 원나라 때 과거시험의 주 교재로 채택되면서 주류사상으로 자리잡는다. 그리고 명태조 주원장(朱元璋, 1328~1398, 재위: 1368~1398)이 주자성리학을 명의 국교로 채택하면서 명실상부한 「관학」이 된다. 그러나 주자성리학은 오랜 세월 정부의 비호아래 독점적 지위를 누리면서 정체되기 시작한다. 시대를 비판적으로 분석하고 대안을 제시할 수 있는 철학적, 이론적 틀을 제공하기보다 과거시험에 급제하기 위해 무조건 암송해야 하는 출세의 도구로 전락한다. 송-원-명 교체기의 혼

주희

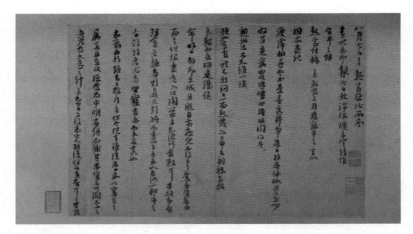

주희의 친필 편지

란과 복구 과정에서 고전에 대한 치열하고 새로운 해석은 물론 구체적인 제도적 대안까지 제시하며 「실사구시」를 추구했던 주자성리학은 명대의 안정기에 들면서 그 참신성과 역동성을 급격히 상실한다.

　침체된 주자성리학에 대한 비판으로 일어난 것이 양명학(陽明學)이다. 왕양명(王陽明, 1472~1528, 이름은 수인(守仁)은 정덕제(正德帝, 무종, 재위: 1505~1521) 연간에 활약한 학자요 행정가, 군인이었다. 그는 윈난(雲南, 운남), 장시(江西, 강서) 지방의 현감으로 뛰어난 행정능력을 보였고 푸젠(福建, 복건)에서 군사를 이끌고 도적 떼를 토벌하였다. 1519년에는 영왕(寧王) 주신호(朱宸濠)의 난을 평정한다. 명태조 주원장은 자신을 도와 명을 수립하는데 혁혁한 공을 세운 17번째 아들 주권(朱權, 1378~1448)을 영왕에 봉하면서 내몽골에 봉토를 하사한다. 주권은 그의 이복형 주체(朱棣)가 조카인 건문제(建文帝, 1379~1402, 재위: 1398~1402)의 황위를 찬탈하여 영락제(永樂帝, 성조, 1360~1424, 재위: 1402~1424)로 보위에 오르는 것을 돕는다. 그 후 주권은 산시성의 난창(南昌, 남창)에 자리를 잡고 중앙정치와의 연을 끊고 여생을 보낸다. 주신호는 주권의 5대손으로 정덕제의 폭정에 맞서 반란을 일으킨다. 그러나 왕양명에 의해서 진압되고 주신호도 생포된다. 왕양명은 그 공으로 장쑤성(江蘇省, 강소성)의 지사로 임명된다.

주자성리학에 의하면 사물은 「이」(理)와 「기」(氣)로 이루어졌다(이기이원론, 理氣二元論). 「이」는 사물의 「원리」이고 「기」는 사물이 사물, 즉 물체이게끔 해준다. 「이」가 감각을 통해 감지할 수는 없는 사물의 원리라면 「기」는 그 원리가 현상계에 구현되어 나타나는 물질성을 제공해 준다. 학문을 하고 도를 깨치는 것은 사물에 대한 깊은 성찰, 즉 「격물치지」(格物致知)를 통해서 모든 사물에 내재한 「이」, 즉 이치를 깨닫는 것이다. 그리고 더 나아가 모든 사물에 내재하고 우주를 관통하는 보편적이고 궁극적인 원리인 「태극」(太極)에 도달하는 것이 도를 깨우치는 것이다. 「이」를 탐구하는 「궁리」(窮理)의 과정에 가장 큰 걸림돌이 되는 것은 마음의 원리인 「성」(性)이 「정」(情)에 의해서 현혹되는 것이다. 따라서 사물의 궁극적인 이치를 깨닫기 위해서는 「수기치인」(修己治人)을 통해서 「정」을 다스려야 한다. 「성리학」이라는 이름은 「성즉리」(性卽理), 「성」이 곧 마음의 「이」이고 「성」이 「정」에 의해 흐트러지지 않도록 해야 한다는 의미에서 붙여진 이름이다. 퇴계와 고봉의 「사단칠정론」 역시 「사단」(인의예지, 仁義禮智)으로 「칠정」(희로애락애오욕, 喜怒哀樂愛惡慾)을 어떻게 다스리느냐의 문제에 대한 논쟁이었고 성리학의 핵심적인 논쟁을 이어받은 것이었다.

왕양명은 주자성리학에 정면으로

왕양명

육구연

도전한다. 그는 「정」 속에는 이미 「양지」(良知)가 있어서 자연스러운 마음으로 행동을 하면 곧 「성」을 실현할 수 있다는 「심즉리」(心卽理) 설을 내세운다. 맹자는 「진심 상」편에서 「사람이 배우지 않아도 할 수 있는 것은 타고난 능력(良能)이고, 생각하지 않아도 아는 것은 타고난 지능(良知)이다. 두세 살 난 어린 아이라도 어버이를 사랑할 줄 모르는 사람이 없고, 성장해서는 형을 공경할 줄 모르는 사람이 없다. 어버이를 친애하는 것이 인이고, 윗사람을 공경하는 것은 의(義)이다. 그렇게 할 수 있는 것은 다른 이유 때문이 아니라 모든 사람들이 인과 의를 보편적으로 지니고 있기 때문이다」고 한다.[1] 주자가 인간은 격물치지를 통해서 궁리를 하고 정으로 인하여 성이 흐트러지지 않도록 끊임없이 수신을 하여야 성인이 될 수 있다고 하였다면 양명은 사람이 옳고 그름을 가릴 수 있는 능력을 타고 났다고 주장한다.

왕양명이 자신의 학문의 원류로 받든 육구연(陸九淵, 1139~1192, 호는 상산, 象山)은 「마음」(心)이 곧 「리」(理)이며 결코 나누어지지 않는다고 설파했다. 즉 「성즉리」가 아니라 「심즉리」라고 주장하면서 「성리학」을 부정한다. 그렇다면 우주의 원리인 「리」가 곧 내 마음 속에 모두 들어 있는 것이 된다. 양지란 하늘의 이치인 동시에 인간의 마음에 이미 모두 들어가 있는 것으로 선천적으로 잘잘못을 가릴 수 있는 능력이다. 따라서 인간은 「양심대로」, 「양심껏」 행동하면 우주의 원리와 윤리도덕을 거스르지 않는다는 논리가 성립한다. 사물에 대해 공부를 할 필요 없이 내적 수련만 하면 된다는 결론이다. 행정가이자 군인이었던 왕양명은 글공부에만 몰두해 현실도피적인 사고방식과 무기력한 태도로 일관하는 주자성리학자들에 심한 염증을 느끼고, 「궁리」만 하고 앉아 있을 것이 아니라 「양심에 따라」 적극적으로 행동할 것을 주장한다. 반면 주자성리학자들은 「양심」, 「내적인 수련」을 강조하는 양명학을 「선불교」와 다를 바 없다고 비판한다.

주자성리학과 양명학은 송-원-명대를 거치면서 중국철학의 양대산맥을 이루었다. 그러나 명말청초의 학자들의 관점에서 볼 때 주자성리학이나 양명학은 모두 형이상학과 인식론에 관한 논쟁에 몰두하면서 실천, 즉, 「경세치용」을 소홀히 하는 공리공론일 뿐이었다. 오랑캐가 쳐들어와서 나라가 망하고 문명자체가 소멸되어 가고 있는 마당에 우주의 보편적인 원칙인 이(理)를 무슨 공부를 어떻게 해서 깨닫게 되는가에 대한 논쟁이나 인간의 가장 기본적인 인식체계가 성(性)인지 심(心)인지를 가리는 논쟁은 모두 헛된 것이었다.

2. 황종희의 주자학, 양명학 비판

황종희의 부친 황존소(黃尊素, 1584~1626)는 1616년(만력제 44년) 진사시험에 합격하여 천계제(天啓帝, 희종, 1605~1627, 재위: 1620~1627) 때에는 산동도어사(山東都御史)를 지냈다. 그는 동림당(東林黨)의 핵심 당원이기도 했다. 「동림학파」로도 불리는 동림당은 명나라 말기에 당시의 정치, 사회적 혼란상을 바로잡고자 사대부들과 사림이 결성한 학파이자 정치단체였다. 1604년(만력제 22년) 내각대학사(황제의 고문)를 지낸 고헌성(顧憲成, 1550~1612)은 조정의 쇄신을 위한 자신의 노력이 수포로 돌아가자 관직을 사임하고 시골로 내려가 선비 고번룡(高攀龍, 1562~1626) 등의 도움으로 동림서원을 다시 세운다. 동림서원은 송의 대유 정이, 정호 형제의 수제자인 양시(楊時, 1053~1135)가 세웠던 서원이다. 고헌성은 「정주학」

동림서원

천계제

위충현

(정이-정호-주자)을 세운 「이정」(二程, 정이와 정호)의 수제자의 정신
과 학문세계를 이어 받아 새로운 학풍과 정풍을 일으키고자 하였고
동림당은 당시 정권을 장악하고 있던 환관들과 격렬하게 대립한다.

　천계제는 부황 태창제(泰昌帝, 1582~1620, 재위: 1620.8~

1620.9.)가 즉위 29일만에 죽자 그의 뒤를 이어 15세의 나이에 즉위한다. 선천적 학습장애가 있었던 그는 전혀 글을 읽을 줄 몰랐다. 서류를 볼 수 없었던 그는 국사에 관심이 없었고 모든 것을 환관 위충현(魏忠賢, 1568~1627)에게 일임하였다. 그 대신 목공에 비상한 재주를 갖고 있었던 천계제는 모든 시간을 목공일에 쏟았다. 그는 자신이 만든 작품을 신하들을 시켜 시장에 몰래 내놓고 얼마에 팔리는지 보는 것을 즐거워했고 궁궐의 전각들의 모형을 만들어 전시를 하기도 했다. 중국 역사상 가장 악명 높은 환관 위충현은 황제가 목공일에 모든 시간과 역량을 쏟는 동안 국정을 농단하였다.

황존소는 위충현의 비행을 상소를 통해 쉬지 않고 고발하였다. 황종희는 15세때 아버지를 따라 베이징에 가서 동림당과 환관들 간의 권력투쟁을 생생하게 목격한다. 황존소가 결국 1626년 삭탈관직 당하고 투옥되어 가혹한 고문 끝에 옥사하자 황종희는 부친에 대한 복수를 다짐한다. 1628년 천계제가 죽고 그의 동생 숭정제(崇禎帝, 1611~1644, 재위: 1627~1644)가 즉위하여 위충현을 파직시키고 귀양을 보내자 위충현은 자살한다. 이때 황종희는 위충현의 잔당들에 대한 국문에 참여하여 아버지를 모함했던 사람들을 직접 고문하고 죽이기도 한다.

황종희는 과격한 행동파였지만 학문을 소홀히 하지 않았다. 부친의 유언을 받들어 당시의 유명한 양명학자였던 유종주(劉宗周, 1578~1645)를 찾아가 배움을 청했고 경학과 함께 사학도 중시하라는 부친의 유언에 따라 역사공부에도 힘썼다.[2] 그러

황종희

나 그는 21세에서 33세까지 과거시험에 네 번 응시했지만 모두 낙방한다.[3] 황종희가 35세가 되던 1644년, 명은 결국 멸망한다. 그는 반청운동에 뛰어들지만 1649년 포기하고 낙향하여 여생을 학문에 바친다.

주자성리학과 양명학에 대한 황종희의 비판은 신랄하고 근본적이었다. 그는 「옛날의 유묵제가(儒墨諸家), 그들의 저서는, 큰 것으로는 천하를 다스리고 작은 것으로는 민생의 용을 이루는 것이었다. 곧 사실이 없는 빈말(공언)은 있지 않았다」면서 공허한 이론적인 논쟁이나 일삼던 기존의 주자성리학과 양명학 대신 옛날의 경세치용의 정신으로 돌아갈 것을 주장하였다.[4] 특히 주자성리학에서는 이단으로 간주하던 묵가(墨家) 사상도 그 실리적인 측면을 높이 사면서 유가와 같은 반열에 올리는 파격적인 주장을 펼쳤다.

유자의 학은 천지를 경위하는 것인데, 후세에는 어록을 학문의 최종 목표처럼 생각하여 겨우 문답일이조를 이락(伊洛, 정이,정호,주자) 문하에 기어 붙인 정도로 곧 유자의 열에 끼어들어 그 이름을 빌려 세상을 속이고 있다. 그들은 재정에 능한 자를 취렴(聚斂, 재물을 탐내어 마구 거두어 들임)이라 비하하고, 국경의 방비에 임하는 자를 조재라 비하하고, 독서하고 글을 짓는 자를 완물상지(玩物喪志, 쓸데없는 물건에 정신이 팔려 소중한 자기 본성을 상실함)라 비하하고 정사에 마음을 둔 사람을 속리(俗吏)라 비하하면서 한갖 생민을 위해 극을 세우고, 천지를 위해 마음을 세우고, 만세를 위해 봉평을 연다는 식의 공론으로 천하민심을 속략한다. 그러면서도 일단 나라의 근심이 생겨 보국하여야 할 때를 당해서는 몽연장구, 여좌운무(如坐雲霧, 어찌해야 좋을지 판단이 서지 않음), 무엇을 어떻게 하여야 할지를 전연 알지 못한다. 세상의 도가 이 때문에 부패위락하여 드디어 유식자들까지도 세상을 위해 공을 세우고 업을 성취하는 것을 유자와는 관계없는 별

개의 것으로 생각하게 되었다.[5]

양명학에 대한 비판도 신랄했다.

요즈음의 심학을 말하는 자는 독서궁리를 일삼음이 없고, 심학을 말하는 자는 그 읽는 책은 경생의 장구(章句)에 지나지 않고 궁구하는 리는 자의의 이동에 지나지 않는다 (...) 천붕지해 하더라도 낙연히 상관없는 일로 삼아 오히려 이러쿵 저러쿵 동을 설하고 이를 말하면서 스스로 이른바 도학자연하고 있으니 현실 도피자의 더욱 교활한 말장난이 아니겠는가.[6]

황종희는 이에 한걸음 더 나아가 군주제 그 자체를 격렬하게 비판한다.

고자에는 (즉 이상적인 시대에는) 천하만민이 주이고 군주는 객이었다. 그리하여 군주가 평생을 경영하는 것은 천하를 위한 것이었다. 그런데 오늘날(현실)에는 군주를 주로 삼고 천하만민을 객으로 삼아 온 천하에 덕이 있고 편안한 땅이 없는 것은 군주 때문이다 (...) 그런데 소유들은 견식이 좁아서 군신의 의는 천지 사이에 도망할 데가 없다고 하고, 걸주와 같은 폭학한 군주까지도 오히려 탕무로서도 마땅히 주벌하여서는 아니 된다 하고는 백이, 숙제의 근거 없는 고사를 망령되이 조작해서 전하여, 조인만성 수많은 백성들의 유린된 혈육을 저썩은 쥐와 다를 것이 없도록 생각하니, 어찌 이 큰 천지 조인만성 가운데 군주 한 사람 한 성만을 유독 사사로이 두둔할 수 있을 것인가. 이 까닭에 은의 마지막 군주인 폭군 주를 토벌하여 혁명한 주의 무왕은 성인이고 그 혁명을 시인하여 걸주일부론(桀紂一夫論)을 편 맹자의 말은 성인의 말이다.[7]

3. 고염무와 왕부지, 안원의 주자성리학 비판

황종희, 왕부지와 함께 명의 삼대 유로(遺老, 망국의 신하)로 불리는 고염무도 주자성리학을 강렬하게 비판했다.

오늘날의 청담(淸談, 맑고 고상한 얘기)이 옛날의 청담보다도 더 해롭다는 사실을 누가 알고 있는가? 옛날의 청담은 노장을 이야기하는 것이지만, 오늘날의 청담은 공맹을 이야기하는 것이다. 아직 공자와 맹자의 주장의 정수도 알지 못하면서 그 개략이나마 파악하기를 포기하고, 근본을 탐구하지 않고서 부차적인 것까지 내버리고 있다. 육예의 문을 익히지 않고, 역대 제왕들의 전측을 살펴보지도 않았으며, 또한 현재의 시급한 일에도 힘쓰지 않고, 공자가 학문과 정치에 대해 이야기했던 요점을 전혀 문제로 삼지 않으면서 「하나의 이치로 일관하였다」느니, 「말씀하지 않으셨다」느니 말하고 있다. 자신부터 수양을 쌓은 뒤에 다른 사람을 다스리는 수기치인의 실학에는 힘쓰지 않고, 심성을 명확히 이해한다느니 하는 공리공론만을 일삼고 있다.[8]

경서만 읽고 앉아있지 말고 육예, 즉 예(禮, 예의범절), 악(樂, 음악), 사(射, 활쏘기), 어(御, 말타기 또는 마차몰기), 서(書, 붓글씨), 수(數, 수학)와 같이 실천에 옮기는 것을 중시하는 동시에 역사를 공부하라고 일갈한다.

왕부지는 학자의 아들로 태어나 1642년 과거의 초시에 합격하지만 명은 이미 멸망하고 있었다. 1648년, 청군이 고향인 후난에 진격해 오자 의병을 일으켜 저항을 해보지만 곧 패하고 33세에 고향의 석선산(石船山)에 들어가 40년 여생을 칩거하면서 학문에 전념한다. 그의 학문은 유학은 물론 도교, 불교를 두루 섭렵하였다.

왕부지는 송대의 성리학과 명대의 양명학을 모두 비판한다. 그는 이(理)가 기(氣)에 우선한다는 성리학의 기본명제를 거부하고 이와 기는 같은 것이며 독자적으로 인지될 수 있는 것이 아니라 사물의 질서 그자체를 뜻하고 태극(太極)과 천리(天理)와 같은 형이상학적이고 추상적인 것은 없으며 심과 성은 모두 기의 일부분이라고 한다.[9] 그는 세상만물은 모두 「기」(器)라는 명제를 제시하였다. 기란 원래 뜻인 「그릇」처럼 구체적이고 특정한 물체나 체계, 제도를 뜻했다. 그는 「기」란 그저 물체란 뜻이 아니라 모든 물체에 내재하고 있는 질서와 그 물체, 체계, 제도 특유의 원리를 포함하는 것이며 따라서 도(道)나 이(理)는 한 물체, 기(器)의 다른 측면에 불과하다. 구체적인 물체인 기(器)가 있기에 이(理)가 있을 뿐 기가 없는 이는 존재하지 않는다고 하였다. 그리고 나아가 이성과 감성을 구분하고 이성으로 감성을 억제해야 한다는 성리학의 핵심 이론도 거부한다. 그는 감성에 우선하는 독립적인 이성은 없다고 주장하였다.[10]

오직 기(器)일 뿐이다. 도는 기의 도이지만 기는 도의 기라고 부를 수 없다. 그 도가 없으면 그 기도 없다고 사람들은 말하지만, 사실은 그 기가 존재한다면 도가 없다고 걱정할 필요가 있겠는가? 군자가 알지 못하는 바를 성인은 알고, 성인이 할 수 없는 것을 필부필부(匹夫匹婦)는 안다. 사람들이 혹 이 도에 어두우면 그 기가 완성되지 않을 수 있다. (그러나) 완성되지 않는다는 것이 기가 없다는 것은 아니다. 그 기가 없으면 그 도도 없다. 적은 수의 사람들만이 진실로 그러하다는 것을 말할 수 있다. 홍황의 시대에는 절하고 양위하는 도가 없었고, 당우(요순)의 시대에는 위로하고 정벌하는 도가 없었다. 한당의 시대에는 지금의 도가 없었고, 오늘날에는 미래의 도가 없는 것이 많다. 활과 화살이 없으면 활쏘는 도도 없고, 수레와 말이 없으면 수레를 모는 도도 없다. 희생과 술, 옥과 폐백, (그리고) 종과 경쇠, 피리와 현악기가 없으면 예약의 도도 없다. 아들이 없으면 아버지의 도도 없고, 동생이 없으면 형의 도도 없다. 도의 가능성은 있지만 (실제가) 없는 것이 많다. 그러므로 그 기가 없으면 그 도는 없다는 것은 진실된 말인데, 사람들이 이를 유의하여 살펴보지 않는 것일 뿐이다. 그러므로 옛 성인은 기를 다스렸지 도를 다스리지는 않았다. 기를 다스린다는 것은 그 도(방법)를 말한다. 도를 얻은 것을 덕이라고 부른다. 기가 완성된 것을 실천이라고 이른다. 기의 쓰임이 넓은 것을 변하고 통한다고 말한다. 기의 효과가 드러난 것을 사업이라고 말한다 (...) 형이상자는 무형이 아니라 유형을 말하는 것이다. 이미 형체는 존재한다. 형체가 있은 뒤에는 형이상은 존재하지만 형체를 넘어서는 것은 존재하지 않는다. 고금에 걸치고 만변에 통하여 하늘과 땅과 사람을 궁구해도 모두 있지 않았던 바의 것이다. 그러므로 「오직 성인 정도가 된 뒤에나 형체를 완전히 실천할 수 있다」라고 말한 것은 그 아래를 실천한다는 것이지 그 이상을 실천한다는 것이 아니다. 그러므로 총명한 것은 귀와 눈이고, 밝고 지혜로운 것은 생각이다. 인한 것은 사람이며 의로운 것은 일이다. 중화는 예약이고, 크게 공정하고 지극히 바른 것은 상과 벌이다. 이롭게 사용하는 것은 수, 화, 금, 목이고, 생활을 안정시키는 것은 곡식과 열매, 실과 베이다. 바른 덕은 군신과 부자[관계윤리]이다. 만약 이것[구체적인 것]을 버리고 아직 그릇이 되기 전의 것에서 구한다면 고금에 걸치고 만변에 통하여 하늘과 땅과 사람을 궁구하더라도 그것을 이름할 수 없거늘 하물며 그 실질을 얻을 수 있겠는가. 노자는 이것에 어두워서 도는 비어 있음에 있다고 말했는데, 비어 있음 역시 기의 비어 있음이다. 부처는 이것에 어두워서 도는 적막함에 있다고 말했는데, 적막함은 기의 적막함이다. 음사와 과적이 기로부터 분리될 수 없다. 그러므로 기의 이름으로부터 구분하고 분리시켜서 스스로 신령하다고 여기니 누구를 속일 수 있을 것인가?[11]

왕부지는 이(理)란 구체적인 사물이나 체제, 제도 속에서만 존재하는 것이기 때문에 역사를 관통하는 성리(性理)도 없다고 주장한다. 모든 기는 그것이 존재하는 당시의 조건들을 반영하는 것이기 때문에 역사는 반복될 수 없으며 따라서 유교가 이상사회로 여기는 봉건사회는 재건 될 수 없다고 못 박는다.[12]

통치하는 방법의 최고는 『상서』(尙書)를 고찰하되 공자의 말로써 쪼개고 풍습에 맞게 깎아내는 것이다. 그 주축은 군주의 마음이 경건한가 거만한가이다. 그 경계해야 하는 것은 게으르거나 거친 것을 엄격하게 하는 것이니, 모자라면 게으르고 넘치는 자들은 빠르게 하고자 한다. 크게 쓰는 것은 현명한 사람을 임용하고 교육을 부흥시키는 것이다. 백성에게 베풂은 인애하되 극도로 해주어야 한다. 이렇게 함으로써 당우시대를 다스리고 삼대를 다스리고 진한 이후부터 지금에 이르기까지를 다스림에 이 리로 미루어 시행하지 않은 적

왕부지

이 없다. 관료선발을 다스리고 부역을 균등하게 하고 무기와 병사를 따지고 형벌을 바로 잡고 법전과 형식을 정함에 있어서 그 마땅함을 얻는 데 있어서 이에 의존하지 않는 것이 없다. 규획을 설정하고 조목을 처리하는 것까지는 『상서』도 말하지 않고 공자도 말하지 않았지만, 그 실제를 잊어버려 구체적인 것을 구하지 않았기 때문이겠는가. 과거의 제도로 과거의 천하를 통치할 수 있었지만 오늘날에는 다스릴 수 없는 것을 군자는 일로써 세우지 않는다. 지금의 마땅함으로 지금의 천하는 다스릴 수 있어도 후일을 반드시 다스릴 수 없는 것을 군자는 법으로 물려주지 않는다. 그러므로 봉건, 정전, 조회, 정벌, 관료를

안원

세우는 것, 봉급을 나누어주는 제도에 대해 『상서』는 말하지 않았고 공자는 말하지 않았다. 순임금, 우임금, 공자보다 덕이 없는 자들이 자신들이 만든 바를 감히 기록하고 암송하게 함으로써 만세의 큰 법을 단정하겠는가. 『상서』「하서」의 우공에는 실질적인 내용이 있지만, 우임금에게만 매인 것이다. 하대의 법이기 때문에 상나라, 주나라에서는 실행할 수 없다. 「주서」에 있는 주관 역시 실질적이지만 주나라에만 매여 있어서 주대의 규모를 완성했는데 애초에 상나라와 하나라를 받든 것이 아니다.[13]

청대 초기를 풍미한 안이학파(顔李學派)의 창시자인 안원(顔元, 1635~1704)은 송원대의 유학을 전체적으로 부정하였다.

송원 이래로 유자들은 그 행태가 부녀자와 같이 되고 말았으니 참으로 부끄러운 일이다. 평소에 아무 일도 하지 않고 수수방관하면서 심성의 이치만을 논하다가, 막상 천하에 위기가 닥치면 기껏 임금을 위해 제 한 목숨 바치는 것으로 고상한 일이라고 여겼다. 하물며 지금 세상에 꼿꼿이 앉아 글을 읽고 학문을 한다고 하는 사람치고 허약하지 않은 이가 없어 무사나 농부의 비웃음을 사고 있으니, 이것이 어찌 사내대장부의 모습이라 할 수 있겠는가?[14]

주자성리학에 대해서는 특히 비판적이었다.

주자성리학파의 사람들이 입으로 말하는 도라는 것은 「사물에 접하

여 그 이치를 궁구한다」는 것을 마음
으로 터득하고 나날이 체득한다는 것
이지만 오히려 단지 독서와 강론일 뿐
이다. 다른 점은 사물의 이치를 궁구하
는 이론을 설교하는 것이 보기에는 좋
으나 사람으로 하여금 갈 수 없고 오를
수 없게 한다는 것이다. 이 점이 본색
을 드러내니 그 실상은 일찍이 궁리가
아니라고 말할 수 없으며, 아울러 물을
또한 즉한다고 할 수가 없는 것이다.
「반나절은 정좌하고, 반나절은 독서한

고염무

다」면서 어떻게 사물을 접하는 격물을 할 수가 있겠는가?[15]

그는 주자 성리학이 불교의 영향으로 이미 더럽혀진 학문이며 또
한 개인의 도덕적 수양만 강조함으로써 육체적, 정신적 훈련을 게을
리 하고 현실에 대한 감각을 상실하고 우유부단하고 유약한 학자들
을 양산하게 되었다고 비판하였다.[16]

모기령(毛奇齡, 1623~1716)은 13세에 진사시험에 합격했지만
명의 멸망 후 청조에 출사할 것을 거부하였다. 그는 1679년에 강희
제가 『명사』(明史)를 집필할 학자들을 뽑을 때 이에 응하였다. 모기령
은 주자성리학이 경전들을 해석하는 데 있어서 불교와 도교의 개념
들을 도입해 유학의 쇠퇴를 가져왔다고 주장하였다.[17]

공자와 맹자는 도학을 창시하지 않았다. 그들은 성스러운 도와 성인
들의 가르침을 실천에 옮기려고 노력하였다. 그러나 지난 700년 동안
세상은 이에 대하여 혼돈하고 있었다.[18]

4. 고증학의 태동

황종희, 고염무의 사상은 고증학파에 의해 계승된다. 이들은 주자의 주석을 맹목적으로 신봉하지 않고 언문학, 천문학, 수학, 지리학, 금석학 등을 통해서 유학사상 전반에 대한 검증을 시도했다. 송명시대의 본체론, 인식론 등 객관적으로 검증할 수 없는 형이상학적인 논쟁을 지양하고 역사적으로, 학문적으로 검증할 수 있는 사실과 정책들을 발견하고자 하였다. 경전을 성현들이 발견한 절대적인 진리를 담은 완벽한 책으로 간주하지 않고 그 당시의 시대정신과 시대상을 반영하는 하나의 역사서로 생각했다.[19] 주자의 주석은 주자 개인의 생각과 그가 살았던 시대를 반영할 뿐 절대적인 것이 아니었다.

주자성리학, 양명학에 대한 이들의 비판은 천문학, 수학, 관개치수, 농지개발에 대한 관심과 궤를 같이 했다. 백성들의 삶에 도움이 될 수 있는 전문적인 지식과 기술에 대한 이해를 추구하는 것은 결코 유학자 본연의 탐구영역에서 벗어나지 않을 뿐 아니라 「실사구시」(實事求是)의 정신에 부합하는 것이라고 생각했다. 17세기 청대의 유학자들은 천문과 수학에 대한 지식이 없이 경전을 읽는 것은 어불성설이라고 주장하면서 경전과 실사구시, 경세치용의 과학기술을 다시 연계시키고자 하였다. 고전에 담긴 인문학적인 지식을 도모한다고 해서 과학기술의 지식을 소홀히 하는 것은 있을 수 없는 일이라고 생각했다.[20]

당시의 학자들 사이에 또하나의 두드러진 경향은 정치참여에 대한 거부였다. 많은 학자들은 명이 멸망한 가장 중요한 이유 중 하나로 붕당정치를 꼽았다. 동림당의 경우와 같이 명대 후반에는 특히 학자들과 환관들이 붕당을 형성하여 처절한 정치투쟁을 벌였다. 「천붕지해」 시대의 학자들은 정치참여에 대한 신중론을 펴는 한편 학문연구에만 정진하는 학자의 삶을 이상으로 삼았다.[21]

그 결과, 청이 안정기에 들면서 중국 대륙에서는 새로운 학풍과 학문에 대한 열기가 일기 시작한다. 강희제는 명에 충성하던 유신들을 회유하고 우대하는 정책을 대대적으로 펼쳤다. 청에 끝까지 항거하였던 황종희도 1678년(강희 17년) 「박학홍유」(博學鴻儒)라 칭하며 조정으로 불러들이고자 하였으나 황종희는 거절한다. 명의 역사를 정리하는 「명사관」(明史館)에도 임명하였으나 명에 대한 절의를 지키고자 또 다시 거절한다. 그러나 황종희도 시간이 지나자 청조의 연호를 사용하기 시작하였고 아들을 강희제 밑에 가서 일하도록 한다. 제자들 역시 과거를 치고 청조의 관리가 되는 것을 말리지 않았다. 청의 대륙정복을 「천붕지해」의 재난으로 받아들였던 황종희도 말년에 이르러서는 청의 명군들이 가져온 정치 안정과 경제 번영, 문화 융성을 인정할수밖에 없었다.

제2부 – 제3장
청의 대륙정복과 조선의 대응

1. 소현세자: 닫히는 조선의 첫 희생양

2. 송시열과 기축봉사

3. 숭명반청이념의 체제화

4. 제1차 예송

5. 제2차 예송

6. 예송의 3가지 논점

7. 주자성리학 근본주의와 도통이론

8. 주자성리학 근본주의와 남존여비사상

9. 양주십일기의 기록

제2부 - 제3장

청의 대륙정복과 조선의 대응

청이 중원을 정복하면서 조선이 개국 이후 적극적으로 참여하고 심혈을 기울여 구축해 온 문명질서는 완전히 붕괴한다. 명이 중원을 호령하던 시대에는 조선이 받아들이며 따르던 문명 질서가 세계의 중심을 잡아주고 있었다. 주변에는 늘 오랑캐들이 도사리고 있었지만 막강한 문명대국인 명이 때로는 힘으로, 때로는 교화를 통하여 이들을 다스리고 있었다. 조선은 명이 주도하는 국제질서의 한 축을 자임하였다. 명의 천자는 조선의 왕과 세자를 책봉함으로써 조선과 명이 동일한 문명질서 속에 있음을 확인해주었다. 뿐만 아니라 조선과 명의 정치적, 문화적 이해는 완벽하게 일치하였다.[1] 명은 몽골의 지배에서 벗어나 새로운 문명국을 건설하고자 하였다. 조선 역시 몽골의 지배에서 벗어나 명의 사상과 제도를 적극 받아들였다. 조선과 명은 이념적, 문화적 동질성을 확보하고 있었다.

명이 주도하는 문명적, 정치적 질서에 능동적으로 참여하던 조선은 실질적으로 많은 이득을 보았다. 우선 조선은 대륙으로부터의 침략에 대비하기 위해 국력을 소진할 필요가 없었다. 병력은 국내질서를 유지하고 여진과 왜의 간헐적인 준동을 막을 정도만 유지하면 됐다.[2] 임진왜란이 발발하자 명은 대내적인 어려움에도 불구하고 대규모 원군을 보내 왜군을 격퇴하는 데 도움을 주었다. 16세기에 이르러서는 주자성리학을 토착화시키는 데 성공한 조선의 성리학자들이 명의 사상적 흐름을 질타하면서 오히려 조선만이 문명을 제대로 지키고 있다고 주장하기도 했다. 특히 명에서 양명학이 유행하자 퇴계 이황(退溪 李滉,

1502~1570)을 필두로 한 조선의 주자성리학자들은 중화문명의 쇠락을 비판하였다. 그러나 이는 모두 명이 제공해주는 문명 질서가 유지되는 틀 속에서 제기할 수 있는 비판이었다.

문명의 중심이 무너지자 조선은 이제 더 이상 범세계적인 문명 질서의 일원이 아니었다. 문명의 중심이 어디인지 불분명해졌을 뿐만 아니라 문명의 실체가 과연 무엇인지도 불확실해졌다.[3] 또 다른 문제는 청과의 관계였다. 청은 오랑캐의 나라였지만 병자호란 이후 「군신 관계」를 유지하면서 조공을 바쳐야 했다. 겉으로는 조-명 관계와 같은 형식을 유지하였지만 조선의 입장에서 조-명 관계와 조-청 관계는 같을 수 없었다. 동북아시아의 세력 구도가 재편되면서 조선 사람들은 자신들이 속해있는 세계질서의 「인식론적 지도」를 다시 그려야 했다.[4] 시대의 격랑에 휩쓸리지 않기 위해 문명의 근거, 기준을 새롭게 찾는 것은 물론 달라진 국제질서 속에서 조선의 위치도 새롭게 규정해야 했다.[5]

명 멸망 후 조선의 새로운 정체성과 국제질서 내에서의 위치를 고민하는 과정에서 폭발한 것이 예송(禮訟)이었다. 예송은 맹목적인 당파싸움도 허례허식을 둘러싼 명분 없는 정쟁도 아니었다. 극심한 당파 간의 대결이 일고 송시열과 윤휴(尹鑴, 1617~1680)를 비롯한 수많은 학자와 관료들이 고문당하고 사사 당하였지만 예송은 명청 교체기라는 난세에 나라의 이념적 좌표를 새롭게 잡고 국가 정체성을 재수립하기 위한 치열한 사상적 성찰과 지적 반성에서 비롯된 대논쟁이었다.

예송을 통해 조선의 지식인들은 중국의 지식인들과는 정반대의 결론을 내린다. 중국의 사상가들은 천붕지해의 시대를 넘기 위해서는 주자성리학과 양명학 대한 반성에서 출발해야 한다고 결론을 내렸다. 반면, 조선의 사상가들은 그 어느 때보다도 주자성리학을 철저하게 실현하는 것만이 난세를 극복하는 길이라는 결론을 내린다. 조선은 이제 문명이 무너지고 전 세계가 「야만」의 지배를 받는 시대에 남은 문명의 외딴 섬이었다. 명이 사라진 세계에서 조선의 새로운 국가목표와 부여된 역할은 작고 고독하지만 유일하게 남은 문명의 중심으로서 문명이 더 이상 야만에 의해 오염되지 않도록 철저하게 지켜내는 것이었다.[6]

1. 소현세자: 닫히는 조선의 첫 희생양

소현세자(昭顯世子, 1612~1645)는 인조(仁祖, 1595~1649, 재위: 1623년~1649)와 인렬왕후 한씨(仁烈王后, 1594~1636)의 적장자였다. 1637년 1월 30일 병자호란 당시 부왕 인조와 함께 청태종에게 항복한 후 청군의 포로로 잡혀있다가 2월 8일 부인 강빈, 동생 봉림대군(鳳林大君, 훗날 효종, 재위: 1649~1659) 내외와 함께 도르곤의 군대에 끌려 만주로 향했다. 3월 30일 압록강을 건너 출발한지 2달 만인 4월 10일, 당시 청의 수도였던 심양에 도착한다.[7] 소현의 인질생활은 8년간 이어진다.

소현세자는 청의 요구사항들을 조선에 전달하는 것과 동시에 조선의 입장을 대변하는 역할도 해야 했다. 조선이 약속한 여자들을 바치지 않는다고, 인질로 잡아온 조선인들에 대한 몸값을 지불하지 않는다고, 군량미를 바치지 않는다고, 조선인들이 국경을 넘어 산삼을 캤다고 조선을 옥죌 때마다 조정을 대신해서 청의 질책을 받아야 했다. 청이 요구한 조선 군 징발이 지연되자 세자는 조선의 어려운 사정을 호소하지만 청은 그가 조선만 비호한다고 나무랬다. 결국 조선의 군사가 늦게 도착하자 청태종은 이들을 되돌려 보내버리고 이 때문에 세자는 홍타이지의 궁 밖에서 석고대죄 해야했다.[8] 인질로 잡혀온 조선사람들을 사고파는 장이 서면 이들의 몸값을 주고사서 조선에 다시 보내는 일도 했다. 300명에 달하는 자신의 일행의 식량을 자체적으로 해결하기 위해 농사도 지어야 했다.[9]

반면 부왕 인조는 세자를 따라간 내관들에게 세자 부부의 행동을 감시하고 비밀리에 보고하도록 하였다. 세자가 오랑캐들의 요구사항들을 들어주고 조선 측에 전달하면서 그들의 행사에 참석하고 사냥도 같이 하는 것을 강하게 비판하였다. 인조실록에는 「세자가 심양에 있은 지 이미 오래되어서는 모든 행동을 일체 청나라 사람이 하는 대로 따라서 하였다.」고 기록되어 있다.[10]

조선 조정은 여전히 명이 결국은 청을 이길 것이라는 환상에 빠져 명과 내통하는 한편 병자호란 때 맺은 13개 항복조건을 이행하는 것을 온갖 핑계를 대면서 미뤘다. 청과 조선 사이에 끼인 세자에 대한 인조의 불신은 깊어만 갔다. 1644년 세자 내외가 일시 귀국했을 당시 세자와 세자빈 강 씨는 얼마 전 돌아간 세자빈의 아버지 강석기 전 우의정의 묘를 참배하고자 하였으나 인조는 이마저 허락하지 않는다.

소현세자는 청태종이 주관하는 조정회의에 참석하고 황제의 활쏘기 행사를 참관하고 종묘 행사, 사냥에 동행했다. 1643년 8월 9일, 청태종 홍타이지가 뇌출혈로 갑자기 사망했을 때도 소현세자는 장례 절차에 모두 참여하여야 했다. 소현은 청의 중요 전투에도 모두 참여했다. 1641년 8월에는 진저우(錦州, 금주)전투에 참여하였다. 명의 명장 조대수(祖大壽, ?~1656)가 지키고 있던 금주성은 송산(宋山, 송산), 닝유엔(寧遠, 영원) 성과 함께 만주에서 중원으로 가는 길목에 위치한 요충이었다. 훗날 청군에게 산하이관의 문을 열어주는 오삼계의 외삼촌이었던 조대수는 1629년 홍타이지가 청군을 이끌고 영원, 진저우성을 우회하여 시펑커우(喜峰口, 희봉구)를 통해서 베이징을 공격하자 명군 2만을 이끌고 그를 베이징성 밖에서 홍타이지를 격퇴한 바 있었다. 1631년에는 다링허성(大凌河城) 전투에서 홍타이지에게 항복하는 척 하면서 진저우성으로 도망쳐 다시 명군을 지휘하고 있었다. 1641년 금주 전투에서 홍타이지는 결국 진저우와 쏭산을 함락하고 조대수의 항복을 받아낸다. 이로써 청군이 중원으로 나아가는 길을 가로막는 것은 산하이관만 남게 되었다. 소현은 청군의 편에서 이 모든 전투를 직접 목격한다.

청태종의 뒤를 이어 그의 6살 난 아홉째 아들 푸린(福臨, 복림)이 순치제(順治帝, 세조, 재위: 1643~1661)로 즉위하고 도르곤이 섭정왕으로 실권을 잡는다. 1644년 4월 9일, 소현세자와 동갑내기이며 소현세자의 일행을 조선에서 심양으로 직접 끌고 왔던 도르곤은 다시 소현세자를 대동하고 대망의 중원공략에 나선다. 소현은 오삼계가 산하이관의 문을 열어 청군과 명군이 함께 이자성의 군대를 격파하고 5월 2일 베이징에 입성하는 전 과정에 직접 참여한다. 그는 베이징에 입성하였다가 6월 18일 심양으로 다시 돌아와 9월에 순치제와 동행하여 10월 19일 베이징에 다시 입성한다.

베이징에서 소현세자는 자금성 안의 문연각(文淵閣)에서 기거한다. 이때 예수회 신부 아담 샬(Johann Adam Schall von Bell, 중국명: 탕약망(湯若望), 1591~1666)을 만난다.[11] 아담 샬은 자금성 안에 있는 남당(천주교성당) 옆 주원(사제관)에 거주하고 있었다. 당시 남당의 신부 황비묵(黃斐默)은 다음과 같은 기록을 남겼다.

순치원년(順治元年, 1644)에 조선의 세자가 베이징에 볼모로 잡혀와 있으면서 아담 샬이 훌륭하다는 말을 듣고 때때로 천주당에 찾아와서 천문학 등을 묻고 배워갔다. 아담 샬도 세자가 거처하는 곳을 자주 방문해서 오랫동안 이야기를 나누었는데, 두 사람 사이에는 깊이 뜻을 같이 하는 바가 있었다. 아담 샬은 연달아 천주교가 바른 길임을 이야기하고, 세자도 자못 듣기를 좋아하여 자세히 묻곤 하였다. 세자가 조선으로 돌아가게 되자, 아담 샬은 선물로서 그가 지은 천문·산학(算學)·성교정도(聖敎正道) 등의 여러 서책들과 여지구(輿地球)와 천주

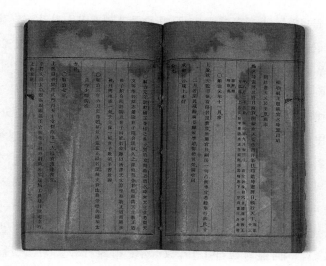

황비묵의 정교봉포(正敎奉褒)

상(天主像)을 보냈다. 세자는 삼가 이것을 받고 손수 글월을 써 보내어 예찬하며 감사의 뜻을 표했다.[12]

소현세자와 아담 샬의 만남에 대한 또 다른 기록은 아담 샬이 직접 저술한 책에 남아 있다. 아담 샬은 『사서』(四書)에 대한 연구서를 라틴어로 번역하여 서양에 소개한 시칠리아 출신의 예수회 신부 인토르체타(Prospero Intorcetta, 중국명: 은탁택(殷鐸澤), 1626~1696)와 함께 『1581년에서부터 1669년까지 키나에서 그리스도교의 옳은 신앙을 포교하기 위해서 활동한 예수회 신부들에 대한 보고: 그 시작과 전개를 중심으로』(약칭 중국포교사)라는 책을 출판한다.[13] 이 책에는 소현세자가 아담 샬에게 보낸 편지 두 통이 라틴어로 번역되어 실려 있다.

바로 그 시기에 조정(朝廷)이라 불리는 신궁(新宮)에 갇혀있던 코레아의 세자가 자유롭게 풀려났다. 그는 타르타루스 인들에 의해서 볼모로 끌려왔는데, 타르타루스인들이 중국의 지배권을 장악하면 자유롭게 풀어주겠다는 약속에 의한 조치였다. 코레아 세자는 이곳에 있는 에우로파(유럽)로부터 온 천문학자를 자주 방문했고, 또한 그에게 지극히 정중한 예의를 보였다. 또한 자신의 궁으로 초대하여 극진하게 환대하였다. 종종 그는 코레아에서 달력을 다루는 관직을 맡고 있던 몇몇의 신하들을 데리고 왔다. 그들이 천문학에 대해 보다 명쾌하게 배워서 그것을 조국으로 가져가도록 하기 위함이었다. 신부는 기꺼이 그의 청을 들어 주었다. 신부는 세자와 그의 신하들을 완전히 사로잡아 버렸다. 그가 준 작은 선물을 가벼이 여기지 않는 것은 물론, 감사의 마음으로 그들이 떠날 때가 되자 또한 많은 눈물을 흘리게 만들 정도였다. 대부분의 코레아인이 그러하듯이, 세자도 글 읽는 것을 사랑했다. 해서 신부는 당시 가지고 있는 서적 가운데에 몇 권을 골라서 세자에게 선물했다. 수학 서적뿐만이 아니라 천주의 법에 대한 서적들과 천구(天球)와 구세주의 성상(聖像)을 선물로 주었다. 이 선물에 얼마나 감사했는지는 다음의 서신이 잘 보여준다. 이 서신은 코레아 왕이 손수 한문으로 쓴 것으로 아담 신부에게 보낸 것이다. 그가 말했다. 「전혀 뜻밖이었습니다. 어제 구세주 하느님의 성상과 천구와 천문 서적과 에우로파 세계의 학문을 담고 있는 다른 여러 서적들을 받았습니다. 특히나 저에게 보낸 책들을 지켜보노라니, 어찌 감사를 표해야 할지, 어찌 이 빚을 갚아야 할지 참으로 모르겠습니다. 이 가운데 몇 권의 책들을 훑어보았습니다. 책들이 마음을 깨끗하게 정화하고 덕을 닦는 데에 가장 적합한 가르침을 담고 있음을 깨닫게 되었습니다. 당연히 알아야 함에도 지성의 빛이 아직 밝지 않은 탓에 우리는 아직 이 가르침에 대해서 알지 못합니다. 성상은 참으로 위대합니다. 벽에 걸어놓고 보노라면 보는 이의 마음을 지극히 평온하게 해 줍니다. 또한 마음에서 온갖 더러움과 먼지를 떨어내어 줍니다. 천구와 이에 관한 책들도 마찬가지입니다. 세상이 이것 없이는 안될 것입니다. 어떻게 해서 나에게 이런 천운이 찾아 왔는지 잘 모르겠습니다. 나의 왕국에서도 이런 류의 책들을 적지 아니 찾을 수 있습니다. 하지만 그 책들은 거짓으로 가득 차 있습니다. 그것들이 수 백 년에 걸쳐 진실과는 아주 크게 동떨어져 있는 서적이라는 점을 인정하지 않을 수가 없습니다. 이런 책들로 내가 큰 부자가 되었는데, 어찌 기뻐하지 않을 수 있겠습니까? 우리 왕국으로 되돌아갈 때에, 나는 이 책들을 왕실로 가져 갈 뿐만 아니라 이를 인쇄하고 책으로 찍어 학자들과 의견을 나눌 것입니다. 그들은 이 책들을 읽을 것입니다. 그들은 이 책들로 말미암아 자신들이 마치 황무지와 같은 곳에서 학문의 궁전으로 옮겨지게 된 운명의 변화에 대해서 놀랄 것입니다. 코레아 인들은 이 모든 것이 에우로파의 글 덕분이라는 것을 깨닫게 될 것입니다. 물론, 우리 두 사람은 서로 다른 왕국에서 태어났습니다. 큰 바다를 사이에 두고 멀리 떨어진 왕국에서 전혀 다른 이방의 땅에 와서 서로 만났습니다. 마치 같은 피로 맺은 친구처럼 서로가 서로를 사랑하게 되었습니다. 자연의 어떤 숨겨진 힘이 우리를 이렇게 맺어주었는지 솔직히 잘 모르겠습니다. 사람의 마음이 학문에 의해서 연결된 것임을 인정하지 않을 수 없습니다. 비록 아주 먼 곳에서 떨어져 산다 할지라도 말입니다. 한데, 우리 나라로 이 서적들은 물론 성상을 가지고 갈 수 있기를 간절히 바랐습니다. 허나, 생각해보니, 하느님을 섬기는 일에 대해서 우리 나라에 사는 사람들은 아직까지 들은 바가 전혀 없고, 해서, 코레아 인들이 지켜왔던 잘못된 가르침의 숭배 전통으로 말미암아 그 분의 위대함이 공격 당하지나 않을까 두렵습니다. 심히 이것이 염려스럽습니다. 따라서 호의는 진심으로 감사하지만, 성상은 신부님께 다시 돌려주는 것이 안전하다 판단했습니다. 성상을 가지고 감으로 해서, 당연히 경배 받아 마땅함에도 오히려 멸시당하게 함으로 해서 짖게 되는 잘못을 범하지 않고자 할 따름입니다. 감사의 마음으로 우리 나라에서 값지다고 여기는 조그만 물건을 하나 보냅니다. 신부님이 나에게 해 준

자금성 선무문 안의 선무문천주교당. 남당이라고도 함

아담 샬

인토르체타 신부와 꾸쁠레 신부가 쓴 공자의 삶과
저작 (Confucius Sinarum Philosophus)

것에 비하면, 만분의 일에 불과합니다. 안녕히 계시길 기원합니다.」
(소현세자의 첫 번째 서신)

그의 편지는 여기까지다. 물론 편지에는 성상을 되돌려준다는 언
급이 있지만, 이는 그럼에도 이 나라 사람들이 겸손해서 한 말이다.
왜냐하면, 아담 신부가 왕에게 선물을 받으라고 권유하자, 왕은 자신
이 거느리는 내시 한 명을 지명했기 때문이다. 그는 이미 세례를 받
았는데, 그를 제대로 교육해서 곧바로 다시 보내겠다고 했다. 배우기
를 원하는 다른 사람들을 교육하기 위해서였다. 이에 왕은 곧장 답장
을 다음과 같이 보내왔다.

자금성 문연각

「선물을 기꺼이 받겠습니다. 또한 당신의 「예수회」에 속하는 사람을
한 분 모시고 가기를 진심으로 바랍니다. 나와 우리 나라 사람을 가르
칠 사람으로 말입니다. 하지만 함께 갈 사람이 지금은 없습니다. 당
신과 당신의 「예수회」를 대신해 줄 그런 사람 말입니다.」(소현세자의
두 번째 서신)

이런 바람에도, 왕은 결국에는 신성한 법을 전파할 사람들을 키나
(중국)로부터 데리고 가는 꿈을 이루지 못했다. 사람들이 국경을 넘
어 왕국으로 가는 것을 막기 위해 타르타루스 인들이 나중에 국경의
모든 관문을 철저하게 봉쇄해 버렸고, 이에 맞서서 맞은편 지역의 적
들도 국경의 경계를 삼엄하게 지켜버렸다. 그래서 등록된 사람들과
허가 받은 사람들만이 오로지 그 지역으로 나가고 들어오는 것이 허
용되었을 뿐이다. 프란키스쿠스(프란치스코) 수도회 신부들이 육로
로든, 해로로든 다른 지역을 통해서 조선으로의 입국을 시도했지만,
그토록 들어가려 했건만, 모두 실패했다.[14]

두 달 여에 걸친 소현세자와 아담 샬 신부의 만남은 세자의 귀국이 결정되면서 끝이 났다. 대륙정복의 대망을 이룬 도르곤은 8년 동안 볼모 생활을 한 소현세자를 놓아주기로 한다. 소현세자는 「서양학문과 종교를 체계적으로 배우고 돌아오라」고 명하면서 내시 한 명을 아담 샬에 맡긴다. 그리고 순치제와 도르곤의 권유로 명황실의 환관과 궁녀 5명을 데리고 귀국한다. 1644년 11월 26일 베이징을 출발한 세자의 일행은 1645년 1월 18일 서울에 도착한다.

그러나 소현세자는 그 힘든 인질생활을 견디고 귀국한 지 3개월 만인 4월 26일 급사한다. 『인조실록』에는 다음과 같이 기록되어 있다.

> 온몸이 전부 검은 빛이었고, 이목구비의 일곱 구멍에서는 모두 선혈이 흘러나오므로, 검은 멱목으로 그 얼굴 반쪽만 덮어 놓았으나, 곁에 있는 사람도 그 얼굴빛을 분별할 수 없어서 마치 약물에 중독되어 죽은 사람과 같았다. 그런데 이 사실을 외인들은 아는 자가 없었고 상도 알지 못했다.[15]

증상으로 봤을 때 독살이 거의 분명하였으나 인조는 일체 이에 대한 조사를 못하도록 하였다. 장례식도 약식으로 치러버린다.

소현세자에게는 당시 12세였던 장남 석철, 8세였던 차남 석린, 그리고 4세였던 삼남 석견 등 세 아들이 있었다. 소현세자의 뒤를 잇는 것은 왕세손 석철이어야 했다. 그러나 인조는 신하들의 거센 반대를 물리치고 소현세자의 동생 봉림대군을 서둘러 세자에 책봉한다. 장자 상속법을 어기고 차남을 세자에 책봉함으로써 훗날 「예송」의 원인을 제공한다. 이듬해 인조는 며느리 강빈이 자신을 독살하려고 했다는 누명을 씌워 사약을 내린다. 부모를 모두 잃은 자신의 손주들인 소현세자의 세 아들은 모두 제주도로 귀양을 보낸다. 청나라 장수 용

골대가 석철을 불쌍히 여겨 자신이 데려다가 키우겠다고 했으나 석
철은 1648년 11월 2일 제주도에서 장독으로 죽고 둘째 석린 역시
1649년 2월 4일 병으로 죽는다. 셋째 석견만 봉림대군이 효종으로
즉위한 후 살려준다.

인조는 큰아들 소현세자를 정적으로 간주했다. 너무나도 큰 세상
을 보고 많은 것을 배워 온 그가 두려웠다. 소현세자는 500년 조선의
역사에서 그 누구보다도 넓고 큰 세상을 본 사람이다. 청의 인질로 심
양에서 지낸 8년과 베이징에서 지낸 7개월은 청이 조선과 몽골을 복
속시키고 산하이관을 넘어 베이징을 함락시키면서 천하를 제패한 시
기다. 소현세자는 명청교체기라는 역사의 대 전환기의 현장을 직접
목격하였다. 10여만 명에 불과했던 건주여진이 어떻게 경제를 발전
시키고 군사를 정비하고 타민족을 흡수하면서 제국을 건설하였는지
를 옆에서 지켜봤다. 이 모든 것을 직접 체험한 소현세자는 청과 서양
의 문물을 적극적으로 받아들이고자 했다. 반청주의가 뼈까지 사무
쳤던 부왕 인조가 소현세자를 받아들일 수 없었던 이유다.

소현세자는 청의 중원제패의 초석을 놓은 청태종은 물론 중국대
륙을 손수 제패한 예친왕 도르곤 등 청의 최고 지도층과도 막역한 사
이였다. 8년간의 인질생활 중 조선과 청의 관계를 중재하는 어려운
역할을 하면서 소현은 청태종과 도르곤, 순치제 등 최고 실력자들과
개인적인 친분을 쌓고 실력을 인정받았다. 청과의 관계를 최악으로
만든 인조로서는 청의 신임과 지지를 받는 자신의 큰 아들이 정치적
위협으로 보일 수 밖에 없었다.

소현세자가 베이징으로부터 받아온 서적이나 문물에 대한 조선
측의 기록은 일체 남아있지 않다. 소현세자가 만 8년간의 인질생활
을 기록한 『심양일기』에도 그가 베이징에 2개월간 거주하면서 아담
샬 신부를 만나고 교류한 기간인 1644년 8월 19일~1645년 2월 16
일 사이의 기록은 누락되어 있다. 남아 있는 서양의 기록에 의하면 소

현세자는 천주학과 서양의 과학을 조선에 소개하고자 하는 열정을 품고 귀국했다. 조선이 얼마나 닫혀있고 낙후되어 있는지, 조선의 학풍이 얼마나 폐쇄적이고 바깥세상에 대해 무지한지 절감하고 있었다.

그러나 소현세자의 죽음으로 청의 부국강병책과 서구의 첨단 과학문명 등의 새로운 사조가 조선으로 들어올 수 있는 기회는 사라진다. 조선이 청과 관계를 개선하고 교류할 수 있는 기회도 사라졌음은 물론이다. 그리고 아담 샬이 토로하였듯이 중국에서 조선으로 들어가는 모든 길은 철저하게 봉쇄되기 시작한다. 쇄국의 시작이었다.

2. 송시열과 「기축봉사」

병자호란 이후 조선 후반기의 주류사상으로 자리잡은 「숭명반청」, 「소중화」, 「사문난적」 사상은 우암 송시열(尤庵 宋時烈, 1607~1689)이 구축하였다. 송시열은 황종희(黃宗羲, 1610~1695), 고염무(顧炎武, 1613~1682), 왕부지(王夫之, 선산, 船山, 1619~1692) 등과 동시대 인물이다. 그러나 그는 명말청초의 중국 사상과들과는 달리 당시의 난세를 극복하기 위해서는 오히려 주자성리학을 더욱 철저히 지켜야 한다는 결론을 내린다.

송시열은 조선이 청에게 당한 굴욕을 송나라(宋, 960~1279)가 금(金, 1115~1234)에 당한 굴욕에 비교하였다. 여진이 세운 금나라에 북송(北宋, 960~1127)이 무너진 후에도 남송(南宋, 1127~1279)이 중화문명을 지킬 수 있었던 것은 주자와 성리학의 등장 때문이라고 생각했다. 여진이 세운 청과 싸우기 위해서는 조선 역시 주자성리학으로 철저하게 무장하는 길 밖에 없다고 생각했다. 남송의 2대 황제 효종(孝宗, 1127~1194, 재위: 1162~1189)은 금나라를 정벌하여 강북의 실지를 회복하는 「북벌」을 꿈꿨다. 진회에게 억울하게 죽

임을 당한 악비장군의 명예를 회복시킨 것도 효종이었다. 송시열은
청으로부터 받은 굴욕을 잊지 않던 조선의 효종을 보필하여 「북벌」
을 꿈꿨다.

송시열

송시열은 1633년(인조 11년) 사마시에 장원 급제하여 생원이 되었고, 1635년 봉림대군(훗날 효종)을 가르치는 대군사부(大君師傅)가 되었다. 1636년 병자호란이 일어나자 인조와 함께 남한산성으로 피신하여 청군에 끝까지 저항할 것을 주장하였다. 인조가 청태종에게 항복하고 봉림대군이 소현세자와 함께 청의 인질로 심양으로 끌려가자 송시열은 모든 관직을 사퇴하고 낙향하여 학문과 제자양성에 전념한다. 1649년 효종(孝宗, 재위: 1649~1659)이 즉위하면서 대군시절 스승이었던 송시열을 부르자 정계에 복귀한다.

이때 송시열은 당시의 혼란기를 이해하는 시각, 그리고 이에 대한 대응책을 주자성리학에 입각하여 응축, 정리한 「기축봉사」(己丑封事)를 임금에게 바친다.

공자가 『춘추』(春秋)를 지어 대일통(大一統)의 의리를 천하 후세에 밝힌 뒤로 혈기가 있는 부류라면 모두 중국은 존중해야 하고 이적(夷狄)은 추하게 여겨야 할 것임을 알았습니다. 주자가 또 인륜을 추리하고 천리(天理)를 깊이 따져 부끄러움을 씻는 의리를 밝히기를, "(…) 인륜은 천리의 지극함이니 천지의 사이에서 도망할 바가 없는 것이요, 군부(君父)의 원수는 한 하늘 아래 함께 살 수 없는 것이다 (…)" 하였습니다.

우리 태조 고황제(太祖高皇帝, 명 태조 주원장)는 우리 태조 강헌대왕(太祖康獻大王)과 동시에 창업하여 곧 군신(君臣)의 의리를 정하였으니, 소국을 사랑하는 은혜와 충정(忠貞)의 절의가 거의 3백 년 동안 침체되지 않았었는데 불행히도 저번에 추악한 오랑캐가 마구 흉악을 부려 온 나라가 함락되어 당당한 예의지국이 온통 비린내에 더럽혀졌으니, 이때의 일을 차마 어떻게 말하겠습니까. 연이어 갑신년(1644, 인조22)의 변란을 만나서 황경(皇京 베이징)이 전복하여 천하에 임금이 없게 되었으니, 이는 비록 이 오랑캐의 소행이 아니라 하나 시기를 타서 악을 마구 부려 우리의 침묘(寢廟)를 쓸어버리고 우리의 황족(皇族)을 섬멸하였으니, 가슴 아픈 일입니다. 홍광황제(弘光皇帝)에 이르러 남쪽에서 즉위하여 대통(大統)이 존재하고 있으니, 우리나라가 비록 빙향(聘享)의 예를 행한 일은 없으나 이는 우리 신종황제(神宗皇帝)의 골육인데, 군신(君臣)의 큰 의리를 어찌 멀리 있다고 하여 간격을 두겠습니까.

그런데 어찌 하늘이 재앙을 계속 내려 역적 오랑캐가 다시 시역(弑逆)을 자행할 줄을 생각하였겠습니까? 일월(日月)이 비치고 상로(霜露)가 떨어지는 곳에 사는 모든 성명(性命)을 가진 유라면 그들과 한 하늘 밑에 함께 살 수 없는 의리를 가지지 않은 자가 없을 터인데, 더구나 우리나라는 신종황제의 은혜를 힘입어 임진년의 변란에 종사가 이미 폐허가 되었다가 다시 존재되고, 생민이 거의 다 없어질 뻔하다가 다시 소생되지 않았습니까. 우리나라의 풀 한 포기 나무 한 그루, 백성의 머리털 하나까지도 황은(皇恩)을 입은 것입니다. 그렇다면 오늘날 크게 원통해하는 것이 온 천하에 그 누가 우리와 같겠습니까.

그러나 오늘날에 시세를 헤아리지 않고 경솔히 강로(强虜)를 끊다가 원수는 갚지 못하고 화패(禍敗)가 먼저 이르게 된다면, 또한 선왕께서 수치를 참고 몸을 굽혀 종사를 연장시킨 본의가 아닙니다. 삼가 원하건대 전하께서는 마음에 굳게 정하시기를 「이 오랑캐는 군부의 큰 원수이니, 맹세코 차마 한 하늘 밑에 살 수 없다.」고 하시어 원한을 축적하고 원통을 참고 견디며 말을 공손하게 하는 가운데 분노를 더욱 새기고 금폐(金幣)를 바치는 가운데 와신상담을 더욱 절실히 하여 계책의 비밀은 귀신도 엿보지 못하고 지기(志氣)의 견고함은 분육[賁育 고대의 장사 맹분(孟賁)·하육(夏育)]도 빼앗지 못하도록 하여 5~7년 또는 1~2십 년까지도 마음을 늦추지 말고 우리 힘의 강약을 보고 저들 형세의 성쇠를 관찰하소서. 그러면 비록 창을 들고 죄를 문책하여 중원을 쓸어 말끔히 우리 신종황제의 망극한 은혜를 갚지는 못한다 하더라도 오히려 혹 관문(關門)을 닫고 약속을 끊으며 이름을 바꾸고 이치를 밝혀 우리 의리의 온편함을 지킬 수 있을 것입니다. 성패와 이둔(利鈍)은 예견할 수 없더라도 우리가 군신·부자의 사이에 이미 유감이 없다면, 굴욕을 당하고 구차하게 보존하는 것보다 훨씬 낫지 않겠습니까.[16]

중국에서는 명이 멸망하자 지식인들이 주자성리학을 버렸다. 그러나 조선의 주자성리학자의 입장에서 보자면 중국은 오랑캐의 힘에 굴복하고 문명마저 스스로 저버렸다. 대륙에서 문명이 사라지면서 이제 진정한 문명국은 조선밖에 없었다. 송시열은 조선을 「소중화」(小中華)라고 불렀다.

조선은 바다 한 구석에 있다 하더라도 원래부터 예의로써 천하에 알려졌고 천하는 우리를 소중화라고 불렀다.[17]

그것은 조선이 스스로 중화, 즉 주자성리학을 받아들였기 때문이다.

중원 사람들은 아동(我東, 조선)을 가리켜서 동이(東夷)라 한다. 그 호칭은 우아하다고 할 수 없어도 유교를 흥하게 하는 것이 중요하다. 『맹자』에는 순(舜)이 동이 사람이며 문왕이 서이(西夷) 사람이라고 씌어져 있다. 만일 성인, 현인이 되면 아동(조선)이 추(鄒, 맹자가 태어난 곳), 노(魯, 공자가 태어난 곳)가 아니라도 걱정할 필요 없다. 옛날에 칠민(七閩, 중국 복건성)은 남이(南夷)가 모이는 구역이었다. 그런데 주자가 이곳에서 일어나게 되고 나서는 중화예악(中華禮樂)의 땅이라 하더라도 주자에 대해 스스로를 낮출 경우조차 있었다. 전에 이(夷)였던 땅이 지금은 하(夏, 화, 華)로 변화한 것이다.[18]

조선이야말로 위기에 처한 문명의
마지막 보루였다. 조선의 역할과
사명은 자명해졌다.

논어 자한편에는 「사문」(斯文),
즉 「우리의 이 문화, This Culture
of Ours」[19]에 대한 공자의 유명한
대화가 실려있다.

남송의 효종

> 공자께서 광(匡)이라는 곳에서 두
> 려워하는 마음을 품었다. 그때 공
> 자께서 말했다. 「문왕이 이미 세
> 상을 떠나셨으니 문(文)왕이 이 몸
> 에 있지 않겠는가? 하늘이 아마도
> 이 문을 없애려 했다면 뒤에 죽는
> 사람(공자 자신)이 이 문을 체득하지 못했을 것이다. (그런데 이미 나
> 는 이 문을 체득하였으니) 하늘이 이 문을 없애지 않으려 하니 광 땅
> 사람들이 나를 어찌 하겠는가?」[20]

공자가 광이란 지방에 갔을 때 선생의 인상이 당시 범죄를 저지르고
달아난 흉악범과 비슷하다고 하여 그 지방 사람들이 그를 포위했다.
이때 공자의 제자들이 선생의 안위를 걱정하자 공자가 말한다. 자신
이 받들고 보전하려던 「사문」 즉, 주나라의 문명은 그 문명을 창시한
주문왕이 죽고 그가 세운 나라마저 멸망했어도 사라지지 않고 자신에
게까지 전수되었다. 만일 주의 문화가 사라질 운명이었다면 벌써 없
어졌을 것이다. 그러나 문명이 사라지지 않고 공자 자신에게까지 전
수된 것을 보면 이는 하늘이 아직도 주문명, 사문을 버리지 않았다는
뜻이고 하늘이 버리지 않았다면 주문명을 이어가고 있는 공자도 결

코 버리지 않을 것이란 뜻이다.

송시열과 그를 따르던 조선의 주자성리학자들은 자신들이야말로 광에서 적에게 포위되었던 공자와 같은 상황에 처한 것으로 생각했다. 만일 하늘이 「사문」을 버렸다면 자신들도 명과 같이 멸망하였을 것이다. 그러나 하늘이 사문을 버리지 않았기에 조선은 임진왜란 때에도 명의 도움으로 기적같이 사직을 유지할 수 있었다. 뿐만 아니라 명은 오랑캐에게 정복당해 사라졌어도 조선은 멸망하지 않았다. 하늘이 「사문」을 버리지 않았기 때문이다. 사문은 조선에만 남았다.

명의 멸망은 조선의 정치적, 문화적 정체성과 역할을 더욱 명확히 하는 계기가 되었다. 천붕지해의 시대에 조선의 역할은 「사문」에 도전하는 모든 적들, 「사문난적」(斯文亂賊)과 싸워 사문을 지켜내는 것이었다. 그리고 이를 위해서는 「관문」(關門)을 닫고 약속을 끊으며 이름을 바꾸고 이치를 밝혀 우리 의리의 온편함」을 지켜야 했다. 정치적, 사상적 쇄국의 시작이었다.

조선이 명의 멸망 이후에도 「숭명반청」 정책을 고수하고 있음을 일찍이 간파한 청은 조선을 끊임없이 감시하였다. 때로는 반청정책을 꺾기 위해서 조선의 내정에 적극 간섭하기도 하였다. 실제로 영의정 이경석(李景奭, 1595~1671)은 북벌 계획이 청에 알려지면서 위리안치(圍籬安置, 유배된 죄인이 거처하는 집 둘레에 가시로 울타리를 치고 그 안에 가두어 둠)되었고 역시 영의정을 역임한 이경여(李敬輿, 1585~1657)는 두 번이나 청에 억류된다.[21]

그러나 시간이 흐르면서 청은 조선에 더 이상 개입하지 않는다. 중원을 정복한 청은 명의 잔존세력을 평정하기 위하여 1662년 남명이 멸망할 때까지 끊임없이 전쟁을 치러야했다. 또한 강희제 치세의 초기에는 오삼계 등 한족 장수들이 일으킨 삼번의 난(1673~1681)을 평정해야 했다. 청 안보의 가장 큰 외부 위협은 몽골의 오이라트 부족의 분파인 중가르 부족이 몽골과 티베트를 통일하여 세운 중가르(準噶爾)칸 제국이었다. 중가르 칸 제국은 때로는 러시아와 동맹을 맺고 때로는 티베트의 달라이 라마의 지원을 받으면서 중원을 넘봤다. 강희제는 수차례 직접 팔기군을 이끌고 고비사막을 건너 중가르 칸 제국을 정벌하지만, 완전히 평정이 되는 것은 강희제의 손자인 건 룡제때인 1757년에 이르러서다. 청 역시 중국의 역대왕조와 마찬가지로 몽골족과 티벳 등 북방과 중앙아시아의 부족들을 정벌하는 것이 가장 중요한 안보 과제였다.[22] 이러한 상황에서 청은 조선에 신경을 쓸 겨를이 없었다.

3. 숭명반청이념의 체제화

1649년, 명이 멸망한 지 5년 후 인조가 승하하고 효종이 즉위한다. 효종은 청이 중원을 정복한 이후 즉위한 첫 왕이다. 제2대 정종(定宗 1357~1419, 재위: 1398~1400) 이후 처음으로 명의 책봉을 받지 않고 왕위에 올랐고 외국에서 볼모로 지낸 경험을 가진 유일한 왕이기도 했다.[23]

허목

그는 병자호란 당시 부왕인 인조가 당한 삼전도의 굴욕이나 자신이 8년간 심양에 볼모로 잡혀갔던 치욕을 잊지 않았다. 재위기간 동안 군사를 조련하고 북벌에 대한 전략을 장수들과 논의하면서 때를 기다렸다.

그러나 효종은 북벌의 꿈을 이루지 못하고 즉위 10년 만에 승하한다. 효종 재위 중에도 과연 북벌

윤휴

이 얼마나 현실성 있는 정책이었는지는 논란의 여지가 많다. 분명한 것은 효종이 자신의 치세를 북벌을 준비하고 실천하기 위한 것으로 규정했다는 사실이다. 명의 잔존세력인 남명은 1662년까지 명맥을 이어나갔다. 1659년에 승하한 효종으로서는 명의 복원을 완전히 포기할 수 없었다. 효종은 늘 남명의 운명에 관심을 가졌고 이들과 연계해서 명의 재건을 돕는 꿈을 꿨다.

그러나 효종의 승하 후 「북벌론」은 사라진다. 북벌론이 이론적으로나마 살아있을 때는 조선이 명을 도와서 중원을 수복하고 다시 문명 질서를 회복한다는 국가적 목표가 있었다. 그러나 효종이 승하하고 남명이 멸망하자 조선은 명의 부활과 중원 수복이 불가능하다는 현실을 받아들여야 했다. 조선의 정치적, 문명사적 정체성에 대한 재검토는 더 이상 북벌이라는 미명하에 지연시킬 수 없었다. 이때 터진 것이 예송이다.

예송을 주도한 것은 서인(西人)을 대표한 송시열과 남인(南人)을 대표한 허목(許穆, 1595~1682), 윤휴(尹鑴, 1617~1680) 등이었다. 이들은 모두 사림(士林) 출신이었다.[24] 명말청초의 혼란기에는 조선의 많은 지식인이 관직에 나가는 것을 거부하고 재야에 묻혀 수신하는 「산림처사」로 남는 것을 선비의 참된 길이라고 생각했다. 조선이 청에 항복한 굴욕적인 상황에서 과거를 보고 벼슬길에 나설 수는 없었다. 그 대신 세상의 질서를 회복하기 위해 고향에서 학문을 닦고 후학을 양성하는 데 힘쓰고자 하였다.

조선의 조정은 선비들의 이러한 성향을 적극 수용하여 과거를 치지 않는 사림의 대표적인 학자들을 등용하는 정책을 펼쳤다. 하지만 관직에 발탁된 유림의 「산림학사」(山林學士)들은 대부분 잠시 관직에 나아갈 뿐 곧 다시 낙향하여 유림의 지도자 역할을 계속하였다. 이들은 권력보다는 학자로서의 권위를 바탕으로 국정에 비정기적으로 참여하였다. 그럼에도 불구하고 산림학사들을 적극적으로 등용하려는 조정의 정책은 조선 중기 이후 서원이 대거 설립되어 지방 지식인들의 훈련소와 집합소 역할을 하기 시작하고 사림에서 대학자들이 배출되면서 더욱 강화되었다. 송시열, 허목, 윤휴 등은 모두 유림의 지도자로, 대학자로 이름을 떨쳤고 왕의 부름을 받아 간헐적으로 국사에 참여하기도 하였지만 삶의 대부분을 산림처사로 보냈다.

4. 제1차 예송

예송은 1659년 효종이 승하하자 그의 계모인 자의대비(慈懿大妃, 1624~1688)가 효종의 장례를 어떻게 지내야 할 것인가 하는 논쟁에서 촉발되었다. 효종의 부왕인 인조(仁祖, 재위: 1623~1649)는 소현세자와 봉림대군(효종)의 친모인 인렬왕후(仁烈王后, 1594~1636)의 사후 당시 14세에 불과한 장렬왕후(莊烈王后, 재위: 1638~1649)를 새로운 중궁으로 맞이한다. 장렬왕후는 1595년생인 인조 보다는 무려 29살이나 어렸고 효종보다도 5살이 어렸다. 효종이 40세에 승하하자 당시 35세에 불과했던 장렬왕후는 자의대비에 봉해졌고 아들의 상을 치르게 된다. 문제는 왕의 계모가 아들의 초상을 어떻게 치르는가였다.

효종이 승하한 다음날 예조는 아직 왕세자 신분이었던 현종(顯宗, 재위: 1659~1674)에게 『국조오례의』(國朝五禮儀)에는 승하한 왕의 계모가 어떤 상례를 치러야 하는지에 대한 조항이 없음을 아뢴다.[25]

예조가 또 주달하기를, 「자의 왕대비」(慈懿王大妃)가 대행 대왕을 위하여 입을 복제(服制)가 『오례의』에는 기록되어 있는 곳이 없습니다. 혹자는 당연히 3년을 입어야 한다고 하고, 혹자는 1년을 입어야 한다고 하는데, 상고할 만한 근거가 없습니다. 대신들에게 의논하소서.」[26]

그러자 왕세자는 「두 찬선(贊善)에게 모든 것을 문의하라」고 한다. 「두 찬선」이란 당시 이조판서였던 송시열과 우참찬이었던 송준길(宋浚吉, 1606~1672)을 일컫는다. 김장생의 문인이었던 「양송」(兩宋)은 당시 예법의 최고 권위자들이었다. 그 다음날 의정부에서는 전현직 대신들이 모여서 송시열과 송준길의 사회로 이 문제를 논하였고 자의대비가 1년 상을 치를 것을 결정한다. 어머니가 남편의 적자들에 대한 장례를 치를 때는 1년 상을 치른다는 『경국대전』과 『대명률』(大明律)의 규정을 따른 결정이었다.

그런데 『실록』에 의하면 이 결정은 겉보기 보다 훨씬 복잡하고 민감한 논란과 타협의 결과였다.[27] 효종이 승하하자 많은 학자들이 자의대비의 복상문제에 대한 견해를 제시했다.

처음에 국상이 나자 예를 논의하는 자들이 각기 자기 예설을 고집하여 왕대비가 대행 대왕 상사에 당연히 차장자(次長子)의 복으로 3년을 입어야 한다고 말한 자도 있었고, 혹은 임금을 위한 복으로 당연히 참최(斬衰)를 입어야 한다고 말한 자도 있었는데, 참최를 주장한 자는 전지평 윤휴의 예설이었다.[28]

참최복

남인 윤휴는 자의대비의 복상은 여염집 어머니가 죽은 아들의 장례를 치르는 기준을 따라서는 안 되며 임금의 계모는 비록 사사롭게는 어머니라 할지라도 어디까지나 임금의 신하이기 때문에 최고의 애도를 뜻하는 상복인「참최복」(斬衰服)을 입어야 한다고 주장하였다.[29] 참최복이란 가공을 전혀 하지 않은 마포인 극추생마포(極麤生麻布)로 짓는 상복이며 자른다는 뜻의「참」(斬)자가 의미하듯 옷을 일체 꿰매지 않고 자른대로 놓아둔채 시접을 밖으로 나오게 함으로써 일체의 가공도, 장식도 하지 않는 상복이다.[30]

윤휴의 주장은 영의정 정태화(鄭太和, 1602~1673)에게 전달되었고 정태화는 이를 송시열과 의논한다.『실록』은 이 대화를 자세하게 기록하고 있다.

태화가 송시열에게 묻기를,「지금 논의되고 있는 자의전 복제에 관하여 어떻게 해야 되겠습니까?」하니, 시열이 말하기를,「예문에 천자로부터 사대부에 이르기까지 장자가 죽고 차장자가 후계자가 되면 그의 복도 장자와 같은 복을 입는다고 하고서 그 아래에 또 4종의 설이 있는데, 서자(庶子)가 승중(承重)한 경우에는 3년을 입지 않는다고 하였습니다. 옛날 예문대로 말하자면 차장자 역시 서자인데, 위아래의 말이 이처럼 서로 모순이 되고 있으며 또 의거해 정정할 만한 선유(先儒)들의 정론(定論)도 없어서, 이것은 버리고 저것은 취할 수가 없습니다.」하자, 태화가 말하기를,「이른바 4종의 설이란 무엇을 말하는 것입니까?」하니, 시열이 하나하나 들어 해석을 하였는데,「정이불체(正而不體)·체이부정(體而不正)」이라는 대목에 와서 말하기를,「인조의 입장에서 말하자면 소현(昭顯)의 아들은 바로「정이불체」이고 대행 대왕은「체이부정」인 셈입니다.」하자, 태화가 깜짝 놀라 손을 흔들며 말을 못하게 하고 말하기를,「예는 비록 그렇다 하더라도 지금 소현에게 아들이 있는데, 누가 감히 그 설을 인용하여 지금 논의하는 예의 증거로 삼겠습니까?『예경』(禮經)의 깊은 뜻은 나는 깜깜합니다만, 국조 이래로는 아버지가 아들 상에 모두 1년을 입었다고 들었습니다. 내 뜻은 국제(國制)를 쓰고 싶습니다.」하니, 시열이 말하기를,「『대명률』복제 조항에도 그 복제가 기록되어 있습니다. 오늘 그대로 따르더라도 불가할 것이 뭐가 있겠습니까.」하였다. 태화가 국제의 부모가 자식을 위하여는 장자·차자를 가리지 않고 모두 1년복을 입는다는 조항을 채택하여, 자의 왕대비가 대행 대왕을 위하여 1년복을 입게끔 결정하였다.[31]

유교에서는 「예」의 문제를 논할 때 「삼례」라고 일컫는 『의례』(儀禮), 『예기』(禮記), 『주례』(周禮)를 기준으로 삼았다. 그런데 이 예서들이 각기 다른 해석을 내리고 있는 경우들이 종종 있었다. 송시열이 「예문에 천자로부터 사대부에 이르기까지 장자가 죽고 차장자가 후계자가 되면 그의 복도 장자와 같은 복을 입는다」고 한 것은 당(唐)대 예학의 대가인 가공언(賈公彦, 생몰연대 미상)의 해석을 뜻한다. 가공언은 『주례주소』(周禮注疏)에 「모든 본부인의 아들들은 적자다. 장자가 죽으면 차자가 차장자가 되고 장자로 지명된다」고 주장하였다.[32] 이 해석에 의하면 윤휴가 주장한대로 효종이 비록 둘째 아들이었지만 형인 소현세자가 죽음으로써 장자가 되었고 따라서 자의대비는 3년 상을 치러야 했다.

그러나 송시열은 가공언의 주석을 따르지 않는다. 그는 이 해석 외에 「4종의 설」이 있다고 한다. 이는 후한 말의 대학자 정현(鄭玄, 127~200)의 해석을 뜻한다. 정현에 의하면 망자가 비록 적통을 이은 경우라도 삼년상을 치르지 않아도 되는 예외적인 경우가 네 가지가 있다.

　　첫째는 「정이부체」(正而不體) 즉 장자(정, 正)이지만 건강상의 이유로
　　　　대통(체, 體)을 이어 받지 못한 경우
　　둘째는 「체이부정」(體而不正) 즉 후궁을 통해서 얻은 손자(서손)와 같

이 대통을 이어받았으나 장자가 아닌 경우

셋째는 「체이부정」(體而不正) 즉 후궁의 아들(서자)로서 장자가 아니
었음에도 대통을 물려받은 경우

넷째는 「정이부체」(正而不體) 즉, 장손자(정, 正)이지만 대통을 물려받
지 못해 「체」(體)가 아닌 경우 등이다.[33]

송시열은 당시 살아있던 소현세자의 아들 석견을 네 번째 경우, 즉 적
통이지만 왕이 아닌 경우로 분류한 반면 효종은 세 번째, 즉 장자가
아닌 「서자」로 대통을 물려받은 경우로 분류한다.[34] 송시열의 해석에
따르면 효종은 장자가 아닌 「서자」였기 때문에 자의대비는 3년 상이
아닌 1년 상만 치르면 되었다.

송시열은 『의례』도 「서자는 후실의 아들을 뜻한다. 정실의 아들들
은 정자라고 하지만 장자를 제외한 정자들을 「서자」로 부름으로써 후
실의 아들들과 같은 명칭을 갖는다」라고 규정하고 있음을 지적한다.
즉, 장자의 중요성을 강조하기 위해서 장자 외의 모든 아들들은 정실
의 소생이든 후실의 소생이든 「서자」로 부른다고 규정하고 있다. 송
시열에 따르면 효종은 서자였다.[35]

송시열의 주장에 놀란 영의정 정태화는 송시열에게 자신의 논지
를 내세우지 말 것을 강력하게 권유하는 한편 타협안을 제시한다. 그
는 아들이 죽었을 경우 어머니는 「참최복」보다 많이 가공되고 장식
이 달린 「재최」(齊衰)복을 입고 1년 상을 치르면 된다는 『경국대전』
의 조항에 따라 자의대비가 1년 상을 치를 것을 권고하였고 송시열
도 이 타협안에 동의한다. 자의대비가 1년 상을 치러야 한다는 송시
열의 입장에서는 그 이유가 무엇이든 자신의 입장이 관철된 셈이었
다. 그러나 이 타협안으로 인해 효종이 장자인지 서자인지의 문제는
해결되지 않는다.

윤휴는 이 결정에 크게 반발한다. 그는 왕위 계승자가 장자인지,

서자인지를 구분하는 것 자체가 잘못되었다고 생각했다. 윤휴는 적통과 정통은 분리할 수도 없고 분리해서도 안 되는 것이라고 한다. 일반 여염집의 예법을 왕실에 적용하는 것 자체가 잘못되었다는 주장이었다. 왕이라면 왕실 내에서의 서열에 관계없이 대통을 이어 받았다는 사실 그 자체만으로 최대 애도의 표현인 「참최복 3년」 상의 예를 갖춰야 한다고 주장한다.

> 『의례』경문(經文)에 「아버지가 장자(長子)를 위해 참최(斬衰)를 입는다.」하였는데, 그 전(傳)에 「적장자(適長子)가 정체(正體)가 되고 또한 장차 전중(傳重)할 것이기 때문이다.」라고 하였다. 정(正)이라 말한 것은 부부의 소생이기 때문이고 체(體)라 말한 것은 부자가 계승하는 것이기 때문이며 중(重)이라 말한 것은 장차 조종(祖宗)의 종통(宗統)을 받아 후대에 전할 것이기 때문이니, 그렇다면 첫째 아들이 아니더라도 적처(嫡妻)의 소생으로서 조종의 종통을 계승할 사람은 모두 정체라 말할 수 있고 장자라 말할 수 있는 것으로서 예경의 뜻이 실로 분명한 것이다 (...) 그렇다면 정서(正庶)의 뜻을 여러 경서(經書)에 고증해 보건대 더욱 믿을 수 있고, 바로 소(疏)에 이른바 「둘째 아들을 세웠더라도 또한 장자라고 하며 삼년복을 입는다.」라고 한 것으로서 그 뜻이 바뀔 수 없는 것이다.[36]

윤휴는 자신의 생각을 허목에게 전달한다. 당시 사헌부 장령이었던 허목은 1660년 3월, 자의대비의 1년 상이 채 끝나기도 전에 이 결정이 잘못된 것임을 지적하는 상소를 올리면서 역시 3년 상을 주장한다.

> 소현(昭顯)이 이미 세상을 일찍 뜨고 효종이 인조의 둘째 장자로서 이미 종묘를 이었으니, 대왕 대비께서 효종을 위하여 재최 3년을 입어야 할 것은 예제로 보아 의심할 것이 없는 일인데, 지금 강등을 하여

기년 복제로 한 것입니다. 대체로 3년의 복은 아버지를 위하여 입는데 아버지는 지극히 높기 때문이고, 임금을 위하여 입는데 임금도 지극히 높기 때문이며, 장자를 위하여 입는데 그가 할아버지 아버지의 정통을 이을 사람이고 또 앞으로 자기를 대신하여 종묘를 맡을 사람이므로, 그것을 중히 여겨 그런 것입니다. 지금 효종으로 말하면 대왕대비에게는 이미 적자인 것이고 또 조계(祖階)를 밟아 왕위에 올라 존엄한 「정체」인데, 그의 복제에 있어서는 「체이부정」으로 3년을 입을 수 없는 자와 동등하게 되었으니, 어디에 근거를 두고 한 일인지 신으로서는 모를 일입니다.[37]

허목은 윤휴와 같이 3년 상을 주장하였지만 그는 또 다른 논리를 제시한다. 허목은 효종의 상례를 어떻게 치러야 하는 문제는 효종이 장자인지 서자인지만 결정하면 된다고 생각했다. 다만 그는 가공언의 『주례주소』에 의거해서 효종이 부왕의 적통을 이어받은 「차장자」라고 주장하였다. 차자로 태어났지만 형이 죽고 대통을 이어받으면서 장자가 되었다는 것이다. 따라서 자의대비는 장자인 효종을 위해서 3년 상을 치러야 한다고 주장한다. 그러나 「참최복」이 아닌 「자최복」을 입어야 한다고 주장한다. 「자최복」이란 「가장 자리를 꿰멘」 상복으로서 「참최복」에 비해서 조금 더 가공되었다. 가장 덜 가공된 참최복 대신 자최복을 주장한 이유는 모친상을 당한 아들이 참최복 3년 상을 치르기 때문에 어머니가 아들의 상을 당한 경우 이보다 더 경건한 상을 치러서는 안 된다는 것이었다.

허목의 상소를 읽은 현종이 자의대비의 상복과 상기간을 다시 논할 것을 명하자 전국적으로 격론이 벌어진다. 송시열은 끝까지 자신의 입장을 고수한다. 그는 장자가 죽어서 차자가 상속하는 경우는 장자가 어려서 죽어서 손이 없을 경우에만 해당된다고 주장한다. 소현세자와 같이 이미 아들들을 낳고 죽은 경우에는 장자의 장자가 대통을 이어야 된다는 것이다. 만일 그렇지 않고 작은 아들이 장자의 자리를 이을 경우에는 「정체」 즉 「정통」이 둘이 생기는 모순이 발생한다는 것이다. 그리고 그 아들이 또 죽을 경우에는 아버지나 어머니가 참최 3년 상을 두 번 연달아 치르는 모순이 발생할 수 있다고 주장한다. 이는 「정통」이 둘이 있을 수 없으며 참최 3년 상을 같은 이유로 두 번 치를 수 없다는 「무이통, 부이참」의 원칙을 위반하게 된다는 것이었다.

남인이었던 윤선도(尹善道, 1587~1671)는 송시열의 이러한 주장에 대해 강력하게 반발한다.

신이 선왕이신 효종 대왕 상사를 듣고 대왕 대비 복제에 대하여 『예경』을 상고하였더니, 성인이 위하신 뜻이 사실은 할어버지와 체(體)가 되고 있음에 있고, 또 성인이 예를 만들면서도 사실은 천리에 근원을 두고 종통(宗統)을

윤선도의 친필 서신

정하자는 뜻이어서, 당연히 재최 3년으로 하는 것이 너무나 분명한 일이요, 의심할 것도 없는 일이었습니다 (...) 「적, 嫡」이라는 것은 형제 중에서 적우(嫡耦)할 사람이 없다는 칭호이고, 「통, 統」이라는 것은 물려받은 사업을 잘 꾸려가고, 서물(庶物)의 으뜸이 되며, 위에서 이어받아 후대로 전한다는 말인데, 차장자를 세워 후사를 삼았으면 적통이 다른 데 있을 수 있다는 것입니까? 차장자가 아버지의 가르침을 받고 하늘의 명령을 받아 할아버지의 체로서 살림을 맡은 뒤에도 적통이 되지 못하고 적통은 오히려 타인에게 있다고 한다면, 그게 가세자(假世子)란 말입니까? 섭황제(攝皇帝)란 말입니까?[38]

그러나 현종은 윤선도의 상소를 읽지 않는다.
그러자 송시열의 제자인 승지 김수항(金壽恒,
1629~1689)이 현종에게 윤선도의 상소문이
악의적인 것이라고 한다.

> 금방 부호군 윤선도 상소가 정원에 도달하였
> 는데 그 상소 내용을 보았더니, 예를 논한다

김수항

> 는 핑계로 마음 씀씀이가 음흉하였고, 어지러울 정도로 남을 속이고
> 허풍을 치면서 조금도 거리낌이 없었습니다.

현종은 상소를 읽어보지도 않은 채 윤선도를 함경도 삼수로 유배를
보낸다. 결국 1차 예송은 자의대비의 1년 상으로 결론이 난 채 종결
되었다.

그 이후에도 윤휴를 필두로 한 남인들은 줄기차게 상소를 제기한
다. 남인들은 송시열과 송길준 등 서인들이 효종의 정통성에 의문을
제기하였다는 사실을 지적하면서 「양송」이야말로 「거국」, 즉 나라를
거부한 자들이라고 비판한다. 그들은 서인들이 왕실의 권위를 지키
는 대신 국왕의 가족서열이나 따지고 있다고 비판하면서 「가국부동
례」(家國不同禮), 즉 가족과 왕실의 예법은 다를 수 밖에 없다고 주장
한다. 윤휴는 자의대비로 하여금 3년 참최상이 아닌 3년 자최상을 치
르도록 주장한 허목도 사대부 집안의 예법을 왕실에 적용하는 오류를
범하는 것으로 왕실의 권위를 해치는 것이라고 주장한다.

1666년에는 경상도의 유림 1천 명이 복례에 관련한 자신들의 입
장을 상세하게 열거한 장문의 공동상소를 올려 자의대비의 상례를 바
로 잡아 왕실의 정통성을 세울 것을 간한다.

> 아, 우리 선왕(先王)의 복제가 잘못된 것을 어찌 차마 말할 수 있겠습

니까. 예에 대한 논의가 한번 어긋나자 종적(宗嫡)이 폐괴(廢壞)되고 윤기가 도치되어 군신·부자간에 차서를 잃지 않은 것이라고는 하나도 없게 되었으니, 아, 이게 어찌 작은 일이겠습니까.[39]

그러자 이번에는 성균관의 유생들이 반대상소를 올린다.

신들이 삼가 경상도 생원 유세철 등이 올린 소의 내용을 보건대, 윤선도(尹善道)를 조술(祖述)하여 사림(士林)에게 화를 전가하려는 계획입니다. 성조(聖朝)가 이미 정해 놓은 대례(大禮)를 8년이나 지난 뒤에 건방지게 논하였는데, 그 속셈의 흉악함과 세운 논리의 어긋남이 선도보다 백배나 심하였습니다. 이것이 어찌 신하로서 차마 볼 수 있는 것이며 또한 감히 말할 수 있는 것이겠습니까.[40]

관학인 성균관의 유생들과 사학인 유림이 벌인 이 대 논쟁은 조선 정치사의 일대 전환점이었다. 이와 같은 전국적인 차원의 논쟁은 처음이었다. 그 이전에도 유림과 유생들이 공공담론에 참여한 적은 있으나 주로 지역의 특정한 이슈들이나 지엽적인 주제들에 관한 것이었다. 그러나 예송은 왕실의 권위와 국가체제에 대한 것이었다. 예송을 통해 지방의 유림과 성균관의 유생들은 처음으로 자신들이 국가차원의 논쟁에 참여할 수 있는 주체로 생각하게 되었고 상소는 유림과 유생들의 입장을 표명할 수 있는 대표적인 언로로 점점 그 효능성과 중요성을 인정받게 되었다.[41]

송시열은 자신의 입장 때문에 그처럼 전국적으로 격론이 벌어진 것에 대하여 누차 사과하지만 효종이 정통이 아니고 따라서 적통이 아니라는 자신의 입장에서는 끝내 한 발자국도 물러서지 않는다.

5. 제2차 예송

1674년에는 제2차 예송이 터진다. 이번에는 효종의 중전이었던 인선대비(仁宣大妃, 1619~1674)가 승하하자 그때까지도 살아있던 자의대비의 복상문제가 다시 제기된다. 부인에 대한 복상은 남편의 지위에 따르기 때문에 인선대비에 대한 복상은 곧 효종에 대한 복상을 따를 수 밖에 없었다. 『국조오례의』에 따르면 며느리에 대한 복상은 큰며느리인 경우 1년, 그 아래의 며느리의 경우에는 9개월로 명시되어 있었다.[42]

예조는 인선대비에 대한 9개월 복상을 결정한다. 효종이 「서자」였기 때문이다. 당시 정권을 잡고 있던 서인들이 결국 송시열의 주장에 따라 효종이 장자가 아니고 따라서 정통이 아니라는 사실을 다시 한 번 확인한 것이다.[43]

14년 전의 1차 예송 때는 효종이 장자인지, 즉 「정체」인지 아닌지의 문제를 명확하게 가리지 않고 넘어갈 수 있었다. 송시열과 송준길은 장자가 아니라고 하였고 허목은 장자라고, 윤휴는 대통을 이어 받았으면 정통이라고 주장하였지만 일단 정실의 아들인 경우에는 장남이나 차남이나 구분 없이 1년 복상이라는 『경국대전』의 조항에 따라 자의대비가 1년 상을 치렀기 때문이다. 그러나 1674년 제2차 예송 때는 자의대비가 아들이 아니라 며느리인 인선대비의 상을 치러야 했다. 더 이상 효종이 장자인지 아닌지의 문제를 얼버무릴 수 없었다.

현종은 처음에는 자신의 모후가 장자의 부인으로서의 예우를 받는 것으로 생각하고 이를 받아들였다. 그러나 남인들은 격렬하게 반대하였다. 결국 서인들이 효종을 서자로 규정하고 그의 정통성을 부정하였다는 사실을 지적한 남인 도신징(都愼徵, 1604~1678)의 상소를 현종이 본다.

일찍이 국가에서 제정한 예에 따라 기해년에는 큰아들에게 기년복을 입어주었는데, 반대로 지금에 와서는 국가에서 제정한 뭇 며느리에게 입어주는 복을 입게 하면서 『예경』에 지장이 없다고 하였으니 그 의리가 후일에 관계됩니다. 왜냐하면, 대왕 대비의 위치에서 볼 때 전하가 만일 뭇 며느리한테서 탄생한 것으로 친다면 전하는 서손(庶孫)이 되는데, 대왕 대비께서 춘추가 한이 있어 뒷날 돌아가셨을 경우 전하께서 대왕 대비를 위해 감히 중대한 대통을 전해받은 적장손(嫡長孫)으로 자처하지 않을 수 있겠느냐는 것입니다. 예로부터 지금까지 중대한 대통을 이어받아 종사의 주인이 되었는데도 적장자나 적장손이 되지 못한 경우가 과연 있었습니까. 전하께서 적장손으로 자처하신다면 양세(兩世)를 위해 복을 입어드리는 의리에 있어서 앞뒤가 다르게 되었으니 천리의 절문에 어긋나지 않습니까.[44]

그동안 벌어지던 예송의 전말을 처음으로 제대로 파악한 현종은 진노한다. 부왕인 효종의 정통성을 부정한 것은 곧 자신의 정통성을 부정한 것이었다. 격분한 현종은 모든 신하들의 저항을 누르고 결국 자의대비의 1년 복상을 관철시킨다. 그러나 현종은 이로부터 불과 1개월 후 승하한다.

6. 예송의 3가지 논점

예송은 맹목적인 권력투쟁이나 당파싸움이 아니었다. 이를 가장 확실하게 보여주는 것은 효종과 양송, 즉 송시열, 송준길의 관계였다. 예송의 당파적 구도를 살펴보면 송시열과 송준길 등 서인은 효종의 정통성을 부인하였고 남인인 허목, 특히 윤휴는 효종의 정통성을 강하게 두둔하고 있다. 실제로 송준길은 소현세자가 죽자 그의 아들이 왕위를 계승해야 한다고 하면서 봉림대군이 효종으로 대통을 잇는 것을 비판하였다. 그러나 효종의 재위기간 동안 정권을 장악한 것은 서인이었다. 그들은 북벌을 준비하는 효종을 극진히 보필하였고 효종의 각별한 총애를 받았다. 효종과의 개인적인 관계도 각별했다. 송시열은 봉림대군이 심양에 인질로 끌려가기 전, 그리고 송준길은 봉림대군이 왕위에 오르기 전 대군사부로 효종을 직접 가르쳤고 세자시강원(世子侍講院) 찬선(贊善)으로 현종을 세자 시절부터 가르쳤다.

송시열와 송준길을 위시한 서인들은 소현세자의 아들을 왕위에 앉히려는 역모를 꾀한 적도 없고 그럴 의도도 없었다. 효종이나 현종에 대한 송시열과 송준길의 충성심을 의심하는 사람은 아무도 없었다. 남인인 허목이나 윤휴도 송시열과 송준길이 효종의 정통성을 부정하는 것을 극렬하게 비판하였지만 이들이 역심을 품고 있다고 주장하지는 않았다. 「양송」에 대한 현종의 생각도 각별하였기에 이들에게 1차 예송 때 모든 결정을 맡겼다.

효종과 송시열이 서로를 얼마나 각별하게 생각했는지는 그들의 유명한 「독대」에서도 알 수 있다. 조선에서는 3대 태종 이후 왕이 국사를 논할 때는 무조건 사관 두명이 입시하여 기록을 하였다. 사관이 왕과 신하들의 대화를 속기로 기록한 「사초」는 왕의 사후 다음 왕이 조정의 중신들로 구성된 위원회를 만들어 공식적인 『실록』을 만들고 그 이후 「사초」는 흐르는 물에 씻어서 없애버렸다. 왕들은 재위기간 자신의 모든 대화를 기록한 사초를 볼 수 없었음은 물론 전대의 실록도 볼 수 없었다. 실록은 참조할 필요가 생기면 사관들만이 실록 보존소인 「사고」에 보내 열람할 수 있었다. 투명한 정치를 위한 장치였다. 따라서 왕과 신하가 사관들 없이 둘만이 밀담을 나누는 「독대」란 있을 수 없었다. 그런데 조선의 역사상 두 번의 「독대」가 있었고 그 중 가장 유명한 것이 효종과 송시열의 독대, 「악대설화」(幄對說話)였다.[45] 효종과 송시열의 관계는 그만큼 각별했다. 효종 승하를 가장 애

통해 하고 효종의 비문을 쓴 것도 송시열이었다.

그렇다면 송시열과 송준길을 비롯한 서인들은 왜 효종의 정통성을 부정하였나? 효종 살아생전 왕을 그토록 극진히 보필하였고 왕의 총애를 한몸에 받았으며 왕의 승하를 그토록 애통해 했던 송시열과 송준길은 왜 두차례에 걸친 예송에서 효종의 정통성을 그토록 끈질기게 부정하였나? 그것은 예송이 사적인 관계나 당파간의 이익을 둘러싼 논쟁이 아닌 난세에 재정립해야 할 국가의 대계에 관한 사상적, 이념적 논쟁이었기 때문이다.

예송의 핵심 논점은 세 가지였다. 첫째는 왕실과 사대부 집안의 관계, 둘째는 왕실과 국가의 관계, 그리고 셋째는 조선의 정통성의 근거였다.

첫 번째 논점은 왕실이 사대부 집안과 근본적으로 같은가, 따라서 사대부집안의 예법을 따라야 하는가 아니면 전혀 별개의 범주에 드는 특별한 집안인가 하는 문제였다. 조선의 왕실은 개국초부터 종법제도를 도입하는 데 적극적인 역할을 하였다. 그러나 역설적으로 조선의 왕실은 대통을 잇는 문제에 있어서는 종법제도를 엄격하게 따르지 않았다. 장손이 왕위를 계승하는 경우는 극히 드물었다. 사대부 집안에서는 장손이 죽으면 차남이나 다른 동생들이 대를 잇는 대신 양자를 들여서 장손의 대를 잇도록 하는 종법제도가 자리를 잡아 가고 있었다. 일반 양반집에서는 서출인 경우에는 아무리 뛰어난 자식이라도 결코 대를 이을 수 없었다.

그러나 왕실에서는 장남 대신 차남이나 그보다 더 어린 동생들이 왕위를 계승하는 경우가 허다했다. 후궁의 아들이 대통을 잇는 경우도 흔했다. 태종은 다섯째 아들이었고 세종은 셋째, 세조는 차남, 성종은 세조의 장남인 의경세자의 차남, 중종은 성종의 차남, 명종은 중종의 차남, 선조는 명종의 이복조카로 서자 출신이었고 광해군은 선조의 서자 출신 차남, 인조는 선조의 서손, 효종은 차남이었다. 조선의 왕실은 주자성리학의 핵심인 종법제도상으로는 도저히 받아들일 수 없는 방식으로 왕통을 이어가고 있었다.

그렇다면 왕실은 일반 사대부나 평민들과 같이 종법제도를 준수해야 하는가? 주자성리학 근본주의자들이었던 송시열과 송준길은 왕실도 당연히 종법제도를 철저하게 따라야 한다고 보았다. 왕실이라고 예외일 수는 없었다. 왕실이 오히려 모범을 보여야 한다고 생각했다. 그렇기에 이들은 효종이 정통일 수 없다고 주장하였다. 효종이 정통임을 인정하는 순간 종법제도는 무너진다고 생각했다. 반면 허목은 효종이 대통을 이어받은 이상 장자로 보아야 한다고 주장했다. 왕위를 계승하는 것은 사대부집안에서 대를 잇는 것과는 다른 차원의 문제이며 따라서 왕실에는 독자적인 기준이 있어야 한다고 생각했다.

예송의 둘째 논점은 왕실 내에서도 가족구성원들이 왕을 군주로 대할 것인가, 아니면 집안에서만큼은 일반집에서 아들을 대하듯이 대해야 하는가 하는 문제였다. 왕실내에서는 대원군이든 대비든 아무도 왕에게 하대를 할 수 없었다. 그렇다면 가족들은 왕을 대할 때 다른 백성들과 마찬가지로 군주로 모셔야 하는가, 아니면 왕이기 때문에 존대는 하지만 대비와 왕의 관계는 여염집의 어머니와 아들관계와 같은가? 왕이 대비에 대해 효도하는 모습은 공적인 차원에서 보든 사적인 차원에서 보든 바람직한 일이다. 그러나 그렇다고 해서 대비와 왕의 관계가 과연 사적인 모자 관계와 같은가?

윤휴는 국왕과 가족들의 관계를 일차적으로 군신관계로 보았다.[46] 왕실의 구성원들은 대비를 포함해서 모두 왕의 신하들이다. 왕은 자식이거나 손자, 남편이기 이전에 군주였다. 왕실은 철저하게 공적인 기관이었다. 왕실에서 하는 모든 행위는 공적인 것이어야만 했다. 송시열을 비롯한 서인들이 왕실도 일반 사대부집안과 같은 법도를 따라야 한다고 주장하는 것과 정면으로 배치되는 입장이었다.

예송의 셋째 논점은 명이 사라진 세상에서 조선왕실의 정통성은 누가 부여할 것인가의 문제였다. 즉, 조선이라는 나라의 정통성을 어디에서 찾아야 하는가라는 「국체」(國體)논쟁이었다. 이것이 예송이 제기한 가장 중요하고 근본적인 문제였다.

송시열은 명이 멸망한 이후에도 조선의 정체성은 주자성리학과 주자성리학을 가장 완벽하게 체현했다고 생각한 명에 근거를 두어야 한다고 믿었다. 그는 주자의 성리학이야말로 이상적인 문명의 모습을 담아낸 사상이라고 생각하였고 그에 보충을 하거나 거기에서 벗어나는 것은 곧 문명에서 이탈하는 것으로 간주하였다. 명은 성리학의 이상향을 완벽하게 구현한 체제였기에 명의 모든 제도와 예법, 복식까지도 그대로 보전하는 것만이 문명을 지키는 길이라고 생각하였다.[47]

실제로 송시열은 살아 생전 일상생활에서도 철저하게 명의 의복과 의식만을 고집했다. 정계에서 은퇴한 후 은거지로 삼은 곳도 「화양동」(華陽洞)이라 이름 하였다. 화양동이란 중국(華)의 빛(陽)이 비치는 곳이라는 뜻이다. 또한 「화양구곡」(華陽九曲)은 주자가 중국 무이산(武夷山)의 아름다움을 노래한 「무이구곡」(武夷九曲)을 따라서 이름을 지었다. 송시열은 끝까지 청 황제들의 연호 대신 명의 마지막 황제인 의종의 연호인 「숭정」을 사용하였다. 그의 사후에는 제자들이 화양동에 만동묘를 세워 완리/만력제와 숭정제를 제사 지냈다.

반면 허목과 윤휴는 조선이 멸망한 명과는 상관없이 독자적인 정체성과 체제를 갖고 있고 앞으로도 그렇게 나가야 한다고 생각했다. 이들은 조선이 독자적인 문명으로 설 수 있는 길을 찾았고 명과 주자성리학보다는 선진시대와 선진유학에서 새로운 문명의 기반을 모색하였다. 허목과 윤휴는 조선이 이미 기자(箕子)를 통해서 문명의 근원

중국 푸지엔성의 무이산

화양구곡

에 닿아있는 나라이기 때문에 굳이 주자나 명나라로부터 문화적 정체성을 획득하고자 노력할 필요가 없다고 주장한다. 허목은 한에서 당, 송, 명에 이르는 중국의 역대왕조들이 문명을 완성하기보다는 오히려 이상적인 고대 문명으로부터 퇴화했다고 주장한다.[48]

당 나라는 실속이 없는 형식만을 숭상하여 군사(軍事)를 거칠고 사나운 무부(武夫)의 직무로 여겨, 사대부(士大夫)들은 할 만한 가치가 없는 것처럼 여겼고, 임금들도 국가의 운명이 군사에 달려 있는 것으로서 충성스럽고 현명한 인재를 구하여 맡길 줄을 알지 못했다 (...)
송 나라는 문관, 무관을 두 길로 나누고서 장수에게 명하는 권한을 더욱 두 사람에게 맡길 수 없는 것을 알지 못했다. 정강(靖康)의 변에 충사도(种師道)를 대장(大將)으로 삼고 이방언(李邦彦)이 계모를 주관하게 하였고, 건염[建炎 남송(南宋) 고종(高宗)의 연호]의 전쟁에 악비(岳飛)를 총융사(摠戎使)로 삼고 진회(秦檜)가 그의 행동을 제지하게 하였는데 어떻게 패하지 않을 수 있었겠는가 (...)
명 태조(明太祖)의 뛰어난 총명으로 전대(前代)의 일을 거울로 삼는 데 있어 무슨 일인들 살피지 않으며 어떠한 환란인들 방지하지 않겠는가. 그런데 환관들에게 있어서는 마치 나무의 뿌리가 길고 튼튼하여 줄기와 가지가 잘 자라게 한 것처럼 했을뿐더러 환란을 방지한다는 것이 환란의 계제가 되게 하였으니 이러한 것이 어찌 천운이 아니겠는가. 이리하여 명 나라의 환관들은 천하에 있어 임금이고 신하가 아니었으며 천자에게 있어 직무를 대리하는 자이고 보필하는 자가 아니었으니, 양련(楊漣)이 이른바 「황상(皇上)은 명칭뿐이고 위충현(魏忠賢)이 실제의 황상이다.」라고 한 것이 참으로 사실을 기록한 말인 것이다 (...)
옛날 선왕(先王)의 정치는 향(鄕)과 수(邃)에서 시작되어 조정에 통하여 천하에 미쳤는데 진(秦) 나라 때 상앙(商鞅)이 옛 제도를 변경하고 학문을 폐지하고서 간편한 정치를 하자 향정(鄕政)이 먼저 무너지게 되었다. 한(漢) 나라, 당(唐) 나라 때에는 당시 임금과 재상들이 세도(世道)를 정돈하려는 뜻을 갖기도 하였으나 그들도 또한 옛날 제도를 회복시키는 도리가 향정에 근본해야 하는 것임을 알지 못했다. 이리하여 인륜이 상실되고 백성들이 곤궁해지며 뛰어난 인재가 기용되지 못하여 옛날 선왕의 정치가 천하에 시행되는 것을 끝내 다시 보지 못하게 되었다.[49]

허목과 윤휴는 주자를 위대한 학자로 보았지만 유학을 완성시킨 「성자」라고 생각하지는 않았다. 허목은 오히려 주자가 집주한 『사서』(四書)보다는 『육경』(六經)을 높이 쳤고 공자의 글과 사상을 능가하는 학자는 그 이후에 아무도 없었다고 주장한다.[50]

『육경』이란 성인이 하늘의 뜻을 이어받아 표준을 세우고 만물의 도리를 이해하여 사업을 성취시켜 주는 글로서 천지의 지극한 가르침입니다. 그러므로 공자가 『춘추』를 지었을 때 자유(子游)와 자하(子夏)의 무리가 한마디 말도 거들지 못했던 것입니다. 게다가 성인의 문장은 아득한 옛날의 일을 말한 것이어서 아는 사람이 적었으며, 기자(箕子)의 시대는 공자보다 500여 년이 앞선 데다 은(殷)나라 사람은 질박한 것을 숭상하여 그 문장이 매우 예스럽고 심오하여 이해하기 어려우니, 그보다 윗세대의 것이야 말해 무엇하겠습니까 (...) 어떤 사람이 성인의 책을 읽고 성인의 일을 배워서 자신을 경술(經術)에 박식하다고 자부하고, 남들도 그를 그런 사람으로 대우하는데, 그가 폄론(貶論)하는 것이 성인의 말이고 훼손하는 것이 성인의 책이라면, 잘은 모르겠습니다만, 성인의 말을 모욕하는 사람이겠습니까, 성인의 말을 두려워하는 사람이겠습니까.[51]

윤휴는 허목보다도 한 걸음 더 나갔다. 그는 주자의 유교해석에 직접 도전한다. 윤휴는 『대학』과 『중용』에 대한 주석을 자신이 직접 달으면서 주자도 했으니 자신도 후학으로서 얼마든지 주석을 달 수 있는 일이라고 주장한다.

> 천하의 이치가 한 사람의 지혜로 두루 알 수 있는 것이 아니고 보면, 그 얻은 것을 미뤄나가고 소유한 것을 발휘하여 말을 가려서 하고 생각을 깊이 해서 선왕(先王)의 도를 밝혀 이것을 천하와 함께 하는 것이 또 어찌 성현의 마음이며 학자의 일이 아니겠는가?[52]

그는 숙종의 거듭된 부름에 결국은 응해서 입조를 하면서도 임금에게 「공자」(孔子)의 이름을 휘(諱)하는 것은 부당하다」고 하였으며 「『논어』(論語)의 주(註)를 읽을 것이 없으며 대문(大文)도 또한 많이 읽을 것이 못되고 다만 수십 번만 읽으면 된다」면서 주자의 집주를 더 이상 사용하지 말 것을 권고한다.[53] 이로 인하여 그때까지 윤휴를 높이 평가하던 송시열은 그를 「사문난적」으로 규정하고 그를 부를 때 「적휴」, 즉 「나의 적 휴」, 또는 「도적 휴」라고 불렀다.[54]

이처럼 송시열, 허목, 윤휴는 조선의 문화적 정체성은 물론 그 근거를 어디에 둘 것인가에 있어서도 견해를 달리했다. 이론적 준거점마저 다른 이들은 왕권과 국체의 문제에 있어서 이견을 보인 것은 당연했다.

7. 주자성리학 근본주의와 도통이론

숭명반청론(崇明反淸論)과 체이부정론(體而不正論)은 「도통이론」(道統理論)에 기반한다. 주자성리학은 도통(道統)과 왕통(王統)을 구분한다. 도통은 성인들이 세운 이상적인 도덕적 질서다. 왕통은 현실 세계의 권력질서다. 주희는 『중용장구서』(中庸章句序)에서 이 개념을 처음으로 설파한다.

> 대저 상고의 성신께서 하늘을 이어 극을 세우신 이래로 도통의 전승이 스스로 유래가 있게 되었다. 그 경전에 보이는 것으로 이야기할 것 같으면 「진실로 그 중을 잡아라!」는 요임금께서 순임금에게 왕위를 물려줄 때에 해주신 말씀이다. 그리고 「인심은 위태롭고, 도심은 은미하니, 정밀하게 생각하고 한결같이 행동하여, 진실로 그 중을 잡을지어다」는 또한 순임금께서 우임금에게 왕위를 물려줄 때에 해주신 말씀이다.[55]

도통은 요임금이 순임금으로 양위하면서 세운 전통이다. 요순은 부자지간도 아니요, 같은 왕실 출신도 아니었다. 요임금은 왕위를 물려줄 사람을 아들이나 손자 중에서 찾지 않고 신하들에게 가장 적합한 사람을 찾을 것을 명하였고 신하들이 추천한 순에게 왕위를 물려줬다. 요가 순을 선택한 것은 그가 왕실출신이었기 때문이 아니라 왕이 될 충분한 자격을 갖춘 성인이었기 때문이다. 도통은 성인에서 성인으로 이어지는 전통이다.

> 이로부터 성인과 성인이 계속 이어졌다. 은나라를 개창한 성탕, 주나라를 개창한 문왕, 무왕 같은 임금들, 그리고 고요, 이윤, 부열, 주공, 소공과 같은 신하들이 이미 모두 이 한마디로써 도통의 전승을 이으셨던 것이다.[56]

주자는 도통이 훌륭한 신하들을 통해서도 이어질 수 있음을 분명히 하고 있다. 이뿐이 아니다. 도통은 왕이나 신하도 아닌, 아무런 권력도 갖지 못한 공자와 같은 학자를 통해서도 이어질 수 있다.

그리고 우리 선생님 공자로 말할 것 같으면, 비록 그렇게 세상을 움직일 수 있는 위를 얻지는 못했다 할지라도 지나간 성인들의 도를 계승하여 앞으로 올 학인들을 위하여 새로운 길을 열었다는 의미에서는, 그 공이 오히려 요임금, 순임금을 뛰어넘는다고 말할 수 있다.[57]

그러나 공자가 이어받은 도통은 그 맥이 끊기기 시작한다. 공자의 손자 자사는 도통이 끊기는 것을 걱정하여 『중용』을 지었고 다행히 맹자가 나타남으로써 도통이 잠시 이어질 수 있었지만 맹자의 사후 도통은 끊어지고 만다.

이로부터 또다시 전하여져서 맹자와 같은 위대한 사상가가 배출되기에 이르렀다. 맹자는 이 중용을 잘 미루어 밝히어 선성의 도통을 제대로 계승하였다. 그러나 그가 몰하매, 드디어 그 전승이 사라지고 말았다 (...) 그러는 동안 이단의 설은 날로 새로워지고 달로 융성하게 되어 노불의 무리가 설치는 데 이르게 되었으니, 이들의 학설은 매우 이치가 정연한 듯이 보이기 때문에 더욱 오도의 진실을 크게 그르치게 되었다.[58]

다행히 남송대에 이르러 정호(程顥, 1032~1085), 정이(程頤, 1033~1107) 형제가 출현하여 다시 그 도통을 잇게 되었고 주희 자신이 이 도학(道學)을 집대성하기에 이르렀다.

그러나 다행스럽게도 이 책이 민멸되지 않았다. 그러하기 때문에 정호와 정이, 두 정부자 형제께서 나오시어 중용에 관하여 고찰하시는 바 있어 1천년 동안 전해지지 않았던 도통의 실마리를 다시 잇는 것이

가능해졌고, 또 중용에 확고히 근거하시는 바 있어 도가와 불가, 이가의 사이비를 물리치는 것이 가능해졌다.[59]

송시열은 도통이론을 전적으로 수용한다. 그는 도통이란 성인간에 선양을 통해서 이어질 수도 있고 왕보다도 훌륭한 신하들을 통해서도, 또 아무런 정부 직책이 없는 유림의 학자를 통해서도 전수된다고 생각했다. 특히 공자 이후로는 오히려 순수학자들이 도통을 제대로 이어받았다고 생각했다. 조선의 유림이 정몽주를 문묘에 배향하고 「사육신」을 복권한 것은 이들이 비록 태조 이성계와 세조에 맞섰고 정권을 잡지는 못했지만 「도통」을 이어받은 진정한 「정통」이라는 뜻이다. 송시열이 사육신의 복권에 앞장선 것은 우연이 아니다. 따라서 「왕통」과 「도통」, 정치권력과 도덕적 정통성은 별개였다. 송시열이 유림에 남아 있으면서 왕의 천거에 의해 마지못해 간헐적으로 출사한 것도 자신과 같은 산림처사들이 도통을 잇고 있다는 자부

정이

정호

심의 표현이었다. 주자성리학자의 가장 중요한 임무는 도통을 이어 가는 것이었다.

송시열은 명나라가 도통을 완성한 문명이라고 생각했고 조선이 그 도통을 이어받았다고 생각했다. 명나라가 사라진 상황에서 도통을 잇는 방법은 조선이 명의 문명을 그대로 보존하는 것이었다. 비록 청의 강력한 무력에 굴복할 수 밖에 없었고 청조에 조공을 바칠 수 밖에 없었지만 청을 「정통」이라고 할 수는 없었다. 그 앞에서는 머리를 조아리고 신하의 예를 갖추지만 돌아서서는 진정한 문명국이었던 명을 끝까지 기렸다. 어차피 도통이 무너졌어도 왕통은 늘 이어져 왔다. 도통이 사라진 세상에도 왕위계승은 계속되고 왕조도 바뀌었다. 청이 대륙의 왕통을 이었다고 해서 도통을 이어받은 「정통」일 수는 없었다.

송시열은 이러한 도통의 논리를 조선의 왕실 계승문제에도 그대로 적용한다. 그가 볼 때 만일 왕위를 계승했다고 해서 누구나 「정통」임을 인정받는다면 이는 도통과 왕통을 구별 못하여 도통이 끊어지는 결과를 낳을 수밖에 없다고 믿었다. 효종이 둘째 아들로서 왕위를 계승함으로써 왕통을 이어받은 것은 부정할 수 없는 사실이었다. 그러나 그렇다고 해서 그가 「정통」을 계승했다고 할 수는 없었다. 명이 멸망하고 청이 중원을 차지하였지만 정통은 여전히 명에 있었다. 청은 「서자」에 불과했다. 권력은 잡았지만 정통일 수는 없었다.

반면 허목과 윤휴는 멸망한 명을 모든 문명의 기준으로 간직할 필요가 없다고 보았다. 조선의 사정에 따라, 시대의 변화에 따라 새롭게 문명의 기준을 만들어 나가야 한다고 생각했다. 허목은 조선의 왕이 새로운 정통과 문명의 기준이 되어야 한다고 생각했다. 조선의 왕은 작은 아들이든 서자든 왕인 이상은 최고의 예를 갖춰야만 하는 대상이었다. 윤휴는 왕실과는 별개인 독립된 조선이라는 국가가 그 정통과 문명의 기준이라고 주장했다.[60] 윤휴는 이를 위해서는 주자성리학의 「정통」을 부정할 정도로 파격적이었다.

조선은 송시열의 해석을 받아들인다. 주자성리학은 문명의 완성을 기한 철학체계이며 명나라는 주자성리학을 완벽하게 구현한 왕조로 정의한다. 주자에 대한 일체의 비판은 금지된다. 예송을 통하여 종법제도의 적용에는 왕실이고 여염집이고 예외가 없음을 확인하고 근본주의적인 주자성리학 질서 수립에 더욱 박차를 가한다. 대외적으로는 청의 문물이 조선에 들어오지 못하도록 정치적, 사상적 쇄국정책을 시행한다. 청나라가 강희제에서 건륭제에 이르기까지 소위 「강건의 치」(康乾之治)를 이루면서 한나라 시대의 「문경의 치」(文景之治)와 당태종의 「정관의 치」(貞觀之治)에 버금가는 정치적, 경제적, 문화적 융성기를 맞지만 조선은 이를 모두 오랑캐의 것으로 배척한다.

조선 후기의 숭명반청 이념은 다양한 방법으로 표출된다. 명대에 조공을 바치러 가는 사절단은 「조천」(朝天), 즉 조정에 알현하러 간다고 하였으나 청대에 들어서는 단순히 「연행사」(燕行使), 즉 「연경에 가는 사절단」이라고 이름하여 격하시켰다.[61] 청의 사신들을 「호차」(胡差), 즉 「오랑캐 칙사」라고 불렀고 숙종은 청의 강희제를 「북인」이라고 불렀다.[62] 숙종은 1704년 12월(숙종 30년) 창덕궁에 「대보단」(大報壇)을 설치하여 명의 태조(홍무제), 신종(만력제), 의종(숭정제)을 기린다.

중국에서는 청이 모든 중국인에게 여진족의 복식은 물론 변발마저 강요하자 조선은 자신들만이 명의 복식을 유지하고 있다는 사실을 자랑스럽게 여긴다.[63] 명으로부터 도입한 주자성리학에 입각한 예법과 제도, 복식은 모두 중국에서는 사라진 문명의 가장 구체적인 증거로서 조선이 마지막 문명국의 자존심을 걸고 지켜내야 하는 것들이었다. 영조도 「중주」(中州)가 이적의 판국으로 변하였고 예의가 청구(靑丘)에만 유독 남아 있으니, 이는 바로 뜻 있는 선비가 통탄하며

울어야 할 처지이다」며 명의 태조(홍무제)와 마지막 황제인 의종(숭정제)에게 제사를 지냈다.[64]

조선이 청에 대해 이러한 감정이 있음을 안 청 역시 조선과의 왕래를 최소화한다. 매년 세 번씩 요구하였던 연행사도 일 년에 한 번으로 줄이고 연행사는 청이 정해준 길을 따라 여행을 해야 했고 조금도 그 길을 벗어나는 것은 허락되지 않았다. 베이징에 머무는 동안에도 연행사의 일거수일투족을 감시하였고 한족과 만나는 것은 철저하게 통제하였다. 조선과 만주 접경지역에는 300km가 넘는 벼랑과 울타리를 만들어 사람의 왕래를 막았다. 이 장벽은 버드나무 목책으로 축조되었었기에 「유조변」(柳條邊)이라 불렸다. 남쪽으로는 조선, 북쪽으로는 몽골, 서쪽으로는 요동과 거대한 벽을 쌓아 만주족의 발원지인 만주에 조선인이나, 한인, 몽골인들이 들어오지 못하도록 하였다. 조선과 청 사이에 배로 왕래하는 것은 아예 금지되었다.

조선을 향한 청의 쇄국정책은 조선도 기꺼이 받아들인다. 시간이 갈수록 조선은 청국과의 교류를 최소화한다. 시간이 흐르면서 청은 조선 연행사에 대한 통제를 완화시켰으나 조선은 오히려 한양에 오는 청의 사신이 외부와 접촉하는 것을 더욱 철저히 차단했다. 심지어는 먼바다에서 고기를 잡는 것도 금지하고 국내의 정보를 외국인에게 알리는 것도 불법화시켰다.[65]

8. 주자성리학 근본주의와 남존여비사상

병자호란과 명의 멸망 이후 조선에 뿌리내리기 시작한 주자성리학 근본주의는 조선 여성들의 사회, 경제적 지위를 격하시킨다. 고려시대에는 물론, 조선 초기까지만 해도 여성들의 지위는 상대적으로 높았다. 시집 대신 장가 가는 전통적인 결혼제도와 가족제도, 상속제도가 아직도 유지되면서 많은 여성들이 경제권을 유지하고 있었고 오히려 남자들이 경제적으로 처가에 의존하는 경우가 많았다.[66] 그러나 정부의 강력한 정책에 힘입어 종법제도가 뿌리내리고 남성 씨족 중심의 정치, 경제, 사회, 문화 구조가 정착되면서 여성들의 지위는 낮아지기 시작한다.

조선 여성의 지위가 격하되는 결정적인 계기는 병자호란이었다. 병자호란 당시 청군에 몸을 더럽힐까봐 자결한 조선의 여인들은 수없이 많았다. 남한산성에 피신해 있던 인조가 청태종에게 항복할 것인지를 고민하는 동안 강화도가 함락되자 수많은 여인이 바다에 몸을 던졌다. 당시의 상황을 「여인들의 머릿수건이 바다에 떠 있는 것이 마치 연못 위의 낙엽이 바람을 따라 떠다니는 것 같다」고 할 정도였다. 그러나 많은 여인들은 침략군들에게 겁탈당하고 포로로 잡혀서 만주로, 몽골로 끌려가 첩으로, 노예로 끔찍한 삶을 살아가야 했다.[67] 이들 대부분은 다시는 고향 땅을 밟지 못했다.

소수지만 구사일생으로 도망치거나 몸값을 치르고 풀려 나와 고향으로 돌아온 「환향녀」(還鄕女)들도 있었다.[68] 그러나 극한적인 상황을 뚫고 고향으로, 가족의 품으로 돌아온 이들을 기다린 것은 멸시와 냉대, 차별뿐이었다. 대부분의 조선 남성들은 온갖 고초를 겪고 간신히 살아 돌아온 여인들을 지켜주지 못한 것에 대한 죄책감을 느끼거나 감싸주기는커녕 정절을 지키지 못하고 살아 돌아온 것을 죄악시하였다.

신풍부원군 장유(張維, 1587~1638)는 1605년(선조 38년) 향시(鄕試)에 장원을 하고 1609년(광해군 1년) 문과에 급제하여 우의정에 오른 조선 중기의 명신이자 효종의 장인이었다. 그의 딸은 봉림대군과 결혼하여 풍안부부인에 봉해지고 심양에서 8년간 볼모 생활을 하고 귀국한 후 소현세자가 급사하고 봉림대군이 효종으로 즉위하면서 왕비가 된 인선왕후(仁宣王后, 1619~1674)다. 장유의 아들이자

인선왕후의 오빠 장선징(張善澂, 1614~1678)은 승지를 지낸 한이겸(韓履謙, ?~?)의 딸과 결혼하였다. 장선징의 아내 한씨는 강화도가 함락되면서 청군에 포로로 잡혀 심양에 끌려갔다 속환(贖還)되어 돌아왔다. 그러자 장유는 예조에 다음과 같은 청원을 한다.

외아들 장선징이 있는데 강도(江都)의 변에 그의 처가 잡혀 갔다가 속환되어 와 지금은 친정 부모집에 가 있다. 그대로 배필로 삼아 함께 선조의 제사를 받들 수 없으니, 이혼하고 새로 장가들도록 허락해 달라.[69]

그러자 장유의 사돈 한이겸 역시 자신의 딸이 포로로 잡혀갔다가 속환되어 왔는데 사위가 다시 장가를 들려고 한다며 원통함을 호소한다. 예조는 인조에게 다음과 같이 제안한다.

사로잡혀 갔다가 돌아온 사족의 부녀자가 한둘이 아니니, 조정에서 반드시 십분 참작하여 명백하게 결정한 뒤에야 피차 난처한 걱정이 없을 것입니다. 사람이 부부가 된다는 것은 중대한 데 관계되는 일이니, 대신에게 의논하소서.

인조가 대신들을 불러 이 문제를 논의하자 좌의정 최명길(崔鳴吉, 1586~1647)이 자신의 견해를 밝힌다.

사로잡혀 갔던 부녀자에 관한 일에 대해서 지난해 비국의 계사 중에는 옛일을 인용하여 증명하면서 끊어버리기 어렵다는 뜻을 갖추어 진달하였으며, 상께서도 별도의 전교가 계셨습니다. 신풍 부원군 장유는 이를 모르지 않을 것인데, 장계를 올려 진달한 것이 이와 같으니, 반드시 소견이 있어서 말한 것입니다. 신이 고로(故老)들에게 들으니, 선조조에 임진년 왜변이 있은 뒤에 전교가 있었는데, 지난해 성상의 전교와 서로 부합된다고 하였습니다. 그 말을 자세히 기억할 수는 없지만 여항에서 전하는 바로 말한다면, 그때 어떤 종실이 상소하여 이혼을 청하자 선조께서 허락하지 않으셨으며, 어떤 문관이 이미 다시 장가를 들었다가 아내가 쇄환되자 선조께서 후취 부인을 첩으로 삼으라고 명하였으며, 그 처가 죽은 뒤에야 비로소 정실부인으로 올렸다고 합니다. 이외에도 재상이나 조관(朝官)으로 사로잡혀 갔다가 돌아온 처를 그대로 데리고 살면서 자식을 낳고 손자를 낳아 명문 거족이 된 사람도 왕왕 있습니다. 이 어찌 예는 정(情)에서 나오는 것이므로 때에 따라 마땅함을 달리 하는 것으로서 한 가지 예에 구애 되어서는 안 되기 때문이 아니겠습니까.

신이 전에 심양에 갔을 때 출신 사족으로서 속환하기 위해 따라간 사람들이 매우 많았는데, 남편과 아내가 서로 만나자 부둥켜 안고 통곡하기를 마치 저승에 있는 사람을 만난 듯이 하여, 길 가다 보는 사

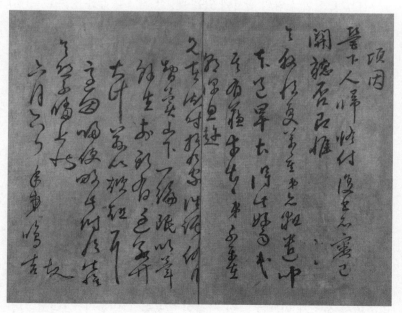

최명길의 글씨

람들이 눈물을 흘리지 않는 사람이 없었습니다. 부모나 남편으로 돈이 부족해 속환하지 못하는 사람들은 장차 차례로 가서 속환할 것입니다. 만약 이혼해도 된다는 명이 있게 되면 반드시 속환을 원하는 사람이 없게 될 것입니다. 이것은 허다한 부녀자들을 영원히 이역의 귀신이 되게 하는 것입니다. 한 사람은 소원을 이루고 백 집에서 원망을 품는다면 어찌 화기를 상하게 하기에 충분치 않겠습니까. 신이 반복해서 생각해 보고 물정으로 참작해 보아도 끝내 이혼하는 것이 옳은 줄을 모르겠습니다.

그리고 한이겸의 딸에 관한 일은 별도로 의논할 필요가 없습니다. 신이 심양으로 갈 때에 들은 이야기인데, 청나라 병사들이 돌아갈 때 자색이 자못 아름다운 한 처녀가 있어 청나라 사람들이 온갖 방법으로 달래고 협박하였지만 끝내 들어주지 않다가 사하보(沙河堡)에 이르러 굶어 죽었는데, 청나라 사람들도 감탄하여 묻어주고 떠났다고 하였습니다. 또 신이 심양의 관사에 있을 때, 한 처녀를 값을 정하고 속(贖)하려고 하였는데, 청나라 사람이 뒤에 약속을 위배하고 값을 더 요구하자 그 처녀가 돌아갈 수 없음을 알고 칼로 자신의 목을 찔러 죽고 말았습니다. 이에 끝내는 그녀의 시체를 사가지고 돌아왔습니다. 가령 이 두 처녀가 다행히 기한 전에 속환되었더라면 반드시 자결하지는 않았을 것입니다. 비록 정결한 지조가 있더라도 누가 다시 알아주겠습니까. 이로써 미루어 본다면 전쟁의 급박한 상황 속에서 몸을 더럽혔다는 누명을 뒤집어 쓰고서도 밝히지 못하는 사람이 얼마나 많겠습니까. 사로잡혀 간 부녀들을 모두 몸을 더럽혔다고 논할 수 없는 것이 이와 같습니다. 한이겸이 상언하여 진달한 것도 또한 어찌 특별히 원통한 정상이 있어서 그런 것이 아니겠습니까.[70]

최명길은 임진왜란 직후에도 정절을 잃은 유부녀들의 문제를 처리하면서 선조가 이혼을 금한 사실이 있음을 확인한다. 그리고 이번에도 같은 방식으로 문제를 정리하는 것이 옳다고 간한다. 만일 속환녀들을 시집에서 받아주지 않는다면 누가 돌아오려고 노력하겠는가 묻는다. 수많은 조선의 여인들이 「전쟁의 급박한 상황」 속에서도 정절을 지키려고 목숨을 끊었고 포로로 잡혀가서도 정절을 끝까지 지킨 경우가 많은데 확인할 방법도 없는 상황에서 몸을 더럽혔다는 누명을 씌워 모두 이혼한다는 것이 과연 옳은 일이냐고 따진다. 인조는 일단 최명길의 손을 들어주어 장유의 아들이 한이겸의 딸과 이혼하는 것을 불허한다.

그러나 『실록』은 곧 이어 다음과 같이 기록하고 있다. 「그러나 이 뒤로는 사대부집 자제는 모두 다시 장가를 들고, 다시 합하는 자가 없었다.」 즉, 조선의 양반 남자들은 속환녀들을 모두 내쳤다. 그 이유는 「사신」(史臣)의 코멘트에서 볼 수 있다. 「사신」이란 『실록』을 적고 있는 사관을 뜻하는데 『조선왕조실록』은 경우에 따라 이들의 개인적인 견해도 적도록 허락하였다.

사신은 논한다. 충신은 두 임금을 섬기지 않고 열녀는 두 남편을 섬기지 않으니, 이는 절의가 국가에 관계되고 우주의 동량(棟樑)이 되기 때문이다. 사로잡혀 갔던 부녀들은, 비록 그녀들의 본심은 아니었다고 하더라도 변을 만나 죽지 않았으니, 절의를 잃지 않았다고 할 수 있겠는가? 이미 절개를 잃었으면 남편의 집과는 의리가 이미 끊어진 것이니, 억지로 다시 합하게 해서 사대부의 가풍을 더럽힐 수는 절대로 없는 것이다. 최명길은 비뚤어진 견해를 가지고 망령되게 선조(先朝) 때의 일을 인용하여 헌의하는 말에 끊어버리기 어렵다는 의견을 갖추어 진달하였으니, 잘못됨이 심하다. 당시의 전교가 사책(史冊)에 기록되어 있지 않아 이미 증거할 만한 것이 없다. 설령 이런 전교가 있었다고 하더라도 또한 본받을 만한 규례는 아니니, 선조 때 행한 것이라고 핑계하여 오늘에 다시 행할 수 있겠는가? 선정(先正)이 말하기를 「절의를 잃은 사람과 짝이 되면 이는 자신도 절의를 잃는 것이다.」하였다. 절의를 잃은 부인을 다시 취해 부모를 섬기고 종사(宗祀)를 받들며 자손을 낳고 가세(家世)를 잇는다면, 어찌 이런 이치가 있겠는가. 아, 백년 동안 내려온 나라의 풍속을 무너뜨리고, 삼한(三韓)을 들어 오랑캐로 만든 자는 명길이다. 통분함을 금할 수 있겠는가.[71]

몇 주 후에 부제학 이경여 등이 다시 다음과 같은 상소를 올린다:

포로로 잡혀갔던 여자들은 본심이 아니었으니, 그들에게 목숨을 버려 죽지 않은 것을 책할 수는 없다 해도 남편의 집안에서 볼 때 이미 대의(大義)가 끊어진 것이니, 어찌 강제로 다시 결합하게 하여 사대부의 가풍을 더럽힐 수 있겠습니까? 국가에서 그렇게 하는 것이 비록 그들이 의지할 데 없음을 가엾게 여겨 제 살 곳을 찾게 하고자 한 것이지만 보고 듣는 이들이 의혹하여 원근이 떠들썩하니 풍속을 해침이 작지 않습니다. 비록 일제히 이혼하게 하는 것은 불가하더라도 재취(再娶)하거나 그대로 데리고 살거나 하는 것은 마음대로 하게 하는 것이 마땅할 것 같습니다.[72]

송시열 역시 효종에게 바친 『기축봉사』에서 이 문제를 논한다.

신은 또 상고하건대 정자가 이르기를, 「실절(失節)한 여자를 취하여 배필로 삼으면 이는 벌써 자신이 실절한 것이다.」하였습니다. 정축년 변란 초에 실절한 부인을 그 남편으로 하여금 버리지 못하게 하였으니, 이는 실절을 가르친 것입니다. 법을 의롭게 제정했더라도 오히려 악이용될까 걱정인데, 이런 식으로 법을 만드니, 어떻게 백성을 방지하겠습니까? 삼가 듣건대 장선징(張善澂) 집에 실절한 부인의 소생이 있는데, 상신(相臣)이 그와 혼인을 의논했다 하니, 추잡함이 막심합

니다. 대신이 이와 같기 때문에 조정이
날로 격하되고, 임금의 위세가 날로 강
하되니, 매우 두렵습니다.[73]

장선징은 부인 한씨와의 사이에 아들이
있었다. 그 소생은 필시 병자호란 이전
에 태어났을 것이니 「실절」하기 이전의
일이었다. 그러나 송시열은 그 후에 「실
절」한 한씨 부인의 소생이라고 하여 혼
사가 오고 갔다는 사실 자체를 「추잡」
하다고 한다.

『양주십일기』 중의 삽화

9. 『양주십일기』의 기록

그런데 실제로 당시 청의 군사들이 조선 여인들의 정조관념에 대
해 어떻게 생각하고 있었는지를 보여주는 중국 측 기록이 있다. 청이
베이징에 입성한 이후에도 곳곳에서 청에 반대하는 세력들이 저항을
계속 한다. 그 중 양쯔강 하류의 대도시 양저우(楊州, 양주)는 남명황
제 홍광제에 충성하는 군사들이 지키고 있었다. 청의 군사를 이끌고
있던 누르하치의 15째 아들 예친왕 도도(多鐸)는 양저우를 본으로 삼
기 위하여 양저우 함락 직후 주민 학살령을 내린다. 1645년 5월 20
일, 성이 함락되면서 시작된 학살은 10일간 이어졌다.

이 당시 학살에서 구사일생으로 살아남은 왕수초(王秀楚)는 당시
의 경험을 『양주십일기』(揚州十日記)라는 글로 남겼다. 이 글은 당시
의 참상을 적나라하게 묘사하고 있으며 훗날 청 말기에 쑨원(孫文, 손
문, 1866~1925) 등이 반청 정서를 일으키기 위하여 널리 보급하면

서 유명해졌다. 그런데 이 글에 놀라운 구절이 나온다.

> (청의) 군사들은 사람들에게 자주 말했다. 「우리가 고려(조선)를 정복했을 때는 수만 명의 여자를 포로로 잡았다. 그러나 그중 단 한 명도 정조를 잃지 않았다. 그런데 중국 같은 대국 여자들은 어찌 이리 수치심을 모르는가?」[74]

조선 여성들의 정조관은 병자호란 때 조선을 유린한 청의 병사들에게도 강한 인상을 남길 만큼 철저한 것이었다. 수없이 많은 여성이 강에 몸을 던지고 불속에 뛰어들고 절벽에서 뛰어내리고 칼로 자신을 찌르면서 정절을 지켰다. 그들을 겁탈하려던 침략군이 놀라고 기억할 정도였다. 그러나 조선의 남자들은 이 여인들을 속박하고 천시하고 버린다.

병자호란 이후 조선 조정은 열녀의 발굴에 집착한다. 조선 전기인 태조부터 명종(明宗, 1534~1567, 재위: 1545~1567)까지 175년간 실록에 수록된 「절부」의 숫자는 270명이었다.[75] 반면, 조선 후기인 선조(宣祖, 1552~1608, 재위: 1567~1608)에서 순종까지 344년간에는 870명이 기록된다.[76] 특히 정묘호란과 병조호란을 겪은 인조(仁祖), 1595~1649, 재위: 1623~1649)대에는 202명에 이른다.[77] 조선 전기와 후기의 차이는 비단 숫자만이 아니다. 조선 전기에는 재혼을 거부하는 것 만으로도 「절부」가 될 수 있었다. 그러나 후기에는 그보다는 위기 상황에서 순절을 지키고 남편을 따라서 죽는 「종사형」 절부가 많아졌다.[78]

그런데 사실 근본적인 문제는 조선 여성들의 정조라기 보다는 조선 남성들의 절의의 부재였다. 임진왜란과 병자호란을 겪으면서 사대부 중에는 「군신 간의 의리를 꿀벌만큼도 생각지 않은 자가 많았다.」[79] 임진왜란 당시 전라도관찰사, 충청도관찰사, 황대도관찰사를 역임하면서 의병을 모아 일본군을 상대로 혁혁한 전공을 세웠던 이정암(李廷馣, 1541~1600)은 난중에 조선의 남자들보다 여자들의 처신에서 진정한 「절의」를 보았음을 실토한다.

> 선비가 세상에 태어나 옛사람의 글을 읽고 옛사람의 절의를 사모하여 평소에는 큰 소리 치면서 「의에 죽고 구차히 살기를 원하지 않는다」고 말한다. 그러나 국가가 위험하고 어려운, 전쟁으로 빼앗고 약탈하는 때를 만나면 목숨을 버리고 의리를 취하는 자가 백 중 한둘도 없는 법인데, 부인이나 처녀들 중에는 반대로 그렇게 할 수 있는 사람들이 간혹 있으니 나는 이를 우리 가문의 세 절부에게서 보았다.[80]

무기력하고 속수무책이었던 조선의 남성들은 자신들이 지켜주지 못해 정절을 잃었거나 잃었다고 의심이 가는 여인들을 가차 없이 내쳤다. 「절의」라는 명분하에, 「사대부의 가풍」을 지키기 위해 나라를 지키지 못한 자신들의 책임은 모두 묻어버린 채 외적에게 겁탈당한 여성들에게 모든 책임을 돌렸다. 조선 후기의 주자성리학 근본주의는 전쟁에서 적군에게 유린당한 여성의 정절 문제를 여성의 책임으로 돌리면서 여성에 대한 사회적 억압과 냉대를 정당화시키는 한편 남존여비 사상을 심화시키기 시작한다.

비숍 여사

결과는 조선 여성 지위의 급격한 추락이었다. 병자호란이 일어난 지 250년 후인 1895년 조선을 방문하여 『조선과 그 이웃들, *Korea and Her Neighbours*』이라는 저서를 통해 당시 조선의 사회상에 대한 상세한 기록을 남긴 비숍여사(Isabella Bird Bishop, 1831~1904)가 목격한 조선 여성들의 삶은 참혹했다.

농촌 여성의 삶에 즐거움이란 없다. 그의 삶은 고역일 뿐이다. 유일하게 고역에서 벗어날 수 있는 길은 며느리를 보면서 그에게 그 고역을 전가하는 방법뿐이다. 서른 살에 이미 쉰 살로 보이고 대부분 마흔이면 이가 다 빠진다. 자신을 예쁘게 치장하고픈 욕망도 아주 이른 나이에 사라져버린다. 그의 생각이 반복되는 일상에서 벗어나는 일은 거의 없지만 있다면 땅과 하늘에 수없이 많이 살고 있다고 믿는 유령들에게 치성을 드려야 하는 여자의 특별한 의무를 수행할 때 뿐이다.[81]

여성들을 가둬놓는 전통은 5백 년 전 현재의 왕조에 의해서 시작되었다. 그 당시에는 가족을 부패한 사회로부터 보호하기 위해서 시작되었다고 한다. 그 전통이 오늘날까지도 지속되고 있는 것은 한 조선사람이 허버 존스 씨에게 솔직히 털어놓았듯이 조선 남자들이 자신들의 부인을 믿지 못해서라기보다는 서로를 믿지 못하기 때문이라고 생각된다. 이는 어찌 보면 당연한 일이다. 왜냐하면 조선의 도시 사람들과 상류층의 부도덕성은 상상을 초월한다.[82]

달레 신부에 의하면 우발적으로 또는 의도적으로 외간 남자들이 손을 만졌을 경우 딸들은 아버지들 손에, 부인들은 남편들의 손에 죽었고 자살을 하는 경우도 있었다. 최근에는 한 하녀가 자신이 모시는 젊은 아씨를 불길에서 구하려고 시도조차 하지 않고 죽도록 방치한 사건이 있었는데, 그 이유를 묻자 불이 난 혼란 속에 어느 외간 남자가 자신의 아씨를 만졌고 따라서 살릴 필요가 없어졌기 때문이라고 하였다![83]

제2부 - 제4장
천주교의 도전

1. 예와 신앙

2. 이익: 주자성리학과 천주교의 만남

3. 주자학적 금욕주의와 천주교의 침투

4. 정약용과 상제의 역할

5. 신앙으로써의 천주교

6. 강희제와 교황 클레멘트11세의 제례논쟁

7. 조선의 전례논쟁과 제사거부

8. 천주교 박해의 시작: 신유박해

9. 황사영 백서 사건

10. 파리 외방선교회와 조선 선교의 시작

11. 기해박해와 프랑스함대의 출현

제2부 - 제4장

천주교의 도전

　조선은 병자호란 후 「반청숭명」사상을 채택한다. 명이 멸망한 후에는 문명의 마지막 보루로서 「소중화」(小中華)를 자처한다. 청이 주인이 된 대륙과의 교류는 「연행사」를 제외하고는 철저하게 끊는다. 이런 조선에 「서학」(西學)이라는 이단이 전파되기 시작한다. 닫힌 조선의 내부에서 서양의 이단이 자생적으로 뿌리를 내리기 시작한 것은 충격이었다. 더구나 서학은 학문에 그친 것이 아니라 「천주교」라는 신앙의 형태로 뿌리를 내리기 시작한다. 그리고 이러한 이단을 받아들인 것은 다름아닌 주자성리학의 보루인 사대부들이었다. 「정통」을 체현하고 지켜야 할 사대부들이 일부나마 이단에 빠졌다는 사실은 조선의 견고한 주자성리학 체제에 균열이 생기기 시작했음을 뜻했다.

　마테오 리치(Matteo Ricci, 중국명 이마두 利瑪竇, 1552~1610)의 『천주실의』를 비롯한 천주교 관련 서적들은 이미 조선에 전해지고 있었다. 이수광(李睟光, 1563~1628)은 1611년 주청사(奏請使)로 베이징에 갔을 때 마테오 리치를 만나 『천주실의』등 천주교 서적을 직접 받아온 바 있다. 청나라는 물론 조선도 효종 때 공식적으로 받아들인 「시헌력」(時憲曆, 숭정력(崇禎曆)이라고도 함)도 요한 슈렉(Johann Schreck, 중국명: 등옥함 鄧玉函, 1576~1630), 아담 샬(Johann Adam Schall von Bell, 중국명: 탕약망 湯若望, 1591~1666)등 천주교 신부들이 고안한 것이었다.　그러나 이러한 접촉만으로 조선의 학자들 사이에서 천주교에 대한 깊이 있는 관심이 촉발된 것은 아니다.

조선에서 천주교에 대한 본격적인 연구를 시작한 것은 성호 이익(星湖 李瀷, 1681~1763)이었다. 이익의 관심은 어디까지나 중국에서 유행하고 있던 「서학」이라는 학문에 대한 것이었다. 그러나 천주교의 교리에 대해서는 불교와 유사한 유치한 미신으로 여기며 철저하게 비판하였다. 성호의 제자 중 신후담(愼後聃, 1702~1761), 안정복(安鼎福, 1712~1791)등은 천주교에 대한 스승의 비판적 관점을 계승한다. 그러나 역시 성호의 학맥을 이은 정약용(丁若鏞, 1762~1836), 권철신(權哲身, 1736~1801)등은 천주교를 긍정적으로 받아들이기 시작한다. 조선 주자성리학의 정통인 퇴계의 학문을 이은 남인들이 천주교를 본격적으로 받아들인 것이다. 역설이 아닐 수 없다.

급기야 교황청의 제사 금지령에 따라 사대부들이 제사를 거부하고 조상의 신주를 불태우는 사태까지 벌어지자 천주교는 「소중화」의 핵심인 주자성리학을 전면적으로 거부하는 사학(邪學)으로 규정된다. 「황사영백서 사건」(1801)과 이양선(異樣船)의 출몰로 조선 지도층은 천주교도를 외세의 앞잡이, 조선의 체제와 국가를 위협하는 세력으로 단정한다.

1. 예와 신앙

조선 건국 초기에는 국가가 불교와 무속에 대한 대대적인 탄압을 주도했다. 주자성리학을 전파하기 위해서였다. 그러나 불교나 무속이 조선 사회에서 뿌리 뽑힌 것은 아니었다. 불교의 교리나 무속의 신앙이 이단으로, 미신으로 지탄받고 승려와 무속인들은 천민의 신분으로 전락하였으나 이들 종교가 완전히 금지된 것은 아니었다.[1] 조선 후기에 이르면 사대부들도 불교와 무속을 찾곤 했다.

조선이 제한적으로나마 불교와 무속을 용인한 것은 유교 특유의 성격 때문이었다. 유교의 핵심은「예」(禮)다. 유가에서는 예가 바로 세워질 때 비로소 이상사회가 건설될 수 있다고 보았다. 예란 구체적으로「삼례」(三禮)로 불린『주례』(周禮),『의례』(儀禮),『예기』(禮記)에 실려 있는 인간관계를 규정하는 행동 규범, 즉「예의범절」이었다. 유교 국가의 정통성은 삼례에 담긴 예를 얼마나 정확히 제정하고 실행하느냐에 달렸었다.[2]

예를 올바로 시행하기 위해서는「삼례」에 의거한 올바른「예악형정」(禮樂刑政)을 제정해야 했다. 예악형정이란 유교 국가의 제도와 법체계를 뜻했고 구체적으로는「예」(禮),「전」(典),「율」(律)이라는 세 종류의 법을 제정함으로써 완성되었다.[3] 당나라에서는 현종(玄宗 685~762, 재위: 712~756)연간에「예」에 해당하는『대당개원례』(大唐開元禮, 732), 율에 해당하는『당률소의』(唐律疏議, 737), 전에 해당하는『당육전』(唐六典, 738)이 완성됨으로써「개원의 치」(開元의 治)를 이룬다. 명나라에서는『대명집례』(大明執禮),『대명률』(大明律),『대명회전』(大明會典)이 완성됨으로써 유교 국가의 기틀이 잡혔고 청나라에서도『대청통례』(大淸通禮),『대청율례』(大淸律例),『대청회전』(大淸會典』을 편찬함으로써 유교 국가 건설을 완성한다.[4]

조선에서도 예, 전, 율을 제정하였다. 조선은「의례」에 따라『국조오례의』(國朝五禮儀)를, 주례에 따라『경국대전』(經國大典)을 편찬하였고, 율에 있어서는『대명률』을 그대로 따랐다.『국조오례의』는 왕과 조정이 종묘에서 드리는 종묘대제와 사직단에서 드리는「사직제」등의「길례」(吉禮), 왕실의 혼례 및 왕세자 책봉 등에 관한「가례」(家禮), 외국사신의 접대를 위한「빈례」(賓禮), 열병 및 군사훈련에 관한「군례」(軍禮), 국장과 왕실의 상례에 관한「흉례」(凶禮)등 국가와 왕실이 지켜야 할 다섯가지 의례를 규정했다.[5]『경국대전』은 중앙부서의 조직원리를 담았고 『대명률』은 형법을 규정하였다.

예는 실천이었다. 유교 국가가 문제로 삼는 것은 특정 개인이 마음속으로 갖고 있는 생각이나 사상이 아니라 행동이었다. 조선은 백성에게 유교경전에 대한 특정한 해석을 강요하지 않았다. 백성이 주자의 『사서』에 대한 해석을 얼마나 정확히 알고 있는지 여부도 문제삼지 않았다. 중세 천주교의 종교재판소처럼 경전에 대해 잘못된 해석을 하는 자들을 색출하는 이념 재판소도 없었다. 마음 속으로 무슨 생각을, 어떤 이념을 품고 있든 그 사람이 인간으로서 지켜야 할 「예의범절」을 지키면 됐다. 불교를 믿는다는 것 때문에, 무당을 찾는다는 것 때문에 처벌하지는 않았다. 유교가 규정하는 윤리 규범과 도덕률, 예법이 지켜지는 한도 내에서는 종교와 신앙의 다양성, 이론적으로 다른 해석은 문제 삼지 않았다.[6] 유학자들은 「이기론」과 「사단칠정론」, 「격물」의 의미 등에 대한 격렬한 논쟁들을 자유롭게 전개했다. 일부 유학자들이 불가의 참선과 같은 수양법을 채용하는 것도 반대하지 않았다.

조정이 이념적, 학술적 논쟁에 개입하는 것은 유교 국가의 「헌법」인 예법과 윤리도덕에 대한 도전이 있을 때였다.[7] 마음속으로는 아무리 올바른 생각을 하고 있어도 주자성리학적 예법과 윤리, 도덕률을 어길 때는 철저하게 색출하고 벌하였다.[8] 이념적, 이론적으로 특정 「교리」에 위배되는 해석을 내놓는 것이 「이단」이 아니라 주자성리학이 주문하고 있는 예의범절과 윤리, 도덕률, 즉 제사 거부와 같은 구체적인 행위들을 어기는 것을 「이단」으로 간주했다.

명-청 시대에 서구의 천주교 사제들이 중국에서 전교활동을 펼치고 황실을 포함한 최상류층과 자유롭게 교류할 수 있었던 것도 이들이 전교한 천주교가 유교의 제례를 금하지 않았기 때문이다. 마테오 리치는 1582년 마카오에 도착하여 1601년 베이징에 입성할 때까지 중국 각처에서 서양의 천문, 지리, 수학을 가르쳤고 세계지도를 그려서 보급하였으며 『천주실의』
(天主實義)를 저술하여 천주교리를
설파하였다. 베이징에 입성해서는
만력제의 허가로 1605년 베이징
에 첫 성당을 건립한다. 뿐만 아니
라 그의 가르침으로 명의 사대부
서광계(徐光啓, 1562~1633), 이
지조(李之藻, 1571~1630), 양정
균(杨廷筠, 1562년~1627년) 등
은 천주교인이 된다. 그 이후 청대
에도 천주교 신부들은 베이징은 물
론 중국 각지에서 자유롭게 활동
한다. 이들은 유교의 제사를 포함

서광계

한 각종 예법을 우상숭배로 간주하지 않았고 따라서 금지하지 않았
다. 천주교가 중국에서 100년에 걸쳐 자유롭게 포교활동을 할 수 있
었던 이유다.

청이 천주교를 탄압하기 시작한 것은 「전례논쟁」(祭禮論爭, Rites
Controversy)끝에 1704년 교황청이 중국의 천주교인들에게 제사를
금지했을 때부터였다. 그러나 강희제는 제례 논쟁 이후에도 천주교
를 완전히 금지하지 않았다. 중국에서 선교 활동을 하고 있던 대부분
의 천주교 신부들이 제사를 우상숭배로 규정하지 않고 이를 교도들
에게 허락하였기 때문이다. 유교적 세계관의 관점에서 볼 때 이들이
무엇을 믿고 어떤 사상을 갖고 있느냐는 중요하지 않았다. 중요한 것
은 예법을 지키는가였다.

반면, 천주교가 중시한 것은 신앙, 즉 교회가 선포한 교리에 대한
믿음이었다. 진정한 천주교도인지 이단인지는 성경의 해석을 위시한
모든 교리와 신앙의 문제들에 대한 교회의 해석을 믿는지 여부에 달

아담 샬과 순치제를 그린 당시 서양의 그림

렸다. 천지를 창조한 전지전능한 유일신의 존재, 그의 독생자 예수 그리스도가 인간의 몸으로 동정녀 마리아에게 태어나 십자가에 못 박히고 죽은 지 사흘 만에 부활하고 승천한 것, 예수 그리스도가 인간의 죄를 심판하러 재림하리라는 것, 예수 그리스도가 만든 교회가 거룩하고 보편된 것이며 지상과 천국, 연옥에 있는 모든 신자의 공로와 기도가 서로 통하고 있으며 육신이 부활할 것과 영원히 살 것 등을 믿어야 했다. 그리고 그 믿음은 「고백」(confession)과 「선포」(profession)를 통해서 확인할 수 있었다. 천주교 신앙의 선조들인 사도들의 「신앙고백」인 「사도신경」(使徒信經, Symbolum Apostolorum, Apostle's Creed), 「니케아 신경」(Symbolum Nicaenum, Nicene Creed)을 비롯한 기도문을 따라 하거나 자신만의 기도를 통하여 신앙을 「고백」하거나 「선포」함으로써 자신의 믿음을 증명할 수 있어야 했다. 천주교가 그토록 많은 선교사를 중국을 포함한 세계 도처에 파견한 것도 고백한 신앙을 이교도들에게도 선포하고 전해야 했

마테오 리치

기 때문이다.

　신앙을 중시하는 천주교의 입장에서는 유교의 「세속적인」 예의범
절은 문제될 것이 없었다. 군신유의(君臣有義), 부자유친(父子有親),
부부유별(夫婦有別), 붕우유신(朋友有信), 장유유서(長幼有序) 등 오
륜(五倫)의 질서는 천주교 선교사들의 입장에서 볼 때도 도덕적이고

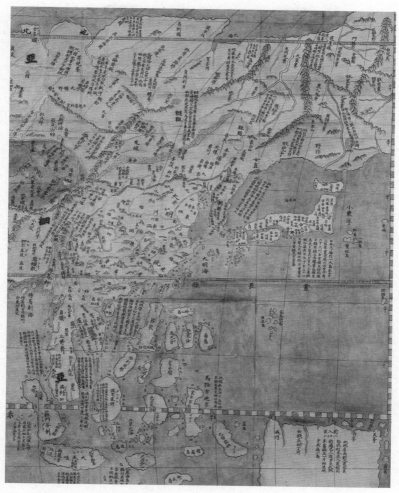

마테오 리치가 그린 동아시아 지도(1602)

윤리적이었다. 학문의 수월성을 기준으로 관료를 선발하고 늘 백성을 생각하면서 통치하는 유교 군주의 모습은 플라톤의 이상국가에서나 볼 수 있는 「철인정치」 그 자체였다. 마테오 리치에서 아담 샬에이르기까지 중국의 천주교 선교사들이 중국 문명을 서구에 그토록 열심히 전파한 이유다.

그럼에도 불구하고 주자성리학과 천주교는 결국 충돌한다. 유일신인 천주 이외에 일체의 우상숭배를 금지하던 천주교의 입장에서 볼 때 문제의 소지가 있는 것은 유교의 제사였다. 중국 선교를 시작한 예수회는 유교의 제사를 부모와 조상들에 대한 존경과 사랑을 표현하는 세속적인 예법이라고 주장했다. 반면, 도미니코 수도회와 프란치스코 수도회에서는 유교의 조상숭배는 곧 우상숭배라고 주장하면서 천주교인들이 제사를 지내는 것을 금한다. 전례논쟁과 제사의 금지는 조선 천주교에 대한 대박해를 부른다.

2. 이익: 주자성리학과 천주교의 만남

성호 이익의 부친 이하진(李夏鎭, 1628~1682)은 대사헌, 대사간을 역임하였다. 그러나 1680년(숙종 6년) 경신환국(庚申換局)때 서인이 정권을 잡으면서 남인인 이하진은 평안도 운산군으로 유배당한다. 이익은 아버지의 유배지에서 태어난다. 이듬해 아버지가 세상을 떠나자 이익의 가족은 고향인 경기도 광주 첨성리로 돌아간다. 이익은 광주에서 둘째 형 이잠(李潛, 1660~1706)에게 학문을 배우면서 자란다. 학문에 뛰어난 재주를 보였던 이익은 1705년(숙종 31년) 증광시(增廣試: 나라에 경사가 있을 때 행하던 과거 시험)에 합격한다. 그러나 이듬해 이잠이 아버지 이하진을 탄핵한 서인들과 타협하지 않고 희빈 장씨의 복권을 주장하는 상소를 올려 역적으로 몰리면서 투옥 후 고문 받던 중 옥사한다. 이익은 벼슬에 나갈 뜻을 버리고 평생을 공부에 바친다. 다행히 그는 조상 대대로 물려받은 토지와 노비가 있어 경제적인 독립을 유지하면서 일평생 재야 학자로 살 수 있었다. 이익은 같은 남인이면서 외6촌 형인 반계 유형원(磻溪 柳馨遠, 1622~1673)과 그의 스승 미수 허목(眉叟 許穆, 1595~1682)의 학

기하원본 표지의 마테오 리치와 서광계

페르비스트

문을 이어받는다.

이익은 부친 이하진이 1678년 연행사로 베이징을 다녀오면서 구
입한 수 천권의 장서를 물려받는데 그 중에는 중국에서 활약하던
예수회 신부들이 저술한 서양서적이 다수 포함되어 있었다. 종교관
련 서적으로는 마테오 리치의 『천주실의』, 『교우론』(交友論), 판토하
(Pantoja, Didace de, 중국명: 방적아(龐迪我), 1571~1618)의 『칠
극』(七克), 아담 샬의 『주제군징』(主制群徵) 등이 있었고 천문, 수학
관련 서적으로는 디아즈(Manuel Dias Jr., 중국명: 양마낙(陽瑪諾),
1574~1659)의 『천문략』(天問略), 서광계와 롱고바르디(Nicolò Lon-
gobardi, 중국명: 용화민(龍華民, 1559~1654)의 『치력연기』(治歷緣
起), 아담 샬의 『시헌력』, 마테오 리치와 서광계의 『기하원본』(幾何
原本), 리치의 『혼개통헌도설』(渾蓋通憲圖說), 『건곤체의』(乾坤體義),
우르시스(Sabatino de Ursis, 중국명: 웅삼발(熊三拔), 1575~1620)
의 『간평의설』(簡平儀說) 등이 있었다. 또, 세계지리서 및 지도도 있

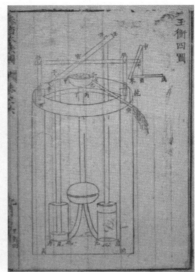

페르비스트의 곤여전도   우르시스의 태서수법

었는데 알레니(Giulio Aleni, 중국명: 애유략(艾儒略), 1582~1649)
의 『직방외기』(織方外紀), 페르비스트(Ferdinand Verbiest, 중국명:
남회인(南懷仁), 1623~1688)의 『곤여도설』(坤輿圖說), 이 있었고 과
학서적으로는 우르시스의 『태서수법』(泰西水法)과 아담 샬의 『원경
설』(遠鏡說) 등이 있었다.[9]

이익은 알레니의 『직방외기』를 읽고 다음과 같은 발문을 쓴다:

지금 생각건대 애유략(艾儒略, 알레니)의 『직방외기』에 의하면 대서
양은 아주 넓고 끝이 없기 때문에 서양에서도 대서양 밖에 대지가 있
는 것을 몰랐다는 것이다. 100여 년 전에 대신 각룡(閣龍, 콜럼버스)
이 동양 땅에 도달하고 묵와란(墨瓦蘭, 마젤란)은 동양으로부터 중국
대지를 거쳐 (지구를) 일주했다고 한다. 자사(子思, 공자의 수제자)가
지적한 것이 이로써 확실해졌다. 서사(西士)가 세계를 주항하는 구세
(求世)의 뜻은 도움이 되지 않을 수 없다.[10]

「자사가 지적한 것」이란 자사의 「지원론」, 즉 지구가 둥글다는 이론이다. 만일 지구가 둥글다면 지구 밑에 있는 사람들이 어떻게 해서 떨어지지 않는가 하는 문제에 대해서는 다음과 같이 쓰고 있다.

> 지구는 둥근 하늘 가운데 있어서 오르고 내리지 못한다. 하늘은 하루에 한 번 왼쪽으로 도는데 그 주위의 크기가 얼마나 되냐 하면 12시간에 걸쳐서 돈다. 그 움직임은 이와 같이 아주 빠르다. 따라서 하늘 안에 있는 것은 그 세력이 한가운데를 향해 모이지 않을 수 없게 된다. 하나의 둥근 물건 안에 물건을 넣고 기구를 이용하여 회전시키면 물건이 언제나 한가운데에 밀려져 모여 멈추는 것은 실험으로 알 수 있다. 그러므로 땅은 밑으로 꺼지지 않고 위로도 솟구치지 않고 균형을 유지한다. 상하 사방은 모두 땅을 밑으로 하고 하늘을 위로 한다. 만약 땅 밑의 하늘에 물건을 떨어뜨려도 언제나 땅에 떨어진다. 바다가 땅을 덮고 있는 곳도 몸을 두르고 있는 의대와 같이 사방을 둘러싸고 있어 통하지 않는 것이 없다. 그러므로 서양인이 서쪽 끝으로 항해해 가봤더니 동양이 나왔다. 그들이 항해를 계속하면서 별자리를 관측해 보았더니 천정(天頂)이 각각 차이가 있어서 이로써 지구 밑에 있는 바다도 역시 지구 위에 있는 바다와 같다는 것을 알 수 있었다.[11]

이익은 콜럼버스의 신대륙 발견과 마젤란의 세계 일주 항해에 대해 알고 있었을 뿐만 아니라 이들의 대 항해가 증명해준 과학적 사실들, 예를 들어 지구가 둥글다는 것도 이해하고 있었다.

마테오 리치의 『천주실의』(天主實義)를 읽고는 다음과 같이 썼다.

> 『천주실의』는 이마두(利瑪竇 Matteo Ricci)가 저술한 것이다. 이마두

는 바로 구라파(歐羅巴) 사람인데, 그곳은 중국에서 8만여 리나 떨어져 있어서 개벽한 이래로 통교한 적이 없다. 명나라 만력(萬曆) 연간에 야소회(耶蘇會) 동료인 디아스(Diaz Emmanuel, 중국명: 양마낙(陽瑪諾), 1574~1659), 애유략, 삼비아시(Sambiasi Franciscus, 중국명: 필방제(畢方濟), 1582~1649), 웅삼발(熊三拔 Sabbathino de Ursis, 1575~1620), 방적아(龐迪我, Didace de Pantoja, 1571~1618) 등 몇 사람과 함께 배를 타고 찾아와 3년 만에 비로소 도착하였다. 그 학문은 오로지 천주(天主)를 지존(至尊)으로 삼는데, 천주란 곧 유가의 상제(上帝)와 같지만 공경히 섬기고 두려워하며 믿는 것으로 말하자면 불가(佛家)의 석가(釋迦)와 같다. 천당과 지옥으로 권선징악을 삼고 널리 인도하여 구제하는 것으로 야소(耶蘇)라 하니, 야소는 서방 나라의 세상을 구원하는 자의 칭호이다. 스스로 야소라는 이름을 말한 것은 또한 중고(中古) 때부터이다. 순박한 이들이 점차 물들고 성현(聖賢)이 죽고 떠나자 욕심을 따르는 이는 날로 많아지고 이치를 따르는 이는 날로 적어졌다. 이에 천주가 크게 자비를 베풀어 직접 와서 세상을 구원하고자 정녀(貞女)를 택하여 어미로 삼아서 남녀의 교감 없이 동정녀의 태(胎)를 빌려 여덕아국(如德亞國, Judea)에서 태어났는데, 이름을 야소라고 하였다. 몸소 가르침을 세워서 서토(西土)에 교화를 널리 편 지 33년 만에 다시 승천(昇天)하여 돌아갔는데, 그 가르침이 마침내 구라파 여러 나라까지 유포되었다. 대개 천하의 대륙이 5개인데 중간에 아세아(亞細亞)가 있고 서쪽에 구라파가 있으니, 지금 중국은 아세아 중 10분의 1을 차지하고 있고, 유태(猶太)는 또한 아시아 서쪽 나라 중의 하나이다.[12]

그러나 천주교의 교리는 통렬하게 비판한다. 이익은 서양의 천주교 선교사들이 중국에 와서 중국의 최고 학자들과 교류하면서 많은 첨단 과학, 천문, 지리, 수학 등의 책을 썼고 중국 사람들의 존경을 받고 있다는 사실도 알았다. 그러나 그는 종교로서의 천주교에 대해서는 불교처럼 지옥과 천당에 대한 두려움을 이용하는 매우 낮은 차원의 종교로 보았다.

(그들은) 중국어를 배우고 중국 책을 읽어서 그 저서가 수천 종에 이른다. 그 앙관(仰觀, 천문), 부찰(俯察, 지리), 추산(推算, 수학), 수시(授時, 역법)의 묘법은 중국에도 일찍이 없었던 것이다. 그들 멀리 떨어져 있는 외국의 대신들이 큰 바다를 건너와 중국의 학사(學士), 대부(대부)들과 어울려 배운다. 사대부들도 옷깃을 여미어 이들을 존경하지 않을 수 없으니, 이들은 또 호걸스런 선비라 하겠다. 그러나 축건(竺乾, 인도)의 종교(불교)를 배척하는 데에 이르러서는 그들도 환망에 귀착한다는 것을 깨우치지 못하고 있다.[13]

3. 주자학적 금욕주의와 천주교의 침투

이익의 비판에도 불구하고 그의 후학들 사이에서는 서학에 대한 관심이 서양의 과학과 지리 등에서 점차 교리로 옮겨간다. 주자성리학과 천주교의 연결고리는 특히 극기복례(克己復禮)와 멸사봉공(滅私奉公)을 강조하는 남인들이 「이기심」을 극복하고 「사심」을 버리는 수행방법으로 천주교의 교리를 채용하는 과정에서 생긴다. 수양을 위해서는 불교의 참선 등의 방법을 채용하던 유교 특유의 개방된 사고가 주자성리학과 천주교의 만남의 단초를 제공한다.

퇴계는 올바른 행위로 이어지지 않는 학문 그 자체를 위한 학문은 무의미하다고 생각했다.[14] 「지행병진」(知行竝進)을 강조한 그는 학문을 하는 이유도 오직 올바른 행위를 하기 위해서라고 했다.[15] 정학(正

學), 즉 올바른 학문은 충, 효, 멸사봉공 등 유교의 근본적인 윤리와 도덕을 실천할 수 있는 추동력을 가진 학문이었다. 실천을 중시하는 퇴계의 사상은 그의 학문적 후예들이 전수 받았다. 안정복도 친구에게 보낸 편지에 학문의 궁극적인 목적이 실천임을 강조한다.

> 우리 선비들에게 절실한 공부는 오직 형이하학(形而下學)인데 이에 대해 그대의 형과 깊이 강론하였습니다. 그 실천의 공부는 본디 따라서 할 만한 순서가 있으므로 나의 말이 필요 없을 것이고, 오랫동안 수렴을 하면 저절로 숱한 의리가 목전(目前)에 나타날 것입니다. 이는 입으로 전수할 수 없고 도시 차근차근 힘을 기울여 진위(眞僞)를 경험해 보는 데에 있을 것입니다. 그러면 안으로는 은미(隱微)한 심술(心術)과 밖으로는 모든 행동거지가 일상생활을 하는 사이에 반드시 엄폐할 수 없는 바가 있을 것입니다.[16]

그러나 아는 것을 행동으로 옮기는 것은 결코 쉬운 일이 아니었다. 「감성」(感性)이 「이성」(理性)을 항상 흔들어 놓기 때문이다. 어떻게 행동하는 것이 옳은지 잘 알더라도 감정과 욕구 때문에 이성적인 행동을 못하게 된다. 따라서 「지행」을 「병진」하기 위해서는 이성을 유혹하는 「기성」(氣性)과 인의예지의 실천을 방해하는 희로애락애오욕(喜怒哀樂愛惡欲)의 「칠정」(七情)을 제어하는 극기와 수련이 무엇보다도 중요한 과제가 된다. 퇴계의 「이기이원론」(理氣二元論)과 「사단칠정론」(四端七情論)의 실천론이다.

따라서 퇴계는 이성과 기성이 서로 자연스럽게 조화를 이룰 수 있다는 「이기일원론」(理氣一元論)을 비판한다. 이와 기가 근본적으로 같은 것이고 쉽게 조화될 수 있다면 「기」를 누르기 위한 끊임없는 수양과 자기반성은 필요없게 된다. 양명학 역시 마찬가지였다. 왕양명은 인간의 욕구를 자연스러운 것으로 보았고 누구나 갖고 있는 「양지」(良知)를 통해서 잘 다스릴 수 있다고 했다. 양지를 발휘하면 생각과 행동이 일치할 수 있고 따라서 「지행병진」이 아닌 「지행합일」(知行合一)이 가능하다고 봤다. 왕양명은 대학의 「아름다운 빛깔을 좋아하듯이, 나쁜 냄새를 싫어하듯이」(如好好色 如惡惡臭, 여호호색 여오악취)라고 한 구절을 갖고 아름다운 빛깔과 나쁜 냄새는 지(知)이며 좋아하고(好之) 싫어하는(惡之) 것은 행(行)이라고 해석한 후 따라서 아는 것과 행하는 것은 동시에 일어난다는 지행합일설을 주장하였다.[17] 퇴계가 「성」(性)이 곧 만물의 이치인 「이」(理)의 본 모습이라고 보았다면 양명은 인간의 이성과 감성이 모두 포함된 「심」(心)이 만물의 이치인 「이」(理)라고 보았다. 그러나 만일 양명이 맞다면 「이」가 무엇인지를 깨닫는 공부와 수련의 과정인 「궁리」(窮理)와 「극기」가 필요 없게 된다.

퇴계는 이에 대하여 「나는 아직 덕(德)을 좋아하기를 아름다운 여인을 좋아함과 같이 하는 이를 보지 못하였다」(『논어』, 「자한」)는 구절과 「나는 아직 불인(不仁)을 미워하는 사람을 보지 못하였다」(『논어』, 「이인」)라는 논어의 구절을 인용하면서 아름다운 것을 좋아하고 냄새나는 것을 싫어하는 것은 배우지 않고 알 수 있기 때문이 지와 행이 함께 한다고 볼 수 있겠지만 인과 선을 알고 행동에 옮기는 것은 전혀 다른 문제라고 반박한다.[18] 퇴계는 아름다움을 아는 것은 「형기」(形氣) 차원의 문제이지만 선함을 아는 것은 「의리」(義理)의 차원의 문제이며 이를 혼돈해선는 안 된다고 한다. 의리의 문제는 「배우지 않으면 알 수 없고 힘쓰지 않으면 할 수 없는 것」(不學則不知, 不免則不能)이므로 선(善)을 보고서 선임을 모르는자가 있고 선을 알고도 좋아하지 않는 자도 있다고 한다.[19]

퇴계는 의리의 차원에서의 지행의 문제는 「합하여 말하면 모름지기 서로 병행하여 하나도 빠뜨릴 수 없는 것(相須並行 而不可缺一)이나, 나누어 말하면 지를 행이라 할 수 없는 것은 행을 지라 할 수 없는 것과 같으니 어찌 합하여 하나로 할 수 있겠는가(知不可謂之行, 猶行不可謂之知也, 豈可合而爲一乎)」라고 하였다. 따라서 성현(聖賢) 은 궁리를 통해서 마음속으로 선을 알고 또한 이에 그치지 않고 반드 시 행동을 통하여 선을 바깥세상에서 이룬다고 하였다.[20] 퇴계는 인 간의 감성과 감정을 억제하는 극기와 수련의 과정을 통해서 각자에 게 주어진 「성」(性)에 내재해 있는 「이」(理)를 완성하는 것을 인간의 이상으로 설정하였다.

퇴계의 성리학은 인간의 감성과 감정을 불신하는 강한 금욕주의 를 배태시킨다. 이는 퇴계의 『경재잠도』(敬齋箴圖)에 잘 나타난다.

의관을 바르게 하고, 눈매를 존엄하게 하고, 마음을 가라앉혀 가지고 있기를 마치 상제(上帝)를 대하듯 하라. 발가짐(足容)은 반드시 무겁 게 할 것이며, 손가짐(手容)은 반드시 공손하게 하여야 하니, 땅은 가 려서 밟아, 개미집 두덩(蟻封)까지도 (밟지 말고) 돌아서 가라. 문을 나 설 때는 손님을 뵙듯 해야 하며, 일할 때(承事)는 제사를 지내듯 조심 조심하여, 혹시라도 안이하게 함이 없도록 해야 한다. 입다물기(守口) 를 병마개 막듯이 하고, 잡념 막기(防意)를 성곽과 같이 하여, 성실하 고 진실하여 조금도 경솔히 함이 없도록 하라. 동쪽을 가지고 서쪽으 로 가지 말고, 북쪽을 가지고 남쪽으로 가지 말며, 일을 당하여서는 그 일에만 마음을 두어, 그 마음 씀이 다른 데로 가지 않도록 하라. 두 가지, 세 가지 일로 마음을 두 갈래 세 갈래 내는 일이 없어야 한다. 오 직 마음이 하나가 되도록 하여, 만 가지 변화를 살피도록 하라. 이러 한 것을 그치지 않고 일삼아 하는 것을 곧 「경(敬)을 유지함」, 즉 「지 경」(持敬)이라 하니, 동(動)할 때나 정(靜)할 때나 어그러짐이 없고, 겉 과 속이 서로 바로잡아 주도록 하라. 잠시라도 틈이 벌어지면 사욕이 만 가지나 일어나 불꽃도 없이 뜨거워지고 얼음 없이 차가워지느니 라. 털끝만큼이라도 어긋남이 있으면, 하늘과 땅이 자리를 바꾸고 삼

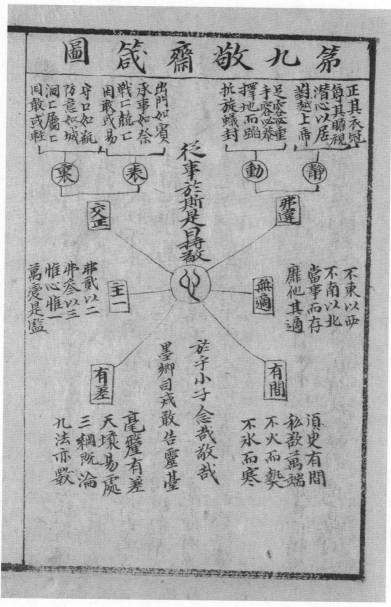

경재잠도

강(三綱)이 멸하여지고 구법(九法) 또한 못 쓰게 될 것이다. 아! 아이들이여! 깊이 마음에 새겨 두고 공경할지어다. 먹을 갈아 경계하는 글을 씀으로써 감히 영대(靈臺)에 고하노라.[21]

이익은 이성을 살리고 「사심」, 「사욕」을 억제하고자 하는 퇴계의 주자성리학적 금욕주의를 이어 받는다.

무릇 사람이 가장 억제하기 어려운 것은 색(色)이 중점을 차지하고 먹는 것이 그 다음이다. 아름다운 찬(饌)이 있는 데가 있으면 반드시 구하고야 마는데 하물며 그 앞에 당했다면 반드시 먹고야 만다. 한 번 먹고 두 번 먹어보면 탐내는 마음이 점점 불어나서 마치 무성한 풀에다가 또 거름을 더한 것과 마찬가지로 된다. 성인은 기욕이 본성을 상실하게 하는 것을 알기 때문에 절제하는 것을 주로 삼았다. 그래서 그 「자른 것이 바르지 않다. 그 장을 얻지 못했다.」하는 것은 바로 그 방한(防限)이었다. 이 방한을 준수하여 감히 넘어감이 없으면 기욕이 날로 깎여짐과 동시에 모든 정욕의 치달음도 또한 점차로 감퇴하는 것이다. 대개 나날이 아침저녁으로 빼버려서는 안 될 것은 오직 밥이지만 자기를 극복하는 것은 모름지기 친근한 데서 시작되기 때문에 식을 조절하는 것을 요점으로 삼는다. 성인은 구(矩)를 넘지 아니하므로, 이와 같이 힘을 쓴다는 것이 아니라 그 행동거지가 준승(準繩)이 아닌 것이 없으나 다만 그 이치가 이와 같기에 성인이 따른 것이다. 나는 일찍이 말하기를, 침처(寢處)에 있어 방을 달리 정하는 것이 색욕을 억제하는 길이요, 밥은 한 그릇을 다 먹지 않는 것이 기욕을 억제하는 길이라 했다. 한 그릇을 다 먹는다 해서 해가 있다는 말은 아니고 장차 이에서 익히고자 함이다.[22]

문제는 「이」로써 「기」를 누르면서 「사리사욕」이 일어날 「틈」을 조금도 주지 않는, 「털끝만큼이라도 어긋남이 없는」 삶을 강조하면 할수록 오히려 진정한 「극기복례」가 얼마나 어렵다는 것을 더욱 절실히 깨닫게 된다는 역설이었다. 이익의 제자 권철신은 동문인 안정복에게 보낸 서신에서 자신의 학문이 올바른 행동과 생각으로 이어지지 않음을 한탄한다.

> 지난번에, 「경서 얘기하고 예문 논하고 하는 일을 말끔히 치워버리자.」고 하신 서신을 받고 저도 모르게 가슴이 덜컹했습니다. 전일에 실지 소득은 없이 공연한 문의(文義)에만 얽매여 큰 죄를 짓고 말았으니, 저 자신으로서는 조석으로 허물을 고치기에도 겨를이 없다고 생각하고 있는데 무슨 논설을 감히 또 하겠습니까. 그리하여 그동안 저의 미욱한 소견을 기록해 두었던 것을 전부 찢어버리고, 이제 죽기 전까지 오직 입을 다물고 자신의 수양이나 하면서 대악(大惡)에 빠지지 않는 것이 최상의 방법이 아닐까 생각합니다.[23]

퇴계와 성호의 금욕주의를 따르고자 하지만 의지와 실천 사이의 괴리를 절감하던 남인들은 천주교를 두 가지 상반된 시각에서 보게 된다. 천주교를 비판한 「공서파」(攻西派)였던 안정복은 천주교가 사리사욕을 추구하게 함으로써 앎과 행동 간의 괴리를 악화시킨다고 생각했다.

> 그들이 명색은 비록 구세(救世)를 한다지만 내용은 오로지 개인의 사욕을 위한 것으로 도교나 불교와 다를 것이 없다. 그들이 말하는 구세란 성인의 명덕(明德), 신민(新民)의 일과는 공사(公私), 대소(大小)의 차이가 이만저만이 아닌 것이다.[24]

사람이 세상에 태어난 이상 응당 현세의 일에 힘을 다하여 그 최선을 추구할 따름이지, 어찌 털끝만큼이라도 후세의 복을 기대하는 마음을 가져서야 되겠습니까. 그들의 학으로 들어가는 문로(門路)는 우리 유학과 크게 달라서 그 뜻이 전적으로 한 사람 개인의 사적인 욕망에서 나온 것이니, 우리 유자의 공정한 학문이 어찌 이와 같겠습니까.[25]

그러나 남인 중에서 천주교를 받아들인 「신서파」(信西派)는 천주교가 오히려 금욕적인 삶을 사는 데 도움을 준다고 생각했다. 천주에 대한 믿음이 오히려 비윤리적이고 부도덕한 행위로 이어지는 이기심(利己心)을 막을 방법이라고 생각했다.[26] 이러한 생각의 단초 역시 이익이 제공한다. 이익은 금욕적인 생활을 하는 데 있어서 성리학이 아닌 이단에서도 배울 수 있다고 생각했다. 예를 들어서 그는 불교가 오히려 유교보다 더 금욕적인 생활을 가능케 한다고 지적한다.

성인의 가르침은, 독실히 믿고 배우기를 좋아하며, 죽기로써 지키고 도(道)를 선(善)히 함에 있다. 선가(禪家)의 학(學)이 어긋나고 도가 그릇된 데 대해서는 아직 그만두고, 다만 그 마음 둠(存心)이 십분 독실한 것을 보라. 그들의 잘못된 점은 치지(致知)가 마땅치 않은 데 불과할 뿐 성의(誠意)의 공부는 조금의 겨를도 방과하지 않는데 세상의 유술(儒術)을 살펴보면 어찌 일찍이 여기에 미쳤던가? 그 까닭은 무엇인가? 공명(功名)과 기욕(嗜欲) 등 허다한 사의(私意)가 있기 때문이다. 비유하면 바른길이 앞에 있지만 곁길이 모두 사람의 마음을 현혹해 문득 전일하지 못하게 한다. 마음이 전일하지 못하기 때문에 성실하지 못하고 성실하지 못하기 때문에 이루어지지 못하는 것이다.

지금 유술을 하는 자들이 말끝마다 이단을 배척하지만, 그 마음이 과연 이것은 붙들어야 하고 저것은 배척해야 하는 것을 밝게 아는지 알 수 없다. 만일 도(道)를 보기를 밝게 하지 못하면 믿기를 독실히 하지 못한다. 나는 이 도를 믿어 지키기를, 불문에서 그 스승 높이

듯 하는 것을 보지 못하였다. 그런 식견을 가지고 장차 어떻게 정밀하고 전일한 독학(篤學)을 배척하겠다는 것인가? 우습기도 하고 민망하기도 하다. 나는 속유(俗儒)들이 그들에게 미치지 못하는 바가 네 가지가 있다고 한다. 스승을 높이고 도를 믿는 것이 한 가지요, 안일(安逸)한 마음이 없는 것이 두 가지요, 식색(食色)을 끊는 것이 세 가지요, 대중을 사랑하는 것이 네 가지다. 식색과 사랑에 대해서는 혹 중도(中道)에 지나친 바가 있지만, 속유들의 정을 방자히 하고 욕심을 극도로 하는 것에 비교하면 과연 어떠한가? 내가 일찍이 절간에 있었는데, 치도(緇徒, 중들을 이름)들이 대사부(大士夫)보다 나은 점에 대해 탄식한 바 있다.[27]

이익은 이러한 금욕주의를 천주교에서도 발견한다. 디에고 디 판토야(龐迪我)가 쓴 천주교리서『칠극』을 읽은 이익은 다음과 같이 쓴다.

『칠극』은 서양(西洋) 사람 방적아(龐迪我)의 저술로 곧 우리 유교(儒教)의 극기(克己)의 논설과 같다. 그 말에 「인생(人生)의 백 가지 일은 악(惡)을 사르고 선(善)을 쌓는 두 가지 일에서 벗어나지 않는 것이므로, 성현의 훈계는 모두 악을 사르고 선을 쌓는 바탕이 되는 것이다. 무릇 악이 욕심에서 생겨나기는 하나 욕심이 곧 악은 아니다. 이 몸을 보호하고 영신(靈神)을 도와주는 것이 바로 욕인데, 사람이 오직 사욕에만 빠지므로 비로소 허물이 생겨나고 여러 가지 악이 뿌리박는 것이다. 이 악의 뿌리가 마음속에 도사려, 부(富)하고자 하고, 귀하고자 하며, 일락(逸樂)하고자 하는 이 세 가지의 큰 줄기가 밖에 나타나고 줄기에서 또 가지가 생겨, 부하고자 하면 탐심(貪心)이 생기고, 귀하고자 하면 오만(傲慢)이 생기며, 일락하고자 하면 탐욕(貪慾)과 음탕(淫蕩)과 태만이 생기고, 혹 부귀와 일락이 나보다 나은 자가 있으면

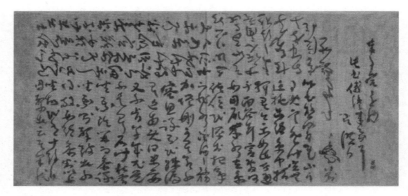

이익의 친필

곧 질투심이 생기고, 내것을 탈취당하면 곧 분심(忿心)이 생기는 것이
바로 칠지(七枝)인 것이다. 탐심이 돌과 같이 굳거든 은혜로써 풀고,
오만함이 사자(獅子)와 같이 사납거든 겸손으로써 억제하며, 탐욕이
구렁[壑]과 같이 크거든 절제(節制)로써 막고, 음심(淫心)이 물과 같이
넘치거든 정절(貞節)로써 제지(制止)하며, 게으름이 지친 말과 같거든
부지런함으로써 채찍질하고, 질투심이 파도와 같이 일어나거든 너그
러움으로써 평정시키고, 분심이 불과 같이 일어나거든 참는 것으로써
지식(止熄)시킬 것이다.」라고 하였다.

이 칠지 가운데에는 다시 절목(節目)이 많고 조관(條款)이 순서가
있으며 비유하는 것이 절실하여 간혹 우리 유교에서 밝히지 못하였던
것도 있으니, 그 극기복례(克己復禮)의 공정(功程)에 도움이 크다고 하
겠으나, 다만 천주(天主)와 마귀의 논설이 섞여 있는 것만이 해괴할 따
름이니, 만약 그 잡설을 제거하고 명론(名論)만을 채택한다면, 바로 유
가자류(儒家者流)라고 하겠다.[28]

이익은 「사리사욕」을 억제하고 「이성」을 회복하는 데 도움이 된다면
비록 불교나 천주교와 같은 이단의 방법이라도 기꺼이 채택하고자 하
였다. 천주교의 교리는 비판하지만 천주교의 금욕주의와 그 선교사

들의 훌륭한 인품에 대해서는 후한 평가를 내린다.

그럼에도 불구하고 이익의 제자 중 신후담, 안정복, 이홍영등의 공서파는 천주교리를 끝까지 거부한다.

어떤 사람이 묻기를, 「근래의 이른바 천학이라는 것이 옛날에도 있었습니까?」하므로, 대답하기를 「있었다.」고 하였다. 『서경』(書經)에 말하기를, 「위대하신 상제(上帝)께서 지상의 사람들에게 참된 진리를 내리셨으니, 그 변함없는 본성을 따라서 그 올바른 도리를 실천한다면」하였으며, 『시경』(詩經)에 말하기를, 「문왕(文王)께서는 삼가고 조심하여 상제를 잘 섬긴다」하였고, 또 말하기를, 「하늘의 위엄을 두려워하여 이 유업(遺業)을 보전하리라」하였으며, 공자(孔子)는 「천명(天命)을 두려워한다」하였고, 자사(子思)는 「하늘이 명한 것을 일러 성(性)이라 한다」하였으며, 맹자(孟子)는 「마음을 보존하여 본성(本性)을 배양하는 것이 하늘을 섬기는 일이다」하였다. 우리 유자(儒者)의 학문 또한 하늘을 섬기는 것에 불과하다. 동중서(董仲舒)가 이른바 「도(道)의 큰 근원은 하늘에서 나온 것이다」는 것이 이것이다」하였다.

어떤 사람이 말하기를, 「우리 유자의 학문이 진정 하늘을 섬기는 것에 지나지 않는다면 그대가 서양 사람들의 학문을 배척하는 것은 무엇 때문입니까?」하므로, 대답하기를, 「이른바 하늘을 섬기는 점에서는 동일하지만 이쪽은 정당하고 저쪽은 사특하다. 그래서 내가 배척하는 것이다」하였다.

어떤 사람이 말하기를, 「저 서사(西士)가 동정(童貞)의 몸으로 수행을 하는 것은 중국의 행실이 독실한 자들도 능히 미칠 수 있는 바가 아닙니다. 또 지식과 이해가 뛰어나서 하늘의 도수를 관측하고 역법(曆法)을 계산하며 기계와 기구를 만들기까지 하였는데, 아홉 겹의 하늘을 환히 꿰뚫어보는 기구와 80리까지 날아가는 화포(火炮) 따위는 어찌 신비스럽고 놀랍지 않겠습니까. 우리나라 인조 때 사신정두원(鄭斗元)이 장계하기를, 「서양 사람 육약한(陸若漢, Johannes Rodorigue)이 화기(火器)를 만드는데, 80리 떨어진 곳까지 날아가는 화포를 만들 수 있습니다」하였다. 약한은 바로 이마두(利瑪竇)의 친구이다. 그 나라 사람들은 또 능히 온 세계를 두루 다니는데, 어느 나라에 들어가면 얼마 안 되어 능히 그 나라의 언어와 문자를 통달하고, 하늘의 도수를 측량하면 하나하나가 부합하니, 이는 실로 신성한 사람들이라 하겠습니다. 이미 신성하다면 왜 믿을 수 없단 말입니까?」하였다.

이에 대답하기를, 「그것은 과연 그렇다. 그러나 천지의 대세(大勢)를 가지고 말한다면, 서역은 곤륜산(崑崙山) 아래에 터를 잡고 있어서 천하의 중앙이 된다. 그래서 풍기(風氣)가 돈후하고 인물의 체격이 크며 진기한 보물들이 생산된다. 이것은 사람의 배 안의 장부(臟腑)에 혈맥이 모여 있고 음식이 모여서 사람을 살게 하는 근본이 되는 것과 같다. 그런데 중국으로 말하면 천하의 동남쪽에 위치하여 양명(陽明)함이 모여드는 곳이다. 그러므로 이런 기운을 받고 태어난 자는 과연 신성한 사람이니, 요(堯)·순(舜)·우(禹)·탕(湯)·문(文)·무(武)·주공(周公)·공자(孔子) 같은 분들이 이들이다. 이것은 사람의 심장이 가슴속에 있으면서 신명(神明)의 집이 되어 온갖 조화가 거기서 나오는 것과 같다. 이를 미루어 말한다면 중국의 성학(聖學)은 올바른 것이며, 서국(西國)의 천학은 그들이 말하는 진도(眞道)와 성교(聖敎)일지는 몰라도 우리가 말하는 바의 성학은 아닌 것이다」하였다.[29]

4. 정약용과 상제의 역할

반면, 다산 정약용은 신의 존재를 믿는 것이 극기복례에 도움이 된다고 생각했다. 주자성리학은 인간이 이성을 완성하고 인의예지를 실천하는 데 필요한 모든 자질을 갖고 태어난다고 했다. 만일 인간이 이성을 완벽하게 구현할 수 있는 잠재력을 갖고 태어난 존재라면 모두가 성인이 될 수 있어야 했다. 그러나 대부분의 사람들은 아무리 노력해도 성인의 경지에 들지 못했다. 때문에 칠정을 버리고 사단을 실천하려는 도덕적 완벽주의자들은 사리사욕과 칠정을 완전히 버린 상태에 도달하는 것이 불가능하다는 것을 깨닫고 오히려 죄책감에 시달리게 된다.

내가 듣기론 사람은 형기가 있기에 아무리 뛰어난 지혜를 가지고 있어도 실수를 안 할 수 없다. 성인과 광인이 단지 회인(悔吝: 후회하고 맘에 계속 걸려 있는 것)으로 구별한다. 그러므로 이윤(伊尹)이 말하기를 광인을 생각하면 성인이 될 수가 있고, 성인이 생각하지 않으면 광인이 된다. 생각한다는 것은 즉 회개이다. 공자가 말하기를 「나한테 몇 년 시간만 더 준다면 끝내 주역을 공부하여 큰 과오를 저지르지 않을 것이다.」 주공이나 공자와 같은 성인들은 후회할 만한 과오가 없겠지만 그들도 이와같이 말했는데 하물며 평범한 사람들이어야 어떻겠는가? 주역은 과오를 회개하는 책이다. 성인은 우환이 있으면 하늘을 원망하지 않고 사람을 탓하지도 않으며 오직 자신의 과오로 뉘우친다. 그러므로 문왕이 유리(羑里)에 갇혔을 때에 주역을 완성하였고, 공자는 진나라와 채나라 사이에서 재앙을 당했을때에 십익(十翼)을 지었다. 64괘 중 다수의 괘가 회인으로 괘상을 세우는 것이다. 그러므로 성인이 어찌 회개가 없었겠는가? 만약 성인이라고 회개가 없다면 이미 성인은 우리와 같은 존재가 아닐 것이다. 그럼 무엇으로 그들을 사모하겠는가? 안자(顏子: 안회)가 인으로 칭하는 이유는 그가 같은 과오를 두 번 다시 하지 않기 때문이고, 자로가 용으로 칭하는 이유는 그는 자신의 과오를 알아내는 것을 좋아하기 때문이다. 정말로 회개한다면 그의 과오가 허물이 될 수가 없다. 둘째 형이 재실의 이름

다산 정약용

을 그렇게 지은 것도 그의 지향이 어찌 크지 않을 수가 있을 것인가? 역시 회개에도 역시 도(道)가 있다. 만약 혹자가 구름이 지나가는 듯이, 한끼 식사만큼의 짧은 순간에 분노하고 뉘우친다면 이것이 어찌 회개의 도가 될 수 있을 것인가? 작은 과오가 생기면 개선하고 비록 잊어버려도 된다지만, 큰 과오가 생기면 비록 개선한다 하더라도 하루도 그 후 죄책감을 잊어버리면 안된다. 후회와 회개가 마음을 기름지게 하는 것은, 마치 거름이 논을 기름지게 한 것과 같다. 거름은 부패하고 더럽지만 논을 기름지게 하고 곡식을 잘 자라게 한다. 뉘우침은 죄책감과 과오에서 온 것이고, 이를 잘 함양한다면 덕이 생기게 된다. 즉 이는 같은 이치이다.[30]

그러나 아무리 뉘우치고 회개해도 진정한 극기복례는 요원하기만 했다. 문제는 주자성리학의 이상 그 자체에 내재해 있었다. 주자성리학의 지향점은 윤리도덕의 완성이다. 주자성리학은 개인의 완성이나 성불이 아닌 인간관계와 사회공동체의 완성을 추구한다. 그러나 이러한 이상사회를 건설하기 위해서는 개개인이 이성(理性)을 되찾아야 한다. 이성을 되찾기 위해서는 감성을 죽여야 하는데 감성을 억누르기 위해서는 사회를 떠나 혼자서 고요한 상태에서 평정심을 되찾아야 한다. 그리고 평정심을 이루어서 사단으로 희로애락을 완벽하게 극복하면 그때 다시 사회로 나아가서 타인과의 관계 속에서 윤리도덕을 완성해야 한다.

문제는 이성을 찾는 「궁리」의 과정이 필연적으로 사회를 떠나 혼자 불가의 승려처럼 극기와 수련을 거쳐야 한다는 점이다. 이상 사회를 완성하기 위해서 사회를 떠나야 한다는 점이다. 그 뿐이 아니다. 일단 혼자서의 극기와 수련을 통해서 이성을 되찾더라도 사회로 돌아오는 순간 다른 사람들과의 접촉이 일어나는 순간 감성이 되살아난다.

다산은 극기복례를 완성하지 못하는 인간의 근원적인 한계를 극복하기 위해서는 원시 유교의 경전에 등장하는 상제(上帝), 즉 인격화된 신의 도움이 필요하다고 보았다. 주자성리학의 근본적인 모순을 극복하는 방법은 혼자 있을 때도 신의 존재를 경외심을 갖고 의식하면서 자기 자신을 제어하는 방법이었다. 사람들이 부모를, 어른을, 윗사람을 경외하듯이 혼자 있을 때는 상제를 경외해야 한다고 생각했다.[31] 마침 마테오 리치는 천주실의 등을 통해서 원시유교의 「상제」가 곧 천주교가 말하는 「천주」임을 설파한 바 있다.

> 중국 선비가 말한다: 「이와 같다면, 그런 「자기 완성」은 천주를 위한 것이지, 「자기를 위함」(爲己)이 아닙니다. 그렇다면, 「자기 밖의 것을 위한 배움」(外學)이 아닐런지요?」 서양 선비가 대답한다: 「어찌 「자기 완성」이 「자기를 위함」이 아니겠습니까? 천주를 위하는 것이 바로 사람이 자기를 완성하는 「소이」(所以)가 되는 것입니다. 의도함이 더욱 높으면 배우려는 것도 더욱 높아지는 것입니다. 만약 배우려는 사람의 의도가 「자기」 한 몸에 그친다면, 어찌 높다고 하겠습니까? 「천주를 위함」에 이르면, 그 존귀한 「뜻」은 바로 더 이상 보탤 것이 없을 것입니다. 누가 천박하다고 여길 수 있겠습니까? 성인(聖人)으로 되게 하는 학문(聖學)은 우리[인간]들의 「본성」 안에 있으니, 천주께서 사람의 마음속에 새겨 주셨기에, 근원적으로 파괴 될 수가 없습니다. 선비님의 나라 「중국」의 유교 경전에서 말하는 「덕을 명백히 터득함」(明德), 「천명(天命)을 명백히 터득함」이 바로 그 것입니다.[32]

다산은 특히 원시 유학이 중시 했던 「경」(敬) 사상에 착안한다. 경천사상은 곧 상제, 천주에 대한 경외심이다. 인간은 신에 대한 경외심을 유지함으로써 자신의 의지만으로는 억누를 수 없는 감성, 사리사욕을 억누를 수 있는 힘을 얻게 된다. 퇴계가 『경재잠도』(敬齋箴圖)

에서 말한 「의관을 바르게 하고, 눈매를 존엄하게 하고, 마음을 가라앉혀 가지고 있기를 마치 상제(上帝)를 대하듯 하라.」고 한 것이 바로 이 뜻이었다.

다산이 상정한 상제는 천주교의 신과는 다른 존재였다. 다산의 상제는 유교에서 상정하는 우주의 윤리도덕질서를 대표하는 의인화된 인의예지였을 뿐 인간의 역사에 개입하고 인간을 벌주고 구원하는 그런 존재는 아니었다. 다산은 전례 논쟁 이후 천주교에서 제사를 금했다는 사실을 알면서도 제사의 중요성을 끊임없이 강조한다. 그가 그린 상제는 주자성리학을 보조해주는 존재였지 부정하는 존재가 아니었다.[33] 그럼에도 불구하고 다산은 주자성리학과 천주교가 만날 수 있는 접점을 마련한다.

5. 신앙으로서의 천주교

평생을 초야에 묻혀 공부에만 정진한 이익이 펼친 거대한 학문의 세계는 그의 제자들에 의해 이어지면서 성호학파(星湖學派)를 형성한다. 그의 제자 중 신후담, 안정복, 이홍영 등은 천주교를 비판하고 정약용은 주자성리학과 천주학의 이론적 접점을 찾은 반면 또 다른 수제자 권철신(權哲身, 1736~1801)은 신앙으로서의 서학에 관심을 보이기 시작한다. 권철신과 그의 동생이자 제자인 권일신(權日新, 1742~1791), 이벽(李蘗, 1754~1786), 정약전(丁若銓, 정약용의 형, 1758~1816) 그리고 이승훈(李承薰, 1756~1801) 등은 1779년 천진암 주어사(走魚寺)에 모여서 강학회를 열어 서학을 연구한다.

1783년 말 이승훈의 부친 이동욱이 연행사의 서장관(書狀官, 기록 담당)으로 임명되자 이승훈도 함께 베이징을 방문하게 된다. 「황사영 백서」에 따르면 이때 이벽이 이승훈에게 베이징에 가면 천주교

신부들을 만나고 올 것을 부탁한다:

> 승훈이 계묘년(1783)에 부친을 따라 베이징에 가게 되었다. 이벽이
> 비밀리에 부탁하며 말하기를 「베이징에는 천주당이 있고, 천주당에는
> 서양 전도사가 있을 것이네. 자네가 방문해서 신경(信經) 한 부를 달라
> 고 하고 세례받기를 청하면, 전도사는 아주 사랑해줄 것일세. 진귀한
> 물건을 많이 받아 필히 빈손으로 돌아오지 않기를 바라네.」[34]

이승훈은 베이징에 머무는 동안 천주교 북당을 찾아간다. 북당은
1703년 강희제의 허락하에 예수회가 지은 성당이다. 이곳에서 이승
훈은 그라몽(Jean Joseph de Grammont, 1736~1812) 신부로부
터 조선인 최초로 천주교 영세를 받고 베드로라는 본명을 받아 1784
년 3월 귀국한다.[35] 이승훈이 세례를 받았을 당시의 상황은 베이징에
있던 선교사 방타봉(Jean-Matthieu de Ventavon, 왕달홍(汪達洪),
1733~1787)신부가 본국에 쓴 편지에 기록되어 있다.

> 우리는 신의 영광을 입었을 한 남성의 개종 사실을 위안의 말로 보고
> 한다. 그 남성의 나라는 아직 선교사가 방문한 적이 없는 조선이라는
> 곳인데 중국 동쪽에 있는 반도이다. 이 나라는 매년 종주국인 중국에
> 사절을 파견한다 (…) 작년 말에 사절이 입경했는데 일행이 우리를 방
> 문했기에 포교서를 나누어주었다. 일행 중 대관의 자식으로 아주 학
> 식 있고 쾌활한 27세의 그 청년은 정말 마음으로부터 종교에 깊은 관
> 심을 갖고 있었다. 세례 전에 우리는 그가 만족할 때까지 여러 가지
> 의문에 대해 가르쳐주었다. 또 우리는 국왕이 그의 행위를 죄악시하
> 여 국법에 저촉된다고 하였을 경우의 결심을 확인했는데, 그는 결연
> 히 진리라고 확신하는 종교를 위해서는 어떠한 고통도 죽음도 참고
> 견디겠다고 대답했다. 우리는 종법의 순결을 설명하고 다처제는 허용

되지 않는다고 덧붙였는데, 그는 한 명의 정부인만을 두고 앞으로는 첩을 두는 일을 결코 하지 않겠다고 대답했다. 결국 귀국 직전에 교부의 허가를 얻어 그라몽 사제가 대부가 되고 베드로라는 성명을 주어 세례를 마쳤다.[36]

소현세자가 아담 샬 신부를 만난 지 140년 만에 천주교리를 자발적으로 공부한 조선의 선비가 베이징의 천주교당을 찾아 세례 받기를 자청한다. 조선은 철저한 숭명반청 정책을 펼치며 청과의 교류를 차단했지만 조선과 청 사이의 유일하게 남은 연결고리였던 연행사를 통해 결국은 서양의 종교가 조선에 뿌리를 내리게 된다. 더구나 방타봉 신부가 지적했듯이 조선에는 단 한 명의 선교사도 파견된 적이 없었다. 중국과 일본에서는 수많은 서양의 선교사들이 목숨을 걸고 선교활동을 펼쳤음에도 불구하고 천주교가 뿌리를 내리지 못한 반면 조선에서는 선비들의 지적인 호기심과 새로운 사상에 대한 갈망으로 인해 천주교가 자생적으로 뿌리 내릴수 있었다.

귀국한 이승훈은 베이징에서 세례를 받고 올 것을 권한 이벽과 권일신에게 세례를 준다. 1784년 음력 9월경 수표교에 있던 자기 집에서 이승훈에게 세례를 받은 이벽은 본격적인 전교활동을 시작하여 정약전, 정약용 형제, 권철신 등의 양반들은 물론 최창현, 최인길, 김종교, 김범우, 지황 등의 중인들도 개종시킨다.[37] 사제가 아니면 세례를 줄 수 없다는 사실도 모르고 조선의 초기 천주교도들은 서로에게 세례를 주면서 신앙공동체를 확대해 나간다. 역관이었던 김범우(金範禹, 1751~1787)는 1784년부터 명례방(명동)에 있는 자신의 집을 주일 행사 장소로 제공하였고 여기에는 이벽, 이승훈, 정약전, 정약용, 권일신 형제 등이 함께 모였다. 한국의 가톨릭 교회는 이를 「명례방 공동체」라 이름하여 조선 최초의 가톨릭 교회로 공인하고 있다.

그러나 1785년 김범우의 집에서 모이던 명례방공동체가 형조에 발각되면서 「을사추조적발사건」(乙巳秋曹摘發事件)이 터진다. 이때 이벽, 이승훈, 정약용 등도 형조에 체포되어 가지만 양반신분이었기 때문에 방면 되고 중인이었던 김범우만 고문을 당하고 밀양 단장으로 유배된다. 김범우는 2년간의 유배 생활 끝에 고향으로 돌아오지만 고문의 후유증으로 1787년 9월 14일 죽는다. 조선 천주교의 첫 순교자다.

이벽은 경주 이씨 명문 무반의 후예로 태어났다. 그의 할아버지는 호남병마절도사 부총관이었고 아버지는 가의대부 동지중추부사 종2품이며 아우 이석은 좌포도대장이었다. 이벽의 아버지 이부만은 아들이 천주교를 버리지 않으면 목을 매어 죽겠다면서 끝까지 배교할 것을 요구한다. 이벽은 아버지의 강권에 못이겨 결국 배교를 하지만 이후 일체 외부와의 연락을 끊은 채 살다가 1786년 33세에 요절한다.[38] 이승훈의 부친 이동욱은 문중이 모인 가운데 이승훈으로 하여금 갖고 있던 서교관련 서적들과 기물들을 불태우고 부수게 하고 배교를 선언하는 「벽이문」(闢異文)을 작성하여 발표하도록 한다. 이후 이승훈은 1789년(정조 13년) 평택 현감을 지내기도 하지만 결국 1791년 「진산사건」이라고도 불리는 신해사옥이 일어나면서 파직된다.

6. 강희제와 교황 클레멘트11세의 전례논쟁

「을사추조적발사건」에도 불구하고 천주교의 교세는 급속히 늘어간다. 이승훈, 이벽, 권일신 등의 포교로 충청도에서는 이존창이, 전라도에서는 유항검 등이 전교를 맡는다.[39] 1789년 이승훈 등은 베이징의 주교에게 조선에서의 전교활동과 교회의 현황을 보고 하기로 하고 윤유일(尹有一, 영세명 바오로, 1760~1795)을 베이징에 파견한다. 권철신의 문하생이었던 윤유일은 권일신으로부터 교리를 배워

개종한다. 1789년 10월 상인으로 가장하고 조선을 출발한 윤유일은 베이징에 도착하여 남당에서 구베아 주교(Alexander de Gouvea, 중국명: 탕사선(湯士選), 1751~1808)를 만난다.

1782년 12월 교황 비오 10세에 의해 베이징교구장에 임명된 구베아 주교는 마카오를 거쳐 1785년 베이징에 부임한다. 그런데 구베아주교는 예수회가 아닌 성 프란치스코회 소속이었다. 1582년 마테오 리치가 마카오에 처음 도착하고 1601년 베이징에 처음 입성한 이후 가톨릭 교회의 중국선교는 예수회가 도맡았다. 예수회는 당시 마카오를 거점으로 중국무역을 독점하던 포르투갈의 적극적인 후원을 받고 있었다. 그러던 중 1633년 도미니코회와 프란치스코회 선교사들이 베이징에 파견된다. 이들은 당시 필리핀을 거점으로 아시아에서 포르투갈의 패권에 도전하고 있던 스페인의 후원을 받고 있었다. 스페인은 가장 중요한 교역국인 중국에서 활로를 개척하기 위해서 예수회처럼 중국의 조정과 긴밀한 관계를 맺어야 했고 이를 위해 서둘러 가톨릭 사제들을 파견한다. 그러나 이미 마테오 리치와 같이 뛰어난 선교사들을 통해 중국 최고위층에게 인정을 받아 활동하고 있던 예수회의 영향력에 대적하기에는 역부족이었다.

그러자 스페인의 지원을 받던 도미니코회와 프란치스코회 선교사들은 예수회의 선교방식을 문제삼기 시작한다. 특히 예수회가 유교의 제사를 용인한다는 점을 집중적으로 공격한다. 마테오 리치는 중국에 천주교를 전파하기 위해서는 중국의 천주교가 유교와 전혀 배치되지 않은 종교임을 강조해야 한다고 생각했다. 그는 유교에서 말하는 「상제」가 천주교에서 말하는 「하느님」이라고 주장하면서 두 종교는 같은 뿌리를 갖고 있다고 설파했다. 유교의 제사는 종교의식이 아닌 부모님과 조상에 대한 존경심을 나타내는 세속적인 의례에 불과하다고 하면서 제사는 천주교가 엄금하는 우상숭배가 아니라고 하였다.

유교에 대한 깊은 이해와 존중을 바
탕으로 유교와 천주교의 조화를 강조하
는 포교활동을 펼친 예수회는 명대를 거
쳐 청대에서도 중국황제들의 인정을 받
을 수 있었다. 그 결과 1600년에 2천 5
백명이던 중국의 천주교 신자수는 1636
년에 3만 8천명, 1650년에는 15만 명
에 달한다. 그리고 1692년, 강희제는 드
디어 예수회의 공개적인 포교 활동을 공

교황 클레멘트11세

인한다.

그러나 도미니코회와 프란치스코회 사제들은 천자가 천단에서 하
늘에 지내는 제사, 공자를 모시는 「석전제」, 그리고 조상을 모시는 제
사가 모두 우상을 숭배하는 의식이라고 공격한다. 이러한 주장은 예
수회와 도미니코, 프란치스코회의 간의 세력다툼으로 번지면서 교황
청을 「전례논쟁」(Rites Controversy)으로 몰아 넣었다. 결국 교황
클레멘트 11세는 1704년 11월 20일 칙령을 발표하여 더 이상 가톨
릭의 하느님을 「상제」나 「천」으로 부를 수 없으며 반드시 「천주」로
부를 것을 선포한다. 1715년 3월 19일의 칙령은 천주교인들이 조상
에 대한 제사를 지내는 것을 공식적으로 금지한다.

교황의 칙령을 읽은 강희제는 그 위에 직접 다음과 같이 쓴다.

이 포고령을 읽고 보니 이 야만스러운 서양인들이 어떻게 중국의 위
대한 철학적, 도덕적 원칙들에 대해 감히 언급할 수 있는지 묻지 않을
수 없다 (...) 그들의 주장과 논리는 우스꽝스럽다. 이 포고령을 보니
나는 이들의 교리가 불교나 도교와 같이 형편없는 이단에 불과하다는
것을 드디어 깨닫게 되었다. 이들은 너무나도 앞뒤가 안 맞는다. 나는

지금부터 서양인들이 자신들의 교리를 중국 내에서 선교하는 것을 금한다. 그래야 앞으로 골치 아픈 일들이 생기지 않을 것이다.[40]

강희제

강희제는 그럼에도 불구하고 중국 내에서 활동하고 있는 천주교 선교사들이 「마테오 리치의 원리」를 따를 것을 맹세하면 활동을 허용하겠다고 한다. 그러나 그의 아들 옹정제(雍正帝, 1678~1735, 재위: 1722~1735)는 1724년 천주교에 대한 금지령을 내린다. 황실에 있던 선교사들을 제외한 나머지 선교사들은 마카오로 쫓겨난다. 천주교에 대한 탄압은 강희제의 손자인 건륭제(乾隆帝, 1711~1799, 재위: 1735~1796) 치하에서 더욱 강화된다. 한편 교황청은 1773년 예수회를 해산시킨다.

프랑스 계몽주의의 대표적인 지성이었던 볼테르(본명, 프랑스와-마리 아루에, François-Marie Arouet, 1694~1778)는 중국의 전례 논쟁에 대해 다음과 같은 글을 남겼다:

우리는 저 방대한 제국의 정치체제를 무신론으로 비난하는 바로 그 행위와 함께 그들을 우상숭배로 비난할 만큼 경박했다. 이것은 자체 모순이다. 중국인들의 전례에 대한 커다란 오해는 우리 자신의 관습을 기준으로 그들의 관습을 판단함으로써 야기되었다. 우리는 우리의 편견과 언쟁하기 좋아하는 정신

볼테르

을 가지고서 극동에까지 갔다. 중국인들 사이에 일상적인 인사인, 무릎 꿇고 하는 절을 우리는 경배 행위로 간주한다.[41]

중국과 교황청간의 이 세기적인 논쟁의 결과는 중국선교의 몰락이었다. 역대 명-청 황제들의 적극적인 비호와 지지아래 학술적으로는 물론 종교적으로도 깊은 뿌리를 내리기 시작했던 중국의 천주교는 결국 교회 내부 수도회들 간의 세력다툼으로 무너진다.[42]

7. 조선의 전례논쟁과 제사거부

프란치스코회 소속인 구베아 주교는 예수회가 해산되고 중국에서 축출된 이후 베이징 주교로 부임한다. 그는 건륭제의 흠천감정과 국자감 산학관장을 맡아서 천문학과 학술자료 편찬을 도우면서 천주교의 명맥을 유지하고 있었다. 이때 윤유일이 조선교회의 현황을 알리기 위해 베이징에 도착한다. 윤유일을 만나 조선의 교회소식을 들은 구베아 주교는 조선의 신자들이 선교사도 없이 자발적으로 교회를 만들어가고 있음을 기뻐하면서도 신자들이 서로 세례를 주고 미사를 올리는 것이 잘못되었음을 지적하고 선교사를 곧 파견할 것을 약속한다. 동시에 교회가 제사를 공식적으로 금지하였음을 알리고 이를 조선의 신자들에게 전달할 것을 명한다.

윤유일은 1790년 봄 귀국하여 이러한 사실을 조선의 교회에 알린다. 조선의 천주교 신자들은 이때까지도 중국과 유럽을 뒤흔든 전례논쟁에 대해서도, 예수회가 해산된 사실 조차도 모르고 있었다. 제사금지령은 조선의 교회를 뒤늦게 강타한다. 많은 교인들은 교회가 제사를 금지한다는 사실을 접하고 교회를 떠난다. 이러한 사실은 구베아 주교가 중국 쓰촨(四川, 사천) 대리 감목 디디에르 주교(J. Didier de St. Martin)에게 보낸 편지에서도 확인할 수 있다.

조선 교회에서는 지난 1790년 자신들이 궁금해 하는 여러 가지 의문
점들과 질문 사항들을 저에게 보내왔는데, 그 중에는 조상들의 신주
를 만들어 모셔도 되는지 또한 이미 모시고 있던 조상들의 신주들을
계속 모셔도 되는지에 대한 질문이 끼어 있었습니다. 그런데 교황청
에서는 교황 베네딕토의 칙서인 「엑스 쿠오」(Ex quo)와 교황 끌레멘
스의 칙서인 「엑스 일라 디에」(Ex illa die)를 통해서 이 문제에 대하
여 아주 단호한 입장을 표명하였습니다. 그래서 저는 이러한 교황청
의 결정에 따라 절대로 그렇게 해서는 안 된다고 대답하였더랬습니
다. 그런데 저의 이 대답은 조선의 많은 양반 계급 천주교 신자들이 배
교를 하게 되는 계기가 되고 말았습니다. 제가 그들의 의문점에 대해
답하면서 조상들의 신주를 모시는 것을 비롯한 여러 의식을 교황청에
서는 미신이라고 금지하고 있다는 사실을 제가 보낸 사목 서한을 통
해 알렸더니, 그들은 그러한 사실을 알고는 자기네 나라의 관습이나
그릇된 풍습을 끊어 버리기보다는 오히려 자기들이 참된 종교라고 깨
달았던 종교를 저버리려는 쪽을 택하였던 것입니다.[43]

그러나 일부 교인들은 배교를 하는 대신 제사를 거부한다. 1791
년 11월, 사대부 출신의 천주교 신자가 처음으로 제사를 거부한 사건
이 터졌다. 전라도 진산의 선비 윤지충(尹持忠, 1759~1791)은 1783
년 과거에 응시하기 위하여 서울에 올라온다. 진사시에 합격한 그는
외종사촌인 정약용의 서울 집에 머물면서 정약용과 함께 김범우의 명
례방 공동체에 참석한다. 그곳에서 윤지충은 마테오 리치의 『천주실
의』와 『칠극』을 접하고 이를 복사하여 고향집으로 내려가 공부한다.
3년 뒤 그는 정약전으로부터 바오로라는 세례명으로 영세를 받는다.
그의 외사촌인 권상연(權尙然, 세례명 야고보, 1751~1791)도 윤지

충을 통하여 천주교 서적을 접하고 교인이 된다.

이들은 교회가 제사를 금한다는 사실을 접하고는 조상의 신주를 불태워 묻고 제사를 폐하고 1791년 윤지충이 모친상을 당하자 유교식 상례를 거부하고 가톨릭식으로 상을 치른다. 소문이 퍼져나가자 천주교를 사학으로 간주하고 반대하던 홍낙안(洪樂安, 1752~?), 이기경(李基慶, 1756~1819), 목만중(睦萬中, 1727~1810)등의 소위 「공서파」(攻西派)가 윤지충과 권상연을 고발하는 장서를 영의정 채제공에게 올리는 한편 진산군수 신사원이 철저하게 수사하지 않고 있다고 비판한다.

이 사건이 전국적으로 알려지면서 대사간 신기(申耆, 1741~?)가 1791년 10월 20일 상소를 올려 「권가 윤가 두 역적은 (…) 한 시각이라도 하늘 땅 사이에 살려둘 수 없는 자입니다」[44]라며 조정에서 이 사건을 공론화킨다. 가장 충격적인 것은 윤지충이나 권상연 모두 조선의 대표적인 사대부집안의 후손들이라는 사실이었다. 윤지충은 윤선도의 6대손이었다. 그의 조부 윤덕렬은 정약전, 정약종(丁若鍾, 영세명 아우구스티노, 1760년~1801), 정약용의 외조부였다. 권상연은 안동권씨였다.

10월 23일에는 사헌부 지평 한영규(韓永逵)도 상소를 올렸다.

서양의 간특한 설이 언제부터 나왔으며 누구를 통해 전해진 것인지 모르겠으나, 세상을 현혹시키고 백성을 속이며 윤리와 강상을 없애고 어지럽히는 것이 어찌 진산의 원상연 윤지충 양적과 같은 자가 있겠습니까? 제사를 폐지하는 것으로도 부족해서 위패를 불태우고 조문을 거절하는 것으로도 그치지 않고 그 부모의 시신을 내버렸으니, 그 죄악을 따져보자면 어찌 하루라도 이 하늘과 땅 사이에 그대로 용납해 둘 수 있겠습니까?[45]

결국 진산 군수 신사원은 윤지충의 집을 수색하여 신주가 없음을 확인하고 이를 전라감사 정민시(鄭民始, 1745~1800)에게 보고하는 동시에 윤지충과 권상연에 대한 체포령을 내린다. 사건이 커지자 도망쳤던 윤지충과 권상연은 윤지충의 작은 아버지 윤증이 투옥되자 10월 26일 전라감영에 자수한다.[46] 『정조실록』에는 전라도 관찰사 정민시가 윤지충과 권상연을 심문한 내용이 자세하게 기록되어 있다.

천주(天主)를 큰 부모로 여기는 이상 천주의 명을 따르지 않는 것은 결코 공경하고 높이는 뜻이 못됩니다. 그런데 사대부 집안의 목주(木主)는 천주교(天主教)에서 금하는 것이니, 차라리 사대부에게 죄를 얻을지언정 천주에게 죄를 얻고 싶지는 않았습니다. 그래서 결국 집안에 땅을 파고 신주를 묻었습니다. 그리고 죽은 사람 앞에 술잔을 올리고 음식을 올리는 것도 천주교에서 금지하는 것입니다. 게다가 서민(庶民)들이 신주를 세우지 않는 것은 나라에서 엄히 금지하는 일이 없고, 곤궁한 선비가 제향을 차리지 못하는 것도 엄하게 막는 예법이 없습니다. 그래서 신주도 세우지 않고 제향도 차리지 않았던 것인데 이는 단지 천주의 가르침을 위한 것일 뿐으로서 나라의 금법을 범한 일은 아닌 듯합니다.[47]

이에 대하여 정민시는 다음과 같이 보고한다:

천하의 변괴가 어찌 한량이 있겠습니까마는, 윤·권 두 사람처럼 극도로 흉악한 자는 있지 않았습니다. 부모의 시신을 버렸다는 것은 비록 사실이 아닌 것으로 낙착되었지만, 그 위패를 태워버린 것은 그자도 역시 실토하였습니다. 아, 이 두 사람은 모두 사족(士族)입니다. 그리고 지충으로 말하면 약간이나마 문자를 알고 또 일찍이 상상(上庠)의 유생이었으니, 민간의 무지스러운 무리와는 조금 다른데, 사설(邪

說)을 혹신(酷信)하여 완전히 딴사람이 되어 버린 채 단지 천주가 있는 것만 알 뿐 군친(君親)이 있는 줄은 모르고 있습니다. 나아가 평소 살아계신 부모나 조부모처럼 섬겨야 할 신주를 한 조각 쓸모없는 나무라 하여 태워 없애면서도 이마에 진땀 하나 흘리지 않았으니, 정말 흉악하기만 합니다. 그러니 제사를 폐지한 것 등은 오히려 부차적인 일에 속합니다. 더구나 형문을 당할 때, 하나하나 따지는 과정에서 피를 흘리고 살이 터지면서도 찡그리거나 신음하는 기색을 얼굴이나 말에 보이지 않았고, 말끝마다 천주의 가르침이라고 하였습니다. 그리고 심지어는 임금의 명을 어기고 부모의 명을 어길 수는 있어도, 천주의 가르침은 비록 사형의 벌을 받는다 하더라도 결코 바꿀 수 없다고 하였으니, 확실히 칼날을 받고 죽는 것을 영광으로 여기는 뜻이 있었습니다.[48]

1791년 11월 8일, 영의정 채제공(蔡濟恭, 1720~1799)은 윤지충과 권상연을 사형에 처할 것을 건의하고 정조도 이를 윤허한다. 천주교에 대해 관대하였던 정조나 채제공도 이들의 처벌을 요구하는 30여 건의 상소와 악화된 여론을 이길 수는 없었다. 1791년 11월 13일 당시 33세였던 윤지충과 41세였던 권상연은 전주 풍남문 밖 오늘의 전주 전동성당 자리에서 참수된다. 윤지충과 권상현의 가족들은 집과 재산을 모두 몰수 당하고 유배된다. 진산 군수 신사원은 파직되고 진산군은 현으로 강등된다.[49] 조정은 이승훈과 권일신도 곧바로 체포한다. 당시 경기도 평택 현감이었던 이승훈은 가족과 일족 앞에서 천주를 버리겠다고 서약하나 파직된다. 권일신 역시 배교를 서약하나 유배지로 가는 도중 고문의 후유증으로 사망한다.

조선의 천주교인들은 제사를 지낼 것인지, 아니면 순교를 감수하면서도 제사를 거부할 것인지를 결정해야 했다. 많은 사대부들은 제사를 선택하고 천주교를 떠났다. 하지만 조상에 대한 제사가 상대적으로 덜 중요했던 중인과 하층민들 사이에는 천주교가 더욱 강하게 뿌리내린다. 세종이 사당을 짓고 조상의 신주를 모시는 주자성리학적 개혁을 밀어부친 지 400년이 지나 조선사람들은 제사를 거부하기 시작한다.

교황 클레멘트 11세가 유교의 제사를 「우상숭배」로 규정하고 금지하자 천주교와 주자성리학은 양립 불가능해졌다. 강희제, 옹정제, 건륭제를 거치면서 천주교를 대하는 청의 자세도 점차 강경해졌다. 그럼에도 불구하고 청의 황제들은 천주교 사제들의 천문학과 수학 능력을 높이 사면서 청의 조정에서 달력과 천체를 다루는 관직을 준다. 이는 예수회가 해산되고 나서도 계속되었다. 앞에서도 살펴보았듯이 프란치스코회 소속 구베아 주교 역시 흠천감정과 국자감 산학관장으로 건륭제 밑에서 일하고 있었다. 청은 종교로서의 천주교, 즉 「서교」와 학문으로서의 「서학」을 구분하였다.

그러나 반청승명과 사문난적을 표방하면서 주자성리학의 전통을 이어가던 「소중화」 조선에서는 서학조차도 뿌리를 내릴 수 없었다. 성호 이익과 같은 일부 재야학자들이 학술적인 관심을 보였으나 조정에는 아무런 영향을 미치지 못하였다. 역설적인 것은 과학이나 기술로서의 서학은 전혀 뿌리 내리지 못한 조선에서 오히려 종교로서의 서학이 자생적으로 뿌리를 내리고 퍼졌다는 사실이다. 더욱 놀라운 것은 교황청이 제사를 금지한 이후 천주교는 주자성리학적 정통을 정면으로 부정하는 반체제적인 이단으로 규정되고 가혹한 탄압을 받았지만 교세는 계속해서 확장되었다는 사실이다.

8. 천주교 박해의 시작: 신유박해

정조는 조선의 주자성리학 정통이 문명의 정점임을 추호도 의심하지 않았다. 우암 송시열을 「송자」(宋子), 「송부자」(宋夫子)로 칭하면서 성인으로 추앙하는 한편 주자성리학이 여타 사이비 종교나 사상에 비해 우월함을 확신했다. 비록 서학을 높이 평가하지도 않았고 깊이 연구한 바도 없지만 천주교 관련 사건이 터지면 「사학」이 유행하는 이유는 유학자들이 공부를 게을리 하였기 때문이라고 생각했다.

나의 생각에는 우리 도(吾道)와 정학(正學)을 크게 천명한다면 이런 사설(邪說)은 일어났다가도 저절로 없어질 것으로 본다. 그러니 그것을 믿는 자들을 정상적인 사람으로 전환시키고 그 책을 불살라 버린다면 금지할 수 있을 것이다. 대저 좌도(左道)를 가지고 사람들의 귀를 현혹시키는 것이 어찌 서학뿐이겠는가. 중국의 경우 육학(陸學)·왕학(王學), 불도(佛道)·노도(老道)의 유가 있었지만 언제 금령을 설치한 적이 있었던가. 그 근본을 따져보면 오로지 유생들이 글을 읽지 않은 데서 말미암은 일일 뿐이다.[50]

때문에 진산사건과 같이 신주를 불사르고 제사를 거부하는 사건이 일어나더라도 직접적인 책임자들만 벌을 주고 천주교 전체에 대한 박해로 확대되는 것을 막았다. 자신이 아끼던 정약용이 천주교 신자였음을 고백하는 상소를 올리자 이 역시 관대하게 용서한다. 다음은 정약용이 배교를 하면서 정조에게 올린 상소다:

승지 정약용이 상소하기를, 「신이 이른바 서양의 사설(邪說)에 대하여 일찍이 그 글을 보고 기뻐하면서 사모하였고 거론하며 여러 사람에게 자랑하였으니, 그 본원인 심술(心術)의 바탕에 있어서는 대체로 기름이 퍼짐에 물이 오염되고 부리가 견고함에 가지가 얽히는 것과 같은데도 스스로 깨닫지 못하였습니다. 대저 이미 한번 이와 같이 되었으니 이는 바로 맹자(孟子) 문하에 묵자(墨者)인 격이며 정자(程子) 문하에 선파(禪派)인 격으로 큰 바탕이 이지러졌으며 본령이 그릇된 것으로, 그 빠졌던 정도의 천심이나 변했던 정도의 지속은 논할 것도 없는 것입니다. 비록 그렇기는 하지만 증자(曾子)가 이르기를 「내가 올바른 것을 얻고서 죽겠다.」고 하였으니, 신 또한 올바른 것을 얻고서 죽으려 합니다.

신이 이 책을 얻어다 본 것은 대체로 약관의 초기였습니다. 이때에는 원래 일종의 풍기(風氣)가 있었는데, 천문(天文)·역상(曆象) 분야, 농정(農政)·수리(水利)에 관한 기구, 측량하고 실험하는 방법 등에 대하여 잘 말하는 자가 있었으며, 유속(流俗)에서 서로 전하면서 해박하다고 했으므로 신이 어린 나이에 마음속으로 이를 사모하였습니다. 그러나 성질이 조급하고 경솔하여 무릇 어렵고 교묘한 데 속하는 글들을 세심하게 연구하고 탐색할 수 없었기 때문에 그 찌꺼기나 비슷한 것마저 얻은 바가 없이, 도리어 생사(生死)에 관한 설에 얽히고 남을 이기려 하거나 자랑하지 말라는 경계에 쏠리고 지리·기이·달변·해박한 글에 미혹되었습니다. 그리하여 그것을 유문(儒門)의 별파(別派)나 되는 것으로 인식하고 문원(文垣)의 기이한 구경거리나 되는 것으로 보아 다른 사람과 담론하면서 꺼리지 않았고 다른 사람의 비난이나 배격을 당하면 그의 문견(聞見)이 적고 비루한가 의심하였으니, 그 근본 뜻을 캐어보면 대체로 이문(異聞)을 넓히려는 것이었습니다.

그러나 신이 본래 지업(志業)으로 삼은 것은 단지 영달하는 데 있었습니다. 상상(上庠)에 오르면서부터 오로지 정밀하게 한결같이 뜻을 두었던 것은 바로 공령(功令)의 학문이었으니, 더욱 어떻게 방외(方外)에다 마음을 놀릴 수 있었겠습니까. 어떻게 뜻이 확립되었음을 표방하여 경위를 구별하지 않은 채 지금까지 벗어나지 않겠습니까. 그 글 가운데 제사를 지내지 않는다는 설은 신이 옛날에 보았던 책에서는 못 본 것이니, 이는 제사를 지내지 않았던 갈백(葛伯)이 다시 태어난 것으로 조상을 알아차리는 승냥이와 수달도 놀랍게 여길 것인데 진실로 사람으로서 해야 할 도리가 조금이라도 있는 자라면 어찌 마음이 무너지고 뼛골이 떨려 그 어지러운 싹을 끊어버리지 않을 수 있겠습니까. 그런데 불행하게도 신해년의 변고가 발생했으니, 신은 이때부터 화가 나고 서글퍼 마음속으로 맹서하여 미워하기를 원수처럼 하였으며 성토하기를 흉악한 역적같이 하였습니다. 양심이 이미 회복되자 이치를 보는 것이 스스로 분명해져 지난날에 일찍이 좋아하고 사모했던 것을 돌이켜 생각하니 허황되고 괴이하지 않은 것이 없었으며 지리·기이·달변·해박한 글도 패가 소품(稗家小品)의 지류에 불과했습니다. 그리고 이 밖의 것들은 하늘을 거스르고 귀신을 업신여겨서 그 죄가 죽어도 용납되지 않는 것들이었기 때문에 중국의 문인인 전겸익(錢謙益), 담원춘(譚元春), 고염무(顧炎武), 장정옥(張廷玉)과 같은 무리는 일찍이 벌써 그 거짓됨을 환하게 알고 그 핵심을 깨뜨렸습니다. 그러나 신은 멍청하게도 미혹되었으니, 이는 유년기에 고루하고 식견이 적어서 그렇게 되었던 것으로 몸을 어루만지며 부끄러워하고 후회한들 어찌 돌이킬 수 있겠습니까.

애당초 그것에 물이 들었던 것은 아이들의 장난과 같은 일이었으며 지식이 조금 성장해서는 문득 적이나 원수로 여겨, 알기를 이미 분명하게 하고 분변하기를 더욱 엄중히 하여 심장을 쪼개고 창자를 뒤져도 실로 남은 찌꺼기가 없습니다. 그런데 위로는 군부(君父)에게 의심을 받고 아래로는 당세에 나무람을 당하여 입신한 것이 한번 무너짐에 모든 일이 기왓장처럼 깨졌으니, 살아서 무엇을 하겠으며 죽어서는 장차 어디로 돌아가겠습니까. 신의 직임을 체임하시고 이어서 내쫓으소서."

정조의 비답은 간단했다: 「선(善)의 싹이 봄바람에 만물이 싹트듯하고 종이에 가득 열거한 말은 듣는 사람을 감동시키기에 충분하다. 사직하지 말라.」[51]

그러나 천주교에 대해 상대적으로 관대한 조선 조정의 태도는 오래가지 않았다. 1800년 8월 18일(음력 6월 28일) 정조가 승하한다. 11세의 어린 나이로 정조의 둘째 아들 공이 순조(純祖, 1790~1834, 재위: 1800~1834)로 즉위하면서 영조의 계비 정순왕후(貞純王后, 1745~1805)가 대왕대비로 수렴청정을 한다. 정순왕후는 사도세자의 폐위를 주장했던 「벽파」의 지도자 김구주(金龜柱, 1740~1786)의 여동생이었다. 김구주는 1776년(정조 1) 전라도 흑산도(黑山島)로, 그리고 다시 나주(羅州)로 유배되었다가 다음 해 병사했다. 정순왕후 김 씨는 수렴청정을 하면서 자신의 오라버니를 죽음으로 내몰았던 정조시대의 「시파」 인사들을 대거 제거하기 시작한다. 순조가 즉위한 지 1년도 안 돼서 일어난 신유박해(辛酉迫害)는 천주교에 대한 박해였을 뿐만 아니라 정조의 치세 하에서 사도세자 폐위의 부당성을 당론으로 채택하면서 천주교와 남인에게는 비교적 온건하였던 「시파」를 제거한 사건이었다.

　　1801년 1월 11일, 정조 탈상과 동시에 정순왕후는 전국적으로 천주교를 금지하는 교지를 내린다.

　　선왕(先王)께서는 매번 정학(正學)이 밝아지면 사학(邪學)은 저절로 종식될 것이라고 하셨다. 지금 듣건대, 이른바 사학이 옛날과 다름이 없어서 서울에서부터 기호(畿湖)에 이르기까지 날로 더욱 치성(熾盛)해지고 있다고 한다. 사람이 사람 구실을 하는 것은 인륜이 있기 때문이며, 나라가 나라 꼴이 되는 것은 교화가 있기 때문이다. 그런데 지금 이른바 사학은 어버이도 없고 임금도 없어서 인륜을 무너뜨리고 교화에 배치되어 저절로 이적(夷狄)과 금수(禽獸)의 지경에 돌아가고 있는데, 저 어리석은 백성들이 점점 물들고 어그러져서 마치 어린 아기가 우물에 빠져들어가는 것 같으니, 이 어찌 측은하게 여겨 상심하지 않을 수 있겠는가? 감사와 수령은 자세히 효유하여 사학을 하는 자들로

하여금 번연히 깨우쳐 마음을 돌이켜 개혁하게 하고, 사학을 하지 않는 자들로 하여금 두려워하며 징계하여 우리 선왕께서 위육(位育)하시는 풍성한 공렬을 저버리는 일이 없도록 하라. 이와 같이 엄금한 후에도 개전하지 않는 무리가 있으면, 마땅히 역률(逆律)로 종사(從事)할 것이다. 수령은 각기 그 지경 안에서 오가작통법(五家作統法)을 닦아 밝히고, 그 통내(統內)에서 만일 사학을 하는 무리가 있으면 통수(統首)가 관가에 고하여 징계하여 다스리되, 마땅히 의벌(劓罰)을 시행하여 진멸함으로써 유종(遺種)이 없도록 하라. 그리고 이 하교를 가지고 묘당(廟堂)에서는 거듭 밝혀서 경외(京外)에 지위(知委) 하도록 하라.[52]

그러자 전국적으로 천주교도들을 탄핵하는 상소가 빗발친다. 2월 9일 이가환, 이승훈, 정약용이 체포되고 14일에는 홍교만(洪教萬, 세례명 프란치스코 사비에르, 1738~1801)과 홍인(洪鏻, 세례명 레오, 1757~1801) 등이 체포되었다. 모두 시파의 핵심 인물들이었다. 충청도, 전라도에서도 천주교도들이 체포되어 서울로 압송되었고 의금부에서는 이들에 대한 심문이 벌어졌다.[53] 2월 26일 정약종과 이승훈이 서소문 밖에서 처형되고 정약용과 정약전은 유배된다. 권철신과 이가환은 옥사한다.[54] 이밖에 전국적으로 약 300명이 처형된다.

3월 12일에는 황해도 황주에 피신해 있던 중국인 신부 주문모(周文謨, 1752~1801, 세례명 야고보)가 자수한다. 주문모 신부는 구베아 주교가 윤유일을 만났을 때 한 약속을 지켜 1795년 조선에 보낸 최초의 카톨릭신부였다. 그 역시 4월 19일 새남터에서 참수된다. 조선 최초의 외국인 순교자다.

주문모 신부는 교인들의 도움을 받아 6년 동안이나 조정의 단속을 피해 전국적인 전교활동을 벌일 수 있었다. 그 중에서도 특히 강완숙(姜完淑, 세례명 골롬바, 1760~1801)이라는 양반집안의 부인이 주신부를 적극적으로 보호하였다. 그런데 강완숙의 여종을 국문하는 과정에서 강완숙이 주신부를 집에 숨겨주었다는 사실과 함께 당시 강화도에 유배되어 있던 정조의 이복동생 은언군 이인(恩彦君 李䄄, 1754~1801)의 부인과 며느리가 주신부에게 세례를 받고 교인이 되었다는 사실이 밝혀진다. 이로써 천주교가 사대부집안의 여인들 사이에는 물론 왕실에까지 퍼져 있다는 사실이 알려진다.

이 사건으로 정조의 이복동생으로 평생 역모 설에 연루되어 탄핵을 받고 유배지를 전전하던 은언군과 그의 부인, 며느리는 결국 모두 사사된다. 정조의 비호 아래 간신히 목숨을 부지하던 은언군은 정조 서거 후 반년 만에 일어난 신유박해에 연루되어 1801년 6월 13일, 47세의 한 많은 삶을 마친다. 후에 철종(哲宗, 1831~1863, 재위: 1849~1863)으로 즉위하는 「강화도령」 원범은 그의 손자다.

신유박해로 조선의 천주교회는 처참하게 파괴된다. 교인들은 인적이 드문 산간벽지로 흩어져 「교우촌」(敎友村)이라는 작은 공동체들을 만들어 화전민, 옹기장수, 방물장수로 살아간다.

9. 황사영 백서 사건

그러나 신유박해는 여기서 끝나지 않는다. 더 충격적인 사건이 터진다. 황사영(黃嗣永, 1775~1801)은 1790년 진사시에 합격한 수재였다. 같은 해 정약용의 형인 정약현의 딸과 결혼하여 정약용의 조카사위가 되고 1791년 알렉시오라는 세례명으로 천주교로 개종한다. 신유박해가 시작되자 충북 제천의 배론으로 피신하지만 음력 9월 체포된다. 그는 피신 당시 토굴에서 베이징의 구베아 주교에게 보낼 「백서」를 작성하고 있었다. 흰 비단천에 조선 천주교의 역사, 탄압과 정과 교회의 재건책을 1만 3311자에 걸쳐 빼곡히 적었다. 황사영은 이 백서를 옥천희(玉千禧, 세례명 요한, 1767~1801)를 통해 구베아

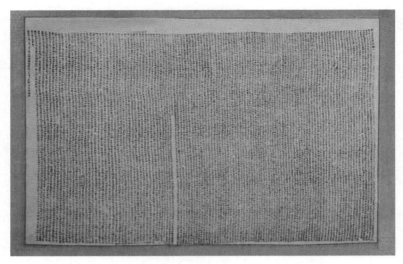

황사영 백서

주교에게 전달할 계획이었으나 사전에 발각되고, 황사영은 결국 능지처참된다.

황사영은 백서에서 조선의 천주교를 구할 계책으로 충격적인 제안을 한다. 우선 조선을 복속시키도록 청을 설득할 것을 제안한다. 청의 세력이 약해지면서 청을 세운 만주족이 결국은 중국본토를 내주고 고향인 만주(영고탑)로 돌아갈 것이 예상되나 만주가 쓸만한 땅이 아니니 미리 조선을 만주의 일부로 흡수해 놓으면 청의 황실이 훗날을 기약할 충분한 발판을 마련할 수 있을 것이라고 주장한다.

이 나라가 동쪽 땅에서 일어나 전국을 통치한 지가 200년에 가까워 지금에 이르렀습니다. 천하의 대세는 번복이 무상한 것입니다. 후세에 와서 일을 그르쳐 불행한 일이 있으면 응당 영고탑으로 돌아가게 될 것이지만, 그 지역은 외지고 좁아서 쓸 만한 곳이 못 됩니다. 조선은 영고탑에서 강 하나를 사이에 두고 서로 떨어져 있어서 인가가 서로 바라다보이고 부르면 서로 들리는데, 지역이 사방 3,000리나 됩니다.

　동남쪽 지방은 땅이 기름지고, 서북쪽 지방은 장정들과 말들이 날쌔고 굳셉니다. 산이 천 리를 연해 있어 목재를 이루 다 쓸 수 없고, 바다가 3면을 둘러 있어 생선과 소금이 없어지지 않습니다. 경상도에는 인삼이 지천으로 많이 나고, 제주도에는 좋은 말이 그 수를 헤아릴 수가 없습니다. 땅이 기름지고 산물이 많은 좋은 나라이지만, 이씨가 미약하여 끊어지지 않음이 겨우 실오리 같고, 여군이 정치를 하니 세력 있는 신하들이 권세를 부리므로 국정이 문란하여 백성들이 탄식하고 원망합니다. 진실로 이러한 때에 내복을 명하시어 옷을 같이 입게 하고, 서로의 왕래를 터 이 나라를 영고탑에 소속시킴으로써 황조의 근본이 되는 영토를 넓히고, 안주와 평양 사이에 안무사를 설치하여 친왕을 임명하여 그 나라를 감독 보호하게 하되 은덕을 후히 베풀어서 인심을 굳게 단결시켜 놓으면, 전국에 변란이 일어나더라도 요동과 심양 동쪽의 지역을 갈라 근거로 삼아 그 험한 산악 지대를 방위할 수 있고, 장정들을 모아 훈련시켰다가 유사시 출동시키면, 이것이 튼튼한 기초를 만대에 이루도록 하는 것입니다.[55]

황사영은 프랑스가 직접 군대를 이끌고 조선에 와서 종교자유를 받아들이도록 강요하는 방안도 제안한다.

이 나라의 병력은 본래 잔약하여 모든 나라 가운데 맨 끝인데다가 태평세월이 200년을 계속해 왔으므로 백성들은 군대가 무엇인지 모릅니다. 위에는 뛰어난 임금이 없고 아래로는 좋은 신하가 없어서, 자칫 불행한 사태가 일어나기만 한다면 흙더미처럼 와르르 무너져 버리고 기왓장처럼 부서질 것이 틀림없습니다. 만일 할 수 있다면 군함 수백 척과 정예군 5~6만 명을 얻어 대포 등 날카로운 무기를 많이 싣고, 글을 잘하고 사리에도 밝은 중국 선비 3~4명을 데리고 곧바로 해안에 이르러 국왕에게 서한을 보내되 「우리는 서양의 전교하는 배입니다. 여자와 재물을 탐내어 온 것이 아니고 교황의 명령을 받고 이 지역의 살아있는 영혼을 구원하려고 온 것입니다. 귀국에서 한 사람의 선교사를 기꺼이 받아들이신다면 우리는 이상 더 많은 것을 요구할 것도 없고, 절대로 대포 한 방이나 화살 하나도 쏘지 않으며 티끌 하나 풀한 포기 건드리지 않을 뿐만 아니라, 영원한 우호 조약을 체결하고는 북 치고 춤추며 떠나갈 것입니다. 그러나 만약 천주의 사신을 받아들이지 않는다면 반드시 천주의 벌을 집행하고 죽어도 발길을 돌리지 않을 것입니다. 왕은 한 사람을 받아들여 나라의 벌을 면하게 하시려는지, 아니면 나라를 잃더라도 그 한 사람을 받아들이지 않으시려는지, 그중 어느 하나를 택하시기 바랍니다. 천주 성교는 충효에 가장 힘쓰고 있으므로, 온 나라가 봉행하면 실로 왕국에 한없는 복이 올 것입니다. 우리에게는 아무런 이익도 돌아오지 않습니다. 왕께서는 부디 의심치 마십시오」라고 하시기 바랍니다. 그리고 서양 여러 나라가 참된 천주를 흠숭하므로 오래 태평하고 길게 통치하는 결과를 동양 각국에 미치게 될 것이니, 서양 선교사를 용납하여 맞아들이는 것은 매우 유익하며 결코 해가 되는 것이 없음을 거듭 타이르면, 반드시 온 나라가 놀라고 두려워 감히 따르지 않을 수 없을 것입니다. 군함의 척수와 군대의 인원수가 앞에서 말씀드린 바와 같은 숫자면 대단히 좋겠지만, 힘이 모자란다면 배 수십 척에 군인 5~6천 명이라도 족할 것입니다.[56]

황사영 백서 사건으로 조선의 조정은 천주교가 주자성리학을 거부하는 「사학」일 뿐만 아니라 외세를 끌어들여 역모를 꾀하는 세력이라고 믿게 된다. 천주교는 이제 이념적으로나 국가안보차원에서나 도저히 용납할 수 없는 체제전복세력으로 낙인 찍힌다.

10. 파리 외방선교회와 조선 선교의 시작

　음력 1803년 12월 정순왕후의 수렴 청정이 끝나고 안동김씨가 득세하면서 천주교에 대한 탄압은 다소 누그러진다. 순조의 장인인 김조순(金祖淳, 1765~1832)은 정권을 장악한 후 천주교에 비교적 온건한 입장을 견지하고 있던 안동김씨 시파를 대거 등용한다. 안동 김씨 세도하에서 박해가 잦아들자 천주교인들은 교회 재건에 나선다.

　신유박해가 끝나고 10년이 지나면서 조선의 교인들은 베이징의 주교와 로마의 교황청에 다시 신부를 파견해줄 것을 요청한다.[57] 특히 정약용의 조카로 신유박해 때 아버지 정약종(丁若鍾, 세례명 아우구스티노, 1760~1801)과 형 정철상(丁哲祥, 세례명 가롤로, ?~1801)이 순교하고 어머니 유소사(柳召史, 세례명 체첼리아, 1761~1839)와 여동생 정정혜(세례명 엘리사벳, 1791~1839)와 함께 간신히 살아남았던 정하상(丁夏祥, 세례명 바오로, 1795~1839)의 역할이 결정적이었다. 그는 박해 속에서도 신앙을 지키면서 귀양 가 있는 천주교인을 일부러 찾아가 한문과 교리를 배운다. 정하상은 1816년 10월

교황 레오 12세

교황 그레고리 16세

파리 외방선교회 본부 전경

동지사 역관의 하인으로 처음 베이징을 다녀온 것을 시작으로 1831
년까지 16년간 무려 9차례 베이징을 다녀오면서 조선에 신부를 파견
해 줄 것을 줄기차게 요청한다. 1825년에는 유길진(劉進吉, 세례명
아우구스티노, 1791~1839), 이여진(李如眞, ?~1830, 세례명 요한)
과 함께 교황에게 직접 편지를 보낸다.[58]

이들의 편지는 베이징 주교를 통해 마카오의 움피에레스(R.
Umpierres) 신부에게 전달되어 1826년 라미오(L. Lamiot) 신부에
의해 라틴어로 번역되어 1827년 교황 레오 12세(재위: 1823~1829)
에게 전달된다.[59] 감격한 교황은 조선의 포교를 파리외방전교회(Mis-
sions étrangères de Paris, Paris Foreign Mission Society)에 맡기기로
결정하고 4년 뒤 교황 그레고리 16세(재위: 1831~1846)는 조선을
독립적인 교구로 인정하고 첫 조선 교구 주교로 뷔르기에르(Bar-
tholemaeus Burguiere) 신부를 임명한다. 비록 뷔르기에르 주교
는 조선 땅을 밟아보지 못하고 만주에서 1835년 병사하지만 1836년
1월 12일 프랑스의 모방 신부(Pierre Philibert Maubant)가 정하
상과 조신철(趙信喆, 영세명 까롤로, 1795 ~ 1839) 의 안내로 서울

샤스탕 신부

앵베르 주교

에 도착한다. 1837년 1월에는 샤스탕(Jacques Honore Chastan, 1803~1839) 신부가, 그리고 12월에는 뷔르기에르의 후임으로 조선 교구 주교로 임명된 앵베르 주교(Laurent Joseph Mari Imbert, 1796~1839)도 입국함으로써 조선은 주교와 신부 두 명을 구비한 명실공히 독립 교구의 면모를 갖추게 된다.[60]

그 이후 1866년 병인박해까지 30년 동안 파리외방선교회는 신부 20명을 조선에 파견한다. 그 중 앵베르, 모방, 샤스탕 등 3명은 1839년의 기해박해 때 순교하고 장송(Francois Niclas Janson), 페레올(Jean Joseph Ferreol, 1808~1853), 매스트르(Ambriose Maistre), 조안노(Poerre Marie Joanno), 랑드르(Jean Marie Landre) 등 5명은 조선에서 병사한다. 베르뇌(Simeon Francois Berneux, 1814~1866), 프티니콜라(Michel Alexander Petitnicolas, 1828~1866), 푸르티에(Jean Antoine Pourthi, 1830~1866), 오매트르(Pierre Aumaitre, 1837~1866), 브르트니에르(Simon Marie Antoine Bretenieres, 1838~1866), 위앵(Martin Luc Huin, 1836~1866), 볼리외(Bernard Louis Beaulieu, 1840~1866),

다블뤼(Marie-Nicolas-Antoine Daveluy, 1818~1866), 도리(Pierre Henri Dorie, 1839~1866) 등 9명은 병인박해 때 순교하고 페롱(Stanislas Feron, 1827~1903), 리델(feliz Clair Ridel, 1830~1884), 칼레(Alphonse Nicolas Calais, ?~?) 등 3명만 간신히 국외로 탈출한다.[61] 이 기간 동안 조선의 천주교인은 1만 명에서 2만 3천 명으로 늘어난다.[62]

11. 기해박해와 프랑스함대의 출현

1839년 천주교에 대해서 강경한 노론의 벽파인 풍양 조씨가 득세한다. 풍양 조씨는 순조의 아들 효명세자의 빈으로 신정왕후(神貞王后, 1809~1890)조씨가 간택되면서 세력을 얻게 된다. 이미 정권을 장악하고 있던 안동김씨와 대립하다가 1839년 신정왕후의 친정 아버지 조만영(趙萬永, 1776~1846)이 홍문관 대제학에, 그의 동생 조인영(趙寅永, 1782~1850)이 이조판서에, 그의 조카인 조병현(趙秉鉉, 1791~1849)이 형조판서에 임명되면서 정권을 잡는다.

풍양조씨는 천주교에 대해 비교적 온건한 입장을 취했던 안동 김씨와 달리 천주교를 뿌리 뽑을 것을 주장한다.[63] 1839년 4월 18일, 「사학토치령」(邪學討治令)이 선포되고 4월 12일 서소문 밖 형장에서 배교를 거부한 9명이 참수당한다. 이후 서울, 전주, 홍주,

신정왕후의 초상

조만영의 초상, 이한철 작　　　조인영 초상, 이한철 작

공주, 원주 등 전국에서 교인들이 체포되고 처형된다.[64] 7월 3일에
는 마침내 피신 중이던 엥베르 주교가 자수하고 모방과 샤스탕 신부
에게도 자수하는 것이 박해를 멈추게 할 것이라고 권고함으로써 이들
역시 7월 29일에 자수한다. 8월 14일, 순원왕후 김대비의 명으로 프
랑스인 신부 세 명은 새남터에서 효수된다. 조선에서 최초로 순교한
서양 사제들이었다.

　유길진, 정하상, 조신철 등은 서양선교사들을 몰래 국내에 잠입
하도록 도운 죄로 고문을 받고 유길진과 정하상은 8월 15일, 조신철
을 비롯한 다른 아홉 명은 8월 19일 서소문 형장에서 순교한다.[65] 9
월 25일에는 이미 처형된 역관 유길진의 아들이 14세의 나이에 배
교를 거부하고 교수형에 처해진다. 박해는 그해 연말까지 계속되어
총 200여 명이 순교한다. 10월 18일, 조정은 『척사윤음』(斥邪綸音)
이라는 국한문 병용으로 작성된 포고문을 반포하여 박해의 정당성을

세실 제독

주장한다. 이 포고문이 국한문 병용으로 쓰였다는 것은 그 당시 천주교가 사대부뿐만 아니라 부녀자와 서민층에게도 광범위하게 전파되고 있었음을 보여준다.[66]

기해박해가 일어난지 7년 후인 1846년 6월 20일 프랑스 군함 3척이 충청도 해안의 외연도에 도착한다. 조선이 1839년 기해박해 당시 앵베르, 모방, 샤스탕 등 프랑스 신부 세 명을 참수한 것에 대한 무력시위였다. 프랑스 함대는 장-밥티스트 세실 제독(Jean-Baptiste Thomas Médée Cécille, 1787~1873)이 지휘하고 있었다. 세실 제독은 1843년 프랑스가 월남에 처음 침투할 때 주역을 맡았던 인물이다. 프랑스는 당시 월남에서 선교를 하고 있던 프랑스 신부들에 대한 월남측의 박해를 방지한다는 미명하에 군대를 파견한다. 그러나 실제로는 1842년 아편전쟁에서 중국이 영국에 패배하면서 중국이 열리기 시작하자 남쪽으로부터 중국에 침투하는 교두보를 구축하기 위해서였다.

1845년 세실 제독은 프랑스인 도미니크 르페브르(Dominique Lefebvre) 주교가 월남정부에 의해 구금되자 그를 석방시키기 위해 다시 월남에 파견된다. 이때 세실 제독은 조선이 천주교에 대한 대대적인 박해를 가하고 있고 프랑스 신부 세 명을 처형하였다는 소식을 접하고 조선으로 향한다. 외연도에 도착한 세실은 강화도로 접근하는 수로를 찾지 못하고 외연도에 머물다 조선 조정에 전하는 글만 남기고 떠난다. 세실이 남기고 간 편지는 충청감사 조운철을 통해서 조정에 전달된다.『헌종실록』은 이 편지의 번역본을 싣고 있다.

대불랑서국(大佛朗西國) 수사 제독(水師提督) 흠명 도인도여도중국각전선 원수(欽命到印度與到中國各戰船元帥) 슬서이(瑟西爾)는 죄없이 살해된 것을 구문(究問)하는 일 때문에 알립니다. 살피건대, 기해년(1839)에 불랑서인(佛朗西人)인 안묵이(安默爾), 사사당(沙斯當), 모인(慕印) 세 분이 있었습니다. 이 세 분은 우리 나라에서 큰 덕망이 있다고 여기는 인사인데, 뜻밖에 귀 고려(貴高麗)에서 살해되었습니다. 대개 이 동방(東方)에서 본수(本帥)는 우리나라의 사서(士庶)를 돌보고 지키는 직분이 있습니다. 그러므로 전에 와서 그 세 분의 죄범(罪犯)이 무슨 조목에 해당되어 이러한 참혹한 죽음을 받아야 하였는지를 구문하였더니, 혹 귀 고려의 율법(律法)은 외국인이 입경(入境)하는 것을 금지하는데, 그 세 분이 입경하였으므로 살해하였다고 하였습니다. 그러나 본수가 살피건대, 혹 한인(漢人), 만주인(滿州人), 일본인(日本人)으로서 귀 고려의 지경에 함부로 들어가는 자가 있더라도 데려다 보호하였다가 풀어 보내어 지경을 나가게 하는 데 지나지 않으며, 몹시 괴롭히고 해치는 등의 일은 모두 없었습니다. 그런데 어찌하여 그 세 분은 한인·만주인·일본인을 대우하듯이 마찬가지로 대우하지 않았는지를 묻겠습니다. 생각하건대, 귀 고려의 중임(重任)을 몸에 진 대군자(大君子)는 우리 대불랑서 황제의 인덕(仁德)을 알지 못하실 것입니다마는, 우리 나라의 사서는 고향에서 만만리(萬萬里) 떠나 있더라도 결단코 그에게 버림받아 그 은택을 함께 입지 못하게 될 수는 없습니다. 우리 황제의 융숭한 은혜가 널리 퍼져서 그 나라의 사민(士民)에게 덮어 미치므로, 천하 만국(萬國)에 그 백성으로서 다른 나라에서 그른 짓을 하고 나쁜 짓을 하는 자가 있어 살인이나 방화 같은 폐단에 대하여 사실을 심사하여 죄를 다스렸으면 또한 구문할 수 없겠으나, 그 백성에게 죄가 없는데도 남이 가혹하게 해친 경우에는 우리 불랑서 황제를 크게 욕보인 것이어서 원한을 초래하게 될 것이 틀림없다는 것을 아셔야 합니다. 대개 본수가 묻고 있는 우리나라의 어진 인사 세 분이 귀 고려에서 살해된 일은 아마도 귀 보상(貴輔相)께서 이제 곧 회답하실 수 없을 것으로 생각합니다. 그러므로 내년에 우리 나라의 전선(戰船)이 특별히 여기에 오거든 귀국에서 그때 회답하시면 된다는 것을 아시기 거듭 바랍니다. 본수는 귀 보상에게 우리나라의 황제께서 그 사민을 덮어 감싸는 인덕을 다시 고합니다. 이제 이미 귀국에 일러서 밝혔거니와, 이제부터 이후에 우리 나라의 사민을 가혹하게 해치는 일이 있으면, 귀 고려는 반드시 큰 재해를 면할 수 없을 것입니다. 그렇다면 재해를 임시하여 위로 귀국의 국왕에서부터 아래로 대신·백관에 이르기까지 모두 다른 사람에게 원망을 돌릴 수 없고, 오직 자기가 불인(不仁)하고 불의(不義)하며 무례한 것을 원망할 수 있을 뿐일 것입니다. 이를 아시기 바랍니다. 구세(救世) 1천 8백 46년 5월 8일.[67]

세실은 편지에서 살인이나 방화같이 큰 죄를 지은 적이 없는 프랑스 신부들을 왜 죽였는지 묻고 있다. 죄 없는 프랑스 신부들을 죽인 것은 프랑스의 황제를 욕보인 것이니 어떻게 된 일인지 내년에 다시 올 때까지 답을 준비하라고 요구하고 있다. 만일 또다시 프랑스인들을 해치는 일이 있으면 큰 화를 면할 수 없을 것이라는 경고도 덧붙인다.

공교롭게도 이때 조선에서는 병오박해(丙午迫害)가 일어나고 있었다. 1836년 1월 조선에 도착한 모방 신부는 우선 조선교회가 뿌리를 내리기 위해서는 조선인 신부가 필요함을 절감하고 김대건(金大建, 세례명 안드레아, 1821~1846), 최양업(崔良業, 세례명 토마스, 1821~1861), 최방제(崔方濟, 세례명 프란치스코 사베리오, ?~1839)등 소년 3명을 마카오로 보내 신학교육을 받게한다. 당시 15세였던 김대건과 최양업, 그리고 출생연도가 불확실한 최방제 등 세 소년은 마카오, 필리핀의 마닐라에서 사제수업을 받는다. 최방제는 유학을 떠난 지 3년만인 1839년 마카오에서 병사한다. 그러나 김대건은 9년 만인 1845년(헌종 11년) 사제수업을 마치고 조선사람

최초로 사제서품을 받은 후 귀국한다. 상하이에서 국내로 들어오는 길을 모색하고 있던 그는 1845년 10월 12일 당시 조선 교구장이었으며 자신에게 사제서품을 준 프랑스 외방선교회의 장 조셉 페레올(Jean Joseph Ferreol, 1808~1853) 주교, 그리고 마리 앙트완 니콜라 다블뤼(Marie Antoine, Nicolas Daveluy, 1818~1866) 신부와 함께 충청도 강경을 통해 국내에 잠입하는 데 성공한다.

국내에서 선교활동을 하던 김대건 신부는 이듬해 자신과 함께 마카오에서 사제서품을 받은 최양업 신부와 파리외방선교회가 조선의 선교사로 임명한 암브르와즈 매스트르(Ambroise Maistre) 신부의 국내 잠입을 돕고자 한다. 매스트르 신부는 원래 김대건 신부와 함께 입국하고자 하였으나 실패하여 중국으로 돌아갔고, 1846년 최양업 신부와 함께 만주를 통하여 다시 국내 잠입을 시도하고 있던 참이었다. 그러나 김대건 신부는 만주로 들어오는 것이 위험하다고 판단하여 바다를 통해서 들어오는 방법을 모색하기 시작한다. 1846년 5월 서해 백령도에서 중국배와 접선하였으나 12월 6월 5일 순위도에서 체포된다.[68]

세실제독의 함대가 외연도에서 조선조정을 협박하는 편지를 전하고 돌아간 때는 김대건 신부가 해주 감영을 거쳐 서울로 압송되어 국문을 받고 있던 때였다. 조선의 조정에서는 그렇지 않아도 서학을 조선의 이념과 체제에 도전하는 이단으로 규정하고 있던 차였다. 이제 서학의 뒤에 도사리고 있는 「양이」 즉, 서양 오랑캐가 그 모습을 드러내기 시작했다. 「황사영백서」에서 황사영이 양이들에게 군대를 보내달라고 요청한 일이 현실로 나타나기 시작한 것이다. 조선의 조정은 프랑스 함대가 김대건 신부를 구출하기 위해 실력행사를 하러 온 것으로 판단하였다.

1846년 7월 15일 열린 조정회의는 강경일변도였다. 영의정 권돈인(權敦仁, 1783~1859)은 약한 모습을 보이면 안 된다며 강경대응을 주문한다.

김대건의 일은 한 시각이라도 용서할 수 없습니다. 스스로 사교(邪敎)
에 의탁하여 인심을 속여 현혹하였으니, 그 한 짓을 밝혀 보면 오로지
의혹하여 현혹시키고 선동하여 어지럽히려는 계책에서 나왔습니다.
그리고 사술뿐만 아니라 그는 본래 조선인으로서 본국을 배반하여 다
른 나라 지경을 범하였고, 스스로 사학(邪學)을 칭하였으며, 그가 말
한 것은 마치 공동(恐動)하는 것이 있는 듯하니, 생각하면 모르는 사
이에 뼈가 오싹하고 쓸개가 흔들립니다. 이를 안법(按法)하여 주벌(誅
罰)하지 않으면 구실을 찾는 단서가 되기에 알맞고, 또 약함을 보이는
것을 면하지 못할 것입니다.[69]

헌종도 김대건 신부와 세실제독간의 내통이 있음을 확신한다.

이는 반드시 조선 사람으로서 맥락이 서로 통하는 자가 있을 것이다.
그렇지 않으면 저들이 어떻게 살해된 연유를 알겠으며, 또 어떻게 그
연조(年條)를 알겠는가? 그러자 권돈인이 다시 말한다. 한 번 사술(邪
術)이 유행하고부터 점점 물들어 가는 사람이 많고, 이번에 불랑선(佛
朗船)이 온 것도 반드시 부추기고 유인하였기 때문이 아니라 할 수 없
으니, 모두 내부의 변입니다.[70]

결국 김대건은 9월 15일 새남터에서 참수된다. 조정은 라틴어,
프랑스어, 중국어를 유창하게 구사하고 세계지리와 정치상황에 대해
해박한 지식을 갖춘 김대건의 능력을 아깝게 여겨 그를 회유하고자
하였으나 김대건은 배교를 거부한다. 김대건은 사제서품을 받고 전
교를 시작한 지 불과 1년만에 26세의 젊은 나이로 순교한다.
이듬해인 1847년(헌종 13년) 세실제독은 라피에르(Augustin de

Lapierre, ?~?) 대령 지휘하에 군함 두척을 조선에 파견하여 프랑스 신부들 처형에 대한 조선 조정의 답을 받고자 한다. 그러나 프랑스 군함들은 고대산도 앞바다에 침몰하고 영국 군함의 구조로 간신히 되돌아간다.

제2부 - 제5장

아편전쟁과
태평천국의 난, 동치중흥

1. 제1차 아편전쟁

2. 제2차 아편전쟁

3. 베이징 함락과 원명원 약탈

4. 태평천국의 난과 후난학파

4. 상군의 결성

6. 상군의 성공요인

7. 상승군의 역할

8. 동치중흥의 실패

제2부 - 제5장

아편전쟁과 태평천국의 난, 동치중흥

두 차례의 아편전쟁과 태평천국의 난을 겪으면서 청은 무너지기 시작한다. 서양의 군대는 물론 농민군에게도 연전연패하는 군대, 아편중독의 만연, 신흥종교의 급속한 확산은 청의 사회가 얼마나 도덕적으로 해이하고 타락했는지 보여줬다. 양쯔강 유역의 곡창과 대도시들이 태평천국군 수중에 떨어지고 북경이 서양군대에 함락되고 황제와 조정은 만주 열하의 피서궁으로 피신하면서 청은 곧 무너지는 듯 했다. 그럼에도 불구하고 청은 회생하여 50년을 더 존속한다. 그것은 청의 체제가 제대로 작동하여서가 아니다. 청의 자랑이었던 팔기군과 녹영군이 태평천국군에 치욕적인 연패를 당하자 최후의 수단으로 증국번(曾國藩, 1811~1872)과 이홍장(李鴻章, 1823~1901)이 조직한 향토군이 놀라운 전투력을 발휘하면서 난을 평정 할 수 있었기 때문이다.

태평천국의 난을 평정한 증국번의 상군(湘軍, 상은 중국 호남 湖南의 옛이름)과 이홍장의 회군(淮軍, 회는 안휘성을 뜻함)은 조선의 의병과 마찬가지로 지역 유지들이 마을청년들을 모으고 군자금을 대어 일으킨 군대였다. 증국번과 이홍장이 태평천국의 난을 평정한 것은 중국의 전통적인 사대부 질서가 여전히 국난을 극복할 수 있는 저력을 갖고 있음을 보여준다. 향촌에서 자란 인재들은 과거시험을 통하여 중앙정계에 진출하고 조정의 정책결정 과정에 참여하는 것을 이상으로 삼았다. 이와 동시에 고향과의 끈끈한 유대관계를 유지하면서 위급한 때에는 지방의 인적, 물적 자원을 총동원 하여 나라를 지키는 것도 사대부의 역할이라고 생각했다.

상군은 증국번의 고향인 후난의 샹탄(湘潭, 상담)이라는 작은 마을에서 시작된다. 후난성 샹장(湘江, 상강)유역의 창사(長沙, 장사)에는 이 지역의 젊은 인재들을 키워냈던 대표적인 서원인 악록서원(岳麓書院)이 있다. 태평천국의 난을 평정한 증국번, 좌종당(左宗棠, 1812~1885), 곽숭도(郭嵩燾, 1818~1891)는 물론 조선과 일본의 개화사상에 결정적인 영향을 끼친『해국도지』(海國圖志)의 저자 위원(魏源, 1794~1857) 등도 모두 이 서원 출신들이다.

증국번이 샹탄현에서 상군을 결성하기 시작할 무렵 악록서원은 이 지역 출신이었던 명말청초의 대학자 왕부지(王夫之, 1619~1692)의 잊혀졌던 저작들을 재발굴하여 그에 대한 재평가 작업에 몰두하고 있었다. 왕부지는 명이 멸망하고 청이 중원을 차지하자 세속과의 인연을 끊고 고향의 산속에 들어가 평생을 학문과 저술에 바쳐 방대한 저작을 남기지만 청에 반대하였던 그였기에 왕부지의 저작들은 극히 일부를 제외하고는 금서가 된다. 그러나 이때 우연히 재발견된 왕부지의 방대한 저술과 학문세계는 서구열강의 침탈과 태평천국의 난에 기울어져가는 나라를 되살리고자 하는 악록서원 출신들에게 새로운 영감을 제공한다.

난을 평정한 증국번과 이홍장 등의 전통 사대부 엘리트는 국정을 장악하고 양무운동(洋務運動)을 적극 추진한다. 전쟁중에 서양무기의 위력과 서양식 군제의 효용성을 절감한 이들은 근대식 무기창을 만들고 철도와 전보를 개설하면서 서양의 기술을 도입하고자 한다. 이들의 노력은 초기에는 놀라운 성과를 거두면서 청은「동치중흥」(同治中興, 1861~1874)이라 불리는 부흥기를 맞는다.

그러나 동치중흥은 이내 실패한다. 전통적인 사대부 방식인 향군의 활약으로 회생의 기회를 잡은 청의 사대부 엘리트는 결국 전통의 틀에서 벗어나지 못한다. 전통의 힘을 믿었던 증국번과 이홍장, 좌종당, 곽숭도 등은 중국이 여전히 문명의 중심이며 서양의 과학기술은 다만 중국 문명을 뒷받침해줄 실용적인 기술일 뿐이라고 믿었다. 「중체서용론」(中體西用論)에 입각한 동치중흥과 양무운동은 결국 근대화의 파고를 넘지 못한다.

1. 제1차 아편전쟁

영국의 동인도회사(East India Company)는 1600년 영국왕실의 명(charter)으로 설립되어 중국과의 무역에 대한 독점권을 부여받는다. 설립 초기에는 인도무역에 집중하던 동인도회사는 17세기 말부터는 남부 중국과의 교역도 시작한다. 영국은 주로 비단, 도자기, 향료; 한약재, 차 등을 중국으로 부터 수입하였다. 특히 영국 상류층의 고급 기호식품이었던 중국차는 이내 영국인들이 가장 선호하

1800년대 런던 동인도회사 본부

보스턴 차 사건, 1773년 12월 16일

는 일상적인 음료가 되면서 수입이 폭증하기 시작한다. 통계에 의하면 당시 영국 국민은 평균 소득의 5%를 차에 소비하였다고 한다. 17세기 말에는 연 200파운드에 불과하던 중국차 수입량이 18세기 초에는 40만 파운드로, 19세기 초에는 무려 2천 8백만 파운드로 는다.[1] 이와 함께 영국의 대중 무역적자도 감당하기 어려울 정도로 는다.

대중무역 역조를 개선하기 위해 영국은 중국에 수출할 품목을 백방으로 찾는다. 18세기 중반에 인도와의 무역을 본격적으로 시작한 영국의 동인도회사는 영국 왕실로부터 수백만 파운드를 빌린다. 인도에서 재배한 목화를 당시 직물 수공업 산업이 번창하고 있던 중국에 팔고 중국으로부터 차를 받아서 이를 영국에 파는 방법으로 빚을 갚을 계획이었다. 처음에는 이 삼각무역이 어느 정도 이윤을 냈으나 중국이 자체적으로 목화를 대량으로 재배하기 시작하는 동시에 중국 경제가 침체하면서 이 무역체제는 무너진다.[2]

동인도회사가 목화 대신 개발한 품목은 중남미의 광산에서 나오는 은이었다. 영국으로 수입된 중국차를 다시 북미의 영국 식민지에 수출하고 그 대가로 미국으로 들어오는 중남미의 은을 받아서 중국 광동에서 중국차를 사는 삼각무역체제를 개발한다. 그러나 이 무역 체제도 북미의 영국식민지가 독립운동을 일으키면서 무너진다. 미국 혁명의 기폭제가 된 1773년 12월 16일의 「보스턴 차 사건」(Boston Tea Party)때 북아메리카 주민들이 보스턴 항구에 정박해 있던 영국 배에 올라가 바다에 버린 홍차는 모두 중국산 차였다.[3]

다급해진 영국은 인도의 아편을 중국으로 수출하기 시작한다. 아편은 당나라 때 아랍을 통해서 중국에 처음 소개되어 약초로 사용되었다. 중국에서 아편이 마약으로 사용되기 시작한 것은 중국차가 영국에서 널리 유행하기 시작한 때와 일치한다. 인도에서 재배된 아편은 재빨리 목화를 제치고 동인도회사의 최대 대중 수출품이 된다. 광

당시 아편 중독자들

동을 통해 중국에 유입되는 아편의 양은 18세기 말에서 19세기 초 사이 10배 증가한다. 1830년대에 이르면 영국왕실의 수입의 6분의 1이 중국무역으로부터 들어왔는데 대부분 아편무역을 통해 올린 수익이었다.[4]

청은 옹정제(雍正帝, 제5대 황제, 1678~1735, 재위: 1722~1735) 때부터 아편을 금지시킨다. 그러나 19세기 중엽에 이르면 전 인구의 10%정도가 아편중독자가 된다. 아편 중독 비율이 가장 높은 계층은 사대부와 군인들이었다. 중국내의 마약밀매는 삼합회(三合會)와 같은 대규모 범죄조직을 낳았다. 뿐만 아니라 아편 밀매로 인하여 중국이 막대한 대영무역적자를 기록하기 시작하면서 중국의 은이 대거 해외로 반출되고 은을 본위로

하고 있던 중국내의 화폐 경제가 교란되기 시작한다. 중국에서는 도
광제(道光帝, 제8대 황제, 1782~1850, 재위: 1820~1850) 치세하에
서 중국 경제가 불황에 빠진것도 아편에서 비롯된 것으로 인식했다.[5]

19세기 들어서면서 서구 산업 혁명이 본격적으로 일어나자 국제
무역의 성격도 급격히 변한다. 영국은 단순히 중국으로부터 사치품
이나 차를 들여오는 데 만족하지 않고 영국의 방직공장들이 쏟아내
는 잉여 상품들을 수출할 소비 시장을 찾는다. 중국은 단연코 잠재력
이 가장 큰 시장으로 떠올랐고 중국시장을 개방시키는 것은 영국의
산업가와 상인들에게는 절체절명의 과제가 된다.[6]

1815년 나폴레옹전쟁이 끝나고 증기기관과 첨단무기의 생산이
본격화되면서 서구열강은 중국을 비롯한 새로운 시장을 개척하는 데
본격적으로 나선다.[7] 영국은 나폴레옹전쟁 종전 직후인 1816년 앰허
스트 경(William Amherst, 1773~1857)을 특명전권대사로, 1834
년에는 네이피어 경(William John Napier, 9th Lord Napier, 律
勞卑, 1786~1834)을 초대 광둥무역감독으로(Chief Superinten-
dent of Trade at Canton) 중국에 파견한다. 그러나 앰허스트는 베
이징까지는 갔지만 가경제(嘉慶帝, 제7대 황제, 1760~1820, 재위:
1796~1820)를 알현하지도 못하였고 네이피어는 베이징에는 발조
차 못 디뎌본 채 광둥에서 되돌아 가야 했다.[8]

가경제의 뒤를 이은 도광제(道
光帝, 제8대 황제, 1782~1850,
재위: 1820~1850)와 청의 조정
은 아편 밀수에 대해 강력하게 대
응할 것을 결정하고 임칙서(林則
徐, 1785~1850)를 흠차대신(欽
差大臣)으로 광둥에 파견한다.
1839년 3월 광둥에 도착한 임칙

후궁, 자식들과 도광제

임칙서   제1차 아편전쟁 장면, 1843 E. Duncan 그림

서는 광범위한 조사를 실시한 후 영국 상
인들이 갖고 있던 아편을 모두 몰수 하고
6월 25일 폐기처분한다. 영국 상인들은
보상을 요구하였으나 임칙서는 아편이
밀수품임을 지적하고 거부한다.[9]

이에 영국이 1839년 11월에 군대를
파견하면서 제1차 아편전쟁이 시작된다.
청의 군대는 육상과 해상에서 연전연패
한다. 비록 의병대가 영국군 해병을 상대

기선

로 한 전투에서 간헐적으로 전공을 올리기도 하지만 청군은 영국군
의 상대가 되지 못한다.

1840년 7월, 영국군은 저장성의 딩하이(定海, 정해)를 점령하고
8월에는 베이징을 위협한다. 청은 즈리(直隷, 직례) 총독을 역임한 기
선(琦善, 1786~1854)을 흠차대신으로 톈진에 급파하여 영국 측과
협상하도록 하였고 기선의 설득에 영국군은 회군한다. 그해 9월 도
광제는 기선을 임칙서의 후임으로 량광총독(兩廣總督, 광동, 광서, 해
남 담당)에 임명하여 광저우(廣州, Canton)로 보낸다. 하지만 기선

이 홍콩을 영국에 양도하고 막대한 보상금을 약속하자 청의 조정은 서양에 과도하게 타협적이라며 기선을 해임하고 쇠사슬에 묶어 베이징으로 압송한다. 이에 영국군은 양쯔강을 거슬러 올라가 난징을 점령한다.[10]

제1차 아편전쟁은 1842년 8월 난징조약이 체결되면서 끝난다. 청은 영국에 4년에 걸쳐 총 2천1백만 달러를 보상금으로 지불하기로 약속하고, 영국이 1841년에 점거한 홍콩섬도 영국에게 할양한다. 또 광둥, 샤먼(廈門, 아모이), 푸저우, 닝보, 상하이 등 5개항을 개항하고 관세주권을 포기하면서 영국인들의 개항장 상주를 허용하는 동시에 이들의 치외법권을 인정하고 최혜국대우에 합의한다.[11]

2. 제2차 아편전쟁

그러나 난징조약 이후에도 중국시장은 좀처럼 열리지 않고 영국의 대중 무역적자는 타개되지 않는다. 문제는 여전히 아편이었다. 제1차 아편전쟁 이후에도 청은 아편을 합법화하지 않았고 지방의 관원들도 아편을 철저하게 단속하였다. 반면 아편이 영국 경제에서 차지하는 비중은 점점 커졌다. 아편 없이는 영국의 대중 무역은 물론 인도식민지 경영, 그리고 영국 경제 자체도 지속하기 힘들어 지고 있었다.[12] 1850년 19세의 나이에 즉위한 함풍제(咸豊帝, 1831~1861)는 국제정세에 어두웠다. 그는 부황 도광제를 도와 서양과의 관계를 이끌어 온 치잉과 같은 관리들이 서구열강의 요구를 너무 쉽게 들어준다면서 좌천시키고 강경파들을 중용한다.[13] 함풍제의 총애를 받던 엽명침(葉名琛, 1807~1859) 당시 량광총독은 난징조약에도 불구하고 현지 향사(鄕士)들의 협조하에 광저우에서 서양상인들의 왕래를 철저하게 막고 있었다.

영국은 1850년대 초반에는 중국에 신경 쓸 겨를이 없었다. 1853~1856년 일어난 크림전쟁에서 영국과 프랑스 연합군은 러시아를 상대로 싸우고 있었다. 또한 1850년 중국에서 태평천국의 난이 일어나자 영국을 비롯한 서구열강들은 난의 향배를 지켜보고 있었고 한때는 태평천국과의 거래도 고려하였다. 그러나 1854년에 이르자 서구열강은 태평천국의 난이 성공하기 어려울 것으로 판단하고 다시 청 조정과 중국시장의 추가 개방과 아편의 합법화를 위한 협상을 시도한다.

난징조약의 후속으로 청이 1844년 7월 미국과 체결한 왕샤조약(望廈條約)과 1844년 10월 프랑스와 체결한 황푸조약(黃埔條約)에는 12년 후에 조약을 개정할 수 있다는 조항이 들어 있었다. 1854년이 다가오면서 영국 상인들은 자신들의 어려움을 타개할 수 있는 방법은 청과의 조약 개정을 통하여 영국과 중국이 외교사절을 교환하고 베이징에 영국 공관을 열어 대사를 상주시키는 것이라고 생각했다.[14]

영국과 프랑스, 미국은 1854년 5월과 11월에 엽명침에게 조약 개정 협상을 거듭 요구하지만 거부당한다. 서양 열강은 푸저우, 상하이, 톈진 등 다른 개항들을 통해서 청 조정에 협상을 요청하지만 함풍제는 이를 모두 거절하고 모든 협상은 광저우의 엽명침과 할 것을 명한다. 한편, 영국에서는 대중 강경파이며 제1차 아편전쟁 때 영국의

로르카 모형

외무경으로 전쟁을 주도했던 팔머스턴(Henry John Temple, 3rd Viscount Palmerston, 1784~1865)이 1855년 2월 선거에서 수상에 당선되면서 제2차 아편전쟁의 서막이 오른다.[15]

1856년 10월 「애로우호

사건」(The Arrow Incident)
이 터진다. 애로우호는 서양식
배에 중국식 돛을 단 「로르카」
(Lorcha)였다. 소유주는 홍콩
에 사는 중국 상인이었다. 선장
은 영국인이었지만 선원 12명
은 모두 중국인이었다. 애로우
호의 선적은 홍콩에 있었으나
이 사건이 터지기 10일 전 선

당시 영국 측에서 묘사한 애로우호 사건 그림.
마치 영국인 선원들이 탑승하고 있었고 영국기가 게
양되어 있었던 것처럼 묘사하고 있다.

적이 만료되었기에 더 이상 영국 정부의 보호를 받을 수 없었다.[16] 광
저우의 관원들은 중국인 선원들이 아편을 밀수하고 있다는 제보를 받
고 배에 승선하여 이들을 구속한다. 영국인 선장은 중국 관원들이 배
에 게양되어있던 영국기를 강제를 끌어내림으로써 대영제국을 모욕

해리 스미스 파크스

에드워드 세이모 제독

팔머스턴 경   예밍천

했다고 주장한다. 조사 결과 선장은 당시 배에 없었고 배에는 영국기가 게양되어 있지 않았다는 사실이 확인된다. 그러나 당시 주 광저우 영국 영사였던 해리 파크스(Sir Harry Smith Parkes, 1828~1885)는 조사결과를 본국 정부에 보고하지 않는다. 영국 해군 제독 시모어(Sir Edward Hobart Seymour, 1840~1929)는 곧바로 광저우시에 대한 포격을 개시한다.[17]

그러나 엽명침은 협상을 거부하고 광저우의 세관을 폐쇄한다. 광저우의 외국인 거주지인 광저우스싼싱(廣州十三行)은 불태워진다. 광저우시에 대한 영국함대의 무차별 포격으로 수많은 민간인 희생자가 발생하자 영국에서는 글래드스톤(William Ewart Gladstone, 1809~1898, 4차례 영국 수상

샾들렌 신부

역임)과 디스라엘리(Benjamin Disraeli, 1804~1881, 2차례 영국 수상 역임)가 팔머스턴 내각을 상대로 불신임안을 제출하고 내각이 붕괴한다. 그러나 1857년 4월 총선에서 승리하여 재집권한 팔머스턴은 1857년 6월 중국으로 군대를 파견한다. 영국군은 중국으로 향하던 중 인도에서 일어난 반란을 우선 진압하고 12월에 광저우에 도착한다.[18]

한편 1856년 2월, 프랑스의 샵들렌(Auguste Chapdelaine, 중국명: 마뢰(馬賴), 1814~1856)신부가 광시(廣西, 광서)의 궤이저우(貴州, 귀주)에서 전교 활동 중 현지 중국 관헌에 구속되어 심하게 매질을 당하고 쇠장에 갇혀 있다가 참수당한다. 중국은 샵들렌이 중국 내륙지방에서의 전교 활동을 금지한 조약을 위반하였다고 주장하였고 엽명침은 사형당한 사람이 샵들렌 신부가 아니고 유사한 이름을 가진 지하조직인 삼합회원이었다고 둘러댄다. 처음에는 애로우호 사건을 둘러싼 영국과 청 간의 대립에 대해 중립적인 위치를 지키던 프랑스도 엽명침과의 거듭된 협상이 무위로 돌아가자 전쟁에 가담한다.[19]

1857년 12월 28일, 5,700명의 영국-프랑스 연합군은 광저우시를 포격한다. 1858년 1월 4일, 영국과 프랑스군은 엽명침을 생포하여 인도 콜카타로 보낸다. 엽명침은 그곳에서 1년 후에 죽는다. 영국과 프랑스는 당시 광동 총독인 몽골계 백귀(柏貴, ?~1859)를 꼭두각시로 앉힌 후 1861년까지 광저우를 직접 통치한다.[20]

청 조정은 이 모든 사태를 엽명침의 탓으로 돌린다. 그러나 타협을 하기 보다는 광동 사족들의 봉기를 기대하면서 시간을 끈다. 광동의 사족들은 의병을 일으켜 저항하지만 영국과 프랑스 연합군의 상대가 될 수는 없었다. 결국 이들의 저항도 끝나고 광저우는 영국과 프랑스 군대에 점령당한다.[21] 광저우를 점령한 연합군은 베이징으로 진격하기 시작하고 1858년 4월, 톈진의 관문인 「다쿠포대」(大沽口炮台,

Daku Fort)를 돌파한 영국과 프랑스 연합군이 톈진을 점령하자 중국은 그해 6월 영국, 프랑스, 러시아, 미국과 각각 조약을 체결한다. 톈진조약에서 청 조정은 1) 외교사절이 베이징에 상주할 수 있게하고, 2) 추가로 10개의 항구를 개방하고, 3) 외국 배들이 양쯔강을 마음대로 드나들게 하고, 4) 새 관세조약과 무역관련 조항을 마련하고 (아편무역의 합법화), 5) 기독교를 허용하기로 합의한다.

3. 베이징 함락과 원명원 약탈

당시 영국군의 사령관은 엘긴경(James Bruce, 8th Earl of Elgin and 12th Earl of Kincardine, 1811~1863)이었다. 엘긴의 목표는 두 가지 였다. 첫째는 중국시장을 개방하는 것이고 둘째는 이를 통해서 중국을 근대 국제체제 속에 편입시키는 것이었다. 그는 이 두가지 목표를 달성하기 위해서는 조약개정을 통해 베이징에 영국 외교관을 상주시키는 계획이 필수라고 생각 하였다. 베이징에 영국 대사가 상주하게 되면 청이

엘긴 후작

조약을 준수하도록 보다 효과적으로, 지속적으로 압력을 넣을 수 있어서 중국시장의 개방을 촉진할 수 있다고 생각했기 때문이다.

중국으로 하여금 근대 국제질서에 순응하도록 하기 위해서도 영국 대사의 베이징 상주가 필수라고 생각했다. 영국 대사가 베이징에

상주하게 되면 중국식이 아닌 서양의 근대식 외교관례를 따름으로써 청과 영국, 그리고 그 밖의 열강들이 대등한 위치임을 중국 측에 각인시킬 수 있었기 때문이다. 특히 주 베이징 영국 대사는 청황제에게 삼궤구고두례(三跪九叩頭禮, 머리를 아홉번 바닥에 대면서 절하는 예: 인조가 삼전도에서 청태종에게 행한 예)를 하지 않을 것이고 그렇게 되면 중국의 황제가 만방의 모든 통치자들보다 위에 있다는 중화주의를 깨뜨릴 수 있을 것이라고 생각했다. 반면 엘긴은 청의 조정을 지나치게 약화시키는 것도 경계하였다. 영국은 중국과 무역을 원할 뿐 영토에 대한 야심은 없었고 다른 열강들이 중국의 영토를 빼앗는 것도 원하지 않았기 때문이다.[22]

태평천국의 난이 극에 달한 상황에서 영국과 프랑스의 연합군을 상대해야 했던 청은 톈진조약에 서명할 수 밖에 없는 처지였다. 하지만 청 조정의 보수적인 대신들은 조약체결을 격렬하게 반대한다. 외국사절들이 베이징에 상주하게 되면 모든 나라의 군주들이 동등하다는 것을 인정하게 되는 것이고 그렇게 되면 조공체제가 무너지고 중화질서 자체가 무너질 것을 알았기 때문이다. 1858년 6월 23일의 조정 회의에서도 이들은 외국사절의 베이징 상주 조항을 끝까지 반대한다. 그러나 톈진에서 영국-프랑스 연합군과 협상을 벌이던 청측 대표단은 6월 26일, 황제의 재가가 떨어지지 않은 상태에서 외국사절의 베이징 상주 조항이 포함된 조약에 서명한다. 영국과 프랑스 연합군이 베이징에 진주하는 것을 막기 위해서는 어쩔 수 없었다. 함풍제(咸豊帝, 1831~1861, 재위: 1850~1861)는 7월 3일, 조약을 추인한다.[23]

조약이 조인되자마자 영국과 프랑스 군대는 물론 외교관들도 곧바로 중국에서 철수한다. 엘긴은 일본으로 떠났고 새 관세조약과 무역관련 조항은 상하이에서 11월 8일 따로 조인된다. 그러나 서양군이 철수하자마자 청의 조정에서는 보수파들이 다시 들고 일어난다. 청 조정은 조약을 지지하고 서양과의 협력관계를 구축할 것을 주장하는 실용주의파와 이에 반대하는 보수파로 갈린다. 이 와중에 청군과 영국군 사이에 전혀 예상치 않았던 무력충돌이 일어난다.

1859년 6월, 영국사절단은 조약을 비준하기 위하여 군함과 군사를 대동하고 베이징으로 향한다. 이들은 톈진에서 하이허(海河, 옛 이름 바이허, 白河)를 거슬러 올라가 베이징으로 향하라는 훈령을 받는다. 베이징을 통과하여 톈진에 이르러 황해로 흘러 들어가는 하이허 어귀에 위치한 다쿠(大沽口)는 바다로부터 베이징을 지키는 군사적 요충이었다.

당시 이 기지를 지키는 장군은 청의 명장 셍게린첸(僧格林沁, 승격림심, 1811~1865)이었다. 셍게린첸은 몽골 귀족으로 청이 만주에서 부상할 당시 가장 먼저 청에 충성을 서약한 호르친 몽골 부족의 후예였다. 1853년 남경을 수도로 삼은 태평천국군이 그 여세를 몰아서 베이징 점령을 목표로 북벌에 나서자 셍게린첸은 톈진 외곽에서 태평천국군을 격파한다. 이듬해에는 태평천국군의 북벌을 총 지휘하는 임봉상(林鳳祥, 1825~1855)의 군대를 격파하고 그를 생포하여 처형함으로써 태평천국군으로부터 강북을 지킨다.[24] 애로우호 사건으로 제2차 아편전쟁이 발발하자 청 조정은 셍게린첸에게 베이

승격림심

다쿠 전투

징의 방위를 맡긴다. 그는 다쿠의 포대를 강화시키고 하이허 어귀를 봉쇄한다.

이때 나타난 영국의 사절단은 다쿠를 통과하여 하이호로 진입하고자 하지만 셍게린첸이 이를 저지하자 영국군은 공격을 시작한다. 그러나 제대로 준비를 하지 않은 채 전투를 시작한 영국의 해병은 다쿠 앞바다의 진흙에 빠지면서 청군의 집중 포화를 받는다. 이 전투로 영국군은 432명의 사상자를 내고 군함 4척을 잃는다. 뜻하지 않은 승리에 들뜬 청 조정의 보수파와 함풍제는 1859년 8월 톈진 조약이 무효임을 선포한다.[25]

영국과 프랑스는 1860년 여름 중국에 다시 원정군을 파견한다. 영국은 수송선 143척에 10,500의 병력을, 프랑스는 60여 척에 6,300의 병력을 파견한다. 원정군에는 홍콩의 지하세계에서 모집한 「쿨리군」(coolie corps) 2,500명도 포함되어 있었다. 영국군의 지휘는 엘긴경이 다시 맡았고, 프랑스군은 그로 후작(Baron Jean-Baptiste-Louis Gros, 1793~1870)이 지휘하였다. 이들은 중국의 모든 협상제안을 거절하고 8월 1일 톈진 앞바다에 도착하여 다쿠 포대 북쪽의 베이탕(北塘)에 상륙한다. 연합군은 다쿠 포대를 초토화시킨 후 톈진에 입성한다.[26]

엘긴은 중국어에 능통한 주 광저우 영국 영사 해리 파크스에게 협상을 맡긴다. 파크스와 그의 협상팀은 톈진에서 청측과 만나서 협상을 시작하지만 청은 여전히 외국사절의 베이징 상주를 거부하면서 어떻게 해서든지 조공의 예를 유지하려고 한다. 협상 중에도 영국-프랑스 연합군은 베이징으로 계속해서 진격한다. 연합군이 베이징의 동쪽 관문에 해당되는 퉁저우구(通州區, 통주구)에 도착한 후 파크스는 9월 17일 청의 이친왕 재원(怡親王 載垣, 1816~1861)과 협상을 재개한다.

협상을 진행하는 동안 연합군은 셍게린첸 군대가 매복을 하고 있

음을 알고 공격을 개시한다. 그러나 9
월 18일 파크스와 엘긴경의 개인 비서
헨리 로크(Henry Loch), 영국의 타임
지 기자 토마스 보울비(Thomas Wil-
liam Bowlby)를 포함한 영국인25명,
프랑스인13명으로 구성된 연합군의
협상단이 청군에 잡혀 쇠사슬에 묶인
채 구금된다. 9월 21일 베이징의 통저

그로 후작

우구(通州區) 차오양구(朝陽區) 접경에 위치한 빠리챠오(八里橋, 팔
리교) 전투에서 연합군이 청의 최정예 부대를 섬멸하자 함풍제는 이
복동생 공친왕(恭忠親王) 혁흔(奕訢, 이신 1833~1898)에게 베이징
을 맡기고 러허(熱河, 열하)의 피서궁으로 도피한다.[27]

9월 29일 공친왕 혁흔은 파크스와 로크를 감옥에서 근처 사찰로
옮긴 후 이들에게 연합군의 진격을 중지하도록 중재할 것을 요청한
다. 그러나 파크스와 로크는 중재요청을 거절한다. 그러자 열하의 피
서궁에 가 있던 함풍제는 모든 인질들을 처형할 것을 명한다. 그러나
파크스를 설득하도록 청 조정이 지명한 항기(恒祺, 흥치, ?~?)는 광저
우에서부터 파크스를 잘 아는 사람이었다. 항기는 함풍제의 명을 어
기고 10월 8일 파크스와 로크 그리고 그외 12명을 풀어준다. 그러나
타임지 종군기자 보울비를 비롯한 20
명은 며칠간에 걸친 잔혹한 고문 끝에
모두 사망한 후였다.

이 소식에 격분한 엘긴과 그로는 베
이징에 입성하여 10월 18일 청의 이궁
(離宮)인 원명원(圓明園)을 불태울 것을
명한다. 영국군과 프랑스군은 3일 동
안 원명원을 불태우고 약탈한다. 원명

토마스 보울비

원은 강희제부터 짓기 시작한 청 황제들의 거처였다. 청 황제들은 명대에 지어진 자금성을 그대로 물려받아 공무를 보는 정궁으로 사용하기는 했지만, 원명원을 거처로 삼고 자신들만의 고유의 방식으로 치

함풍제

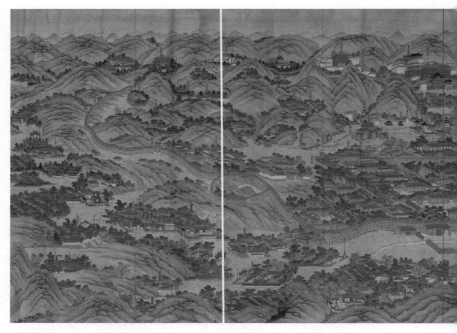

피서산장 전도

피서산장 전도

피서산장 전도

장하였다. 특히 건륭제는 원명원을 대규모로 확장한다. 자금성 면적의 5배에 달하는 원명원에는 수백 채의 전각과 중국 강남의 유명한 산수를 그대로 재현한 십수 개의 정원이 있었다. 원명원의 북측에는 건륭제의 명으로 서양의 예수회 신부들이 설계하여 건축한 수십 채의 서양식 전각과 분수도 있었다.

우리는 명령에 따라 나갔고 그곳을 약탈한 이후 궁 전체를 불태웠다. 마치 반달족들처럼 4백만으로도 되찾을 수 없는 가장 귀한 재물들을 (...) 어머니는 우리가 불태운 궁전의 아름다움과 웅장함을 상상도 못하실 겁니다. 그곳을 불태우는 우리의 마음은 아렸습니다. 이 전각들은 어찌나 컸는지, 그리고 우리는 얼마나 시간에 쫓겼는지 제대로 약탈도 못했습니다. 엄청난 양의 금 장식품을 마치 청동인듯 태워버렸습니다. 군대로 도저히 할 수 없는 처참한 짓이었습니다. 모두가 약탈에 미쳤었습니다.[28]

이 글은 찰스 고든(Charles George Gordon, 'Gordon Pasha', 'Gordon of Khartoum', 1833~1885)이 자신의 어머니와 누이에게 보낸 편지의 내용이다. 훗날 고든은 수단의 총독을 지내고 카르툼전투에서 전사한 대영제국의 전쟁 영웅이다. 원명원 약탈 당시 대위였던 그는 그후 태평천국의 난을 평정하는 데 결정적인 역할을 한 「상승군」(常勝軍, Ever Victorious Army)을 지휘하여 큰 공을 세운다. 이때 고든은 'Chinese Gordon'이란 별명을 얻는다.

찰스 고든

원명원의 파괴는 당시 서구에서도 격론을 불러일으킨다. 프랑스의 대문호 빅토르 위고(Victor Hugo)는 1861년 11월 25일, 자신의 친구인 영국의 버틀러 대위에게 공개 편지를 쓴다.

경께서는 저에게 중국 원정에 대한 저의 견해를 물어보셨습니다. 경께서는 이번 원정이 명예롭고 영광스러웠다고 여기시는데 저의 의견을 중요시 생각하시면서 물으시는 것에 대해 감사하게 생각합니다. 경께서는 이번 중국원정은 빅토리아 여왕과 나폴레옹 황제의 공동 기치하에 이루어졌기에 그 영광을 영국과 프랑스가 함께 나누어야 한다고 생각하시면서 저에게도 영국과 프랑스의 승리를 지지해 달라고 요청하셨습니다.

저의 견해를 물어보셨기에 아래와 같이 답합니다:

이 세상의 한 곳에 경이로움이 있었습니다. 이 경이로움은 원명원

원명원 서양전각의 폐허

건륭제의 명으로 그려진 원명원사십경(圓明園四十景)중 圓明園方壺胜境殿

불타기 전 원명원 내의 전각

이라고 불렸습니다. 예술에는 두 가지 원칙이 있습니다. 이데아는 유럽의 예술을 낳았고 환상(키메라)은 동양의 예술을 낳았습니다. 파르테논이 이데아를 기본으로 하는 예술의 극치였다면 원명원은 환상 예술의 극치였습니다. 거의 초인적이라고밖에 할 수 없는 사람들의 상상력에서 나올 수 있는 모든 것이 그곳에 있었습니다. 그것은 파르테논과 같이 한 개의 독립적인 작품이 아니었습니다. 그것은 일종의 환상 그 자체의 모형이었습니다. 환상의 모델이 있을 수 있다면 말입니다. 필설로 표현할 수 없는 그 어떤 건축물을 상상해 보십시오. 달나라에 있는 건물 같은 것 말입니다. 그것이 바로 원명원이었습니다.

대리석과 옥, 청동과 자기로 꿈을 짓고 삼나무로 그 틀을 짜고 보석으로 뒤덮고, 비단으로 휘감아서 한 곳에는 안식처를, 다른 곳에는 후궁들의 침실을, 다른 곳에는 성을, 그곳에 신(神)들을 집어넣고 괴물들도 넣고 광택을 내고, 에나멜을 바르고, 물감을 칠하고 건축가들과 시인들에게 1천 1일 밤의 1천 1개 꿈을 짓게 하고, 정원, 호수,

빅토르 위고

분수와 거품, 백조, 따오기, 공작을 더하고, 한마디로 말하자면 사원과 궁궐의 얼굴을 가진 환상의 눈부신 동굴이란 것이 있다고 한다면 이것이 바로 그런 건축물이었습니다. 이를 창조하기 위해서는 몇 대에 걸친 인고의 작업이 필요했습니다. 한 개의 도시만큼이나 거대한 이 위대한 건축물은 몇 세기에 걸쳐서 건설되었습니다. 누구를 위해서였습니까? 인류를 위해서였습니다. 시간의 창조물은 인류의 것입니다. 예술가, 시인, 철학자들은 원명원을 알았습니다. 볼테르도 늘 얘기했습니다. 인류는 그리스의 파르테논, 이집트의 피라미드, 로마의 콜로세움, 파리의 노트르담, 동양의 원명원을 말했습니다. 직접 보지 못했던 사람들은 상상했습니다. 그것은 마치 아무도 보지 못한 신비로운 걸작과 같은 것이었습니다. 멀리서 언뜻 보일 듯 말 듯, 어스름 속에, 유럽 문명의 지평선에 비친 아시아 문명의 실루엣이었습니다.

이제 이 경이로움은 사라졌습니다.

어느 날 두 강도가 원명원에 들어갔습니다. 하나는 약탈했고 또 다른 하나는 불을 질렀습니다. 승리의 여신은 도둑질하는 여자도 될 수 있는 모양입니다. 원명원의 파괴는 두 승리자가 함께 한 일입니다. 이

모든 것에 얽혀 있는 것이 엘긴이란 이름입니다. 파르테논을 연상하지 않을 수 없는 이름입니다. 파르테논에 저질러졌던 것이 원명원에도 저질러졌습니다. 다만 아무것도 남지 않도록 더 철저하게 더 잘 말입니다. 우리의 모든 성당의 모든 보물을 다 합쳐도 이 엄청나고 화려한 동양의 박물관에 비할 수 없습니다. 이곳에는 예술의 걸작품들뿐만 아니라 엄청난 양의 보석이 있습니다. 이 얼마나 대단한 일입니까, 얼마나 엄청난 횡재입니까! 두 승리자 중 한 명이 자신의 주머니를 가득채웠습니다. 이를 본 다른 한 명은 자신의 금고를 가득 채웠습니다. 그리고 그들은 서로 손에 손잡고 큰 소리로 웃으면서 유럽으로 돌아왔습니다.

이것이 두 강도의 얘기입니다.

우리 유럽인들은 문명인입니다. 그리고 우리에게 중국인들은 야만인입니다. 이것이 문명이 야만에게 한 짓입니다.

역사는 그 두 강도 중 하나를 프랑스라고 부를 것이고 다른 하나는 영국이라고 부를 것입니다. 그러나 저는 항의 합니다. 그리고 저에게 이런 기회를 주신 것을 감사합니다! 지도자들의 범죄는 그들에게 이끌림을 당하는 사람들의 죄가 아닙니다. 정부는 때로는 강도이지만 국민은 아닙니다.

프랑스제국은 이 승리의 반으로 호주머니를 채웠고 오늘날 마치 자신들이 진짜 주인인 양 지극히 천진난만한 자세로 원명원의 유물들을 전시합니다. 저는 언젠가 구원받고 정화된 프랑스가 이 전리품들을 약탈당한 중국에 돌려줄 날이 오기를 바랍니다.

그때까지는 도둑질이 일어났고 두 명의 도둑이 있습니다.

저는 분명하게 기억할 것입니다.

중국 원정을 저는 이만큼 지지합니다.[29]

공친왕 혁흔은 이복형인 함풍제와 매우 가까웠고 그 역시 외세에 대한 강경파였다. 그러나 27세에 갑자기 전권흠차대신에 임명되어 영국, 프랑스, 러시아와 교섭하는 임무를 맡아 청의 존립 자체를 책임진 위치에 서게 되면서 그는 서양과의 타협과 공존의 필요성을 절감한다. 겨울이 다가오고 보급이 떨어지기 시작하면서 영-프 연합군 역시 시간을 지체하길 원치 않았다.

공친왕 혁흔

공친왕 혁흔은 영국, 프랑스와 1860년 10월 24일 베이징 조약(Beijing Convention)을 체결한다. 베이징 조약으로 청은 톈진 조약의 이행을 약속하고 청이 몰수한 프랑스의 가톨릭 재산을 다시 반

서태후

동치제

환하고 중국인들의 해외이민을 허용하는 한편 영국에 지우룽반도(九龍半島, 구룡반도)를 할양하고 러시아에 연해주를 내준다. 톈진도 개항하기로 결정한다. 1860년 11월 조약 체결 직후 영-프 연합군은 베이징에 1개 부대만 남긴 채 모두 철군한다.

베이징 조약 체결 이후에도 함풍제는 베이징으로 돌아오기를 거부한다. 서양의 사절들을 접견하고 싶지 않았고 특히 삼궤구고두례 문제를 직시하고 싶지 않았기 때문이다. 원명원의 약탈과 파괴 이후 건강이 급격히 악화된 함풍제는 1861년 8월 열하의 피서산장에서 30세에 세상을 떠난다. 그는 죽기 전에 8명의 대신들을 어린 아들 동치제를 보필하는 섭정에 임명한다. 그러나 공친왕은 함풍제의 후궁이었던 서태후(西太后, 자희태후, 慈禧太后, 1835~1908)와 손잡고 신유정변(辛酉政變)을 일으켜 이친왕 재원 등 8명의 섭정 대신들을 제거하고 어린 조카 동치제 뒤에서 실질적인 권력을 잡는다.

한편 엘긴은 청 황제의 옥좌를 포함해 원명원에서 약탈한 막대한 보물을 싣고 개선한다. 엘긴의 부친인 제7대 엘긴 백작(Thomas Bruce, 7th Earl of Elgin and 11th Earl of Kincardine, 1766~1841)은 주 오토만제국 영국 대사로 근무하는 동안 장인들을 동원해서 그리스의 파르테논 신전 벽화의 절반, 그 외의 부조물과 동상들을 대거 떼어내어 영국으로 실어온다. 현재 대영박물관의 가장 유명한 소장품 중 하나인 엘긴 대리석(Elgin Marbles)을 약탈해 온 엘긴 백작은 원명원을 약탈하고 불태운 엘긴 경의 아버지였다.

4. 태평천국의 난과 후난학파

1850년 태평천국(太平天國)의 난이 발발한다. 하카(客家, 객가), 서진(西晉) 말년부터 원(元)대까지 황하 유역에서 점차 남방으로 이

주한 종족 출신의 홍수전(洪秀全, 1814~1864)은 광동성 광주 북쪽 30km 에 있는 화시엔(花县, 화현)이라는 작은 마을에서 농부의 아들로 태어난다. 공부를 잘하고 야심이 있던 홍수전은 14살때인 1827년 광주현 과거시험에 응시하나 낙방한다. 1836년 다시 한 번 응시하지만 역시 낙방한다. 두 번째 과거를 보기 위해 광주에 머무는 동안 그는 외국인 선교사의 설교를 듣게 되고 『권세양언』(勸世良言)이란 9권짜리 기독교 소책자를 받는다. 『권세양언』은 중국 최초의 개신교 선교사인 로버트 모리슨(Robert Morrison, 중국명: 마례손(馬禮遜, 1782~1834)의 전도로 중국 최초의 개신교 목사가 된 양발(梁發, 리앙파, 1789~1855)이 1832년에 출판한 기독교 해설서였다.[30]

1837년 과거에서 세번째 낙방한 홍수전은 심신이 피폐해져 집으로 돌아와 환각증세에 시달린다. 며칠간 혼수상태에 빠져 있던 홍수전은 자신이 하늘로 올라가 오장육부를 새로 받고 완전히 새롭고 순결한 존재로 다시 태어나는 꿈을 꾼다. 또 금색 수염의 노인이 나타나 왕족의 표식과 칼을 주면서 세상의 악을 물리치고 세상을 바른 길로 인도하라 명령한다. 홍수전은 꿈속에서 노인의 명령대로 우주를 다니면서 악령들을 물리친다. 악을 상대로 한 전쟁 중에 옆에 중년의 남자가 간혹 따라 다니기도 했든데 홍수전은 그를 자신의 형으로 생각한다.[31]

건강을 회복한 홍수전은 다시 일상으로 돌아간다. 6년 후인 1843년 네 번째 과거를 보기 직전 예전에 받아 놓았지만 제대로 읽지 않았던 양발의 『권세양언』을 꺼내 읽는다. 이때 홍수전은 수년 전 꾸었던 꿈을 기억한다. 그리고는 꿈 속에서 만난 금빛 수염의 노인은 여호와고 중년의 남자는 예수며 자신은 여호와의 두 번째 아들이고 자신의 임무는 세상으로 하여금 여호와를 섬기게 하는 것이라고 믿게 된다.[32]

과거에서 네번 째 낙방하고 돌아온 홍수전은 자신에게 세례를 주고 함께 『권세양언』을 읽은 친구에게도 세례를 준다. 그후 10여 년 동안 홍수전은 친구들, 인척들과 함께 광둥과 광시성(廣西省)을 다니면서 전교한다. 홍수전은 유교를 배척했고, 만주족이 세운 청은 척결해야할 악으로 규정한다. 1849년 부친상을 당한 홍수전은 만주식 변발을 거부하고 머리를 기르기 시작한다. 그리고 1850년 6월, 광둥과 광시성에 기근이 덮쳤을 때 반란의 기치를 올린다.[33]

처음 광시성에서 봉기할 당시 태평천국군은 1만 명 정도에 불과했다. 이들은 곧바로 구이린(桂林, 계림)을 공격하였으나 실패한다. 1851년 9월 광시성의 융안(永安, 용안)에서 홍수전은 「천왕」(天王)을 칭한다. 1853년 초에는 우한(武漢)을 함락시키고 이어서 양쯔강 유역의 주장(九江, 구강), 안칭(安慶, 안경), 난징(南京, 남경), 전장(鎮江, 전강), 양저우(揚州, 양주)를 차례로 함락시킨다. 3월에는 난징을 태평천국의 수도로 선포하고 그 후 10년 동안 태평천국을 다스린다. 비록 베이징을 함락시키는 데는 실패하고 상하이도 수중에 넣지 못했지만 1850년에서 1860년대 초반에 이르는 기간 동안 태평천국군은 양쯔강 중하류의 주요 도시들을 공격하여 점령한다. 태평천국의 난으로 중국의 곡창과 상업의 중심지는 초토화된다.[34]

청이 태평천국의 난을 진압하는 데 집중하기 시작한 것은 아편전쟁이 끝나면서 서구열강이 협조정책으로 돌아선 이후였다. 난을 진압한 것은 청의 정규군인 팔기(八旗)나 녹영(綠營)이 아닌 비정규 향토군 이었다. 태평천국은 유교를 우상숭배로 규정하고 점령지의 사당과 향교, 묘지들을 파괴하고 가난한 농민들을 선동하여 지주와 부농들을 공격하고 살해했다. 분노한 사족(士族)들은 태평천국의 진압에 앞장선다.

대표적인 것이 후난(湖南)의 샹장(湘江, 상강) 유역의 사족들이었다. 이 지역은 태평천국군이 광시성에서 처음 봉기한 후 양쯔강으로 진출하면서 휩쓸고 지나갔고 그 이후로도 수 차례 전화에 휩쓸린다.[35]

샹장 유역은 중국의 전통적인 곡창이었다. 부농들이 비옥한 땅에서 쌀을 재배하여 양쯔강 하류의 대도시들과 목화를 재배하는 농부들에게 팔았다. 이 지역주민들은 유난히 애향심이 강한 것으로 유명했다. 중국의 전설에 의하면 샹장의 수호신들은 순임금의 왕비가 된 요임금의 딸들인 아황(娥皇)과 여영(女英)이었다. 따라서 샹장 지역 주민들은 자신들이 중국인의 원조라고 생각했다. 또한 샹장의 사족들은 지극히 보수적인 주자성리학자들이었다.

샹장의 학문적 전통은 창샤(長沙)의 악록서원(岳麓書院)에서 창시되었다. 유에루샨(岳麓山, 악록산)은 우임금(禹), 즉 고대 중국 최초의 왕조인 하나라(夏, BC 2070~BC 1600)를 세운 제우(帝禹)가 순임금의 명으로 홍수를 다스렸다는 전설이 깃들어 있는 산이다. 북송 태조 16년인 976년에 세워진 악록서원은 백록동서원(白鹿洞書院), 숭양서원(嵩陽書院), 응천부서원(應天府書院)과 함께 「천하 4대 서원」으로 불렸다. 주희는 그의 절친이었던 장식(張栻, 호는 남헌(南軒), 1133~1181)의 초청으로 이 서원에 수개월 머물면서 성리학에 대한 격론을 벌였다. 후난학파의 자랑인 소위 「주-장학」이 나오게 된 배경이다.[36] 그러나 그 후 명을 거쳐 청말에 이를 때까지 후난지역은 별다른 학자들이나 명신을 배출하지 못한다.

악록서원이 다시 역사에 등장하기 시작하는 것은 태평천국의 난을 전후해서였다. 18세기 말부터 악록서원은 「경세」(經世)를 중시하는 학풍이 일면서 「유체유용지학」(有體有用之學), 즉 현실세계에서 적용할 수 있고 실질적으로 사용할 수 있는 학문을 추구하기 시작한다. 동시에 후난의 사족과 부농들의 적극적인 지원을 받으면서 지역에서 인맥과 학맥을 확장하고 중앙조정에 진출해 있는 이 지역 출신 대신들과 밀접한 관계망을 형성하면서 악록서원은 태평천국의 난을 전후로 걸출한 인재들을 배출한다.

악록서원이 배출한 인물 중에는 증국번의 스승이며 경세학파의

거두로 『청경세문편』(淸經世文編)을 저술한 하장령(賀長齡, 1785
~1848), 19세기 초기 청대의 개혁을 주도한 도주(陶澍, 1779~1839),
『해국도지』(海國圖志)의 저자이며 해양방어와 제해권의 중요성을 처
음으로 주장한 위원(魏源, 1794~1857)등을 비롯하여 실제로 태평천
국의 난을 평정한 증국번, 호림익(胡林翼, 1812~1861), 곽숭도(郭嵩
燾, 1818~1891) 등이 있다. 이들은 청조를 뒤흔든 백련교 반란과 태
평천국의 난을 진압할 뿐만 아니라 「자강운동」을 일으켜 중국의 근
대화를 이끈다.[37]

　애향심이 유난히 강했던 샹장 유역의 지식인들은 이 지역의 학
문적 전통을 기록하고 되살리는 작업에 몰두한다. 등현학(鄧顯鶴,
1777~1851)이 대표적이었다. 그는 중국 역사에서 후난성 출신의 학
자들의 저술을 발견하고 보전하는 것을 자신의 임무로 생각하였다.
등은 10년에 걸친 추적 끝에 명대에 출판되었던 『추바오, 楚宝, 초
나라의 보물』라는 책을 어렵게 구입하여 1829년 재편집하여 출간한
다.[38] 청나라 초기까지 후난과 후베이(湖北, 호북)는 하나의 성이었고
이 지역을 「초」(楚)라고 불렀다. 등현학의 『추바오』는 명말청초까지
2천 년에 걸친 추 지방의 유명학자들의 전기와 작품을 수록하였다.

하장령　　　　　도주　　　　　　위원

등현학은 역대 후난출신 학자 중에서도 특히 명말청초의 왕부지(王夫之, 1619~1692)를 존경하여 「나의 스승」(我師)이라고 불렀다.[39] [왕부지의 철학에 대해서는 제2장, 「청의 대륙정복과 중국 지식인들의 반응」 부분을 참조할 것] 왕은 명이 멸망한 후 남명(南明)군을 따라 중국 서남부를 전전하지만 남명조정의 분열상을 목격한 후 낙향하여 은신한다. 그 후 40여년 동안 왕부지는 중국의 철학과 역사를 공부하면서 명이 멸망한 원인을 찾고 문명 질서를 다시 세울 방도를 모색한다. 왕의 학문은 방대하고 심오했던 것으로 알려졌다. 그러나 왕의 저술은 전해지는 것이 거의 없었다. 등에 의하면 가난했던 왕부지는 지인들로부터 붓과 종이를 빌려서 썼고 책을 쓰고 나면 모두 지인들에게 나눠주고 자신은 보관하지 않았다고 한다.[40]

1839년 창샤의 층난(城南, 성남)서원에서 연구에 몰두하고 있던 등현학에게 젊은이 두 명이 찾아온다. 한 명은 인근 샹탄(湘潭)의 상인인 왕세전(王世全)이었고 다른 한 명은 3년에 한 번씩 치르는 지방시험인 쥐런(擧人, 거인) 시험에 급제한 구양조은(歐陽兆熊, 1807~?)이라는 젊은 학자였다. 왕세전은 왕부지의 6대손이었다. 이들은 등이 한 번도 본 적이 없은 왕부지의 저작을 보이면서 왕부지의 또 다른 후손이 그동안 선조의 저작들을 모아 놓았으며 등에게 그것들을 출판할 수 있도록 도와줄 것을 요청한다.[41]

왕부지의 저작 중 『주역패소』(周易稗疏), 『상서패소』(尙書稗疏)외 부록인 『고이』(考異)를 포함한 총 5편은 『사고전서』(四庫全書)에도 수록되었다. 그러나 그 외의 저술들은 전혀 전하지 않고 있었다. 그의 반청사상 때문이었다. 『사고전서』는 건륭제의 명으로 1773~1781 사이에 중국의 역대 학문을 집대성한 총서다. 건륭제는 즉위 직후부터 전국에서 희귀하거나 특이한 책을 수집하였다. 1771~1772년에는 전국의 관료들에게 담당하는 지역의 중요한 서적들을 모아서 진상할 것을 명한다. 그러던 중 건륭은 『영락대전』(永樂大典)을 수정, 보

완할 것을 결정한다.[42]

1736년 26세의 건륭제

『영락대전』은 명의 3대 황제인 영락제(永樂帝, 1360~1424)가 편찬한 당시까지 중국 최고의 백과사전이었다. 1402~1407년에 걸쳐 2,169명의 한림원 학자들과 성균관의 학자들이 참여하여 편찬한 『영락대전』은 총 22,277권에 이르렀고 목차만 60권에 달했다. 유교의 고전, 역사, 제도, 예법, 법전, 군사, 철학, 불교, 도교, 천문, 수학, 지리, 의학, 동물, 식물, 문학, 소설, 연극 등 당시까지 전하는 중국 고전 전체를 모았다. 불행히도 인쇄되어 널리 반포하는 대신 황실의 도서관에만 몇 부를 보관하였기 때문에 대부분 유실되고 건륭제가 『사고전서』를 시작할 때에는 1부만이 보존되어 있었다.[43] 그나마 많은 오류가 있는 것으로 전해지면서 이를 수정, 보완하는 작업이 시작된다.

건륭제는 이 작업을 『사고전서』라 이름하였다. 중국의 모든 책을 경전, 역사, 철학, 문학 등 네 부문으로 분류하면서 시작된 이 작업은 『영락대전』을 수정보완하는 데 그치지 않고 곧 훨씬 더 규모가 큰 사업으로 확장된다. 건륭제는 이를 위하여 전국적으로 책을 모으기 시작한다. 이 작업은 1773~1782까지 이어진다. 모아서 편집한 서적들에 대한 교정을 보고 복사를 하는 과정이 1792년까지 이어진다. 전국에서 엄선된 명필 1,400명이 각자 하루에 1,000자씩 원본에 대한 필사작업을 하였다. 완성된 『사고전서』는 36,000권에 470만 쪽에 이르렀으며 『영락대전』의 3배에 달하는 규모를 자랑했다.[44]

『사고전서』 편찬의 또 다른 의도는 청의 정통성을 부정하는 서적들을 색출하는 것이었다. 건륭제는 청이 세워진 지 130년이 지난 시점에도 반청사상이 남아있다는 사실을 용납할수 없었다. 『사고전서』 편찬을 위해 전국의 서적들을 모으기 시작할 당시 건륭제는 비록 불온한 서적들의 경우에도 결코 소장자들이 아무런 해를 입지 않을 것임을 약속한다. 그러나 서적들을 모으기 시작한 후 6개월이 지나도 단 한권의 불온서적도 상납되지 않는다. 그러자 1774년 가을 건륭제는 「명말에 비방과 유언비어, 이단을 담고 있는 불법 역사서들이 쓰여졌다. 이 중에는 우리 청조에 비판적인 것도 많았다. 이러한 것들이 발견될 경우에는 완전히 없애버림으로써 이단이 퍼지는 것을 막아야 한다.」는 칙령을 내린다. 그리고 이러한 서적을 보유하고 있다가 발각되는 경우에는 심한 벌을 받을 것임을 경고한다. 그러자 전국에서 소위 불온서적들이 쇄도하기 시작한다. 이렇게 모아진 책 중 2,900종은 불태워진다.[45] 그 중에는 왕부지의 저서 9종도 포함되었다.[46] 『사고전서』에 수록된 왕부지의 저술에서도 반청적인 요소는 철저히 삭제된다. 왕부지의 후손들이 선조의 저작들을 숨긴 것은 당연한 일이었다.

1839년 왕세전이 선조의 저서들을 갖고 등현학 앞에 나타나 출판을 부탁한 것은 『사고전서』의 완성 이후에 조정의 태도나 사회적 분위기가 변하였기 때문이다. 『사고전서』의 완성은 청의 정통성과 성군 건륭의 명성을 확립하는 계기가 되었다. 만주족의 통치에 불만을 갖고 있던 한족의 사대부 층도 『영락대전』을 능가하는 중국 유학사상의 총서를 만들어 중국 문명을 집대성한 건륭의 정통성을 받아들일 수 밖에 없었다. 청과 자신의 치세에 대한 정통성을 확보함으로써 자신감을 얻은 건륭은 명말의 충신들에 대한 새롭고 보다 관대한 해석을 하기 시작한다. 과거에는 명에 충성하고 청에 반대한 자들을 반역자로 몰았다면 이제는 오히려 명에 충성을 하다 청에도 충성을 바친 자들을 「이신」(貳臣), 즉 두 임금을 섬긴 불충한 신하라고 비판하기 시작한다. 반면, 끝까지 명에 충성 하면서 청조를 섬기는 것을 거부한 자들은 오히려 충절의 사표로 부각하기 시작한다. 그 결과 19세기에 들어서면서 왕부지, 고염무, 황종희는 청의 공식적인 왕조사인 『국사』(國史)의 「유림」(儒林) 장에 그 이름이 오르기에 이른다.[47] 왕부지의 후손들이 선조의 서적을 출판할 수 있는 때가 왔다고 생각한 이유다.

왕부지의 사라졌던 저작들을 넘겨 받은 등현학은 곧바로 출판을 준비한다. 그가 넘겨 받은 저술은 총 52종으로 22개는 경전에 대한 주석, 3개는 역사, 17개는 중국의 역대 사상가들에 대한 연구, 그리고 나머지는 시, 극, 정치적 에세이들이었다.[48] 등현학의 총 지휘 아래 실질적으로 편집의 책임을 맡은 것은 그의 제자인 35세의 추한훈(鄒漢勛, 1805~1854)이었다. 수학과 천문학, 지리학에 깊은 관심을 가진 젊은 학자였던 추한훈은 1841년 자신의 휘하에 구양조웅(歐陽兆熊, 1807~?), 좌종직(左宗植, 1804~1872), 좌종당(左宗棠, 1812~1885) 등 젊은 학자들을 고용하여 편집 작업을 진두지휘한다.[49]

이들에게 왕부지의 저술이 중요했던 것은 그가 후난성 출신의 학자였기 때문만이 아니다. 「동쪽 오랑캐」(東夷)에게 나라를 빼앗긴 천붕지해의 시대를 아파하던 왕부지의 문제의식은 「서양 오랑캐」(洋夷)의 위협에 직면해 있던 청 말의 중국 지식인들에게 놀라운 호소력을 지녔다. 왕부지도 공자처럼 사회가 무너지는 것은 예가 무너졌기 때문이라고 했고 명의 멸망의 원인을 예의 몰락에서 찾았다. 「인간이 동물과 구별되는 까닭은 바로 인(仁)이 있기 때문이고, 중국이 오랑캐와 다른 까닭도 인이 있기 때문이며, 군자가 소인과 다른 까닭 역시 인이 있기 때문이다.」라면서 「인의 질서는 예를 위한 것이다.」라고 결론을 내린다.[50] 후난의 학자들 역시 자신들이 살고 있는 시대가 난세인 이유로 예가 무너졌기 때문이라고 보았고 예를 바로잡는 것이 곧 난세를 극복하는 길이라고 생각했다.

따라서 쇠락하고 있는 사회를 바로잡기 위해서는 어떤 예법이 왜 곡되고 있는지 알아야 했다. 이를 알기 위해서는 예를 깊이 탐구해야 했다. 특히 『예기』는 유교의 경전 중 가장 오래된 것이었다. 예기는 또한 주자가 해석을 붙이지 않은 유일한 유교 경전이었다. 주자는 예 기의 『대학』과 『중용』 편만 따로 분리하여 『논어』, 『맹자』와 함께 『사 서』로 분류하면서 이 두 장에 대한 주석만 달았기 때문이다. 『예기』 의 나머지 장에 대해서는 주자는 아무런 해석을 붙이지 않았다.[51] 주 자성리학에 비판적이었던 명말청초의 유학자 왕부지에게 『예기』가 중요했던 또 다른 이유다.

편집작업은 1841년 제1차 아편전쟁이 발발한 직후 시작되어 1842년 18책, 150권으로 구성된 『선산유서』(船山遺書)가 출판된다. 왕부지의 『예기장구서』는 포함되지 않았다. 역사, 철학, 시 등도 포 함되지 않았다. 왕부지의 견해들이 여전히 정치적으로 너무 민감하 다고 생각했기 때문이다. 그러나 우여곡절 끝에 출판된 『선산유서』도 10여 년 만에 소실되는 운명을 맞는다. 1854년 태평천국군은 샹탄 을 함락시킨 후 『선산유서』의 목판을 발견하고 모두 불태운다. 편집 을 맡았던 추한훈은 태평천국군에 맞서 싸우다 그해 전사한다. 그러 나 왕부지는 태평천국의 난을 평정하고 동치중흥을 주도한 곽승도, 증국번, 좌종당 등 후난파의 정신적 지주가 된다.[52]

5. 상군의 결성

1852년 9월, 태평천국군이 후난성의 수도인 창샤(長沙)로 진격해 오자 34세의 젊은 학자 곽승도는 마을 친구 좌종직, 좌종당 형제와 함께 유에루산 속으로 피신한다. 1847년 진사시에 합격하여 청의 최 고 엘리트 기관인 한림원 학사가 된 곽승도는 부모상을 당하여 고향

에 내려와 있던 중이었다. 악록
서원에서 『선산유서』를 편집하
고 있던 좌씨형제는 작업하던 책
을 몇 권 들고 피신한다. 고향인
상장 유역이 눈 앞에서 반란군에
게 유린당하는 것을 목격하면서
도 아무것도 할 수 없었던 곽숭
도는 좌씨형제가 가져온 왕부지
의 저작, 그 중에서도 특히 『예기
장구』(禮記章句)를 탐독한다.

곽숭도

곽숭도는 40년 후인 1890년
에 출간된 저서 『예기질의』(禮記
質疑) 서문에 당시의 상황을 다음과 같이 묘사한다: 「1852년, 나는
난을 피해서 산속으로 들어갔다. 나는 그곳에서 생을 마칠 것을 확신
하고 왕부지의 『예기장구』를 읽으면서 그가 말하고자 했던 바를 이

좌종당, 산시와 간수성의 총독 당시인 1875년 러시아 사진사가 찍은 사진

증국번   후난의 증국번 저택

해하고자 하였다.」[53] 왕부지는 명이 멸망한 후 산속으로 들어가 평생을 칩거하면서 세상을 바로 잡을 학문에 몰두하였다. 태평천국의 난으로 청의 운명 역시 다 한듯이 보였다. 곽숭도에게 왕부지는 시공을 초월하여 같은 문제의식을 공유한 스승이었다.

유에루 산속으로 피신한 지 한 달 만에 좌종당은 창샤의 방어를 도와달라는 부름을 받는다. 곽숭도는 좌종당을 적극 설득하여 창샤로 보낸다. 그러나 곽 자신은 산중에 남는다. 1852년 겨울, 태평천국군이 창샤 공격에 실패하여 포위를 풀고 북쪽으로 기수를 돌리자 곽은 창샤의 서남쪽에 있는 샹샹(湘鄕 상향)으로 향한다. 모친상을 당한 악록서원 동창 증국번을 문상하기 위해서였다.

증국번은 조정으로부터 지역의 향토군을 모집하여 태평천국군과 싸울 것을 명 받은 직후였다. 그러나 효심이 강하고 『주자가례』를 철저하게 따랐던 증국번은 삼년상을 치러야 한다는 이유로 조정의 명을 거절한다. 곽숭도는 증국번의 부친에게 황제가 위기에 처했을 때는 예외일 수 있다며 아들을 설득해 줄 것을 간청한다. 결국 증국번은 조정의 명을 받들기로 한다. 태평천국의 난을 평정한 상군은 이렇게 탄생한다.[54]

1852년 10월, 청 조정은 증국번을 「방판호남단련」(幇辦湖南團練)에 임명하고 중국 중부의 향토군을 조직하라는 조칙을 내린다. 유

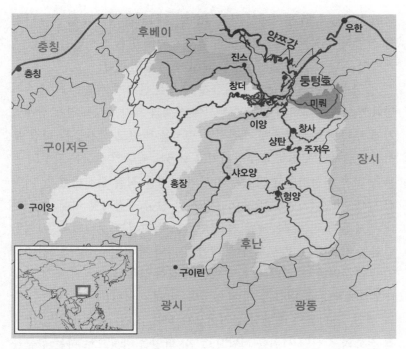

후난성 상강유역

교 전통에 의하면 적군을 격퇴하는 데 가장 효과적인 것은 정규군이 아닌 향토군이었다. 증국번이 조직하기 시작한 상군(湘軍)의 기초는 향단(鄕團)이라고 불리는 중국 고유의 향토군이었다. 단련(團練)이라고도 불린 향토군은 원래 마을이나 고을, 사족의 보호를 위해서 조직된 자치군이었다. 태평천국의 난이 발생하자 상장 유역의 사족들은 마을의 청년들을 모아 민병대를 조직하여 각자의 마을을 지키도록 한다. 이들의 월급이나 무기, 제복은 대부분 사족이 제공한다. 같은 장마당이 서는 이웃 마을들, 또는 혈연과 인척 관계가 있는 마을들의 향토군이 연계되기 시작하면서 그 규모가 커진다. 이들은 위계질서를 갖춘 강력한 조직으로 발전해 나갔지만 정부와는 전혀 상관이 없는 조직이었고 지도자들도 당연히 이 지역의 사족 층에서 나왔다.[55] 증국번은 샹장 유역 도처에서 자발적으로 조직되기 시작한 향단과 단련을 통합하기 시작한다. 모병소와 훈련소들을 만들고 이들을 상호 연계하여 후난성 전체를 아우르는 군사 조직을 만든다.

증국번이 만든 상군은 철저하게 사적인 관계에 기반을 둔 조직이었다.[56] 상관과 부하의 관계는 동시에 선생과 제자, 동문, 인척 관계였기에 부하들은 상관에게 개인적인 충성을 바쳤고 상관들은 직접 부하와 군졸들을 모집하고 무장시키고 월급도 줬다.[57] 장군은 자신의 부관을 직접 선정하였고 장교는 자신의 사병을 직접 모집하였다. 이처럼 혈연, 학연, 지연을 바탕으로 조직된 상군은 진시황 이래 중국 역대 왕조들이 견지해온 원칙에 정면으로 배치되는 것이었다. 사적인 인연을 강조하는 것은 천자에 대한 충의와 배치되는 것으로 간주되었기 때문이다. 그러나 왕조의 명운이 걸린 상황에서 청의 조정은 사대부들에게 손을 내밀 수 밖에 없었다. 이에 증국번은 향촌 사족들 간의 혈연, 농민들의 애향심을 기반으로 하는 지연, 그리고 지방의 지적 전통의 중심인 서원을 기반으로 한 학연을 바탕으로 하는 향군을 조직한다. 그 결과는 상군이라는 막강한 군대였다.[58]

6. 상군의 성공요인

상군은 13만 대군으로 자란다. 그러나 이는 당시 중국군의 규모로는 결코 큰 편이 아니었다. 증국번은 숫자보다는 군의 질을 높이는 데 모든 노력을 경주한다. 상군은 모병, 훈련, 기강, 그리고 주자성리학적 윤리도덕으로 정평이 났고 월급도 많이 받았다. 상군의 일반 병사가 받는 월급은 녹영군의 최고 호봉자의 두 배에 달했고 장교들은 더 많은 월급을 받았다. 부정과 부패를 줄이는 동시에 사기를 높이기 위해서였다.[59]

상군의 높은 월급을 충당하기 위해서 증국번은 새로운 방법으로 군자금을 모으기 시작한다. 기존의 징세 방법으로는 새로운 군대를 유지할 수 없었다. 당시 청 조정의 재정은 완전히 바닥이 나 있었다. 가경제(嘉慶帝, 7대 황제, 1760~1820, 재위: 1796~1820) 때 백련교를 진압하는 과정에서 부정과 부패가 만연하여 건륭제 때 축적해 놓은 재정은 이미 고갈된 상태였다. 관건은 지방에서 새로운 세수를 찾는 것이었고 이를 중앙조정의 호부(戶部)에 납세케하는 대신 지방관들이 장악할 수 있어야 했다.[60]

난 초기 조정이 군자금을 마련하기 위해 도입한 방법은 매관매직이었다. 청 조정은 다양한 지방관 자리와 낮은 등급의 과거 급제 증서를 지방 정부에 배정하여 팔도록 하였다. 후난성의 관찰사였던 낙병장(駱秉章, 1793~1867)은 1853년 자신에게 배정된 증서들을 상군 본부로 보낸다. 증국번은 이것으로 초기 상군의 군자금을 마련한다. 그러나 군의 규모가 커지면서 증국번은 새로운 세금인 이금(釐金, 리킨)으로 군 재정을 충당하기 시작한다.

이금세는 물품에 대해 거두는 세금이었다. 차와 같은 경우 창고에 저장하거나 이동 할 때 모두 이금세를 거뒀다. 1853년 양저우(揚州)에서 태상시경(太常寺卿) 뢰이함(雷以諴, 1794~1884)이 제안한 이금세는 지역마다 세율이 달랐지만 대략 물품값의 2~10%였다. 이금세 역시 원칙적으로는 조정에 보고하고 납입하여야 했으나 당시 태평천국군을 평정하는 데 불요불급했던 이금세는 대부분 지방군을 이끌고 있던 지방관들이 사용하였다. 1856년부터 증국번은 후난의 이금세 대부분을 상군에 투입할 수 있도록 후난성의 관찰사 낙병장과 합의한다. 1860년 량장(兩江, 양강)총독에 임명된 증국번은 장시성과 안후이성, 장쑤성의 이금세를 모두 상군에 쏟아 붙는다.[61]

이금세를 징수를 통한 지방군의 군자금 조달, 그리고 지방관 권력의 강화는 청 체제를 근본적으로 변화시킨다. 청의 조세제도는 전통적으로 토지에 대한 세금에 기반하고 있었다. 그러나 리킨제도의 도입으로 전체 조세에서 상업에 대한 세금 징수가 차지하는 부분이 급격히 커진다.[62] 또한 리킨제도는 사대부와 상인의 경계를 허물기 시작한다. 유교는 사대부가 과거시험을 통해서 권력과 명예를 차지하는 것은 적극 권장하였으나 부를 추구하는 상업에 종사하는 것은 철저히 금지하였다. 반면 상인들은 부를 누릴 수는 있었으나 관직에 나갈 수는 없었다.

그러나 후난의 경세학파들은 높은 도덕성과 공직윤리, 나라에 대한 충절을 지킬줄 아는 사대부들이 지역경제를 개발하고 부활시키는 데도 일조 해야 한다고 생각했다. 일례로 호림익은 지역의 과거급제자들을 곡물과 소금, 그 외의 물품 교역을 담당하는 직책을 맡긴다. 청말 특유의 엘리트 계층인 사대부-상인은 이렇게 탄생한다.[63] 시간이 흐르면서 이들 사족의 힘은 점점 커진다. 지주로서 기존에 갖고 있던 경제력과 사족으로서 갖고 있던 사회문화적인 기반 위에 이제 군사력과 이를 뒷받침하는 지역경제에 대한 통제권을 겸비하기 시작한 사대부-상인들이 등장하면서 조정에서 파견된 관료들의 권력은 이들의 수중으로 들어가기 시작한다.[64]

상군은 처음에는 팔기군의 보조군 역할을 하였다. 그러나 청의 정규군인 녹영군의 강남대영(江南大営)은 1860년 2월부터 3개월에 걸친 난징 포위작전 끝에 태평천국군의 반격으로 궤멸한다. 이 전투에서 강남대영의 제독(提督)인 장국량(張國樑, ?~1860)이 전사하고 흠차대신 화춘(和春, ?~1860)이 자결한다. 1860년 8월 6일, 조정은 증국번을 량장총독 겸 흠차대신에 임명함으로써 양쯔강 하류지역의 군사에 대한 지휘권을 준다. 이로써 청의 정규군인 팔기군이나 녹영군이 아닌 지방군의 사령관이 전쟁을 총지휘하게 된다.

양쯔강 유역의 군권과 행정권을 모두 장악한 증국번은 곧바로 안칭(安慶) 수복에 나서 1861월 9월 5일 안칭성 공략에 성공하고 전세를 역전시킨다.[65] 그러나 더 이상 상군만으로 태평천국군을 상대할 수는 없었다. 당시 상군은 나택남(羅澤南, 1807~1856), 강충원(江忠源, 1812~1854), 이속빈(李續賓, 1818~1858) 등 명장들을 전투에서 잃는다. 특히 호림익의 죽음은 큰 타격이었다. 호림익역시 악록서원 출신이었다. 창샤의 이양(益陽)에서 태어난 그는 1836년에 진사시에 합격하고 한림원편수(翰林院編修)에 임명된다. 구이저우(貴州, 귀주) 등지의 지방관을 역임한 후 1855 후베이성의 보정사(布政使)에 임명된 후는 증국번과 같은 방식으로 후베이군을 조직한다. 1857년 후의 후베이군은 우창(武昌)을 수복한다. 그러나 격무에 시달리던 호림익은 1861년 9월 병사한다.[66] 상군도 안칭성 공략에 기진맥진한 상태였다. 증국번은 1861년 11월 안칭 수복 두달 만에 동생 증국전(曾国荃, 1824~1890)을 고향인 후난에 보내 군사 6천 명을 새로 모집해 올 것을 명한다.[67]

그러나 태평천국군을 격퇴시키기 위해서는 더 많은 군사가 필요

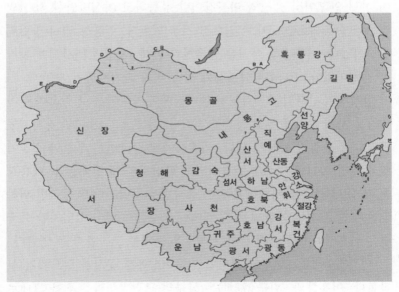

청나라의 행정구역

샹군의 안칭성 공격, 1861

했다. 태평천국군은 아직도 난징은 물론 안후이, 장시, 장수, 저장을 점령하고 있었다. 외국인 거주 구역이 있던 상하이만 아직 태평천국군 수중에 떨어지지 않고 있었다. 이때 증국번은 처음으로 후난 사람이 아닌 안후이성 출신의 이홍장이란 유능하고 야심만만한 38살의 젊은이에게 새로운 군대를 일으킬 것을 명한다. 이홍장 역시 한림원 출신이었다. 이홍장의 부친은 증국번과 함께 1838년 진사시에 합격한 절친이었다. 1844년 이홍장이 성 단위의 과거시험인 거인(擧人)에 합격하여 진사시를 치르고자 베이징에 도착하였을 때 증국번은 이홍장을 자기 문하에 두고 공부를 시킨다. 이홍장은 1847년 진사시에 합격하고 한림원 학사가 된다. 이홍장에게 증국번은 부친의 절친이었을 뿐만 아니라 자신의 스승이었고 한림원의 대 선배였다. 이홍장은 1858년 상군을 지휘하고 있는 증국번을 찾아간다.[68] 증국번 휘하에는 수많은 전투를 함께 치른 뛰어난 장수들이 많이 있었지만 증국번은 이홍장에게 상군에 준하는 새로운 군대를 조직할 것을 명한다.

이홍장은 1861년부터 고향인 안후이성에서 군사를 일으키기 시작한다. 이홍장의 「회군」(淮軍)은 상군의 모집방식과 조직을 그대로

후린이

1860년 경의 이홍장

1896년 영국 방문 중 영국 수상 설스버리경과 부외
무상 쿠르존 경과 함께

이홍장, 1896

따른다. 증국번의 추천으로 장
쑤(江蘇)성 관찰사에 임명된
이홍장은 회군을 이끌고 상하
이로 간다. 증국번은 1862년
1월 좌종당을 저장(浙江)성 관
찰사에 임명받게 한 후 군사를
주어 저장성을 수복하도록 명
한다.[69]

1896년 프러시아 방문시 비스마르크 수상과 함께, 목판화

회군 덕분에 증국번의 군
은 상하이까지 그 세력을 뻗친
다. 13개 연대로 결성된 회군
은 서양의 무기를 대거 도입하
여 상군보다도 더 강력해진다.
초기 회군의 8개 연대는 상군
으로부터 차출되었다. 회군 사
령관으로는 안칭전투에서 증
국전에게 항복한 태평천국군

서양 장교들의 훈련을 받은 상군의 양창대(洋槍隊)

의 정학계(程學啟, 1829~1864) 와 후난의 목수 출신인 곽송림(郭
松林, 1833~1880) 그리고 후난의 소금밀수꾼 출신인 유명전(劉銘
傳, 1836~1896)이 있었다. 이들 하층민 출신 장수들은 사대부 출
신 장수들보다 서양의 무기를 사용하는 데 적극적이었다.[70] 정학계
는 1862년 6월 서양의 조총과 장총 100정으로 무장한 서양식 부
대「양창대」(洋槍隊)를 조직하여 휘하에 둔다. 1862년 9월에는 서양
상인들로부터 소총과 장총 천 정을 구입한다. 문제는 중화기였다. 서
양 상인들은 청의 군대에 대포와 같은 중화기를 파는 것을 주저하였
다. 그러나 1863년 중반에 이르면 회군은 서양의 대포와 만 정의 장
총들을 보유한다. 그리고 새로 모집한 신병과 투항해 온 태평천국군

을 흡수하면서 병력이 4만으로 증강된다. 유명전도 프랑스인 포병을 포함하여 20여 명의 서양 군인들을 고용하며 양창대를 조련하기 시작한다.[71]

7. 상승군의 역할

회군에게 결정적인 도움을 준 것은 상승군(常勝軍, Ever Victorious Army)이라고 불린 외국인 용병부대였다. 영국은 가급적이면 태평천국의 난에 개입하는 것을 꺼렸다. 홍수전이 기독교도임을 천명하자 난의 초기에는 태평천국을 지원할 것을 주장하는 서양인들도 있었다. 그러나 영국은 이내 전세를 관망하기로 하고 대부분의 서양인들이 거주하는 상하이를 방어하는 데 주력한다. 그리고 1862년 이후로는 정부군을 간접적으로 지원하기 시작한다.

프레더릭 워드(Frederick Townsend Ward, 1831~1862)는 미국 출신 용병이었다. 멕시코, 페루, 파나마, 크림 등지의 전쟁에 참전했던 워드는 1860년 상하이에 도착하여 외국인들이 모여 사는 상하이를 지키는 용병부대를 조직한다. 당시 상하이의 외국인들과 중국인 유지들은 태평천국의 난 중에 중립을 선포하면서도 자신들의 생명과 재산을 지켜줄 용병들을 고용하고 있었다. 워드는 그 중 가장 용의주도한 용병대장이었다. 처음에는 중국 상인들이 프랑스로부터 임차한 증기선 컨퓨시어스(Confucius)호를 이용하여 당시 상하이 항구에 출몰하던 해적들을 퇴치한다. 이후 그는 점차 세력을 확장하여 유럽인, 미국인, 필리핀인 등으로 구성된 다국적 용병군을 지휘하게 된다.[72]

이홍장은 원래 외국 군대가 개입하는 것을 매우 경계하였다. 서양이 대군을 파견하여 청을 도울 경우 서구열강의 영향력이 그만큼 커

프레더릭 타운센드 워드

질 것을 염려해서였다. 그러나 워드의 용병군의 활약을 본 이홍장은 워드를 청의 녹영군 대령에 임명하고 140명의 장교와 4,000명의 군사로 조직된 다국적부대의 지휘를 맡긴다. 중국은 오랑캐출신 장군과 장병을 쓰는 오랜 전통이 있었다. 서양군을 고용하는 것도 이러한 전통의 일환으로 받아들여졌다. 영국군으로부터 최신무기를 지원 받은 워드는 상하이의 거상 양방(楊芳)의 재정적 지원도 받는다. 양방의 딸과 결혼한 워드는 양방 소유의 배로 외국인 용병부대를 이끌면서 태평천국군과 전투를 벌인다.[73]

그러나 워드는 1862년 9월 21일 츠사(慈溪, 자계) 전투에서 입은 총상으로 전사한다. 1863년 1월 이홍장은 제2차 아편전쟁 이후 중국에 남은 영국군 사령관 찰스 스테이블리 장군(Sir Charles William Dunbar Staveley, 1817~1896)과 상의하여 영국군 장교였던 차알스 고든(Charles George Gordon, 1833~1885)을 상승군의 사령관 겸 녹영군 장군으로 임명한다. 영불연합군의 원명원 약탈 당시 현장에 있었던 바로 그 고든이다. 1863년 3월, 영국군에 휴직계를 내고 공식적으로 상승군의 지휘를 맡은 고든은 곧바로 전투에 임한다.

당시 창서우(常熟, 상숙)의 태평천국군은 정부군에 항복한 상태였지만 태평천국군의 충왕(忠王) 이수성(李秀成, 1823~1864)의 군대에 포위되어 있었다. 회군은 1863년 1월부터 이들을 구출하고자 하나 실패한다. 그러나 고든이 이끄는 상승군은 이수성의 군대를 격파하고 창서우의 태평천국군을 구출한다. 고든은 곧이어 회군이 포위하고 있던 타이창(太倉, 태창) 공략에 가담하여 5월에 성을 함락시킨

1864년 7월 19일, 난징의 외곽인 진링을 수복하는 상군

다. 당시 상승군이 사용한 코혼
(coehorn)이란 최신형 박격포
와 그 외의 대포들의 위력은 대
단했다.[74] 이홍장은 훗날 「자강운
동」을 주창하면서 서양의 무기들
을 구입하고 자체 제작하는 데 힘
을 기울인 것도 이 당시다. 고든

회군의 군복

과 상승군의 활약을 목격 하였기 때문이다.

그러나 고든과 이홍장의 협력관계는 오래 지속되지 않는다. 고든
은 이홍장을 비롯한 청의 장수들이 항복한 태평천국군을 무차별 학
살하는 것에 강하게 반발한다. 쑤저우(蘇州, 소주)의 함락후 이홍장이
살려주기로 하여 항복한 태평천국군의 장수들을 처형시키자 진노한
고든은 이홍장의 군대를 공격하려 한다. 그의 부관의 저지로 물러서
긴 했지만 고든과 이홍장과의 관계는 악화되어갔다.[75] 결국 이홍장과
고든의 합의하에 상승군은 1864년 5월의 푸젠(福建, 복건)성의 장저
우(漳州, 장주)를 수복하는 전투를 끝으로 해산한다.

1862년5월 증국번의 동생 증국전은 상군 3만 명을 이끌고 난징 공략을 시작한다. 당시 난징의 태평천국군은 30만 명에 달했다. 이어 쑤저우로부터 온 20만 명의 원군도 가세한다. 이처럼 위급한 상황에서도 증국번은 구양조웅(欧阳兆熊)에게 왕부지 전서 출판에 대한 편지를 보낸다. 동생 증국전이 자신에게 왕부지 전서를 출판하는 작업을 주도해 달라고 했다는 내용이었다. 증국전을 비롯한 후난성 출신 지도자들은 이 출판작업을 위한 비용을 대기로 한다. 구양조웅은 증국번의 이름으로 왕부지의 후손들에게 편지를 보내 다시 한 번 그들이 보관하고 있던 왕부지의 유고들을 모아서 안칭에 있는 상군 총사령부로 보내줄 것을 요청한다.[76] 적군 50만 명에게 포위된채 나라의 명운이 걸린 긴박한 전투의 와중에 증국전과 증국번은『선산유서』(船山遺書)의 발간을 진행하고 있었다. 상군의 지도자들은 나라를 다시 일으키는 데 있어서는 군사력뿐만 아니라 사상적 좌표와 문명의 부흥이 얼마나 중요한지를 알고 있었다.

2년에 걸친 난징 포위작전 끝에 1864년 6월, 홍수전이 죽고(자살했다는 설과 병으로 죽었다는 설이 있음) 7월에 증국전이 지휘하는 상군이 난징에 진입하여 태평천국군과 난징의 백성들을 모두 학살함으로써 태평천국의 난은 평정된다.

8. 동치중흥의 실패

19세기 중반, 청은 내란과 외침 속에서 멸망하고 있었다. 10년에 걸친 태평천국의 난은 중국 강남의 곡창과 가장 번화한 도시들을 폐허로 만들었다. 영국과 프랑스 연합군은 청의 정예 팔기군을 무참히 격파한 후 베이징을 점령하고 역대 청황제들의 거처인 원명원을 약탈하고 불태워웠다. 함풍제(咸豊帝, 재위: 1850~1861)는 수도 베이징을 버리고 만주의 러허(熱河, 열하)로 피신했지만 결국 베이징으로 돌아오지 못하고 그곳에서 세상을 떠난다. 난을 진압하고 외세의 침략을 저지하고 내치를 부활시키는 것은 불가능해 보였다.[77] 청이 부활하기 위해서는 만주족 황실과 한족 엘리트가 일치단결하여 서구 열강과 근대화의 도전을 수용, 극복하는 동시에 자신들이 그토록 자랑스러워하는 전통적인 유교질서와 이념도 지켜내야 했다.[78] 동치중흥(同治中興)은 이러한 절박한 문제의식에서 시작된다.

1861년 함풍제의 뒤를 이어 동치제(同治帝, 제10대 황제, 1856~1875, 재위: 1861~1874)가 즉위하면서 시작된 청의 근대화 개혁은 초반에 기적같은 성공을 거둔다. 대내적으로는 만주족 엘리트와 한족 엘리트가 모두 청 황실을 중심으로 뭉친다.[79] 증국번(曾國藩, 1811~1872), 이홍장(李鴻章, 1823~1901), 장지동(張之洞, 1837~1909), 좌종당(左宗棠, 1812~1885) 등 청말의 「사대명신, 四大名臣」과 황실의 공친왕 혁흔(恭忠親王, 애신각라 혁흔(愛新覺羅奕訢), 1833~1898), 만주족 대신 문상(文祥, 1818~1876) 같은 걸출한 인물들이 구름 같이 모여들어 무너져 가는 나라를 다시 일으키는 데 힘을 모은다.

대내외환경도 유리하게 조성된다. 베이징 조약으로 자신들의 모든 요구를 충족시킨 영국과 프랑스는 청의 정부를 도와 태평천국의 난을 평정한다. 1860년 상하이를 공략하던 태평천국군은 8월 청과 영국의 연합군에 패하면서 몰락하기 시작한다. 1864년 청군이 남경을 수복하면서 10여 년간 나라를 황폐화한 태평천국의 난은 평정되었고, 1855년부터 강북의 장쑤성과 후난성을 초토화한 니엔난(捻亂, 염난)도 1867년을 기점으로 평정되기 시작한다. 1862~1877년 사이에는 산시(陝西), 간수(甘肅), 신장(新疆)에 사는 이슬람 회족들의 「동치회변」(同治回變, 일명 동간반란)이 일어나지만 이 역시 성공적으로 평정한다.

1860~1871의 10년간 서구열강은 새로운 도발을 자제한다. 외국 군대들도 대부분 철군하였고 서구열강의 내정간섭도 확연히 준다. 영국과 프랑스, 러시아, 미국 등은 중국과의 교역을 증진시키는데 모든 역량을 기울였고 이를 위하여 청의 조정을 흔들기 보다는 청이 자력으로 근대개혁에 성공하기를 기대하면서 기다린다. 이때를 「협조정책」(Cooperative Policy)의 시대라고 부른다.[80] 청의 지도층이 마음껏 근대개혁을 추진할 수 있었던 이유다.

　　오랜기간에 걸친 내전들을 성공적으로 평정하면서 청의 군대는 근대화된다. 성공적인 세정개혁을 통해 백성의 부담은 줄어들고 조정의 세수는 증가한다. 새 농지가 개간되고 파괴된 경작지도 빠르게 재정비된다. 인사제도의 개혁을 통해 새로운 인재들이 속속 영입되고 학문이 다시 융성하기 시작한다. 무역에서도 중국의 상인들이 서양 상인들과의 경쟁에서 대등하거나 오히려 우월한 위치를 차지하면서 해상무역도 중국이 장악하기 시작한다.[81] 서구의 학문과 기술에 대한 문호를 개방하고 해외로 유학생을 보내면서 서구문명을 빠르게 흡수한다.[82] 동치중흥 10년 동안 청은 유교의 기본체제에 과학기술과 군사력, 국제무역 등 근대국가의 핵심적인 제도를 접목시키면서 「중체서용」을 실현하기 시작하였다.

　　대외관계에 있어서도 청은 놀라운 변화를 보인다. 청의 지도층은 더 이상 중화질서에 집착하여 서양으로 부터 고립된 상태를 유지할 수 없음을 깨닫고 서양식 국제질서를 빠르게 학습한다. 청의 외교는 전통적으로 예조가 담당하였다. 조선과 류큐(琉球)를 포함한 주변국들과의 관계는 유교적 「예」(禮)에 의거한 「사대자소」(事大字小)의 관계였다. 그러나 서양열강이 아편전쟁을 통해서 중국에 강요한 새로운 질서는 「만국공법」, 즉 서양식 국제법에 기초한 국가들 간의 「대등」한 관계였다. 현실적으로는 강대국과 약소국이 엄존하였지만 이론적으로는 각 국가들은 독립적이고 서로 대등한 관계였다.

청은 1860년 중국 외교부의 전신인 총리기무아문(總理機務衙門)을 신설하여 서구식 근대국제질서를 배우기 시작한다. 서양의 「만국공법」을 빠르게 학습하면서 국제법과 국제조약을 국익 극대화에 사용하는 방법을 터득해 나간다.

총리기무아문 정문

그럼에도 불구하고 동치중흥은 궁극적으로 실패한다. 1870년 톈진의 프랑스 천주교 선교사들과 수녀들, 영사가 중국인 폭도들에게 학살당한 천진교안(天津教案)을 기점으로 서구열강은 청의 자체적인 근대개혁이 실패하였다고 판단하고 다시 적극적인 개입과 수탈정책으로 돌아선다. 동치중흥의 실패는 「중체서용」(中體西用)과 「동도서기」(東道西器)가 실현 불가능함을 보여준다. 즉 동양의 정치, 경제, 사회체제와 서양의 기술을 절충하여 접목시키는 형태의 개혁은 실패할 수 밖에 없었다. 동치중흥이 실패한 이유는 서구열강의 침략, 청황실의 부패와 무능, 청 관료체제의 비효율성 등의 원인도 있었지만 근본적으로는 청의 엘리트가 유교 국가의 이상을 포기할 수 없었기 때문이다. 유교의 이상과 근대화는 근본적으로 양립 불가능한 것이었다. 동치중흥의 실패는 왜 대원군과 고종의 개혁이 조선의 몰락을 막을 수 없었는지, 반대로 일본의 명치유신이 왜 성공했는지 보여준다.

제2부 - 제6장
위정척사파와 쇄국정책

1. 양이의 출현

2. 조선의 중국정세 정탐

3. 병인박해

4. 제너럴셔먼호 사건

5. 병인양요

6. 이항로의 척사사상

7. 신미양요

제2부 - 제6장

위정척사파와 쇄국정책

조선에는 이미 순조(純祖, 1790~1834, 재위: 1800~1834) 때부터 서양의 배들이 출현하기 시작하였다. 조선은 통상을 요구하거나 해양을 측량하는 이들 「양선」들을 모두 설득하여 돌려보내거나 아예 접촉을 거부하였다. 때로는 조선은 가난한 나라이기 때문에 교역할 산품이 없다고 하기도 하였고 때로는 조선은 청의 속국이기 때문에 외국과의 통상을 자체적으로 결정할 수 없다는 논리를 내세우기도 하였다. 그러나 서양의 배들은 꾸준히 조선 해안에 나타났다.

조선조정의 불안감은 1846년 6월 20일 충청도 연안의 외연도에 도착한 프랑스 함대가 1839년의 기해박해 때 프랑스 신부 세 명을 처형한 것에 항의하는 무력시위를 하면서 위기감으로 바뀌기 시작한다. 박해에도 불구하고 천주교가 확산되고 있는 것이 외국선교사들의 암약 때문이라고 생각하던 조선조정은 프랑스 함대의 시위로 천주교가 양이들의 앞잡이라는 확신을 갖는다.

그렇지 않아도 외세의 위협에 대한 위기감이 고조되고 있던 차에 1860년의 베이징이 양이들에게 함락되었다는 충격적인 소식이 전해진다. 서구 열강의 침입에 대한 위기감은 최고조에 달한다.

이때 역사의 전면에 등장한 인물이 흥선대원군(興宣大院君, 이하응, 李昰應, 1820~1898) 이다. 철종이 1864년 재위 14년 만에 33세의 나이로 후사 없이 승하하자 인조의 직계손이었던 이하응의 아들 이명복이 정치적 흥정의 산물로 순조의 아들 효명세자의 빈 조씨 즉, 조대비의 양자로 입적되어 고종으로 즉위한다. 7살 위인 친형 이재면(李載冕), 흥친왕(興親王), 완흥군(完興君), 1845~1912)이 있었으나 흥선대원군과 조대비가 모두 어린 명복이 보다 다루기 쉬울 것으로 여겨 보위에 오르게 한다. 어린 둘째 아들을 왕위에 앉힌 흥선대원군은 이로부터 1873년까지 약 10년간 조선을 실질적으로 통치한다.

흥선 대원군과 같은 시기에 역사에 다시 등장하는 것이 친중위정척사파이다. 1866년 9월 12일, 병인양요가 일어난 바로 다음날 이항로가 올린 「척사상소」는 병자호란 이후 송시열 등이 구축한 친명반청 이념과 소중화 사상이 새로운 시대 상황에 맞춰 다시 구현되기 시작했음을 알리는 신호탄이었다. 이항로와 그의 제자 최익현, 기정진 등에 의해서 반천주교, 반서양 쇄국정책으로 구체화되는 위정척사사상은 흥선대원군의 천주교 박해, 쇄국정책과 호흡을 맞추면서 당시 조선의 주류 사상으로 자리매김하기에 이른다.

1. 양이의 출현

통상을 목적으로 조선을 방문한 최초의 서양배는 「로드 앰허스트」(Lord Amherst) 호였다.[1] 영국 동인도 회사 소속의 이 상선에는 휴 린지(Hugh Hamilton Lindsay, 1802~1881)가 타고 있었다. 린지는 최초로 상하이를 방문한 영국 사람이었다. 그는 1832년 6월 21일(순조 32년) 조선에 들려 교역 가능성을 타진한다. 『순조 실록』은 「로드 앰허스트」호의 방문을 다음과 같이 기록하고 있다.

공충 감사(公忠監司) 홍희근(洪羲瑾)이 장계에서 이르기를, 「6월 25일 어느 나라 배인지 이상한 모양의 삼범 죽선(三帆竹船) 1척이 홍주(洪州)의 고대도(古代島) 뒷 바다에 와서 정박하였는데, 영길리국(英吉利國)의 배라고 말하기 때문에 지방관인 홍주 목사(洪州牧使) 이민회(李

敏會)와 수군 우후(水軍虞候) 김형수(金瑩綬)로 하여금 달려가서 문정 (問情)하게 하였더니, 말이 통하지 않아 서자(書字)로 문답하였는데, 국명은 영길리국(英吉利國) 또는 대영국(大英國)이라고 부르고, 난돈 (蘭墩)과 흔도사단(忻都斯担)이란 곳에 사는데 영길리국·애란국(愛 蘭國)·사객란국(斯客蘭國)이 합쳐져 한 나라를 이루었기 때문에 대영 국이라 칭하고, 국왕의 성은 위씨(威氏)이며, 지방(地方)은 중국(中國) 과 같이 넓은데 난돈(蘭墩)의 지방은 75리(里)이고 국중에는 산이 많 고 물은 적으나 오곡(五穀)이 모두 있다고 하였고, 변계(邊界)는 곤 련(昆連)에 가까운데 곧 운남성(雲南省)에서 발원(發源)하는 한줄기 하 류(河流)가 영국의 한 지방을 거쳐 대해(大海)로 들어간다고 하였습니 다. 베이징(北京)까지의 거리는 수로(水路)로 7만 리이고 육로(陸路)로 는 4만 리이며, 조선(朝鮮)까지는 수로로 7만 리인데 법란치(法蘭治)· 아라사(俄羅斯)·여송(呂宋)을 지나고 지리아(地理亞) 등의 나라를 넘 어서야 비로소 도착할 수 있다고 하였습니다.」[2]

잉글랜드, 아일랜드, 스코틀랜드, 런던, 프랑스, 러시아, 루손 등의 지

휴 해밀턴 린지

벨처 경

명이 조선의 기록에 처음으로 등장한다.

1845년에는 영국의 군함 「사마랑」(Samarang)호가 제주도와 거문도를 포함한 조선의 남해안을 측량하고 돌아갔다. 사마랑호의 선장은 1841년 최초로 홍콩과 주변섬들을 측량한 에드워드 벨처 경(Sir Edward Belcher, 1799~1877)이었다. 벨처는 주민들에게 통상여부를 물었지만 「조선은 청의 속국이므로 외국과 교역할 권한도 생각도 없다」는 답만 듣고 돌아갔다.

조선은 이 사건을 청의 예조에 보고하면서 청의 조정으로하여금 「광동의 번박소」, 즉 홍콩에 있는 영국인들에게 조선에 더 이상 배를 보내지 말것을 엄하게 꾸짖어줄 것을 부탁한다.

> 임금이 희정당(熙政堂)에 나아가 대신(大臣)과 비국 당상(備局堂上)을 인견(引見)하였다. 좌의정 김도희(金道喜)가 아뢰기를, 「이양선(異樣船)에 대해서 제주(濟州)에서 사정을 물었을 때에 받은 번물(番物) 여러 가지는 그대로 봉하여 제주로 돌려보내 인봉(印封)해 두고 혹 뒷날 이것을 가지고 증거로 삼을 때를 기다리게 하겠습니다마는, 이 배가 세 고을에 두루 정박한 것이 거의 한 달에 가까운데 상세히 사정을 묻지 못하였습니다. 번인(番人)의 형적은 멀리서 헤아리기 어려운데, 일찍이 선조(先祖) 임진년에 영국 배가 홍주(洪州)에 와서 정박하였을 때에 곧 돌아갔어도 그때 곧 이 연유를 예부(禮部)에 이자(移咨)한 일이 있었고, 그 뒤 경자년에 또 저들의 배가 제주에 와서 정박한 일이 있으나 잠깐 왔다 빨리 가서 일이 매우 번거롭기 때문에 버려두고 논하지 않았습니다. 이번은 임진년의 일보다 더 이정(夷情)을 헤아릴 수 없는 것이 있고 사정을 묻는 가운데 청나라 통사(通事)가 있다 하였다 하니, 사전의 염려를 하지 않아서는 안될 듯합니다. 임진년의 전례에 따라 역행(曆行) 편에 예부에 이자하고 황지(皇旨)로 광동(廣東)의 번박소(番泊所)에 칙유(飭諭)하여 금단하게 하도록 청하소서.」하니, 그대

로 따랐다.[3]

1853년(철종4년)과
1854년에는 러시아 함대
가 동해안에 잇따라 나타
났고 프랑스는 1856년에
도 군함을 파견하여 조선
해안을 정찰한다. 이처럼

사마랑호, 1847년 그림

1850년에서 1860년 사이에 영국, 프랑스, 미국, 러시아 등의 배들이
65회에 걸쳐 나타나 통상을 요구하거나 해안선을 측량하고 밀무역을
하고 주민들과 충돌하기도 하였다.[4]

2. 조선의 중국정세 정탐

원명원이 불타고 함풍제가 열하로 피신하고 청이 굴욕적인 베이
징 조약에 조인하자 조선 조정은 당황한다. 서구 열강의 군대가 열하
로 피신한 함풍제의 뒤를 쫓을 경우 청의 조정이 조선으로 쫓겨올 가
능성도 배제할 수 없으며 그렇게 되면 조선은 청의 직접적인 통치를
받게 될 뿐만 아니라 서구열강의 군대가 조선에 진주하는 사태까지도
벌어질 수 있다고 생각했다.[5] 다급해진 조선은 1860년, 파견한 연행
사가 귀국하기도 전에 조휘림을 정사로, 박규수를 부사로, 그리고 신
철구를 서장관으로 하는「열하문안사」를 파견한다.[6] 청의 위급한 상
황을 직접 보고 듣기 위해서였다.

청의 함풍제는 조선이 문안사를 파견한다는 보고를 받고 건강상
의 문제로 사신을 접견할 수 없으니 열하의 피서궁까지 오지 말라고
한다. 이에 열하 문안사는 북경으로 직행한다. 1860년 3월 16일 북

경에 도착한 박규수와 문안사 일행은 50일 넘게 숙소인 옥하관에서 머물면서 북경을 둘러보고 중국인사들과 교류하면서 청이 처해있는 상황을 파악하고자 한다.[7]

4월 비변사에 보낸 박규수의 보고서에는 청이 태평천국의 난을 비롯하여 극심한 민란을 겪고 있으며 이를 토벌하는데 많은 어려움을 겪고 있다고 한다. 「그 형세를 보건대 조석을 보전하지 못할 듯하다」고 하면서도 「겉모습을 보면 평안하여 아무런 소요가 없는 듯하다. 여관이 폐절(廢絶)되지 않고 시장도 전과 다름없으니, 역시 대국의 풍모를 보겠다」고 한다.[8] 중국에서 활동하고 있는 서양인과 기독교에 대한 보고서도 보낸다.

> 서양 오랑캐는 그 의도가 토지에 있지 않으며, 통상과 포교에 전력할 따름이다. 북경에 들어온 후 친왕(親王)의 궁전을 점거한다거나 주민의 집을 산다거나 하여, 사는 집을 넓히는 것이 마치 영구히 안주할 계책인 것 같다. 식구를 거느리고 가구를 운반하여 오는 자들이 날마다 줄을 잇고 있다. 그러나 우선은 침탈로 인한 소요를 일으키는 폐단은 없다. 그러므로 북경 시민들이 처음에는 자못 의심하고 겁먹다가, 한참 지나서는 점차 익숙해지고 안심하면서, 그들을 심상하게 대하며 서로 물건을 사고판다. 다만 그들이 제 뜻대로 방자하게 굴어도 아무도 뭐라 하지 못한다. 실로 후환이 어느 지경에 이를지 모르겠다. 수외 양교(洋敎)는 비록 교관(敎館)을 세우고 해금(解禁)이 되었어도 호응하는 자가 없다. 오직 건달 무뢰배 중에서 남녀의 구별이 없음을 즐기고 재물을 대주는 것을 탐하여, 몰래 학습하는 자가 간혹 있을 뿐이라고 한다.[9]

박규수 등 열하문안사는 6월 1일 압록강을 건너 6월 19일 다섯달 만에 귀경한다. 정사 조휘림은 철종에게 「각성(各省)에 적비(賊匪)가 창궐하여 창졸간에 토멸하기는 어려우나, 총독(總督)에 적합한 사람을 얻어서 방어가 심히 견고하여, 적(賊)도 또한 병졸을 거두어 자수(自守)하고 있는 형편이라 다시는 감히 침략(侵掠)하지 못할 것입니다. 양이(洋夷)는 별로 침요(侵擾)하는 사단(事端)이 없기 때문에 도성의 백성은 안도(安堵)하고 있었습니다.」라고 보고한다.[10] 베이징 조약이 체결되었고 서양 군대가 오히려 태평천국의 난을 평정하는 것을 돕고 있어서 상황은 어느정도 진정되는 것으로 보였다.

박규수는 7월 9일 박원양(朴元陽, 1804년~1884년, 친일개화파 박영효의 부친)에게 편지를 보내 자신이 보고 느낀 중국의 정세를 전한다.

서양 오랑캐가 요구하는 바는 곧 배상금 독촉과 시장 개방 등의 일에 불과했다. 그러나 허락을 받지 못하자 군사를 일으켰고, 전쟁이 계속된 지 오래다 보니 주화(主和)와 주전(主戰)의 양론이 일어나는 것은 자고로 그런 법이다. 화의가 이미 진행된 뒤라 주전파가 공을 세우지 못하는 것도 형세가 그럴 수밖에 없었다. 오랑캐가 마침내 점점 북경 부근에 육박하니, 군주란 본래 멀리 도피해서는 안 되는 법이지만 어쩔 수 없이 주화파에게 이끌려 잠시 그 예봉을 피하면서, 한편으로 화의를 허락하고 조약 체결을 허락한 것이다. 그러자 오랑캐가 곧 철군하여 모두 떠나가고, 남아 있는 자들은 약간의 상인들 무리이다.

황제가 이미 열하에 도착했는데, 그곳 또한 생소한 지역은 아니다. 풀이 푸르면 (열하로) 떠났다가 풀이 시들면 올아오니, 강희 이래 (황제들이) 다 그렇게 했다. 잠시 그곳에 머물러 여름을 나는 것도 역시 형세상 그런 것이다. 더구나 좋은 강물과 온천에서 건강을 다스리는 것도 안 될 것이 없으며, 가을에 황제의 행차가 돌아오는 것이 안 될 것이 없다. 어찌 의심할 거리나 되겠는가? 북경에 있는 모든 관청은 (열하로) 말을 빨리 몰아 시무를 아뢰니, 이에 관해서는 모두 기존의 규칙들이 구비되어 있다. 어찌 함풍제만 그렇게 해서는 안 된다는

건가? 황제가 (열하로) 떠난 것은 미상불 서양 오랑캐의 소요에 지나
치게 겁을 먹은 것이었지만, 그가 잠시 열하에 머물고 있는 것은 반드
시 이 때문에 그런 것은 아니다.[11]

박규수는 서양의 위협을 정확하게 파악하고 있었다. 서구열강이
중국의 영토에 대한 야심이 있기 보다는 무역과 포교의 자유를 원하
고 있으며 이를 위해 장기적으로 상인이나 선교사들의 중국 거주를
계획하고 있다고 간파한다. 반면, 청이 겪고 있는 진정한 어려움은 오
히려 태평천국의 난과 같은 대내적인 민란이라고 보았다.

남비(南匪, 태평천국군)가 금릉(金陵: 남경)을 점거한 지 지금 10여 년
이다. 그들의 의도에는 산하를 나누어 차지해서 남조(南朝)의 천자가
되려는 계획이 없다. 오히려 약탈을 자행하는 극악한 도적이라, 도적
들에게 함락된 백성들은 아직도 조정의 법도를 잊지 못하고 관군이 와
서 구제해주기를 날마다 바라고 있다. 그러나 조정에서 권력을 행사
하는 자들은 적임자가 아니며, 군량이 계속 보급되지 못해 군사들은
지쳐서 공을 세우지 못하고, 지금까지 서로 버티고 있을 따름이다.[12]

문안사의 파견은 조선 조정에 두 가지 중요한 인식을 심어준다. 첫째
는 서양의 위협이 그토록 심하지 않다는 것이고 둘째는 청이 여전히
민란을 진압하는데 어려움을 겪고 있지만 민심을 잃지 않았고 곧 붕
괴할 위험에 처하지는 않았다는 것이다.

3. 병인박해

그러나 조선의 위정자들의 입장에서 볼 때 조선에 대한 천주교와

외세의 위협은 급격히 커지고 있었다. 1860년 베이징 조약을 통해 러시아가 연해주를 중국으로부터 빼앗으면서 조선은 갑자기 러시아와도 국경을 맞대게 된다. 연해주를 얻은 러시아는 태평양 진출이라는 숙원을 이룬다. 「동양의 정복자」를 뜻하는 블라디보스톡 항을 건설하는 한편 연해주의 인구를 늘리기 위해서 각종 유인책을 제공하였다. 이중에는 조선 사람들에게 러시아 시민권과 땅을 제공하는 정책도 포함되었다. 조선 경제의 붕괴와 거듭되는 학정에 못 이겨 두만강을 넘어 연해주로 이주하는 조선 사람들의 숫자가 급격히 늘자 함경도의 인구감소를 걱정한 조선 조정은 국경을 봉쇄하고자 노력한다.

1864년~1865년에는 러시아인들이 경흥에 나타나 교역을 요구하기도 한다. 조선은 러시아인들과 직접 대화를 거절하는 대신 청이 나서서 러시아인들이 조-러 국경에 나타나 문제를 일으키기 않도록 개입해 줄 것을 요청한다.[13] 청의 예부가 총리아문에게 이 문제를 러시아 측에 제기해 줄 것을 요청하였으나 총리아문은 이는 조선이 알아서 할 일이라고 거부한다. 그럼에도 불구하고 조선은 지속적으로 청의 예부에 이 문제를 제기한다.[14]

베이징 함락 소식이 전해지고 러시아와 직접 국경까지 맞대게 되면서 조선의 불안감은 더욱 커진다. 거듭된 박해에도 불구하고 천주교가 계속 전파되는 한편 서양선박들의 잦은 출몰, 프랑스 함대의 위협적인 출현으로 인하여 조선은 극도의 불안감에 휩싸인다. 이러한 상황에서 1865년 조선의 천주교인들은 러시아를 견제하기 위하여 프랑스의 도움을 받을 수 있도록 주선할 수 있다며 대원군에게 접

1880년 경의 블라디보스톡

흥선 대원군   신정왕후/조대비

근한다.

　천주교인들이 이러한 제안을 하게 된 데는 그들 나름의 상황판단
이 있었다. 우선 1864년 집권한 대원군은 천주교에 대하여 관대한
정책을 펴고 있었다. 당시 조선에는 12명에 달하는 프랑스 신부들이
별다른 제약 없이 전교활동을 펼치고 있었다.[15] 집권하기 전 불우했던
시절 대원군이 교류했던 남인 중에는 천주교도들이 많았다.[16] 고종의
유모가 천주교도였고 대원군의 부인인 부대부인 민씨는 베르뇌 주교
(Siméon-François Berneux, 1814~1866)에게 아들이 왕이 될 수 있
도록 기도해줄 것을 부탁하기도 했고 고종이 보위에 오르자 감사 예
배를 드렸다고 한다.[17] 여기에 일부 천주교인들은 프랑스가 베이징을
함락시키고 청을 굴복시키는 데 영국과 함께 주도적인 역할을 하였

기 때문에 이를 본 조선도 프랑스 선교사들을 핍박하지 못할 것으로
자신한다. 이들은 당시 천주교도로 26세에 과거에 급제하여 홍문과
교리를 역임하고 승지로 있던 남종삼(南鍾三, 1817~1866)을 통하여
대원군에게 자신들의 「방아책」(防俄策)을 건의한다.[18]

　대원군은 프랑스의 도움으로 러시아를 물리칠 수 있다면 종교의
자유를 허락하겠다는 파격적인 제안을 하고 베르뇌 주교와 면담을
허락 한다. 그러나 이러한 제안을 들은 베르뇌 주교는 오히려 자신
이 지방에 전교를 다니기 때문에 당장 상경할 수도 없을 뿐만 아니
라 프랑스를 움직여 러시아를 막을 능력은 없다고 하면서 제안을 거
절한다. 그리고는 곧바로 주중 프랑스 전권공사인 베르테미(Jules-
François-Gustave Berthemy, 1826~1902)에게 상황을 알리면서 자신
이 대원군의 제안을 거절하였기 때문에 새로운 박해가 있을 수도 있
으니 이에 대비하여 군함을 보내줄 것을 요청한다. 그러나 베르테미
는 조선 조정이 천주교를 암묵적으로 용인하고 있는 상황에서 군함
을 보내면 오히려 조선을 자극할 것이라고 본국에 보고하고 베르뇌
의 요청을 거절한다.[19]

1884년 퍼시벌 로웰이 찍은 최초의 고종 사진

프랑스와 천주교인들의 접촉을 기다리던 대원군은 강경책으로 급선회한다. 그렇지 않아도 천주교에 대한 대원군의 온건책이 위정척사파의 강한 비판에 직면하고 있었던 참이었다. 운현궁에 「천주학쟁이」가 출입한다는 소문마저 퍼지면서 대원군은 궁지에 몰리고 있었다. 이런 상황에서 천주교도와의 직접 교섭을 벌였다는 사실은 더욱 큰 반발을 살 것이 자명했다.[20]

홍친왕 이재면

더구나 조선이 당시 가장 큰 위협으로 생각한 「양이」는 프랑스였다. 조선의 선교도 프랑스의 외방선교회가 맡아 프랑스의 신부들을 대거 파견하고 있었고 조선 연안에 가장 빈번하게 나타나던 군함도 러시아가 아닌 프랑스 군함이었다. 때마침 중국에서도 천주교 박해를 시작했다는 오보마저 전해지면서 대원군은 프랑스와의 동맹이 더 이상 필요 없다고 생각하고 천주교에 대한 대박해를 명한다.

병인박해는 1866년 1월 5일 베르뇌 주교의 사환이 체포되면서 시작된다. 대원군은 전국에 영을 내려 천주교 서적을 모두 불태우고 오가작통법에 따라 천주교도를 고발하는 자는 포상을 하고, 숨겨준 자는 처벌토록 한다. 베르뇌 주교 이하 프랑스 신부들은 신도들에게 피해가 가는 것을 막기 위해 피신하지 않고 있다가 모두 체포된다. 남종삼도 투옥되었고 의금부로 이송되어 고문을 받으면서 배교를 강요 당했다. 베르뇌 주교는 대원군이 직접 문초하였고 결국 새남터에서 참형으로 순교한다. 브르트니에르(Simon Marie Antoine

Bretenieres, 1838~1866), 볼리외(Bernard Louis Beaulieu, 1840~1866), 도리(Pierre Henri Dorie, 1839~1866) 신부와 남종삼 역시 서소문 밖 형장에서 순교한다. 당시 조선에서 활동하던 12명의 프랑스 외방선교회 신부 중 9명이 순교하고 3명만 간신히 살아남는다. 그러나 이것은 박해의 시작에 불과했다. 병인박해는 국내정치 및 국제정세와 맞물려 1866년 말의 병인양요, 1868~1870년의 오페르트의 남연군묘 도굴사건, 그리고 1871년의 신미양요 등을 거치면서 계속 확대되었고 대원군이 물러나기 직전까지 계속된다.

리델 주교(Felix-Clair Ridel) 등 3명은 중국으로 탈출하여 주중 프랑스 임시대사 벨로네(Henri de Bellonet)에게 박해소식을 알린다. 벨로네 공사는 프랑스 본국의 허가 없이 선교사들을 처형한 데 대한 보복으로 함대를 파견할 것을 결정한다. 그는 7월 13일 총리아문의 공친왕에게 서신을 보내 조선이 청의 「납공지방」(조공을 바치는 속방)이기 때문에 이러한 결정을 통보한다고 한다.[21] 벨로네는 청이 이미 수차례 조선에 대해 책임을 질 수 없다고 공언한바 있고 텐진조약도 조선에는 적용될 수 없다는 입장을 고수해왔기 때문에 청은 프랑스와 조선의 전쟁에 개입할 명분이 없다고 한다.[22]

사태가 다급해지자 공친왕은 중재를 시도한다. 프랑스가 조선과

베르뇌 주교   도리 신부   리델 주교

전쟁을 벌이면 승리할 것이 확실하였고 그렇게 되면 프랑스는 조선에 대해 절대적인 영향력을 행사하게 될 것이 자명했다. 청의 입장에서는 어떻게든 막아야 했다. 공친왕은 벨로네에게 보내는 7월 16일자 답신에서 조선은 늘 예를 갖추는 나라인데 왜 갑자기 선교사들과 천주교인들을 처형하였는지 알 수 없다며 성급한 행동을 취하기 전에 우선 무슨 일이 일어난 것인지 보다 정확히 알아볼 필요가 있다고 설득한다.

공친왕은 동시에 예부를 통하여 프랑스가 조선에 군대를 파견할 것이라는 사실을 조선 예부에 알린다. 청 예부의 서신은 8월 17일 조선 예조에 도착한다. 이에 대하여 조선 조정은 다음과 같이 답한다:

우리나라에서 작년 겨울부터 흉악한 무리와 도둑의 부류들이 무리를 지어 결탁하고 몰래 반역 음모를 꾸미고 있었는데, 마침내 체포해 보니 다른 나라 사람이 8명이나 끼어 있었습니다. 이들이 어느 곳으로 국경을 넘어들어왔는지는 알 수 없었으나 옷차림과 말하는 것은 동국(東國) 사람과 다름이 없었습니다. 심지어 간사스러운 여자로 가장하고 자취를 숨기기까지 하였으니 그들이 우리나라의 경내에 오랫동안 있었음을 미루어 헤아릴 수 있습니다. 설령 교리를 전파하고 익히게 하려고 하였다면 어찌 이렇게 비밀리에 하였겠습니까? 다른 나라 사람이 우리나라에 표류하여 온 경우에는 모두 보호해주고 돌려보내 주지만, 공적인 증거 문건 없이 몰래 국경을 넘어온 자들의 경우에는 모두 사형에 처한다는 것이 원래 금석(金石)과 같은 성헌(成憲)에 있으므로, 이에 나란히 해당 법률을 적용하였던 것입니다. 가령 우리나라 사람이 몰래 다른 나라에 들어가 부당하게 법을 위반하면서, 그릇된 일을 선동하여 그 나라 백성과 그 나라가 피해를 입었다면 다른 나라에서도 반드시 남김없이 모두 사형에 처할 것입니다. 그러니 우리나라에서도 마땅히 그에 대하여 한 터럭만큼이라도 유감스럽게 생각하지 않는 것입니다. 나라의 변경을 튼튼히 하고 나라의 금법을 엄격히 하는 것은 어느 나라나 모두 그러합니다. 우리나라와 프랑스는 넓고 큰 바다로 막혀 있어 서계(書契)를 서로 통하지도 못하는데, 무슨 오래전부터 원망을 가진 일이 있거나 혐의스러운 일이 있다고 온전히 돌려보낼 방도를 생각하지 않고서 차마 이와 같이 사형에 처하는 조치를 취하겠습니까? 이번에 프랑스에서 주장한 말은 미처 생각해 보지도 못한 문제입니다. 우리나라가 멀리 떨어져 있어서 전혀 연락을 가질 기회가 없었는데, 다행히도 여러 대인이 화해를 시켜주는 혜택을 입었고 깊이 생각하여 만전을 기하는 계책까지 가르쳐 주었으니, 이는 진실로 일반 규례를 벗어나 잘 돌봐주고 도와주려는 훌륭한 덕과 지극한 생각입니다. 앞으로 사행(使行) 때 그 정성에 사례하기를 기다리면서 이에 먼저 자세히 갖추어 회답합니다.[23]

조선은 청의 중재를 단호히 거절한다. 뿐만 아니라 오히려 천주교도들에 대한 박해를 더욱 강화시킨다. 청의 예부에 대한 답을 보낸 날, 어전회의에서 의정부는 조선의 천주교인들이 프랑스와 내통하여 모든 정보를 제공하고 있었기 때문에 프랑스가 이처럼 반응한다는 결론을 내린다.

의정부(議政府)에서 아뢰기를, 「지금 겨우 회답 자문에 관한 일을 계품(啓稟)하여 윤허가 내렸습니다. 다만 그러나 생각하건대 프랑스인이 우리나라에 의해 살해된 것에 대해서 저들이 「나라의 금령(禁令)이 엄하다는 것을 알지 못했다.」고 할 수도 있겠지만, 우리나라 사람에게 우리나라에서 우리나라 법률을 적용한 것이 또한 프랑스와 무슨 관계가 있다고 함께 거론하여 위협하는 것입니까? 또 이 일이 초봄에 있었는데 우리나라와 프랑스는 바다와 육지를 사이에 두고 몇 만리 떨어져 있습니다. 그런데 소식이 서로 통하는 것이 이처럼 신속하니, 틀림없이 법망에서 빠져나가 소굴을 잃어버린 나쁜 무리가 그들과 화응하고 부추겨서 그렇게 되었을 것입니다. 변경의 방어가 허술하고 법령이 해이할 데에 생각이 미치면 차라리 말을 하고 싶지 않은 심정입니다. 이른바 사학(邪學)을 믿는 불순한 무리를 서울에서는 두 포도청(捕盜廳)이, 지방에서는 각 진영(鎭營)이 각별히 조사하여 붙잡아 일일이 법대로 처리하게 하소서. 비록 변방의 금령에 대하여 말하더라도 텅 비게 내버려둘 수 없으니, 각 도의 도수신(道帥臣)에게 관문(關文)을 보내 신칙하여 연해의 각 고을과 진영에서 만약 배를 기다리는 거동이 수상한 자가 있으면 즉시 그 자리에서 효수하여 여러 사람을 경계시키라는 뜻으로 급히 공문을 띄우는 것이 어떻겠습니까?」 하니, 윤허하였다.[24]

4. 제너럴셔먼호 사건

조선과 서구열강 사이의 최초 무력충돌은 이로부터 불과 2주 후에 터진다. 미국 남북전쟁 당시 북군의 맹장이었던 윌리엄 테쿰세 셔먼(William Tecumseh Sherman)의 이름을 딴 「제너럴셔먼」호는 187톤짜리 스쿠너로써 증기로 작동하는 외륜을 달고 있었다. 여러 가지 설이 있지만 원래는 미국 남부군의 군함이었으나 북군에 탈취되어 북군의 해군소속이 되었고 남북전쟁 후 미국 정부가 중국에 투입한 것으로 알려졌다. 그 후 중국에서 활약하는 미국의 용병 부르게바인(Henry A. Burgevine, 1836~1865)과 그의 부하들 수중에 들어갔다.[25] 부르게바인은 원래 상승군의 부사령관으로 프레더릭 워드의 지휘를 받았다. 워드가 전사하자 청은 잠시 부르게바인에게 상승군의 지휘를 맡긴다. 그러나 그는 이내 워드의 장인이자 상승군의 군자금을 대던 양방(楊坊)과 재정 문제로 다툰 후 제너럴셔먼호에 타

미 해군이 갖고 있는 제너럴셔먼호 그림

고 태평천국군에 투항하지만 이내 영국해군에 잡혀 1865년 죽는다. 그 후 「제너럴셔먼」호는 보스턴 출신의 미국 상인 프레스턴(W.B. Preston)이 산다. 아시아에서 사업을 확장하고 싶어한 프레스턴은 닫혀 있는 조선시장의 개방을 시도한다.

1866년 8월 9일 중국 옌타이(烟台)를 출발한 「제너럴셔먼」호는 8월 16일 조선의 해안에 도착한다. 목화와 주석, 유리 등을 실은 제너럴셔먼호는 중무장을 하고 있었다. 배에는 선주 프레스턴과 페이지 선장(Page, ?~1866), 윌슨 일등항해사(Wilson, ?~1866) 등 3명의 미국인, 영국인 조지 호가스(George Hogarth, ?~1866) 와 로버트 저메인 토마스 목사(Robert Jermain Thomas, 1839~1866), 중국인 13명과 말레이인 3명의 선원이 타고 있었다.

토마스 목사는 황현이 『매천야록』(梅泉野錄)에 미국인으로 기록하고 있는 「최난헌」과 같은 인물이다.[26] 1840년 웨일스에서 목사의 아들로 태어난 토마스 목사는 1863년 런던대학을 졸업하고 목사 안수를 받은 후 아내와 함께 중국 상하이에 선교사로 파견된다. 상하이에 도착하자마자 아내 캐롤라인이 병사하지만 토마스 목사는 중국어를 배우며 선교에 열중한다. 상하이에서 조선인 천주교 신자를 만나 조선에 대해 관심을 갖게 된 그
는 1865년 9월 13일 조선 황해도
에 잠입해 중국어 성경을 판매하면
서 두 달 넘게 선교 활동을 한다.
1866년 병인박해에 항의하기 위하
여 로즈제독이 이끄는 프랑스 함대
가 조선으로 향한다는 소식을 듣고
통역관으로 자원한다. 그러나 프랑

로버트 저메인 토머스 목사

스 함대는 때마침 베트남에서 일어난 반란을 진압하기 위하여 조선
이 아닌 베트남으로 출항한다. 실망한 토머스 목사는 「제너럴셔먼」
호가 조선으로 떠난다는 소식을 듣고 통역사 겸 항해사로 자원한다.

토머스 목사가 황해도에서 포교할 때도 뱃길을 안내했던 중국 정
크선 선장 유화태(兪和泰)의 안내를 받은 「제너럴셔먼」호는 대동강
을 거슬러 올라가다가 조선의 관리들을 만난다. 조선의 관원들은 「제
너럴셔먼」호가 통상을 위하여 왔다는 사실을 듣고 통상은 거절하지
만 음식과 보급품을 제공한 후 조정에 보고를 하고 명령을 받을 때까
지 대기하라고 전한다. 그러나 「제너럴셔먼」호는 이를 무시하고 대
동강을 계속 거슬러 올라간다. 마침 큰 비가 내려 대동강물이 평소
보다 많이 불어나 「제너럴셔먼」호는 평양까지 갈 수 있었다. 8월 20
일이었다.

당시 평양감사는 진주민란 진압으로 큰 공을 세운 박규수(朴珪
壽, 1807~1877)였다. 북학파의 거두 연암 박지원(燕巖 朴趾源,
1737~1805)의 손자인 그는 조종영 등 당대의 유명한 성리학자들
은 물론 할아버지의 문인인 추사 김정희(秋史 金正喜, 1786~1856)
밑에서 수학하였다. 20세에는 순조의 왕세자였던 효명세자에게 『주
역』을 강의하고 국사를 함께 논하였다. 영특했던 효명세자는 당시 조
선의 희망이었다. 세자 대리청정 중에는 탕평책을 쓰면서 개혁정치

를 이끌었다. 그러나 1830년, 세자가 불과 22세의 나이로 급사하자 실의의 빠진 박규수는 20년간 칩거하면서 공부에만 열중한다.

효명세자의 아들 헌종 14년인 1848년, 42세의 나이에 과거에 급제한 박규수는 승정원 동부승지, 경상좌도 암행어사 등 중책을 맡았고 1861년에는 열하부사로 6개월간 연경에 다녀왔고 1872년 다시 한번 청나라를 다녀온다. 1862년 진주민란이 일어나자 안핵사에 임명된 그는 삼정의 문란을 바로잡으면서 민란을 진압하고 민심을 수습한다. 이 공으로 승정원도승지가 된다. 1863년 고

불에 탄 효명세자 어진

종이 철종의 뒤를 잇자 효명세자빈이었던 조대비가 박규수를 흥선대원군에게 적극 추천하면서 다시 중용된다. 1864년부터 병조참판, 대제학, 사헌부 대사헌, 홍문관제학, 이조참판을 거치면서 1865년에는 경복궁 중건을 책임지는 영건도감제도 겸하게 된다. 한성부 판윤, 공조판서, 예조판서, 사간원대사간을 거친 그는 1866년 2월 평안도 관찰사로 부임한다. 「제너럴셔먼」호 사건 5개월 전이다.

당시 조선에는 병인박해에 대한 보복으로 프랑스 함대가 침략해 올 것이라는 소문이 파다하였다. 「제너럴셔먼」호가 나타나자 드디어 프랑스 군함이 도착했다고 생각했다. 「제너럴셔먼」호가 평양에 닻을 내리자 박규수는 중군 이현익을 보내 평양에 온 목적을 묻는 동시에 조정에 보고하는 동안 기다리라고 한다. 그러나 이때부터 사태가 악화되기 시작한다.

이현익이 협상을 하는 사이 「제너 럴셔면」호가 작은 배에 여섯 명을 실어서 뭍으로 보내려고 한다. 이를 본 이현익과 그의 두 부장 유순원과 박지영이 배를 세우려고 하자 제너럴셔 면호의 선원들이 이들을 구금한다. 박규수는 신태정을 보내 이들을 놓아줄 것을 설득하였으나 「제너럴셔면」 호는 오히려 함포를 쏘면서 8월 21일에는 만경대 한사정까지 거슬러 올라간다. 이때 함포사격으로 평양민 7명이 죽고 5명이 다치자 당시 대동강변

박규수

에 모인 군중들은 격분한다. 박규수는 군사들을 보내 이현익을 구출해내는 데 성공하지만 이 과정에서 유순원과 박지영은 목숨을 잃는다. 상황이 급박해지자 「제너럴셔면」호는 뱃머리를 돌려 평양을 떠나려 한다. 그러나 며칠 사이 비가 그치고 대동강물의 수위가 내려가 배는 양각도 서쪽 모래톱에 좌초하고 만다.

전투는 나흘간 계속된다. 박규수는 결국 대동강변의 조각배를 동원하여 유황을 가득 싣고 불을 붙여 「제너럴셔면」호로 보낸다. 첫 두척은 실패하였지만 세 번째 배가 「제너럴셔면」호에 충돌하면서 불을 붙이는 데 성공한다. 배에 불이 걷잡을 수 없이 번지자 선원들은 물에 뛰어들기 시작하면서 대부분이 익사하거나 불에 타 죽는다. 기록에 의하면 토마스 목사와 중국인 상인 한 사람이 뱃머리에서 살려달라고 하자 박규수가 이들을 강가로 데려왔지만 성난 평양 군중들에게 맞아죽는다. 결국 승선했던 23명은 전원 몰살하고 「제너럴셔면」호는 전소된다. 8월 30일, 평양에 도착한 지 꼭 열흘만이었다.

다음은 박규수가 「제너럴셔면」호 사건에 대해 올린 장계(狀啓)다.

평양부에 와서 정박한 이양선(異樣船)에서 더욱 미쳐 날뛰면서 포를 쏘고 총을 쏘아대어 우리 쪽 사람들을 살해하였습니다. 그들을 제압하고 이기는 방책으로는 화공 전술보다 더 좋은 것이 없으므로 일제히 불을 질러서 그 불길이 저들의 배에 번져가게 하였습니다. 그러나 저쪽 사람들인 토머스와 조능봉(趙凌奉)이 뱃머리로 뛰어나와 비로소 목숨을 살려달라고 청하므로 즉시 사로잡아 묶어서 강안으로 데려왔습니다. 이것을 본 군민(軍民)들이 울분을 참지 못해 일제히 모여들어 그들을 때려죽였으며 그 나머지 사람들도 남김없이 죽여버렸습니다. 그제야 온 성안의 소요가 비로소 진정될 수 있습니다. 겸중군(兼中軍)인 철산 부사(鐵山府使) 백낙연(白樂淵)과 평양 서윤(平壤庶尹) 신태정(申泰鼎)은 직접 총포탄이 쏟아지고 있는 위험을 무릅쓰고 마음과 힘을 다하여 싸움으로써 결국 적들을 소멸했으니 모두 그들의 공로라고 할만 합니다. 포상의 특전을 베풀어주심이 어떻겠습니까? 처음에는 이양선이 경내에 침입하였을 때 이미 방어를 잘하지 못하여 심지어 부장까지 잡혀가 억류당하는 수치를 당하게 한 데다 끝에 가서는 서로 싸우고 죽이게 하고야 말았으니, 이는 전하께서 멀리 있는 나라의 사람들을 너그럽게 대하며 생명을 소중히 여기는 덕에 어긋나는 것입니다. 신은 황공하기 그지없어 대죄(待罪)할 뿐입니다.[27]

「제너럴셔먼」호를 격침시킨 후 대원군은 조선이 서구열강을 상대로 승리했다고 생각하면서 쇄국정책을 더욱 강하게 추진한다. 대원군은 10개월에 걸쳐 수십 만 냥을 들여 「제너럴셔먼」호를 인양하여 복원시키려고 하지만 실패한다.[28]

5. 병인양요

「제너럴셔먼」호 사건이 발발한 지 한 달도 안 되어 병인양요가 발발한다. 당시 프랑스 극동함대 사령관은 피에르-구스타브 로즈 제독(Rear Admiral Pierre-Gustave Roze)이었다. 그는 9월 말 군함 3척(Primauguet호, Tardif호, Déroulède호)을 이끌고 열흘에 걸쳐 조선의 서해안을 정찰한다. 그리고 10월 초 한강 어귀에 대한 봉쇄를 선포한 후 10월 11일 본국 정부의 허가도 없이 군함 7척과 군사 600명을 이끌고 조선으로 향한다.[29] 프랑스군은 10월 16일 강화성을 공격해 별다른 저항 없이 함락시킨다. 조선 조정은 10월 19일 프랑스군이 즉각 철수하지 않으면 공격할 것이라는 경고문을 로즈 제독에게 보낸다.

하늘의 이치를 거스르면 반드시 망하고, 국법을 어기면 반드시 죽임을 당한다. 하늘이 백성들을 세상에 내려보냄에 이치로써 순(順)하게 하고, 나라의 봉강(封疆)을 나눔에 다스리어 지키게 하는 것이다. 순하다는 것은 무엇인가? 어질면서 해롭게 하지 않는 것이다. 수(守)라는 것은 무엇인가? 침범하는 자는 용서하지 않는 것이다. 이것이 거스르면 반드시 망하고 어기면 반드시 죽임을 당하는 까닭이다.

그러나 이웃 나라와 사이좋게 지내며 멀리 떨어져 있는 나라에 너그럽게 대해주는 것은 예로부터 있었던 도(道)이다. 우리나라에서는 더욱 너그럽게 대하여 이름도 알 수 없고, 도리도 알 수 없는 나라 사람들이 매번 우리나라 경내에 표류해오면, 수토지신(守土之臣)에게 명하여 영접하고 사정을 물어보면서 마치 오랜 우호 관계를 수행하듯이 하였다. 굶주렸다고 하면 먹을 것을 주고, 춥다고 하면 옷을 주었고, 병들었다고 말하면 약을 지어서 치료해 주기도 하였으며, 돌아가겠다고 하면 식량까지 싸서 보내주었다. 이것은 우리나라가 대대로 지켜오는 법으로 지금까지 행해지고 있으므로 온 천하가 우리를 일컬어 「예의지국, 禮儀之國」이라고 부르고 있다.

만약 우리 사람들을 인연(夤緣)하여 몰래 우리나라에 들어와서 우리의 옷으로 바꿔입고 우리말을 배워서 우리 백성과 나라를 속인 다든지 우리의 예의와 풍속을 어지럽힌다면, 나라에 상법(常法)이 있는 만큼 발각되는 대로 반드시 죽인다. 이는 세상 모든 나라의 한결같은 법인데 우리가 상법을 실행하는 것에 대해서 너희들이 무엇 때문에 성내는가? 처지를 바꾸어 생각하면 우리가 묻지도 않았는데도 지금 너희들이 이것을 트집 잡아 말하는 것은 이미 도리에 몹시 어긋나는 것이다.

일전에 너희 배가 우리 경강(京江)에 들어왔을 때는 배는 불과 2척이었고 사람도 1,000명이 못되었으니 만약 도륙 하고자 하였다면 어찌 방법이 없었겠는가? 하지만 몰래 침입한 자들과는 구별되었으므로 멀리 떨어져 있는 나라 사람들을 대해주는 의리에서 차마 병력을 가하여 피해를 줄 수는 없었다. 그러므로 경내를 지나며 소나 닭 같은 것을 요구하면 그때마다 주었다. 작은 배가 왕래할 때에 말로써 물으면 먹을 것은 받으면서 돌아가라는 말은 따르지 않았으니 너희들이 우리를 배반한 것이지 우리가 어찌 너희를 배반한 것인가? 아직도 만족하지 못하고 갈수록 행패를 부려서 지금 우리 성부(城府)를 침범하고, 우리 백성들을 살해하고 재물과 가축을 약탈하는 행위가 한이 없으니 실로 하늘의 이치를 거스르고 나라 법을 어기는 자들로서 이보다 더 심한 자들은 없었다. 그러니 하늘이 이미 그들을 미워하고 사람들도 그들을 죽이려 하였다.

듣건대 너희들이 우리나라에 전교(傳敎)를 행하려고 한다는데 이는 더욱 안 될 일이다. 수레와 서책이 같지 않으며 각기 숭상하는 것이 있으니 정사곡직(正邪曲直)에 대해서는 아예 거론할 필요가 없다. 우리는 우리의 학문을 숭상하고 너희는 너희의 학문을 행하는 것은 사람마다 각기 자기 조상을 조상으로 섬기는 것과 같다. 그런데 어떻게 감히 남에게 자기 조상을 버리고 남의 조상을 조상으로 섬기라고 가르칠 수 있겠는가? 이것은 만약 죽음을 면할 수 있다면 하늘도 없다고 말할 수 있는 것과 같다.

우리는 너희를 은(殷) 탕(湯) 임금이 갈백(葛伯)에게 하듯이 대해주었는데, 너희는 우리를 험윤(獫狁)이 주(周) 나라 선왕(宣王)을 배반하듯이 포악하게 대하고 있다. 그러니 우리가 지인지덕(至仁至德)하더라도 제멋대로 난동을 부리게 내버려둘 수는 없다. 그러므로 천만(千萬)의 대병(大兵)을 거느리고 지금 바닷가에 나와 하늘의 이치를 받들어 토벌의 뜻을 펴려고 한다. 우선 내일 이른 아침에 서로 대면하자는 약속을 급히 보내니 군사의 곡직(曲直)과 승패가 결정되리라. 너희들은 퇴각하여 달아나지 말고 머리를 숙이고 우리의 명령을 들어라."[30]

이에 로즈는 즉시 답을 보낸다:

프랑스 황제의 명령을 받은 전권 대신(全權大臣)은 각초(各哨)의 용맹한 군사들을 거느리고 준절히 효유(曉諭)한 일을 당신들 순무사(巡撫使)는 다 잘 알라. 나는 본 조정 황제의 명을 받고 우리나라 군사들과 백성들을 보호하려고 이곳에 있는 것이다. 올해에 이 나라에서 무고하게 죽임을 당한 사람은 우리나라의 전교사로 추중(推重)되던 사람이다. 너희는 어질지 못하게 불의로 그를 죽였으니 공벌(攻罰)하는 것이 마땅하다.

그리고 전교사는 매우 어질고 의로운 사람이라 털끝만치도 범죄를 저지르지 않았을 텐데 그를 죽였으니 천리를 어긴 것이다. 그러니 죄악은 세상 법에서 온전히 용서할 수 없다. 중국에서 지난 몇 해 전에 일어난 일을 듣지 못했는가? 그들이 불인(不仁)을 행하고 이런 흉악한 행위를 저질렀다가 우리 대국에서 토벌하니 머리를 숙이고 우리의 명령을 따르지 않을 수 없게 되었다. 이번 프랑스 전권 대신은 불인불의(不仁不義)한 나라인 조선을 징벌하기로 정하였으니 만약 귀를 기울여 명을 따르지 않으면 전혀 용서 받지 못할 것이다. 1) 세 사람이 관청을 부추겨 우리나라 전교사를 살해한 것에 대해 엄정히 분별할 것이다. 2) 너희 관청에서는 조속히 전권을 지닌 관원이 조속히 이곳에 와서 직접 면대하여 영구적인 장정(章程)을 확정하라. 재해와 흉환(凶患)이 지금 가까이 닥쳤으니 너희가 재난을 피하려고 한다면 조속히 회답하고 명령을 받드는 것이 마땅하다. 만약 명령을 받들지 않으면 본 대신

피에르-구스타브 로즈 제독

이 기일을 앞당겨 너희들에게 환난을 줄 것이니, 너희 백성들이 재난을 당하는 근원이 될 것이다. 그때 가서 미리 말하지 않았다고 말하지는 마라. 기원 1866년 양력 10월 18일"[31]

대원군은 2만 명의 군사를 보내 강화도와 서울로 오는 길목에 진을 치게 한다.[32] 10월 26일 문수산성 전투에서 프랑스군은 조선군을 압도한다. 통진부(현재는 김포시에 포함됨)에 진을 친 양헌수(梁憲洙, 1816~1888) 장군은 11월 7일 김포와 강화 사이에 있는 강화해협을 프랑스군 몰래 건너서 정족산성을 점거하고 관군 370여 명과 포수 170여 명을 포함한 500여 명의 군사를 매복시킨다. 11월 9일, 올리비에 대령이 경무장한 160여 명의 군사로 정족산성을 공격했으나, 매복해 있던 양헌수 부대에게 기습공격을 당해 참패한다. 프랑스 측 피해는 사망 6명, 부상 6~70명에 이른 반면 조선 측 피해는 사망 1명, 부상 4명 이었다. 조선의 저항이 예상외로 강하고 프랑스 병력은 상대적으로 열세인 데다 겨울마저 다가오자 로즈 제독은 철군을 결

강화도의 프랑스군

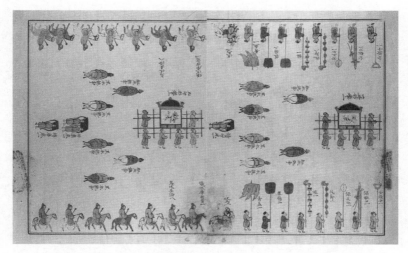

신미양요 당시 프랑스군이 탈취해 간 후 2011년 반환된 외규장각 도서 중 『영조정순후가례도감의궤』의 일부

정한다. 프랑스군은 외규장각 도서 6천 여 권 중 300여 권, 은괴(19
상자, 약 888.5kg) 등을 약탈하고 11월 18일 철군한다.

　　조선은 「제너럴셔먼」호와 프랑스 군대와의 교전에서 잇달아 승리하면서 전국에 척화비를 세우고 쇄국정책을 더욱 강화한다. 중국이나 일본도 이기지 못한 서구 열강을 무찔렀다고 생각한 대원군은 서구열강이 또 쳐들어오더라도 반드시 물리칠 수 있을 것이라는 자신감을 갖게 된다. 천주교에 대한 탄압은 더욱 가혹해진다. 프랑스군의 침입은 천주교가 서양 오랑캐들의 앞잡이라는 의구심을 확인하는 계기가 된다. 병인양요 직후의 조정회의에서 의정부는 다음과 같은 제안을 한다.

「서양 배가 먼 바다를 건너와서 제멋대로 침략하는 것은 틀림없이 우리나라에 염탐하는 무리가 있어서 안팎에서 서로 호응하기 때문입니다. 그러니 현재의 급선무는 간사한 무리를 다스려서 남김없이 없애는 것보다 우선하는 일이 없습니다. 서울에서는 형조(刑曹), 한성부(漢城府), 양사(兩司), 좌우변 포도청(左右邊捕盜廳)과 지방에서는 팔도(八道)와 사도(四都) 및 각 진영에서 간사한 무리들과 관계되는 자들을 모두 수색 체포하여 매달 월말에 의정부(議政府)에 보고하도록 해야 할 것입니다. 그리고 한 사람이 20인 이상을 잡았을 경우에는 좋은 지역의 변장(邊將) 자리를 만들어 차송(差送)하며, 만약 허위로 채워서 보고하였거나 진실과 거짓이 뒤섞였거나 또 혹 혐의로 인한 악감을 품고 평민을 잘못 체포하였을 경우에는 해당 군교와 하례들에게는 바로 반좌율(反坐律)을 시행하며, 잘 신칙하지 않은 각 해당 당상(堂上官), 도신(道臣)과 및 토포사(討捕使)를 모두 엄히 논감(論勘)하는 것이 어떻겠습니까?」하니, 윤허하였다.[33]

계속되는 박해로 국내에 남아있던 두 명의 프랑스인 신부마저 청으로 탈출한다. 교황 비오 9세(Pius IX, 재위: 1846~1878)가 1866년 12월 19일에 조선으로 교서를 보내 선교의 자유와 보상을 부탁하지만 아무런 소용이 없었다.

조선은「제너럴셔먼」호가 영국배
라고 믿었다. 청에도 그렇게 보고하
였다. 미국 측에서도 과거에 조선이
난파된 미국 배들의 승무원들을 잘
보살펴주고 귀환시킨 경험으로 보
아「제너럴셔먼」호가 조선사람들에
의해서 격침되었다는 소문을 믿으려
하지 않았다.[34] 제너럴셔먼호 사건이
발발하기 불과 두 달 전인 6월에 미
국 상선「서프라이즈」(Surprise)호

윌리엄스

가 평안도 해안에서 난파되었을 때 조선은 이들을 구출해주고 잘
보살펴 준 다음 중국 관원들에게 인계하였다.[35] 이 사건이 미중간
의 외교문제로 비화된 것은 오히려 심양의 중국 관원들이 조선으로
부터 인계 받은 미국 선원들을 심하게 다뤘기 때문이다. 당시 주중
미국 임시 대리대사였던 윌리엄스(Samuel Wells Williams, 중국명
위삼외(衛三畏), 1812~1884)는 1866년 10월 23일 총리아문에「제
너럴셔먼」호에 대해 공식 문의하면서 조선이 과거와 같이 미국선원
들을 만주를 통해서 귀환시켜줄 때 중국 측이 이들을 잘 보살펴줄 것
을 부탁한다.[36]

청의 총리아문은 조선이 보내온 보고서를 면밀히 검토한 결과 조
선이 평양에서 격침시켰다는 영국 배가 사실은「제너럴셔먼」호라는
확신을 갖게 된다. 조선이 프랑스에 이어 영국이나 미국과도 분쟁을
일으킬 것을 걱정한 총리아문의 공친왕은 10월 24일 동치제에게 상
소를 올린다.[37] 공친왕은 만일 조선이 영국, 미국, 프랑스와 분쟁을 하
게 되면 조선은 개항을 강요당하는 것은 물론 기독교의 포교도 허락
해야 할 것이며 배상금도 물어야 하는 등 어려움을 겪게 될 것임을 강
조한다. 이에 동치제는 예조를 통하여 조선에 외세들과의 마찰을 가

급적 피하라는 공문을 보낸다.[38]

그러나 조선조정은 이미 영국배를 격침한 사건에 대한 자세한 보고서를 청 조정에 제출하였음을 상기시키고 미국이 이 문제에 대해 청 조정에 문의하는 것은 영국배와 혼돈하였기 때문일 것이라고 일축하는 답신을 보낸다. 개항과 포교, 배상 등의 문제에 대해서는 「우리 백성의 성질과 감정을 볼 때 조선은 양이들에 의해서 아무리 고통을 받더라도 결코 받아들이지 않을 것」이라고 답한다.[39]

미국은 프랑스와 공동으로 조선에 파병할 것을 제안한다. 그러나 당시 「멕시코 출병」(Second French Intervention in Mexico」에서 미국에게 패하여 멕시코를 포기해야 했던 프랑스는 미국과 공동전선을 펼 의사가 없었다.[40]

미국은 결국 군사행동을 포기한다. 그러면서도 계속해서 조선에 사절을 보내 「제너럴셔먼」호의 행방을 알아보고자 노력한다. 1867년 1월에는 슈펠트 함장(Commodore

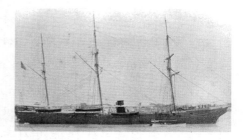

미 해군의 와추세트 호

Robert W. Shufeldt)이 「와추세트」(Wachusett)호, 그리고 1868년 4월에는 페비허 중령(Commander John C. Fegiber, 1821~1898)이 「셰난도아」(Shenandoah)호를 몰고와 조선의 문을 두드렸으나 모두 거절당한다.[41] 당시 미국은 1865년 링컨(Abraham Lincoln) 대통령이 암살되면서 부통령이던 앤드루 존슨(Andrew Johnson)이 대통령에 취임하였으나 바로 탄핵 당함으로써 정국이 어수선한 상태였다. 제너럴셔먼호 사건에 대한 후속조치를 취할 수 있는 처지가 아니었다. 미국은 5년이 지난 1871년이 되어서야 신미양요를 일으켜 조선에 문제제기를 한다.

6. 이항로의 척사사상

병인양요 바로 다음날인 1866년 9월 12일(음) (10월 20일(양))동부승지 이항로는 「척사소」를 올린다.

지금 국론이 두 설로 나뉘어 다투고 있습니다. 이른바 양적(洋賊)을 치자는 것은 나라 입장에 선 사람이고, 양적과 화친하자고 하는 것은 적의 입장에 선 사람들입니다. 앞의 주장을 따르면 나라 안의 오랜 전통의 문물 제도를 보전할 수 있고, 뒤의 주장을 따르면 사람들을 짐승의 구역에 밀어넣게 됩니다. 이는 크게 구분되니 조금이라도 상도(常道)를 지키는 사람이라면 모두 알 수 있습니다.

그러나 다만 두려운 것은 위급한 화가 눈앞에 닥친 때에 이해 타산과 요행수를 찾으려는 논의가 틈을 타면 성상께서 과연 한결같이 견지하면서 강경하게 진압하여 옛날 손씨(孫氏)가 오랑캐들을 치며 발휘한 높은 용맹과 같이 하겠는가 하는 것입니다. 이것이 어리석은 제가 가장 두려워하는 것입니다.

나라의 입장에서 주장하는 논의에도 두 가지 설이 있습니다. 하나는 싸우면서 고수하자는 설이고, 하나는 도성을 떠나가자는 설입니다. 신의 생각은 싸우면서 고수하자는 것은 상경(常經)이고, 도성을 떠나자는 것은 달권(達權)입니다. 상경은 사람마다 다 지킬 수 있지만, 달권은 성인이 아니면 할 수 없습니다. 무엇 때문이겠습니까? 대체로 태왕(太王)의 덕을 지니고 있으면 가능하지만, 태왕의 덕을 지니지 않으면 저자에 사람들이 모이듯이 돌아오는 호응은 없습니다. 백성들은 한번 흩어지면 다시 규합시킬 수 없으며, 대세(大勢)는 한 번 떠나면 회복할 수 없습니다. 이것이 신이 변란에 앞서 깊이 걱정하는 까닭입니다.

바라건대 전하께서는 혹 변란이 있을 경우에는 차라리 상경을 지

화서 이항로

킬지언정 갑자기 성인의 일을 가지고 자신을 비교하지 마십시오. 만약 싸우면서 고수하자는 설을 전하의 마음속으로 확고히 정한다면 귀머거리나 절름발이 같은 자들도 또한 용기 백배할 텐데, 하물며 대대로 높은 벼슬을 지낸 집안의 사람들과 초야에 있는 충성과 의로운 사람들이야 누구인들 백성들에게 전하를 위하여 죽음을 무릅쓰고 싸우자고 고무 격려하지 않는 사람이 있겠습니까?

신은 바라건대 전하께서 빨리 비통해 하는 전교를 내려 외적들이 침입하게 된 원인에 대하여 스스로 반성하고, 앞으로 잘 처리해나갈 뜻을 분명하게 보이십시오. 교서문을 매우 간곡하게 내려 귀신들도 눈물을 흘리고 초목과 풀마저 감동시키기에 충분하면 백성들 마음을 고무하여 계발시키는 실마리가 여기에서 얻어질 것입니다.[42]

화서 이항로 생가

이 상소는 위정척사파가 조선말의 격변기에 본격적으로 모습을 드러내는 신호탄이었다.

이항로는 1792년 2월 13일(음) 경기도 양근현 벽계에서 태어났다. 오늘의 경기도 양평군 서종면 노문리로 서울에서 남동쪽으로 60km 정도 떨어진 마을이다.[43] 부친 이회장(李晦章)은 학문은 뛰어났지만 출사를 거부한 가난한 선비였다. 이회장은 당대의 유명한 주기론자인 임성주(任聖周, 1711~1788) 문하에서 수학했다. 그는 아들의 공부를 손수 지도하였고 총명하였던 이항로는 아버지의 지도하에 특별한 스승 없이 대학자로 성장하기 시작한다. 15세에 박최환의 딸과 결혼한 이항로는 아들 셋과 딸 둘을 둔다.[44] 이항로는 17세 때인 1808년(순조 8년) 반시(泮試: 한성초시)에 우수한 성적으로 급제한다. 그러나 당시 같이 과거를 본 사람의 아버지가 자신의 아들과 친해진다면 다음 단계인 중시를 곧바로 칠 수 있게 해줄 수 있다고 하는 말을 듣고는 과거제도의 부패에 환멸을 느껴 낙향한다. 이듬해에는 한성시(漢城試)에 급제하지만 벼슬길에 오르는 대신 학문의 길을 택한다.[45]

19세 때엔 심한 열병을 앓는다.

내가 열아홉 살 때에 학질을 앓은 적이 있다. 대개 병이 처음 시작될 때부터 문득 병을 적으로 여기고서 날마다 세수하고 머리 빗고 단정하게 꿇어 앉아서 제 힘으로 책을 읽었다. 안간힘을 쓸수록 병도 더욱 깊어져서 거의 내 몸을 가눌 수조차 없었다. 그래도 도중에 그 뜻을 바꾸려하지 않고 수미음(首尾吟) 200수 읊으며 하루도 누운 적이 없었다. 이 때문에 원기가 더욱 손상되어 평생 동안 해를 입었다. 이 일은 소년기의 지식이 없던 시절의 일이니 경계할 만하다.[46]

그가 얼마나 주자성리학 핵심덕목인 수기치인에 열중하였는지 보여주는 일화다.

이항로는 우암 송시열의 사상을 이어받는다. 그는 송시열을 「송자」(宋子)로 추앙하여 공자, 주자와 같은 반열에 올려 놓는다. 「공자와 주자, 송자 세 부자를 하늘이 양성해 낸 것은 참으로 심상한 일이 아니다」, 「우암을 배우지 않으면 주자를 배울 수 없다」면서 송시열이야말로 공자와 주자를 이어 유가의 「도통」을 잇는 성인으로 극도의 존경을 표한다.[47]

주자의 뒤에 출생한 우리나라 선배로서 그의 학설을 존숭하고 독신(篤信)하여 그를 갱장에서도 존모(尊慕)하기를 강조하였고, 정신이 서로 맞고 마음이 서로 융합되어 내적인 것과 외적인 것, 세미한 것과 큰 것을 모두 다 배워 빠뜨린 것이 없는 분이 송자이다.[48]

송자는 주자를 계승하여 일어난 분이다. 송자가 존대 받지 못하면 주자만이 단독으로 존대 받을 수 없을 것인데 세상에 덕을 알아보는 사람이 없게 되어 거의 한 나라의 선비나 한 세대의 현인과 동일시하려고 하니 세세한 걱정거리가 아니다.[49]

중국의 성인 대신 송자가 도통을 계승하였다는 것은 이제 조선이 중화문명의 적통을 이어받았음을 뜻한다. 그리고 송시열을 통하여 중화문명이 조선에서 꽃피우면서 조선은 중국보다 앞선 문명국이 된다. 송시열이 구축한 「소중화」 사상의 가장 극명한 표현이다.

우리 임금 이상 역대 임금 및 정통을 이어받은 임금으로부터 상고(上古)때에 하늘을 계승하여 군왕이 된 임금에 이르기까지 모두 다 임금이로되 충성하고 경경하는 마음은 우리 임금으로부터 시작되는 것이

다.[50]

유가의 도통이 송시열을 통해서 조선으로 전수 된 만큼 조선은 이제 중화문명의 보루로써 그 역할을 해야만 했다. 그 역할이란 다름 아닌 이단의 척결이었다. 유교의 도통은 시대마다 이단을 극복하고 다시 도를 세워왔다. 맹자는 묵자와 양주, 노자를 극복하였고 주자를 비롯한 송대의 신유학자들은 불교를 척결함으로서 중화문명을 지켜냈다. 송시열은 중원이 여진 오랑캐가 세운 청의 수중에 떨어지자 조선에서 「소중화」를 지키면서 예송과 사문난적 논쟁을 통하여 도통을 지켜냈다.

요순으로부터 주공에 이르기까지는 도를 행한 계통이요, 공자로부터 우암에 이르기까지는 학문을 전승한 계통이다. 공자는 요순과 같고, 맹자는 우와 같으며, 주자는 주공과 같고 우암은 맹자와 같다.[51]

중화문명을 대표하는 이항로를 비롯한 조선의 주자성리학자들에게 주어진 시대적 사명은 새로운 이단인 천주교와 서양의 오랑캐들을 척결하는 일이었다. 이들의 임무는 막중했다. 천주교와 양이들은 공자 이래로 중화문명이 대적해 본 그 어떤 이설이나 오랑캐보다 사악하고 강했다. 주자가 상대했던 불교가 이단이었다고 하지만 그 사악함에 있어서는 천주교에 비하면 아무것도 아니었다.

총령(蔥嶺, 파미르 고원 지역을 일컬음, 여기서는 불교를 뜻함)의 해악(害惡)은 그래도 한계가 있고 남녀의 관계를 끊고 어육(魚肉)을 금식(禁食)하고 술을 억제하고 수염과 머리카락을 깎는 등 많은 수계(受戒)가 행해진 다음에야 비구(比丘)를 칭할 수 있으니 그 해악은 아직 적은 편이다. 하지만 서양(西洋)의 설(說)은 그렇지 않다. 남녀의 관계가 반드

시 끊긴 것이 아니고 어육(魚肉)이 반드시 금지되는 것이 아니고 술을
반드시 억제하는 것이 아니고 수염과 머리카락을 반드시 깎는 것이 아
니고 심(心)이 사악(邪惡)한지 올바르지를 묻지도 않고 사람이 은인(恩
人)인지 원수인지는 관계없고 잘 놀고 즐기는 것을 좋아하고 태만하
고 오만하니 인욕(人慾)이 늘어나는 것을 기다리지 않아도 날로 늘어
나고 천리가 사라지는 것을 기다리지 않아도 날로 사라진다. 그 음탕
함에 빠져 해치게 되는 모습은 인의(仁義)를 막는 화(禍)에 있어서 치
발소비(薙髮燒臂)의 흐름(청나라의 풍속)보다 오히려 심한 것이다.[52]

이항로가 보기에 천주교는 「무부무군」(無父無君) 즉, 부모도, 나라도
모르는 설이었다.

맹자(孟子)는 「그 심(心)을 보존하고 그 성(性)을 양육하는 것이 하늘을
섬기는 근거」라고 했는데 심(心)이라는 것은 측은(惻隱)의 심(心) · 사
양(辭讓)의 심(心) · 수오(羞惡)의 심(心) · 시비(是非)의 심(心)을 가
리키고 성(性)이란 인의예지(仁義禮智)를 가리킨다. 이 심(心)과 성(性)
은 사람이 개인적으로 다룰 수 없는 것이며 하늘이 명하는 것이다. 그
러므로 그 심(心)과 성(性)을 보존하고 양육하면 바깥에 구할 것을 기
다리지 않아도 된다. 하늘을 섬기는 근거가 여기에 있는 것이다. 이와
같은 것을 통해서 부자(父子) 사이에서 사랑(愛)과 공경(敬)의 도를 다
하면 이것이 하늘을 섬기는 것이다. 군신(君臣)사이에서 충성(忠)와 예
도(禮)의 도(道)를 다하면 이것이 하늘을 섬기는 것이다. 장유(長幼)
의 차례(序), 부부(夫婦)의 다름(別,) 붕우(朋友)의 믿음(信)도 모두 하
늘을 섬기는 근거이다. 그러나 서양은 그렇지 않다. 하늘이 우리에게
명하는 근거가 무엇인지를 묻지도 않고 그냥 하늘에 예배하고 복(福)
을 기원함으로써 하늘을 섬긴다고 한다. 이것에는 다른 이유는 없다.
우리가 말하는 「사천」(事天)의 천(天)이란 오로지 도리(道理)를 말하는

것이다. 그런데 서양(西洋) 사람들이 말하는 「사천」의 천(天)은 오로지 형기(形氣)와 정욕(情慾)을 말하는 것이다. 양자(조선과 서양)가 동일하지 않다는 것은 실로 여기에서 나누어지는 것이다. 오늘날 학문을 하는 사람으로 서양의 화(禍)를 잘 이해하고 있다면 선(善)한 편의 사람이다. 서양의 설(說)은 가지각색이라 하더라도 오직 무부무군(無父無君)의 주된 근본이 되는 것이며 재화(財貨)를 통하고 남녀(男女)의 정욕(情慾)으로 통하게 하는 방법이다.[53]

서학은 과거의 오랑캐들 조차도 감히 상상하지 못할 정도로 패륜적인 가르침이다.

서양의 학문은 속이지 않고 죽음을 즐기는 것으로써 그들의 학문의 극치로 하고 재화(財貨)를 통하고 남녀의 정욕(情慾)을 통하게 하는 것을 당연한 것으로 한다. 이것은 이적(夷狄)조차도 중요하게 생각하지 않은 것이었고 또한 이적조차도 그러한 것을 받아들이지 않았다.

서학이 이토록 패륜적인 이유는 서구가 중국으로부터 지리적으로 멀리 떨어져 있어서 중화문명을 제대로 접해보지 못했기 때문이다.

사이(四夷)와 팔만 (八蠻)들이 중국을 사모하고 복종하여 화하를 모방하는 것은 또한 자연적인 변경할 수 없는 이치이다. 그러므로 그 문자와 언어 의복, 음식과 사용기구를 점차로 자기들의 옛 것을 개혁하여 새로운 중국 것으로 변화시켜 갔는데, 애석하게도 서양은 지역의 거리가 동떨어지게 멀어 중국과의 상통함이 가장 늦게 되어 불행하게도 요순문무의 성대한 시절의 예악과 문물이 빈빈(彬彬)하였던 것을 얻어보지 못하였다. 풍문을 듣고 사모하기 시작한 것이 겨우 서진 (西秦)말엽이었는데 그때에는 이미 시와 서, 즉 서적을 불살라 버리고 살벌한 짓을 숭상하는 풍속이었으며, 공물을 가지고 와서 성의를 표시한 것이 겨우 명나라의 쇠퇴기였는데 그때에는 육상산과 왕양명의 이설이 길을 막아 정통적인 학문이 혼란을 하던 시절이었다.[54]

물론 조선 역시 한때는 이적(夷狄) 즉, 오랑캐였다. 그러나 송시열이 말하였듯이 조선은 중화문명을 받아들였기 때문에 「아동(我東, 조선)이 추(鄒, 맹자가 태어난 곳), 노(魯, 공자가 태어난 곳)이 아니라도 걱정할 필요 없다.」고 하였다. 조선은 주자학을 받아들임으로써 「전에 이(夷)였던 땅이 지금은 하(夏, 화, 華)로 변화한 것이다.」[55] 이항로에 의하면 「이주(夷主)의 자손으로 이누(夷陋, 오랑캐의 더러움)를 씻어버리고 중화의 전장 문물을 따를 수 있다면 이 역시 중화일 뿐이다.」[56]

그러나 양이는 과거의 오랑캐와는 근본적으로 다르다. 서양은 조선에 비해 중국과는 너무 멀리 떨어져 있었을뿐만 「천하의 서쪽 끝에 위치한 살벌한 기운이 감도는 지역」이며 이곳에서 사는 서양 오랑캐들은 마치 「수국(水國)의 인갑(鱗甲)」즉, 「바다에 사는 어패류와 같은 종류」라고 한다.[57] 다시 말해서 양이들은 인륜을 갖고 있지 않은 「금수」(禽獸)다. 이들은 바다에 살기 때문에 물로써 집을 삼고 배로써 방을 삼는 야만적인 생활을 영위하기 때문에 궁실내외, 남녀상하, 조정 관직, 관혼상제와 같은 예의제도가 존재하지 않고 이 때문에 남녀가 무별하다. 그리고 대양위에 살기 때문에 보이는 것은 오직 하늘이어서 하늘 외에 예를 드리는 것 밖에 모른다고 한다.[58] 때문에 「북쪽 오랑캐는 이적이라도 오히려 말할 수나 있지만 서양은 금수인지라 말할 수도 없는 것」이다.[59] 인간이 아닌 금수인 서양의 오랑캐들을 교화시켜서 중화문명으로 인도할 수 있는 가능성은 없다.

이토록 사악한 서학과 양이에도 불구하고 인류가 멸망하지 않았던 것은 오직 성리학이 올바른 질서를 확립할 수 있었기 때문이다.

성인(聖人)이 가르침을 설정하고 법을 세웠을 때 대개 도의(道義)에 어긋난 남녀(男女) 사이의 관계와 재화(財貨)를 훔친 죄와 살인이나 상해(傷害)의 죄를 동죄(同罪)로 했다. 도의(道義)에 어긋난 남녀 사이의 관계와 재화 절도는 원래 사람이나 죽이거나 상처 주려는 것이 아니었다 하더라도 그 화(禍)가 반드시 생명(生命)을 해치기에 이르러 사람이 없어져야 끝나는 것이기 때문에 이것을 처단하는 데 목숨으로 죄를 갚는 무거운 규칙을 사용한 것이다. 이것은 하늘의 토벌(討伐)과 왕의 장정(章程)이 태양과 별처럼 밝게 빛나고 있는 것과 같다. 만일 옛 성인이 혼인(婚姻)의 예(禮)를 제정하고 이것을 계승해서 남녀 간의 분별의 가르침으로 삼거나 음탕한 행위를 물리침으로써 그 화(禍)를 막으려고 하지 않았더라면 사람은 오랫동안 부자(父子)가 무엇인지를 모르고 있었을 것이다. 만일 옛 성인이 사민(四民)이 살아가고 양육하기 위한 생업을 제정하고 그것을 계승해서 염치(廉恥)의 가르침으로 삼아 도적에 대한 규칙으로 하지 않았더라면 인류(人類)는 멸망한지 오래였을 것이다.[60]

인륜과 도덕을 올바로 세움으로써 문명질서를 구축하고 이단이 출현할 때마다 문명을 지켜낼 수 있었던 것은 유가의 도통이 있었기 때문이다.

복희(伏羲), 황제(黃帝), 요(堯), 순(舜), 우(禹), 탕(湯), 문왕(文王), 무왕(武王), 주공(周公), 공자(孔子), 안자(顔子), 맹자(孟子), 주자(朱子), 송시열(宋時烈)의 계통을 이어받아 오상(五常)과 오륜(五倫)과 천지와 인물의 본체를 확립하게 되면 생사에 관한 것이라도 그 마음을 움직일 수 없고 귀천에 관한 것이라도 그 의지를 바꿀 수 없다. 고금을 통해서 오륜오상이 미치는데를 제한 할 수 없는 것이다.[61]

그렇다면 이항로와 조선의 주자학자들에게 주어진 임무는 자명해진다. 그것은 천주교와 서양 오랑캐들을 척결하는 것이다. 중화문명과 인류의 멸망을 막기 위해서 조선이 물려받은 도통을 굳건히 지켜내는 길 밖에 없었다.

이항로는 서양에 대한 인식과 문제의식을 이기론을 통하여 이론화시킨다. 화서의 학설은 「심주리설」(心主理說)이다.[62] 심주리설은 리(理)와 기(氣)를 이원론적으로 보는 인식론으로 리가 주(主)고 기가 객(客)이다. 리와 기는 항상 함께 간다. 리가 없으면 기도 없다. 그러나 리와 기 사이에는 분명한 우선순위가 있다.

대개 리(理)는 기(氣)가 없으면 갈 수 없고, 기는 리가 없으면 나타나지 못한다. 다시 말해 리기(理氣)가 있으면 그것은 함께 존재하고 없으면 둘 다 없는 것이니, 서로 떨어질 수 없는 것이다. 다만 동(動), 정(靜), 류(流), 행(行) 사이에 있어서 리가 주(主)가 되는 것과 기가 주(主)가 되는 것의 구별이 있다. 리가 주가 되면 정리(正理)이자 순세(順勢)이며, 기가 주가 되면 리에 위반하고 역세(逆勢)가 된다. 이에 선악사정(善惡邪正)의 판별이 있는 것이다.[63]

리와 기의 관계는 상하의 관계, 본말의 관계, 선후의 관계, 존비의 관계다. 이항로의 철학을 「이존기비」, 즉 리를 존중하기 기를 상대적으로 비하하는 심주리설이라고 하는 이유다. 따라서 리가 기에 우선하고 리가 기를 이끌 때 천하만물의 질서가 올바로 세워진다.

리를 주체로 해서 그 기를 통솔하면 가는 곳마다 선(善)이 아닌데가 없다. 그러나 기를 주체로 해서 그 리에 위반되면 가는 곳마다 이(利)가 아닌데가 없다. 한편 리와 기는 서로 떨어지지 못한다. 그래서 리를 주체로 해서 밝히고 양형하면 그 기질을 바꿀 수 있다. 그러나 기를 주체

로 해서 따라가 북돋우면 그 성정을 변동시킬 수 없다.[64]

리가 주체가 되고 기가 역군이 되면 만사가 다스려지고 천하가 안정
될 것이지만, 기가 주체가 되고 리가 버금이 되면 만사가 어지럽고 천
하가 위태로울 것이다.[65]

「예」(禮)란 리와 기 간의 상하, 본말, 선후, 존비의 관계가 제대로 작
동할 때 생긴다.

예는 질서를 근원으로 한다…. 질서란 존비, 선후가 잘 조화를 이루어
서 흐트러지지 않는 상태를 말한다.[66]

그런데 이단이나 사이비 사상은 기를 리로 잘못 인식하고 인간의 욕
심을 성(性)으로 오인하는 데서 나온다. 리-기의 우선순위를 뒤집어
놓기 때문에 관혼상제와 같은 기본적인 「예」도 갖추지 않는다. 제사
를 거부하는 천주교가 대표적인 경우다. 성리학이 리에 기초한 가르
침이라면 천주교는 기를 우선시 하는 이단이다. 결국 유교와 조선은
리, 천주교와 서양은 기다. 조선은 정신이고 서양은 물질이다. 조선
은 윤리이고 서양은 화리(貨利), 즉 재물욕이다. 리를 따르는 조선은
인간이 만든 최고의 문명이고 기를 따르는 서양 오랑캐들은 금수다.
　리가 주인 노릇을 하고 기가 손님 역할을 하면 문명이 생존할 수
있고 그렇지 못할 겨우에는 멸망할 수 밖에 없다.

형이상(形而上)의 것을 도(道)라하고 형이하(形而下)의 것을 기(器)라
고 하는데 「상」과 「하」 두 글자가 많은 의사를 함축한다. 모든 사물이
생기기 전의 상태를 말한다면 리(理)가 벌써 갖추어져 있으니 상과 하란
선(先)과 후(後)를 뜻한다. 모든 사물이 이제야 생기고 난 후의 상태로

말한다면 리는 기의 장수(將帥)가 되고 기는 리의 역부(役夫)가 되니 상과 하란 존(尊)과 비(卑)를 뜻한다. 모든 사물이 소멸한 후의 상태로 말한다면 기에는 성취와 파괴가 있고 리는 고금을 통해서 존재하니 상과 하란 존(存)과 망(亡)을 뜻한다.[67]

이항로는 천주교와 서구열강이 침범해 오는 당시의 상황을 명청교체기는 물론 도통의 역사상 가장 위급한 상황이라고 판단한다. 양이는 동이나, 북이, 남이, 서이 보다 훨씬 더 미개하고 근본적으로 중화문명을 받아들일 수 없는 금수와 같은 존재였다. 중화문명 최대의 위기를 극복하기 위해서는 중화문명을 계승한 조선문명이 축적해 온 모든 정신적, 도덕적, 이론적 역략을 총 동원하여 서학과 양이를 배척해야 했다.

충청남도 예산군의 남원군 묘

이항로가 척사소를 올린 2년 후, 독일 상인 오페르트(Ernst Jakob Oppert, 1832~1903)는 대원군 아버지 남원군의 묘를 도굴하는 계획을 세운다. 남원군의 유해를 가지고 대원군을 상대로 협상을 벌여 통상과 포교의 자유를 받아낸다는 황당한 계획이었다. 상하이에서 프랑스인 성직자 페롱(Stanislas Feron)과 함께 음모를 짠 오페르트는 1868년 5월 실행에 나선다. 오페르트는 배를 임차하여 중국인과 필리핀인으로 구성된 100여 명의 선원을 태우고 아산만 덕산군에 상륙하여 남원군의 묘를 파헤친다. 그러나 묘가 육중한 돌로 보호되어 있어 도굴에 실패한다.

도굴을 포기하고 돌아가던 오페르트 일행은 조선의 관군을 만나 한차례 교전한다. 인천 앞바다의 영종도에 도달한 그들은 조선의 관원들에게 조선이 서양의 선교사들을 살해한 데 대한 보복으로 남원군의 묘를 파헤쳤음을 알리고 조선이 개항하고 기독교의 포교를 허락할 것을 요구한다. 분노한 관원들은 이들을 쫓아 버린다.

오페르트의 남원군 도굴사건을 계기로 대원군의 분노는 극에 달하고 천주교에 대한 일반 백성들의 감정도 더욱 악화된다. 천주교에 대한 박해는 더욱 심해져 8개월간 170여 명이 처형당한다. 이 사건은 무엇보다도 서양 오랑캐들은 인륜을 모르는 「무부무군」의 금수와 같은 존재라는 이항로의 척사론이 옳았음을 보여줬다.

7. 신미양요

1870년 초에 미국은 조선에 군대를 파견할 것을 공식적으로 결정한다. 1868년 미국 대선에서 남북전쟁 당시 북군의 영웅이었던 그랜트 장군(Ulysses S. Grant, 1822~1885)이 대통령에 당선되면서(재임 1869~1877) 주중 미국 공사도 브라운(J. Ross Browne, 1821~1875)에서 로우(Frederick F. Low, 1828~1894)로 바뀐다. 1870년 5월 베이징에 부임한 로우는 조선에 대한 정보를 수집하기 시작한다. 그는 조선과 청의 「조공관계」에 대해서도 조사한다. 그의 결론은 조선은 독립국이라는 것이었다.

> 조선은 물론 청에 매년 조공을 바친다. 그러나 내가 수집할 수 있는 정보에 의하면 조공은 정부차원의 조공이라기 보다는 청과 교역할 수 있는 특권에 대한 대가로 보내는 것으로 보인다 (...) 청은 조선에 대해 영향력을 행사할 권리를 주장하지도 않고 있고 또 여하한 영항력도 행사하지 않고 있다.[68]

로우는 미국이 비록 조선에 군대를 파견하지만 아무런 적대적인 의

도가 없음을 사전에 알리고자 한다. 그는 1871년 2월 11일, 청의 총리아문에 자신의 계획을 알리고 청의 중재를 부탁한다. 그러나 총리아문은 조-청 관계는 예부의 관할이라며 거절하면서 오히려 로우가 계획을 재고할 것을 권고한다. 로우가 재차 중재를 요청하였으나 총리아문은 다시 거절한다. 총리아문은 조선이 비록 청의 조공국이지만 「정치적으로, 종교적으로, 관습과 법에 있어서 중국으로부터 완전히 독립되어 있으며 중국은 그들의 내정에 절대 간섭하는 일이 없다」는 사실을 통보한다.[69]

로우는 3월 7일 자신이 미국의 주중공사인 동시에 조선사절로도 임명된 바 있기에 중국의 중재 없이도 로저스(John Rodgers, 1812~1882) 미 극동함대 사령관과 함께 조선으로 갈 것임을 중국 측에 통보한다. 이쯤 되자 총리아문은 어쩔 수 없이 미국의 요청을 받아들일 수 밖에 없었다. 공친왕은 동치제에게 로우의 서신을 조선에 전달하도록 예부에 하명할 것을 요청한다. 그는 동치제에게 미국이 조선에 군대를 파견하는 것을 최대한 막고자 하였으나 결국은 실패하였고 만일 청이 로우의 서신을 조선에 전달하지 않는다면 조선이 오해할 것이 분명하다고 한다. 청의 예부는 3월 12일 로우의 편지를 조선에 전달할 것을 결정한다. 그러나 동시에 「조선은 어떤 결정이든 자유롭게 할 수 있다」는 단서를 단다.[70] 일체의 책임을 회피하기 위해서였다.

청의 예부가 보낸 로우의 편지는 4월 10일 조선 조정에 전달된다. 로우는 자신이 「제너럴셔먼」호가 어떻게 되었는지 확인하기 위해서 조선에 가는 것이며 미국의 상인들과 선원들이 조선의 영해에서 조난을 당했을 때 보호 받을 수 있는 방안들을 협의하고 싶다고 한다. 그리고 자신이 비록 군함을 대동하지만 평화와 우호정신에 입각에서 오기 때문에 놀라지 말것을 부탁한다. 로우는 앞으로 3달 내에 조선에 도달할 것이며 조선의 국왕이 자신과 협상할 수 있는 사신을 임명

해 줄 것을 요청한다.[71]

「제너럴셔먼」호 사건과 병인양요를 통하여 조선이 양이를 물리칠 힘이 충분히 있음을 과신하게 된 흥선대원군은 로우의 제안을 거부하기로 한다. 로우에게 직접 답신하는 것 조차 미국과 교신하는 잘못된 선례를 만들 것으로 걱정하여 청의 예부를 통하여 로우에게 답을 전한다. 조선은 항상 조난당한 외국인들에게 친절하게 대해 왔기 때문에 조난자들 관련된 조약을 굳이 맺을 필요가 없고 다른 나라와 교역할 수 있는 잉여산물이 없는 관계로 통상조약도 맺을 필요가 없으며 제너럴셔먼호는 해적행위를 하였기 때문에 그 대가를 치른 것뿐이라고 한다.[72]

프레더릭 로우. 미국의 주중공사로 부임하기 전 미연방 하원의원과 캘리포니아 주지사를 역임한다.

존 로저스 제독

의정부(議政府)에서 아뢰기를, 「방금 평안 감사 한계원(韓啓源)과 의주 부윤(義州府尹) 송희정(宋熙正)의 장계(狀啓)를 보니, 미국 사신(美國使臣)이 편지를 전해달라고 요청하였는데, 중국 예부의 자문(咨文)과 그 나라의 봉함(封函)을 함께 올려보낸다고 하였습니다. 중국이 사전에 자문을 보낸 데 대해서 회답을 하지 않을 수 없으나, 미국의 신함(信函)이라는 것은 한번 회답하면 왕복하는 것이 될 것이니 사체(事體)로 볼 때 결코 논의해서는 안 될 것입니다. 승문원(承文院)으로 하여금 말을 만들어 자문을 지어 베이징(北京)에 보내도록 하는 것이 어떻겠습니까?」하니, 윤허하였다.

　미국 사신의 서신을 보내온 문제와 관련하여 중국 예부에 회답한 자문의 대략에, 「미국 사신이 보낸 서신을 자세히 살펴보니, 그것은 순전히 병인년(1866)에 그 나라의 상선(商船) 2척(隻)이 우리나라의 경내에 들어왔다가 1척은 풍랑을 만났다가 구원되었으나 1척은 사람도 죽고 화물도 없어졌는데, 이처럼 서로 판이하게 하나는 구원되고 하나는 피해를 당한 까닭을 알 수 없으니 그 원인을 알고 싶으며, 뒷날 그 나라의 상선이 혹시 우리나라 영해에서 조난당할 경우 원칙에 입각하여 구해주고 화목하게 서로 대우하자는 등의 말이었습니다. 우리나라는 삼면이 바다로 둘러 있는데 조난당하여 와서 정박하는 다른 나라의 여객선의 경우에는 혹 양식을 원조하고 필수품을 대준 뒤에 순풍을 기다려 돌려보내기도 하고, 혹 배가 파손되어 완전치 못하면 육로로 호송하여 각각 그들의 소원대로 해 주고 아울러 지장이 없게 해 주었습니다.

　미국 조난민들을 구원하여 호송한 말하면 함풍(咸豊) 5년, 동치(同治) 4년과 5년을 전후하여 세 차례에 걸쳐 호송하여 보내었는데, 이 일은 오랜 일도 아닌 만큼 그 나라의 사람들도 직접 보았거나 들었을 것입니다. 먼 나라의 사람들이 풍랑을 헤치며 어렵고 위험한 고비에서 헤매는 것에 대해서는 응당 불쌍히 여기며 돌보아 주어야 할 것인데 어찌 잔인하게 굴며 해칠 수 있겠습니까? 그들이 경내에서 피해를 입어 사람들이 죽고 물건이 없어졌다고 하는 것은 틀림없이 병인년 가을쯤에 평양(平壤)의 강에서 있었던 일을 지적하는 것입니다. 그때의 상황에 대해서 동치 5년 8월 22일에 보낸 이자(移咨)에서 자세히 전부 진술하였으므로 이제 다시 말할 것이 없습니다. 이번에 미국 사신의 편지에서 한 척은 구원되고 한 척은 해를 입었는데 그 이유를 알 수 없다고 한 것은 무슨 말입니까? 그들의 이른바 「돌봐 주어야 할 처지로 볼 때 상인과 선원들은 그렇게 심하게 하고 싶지 않았는데 그 나라에서 마음껏 멸시하고 학대하였다.」고 한 것은 실로 사해(四海)의 모든 나라들이 똑같이 그렇게 여길 것입니다. 그 나라가 남의 멸시를 받고 싶지 않은 것이나 본국(本國)이 남의 멸시를 받고 싶지 않은 것이나 처지를 바꾸어 놓고 생각하면 실로 다름이 없는 것입니다. 이로부터 평양의 강에서 배가 사라진 것으로 말하면 변론을 기다릴 것 없이 그 까닭을 똑똑히 알 수 있는 것입니다. 미국 상선이 만약 우리나라 사람을 멸시하고 학대하지 않았다면 조선의 관리들과 백성들이 어찌 남에게 먼저 손을 대려고 하였겠습니까?

이번에 온 편지에서 서로 화목하게 지내자고 희망하였는데 바다 건너 멀리 떨어져 있는 나라로서 호의를 가지고 서로 관계를 맺자면 접대해서 보내는 도리가 없지 않을 것입니다. 그럼에도 저들이 의논해서 판명하고 교섭하자고 하는데 의논하여 판명할 것이 무슨 일이고 교섭하자는 것은 어떤 문제인지 알 수 없습니다. 조난 당한 객선이 있으면 돌보아 주고 호송해 보내는 문제는 의논하여 판명하지 않아도 의심할 것이 없다는 것을 보장합니다. 혹시 호의를 품지 않고 와서 함부로 멸시하고 학대한다면 방어하고 소멸해버릴 것이니 미국 관리와 통역들은 그저 저희 백성들이나 통제하고 도리에 어긋나게 행동하지 말도록 해야 할 것인데 교섭여부에 대해서야 다시 더 논할 여지가 있습니까? 종전에 다른 나라들이 조선의 풍토와 물산을 알지 못하고 매번 통상 문제를 가지고 여러 차례 교섭하였지만 우리나라에서는 결코 그렇게 할 수 없었으며 외국 장사치들도 이득을 볼 것이 없을 것이라는 데 대해서는 이미 동치 5년의 공문에서 진술한 적이 있습니다.

우리나라가 바닷가의 한구석에 있는 작은 나라라는 것은 세상 사람들이 다 아는 일입니다. 백성들은 가난하고 물산은 변변치 못하며 금은(金銀)·주옥(珠玉)은 원래 우리나라에서 나지 않는 것이고 미속(米粟)과 포백(布帛)은 넉넉했던 적이 없으니, 국내에서 생산되는 것으로 국내의 소비도 감당할 수 없는데 만약 다시 다른 나라와 유통하여 나라 안을 고갈시킨다면 이 조그마한 강토는 틀림없이 위기에 빠져 보존되지 못할 것입니다. 더구나 나라의 풍속이 검박하고 기술이 조잡하여 한 가지 물건도 다른 나라와 교역할 만한 것이 없습니다. 우리나라가 절대로 교역할 수 없음이 이와 같고 외국 장사치들이 이득 볼 것이 없음이 또한 이와 같습니다. 그런데 매번 통상할 의사를 가지는 것은 대체로 멀리 떨어져 있는 다른 나라의 사람들이 똑똑히 알지 못해서 그러는 것입니다.

이번 미국 사신의 편지에서 아직 문제를 끄집어내지는 않았다고 하더라도 이미 관리들과 의논하여 판명하고 교섭하자고 요청한 것도 혹시 이러한 일들을 하자는 것이 아니겠습니까?

조난 당한 객선은 전례에 따라 구호할 것이니 다시 번거롭게 의논할 필요가 없으며 기타 문제도 따로 토의하여 판명할 것이 없으니 오가는 수고를 할 필요가 없습니다. 삼가 바라건대, 이러한 내용으로 그 나라 사신을 잘 타일러서 의혹을 풀어줌으로써 각각 편안하고 무사하게 지내게 한다면 더없이 다행이겠습니다.」하였다.[73]

그러나 워싱턴으로부터 전권을 위임받은 로우 공사는 로저스 제독의 함대와 함께 1871년 5월 8일 상하이를 출발한다. 「콜로라도」(Colorado)호를 기함으로 「알라스카」(Alaska)와 「베니시아」(Benicia) 등 2척의 초계함(corvette), 그리고 「팔로스」(Palos)와 「모노카시」(Monocacy) 등 2척의 포함(gunboat)으로 구성된 미국함대는 85문의 포와 1,230명의 해군과 해병대로 구성되어 있었다.[74] 5월 12~15일 일본 나가사키에 들른 미국 함대는 5월 19일 충청도 연안에 나타났다가 5월 21일에는 경기도 남양만에서 포착된다.[75] 5월 26일, 남양군수는 미군함대에 서신을 보내 국적과 조선에 온 이유를 묻는다. 그러나 통역이 없어 의사소통에 실패한다. 5월 27일, 미군은 3척의 작은 상륙정들을 보내 남양군수에게 한문으로 된 편지를 전한다:

회답을 올립니다. 어제 영업선에서 편지를 받아보니, 「우리가 어느 나라 사람이며, 여기에 온 것은 무슨 일 때문이냐?」고 하였고, 「여기로 온 경위를 알아보았으면 좋겠다.」는 등의 내용이었는데, 이미 이 문제들을 우리 흠차대인(欽差大人)과 제독대인(提督大人)에게 편지로 알렸고, 회답을 해주도록 허락을 받았습니다. 이 배는 대아메리카합중국(大亞美理駕合衆國), 즉 대미국(大美國)의 배이며 여기에 온 것은 우리 흠차대인이 조선의 높은 관리와 협상할 문제가 있기 때문입니다. 조약을 체결하려면 아직도 날짜가 필요하므로 우리 배는 이 바다 한 지역에서 정박하고 있으면서 조약이 체결되기를 기다렸다가 돌아가겠습니다. 배에 머물러 있는 두 대인은 다 잘 있습니다.[76]

신미양요 당시 미국함대의 기함인 콜로라도호 선상의 미군 장교들과 로저스 제독. 오른쪽에서 두 번째.

5월 28일, 의정부는 미국측의 회답을 아직 받지 않은 상태에서 공식적으로 사절단을 파견하기로 결정한다. 사절단은 통역사 3명과 하급관리 1명으로 구성되었다. 이들은 5월 31일 인천에 정박해 있던 미함대에 도착하여 로

우의 비서관이자 중국어 통역인 에드워드 드류(Edward B. Drew, 1843~1924), 베이징주재 미국공사관의 비서관인 카올스(John P. Cowles, Jr., ?~?)의 영접을 받는다. 로우 자신은 사절단의 직위가 낮은 관계로 직접 만나지 않는다. 미국 측은 조선에 온 이유를 설명하고 작은 배들을 보내서 한강을 거슬러 올라갈 수 있는 수로를 탐색하겠다고 통보한다. 그리고 누구도 이 배들에 대하여 겁을 먹을 필요가 없으며 아무런 도발이 없으면 미국 측도 도발하지 않을 것이라고 한다. 장시간의 대화 끝에 조선의 사절단은 떠난다.[77]

조선사절단은 곧바로 보고서를 작성하여 경기 감사를 통해 조정에 올린다. 그러나 조선 조정은 이 보고서를 무시한다. 그 대신 6월 1일, 어재연(魚在淵, 1823~1871)을 강화 진무영의 부사령관으로 임명하고 수백명의 지원군을 강화도로 파견한다. 4천 근의 화약과 30개의 활, 900개의 화살, 30문의 포, 그리고 쌀 1천석도 함께 보낸다.[78]

거의 동시에 로저스 제독은 블레이크(Homer C. Blake, 1822~1880) 함장이 지휘하는 「알래스카」호와 2척의 포함을 보내 강화도와 한강 주변을 정탐하도록 한다. 서울로 가는 지름길을 찾기 위해서였다. 6월 1일, 오후 2시경, 미국의 탐색대는 손돌목을 지나 광성보 앞에 도달한다. 그러자 광성보의 포대와 덕포, 덕진의 포대들이 일제히 사격을 시작한다. 미군의 반격으로 조선의 포대들은 초토화되나 「모노카시」호가 포격을 맞자 블레이크 함장은 물러날 수 밖에 없었다. 이 교전으로 조선군은 포병1명이 전사한다.[79] 갑작스러운 조선군의 사격에 놀란 미군은 비록 반격은 하였지만 혹시 오해에서 비롯된 교전일지도 모른다고 생각하며 조선 측에서 교섭을 해 올 것을 기대하고 기다린다.[80]

조선 조정은 6월 2일 수백 명의 지원병을 보내고 1천 근의 화약, 1만5천 납 총알, 그리고 3백 석의 쌀을 보낸다. 진무영의 부사령관

어재연으로 하여금 광성보로 군대를 이동시킬 것을 명하고 서울 주변의 병력에 동원령을 내린다. 대원군은 곧바로 강화군수 정기원에게 명하여 미군에게 경고문을 보내도록 한다.

대원군이 진무사(鎭撫使)를 시켜 양선(洋船)에 편지를 보내기를, 「올봄에 베이징 예부(禮部)에서 자문(咨文)을 보내어 귀국 사신의 편지를 전해왔기에 우리 조정에서는 이미 의논하고 회답 자문을 보낸 동시에 귀 대인에게 전해줄 것을 청하였습니다. 또 생각건대 귀국은 예의를 숭상하는 풍속이 본래 이름난 나라로 다른 나라들보다 뛰어났습니다. 귀 대인은 아마도 사리에 밝아서 경솔한 행동을 하지 않을 터인데, 이번에 어찌하여 멀리 바다를 건너와서 남의 나라에 깊이 들어왔습니까? 설사 서로 살해하는 일은 없었다고 하지만 누구인들 의심하고 괴이하게 여기지 않겠습니까? 중요한 요새지에 갑자기 외선(外船)이 들어오는 것을 허용하지 않는 것은 모든 나라의 일반적 규범으로써 처지를 바꾸어놓고 보아도 모두 그러할 것입니다. 지난번에 귀선(貴船)이 바닷가 요새지를 거슬러 올라와서 피차간에 대포를 쏘며 서로 경계하는 조치까지 있도록 만들었습니다. 이미 호의로 대하자고 말하고서도 한바탕 이런 사단이 있게 되었으니 매우 개탄할 노릇입니다. 귀선이 오고부터 연해의 관리들과 무관들에게 절대로 사단을 일으켜 사이가 나빠지게 하지 말라고 경계하여 타일렀습니다. 그렇지만 귀선이 다른 나라의 규례를 아랑곳하지 않고 요새지 어구까지 깊이 들어온 이상 변경을 방비하는 신하들로 말하면 그 임무가 방어인데 어찌 가만히 있을 수 있겠습니까? 지난번 일에 대해 괴이하게 생각하지 말기 바랍니다. 혹시 베이징 예부에서 우리의 회답 자문을 미처 전하지 못하여 귀 대인이 우리나라의 제반 사정을 잘 알지 못하여 이런 일이 생긴 것이 아닙니까? 이제 회답 자문 부본을 보내니 한번 보게 되면 남김없이 다 알게 될 것입니다. 우리나라가 외국과 서로 교통하지 않는 것

해밀턴 피시 국무장관. 그랜트 대통령 행정부
에서 1869~1877 국무장관을 역임. 뉴욕의
주지사 및 상원의원도 역임하였다.

은 바로 500년 동안 조종(祖宗)이 지켜
온 확고한 법으로서 천하가 다 아는 바
이며, 청나라 황제도 옛 법을 파괴할 수
는 없다는 데 대하여 잘 알고 있는 것입
니다. 이번에 귀국 사신이 협상하려고
하는 문제로 말하면 어떤 일이나 어떤
문제이거나를 막론하고 애초에 협상할
것이 없는데 무엇 때문에 높은 관리와
서로 만날 것을 기다리겠습니까? 넓은
천지에서 만방의 생명이 그 안에서 살
면서 다 제대로 자기의 생활을 이루어
가니 동방이나 서양은 각기 자기의 정
치를 잘하고 자기의 백성들을 안정시켜 화목하게 살아가며 서로 침략
하고 약탈하는 일이 없도록 하니, 이것은 바로 천지의 마음인 것입니
다. 혹시 그렇지 못해서 위로 하늘을 노하게 한다면 더없이 상서롭지
못할 것입니다. 귀 대인이 어찌 이 이치를 모르겠습니까? 풍파만리에
고생하였으리라 생각하면서 변변치 못한 물품으로 여행의 음식물로
쓰도록 도와주는 것은 주인의 예절이니 거절하지 말고 받아주기 바랍
니다. 이만 줄입니다."[81]

대원군은 청의 예조에 보냈던 로우의 서신에 대한 조선의 답신도
동봉한다. 로우가 중국에서 출항하기 전에 받아보지 못한 답신이었
다.[82] 미국 측의 기록에 의하면 이때 대원군은 소 3마리, 닭 50마리,
계란 1개도 전달한다.

로우는 이대로 물러설 것인지, 다시한번 반격을 할 것인지를 결
정해야했다. 그는 6월 2일 해밀턴 피시 국무장관(Hamilton Fish,
1808~1893) 앞으로 편지를 보낸다. 이대로 물러나면 미국이 약한

모습을 보이게 되고 이는 미국이 앞으로 조선은 물론, 중국과 상대하는 데 있어서도 불리하게 작용할 것이라고 한다.

이제 문제는 어느 것이 과연 안전하고 현명한 대응방법인가 입니다. 조선사람들은 최근 일시적인 후퇴를 「오랑캐」들을 격퇴한 것으로 생각할 것입니다 (...) 만일 함대가 지금 물러선다면 조선이나 중국인에게 아주 잘못된 인상을 남길 것이며 이는 미국이 조선이나 중국을 대하는 데 있어서 아주 불리하게 작용할 것입니다. 조선은 자신들이 서양의 어떤 나라도, 심지어는 서양의 모든 나라의 연합군도 격퇴할 수 있을 만큼 자신이 강하다고 굳게 믿게 될 것입니다. 그리고 이러한 견해는 중국에도 영향을 미쳐서 중국사람들 중에서 외세와 외국인들을 모두 중국으로부터 몰아내야 한다는 자들의 영향력을 키워줄 것입니다. 따라서 본인은 제독이 지금까지 우리의 국기가 당한 부당한 대우와 모욕을 응징하지 않고 물러서는 것을 제안할 수 없습니다. 동시에 저는 현재 우리 함대로는 조선을 항복시킬 수 있는 공격작전을 하거나 조선 정부로 하여금 제대로 된 조약을 체결하도록 강제할 수 없다는 사실도 잘 알고 있습니다.[83]

6월 9일, 로우는 자신의 부관 에드워드 드류(Edward Drew, 1843~1924)의 명의로 정기원 군수에게 답신을 보낸다:

대아메리카합중국 찬리(贊理) 흠차(欽差)인 영어, 한어 문건을 맡아보는 총판두(總辦杜)는 [이름은 덕수(德綏), 중국인이다] 회답합니다. 며칠 전에 군주가 파견한 우리나라 관리에게 보내온 공문과 대청(大淸)나라 예부(禮部)에 회답한 자문 부본에 대해 다 같이 군주가 파견한 우리 제헌(提憲)에게 전하였으며 명령을 받들어 이렇게 회답합니다. 당신들에게서 온 편지에서 언급한 내용에 의하면 귀 조정이 우리나라

군주가 파견한 관리와 그가 와서 해결하려고 하는 문제에 대하여 우의를 가지고 협상하려 하지 않는다는 것을 알 수 있습니다. 이것이 군주가 파견한 우리 제헌이 매우 안타까워하는 문제입니다. 까닭 없이 공격한 문제에 대해서는 잘못을 책망하지 않고 도리어 비호하면서 변경을 책임진 신하의 직책으로서는 응당 해야 할 일을 한 것이라고 하였습니다. 우리 제헌은 원래 포를 쏜 행위는 군사와 백성들의 망동에서 생긴 것이라고 보고 있습니다. 귀 조정에서 이것을 알고 꼭 책임에서 벗어나려고 한다면 모든 사람이 바라는 대로 높은 관리를 파견하여 협의하는 것이 좋겠습니다. 그러므로 서둘러 행동하지 않고 기일을 늦추어가면서 기다리는 것입니다. 만일 귀 조정에서 3, 4일 내에 만나서 협상할 의사가 없이 기한이 되기만 기다린다면 전적으로 군주가 파견한 우리 제헌이 처리하는 대로 할 것입니다. 기일이 매우 촉박하므로 대략 이와 같이 적습니다. 보내준 많은 진귀한 물건들을 받고 은혜와 사랑을 충분히 알 수 있으며 무엇이라 감사를 드려야 좋을지 모르겠습니다. 그러나 감히 마음대로 할 수 없어 보내온 예물을 돌려보냅니다. 이와 같이 회답합니다.[84]

그러나 로우는 조선측의 답신을 기다리지 않고 바로 다음날인 6월 10일 공격을 명한다. 전투에는 「팔로스」와 「모노카시」 등 두 척의 포함, 상륙정들, 그리고 450명의 해병대를 투입한다. 지휘는 블레이크 함장이, 상륙부대의 지휘는 킴벌리(Commander L.A. Kimberly, 1830~1902) 부함장이 맡는다. 6월 10일 아침, 미군은 포함들의 엄호 사격하에 초지진에 상륙한다. 조선의 병사들은 아무런 저항을 하지 않고 진지를 버리고 퇴각한다. 미군은 점령한 진지를 파괴한 후 그곳에서 야영한다.[85]

이튿날 아침, 미군은 다시 공격을 시작한다. 덕진진 역시 아무런 저항 없이 미군의 수중에 떨어진다. 덕진진을 파괴한 후 미군은 함포

사격과 상륙한 미군 포대의 엄호를 받으면서 어재연의 군대가 지키는 광성보를 공격한다. 초지진과 덕진진과는 달리 광성보에서는 처절한 백병전이 벌어진다. 로우는 본부에 보낸 보고서에서 다음과 같이 기록한다. 「그 어떤 민족도 이처럼 필사적으로 싸우는 것을 본 적이 없다. 진지에 있던 조선의 군인들은 거의 모두 자신의 자리를 지키다가 전사했다.」 전투는 결국 조선군이 퇴각함으로써 끝난다. 조선군은 53명이 전사하고, 24명 부상하였으며 10여 명이 포로로 잡힌다. 어재연과 그의 동생 어재선은 모두 전사한다. 미군도 해군 중위 1명을 포함하여 3명이 전사하고 10명이 부상한다.[86] 6월 12일, 미군은 광성보의 진지를 파괴하고 손돌목 인근의 진지들에 포격을 가한 후 본 함대가 정박해 있는 인천 앞바다로 퇴각한다.

미군이 퇴각한 날 대원군은 전국에 척화비를 세울 것을 명한다. 전사한 어재연에게는 국장을 치러주고 병조판서에 추증한다. 그의 아들들은 조정의 관직을 하사받는다.

진강(進講)을 마쳤다. 하교하기를, 「양이(洋夷)들이 우리의 영역을 침범한 것은 매우 통분할 노릇이다.」하였다. 우의정(右議政) 홍순목(洪淳穆)이 아뢰기를, 「이 오랑캐들은 원래 사나운 만큼 그 수효는 그다지 많지 않다고 들었습니다. 그런데 그 형세는 미칠 듯 날뛰며 계속 불리한 형편에 처한 보고만 오니 더욱 통분합니다.」하니, 하교하기를, 「이 오랑캐들이 화친하려고 하는 것이 무슨 일인지는 알 수 없으나, 수천 년 동안 예의의 나라로 이름난 우리가 어찌 금수 같은 놈들과 화친할 수 있단 말인가? 설사 몇 해 동안 서로 버티더라도 단연 거절하고야 말 것이다. 만일 화친하자고 말하는 자가 있으면 나라를 팔아먹은 율(律)을 시행하라.」하였다. 홍순목이 아뢰기를, 「우리나라가 예의의 나라라는 데 대해서는 온 세상이 다 알고 있습니다. 지금 일종의 불순한 기운이 온 세상에 해독을 끼치고 있으나, 오직 우리나라만이 유

덕진진을 점령한 미군

독 순결성을 보존하는 것은 바로 예의를 지켜왔기 때문입니다. 병인년 (1866) 이후로부터 서양놈들을 배척한 것은 온 세상에 자랑할 만한 일입니다. 지금 이 오랑캐들이 이처럼 침범하고 있지만 화친에 대해서는 절대로 논의할 수 없습니다. 만약 억지로 그들의 요구를 들어준다면 나라가 어찌 하루인들 나라 구실을 하며, 사람이 어찌 하루인들 사람 구실을 하겠습니까? 이번에 성

미군이 탈취하여 콜로라도호에 실은 어재연 장군의 장군기

상의 하교가 엄정한 만큼 먼저 정벌하는 위엄을 보이면 모든 사람들이 다 타고난 떳떳한 의리를 가지고 있는 이상 불순한 것을 배척하는 전하의 큰 의리에 대해 누군들 우러러 받들지 않겠습니까? 또한 저 적

들이 이 소리를 듣는다면 간담이 서늘해질 것입니다.」하니, 하교하기를, 「오늘 경연(經筵)에서 한 이야기를 조지(朝紙)에 낼 것이다.」하였다. [이때에 종로(鐘路)거리와 각 도회지(都會地)에 척화비(斥和碑)를 세웠다. 그 비문에, 「오랑캐들이 침범하니 싸우지 않으면 화친하는 것이요, 화친을 주장하는 것은 나라를 팔아먹는 것이다.」라고 하였다.][87]

무력시위가 오히려 조선을 강경하게 하는 역효과를 내자 로우와 로저스는 군사행동을 중단하고 다시 대화를 시도한다. 그러나 조선의 조정은 단호히 거부한다. 결국 미군은 조선 조정을 움직일 방법이 없음을 깨닫고 7월 3일 중국 옌타이로 철수한다. 7월 20일, 로우는 피시 국무장관에게 보고서를 보낸다:

우리가 이번에 보여준 실력행사는 어떤 정권이라도 뒤흔들기에 충분한 것이었습니다. 그러나 이 정부에는 아무런 효과가 없었습니다. 지난 10일과 11일의 전투는 영국과 프랑스가 1858년 베이허강 어귀의 다쿠진지(다쿠 포대)를 공격하고 점령함으로써 중국 정부로 하여금 어쩔 수 없이 톈진조약을 맺을 수밖에 없게 만들었던 그 전투보다도 훨씬 치열한 전투였습니다. 그러나 전 세계 모든 나라와 맞서겠다는 이 정부의 태도가 조금이라도 누그러졌다는 아무런 증거도 찾아볼 수 없습니다.[88]

제2부 – 제7장

위정척사파와
흥선대원군의 대립

1. 조선 경제의 모순

2. 조선 정치의 모순

3. 흥선대원군의 개혁

4. 마지막 선비 최익현

5. 왕도 정치 대 부국강병

6. 고종의 친정과 조선 경제의 몰락

제2부 - 제7장

위정척사파와 흥선대원군의 대립

　　대원군의 쇄국정책과 천주교 박해는 위정척사파도 적극 지지하였다. 명의 멸망으로 대륙에서 문명이 사라진 후 조선이 중화문명의 마지막 보루라고 굳게 믿던 위정척사파에게 서양의 이단을 발본색원하는 한편 서양 오랑캐들과의 거듭된 전쟁에서 한치도 물러나지 않는 대원군의 강력한 쇄국정책은 믿음직스러웠다. 그러나 흥선대원군은 신미양요 후 불과 2년 만에 위정척사파의 탄핵으로 실각한다.

　　문제는 쇄국정책의 궁극적인 목표였다. 대원군이 쇄국정책을 추진하고 천주교를 탄압한 것은 왕권을 강화하고 왕실의 권위를 회복하기 위해서였다. 이를 위하여 그는 안동 김씨의 60년 세도정치를 끝내고 사색당파의 본거지인 서원을 철폐하고 사대부들의 숭명반청사상의 상징인 만동묘를 없애버리는 한편 왕권의 상징인 경복궁을 복원한다. 외세를 물리치고 천주교를 탄압한 것도 왕실이 대표하는 나라를 지키고 왕실을 중심으로 통일된 이념을 유지하기 위해서였다.

　　반면 위정척사파가 쇄국정책과 천주교 박해를 지지한 것은 주자-명-송시열이 대표하는 「사문」(斯文)의 정치, 즉 주자성리학적 「왕도정치」(王道政治)를 지키기 위해서였다. 왕도정치는 수기치인(修己治人)과 극기복례(克己復禮)를 솔선수범하는 청렴결백한 국가지도층이 백성들에게 올바른 예법과 미풍양속을 가르침으로써 모두가 상부상조하는 대동사회를 건설하는 것을 이상으로 삼는다. 왕도정치는 나라가 올바른 예법과 윤리도덕을 함양하고 백성들을 적극적으로 「교화」시키는 역할을 할 것을 요구한다. 반면, 경제와 국방에 있어서는 정부의 개입을 최소화 하고자 한다. 주자성리학이 이상으로 삼던 농본사회에서는 백성들이 생업에 전념할 수 있도록 배려하는 것이 옳바른 정치였기 때문이다.

왕도정치의 입장에서 보았을 때 최악의 정치는 「패도정치」(覇道政治)다. 패도정치란 진시황처럼 법가(法家)의 부국강병책(富國强兵策)에 따라 백성들을 부역에 동원하여 만리장성을 쌓고 대운하를 파고 아방궁을 짓는 정치다. 또, 「천하통일」을 위한 정복전쟁을 일으켜 백성들을 끊임없이 병역에 동원하는 정치다. 백성들의 삶에 끊임없이 개입하여 안심하고 생업에 종사할 수 없게 만드는 패도정치는 민생을 도탄에 빠뜨리는 최악의 정치였다.

위정척사파가 보았을 때 홍선대원군의 왕권강화정책은 패도정치의 전형이었다. 호화스러운 궁궐을 짓기 위하여 막대한 세금을 징수하고 화폐를 유통시키고 백성들을 노역에 동원하는 한편 「사, 士」의 기반인 서원을 철폐하고 명의 황제들의 신위를 모신 만동묘를 폐쇄하는 것은 왕도정치와는 거리가 멀었다. 더구나 대원군은 아무런 공식적인 직함도 없이 왕의 아버지라는 사사로운 이유만으로 권력에 대한 전횡을 일삼고 있었다.

왕사(王師)들로부터 왕도정치이념의 세례를 받고 자란 고종 역시 왕실의 권위를 되찾고자 하는 아버지 홍선대원군의 개혁을 패도정치로 간주한다. 이항로와 최익현 등이 홍선대원군의 패도정치를 격렬하게 비판하는 상소를 올리기 시작하자 고종은 위정척사파를 비호한다. 고종마저 자신에게서 등을 돌리자 대원군은 물러난다. 예송논쟁, 사문난적, 천주교 박해, 쇄국정책에 이은 위정척사파의 또 한번의 승리였다.

1. 조선 경제의 모순

蘆田少婦哭聲長(노전소부곡성장) 갈밭마을 젊은 아낙 길게 길게 우는 소리

哭向縣門號穹蒼(곡향현문호궁창) 관문 앞 달려가 통곡하다 하늘 보고 울부짖네

夫征不復尙可有(부정불복상가유) 출정 나간 지아비 돌아오지 못하는 일 있다 해도

自古未聞男絕陽(자고미문남절양) 사내가 제 양물 잘랐단 소리 들어본 적 없네

舅喪已縞兒未澡(구상이호아미조) 시아버지 삼년상 벌써 지났고 갓난아인 배냇물도 안 말랐는데

三代名簽在軍保(삼대명첨재군보) 이 집 삼대 이름 군적에 모두 실렸네

薄言往愬虎守閽(박언왕소호수혼) 억울한 하소연 하려 해도 관가 문지기는 호랑이 같고

里正咆哮牛去皁(이정포효우거조) 이정은 으르렁대며 외양간 소마저 끌고 갔다네

磨刀入房血滿席(마도입방혈만석) 남편이 칼 들고 들어가더니 피가 방에 흥건하네

自恨生兒遭窘厄(자한생아조군액) 스스로 부르짖길 「아이 낳은 죄로구나!」

蠶室淫刑豈有辜(잠실음형기유고) 누에 치던 방에서 불알 까는 형벌도 억울한데

閩囝去勢良亦慽(민건거세양역척) 민나라 자식의 거세도 진실로 또

한 슬픈 것이거늘

生生之理天所予(생생지리천소여) 자식을 낳고 사는 이치는 하늘이 준 것이요

乾道成男坤道女(건도성남곤도여) 하늘의 도는 남자 되고 땅의 도는 여자 되는 것이라

騸馬豶豕猶云悲(선마분시유운비) 거세한 말과 거세한 돼지도 오히려 슬프다 할만한데

況乃生民思繼序(황내생민사계서) 하물며 백성이 후손 이을 것을 생각함에 있어서랴!

豪家終世奏管弦(호가종세주관현) 부잣집들 일년 내내 풍악 울리고 흥청망청

粒米寸帛無所損(립미촌백무소손) 이네들 한 톨 쌀 한치 베 내다 바치는 일 없네

均吾赤子何厚薄(균오적자하후박) 다 같은 백성인데 이다지 불공평하다니

客窓重誦鳲鳩篇(객창중송시구편) 객창에 우두커니 앉아 시구편을 거듭 읊노라

정약용이 1803년(계해년) 가을에 유배지인 강진에서 지은 「애절양」(哀絶陽)이란 시다. 당시 마을의 한 백성이 아이를 낳자마자 그 갓난아이가 군적에 올려져 군포를 징수당한다. 원래 군포란 16-60세 평민 남자들이 병역을 필하는 대신 내는 것이었다. 한 집에 한사람 이상 징수하는 것은 금지되어 있었다. 그러나 당시 부정부패가 극에 달하면서 한 집안에서 남자 가장은 물론 그의 사망한 아버지, 갓난 아이까지 모두 군포를 바쳐야했다. 어린아이들에게 물리던 군포를 「황구첨정」(黃口簽丁), 죽은 부모에게 물리는 것은 「백골징포」(白骨徵布)라고 하

였다. 가난한 농부는 군포를 바칠 수 없자 대신 소를 징수당한다. 남편은 아이를 낳은 자신을 탓하면서 자신의 성기를 자른다. 이를 본 그의 아내가 울부짖는 장면을 다산이 시로 표현한 것이다.

1800년에 정조(正祖, 1752~1800, 재위: 1776~1800)가 승하하면서 조선의 체제모순은 더욱 깊어간다. 신유박해를 일으켰던 정순왕후가 1803년 수렴청정을 거두고 당시 12세였던 순조의 장인 김조순(金祖淳, 1765~1832)이 섭정을 하면서 30년 안동 김씨의 시대가 열린다. 김조순이 시파였기 때문에 천주교에 대한 박해는 없었으나 안동 김씨 일족이 모든 정부 요직을 독점하고 중앙과 지방의 인사에 대한 전횡을 일삼으면서 부정과 부패가 만연한다. 소위「삼정의 문란」이었다. 19세기에 이르면서 조선의 산림은 황폐화 하면서 농업생산성과 실질임금이 급락하는 반면 이자율이 급등하고 있었다.[1]

김조순

1811년에는「홍경래의 난」이 일어나고 크고 작은 민란들이 그 뒤를 잇는다. 본격적인 민심이반이었다.

1837년 3월 남지동(경상남도 창원시 추정)에 사는 유득열이라는 사람의 16살짜리 딸이 고을 사또에게 다음과 같은 민원을 올린다.

저의 나이는 지금 16세로, 어린 나이에 어미를 잃고 의지할 만한 족친이 없고, 또 집안에 생활해 나갈 만한 재산이 없으며, 다만 늙은 아버지가 있는데 모습이 마음이 아플 지경입니다. 급기야 연이은 흉년을 당하여 이리저리 동서로 떠돌며 구걸하여 음식을 얻어서 늙은 아버지의 거의 죽어가는 목숨을 가까스로 보전했습니다. 그런데 올 봄의 흉황은 더욱 심하여 곧 굶어 죽게 될 것 입니다. 요즈음은 이따금 슬프게도 부황이 나는 고할 데 없는 목숨이니, 부녀가 함께 길거리에서 굶어 죽은 귀신이 될 것 입니다. 저의 자매(自賣)로 아버지를 구하는 것만 같지 못하므로 다른 사람의 집에 (저를) 팔기를 청하고자 했는데, 그 사람이 또 (제가) 배신할 것이라고 의심하였습니다. 제가 늙은 아버지를 보양(保養) 할 길이 없어, 이에 슬프고 불쌍한 깊은 사정을 사또께 읍소하니 통촉하신 후 몸을 팔아 구활 하라는 뜻으로 입지(立旨) 를 작성해주셔서 저의 한 몸이 아버지의 아사를 좌시하지 않도록 적선하는 처분을 내려주십시오.[2]

자신을 노비로 팔아서(自賣) 그 돈으로 자신과 아버지가 굶어 죽지 않도록 하려고 하니 이를 허락하여 달라는 글이다. 또한 자신을 팔려고 하여도 사려는 사람 측에서 자신이 돈만 받고 발뺌을 하려고 할지 모른다며 관가로부터 증빙서류를 받아오라고 하니 발급해 달라는 부탁이다. 사또는 이를 허락한다.

들으니, 심히 불쌍하다. 구활은 바로 음덕(陰德) 이고, 자매(自賣) 또한 전례가 있으니, 이는 의심하여 염려할 만한 일이 아니다. 이 제음(題音)을 가지고 증빙하는 것이 마땅하다.[3]

사또에게서 증빙서류를 받자 유득열의 여식은 1837년(헌종 3년) 2월 26일 자신을 사고자 흥정하고 있는 조광득이라는 사람에게 다음과 같은 「확인증」을 써준다.

이 명문하는 일은 제가 이번에 큰 흉년을 당해 춘궁(春窮)이 심하여 부모를 살릴 길이 전혀 없으므로 만부득이 저를 전문(錢文) 13냥으로 쳐서 수대로 받아 부모를 살리고, 저를 위 사람에게 법률에 의하여 후소생(後所生)과 함께 관의 입지에 따라 영영 자매하니, 뒤에 친족들이나 자손 중에 만약 잡담하는 이가 있거든 이 문서를 가지고 관에 고하여 변정(辨正)할 일입니다.[4]

16세 소녀는 결국 이러한 공증과정을 거쳐 자신은 물론 자신이 낳을 후손들까지 모두 13냥에 노비로 판다.

순조가 1843년 44세에 승하하자 그의 손자 헌종(憲宗, 1827~1849, 재위: 1834~1849)이 8세의 어린 나이에 즉위하지만 안동 김씨 출신인 할머니 순원왕후와 외가인 풍양 조씨 간의 권력투쟁 속에서 재위 15년 만에 23세로 승하한다. 헌종 재위 기간에는 풍양 조씨가 득세하면서 1839년 기해박해와 1846년 병오박해가 일어난다. 계속되는 세도정치의 폐단과 끊임없는 수재와 전염병, 기근으로 인하여 조선의 경제와 사회기반은 지속적으로 무너져 갔다.

헌종이 후사 없이 승하하면서 조선의 대통은 「강화도령」 철종(哲

왕실 족보인 선원보감에 실린
순조 초상화

헌종

철종

宗, 1831~1864, 재위: 1849~1863)이 잇는다. 철종은 사도세자의 서자이며 정조의 이복동생인 은언군의 손자로서 아버지 이광의 후실 출신이었다. 서출의 서출인데다 할아버지 때부터 집안이 역모에 연루되어서 즉위할 때까지 강화도에서 나무꾼으로 자라면서 평민보다도 못한 삶을 살았다. 교육을 제대로 못 받았음은 물론이다. 순조의 할머니 순원왕후가 철종으로 하여금 보위를 잇게 하고 수렴청정을 하면서 안동 김씨의 세도정치는 계속된다. 왕비는 김조순의 조카인 김문근(金汶根, 1801~1863)의 딸로서 역시 안동 김씨였다.

백성들의 어려움은 자연재해와 정부의 부패와 무능이 겹치면서 가중된다. 조선의 경제는 한계에 달한다. 그러나 체제모순을 개혁할 수 있는 정치세력은 왕실에서도, 사대부 중에서도 나타나지 않는다. 1860년에는 동학이 창시되고 1862년에는 진주민란과 제주민란을 필두로 전국적으로 민란이 일어난다.

조선의 경제를 무너뜨린 것은 임진왜란이었다. 임진왜란을 전후로 전국의 등록된 토지는 1백 50만 결에서 50만결로 급격히 준다.[5] 그러나 정부의 무능과 조선 체제의 모순이 심화되면서 조선은 끝내 임진왜란 이전 수준의 경제력을 회복하지 못한다. 이는 당시의 토지조사 결과에 나타난다. 조선의 토지조사는 원래 20년에 한번 실시하는 것이 원칙이었으나 높은 비용과 행정력의 부재, 그리고 지주층의 방해로 제대로 이루어지지 못한다. 1600~1604년, 1627~1634년에 삼남지방에서만 부분적인 토지조사를 실시하였고 전국적인 조사는 1663~1669년, 1718~1720년, 1820년, 1898~1904년에 이루어졌다. 1769년 조사에서는 전국의 토지가 1백 31만결로 조사되었지만「실결」, 즉 실제로 농사를 지을 수 있는 토지는 80만결에 불과한 것으로 나타났다.[6] 임진왜란 후 200년 가까이 지난 시점에서도 임진왜란 이전 수준의 경작지를 확보하지 못하고 있었다.

토지조사는 지주들 소유의 땅을 조사에서 대거 누락시키는 등 기득권 층에 유리하게 진행되었다. 홍수나 가뭄 같은 자연재해 때 정부가 세금을 감면해주더라도 그 혜택은 고스란히 지방관이나 향리들과 결탁한 지주들에게 돌아갔다. 탐관오리들과 결탁한 지주 땅의 소출은 세금 감면 대상이 되는 반면 실질적으로 피해를 입은 양민들의 땅에서는 계속 세금을 징수했다.19세기 전반기에는 가뭄이나 홍수가 날때마다 평균 7만 결의 농토가 자연재해 명목으로 세금징수 대상에서 면제됐다.[7] 그러나 한번 세금 감면 혜택을 받은 토지들은 자연재해가 지나가더라도 다시 징수대상으로 등록이 되지 않았다.

토지의 크기를 측량하는 기본 단위인 「결」도 비리와 수탈의 도구로 전락한다. 한 「결」은 토지의 절대적인 면적 보다 토질에 따라 결정되었다. 생산성이 낮은 토지는 같은 결이지만 면적이 넓었고 생산성이 높은 토지는 면적이 작았다.[8] 그러나 이 역시 지주와 향반, 지방 관원과 향리들의 결탁으로 지주들에게 유리하게 조작, 왜곡되어 갔다. 대지주들이 늘어나면서 이들이 지방관리들과 향리들에게 행사할 수 있는 영향력은 날로 확대되었고 대지주들의 토지와 소득에 대한 의도적인 축소보고와 기록누락으로 중앙정부의 조세기반은 더욱 줄어들었다.

조세기반이 무너지자 조선 정부는 재정을 충당하기 위해서 하층민들에게 신분과 관직을 팔기 시작한다.[9] 그러나 이는 세금을 내지 않는 양반계층을 늘림으로써 오히려 정부의 조세기반을 더욱 축소시킨다. 정부의 재정은 쪼들리고 세금을 내야되는 양민들의 고통은 늘어나는 반면 세금면제 혜택을 받는 양반지주 계층은 오히려 확대된다. 여기에 종친들의 토지가 늘어나고 1543년 소수서원이 최초의 사액서원이 되면서 급격히 늘어나기 시작한 서원들의 토지도 모두 면세대상이 된다.

조선 정부가 토지소유의 변화와 경작지의 증감에 능동적으로 대처하지 못하면서 세수는 지속적으로 준다. 결과는 정부재정의 악화와 백성들의 수난이었다. 충청도, 전라도, 경상도 등 삼남지방 일부에 대한 연구에 의하면 빈농(貧農)이 전체의 40-70%에 이르렀다. 빈농층이 소유한 토지는 전체 농지의 10-20%에 불과했고 개인이 소유한 땅은 평균 1/4결도 안되었다. 반면 전체 인구의 10%내외에 불과한 부농층이 소유한 토지는 전체의 40-50%에 달했다.[10] 대부분의 농민이 절대 빈곤 상태에 있는 경제체제하에서 징세는 곧 착취였다.

모순은 또 다른 모순을 낳았다. 조선 후기의 가장 심각한 체제모순은 환곡제도였다. 조세 기반이 무너지자 조선조 후반기의 재정은 거의 전적으로 환곡제도에 의존하게된다. 상평창, 군자창, 의창으로 구분된 환곡제도는 원래 농민들에게 무이자, 또는 저리로 양곡을 대여해주기 위한 제도였다. 그러나 조정의 재정이 악화되면서 정부는 농민들에게 적극적으로 양곡을 빌려갈 것을 권장하였고 때로는 강요한다. 백성들이 반 강제적으로 빌려간 양곡에 대한 이자를 내면 그것을 정부재정에 충당하였다. 환곡제도는 정부가 가장 쉽게 재정을 충당할 수 있는 제도로 악용된다.

그러나 양곡을 빌려간 백성들이 이자도 못 갚고 다시 더 높은 이자를 약속하고 양곡을 빌려가면서 백성들은 헤어날 수 없는 빚을 지게된다. 정부는 정부대로 백성들이 영원히 갚지 못할 막대한 빚을 장부에 적어만 놓고 이자만 받아내는데 급급하게 된다. 환곡제도는 어려움에 처한 백성들을 나라가 돕는다는 취지하에 만들어졌으나 결과적으로는 가장 퇴행적인 세금제도로 고착되었고 백성을 착취하는 제도로 전락하였다. 삼정의 문란 중 가장 폐단이 컸고 가장 백성들의 원성을 많이 산 것이 환곡제도의 문란이었다.

19세기에 이르면서 조선 정부는 국가의 재정을 조달하는 능력을 완전히 상실한다. 왕과 사대부와 양민들 사이에는 제로섬 게임이 성립되면서 왕권을 강화하려는 시도는 곧 사대부의 이해관계를 침해할 수 밖에 없었고 이를 효율적으로 막는 사대부 앞에서 왕은 속수무책이었다. 물론 세력균형이 어느쪽으로 기울든 가장 피해를 보는 것은 백성들이었다.

2. 조선 정치의 모순

토지제도와 조세제도의 총체적인 문란으로 경제기반이 무너졌음에도 불구하고 조선조가 그토록 오래 지속될 수 있었던 것은 왕과 관료제가 대표하는 중앙집권적 정치체제와 봉건적 세습귀족사회간의 세력균형이 유지되었기 때문이다.[11] 조선의 양반은 토지소유권, 관직에 나아갈 수 있는 권리외에도 많은 특권을 갖고 있었다. 그리고 자신들의 특권과 지위를 정당화할 수 있는 주자성리학이라는 사상적, 이념적 기제도 소유하고 있었다.

왕과 양반은 서로를 견제하기도 하면서 상호의존적이기도 했다.[12] 때로는 왕권이 강화되기도 하였고 때로는 세력균형이 양반으로 기울기도 하였지만 균형이 깨진 적은 없었다. 양반들은 「출사」하여 왕을 보필한다는 명목으로 권력을 유지하였고 이들의 「충성」은 왕권의 지속을 가능케 했다. 왕권과 양반세력간의 권력균형은 조선의 왕권이 중국의 황제처럼 강화되는 것도 막았고 반대로 중세서양의 봉건시대나 일본의 막부시대와 같이 왕권이 유명무실해지는 것도 막았다.[13]

조선의 양반들은 교회의 성직자들처럼 경전의 해석에 대한 최종 권위를 향유하고 있었다. 따라서 조선의 사대부들은 일반 백성들은 물론 왕들도 자신들이 해석하는 성리학적 윤리와 도덕을 따를 것을 요구하였다. 왕이 무엇을 공부하고 어떻게 해석하는지는 오직 사대부들에게 달렸다. 왕자는 세자로 책봉되는 순간부터 빠짐없이 하루 3번씩 세자시강원(世子侍講院)의 지도하에 주자성리학을 배웠다.

왕이 되어서도 왕사(王師)가 지도하는 경연(經筵)을 통하여 사대부들의 고전해석과 세계관을 공부해야만 했다. 왕이 잘못할 때는 상소를 통하여 왕의 잘못을 지적하였고 왕은 모든 상소를 읽고 답해야만 했다. 사간원, 사헌부, 홍문관 등 소위 「삼사」(三司)의 「간관」(諫官)들의 존재이유는 왕의 잘못을 지적하는 것이었고 왕은 이들의 말을 들어야 했다. 소위 「왕권」(王權)보다 「신권」(臣權)이 우선시 되는 주자성리학적 「왕도정치」의 이상이었다.

사대부와 왕실의 절묘한 균형 때문에 조선의 중앙정부는 중앙집권체제를 갖추었음에도 불구하고 그 힘이 약했다. 조선의 조정은 명의 선례를 따라 지방의 가장 작은 행정단위까지 직접통치하려고 하지 않았고 향촌의 자율성과 문화적 특성 등을 인정하고자 하였다.[14] 따라서 나라를 통치하기 위한 관료의 숫자도 최소한으로 유지할 수 있었다. 19세기 중반에도 조선 관료의 전체 숫자는 330명에 불과했다.[15] 뿐만 아니라 고을의 수령들은 자주 자리를 옮겨야 했고 자신의 고향에는 부임할 수 없었다. 그러나 330명의 관료가 1천만이 넘는 인구를 효율적을 통치하는 것은 불가능했다.

잠시 수령으로 머무는 고을을 효과적으로 다스리기 위해서는 그 고을의 명망있는 사대부와 선비는 물론 향리, 아전들의 협조를 받아야만 했다. 특히 향리들은 조선의 가장 기초행정단위를 운영하는데 없어서는 안될 존재였다. 그러나 그들은 중앙정부의 관료가 아니었다. 중앙정부의 녹을 먹지 않는 이들은 알아서 생계를 유지해야 했다. 뇌물과 부정부패가 구조화, 만성화될 수 밖에 없었다.[16] 결과적으로 조선의 관료체제는 지방 깊숙히 뿌리내리지 못하였고 이는 중앙정부의 통치력을 약화시켜 국가 위기시 중앙정부가 백성을 동원하고 통제할 수 있는 능력을 근원적으로 제한했다.

중앙정부의 최고위직을 독차지한 사대부들은 왕의 힘을 제어하는데는 성공하지만 효율적인 통치체제를 구축하는데는 실패한다. 최고 통치기구인 의정부도 영의정, 좌의정, 우의정 간의 권한과 역할분담이 불분명한 협의체에 불과했다.[17] 「일인지하 만인지상」(一人之下萬人之上)이란 영의정도 왕을 대신해서 과감한 정책을 추진하거나 왕의 반대에도 불구하고 소신껏 나라를 이끌 수 있는 힘은 없었다. 의정부뿐만 아니라 정부의 모든 정책은 30-50명쯤 되는 당상관, 또는 「대신」들이 협의를 통해서 결정되었다.[18] 사극에서 볼 수 있듯이 모든 정책결정은 대신들간의 끊임없는 논쟁을 거쳐야 했고 신속하게 논의를 종료시키고 정책을 실행에 옮길 수 있는 제도적인 장치는 없었다.

1575년 사대부들이 동인과 서인으로 나뉘어진 이후로는 당파싸움으로 인하여 사대부 계층이 사분오열하면서 내부의 결속력마저 상실한다. 당쟁은 사대부들이 왕권에 효과적으로 대응할 수 있는 힘을 빼앗았고 효율적인 통치를 불가능하게 했다. 반면 양반계급의 일치단결을 불가능하게 함으로써 역설적으로 사대부들이 왕권을 완전히 잠식하는 것은 막을 수 있었다.[19] 19세기에 들어서면서 당쟁은 줄어들지만 그 대신 외척의 세도정치로 인하여 사대부들 간의 암투와 알력과 분열은 지속된다.

3. 흥선대원군의 개혁

이때 역사의 전면에 등장하는 것이 흥선 대원군이었다. 대원군의 목표는 왕권강화와 왕실권위의 회복이었다. 그는 안동 김씨와 풍양 조씨의 세도정치를 끝내고 사색당파를 가리지 않고 오랫동안 중앙권력에서 소외되었던 남인과 북인도 고르게 중용한다. 사색당쟁의 근거지였던 서원을 철폐하고 비변사(備邊司)를 폐지하고 의정부와 삼군부(三軍府)를 부활시키고 전문 무장을 양성함으로써 정권과 군권을 분리시키고자 한다. 환곡제도를 개혁하여 사창제(社倉制)를 실시하고 양반에게도 세금(군포)을 징수하고 매관매직을 금하고 법전을 편수하면서 국가의 기강을 바로잡고자 노력한다.

　그러나 대원군의 개혁은 궁극적으로 실패할 수 밖에 없었다. 조선 경제의 모순을 해결하기 위해서는 조세제도에 대한 전면적인 개혁이 필요했다. 여기에는 두 가지 방법 밖에 없었다. 사대부와 대지주들이 소유하고 있으면서 세금을 내지 않는 막대한 토지에 대해 징세를 감행하든지 토지를 빼앗아 재분배 해야 했다. 그러나 대원군은 사대부 계층과의 정면대립을 원하지 않았다. 그저 기존의 체제하에서 사대부층으로 가던 재원의 일부를 왕실과 조정으로 끌어오기 위한 임시방편적인 조치들을 취할 뿐이었다.

　가장 손쉬운 방법은 돈을 찍는 것이었다. 당시 조선은 주자성리학의 영향으로 화폐발행을 죄악시하였다. 돈은 상업을 부추겨 사치를 조장하고 청빈의 정신을 무너뜨린다고 생각했기 때문이다. 그러나 당시 국가 재정이 바닥난 상황에서 대원군은 화폐 발행을 강행한다. 이미 통용되고 있던 상평통보를 더 발행하여 유통시키는 것만으로는 재정을 충당할 수 없음을 안 대원군은 소위 「당백전」(當百錢)을 발행한다. 당백전이란 상평통보의 백배의 가치를 갖는 동전이었다. 그러나 당백전의 액면가는 기존의 상평통보의 100배였던 반면 소전의 가

상평통보　　　　　　　　　　　　상평통보 뒷면

당백전

치는 5-6배에 불과했다. 대원군은 당백전이 엄청난 인플레를 조장할 것이라는 것을 알았다. 그러나 조정의 재정을 조달할 수 있는 방법은 이것 밖에 없었다. 조정은 1867년 1월 15일 세금납부 등 정부와의 모든 거래의 3분의 2는 당백전으로, 나머지 3분의 1은 상평통보로 하도록 선포한다.[20]

당백전의 발행은 1867년 6월 16일까지 계속된다. 정부는 당백전을 무기정비, 각도의 병영운영비, 지방관아 지원, 환곡자금 조달, 선박건조와 다리건설 등에 사용한다.[21] 경복궁 중건을 위해서 재정을 조달해야 했던 대원군은 모든 백성들에게 토지세와 인두세(人頭稅)를 당백전으로 거둔다. 결과는 예상했던 대로였다. 물가가 5-6배 폭등하였고 상평통보는 시장에서 자취를 감췄다. 결국 대원군은 당백전 발행과 유통을 중단할 수 밖에 없게 된다.[22]

당백전이 실패로 돌아가자 대원군은 청전(淸錢)을 대량으로 수입해서 유통시킨다. 청전이란 말 그대로 청나라의 동전이었다. 1867년부터 이미 상당량의 청전이 유통되고 있었으나 대원군은 1868년부터 청전을 대량으로 수입하여 유통시킨다. 청전의 소전의 가치는 상평통보의 반 밖에 안됐지만 같은 액면가로 유통되었다. 더구나 중국에서 직접 청전을 사면 조선에서 사는 것 보다 1/3 가격이었기 때문에 청전을 수입하여 유통시키면 막대한 차익을 챙길 수 있었다.[23] 1874년 조선에서 유통된 청전은 3-4백만냥에 달했던 것으로 추산된다. 반면 당시 유통되던 상평통보는 약 1천만냥이었던 것으로 추산된다.[24] 청전 유통의 결과는 당백전과 마찬가지였다. 가치가 낮은 화폐가 대량으로 유통되면서 고도의 인플레를 유발했고 경제를 교란시켰다.

조선의 양반과 지주들은 근본적인 토지개혁과 조세개혁을 허용하지 않았다. 자신들의 계급이해를 지키기 위하여 수단과 방법을 가리지 않았다. 대원군은 이들과의 정면대결을 피했다. 궁궐을 중건하고 군대를 기르는데 필요한 막대한 재원을 조달하기 위해서 가장 손쉬운 방법인 화폐발행이란 인플레 정책을 사용하였다. 그러나 이 역시 조정의 재정을 근본적으로 개선시킬 수는 없었다. 오히려 인플레가 가져오는 경제적 고통을 못 이긴 백성들은 대원군으로부터 등을 돌린다. 그리고 화폐사용 자체를 죄악시 하던 위정척사파들은 대원군을 노골적으로 공격하기 시작한다.

4. 마지막 선비 최익현

1866년의 「척사소」에서 이항로는 이미 대원군이 경복궁을 복원하기 위해서 세금을 걷고 대 역사를 일으키는 것을 정면으로 비판한 바 있다.

토목 공사를 중지하고, 백성들에게 마구 거두어들이는 정사를 금하고, 사치 부리는 습관을 없애고, 궁실도 낮게 짓고 음식도 검박하게 차리며 옷도 검박하게 입도록 하고, 백성들을 위한 일에 모든 힘을 다하기를 하우(夏禹)가 한 것처럼 하며, 생명을 소중하게 여기는 덕과 사람들을 사랑하는 마음을 가지기를 고요(皐陶)와 맹자(孟子)의 가르침 같이 하소서. 믿음과 신용이 널리 미치게 한다면, 백성들의 생활은 크게 펴지고 여러 사람들은 모두 흡족하게 여기게 될 것입니다. 이와 같이 한 다음에라야 양적(洋賊)들을 몰아낼 수 있고 나라를 보위

할 수 있습니다.[25]

이항로의 대원군 비판은 그의 제자 면암 최익현이 더욱 격렬하게 이
어갔다.

첫째는 토목 공사를 중지하는 일입니다. 나라 임금의 급선무는 덕업
(德業)에 있고 공사를 일으키는 데 있지 않습니다. 이 때문에 초가집
과 흙 섬돌은 요(堯) 임금이 위대하게 된 것이고, 낮은 궁실(宮室)에 변
변치 못한 의복은 우(禹) 임금이 흠잡을 수 없게 된 이유입니다. …..
삼가 바라건대, 성상께서는 신의 말을 깊이 생각하시고 아직 시작하
지 않은 공사를 한결같이 모두 정지시킴으로써 백성들의 수고를 덜어
주소서. 둘째는 백성들에게 세금을 가혹하게 거두는 정사를 그만두는
것입니다. …. 현재 대내(大內)가 완공되어 이어(移御)하신 것이 얼마
전이었는데도 원납전(願納錢)의 징수를 정파(停罷)하지 못한다면 장
차 어느 때에 가서야 그만둘 수 있겠습니까? 셋째는 당백전을 혁파하
는 것입니다. 전하께서 경비가 부족한 것을 근심하시어 이렇게 의로
운 발기를 한 것은 참으로 훌륭한 조치입니다. 그러나 시행한 지 2년
동안에 사·농·공·상이 모두 그 해를 입었는데, 그 피해가 되풀이되어
온갖 물건이 축나고 손상을 입었습니다. ….. 이제 옛날 돈이 통용되
어 모든 것이 풍족합니다. ….. 넷째는 문세(門稅)를 받는 것을 금지하
는 것입니다. ….. 삼가 바라건대, 성상께서는 즉시 금지시켜 백성들
로 하여금 원망이 없게 한다면 이보다 더 다행한 일이 없겠습니다.[26]

최익현은 1833년 (순조 33) 12월 5일 경기도 포천현 내북면 (현
재 신북면) 가채리에서 태어났다. 본관은 경주, 자는 찬겸(贊謙), 호는
면암(勉庵)이었다. 면암은 그의 스승 이항로가 지어준 아호다.[27] 가난
한 선비였던 면암의 부친은 가족의 생계를 위해 여러 번 이사를 다녀

야 했다. 그럼에도 불구하고 그는 아들의 학문을 챙긴다. 면암이 11세 때 이항로의 문하에 들어가 공부를 시작한다. 23세인 1855년, 최익현은 과거에 급제한다. 27세때인 1859년 사헌부지평, 사간원정언, 1860년에는 이조정랑, 1862년에는 신창현감, 1864년에는 성균관전적과 예조좌랑, 1865년에는 성균관직강, 1866년에는 사헌부지평에 임명된다.[28] 1866년 5월 모친상을 당하여 관직에서 물러나 3년상을 치른다. 모친상중인 1868년 스승 이항로가 타계한다. 1868년 8월, 면암은 사헌부장령으로 임명된다.[29] 앞의 상소는 이때 올린다.

놀라운 것은 최익현의 상소에 대한 고종의 반응이었다. 고종은 「네 가지 조항으로 진달하여 권면(勸勉)한 것은 실로 나라를 사랑하고 임금을 걱정하는 정성에서 나온 것이니 매우 가상하다. 그러나 토목 역사는 형편상 그만둘 수 없어서 그런 것이다. 문세를 거두는 것은 옛날에도 그런 예가 있어서 그런 것이다」라고만 답한다.[30] 아버지 대원군을 격렬하게 비판한 최익현에 대해서 아무런 조처도 취하지 않는다.

그러자 오히려 정부 대신들의 사직상소가 빗발친다. 좌의정 강노와 우의정 한계원이 공동으로 상소를 올린다.

신들은 모두 능력도 없는 사람들로서 함부로 중임을 차지한 지 어느덧 일 년이 지났습니다. 그 직무를 제대로 하지 못한 죄를 논하면, 남들이 말하지 않아도 신들이 스스로 알고 있습니다. 전 승지 최익현의 상소를 보니, 대신과 육경이 건의하는 바가 없다는 것을 가장 먼저 논하면서 나라를 위하여 우려하며 탄식하였습니다. 이것은 실로 신들이 받아 허물로 삼아야 할 것이니, 감히 그 책임을 사절할 수가 없습니다.[31]

그러나 고종은 최익현의 상소가 「실로 충심에서 나온 것」이라며 「잘 이해하도록 하라」고만 한다. 다음날에는 영돈녕부사 홍순목이 「부디

신이 직무를 제대로 수행하지 못한 죄를 처벌해 주소서」하자 역시 「경이 잘 이해하라」면서 거절한다. 같은 날 대사헌 홍종운, 대사간 박홍수, 사간 오경리, 장령 김복성, 김동식, 지평 이인규, 정언 심동헌, 도승지 정기회, 좌승지 이계로, 우승지 이현익, 좌부승지 윤자승, 우부승지 정운귀 등이 자신들을 처벌해 달라는 상소를 올린다.[32] 고종은 이들을 모두 파직한다.

그럼에도 불구하고 형조참의 안기영이 최익현을 국문하라는 상소를 올린다.

방금 최익현의 상소 원본이 내려온 것을 보니, 겉으로는 언사(言事)를 핑계대었으나 안으로는 실로 정직을 판 것으로, 대관과 소관을 들어 일망 타진하고 머리와 꼬리를 숨긴 채 몰래 흉계를 이루려 하였습니다… 성상께서 즉위한 이래 구족(九族)을 돈독히 하여 백성을 현양(顯揚)하고 정도(正道)를 호위하여 사류(邪類)를 물리쳐 인륜이 위에서 밝고 소민(小民)이 아래에서 친하니, 곧 많은 사람들이 같이 본 바이자 같이 칭송하는 바입니다. 이에 대해 무슨 터럭만큼이라도 그럴 듯하게 비슷한 것이 있기에 그가 감히 이로써 이와 같이 어려워하지 않고 지적한단 말입니까… 속히 의금부로 하여금 국청(鞫廳)을 설치하여 엄히 국문하여 기어코 실정을 알아내도록 하소서.[33]

고종은 「그대의 상소를 나는 이해하지 못하겠다」고 답한다. 전 정언 허원식도 최익현을 유배보내라는 상소를 올리자 고종은 오히려 안기영과 허원식을 유배 보낸다. 성균관 유생들도 최익현을 탄핵하는 집단 상소를 올린다.[34] 그러나 고종은 성균관 당상을 유배시키고 상소를 올린 유생들을 형문(刑問)한 뒤 유배시킨다.[35]

그러자 이번에는 반대로 장령 홍시형이 최익현을 옹호하는 상소를 올린다. 만동묘와 서원을 복구하고 호포와 원납전, 호전(胡錢, 청

전)을 폐지하고, 상벌을 분명히 하고 좋은 인재를 등용하라는 내용이
지만 역시 대원군의 정책을 노골적으로 비판하는 내용이었다.[36] 고종
은 「상소를 보고 잘 알았다. 그대의 상소 내용은 구구절절이 모두 선
한 말을 진달한 것이니, 매우 가상하다. 유념하도록 하겠다.」고 한 후
홍시형을 승진시켜 부수찬에 임명한다.[37] 그리고는 서울 도성에 들어
오는 문에서 받던 문세를 철폐하고 1866년 자신이 즉위한 이후 시행
되기 시작한 각족 세금들을 모두 철폐한다.[38]

그러자 최익현이 두번째 상소를 올린다.

지금 나라의 일들을 보면 폐단이 없는 곳이 없습니다. 명분이 바르지
못하고 말이 불순하여 고치지 않으면 끝이 날 것입니다. 그 중에서도
가장 두드러지고 심한 것을 보면 황묘(皇廟)를 없애버리니 임금과 신
하 사이의 윤리가 썩게 되었고, 서원(書院)을 혁파하니 스승과 생도들
간의 의리가 끊어졌고 귀신의 후사(後嗣)로 나가니, 부자간의 친함이
문란해졌고, 나라의 역적이 죄명을 벗으니 충신의 도리가 구분 없이
혼란되고, 호전(胡錢)을 사용하게 되자 중화(中華)와 오랑캐의 구별이
어지러워졌습니다. 이 몇 가지 조항들은 한 조각이 되어 하늘의 이치
와 백성의 윤리는 벌써 씻은 듯이 없어져 더는 남은 것이 없습니다.
게다가 토목공사의 원납전(願納錢) 같은 것이 서로 안팎이 되어 백성
들과 나라에 재앙을 끼치는 도구가 된 지 몇 해가 되었습니다. 이것
이 선대 임금들의 전장을 변경하고 천하의 의리와 윤리가 썩은 것이
아니고 무엇입니까? 이에 신이 생각건대, 전하를 위하여 오늘날의 급
선무에 대해 논한다면 만동묘(萬東廟)를 복구하지 않아서는 안 되며,
중앙과 지방의 서원을 짓지 않아서는 안 되며, 귀신의 후사로 나가는
것을 막지 않을 수 없으며, 죄명을 벗겨준 나라의 역적에 대해 추후
하여 법조문을 적용하지 않을 수 없으며, 호전을 사용하는 것도 혁파
하지 않을 수 없고, 토목공사의 원납전의 경우도 한 시각이나마 그냥

둘 수 없습니다.[39]

최익현은 첫번째 상소에서 보다 훨씬 더 자세하게 대원군의 정책을 조목조목 비판한다. 그리고는 대원군에 대한 직접적인 비판도 서슴치 않는다:

이 성헌(成憲)을 변란 시키는 몇 가지 문제는 실로 전하께서 어려서 아직 정사를 도맡아보지 않고 계시던 시기에 생긴 일이니, 모두 전하 자신이 초래시킨 것도 아닙니다. 다만 일을 책임진 관리들이 전하의 총명을 가리고 제멋대로 권세를 부린 결과 나라의 기강이 모두 해이되게 되었고 오늘날의 폐해를 초래케 하였습니다. 삼가 전하께서는 지금부터 임금이 권한을 발휘하고 침식을 잊을 정도로 깊이 생각하고 부지런히 일할 것입니다. 그리하여 속론과 사설에 이끌리지 말고 가까이 돌거나 권세 있는 관리들에게 속지 말며 기를 부리는 현상이 없게 하고 본래의 마음을 깨끗이 가지며 욕심을 깨끗이 다하여 하늘의 이치가 유행되게 할 것입니다. … 그리하여 자주 명령을 내려 조신(朝臣)들을 정신 차리게 만들고 의혹함이 없는 원칙을 세우고 덕을 수양하는 책임은 어진 스승에게 맡기고 관리들을 등용하고 물리치며 음양을 조화롭게 하는 책임은 정승들에게 맡기고 임금의 부족한 점을 도와주고 잘못을 바로잡아주는 책임은 사헌부(司憲府)와 사간원(司諫院)에 맡길 것입니다. 임금을 위하여 토론도 하고 사고도 하며 임금을 바른 말로 깨우쳐주는 책임은 유신들에게 맡기며, 군사를 훈련하고 선발하며 외적을 막는 일은 절도사(節度使)들에게 맡기고, 돈과 곡식의 출납과 군사비용에 대해서는 유사(有司)에게 맡기고, 효도가 있고 청렴한 사람을 뽑으며 선비들을 거두어들이는 일은 감사에게 맡길 것입니다. 다만 이러한 지위에 있지 않고 다만 종친의 반열에 속하는 사람은 그 지위만 높여주고 후한 녹봉을 줄 것이며 나라의 정사에 관여하지 못

하게 하면서 『중용』(中庸)에서 아홉 가지 의리에 대한 교훈과 직분에
서 벗어나 정사를 논하는 데 대한 『논어』(論語)의 경계(警戒)를 어기지
말고 잊지 말아 날로 새로워지고 또 새로워지도록 하소서.[40]

최익현은 대원군이 왕의 「총명을 가리고 제멋대로 권세를 부렸
다」면서 「종친의 반열에 속하는 사람은 그 지위만 높여주고 녹봉을
많이 주는 대신 정사에는 간여치 못하도록 하라」고 직언한다. 그러나
최익현의 상소에 대해 고종은 그저 「만동묘에 대한 일은 이미 자성
(慈聖)의 처분이 있었으니, 오늘 감히 거론할 수 없다」는 비답만 내린
다. 만동묘에 대해서는 이미 조대비의 영이 있었기에 이를 자신이 뒤
집을 수는 없다는 말이었다. 서원철폐령을 거두지도 않았고 경복궁
복원사업을 중단시키지도 않았다.

최익현의 두번째 상소를 읽은 이틀 후 고종은 영돈녕부사 홍순목
(洪淳穆, 1816~1884), 좌의정 강로(姜㳣, 1809-1887), 우의정 한
계원(韓啓源, 1814~1882)과 매우 흥미로운 대화를 나눈다.

「어젯밤 연석(筵席)에서 이야기한 두 가지 사항을 조지(朝紙)에 내도
록 하교하였다. 그런데 병인년에 대왕대비께서 수렴청정(垂簾聽政)
을 그만둔 후 모든 정사를 내가 직접 맡게 되었는데 이제 옛일을 다시
꺼내는 것은 온당치 못하다. 그러므로 대신들에게 문의하라고 한 명
을 철회하고자 한다.」 하니, 영돈녕부사(領敦寧府事) 홍순목(洪淳穆)
이 아뢰기를, 「어제 연석에서 하교를 받고 신들은 감히 대답할 수가
없었습니다. 얼마 후에 다시 연설(筵說)에 대한 명을 듣고 저도 모르
게 서로 쳐다보면서 황송해 하고 있을 즈음에 이러한 하교가 내렸는
데 이것은 사체상 매우 지당합니다.」 하고, 좌의정 강로가 아뢰기를,
「어제 하교를 받고 신들은 너무 황공하여 미처 대답해 드리지 못하였
습니다.」하고, 우의정 한계원이 아뢰기를, 「어제 창졸간에 일어난 일

1910년의 경복궁

이라 미처 아뢰지 못하였습니다. 대왕대비께서 수렴 청정을 그만두
신 뒤 전하께서 모든 정사를 직접 보신 일은 온 나라 사람들이 다 알
고 있으니 이제 와서 다시 알릴 필요는 없을 것입니다. 오늘 이 하교
를 받고 천만 우러르게 됩니다.」하니, 하교하기를, 「대신들의 의견이
또한 이러하니 연석에서 한 그 말들을 반포하지 말게 하라.」하였다.[41]

이 대화 하루전 고종은 이제부터 자신이 모든 정사를 직접 맡는다는
조칙을 내릴 것을 하교한다. 그런데 하루를 고민한 고종은 7년전인
1866년에 신정왕후 (조대비)가 수렴첨정을 거두었다는 사실을 상기
하면서 이미 그때부터 자신의 친정이 이루어지고 있었다는 사실을 깨
닫는다. 다만 부친인 흥선 대원군이 조대비가 수렴첨정을 거두었음
에도 불구하고 섭정을 해 왔기 때문에 고종은 모든 것을 대원군에게
맡기고 있었을 뿐이다. 사실 대원군은 아무런 공식적인 지위도 권한
도 없었다. 그저 어린 왕의 부친으로서 국정을 대신 맡았을 뿐이다.
고종은 자신의 친정이 이미 조대비가 수렴첨정을 거둔 순간 시작되
었음을 삼정승에게 확인하며 부친 흥선대원군을 섭정에서 물러나게

할 결심을 내비친다.

그러나 고종은 결국 최익현을 귀양보낼 수 밖에 없었다. 조정대신들은 최익현을 국문을 할 것을 요구하였으나 고종은 최익현이 「촌부」에 지나지 않는다면서 서둘러 제주도로 귀양보낸다.

이 공초를 보건대, 당초 상소의 내용은 시골의 무식한 사람이 분수(分數)에 대해 전혀 모른 데서 비롯된 것이었다. 국청을 설치한 것은 일의 체모를 보존하기 위한 것이자 중론을 따른 것이었다. 달리 다시 물을 만한 단서가 없으니 특별히 살리기 좋아하는 덕으로 제주목(濟州牧)에 위리 안치(圍籬安置)하도록 하라.⁴²

최익현을 국문 하지 않고 그냥 귀양만 보내는 것은 불가하다는 건의가 끊이지 않는다. 전한 홍만식, 부응교 이만도, 교리 이재순·장원상, 부교리 민영목·이수만, 수찬 홍건식, 부수찬 조우희 등이 연명으로,⁴³ 판의금부사 김세균, 지의금부사 박규수·심승택, 동지의금부사 황종현 등도 연명으로,⁴⁴ 대사헌 서당보, 대사간 윤자승, 헌납 박호양이 연명으로 최익현을 제주도로 귀양 보내기에 앞서 국문할 것을 주청한다.⁴⁵ 고종은 이를 모두 「최익현은 시골의 어리석고 몰지각한 자에 지나지 않는다」면서 물리친다.⁴⁶

그러나 대신들도 쉽게 물러서지 않는다. 동부승지 박제관, 가주서 이정래, 기주관 김현묵, 별겸 춘추 서정순, 영돈녕부사 홍순목, 좌의정 강노, 우의정 한계원, 판의금부사 김세균, 지의금부사 박규수와 심승택, 동지의금부사 황종현 등이 함께 입시하여 고종을 다그친

최익현

홍순목. 홍영식의 아버지로 갑신정변
후 자결한다.

다. 『승정원일기』가 기록하고 있는 이날
의 대화는 고종과 대신들 간의 논쟁의 열
기를 가감없이 전하고 있다.[47] 그러나 고
종이 끝까지 최익현을 국문할 것을 거부
하자 결국 이들은 사직을 청한다.

홍순목이 아뢰기를, 「성상께서 이와 같이
분부하시니, 신들은 너무도 황송하여 물러
나가겠습니다.」하니, 상이 이르기를, 「이 무
슨 말인가?」하자, 강노가 아뢰기를, 「신들
은 국옥을 살피고 있는데 법대로 하지 못
하였습니다. 옛사람이 말하기를, 「그 직임
을 제대로 할 수 없으면 떠나라.」하였습니
다.」하니, 상이 이르기를, 「장차 어디로 가
겠다는 것인가? 나는 그 가는 곳을 알고자 한다.」하자, 강노가 아뢰기
를, 「신들은 성 밖에서 대죄하겠습니다.」하니, 상이 이르기를, 「어찌
이런 도리가 있단 말인가. 나를 버리고 어디를 가려 하는 것인가. 대
관이라 하더라도 어찌 이와 같이 할 수 있는가. 실례(失禮)하는 것이
라 할 만하다.」[48]

이 논쟁이 있은 이틀 후, 고종은 삼정승을 파직시킨다.

나는 국청에 참여하는 대신들의 일에 대해 개탄스러움을 금할 수 없
다. 최익현의 일로 그동안의 하교에서 이미 나의 뜻을 다 말하였고
또 자성의 하교가 내려져 있는데도 대의리(大義理)라 간주하여 무단
히 성을 나갔으니, 만약 임금을 사랑하는 마음이 있었다면 어찌 이와
같이 하였겠는가. 대관(大官)이라 하여 관대히 용서할 수 없다. 영돈

녕부사 홍순목, 좌의정 강노, 우의정 한계원에게 모두 파직의 법전을
시행하라.[49]

그러나 이 논쟁의 패자는 고종도, 최익현도, 홍순목등의 정승들도 아
닌 대원군이었다. 최익현의 상소를 둘러싼 조정의 이 격렬한 논쟁의
가장 놀라운 점은 아무도 대원군을 옹호하는 자가 없었다는 사실이
다. 특히 고종은 아버지의 정책을 그토록 직설적으로 반복해서 비판
하는 최익현을 시종일관 두둔하였고 삼정승을 파직시키면서까지 최
익현에 대한 국문을 거부한다. 이는 아버지 대원군의 섭정에 대한 명
확한 거부이자 고종이 친정을 시작하겠다는 의지의 노골적인 표시
였다.

5. 왕도 정치 대 부국강병

고종은 왕위에 오른 이후 조선 역대 모든 왕들과 마찬가지로 경연
을 통해서 왕사들로부터 끊임없이 주자성리학적 왕도정치에 대한 주
입식 교육을 받았다.[50] 이제 성인이 되어 친정을 준비하는 젊은 왕은
모든 경전에서 배웠듯이 백성들을 사랑하는 청렴하고 강직한 도덕성
을 갖춘 군주가 되고 싶었다. 왕도 정치론에 따르면 국가의 역할은 윤
리, 도덕적인 질서를 세워 모든 백성이 예의범절을 지키고 상부상조
하면서 평화롭게 살아가는 나라를 만드는 일이었다. 공자의 「대동사
회론」에 나오는 그런 나라다.

대도(大道)가 시행되는 시대에는 천하를 만인의 공유물로 생각하고,
덕과 재능이 있는 자를 선출하여 정치를 맡겨 신의를 강구하고 화목
을 닦도록 한다. 그러므로 사람들은 자신의 어버이만을 어버이로 친

애하지 않고, 자기 자식만을 자식으로 친애하`지 아니하며, 사회의 노인들로 하여금 편안히 여생을 마칠 수 있게 하고, 젊은이로 하여금 충분히 자기의 능력을 발휘할 수 있게 하고, 어린이로 하여금 좋은 환경에서 자랄 수 있게 하며, 홀아비 과부 고아 자식없는 외로운 늙은이 나쁜 질병에 걸린 사람들이 모두 부양될 수 있도록 한다. 남자는 각각 일정한 직분이 있고, 여자는 모두 시집가서 가정을 꾸린다. 재화는 그것이 땅바닥에 함부로 버려지는 것을 방치하지 않으나 그렇다고 한사람의 수중에 들도록 해서도 안된다. 힘이 자신에게서 발휘되기를 원하지만, 그렇다고 반드시 자신만을 위하자는 것은 아니다. 그러므로 음모는 닫혀서 일어나지 않고, 절도와 난적은 생겨나지 않는다. 그래서 대문을 닫아 걸지 않고 안심하고 생활하니, 이것을 대동(大同)의 세계라 한다."[51]

왕도 정치의 경제적 기반은 농경사회다. 농경사회는 절기에 따라 움직인다. 우주의 질서, 섭리에 따라야 하고 자연에 순응해야 한다. 왕도정치의 역사관은 이러한 농경사회의 우주관을 반영한다. 역사란 음력의 육십간지가 보여주듯이 정해진 틀 속에서 주기에 따라 순환된다. 정치사 역시 「흥망성쇄」의 이치에 따라 반복된다. 따라서 우주자연과 역사의 이치를 깨닫는 것이야말로 경세가들의 가장 중요한 임무다. 지도자의 역할은 경전들을 공부해 성현들이 발견한 인륜 질서를 깨닫고 주역과 역사서를 공부함으로써 자신이 살고 있는 시대의 성격을 정확하게 파악하여 역사의 순리를 따르는 정치가 이루어지도록 하는 것이다.

또한 천체와 달력을 연구해 절기와 시기를 정확하게 읽고 농민들이 제대로 농사를 지을 수 있도록 돕는 것이다.

요순임금과 같이 농사에 관한 모든 지식과 기술을 배워서 백성들에게 전수해 주는것이 중요한 임무였다.

훌륭한 임금은 백성의 생업을 설정하여 주나 반드시 위로는 부모를 섬길 수 있게 하고, 아래로는 처자를 부양할 수 있게 하여, 풍년에는 종신토록 배부르게 먹고 흉년에는 죽음을 면케 하였으니, 그런 뒤에 힘써서 착한 일을 하게 함으로 백성들이 좇아 오기가 쉬운 것입니다.[52]

유교의 치자들은 「농자천하지대본」이라는 원칙을 자신들의 특권을 유지하기 위한 구호차원이 아니라 나라를 유지하기 위해 진정으로 필요한 통치 원칙으로 받아들였다. 주자에서 반계 유형원, 다산 정약용에 이르기까지 농사의 문제는 모든 선비들의 문제요 가장 중요한 관심사였다. 그들은 비록 지주들이었지만 농민들의 안위가 곧 자신의 안위와 직결되어 있음을 알았다.[53] 이들은 「민」(民)의 삶 역시 「사」(士)의 삶과 같은 자연의 순리와 윤리도덕적 원리를 따르는 삶이었고 「사」가 누리는 특권은 서로의 역할에 대한 정확한 이해와 인정 속에서만 가능하다고 믿었다. 「민심」이 「천심」이었던 이유다. 백성들의 불만과 비판은 합리적인 것이라 생각했기 때문에 백성들의 「원성」을 사는 일을 해서는 안 됐다.

농업을 기반으로 하는 경제의 생산성은 늘 제한적이었다. 송대와 같이 새로운 농법이 소개되면서 생산량이 급격히 늘어나는 경우도 있었지만 이러한 개혁도 곧 인구증가로 이어지면서 잉여가 사라진다. 다시 말해서 농업사회는 잉여와 여가가 없는 사회였다. 유교는 이러한 자급적 영농(subsistence farming) 경제를 대동사회를 건설하기 위한 이상적인 기반으로 생각하였다. 공자와 맹자, 그리고 역대 주자 성리학자들이 이상사회로 그리던 주나라의 「정전제」(井田制)가 바로 이런 이상을 담고 있다. 토지를 우물 「정」(井)자 모양으로 9등분하여 중앙의 토지는 공동으로 경작하는 「공전」(公田)으로 만들어 나라에 세금으로 바치고 나머지 8개의 토지는 「사전」(私田)으로 백성들이 자신들의 생계를 위해서 경작하도록 하는 제도였다. 이것이 주자성리학이 그리던 이상적인 경제체제였다.

따라서 왕도 정치의 경제정책은 정부의 개입을 최소화시키는 일종의 「자유방임」정책이었다. 윤리 도덕의 문제에 있어서는 국가가 철저히 개입하면서 백성들을 교화시켜야 했지만 경제에 있어서는 「최소국가론」을 견지하였다. 공자가 「다스릴 나라를 가진 자, 다스릴 집안을 가진자(집안어른)는 (백성이나 식구가) 적음을 근심하지 않고 서로 고르지 못함을 근심하며, 가난함을 근심하지 않고 서로 편안치 못함을 근심한다고 한다」고 한 이유다.[54]

왕도 정치를 구현하기 위해서는 나라가 대규모 토목 사업을 일으키거나 전쟁을 일으키는 것은 어쩔 수 없는 경우에만 하는 일이었다. 만리장성을 쌓고 대운하를 파고 호화스러운 궁궐을 짓는 등의 대역사를 일으키고 대군을 일어켜 정복 전쟁을 일삼는 것은 왕과 왕실의 권위를 세우고 나라를 강하게 한다. 그러나 자급영농 경제에서 국가의 대규모 사업이나 전쟁은 일반 백성들에게는 막대한 부담을 줄 수밖에 없었다. 백성들은 땀 흘려 수확한 곡식들을 군량미나 세금으로 빼앗기고 군대에 끌려가고 대규모 토건사업에 동원되면서 농사에 전념할 수 없게 된다. 황제, 왕, 귀족들이 자신들의 야심과 부귀영화를 좇으면 민생은 도탄에 빠질 수 밖에 없다. 경제에 있어서 만큼은 지배계층과 백성들 사이에는 제로섬 게임이 성립된다.

왕도 정치가 지배층의 도덕성과 청렴성을 강조한 이유도 자급적 영농 경제체제하에서는 엘리트들의 부패와 사치가 곧 백성들에 대한 수탈로 이어질 수 밖에 없었기 때문이다. 지배계층은 백성들에게 부담을 주지 않도록 청빈한 삶을 살아야 했다. 과도한 세금을 걷거나 부역이나 군역에 동원하는 것은 착취였다.

외적의 침입에 대비하고 치안을 유지하기 위하여 병력을 유지하는 일, 나라를 경영하는데 필요한 관료를을 두기 위해 세금을 걷는 일, 치수관개사업, 왕이 거처할 궁궐을 짓는 일 등 국가를 유지하고 운영하는데 필요한 최소한의 일은 해야 했지만. 이는 어디까지나 필요악이었을 뿐 왕도 정치가 지향하는 목표는 결코 아니었다.[55] 왕이 자신의 위세를 드러내기 위해서, 또는 사치와 향락을 위해서 호화로운 궁궐을 짓는 것은 마치 탐관오리가 자신의 사리사욕을 채우기 위해서 백성들을 착취하는 것과 마찬가지였다.[56]

왕도 정치가 추구한 것은 백성들이 기본생활을 할 수 있도록 하는 것이지 국가가 적극적으로 경제발전을 주도하여 「부강한 나라」를 만드는 것이 아니었다. 경제발전을 할 능력이 없어서가 아니라 경제발전 자체가 왕도 정치가 추구하는 대동사회를 건설하는데 가장 큰 장애물이라고 생각했다. 경제발전을 위해서 백성을 동원하는 것은 곧 백성을 착취하는 것이었기 때문이다. 설사 경제가 발전해서 백성들이 호화로운 삶을 살게 되더라도 백성들이 사치를 하게 되면 윤리와 도덕이 땅에 떨어질 수 밖에 없었다.[57] 산업과 상업이 발전하게 되면 땀 흘려 땅을 일구어 그 대가로 대자연으로부터 소출을 받아서 살아가는 정직한 삶이 무너진다고 생각했다. 풍족하지 않지만 기본적인 생계유지를 하면서 서로 나누고 함께 사는 대동사회 건설은 경제발전을 통해서 이루어지는 것이 아니었다. 대동사회와 부국강병은 양립할 수 없는 목표들이었다.

왕도 정치의 지배계층인 문사(文士), 즉 선비들은 가정과 국가와 천하의 질서가 순환하는 자연의 순리를 따를 수 있도록 지도하는 사람들일뿐, 이 질서를 강제로 변화시키거나 새로운 것을 창조하거나 혁신적인 것을 만들어내려는 사람들이 아니었다.[58] 「군자」를 이상으로 삼는 이들은 선동가들도 아니고 정치적 조직을 하는 사람들도 아니고 귀족도, 사제도, 부자도, 전문가도 아니었다. 수기치인을 통하여 도덕적으로, 학문적으로 타의 모범이 되는 인문주의자들일 뿐 부국강병을 추구하는 경제전문가도, 전략가도 아니었다.[59]

왕도 정치의 반대는 법가의 「부국강병론」이었다. 유가사상을 태동시킨 것이 중국의 춘추시대(기원전 770~403년)였다면 법가사상의 시대적 배경은 전국시대(기원전 403~221년)였다. 법가의 사상가들은 정치, 즉 올바른 다스림 자체를 이상으로 보지 않고 부국강병을 위한 도구, 「술」(術)로 보았고 자신들을 정치의 기술자, 전문가(political expert)로 보았다.[60] 유가에서는 국가를 윤리도덕과 문명을 일으키고 지키는 도구로 보았다면 법가는 국가를 권력의 도구로 간주하였다.[61] 국가의 목표는 국력을 키워 열국들이 약육강식의 투쟁을 벌이는 전국시대에 자국의 생존을 보장하고 나아가서는 적국들을 힘으로 제압해 천하를 평정하는 것이다. 국가의 목표와 존재이유는 부국강병이었다.

법가들은 국력이란 경제력에서 온다는 사실을 잘 알고 있었다. 오가작통법을 포함한 변법을 시행하여 훗날 전국시대를 종료시키고 천하통일을 이룬 진나라의 초석을 놓은 상앙(商鞅, BC 395~338), 한비자(韓非子, BC280?~233), 관중(管仲, ?~BC 645)등은 모두 「부국」의 중요성을 절감하고 있었다. 부국 없이는 강병도 없음을 알았다.

> 현명한 군주가 부강해지는 술에 통달하면 바라는 것을 얻어 낼 수 있다. 그러므로 정치를 신중히 한다는 것이다. 부강케 하는 술은 법령과 금제를 명확히 하고 책모와 계략을 치밀히 하는 것이다. [한비자 47장 인용]

중국의 전국시대를 끝내고 「평천하」를 통일하여 평화를 이룬 것은 유가가 아닌 법가 사상과 정책을 적극 채용한 진나라였다.

그러나 진나라가 진시황이 죽은지 불과 4년만인 기원전 206년에 멸망하자 법가사상에 대한 반성이 일어나면서 한나라에서는 유가사상이 다시 복권된다. 특히 한나라의 7대 황제인 무제(세종, 世宗, 孝武皇

帝, 劉徹, BC 156~87년, 재위: BC 141~87년)는 유학자 동중서(董仲舒, BC 176년?~BC 104년)를 중용하고 『시』(詩), 『서』(書), 『주역』(周易), 『예기』(禮記), 『춘추』(春秋) 등 오경(經)을 전문적으로 연구하고 가르치는 오경박사(五經博士)를 두는 등 유학 장려에 힘썼다.

그럼에도 불구하고 한무제는 전형적인 법가적인 통치자였다. 그는 군사를 일으켜 북쪽으로는 흉노를 토벌하고 남쪽으로는 오늘날의 월남을, 서쪽으로는 오늘날의 키르기스탄을 정복하고 동쪽으로는 고조선을 멸망시키고 한사군을 설치하는 등 강토를 넓혔다. 이러한 정복전쟁을 위해서 한무제는 소금과 철, 황과 술의 생산과 판매를 국유화하는 등의 강력한 부국책을 추진하였다. 균수법(均輸法)을 시행하여 국가에서 상업활동을 할 수 있도록 하였고 평준법(平準法)을 시행하여 정부가 물가를 조정하도록 하였다.

그러나 한무제의 부국강병책은 많은 폐단을 낳고 끊임없는 민란의 원인이 된다. 한무제의 뒤를 이어 즉위한 소제(효소황제 유불릉, 孝昭皇帝 劉弗陵, BC 95~74년) 뒤에서 절대권력을 휘드르던 곽광(霍光, ?~BC 68년)은 BC 81년 전국의 학자들을 장안으로 불러들여 한무제가 시행했던 부국강병책에 대한 대토론을 벌이니 이것이 그 유명한 「염철론」(鹽鐵論)이다.

당시 법가 대신들은 상공업을 발전시킬 것을 강력하게 주장한다.

> 나라에 비옥한 토지가 많이 있음에도 백성들의 식량이 부족한 것은 농기구가 충분치 못하기 때문이며, 산해의 자원이 풍부한데도 백성들의 재화가 부족한 것은 상공업이 발달하지 못한 때문이다[62]

유가의 입장에서 볼때 사회질서는 물론 인륜자체를 파괴하는 정책이다. 유교의 정통 경제정책은 백성들이 검소하게 살 수 있을 정도의 자급자족하는 농본사회를 이상으로 삼았다. 즉, 유교는 경제발전

자체를 죄악시 했다. 상공업을 발전시키고 무역을 통하여 국부를 늘리자는 입장은 패도 정치의 전형이었다.

국가의 역할이 무엇인지에 대해서는 중국 역사 속에서 수많은 논쟁이 있었다. 북송시대 왕안석의 신법파와 사마광의 구법파간의 논쟁도 한대의 염철론같이 유교 국가의 경제정책에 대한 치열한 이론적, 정치적 논쟁이었다. 그러나 결국 왕안석이 시도한 국가주도형 경제발전 모형은 이단으로 몰리고 사마광에서 정호, 정이, 그리고 주자로 이어진 구법파의 사상이 주자의 정치경제이론으로 자리잡게 된다.

왕도 정치론의 관점에서 볼 때 흥선 대원군의 「개혁」이란 진시황, 한무제, 왕안석 등이 추진한 부국강병책 처럼 대동사회를 파괴하는 패도정치의 전형이었다. 결코 받아들일 수 없는 「이단」이었다.

대원군은 강력한 왕권을 바탕으로 왕실이 다시금 나라의 주인이 되는 정치를 실현시키고자 하였지만 막상 자신이 왕위에 앉힌 친아들 고종을 교육하고 이념적 동지로 만드는데는 실패하였다. 유림의 본거지인 서원을 철폐하고 조선을 멸망한 명의 정신적인 속국으로 만드는 만동묘를 폐쇄한 것도 모두 왕권을 강화하기 위한 것이었다. 막대한 세금을 거둬들이면서까지 경복궁을 중건한 것도 왕실의 권위를 세우기 위해서였다. 그러나 이 모든 정책들은 왕도정치의 이념적 세례를 받은 아들 고종의 입장에서 볼때는 잘못된 것들이었다. 대원군이 불철주야 왕권을 강화하기 위한 개혁을 밀어부친 10년 동안 고종은 이 모든 정책이 잘못된 것이었다고 가르치는 주자성리학적 왕도정치의 이념만 주입받고 있었다.[63]

6. 고종의 친정과 조선 경제의 몰락

고종이 얼마나 왕도 정치의 이상주의에 경도되어 있었는지는 그가 친정을 시작하면서 시행한 첫 정책만 봐도 알 수 있다. 고종은 친정을 시작한 고종의 첫 정책은 청전 유통의 금지였다. 1874(고종 11)년 1월 2일 전 헌납 이규형이 상소를 올린다:

당백전(當百錢)은 마침내 사사로이 주조하는 것이라 통행하지 못하도록 하였는데, 호전의 사용은 한때의 임시 방편에서 나온 조처이긴 해도 지금은 온갖 폐단이 거듭 생겨 물가가 폭등하여 서울이나 지방을 막론하고 호전을 한푼이라도 손에 넣게 되면 그것이 남아 쌓이게 될까 두려워 값의 고하를 막론하고 모두 다 물건으로 바꾸어 사들이고야 맙니다. 사람들이 모두 똑같이 생각하는 바가 이와 같은데, 어찌 평정할 수 있겠습니까. 부디 즉시 혁파하도록 하여 민심을 진정시키소서.[64]

그러자 고종은 1월 6일, 대신들과 아무런 상의도 없이 청전의 유통을 금지하는 교지를 내린다.

청전(淸錢)을 당초에 통용한 것은 그렇게 하지 않을 수 없던 일이었는데 지금에 이르러 돈이 천해지는 것이 하루 하루 더 심해져 지탱할 수가 없다고 한다. 백성들의 정상을 생각하면 비단옷과 쌀밥도 편치 못하니 즉시 변통하는 것 역시 그렇게 하지 않을 수 없는 일이다. 지금부터는 청전의 통용을 한결같이 혁파하고 묘당에서 삼현령(三懸鈴)으로 팔도와 사도(四都)에 행회(行會)하라.[65]

그러자 같은 날 의정부에서 다음과 같은 상소문을 올린다.

청전(淸錢)을 혁파하고 상평전(常平錢)으로 2월부터 상납할 일로 막하교를 받들어 팔도와 사도에 행회하였습니다. 당초에 통용하다가 지금에 이르러 변통한 것은 모두 백성들을 위한 성상의 뜻으로, 위를 덜어서 아래에 보태주는 정사를 그 누가 흠앙하지 않겠습니까만, 경비가 군색해지는 것 또한 염려하지 않을 수 없습니다. 경외(京外)의 수용(需用)과 지방(支放)에 있어 별도로 방편을 도모하여 성상의 덕의(德意)를 선양하라고 호조와 선혜청 및 각 군문, 각 아문에 분부하는 것이 어떻겠습니까?"[66]

1월 14일 고종은 비로소 사태의 심각성을 깨닫고 어전회의를 연다. 이회의에는 좌부승지 이교익, 가주서 장규홍, 사변가주서 허윤, 기사관 김영철(金永哲)과 김홍집(金弘集), 영의정 이유원(李裕元), 우의정 박규수(朴珪壽), 정부 당상 김대근(金大根)과 이승보(李承輔), 호조 판서 김세균(金世均), 지삼군부사 이경하(李景夏)와 이용희(李容熙), 서형순(徐衡淳), 조기응(趙基應), 지삼군부사 임상준(任商準), 김익진(金翊鎭), 박제인(朴齊寅), 병조 판서 서상정(徐相鼎), 지삼군부사 양헌수(梁憲洙), 동지삼군부사 오현문(吳顯文), 김보현(金輔鉉), 백낙정(白樂貞), 교리 황기연(黃耆淵) 등이 참석한다.

상이 이르기를, 「호조와 선혜청 및 각 사, 각 영에 가려서 둔 우리 돈의 숫자는 얼마나 되는가?」 하자, 이유원이 아뢰기를, 「호조에 800냥이 있다는 것을 신이 들어서 알고 있으나 이 밖의 것은 들어서 알지 못합니다.」하니, 김세균이 아뢰기를, 「호조에 현재 남아 있는 것 중에 상평전(常平錢)은 별도로 둔 것이 없습니다. 경복궁에 기와를 덮는 일은 지금 우선 정지하였으나 각 능원(陵園) 제관(祭官)의 여비 및 어보(御寶)를 수개하는 일과 자지(慈旨)로 문안패(問安牌)를 다시 만드는 일의 공장(工匠)에게 줄 인건비는 모두 지체할 수 없는 것이기 때문에 현재 남아 있는 것 중에서 먼저 받아둔지 조금 오래된 것 중 1만 1500냥을 빼내고 나니, 남은 상평전은 800여 냥에 불과하였습니다.」[67]

정부 돈이 하루아침에 800냥으로 준다. 고종은 환곡을 기록한 「곡총」(穀總)에 보니 정부의 창고에 곡식이 아직 많이 남아 있는 것으로 기록되어 있다며 이것을 사용하면 될 것이라고 하자 박규수가 환곡은 장부상에만 있는 것이지 실제 곡식이 있는 것이 아니라는 사실을 아뢴다.

박규수가 아뢰기를, 「관서의 환곡 폐단은 해가 갈수록 더욱 심해져서 크게 백성들의 근심거리가 되고 있습니다. 을축년 경에 도신(道臣) 홍우길(洪祐吉)이 크게 경장(更張)하여 한결같이 아울러 포흠(逋欠)을 탕척하고 환곡을 파하고 1결(結)마다 1냥씩을 배분하여 모작(耗作)으로 만들어 급대(給代)해 상납하게 하고, 1호(戶)마다 4두(斗)씩을 배분하여 영읍(營邑)의 지출에 쓰도록 하였는데, 성향(城餉)은 10만 석 이외에 더는 저축한 일이 없었습니다. 그러나 곡부(穀簿)의 마감은 경사(京司)에서 구식(舊式)에 의하여 하였으니 비록 구법을 중히 여긴 것이라 하더라도 그 실제는 허위 문서입니다. 이번에 들여보내 열람하신 곡총(穀摠) 가운데는 과연 한 포대의 실곡(實穀)도 없습니다.」하자, 상이 이르기를, 「나는 곡식이 있는 것으로 알았다.」[68]

다급해진 고종은 평안도로 하여금 상평통보를 거둬 보내도록 하라고 교지를 내린다.

상이 이르기를, 「관서는 관북에 가까우니 상평전을 통행하는 방도가 도하(都下)보다 나을 듯하다.」하니, 이유원이 아뢰기를, 「비단 멀리 관서나 관북에 미쳐서만이 아니라 서울에서 가까운 교외만 하더라도 상평전을 현재 유통하고 있어 성 안보다는 낫습니다.」하자, 상이 이르기를, 「잘 절약하여 쓰면 경비가 충족될 것이다.」하고, 상이 이르기를, 「목하 경비는 한시가 위급하니, 즉시 행관(行關)해야 한다.」하니,

이유원이 아뢰기를, 「물러가 마땅히 행관하겠지만, 호조 역시 관문을 보내 신칙해야 합니다.」하자, 상이 이르기를, 「서울에 있는 곤수와 수령을 즉시 내려보내고, 각기 그 고을의 상납 역시 독촉해야 한다.」[69]

고종은 처음으로 정부 수중에 있는 청전이 얼마인지 정확히 파악할 것을 명한다.

상이 이르기를, 「대신과 재부(財賦)의 신하는 연석에서 물러난 후, 각사(各司)에 남아 있는 청전(淸錢)의 수효를 상세히 써서 들이라.」하니, 이유원이 아뢰기를, 「삼가 써서 들이겠습니다만, 3, 4백 만은 밑돌지 않을 듯합니다.」하자, 상이 이르기를, 「묘당에서 관서에 행회하여 즉시 거두어 보내게 하라. 목하의 사세가 매우 급하기 때문에 이렇게 하는 것이다.」[70]

1월 20일 또 다시 어전회의가 열린다. 고종은 대신들에게 자신이 그동안 보고 받은 정부재정의 총액을 얘기한다.

상이 이르기를, 「현재 상평전의 들어온 양이 100만이 되는데, 별단에 있는 청전 200만을 구처할 방도가 없어 민망스럽다. 나라에 쓸 경비가 없고 또 민간에서 거둘 수도 없으니, 환곡을 작전하는 외에 다른 도리가 없다.」[71]

그러자 영의정 이유원은 환곡을 이용하는 것도 여의치 않음을 아뢴다.

이유원이 아뢰기를, 「전에도 국용이 어려울 때에는 이런 예가 많았는데, 지금은 곡부(穀簿)의 숫자가 많지 않아서 손을 댈 계책이 없습니

다.」하자, 상이 이르기를, 「환곡의 탕척(蕩滌)은 이정(釐正)한 후부터
있었는가?」하니, 이유원이 아뢰기를, 「과연 그렇습니다.」하였다. 상
이 이르기를, 「호조의 경비가 매우 광대(廣大)하여 경복궁의 시역(始
役)은 고사하고라도 시어소(時御所)도 수리할 곳이 많은데 참으로 도
리가 없다.」하니, 이유원이 아뢰기를, 「나라에 3년의 저축이 있어도
오히려 방도가 없을 것인데, 눈 앞의 소용도 실로 계책이 없으니, 어
찌 답답하지 않겠습니까?」하자, 상이 이르기를, 「호조에 상평전이 있
어야 매사가 힘을 펼 수 있게 된다.」[72]

나랏 돈 300만 양 중 상평전은 100만에 불과하고 아무런 가치가
없어진 청전이 200만에 이르렀다.

대원군의 정책이 패도정치임을 확신한 고종은 우선 부친의 정책
중 가장 많은 원성을 사고 있던 청전의 유통을 금지하고 왕도정치를
펼치는 어진 임금이 되고 싶었다. 그러나 경제와 재정에 대한 아무런
지식과 관심도 없었던 고종은 교지 하나로 하루 아침에 정부 재정의
3분의 2를 없애 버린다.

당시 조정의 무지는 놀라웠다. 청전문제를 논의하는 와중에 중국
의 경우를 논하면서 고종이 「중국의 성(省) 하나가 과연 우리나라보
다 더 큰 곳이 있는가?」하고 묻자 이유원은 「성에는 크고 작은 것이
있어서 비교해 논해서 대답할 수가 없는데, 지방(地方)이 광막하여
자세히 알 수가 없습니다.」고 답한다.[73] 당시 청의 인구는 4억을 돌
파하고 있었다. 조선의 인구는 1천5백만 정도였다. 중국의 모든 성
은 조선의 몇배에 달했다. 그러나 이러한 기초적인 사실을 조선의 왕
도, 영의정도 몰랐다. 이후로 조선의 몰락은 가속화 된다. 계속되는
흉작과 부패, 조세제도의 난맥상 등으로 인하여 조선재정은 회복하
지 못한다.

위정척사파들이 요구한 청전혁파는 과감하게 시행한 고종이었지

만 만동묘와 서원의 복원, 호폐제의 폐지 등의 요구는 받아들이지 않는다. 그러자 위정척사파들도 고종으로부터 등을 돌리기 시작한다. 결국 고종이 대원군의 쇄국정책을 완화하고 일본과의 새로운 관계를 모색하하면서 위정척사파는 고종과 완전히 결별한다.

제2부
결론

제2부

결론

　주자성리학은 3단계를 거쳐 조선에 뿌리 내린다. 첫 번째는 주자성리학을 국교로 채택한 조선초의 건국세력이 추진한 급진개혁이다. 두 번째는 병자호란 이후 조선에 주자성리학 근본주의를 정착시킨 송시열의 「기축봉사」와 예송, 사문난적 논쟁이다. 마지막 단계는 19세기 중엽 천주교의 확산과 서구열강의 도래, 일본의 근대화에 맞서 주자성리학적 질서를 지키고자 나선 친중위정척사파의 출현이다.

　건국초기의 조선은 중국의 선진문명을 받아들이기 위한 전면적인 개혁개방 정책을 추진한다. 반면, 중기와 말기의 조선은 쇄국정책으로 외국문물의 유입을 철저히 차단한다. 세종은 송(宋)-원(元)-명(明)의 사상과 윤리, 사회제도, 농업기술과 과학기술을 끊임없이 연구하고 실험하고 도입하고자 노력하였다. 반면, 위정척사파는 조선 문명이 이미 세계 최고라고 믿고 북방 오랑캐(청)와 왜(倭)와 양이(洋夷, 서양 오랑캐)의 사이비 문물에 의해 오염이 되지 않도록 지켜내고자 했다. 세종의 개국은 새 나라의 기틀을 잡았고 위정척사파의 쇄국은 나라를 몰락시켰다.

　위정척사 사상과 쇄국정책의 기원은 16세기말~17세기 초의 명(明)-청(淸) 교체기로 거슬러 올라간다. 임진왜란(1592~1599)으로 시작하여 청의 중원정복(1644)으로 귀결되는 명-청 교체기는 원-명 교체기 이후 200년 만에 다시 찾아온 난세였다. 조선 초의 개혁 개방 정책이 성공할 수 있었던 것은 조선이 몰락하는 원을 버리고 새로 흥하는 명을 과감하게 선택하면서 세계사의 흐름에 편승하였기 때문이다. 고려왕실은 물론 최영, 정몽주 등 당대의 정치인, 군인, 지식인들이 원을 배반하는 것이 옳지 않다면서 명을 상대로 요동정벌까지 시도하였지만 결국 이성계, 정도전, 조준 등 친명파가 위화도 회군과 역성혁명을 감행하면서 친명정책을 관철시킨다.

한편, 명-청 교체기의 조선은 떠오르는 청 대신 몰락하는 명을 선택한다. 광해군(光海君, 1575~1641, 재위: 1608~1623)은 급부상하는 청의 위협을 간파하고 명과 청 사이에서 아슬아슬하지만 균형잡힌 정책을 폈다. 그러나 친명파가 인조반정(仁祖反正, 1623)으로 광해군을 제거하면서 조선은 친명정책을 밀어부친다. 반정세력은 명이 임진왜란때 군사를 보내 조선을 지켜준 「재조지은」(再造之恩, 나라를 다시 만들어 준 은혜)을 잊어서는 안 되며 오랑캐 여진과 싸우는 명을 도와야 한다고 주장한다. 중원제패의 야망을 키우던 청은 후방에서 친명정책을 고집하는 조선을 복속시켜야 했다. 1627년에는 정묘호란을, 그리고 1636년에는 병자호란을 일으키는 이유다.

청군은 8년 뒤인 1644년 자금성에 입성한다. 청의 대륙정복은 숭명반청(崇明反淸) 정책을 고수하던 조선에게는 재앙이었다. 건국부터 따르던 문명의 중심, 의지하던 국제질서의 중심이 무너졌다. 그러나 조선의 위정자들은 숭명반청 정책을 포기하지 않는다. 명을 가장 이상적인 주자성리학의 나라로 격상시킨다. 명이 실제로 존재했을 때는 명을 비판할 수 있었지만, 이제 완벽한 국가, 절대적 이념이 된 명을 비판하는 것은 있을 수 없는 일이 된다. 명을 비판하는 것은 「사문」(斯文) 즉, 문명 그 자체를 거부하는 「난적」(亂賊)만이 감히 할 수 있는 일이었다.

조선은 사라진 명이 구현했던 주자성리학의 이상에 도전하는 모든 사이비 사상을 철저하게 배격하는 「위정척사」(衛正斥邪)에서 존재의 이유를 찾기 시작한다. 위정척사 사상은 우암 송시열의 「기축봉사」(己丑封事, 1649」를 통해서 이론적으로 정리되었고 예송(禮訟,

1659, 1674)을 통해서 제도적으로, 정치적으로 뿌리를 내린다. 대외적으로는 청을 대상으로 한 쇄국정책으로 발현된다. 병자호란 이후 조선의 위정자들은 당시 새로운 글로벌스탠더드로 떠오르고 있던 청의 문물을 오랑캐의 것이라며 거부한다. 임진왜란 이후 일본과의 관계를 끊은 조선은 이제 대륙과의 관계도 끊어버린다. 북학파와 같이 청의 문물을 배울 것을 주장하는 학파도 나오고 서양의 종교인 천주교가 청을 통해서 유입되지만 모두 배척되고 박해받는다. 조선초의 친명정책은 개혁과 개방정책의 일환이었지만 조선 중기의 친명정책은 쇄국정책이었다.

명-청 교체기에 「숭명반청」과 「위정척사」라는 사상적, 정치적, 외교적 쇄국정책을 채택한 조선은 17세기 이후 세계사의 주류에서 이탈한다. 서구문명의 부상과 이에 따른 국제질서의 재편에 대해 무지할 수 밖에 없었다. 19세기 서세동점(西勢東漸)의 또 다른 문명교체기를 맞은 위정척사파는 이번에는 「동이」(東夷, 동쪽 오랑캐, 여진)가 아닌 「양이」(洋夷, 서쪽 오랑캐, 서양)를 상대로 위정척사의 기치를 내걸고 쇄국정책을 고수한다. 결과는 왕조의 멸망과 국권의 상실이었다.

위정척사파와 근대국가

19세기의 위정척사파가 개국과 근대화를 반대한 근본적인 이유는 주자성리학과 근대국가는 양립할 수 없었기 때문이다. 주자성리학의 관점에서 볼때 서구식 근대국가 건설은 전형적인 법가식 부국강병의 길이었고 왕도 정치가 가장 경계해야 할 패도 정치로 전락하는 첩경이었다. 왕도 정치가 패도 정치로 전락하는 것은 문명이 야만으로 전락하는 것을 뜻했다.

위정척사파가 꿈꾼 「왕도 정치」(王道政治)는 왕을 위시한 국가엘리트가 사치를 멀리하고 솔선수범하여 근검절약하는 검소한 삶을 사는 「수기치인」의 정치였다. 치자들은 백성들이 평화롭게 농사를 지으며 살아갈 수 있도록 전쟁이나 거대한 토목사업이나 전쟁은 불가피한 경우를 제외하고는 피해야했다. 그 대신 예의범절과 미풍양속을 널리 보급하면서 백성들이 향촌에서 가족, 친지, 이웃사촌들과 상부상조하면서 살아가는 대동사회를 건설해야 했다. 풍족하지는 않지만 부족한 가운데서도 서로 나누는 자급자족의 농본사회가 왕도정치의 이상이었다.

반면, 근대국가의 목표는 「부국강병」(富國强兵)이다. 농업 대신 산업을 일으켜 수출을 하여 국부를 쌓아야 한다. 자급자족하는 경제가 아니라 세계의 수 많은 나라들과 교역 하면서 세계시장에서 경쟁할 수 있는 경제를 건설해야 한다. 근검절약 대신 소비를 권장하고 상업을 촉진시켜 시장경제를 활성하고 백성들에게 검박한 미풍양속을 장려하기보다 물질적으로 풍요로운 삶을 제공해야 한다. 나라를 지키고 국익을 극대화시키기 위해서 거대한 방위산업을 일으켜 강력한 군대를 유지하고 때로는 전쟁도 불사해야 한다.

왕도 정치의 관점에서 본다면 「부강한 나라」는 반문명적인 사회다. 상업을 권장하는 것은 허영과 사치, 이기적인 행동을 조장하는 행위다. 조선이 「사농공상」의 신분질서를 유지하면서 상인과 상업을 천시한 이유다. 산업을 일으키기 위해서는 백성들을 노역에 동원하고 노동력을 「착취」하지 않고서는 불가능한 일이었다. 왕도정치의 입장에서 볼 때 「경제발전」은 그 자체가 패도정치였다.[1] 거대한 군대를 유지하면서 군이 정치에 개입하도록 허용하는 것은 패도정치의 극치였다.

왕도 정치의 이상은 조선 특유의 약한 중앙 집권 체제를 낳았다.[2] 왕은 이론적으로는 「절대군주」였으나 사대부들의 끊임없는 견제를 받으면서 「왕도 정치」를 구현해야 했다. 사대부는 과거에 급제하여 관료로서 중앙정부에 참여하는 것에서 존재의 의미를 찾았다. 그러나 동시에 사대부는 왕권이 강화됨으로써 패도 정치가 고개 드는 것을 막는 것을 자신들의 임무로 여겼다. 결국 조선에서는 사대부도 왕실도 강력한 지도력을 발휘할 수 없었다. 이러한 체제는 안정적인 대외 환경과 자급자족이 가능한 농업경제하에서는 지속가능하였다. 조선조가 그토록 오랫동안 지속될 수 있었던 이유다.

그러나 왕도 정치는 국제정세가 급변하고 외세가 침략하는 국가 재난시에는 그 취약성을 여지없이 드러냈다. 임진왜란이나 병자호란 당시 조선의 엘리트 계층은 아무런 지도력을 발휘하지 못했다. 물론 조선왕조는 임진왜란과 병자호란을 겪고도 몰락하지 않았다. 그러나 그것은 조선이 강했기 때문이 아니다. 조선이 양난을 견뎌낸 것은 임진왜란 때는 명이 원군을 보냈고 병자호란 때는 청이 조선의 멸망을 원하지 않았기 때문이다.

왕도 정치를 지향하던 조선이 근세의 파고를 넘을 수 있는 유일한 방법은 부국강병책을 통해 근대국가를 건설하는 것이었다. 위정척사파가 꿈꾼 이상적인 왕도 정치는 물론 대원군이 시도한 제한적인 부국강병책으로는 국권을 유지할 수 없었다. 왕도 정치의 이상을 완전히 버리는 극단적인 근대화를 이룩하는 것 만이 국가를 보존할 수 있는 길이었다. 그러나 끝가지 왕도 정치의 이상을 버리지 못한 조선체제는 결국 19세기 서세동점의 시기에 힘없이 무너진다.

왕도 정치냐, 부국강병이냐라는 극단적인 선택을 강요받은 것은 조선만이 아니었다. 중국도, 일본도 마찬가지였다. 청말의 중국 엘리트들은 「동치중흥」(同治中興)을 통하여 「중체서용」(中體西用)이라는 절충주의를 택한다. 「양무운동」(洋務運動), 「변법자강운동」(變法自彊運動) 등을 통해 유교적 왕도정치와 근대국가 건설을 동시에 추구하지만 결국 실패하고 청은 멸망한다.

반면, 일본은 메이지유신(明治維新, 1868)을 통해 왕도정치를 버리고 양이의 문물을 적극 받아들이면서 부국강병의 길을 간다. 일본의 근세 사상가들과 정치지도자들은 주자성리학적 왕도 정치를 「봉건」 또는 「구습」이라고 비판하고 서양을 따르는 것을 「문명개화」로 받아들이면서 인식의 대 전환을 이룩한다. 명치유신 이후의 일본에게는 동양이 야만이고 서양이 문명이었다. 일본에게 「문명」과 「근대화」는 더 이상 양자택일의 문제가 아니었다. 일본이 근대화에 성공하는 이유다.

조선의 개화파도 외세가 나라의 존립을 위협하는 상황에서 당연히 왕도 정치가 아닌 부국강병을 해야 한다고 주장했다. 일본처럼 과감한 개혁과 개방을 통해서 구체제와 구습을 일소하고 서구의 사상과 가치와 풍속과 체제를 도입해야 한다고 주장했다. 조선이 만주족의 두발과 복식을 거부하면서 명의 것을 지켜냈다면 이제는 단발을 하고 서양식 복식을 갖추어야 한다고 했다.

그러나 위정척사파는 근대화란 곧 왕도 정치 이념을 포기하는 것이라는 사실을 잘 알았다. 서구열강으로부터 나라를 지키기 위해서는 부국강병이 필요할지 몰라도 부국강병을 위해 왕도 정치를 버린다면 조선도 양이와 같은 오랑캐로 전락하게 된다고 생각했다. 조선의 왕도 정치는 바다건너의 왜가 나라를 유린하고 만주의 오랑캐가 중원을 차지했어도 지켜낸 문명이었다. 이제 와서 서양 오랑캐의 기술에 현혹되거나 굴복하여 문명을 내줄 수는 없는 노릇이었다. 일본이 말하는 「문명개화」는 동양의 오랑캐인 왜가 서양의 오랑캐를 흉내내는 것에 불과하고 그들이 추구하는 「부국강병」은 「패도 정치」일 뿐이었다. 나라를 지키기 위해서 문명을 버리고 야만을 택할 수는 없었다.

위정척사파와 민족주의

위정척사파를 민족주의자들로 보는 경향이 있다. 위정척사파도 민족주의자들처럼 외세를 배격하고 「우리 것」을 지키고자 하였기 때문이다. 면암 최익현은 1876년 병자척화소로 강화도 조약을 반대함으로써 일본의 조선 국권침탈을 미리 예견하였고 1895년 단발령이 내려졌을 때 이를 반대함으로써 조선 고유의 「전통」을 지키려고 하였고 1905년 을사늑약이 체결되자 의병을 일으켜 항일무장투쟁을 벌인다. 이에 실패하여 일본군에 체포되어 쓰시마로 유배되어 병사함으로써 「민족」의 「자주독립」을 위하여 목숨을 바친 민족주의자로 간주된다. 그러나 위정척사사상과 민족주의는 판이하게 다른 이념이다.

위정척사파가 지키고자 한 것은 「천하」였다. 「국가」는 「천하」의 일부분이었다. 「천하」는 문명을 뜻했고 「국가」는 구체적인 정치 단위였다. 천하는 관념이었지만 그렇기 때문에 영원불변했다. 반면 국가는 구체적이지만 필연적으로 흥망성쇠하는 한시적인 단위였다. 송이나 명나라처럼 문명을 대변하고 대표하는 국가들이 출현할 때면 천하와 국가가 일치한다. 그러나 「천명」을 받은 국가가 멸망하면 「천하」가 다시 어지러워지면 새로 「천명」을 받은 왕조가 탄생할 때까지 혼란기를 겪는다.

천하와 국가의 관계를 가장 선명하게 대비하여 설명한 것이 황종희의 『명이대방록』(明夷待訪錄) 첫 장이다.

태초부터 인류는 각각 자신만을 돌보았고, 각자 자신의 이익을 추구하며 살아왔다. 천하에 공공의 이익이 있어도 아무도 그것을 일으키지 못하였고, 천하에 공공의 해로움이 있어도 아무도 그것을 제거하지 못하였다.

그런 가운데 한 인물이 나타나 자기 한 사람의 이익을 진정한 이익으로 여기지 않고 천하 사람들이 그 이익을 함께 향유할 수 있도록 하였으며, 자기 한 사람의 손해를 진정한 손해로 여기지 않고 천하 사람들에게 그 손해가 돌아가지 않도록 노력하였다. 그러므로 그런 사람이 부지런히 힘쓴 노고는 반드시 천하 사람들보다 천 갑절 만 갑절이나 노력한 결과일 것이다.

그 누구보다 천 갑절 만 갑절의 수고로운 일을 행하였으면서도 막상 자신은 그 이익을 향유하지 못하니, 반드시 천하 사람들은 왕위(王位)에 앉아 있기를 원하지 않았다.

그래서 옛날 임금의 지위에 오를만한 자질이 있는 이들 가운데 임금의 자리를 버리고 오르지 않은 사람들이 있었으니 허유(許由), 요(堯)임금이 천하를 선양하려고 하자 기산(箕山) 아래로 도주하여 은거했다. 후대에 요임금이 다시 불렀으나 그는 나쁜 소리를 들었다고 생각하고 영천(潁川)이라는 물가에 가서 귀를 씻었다고 한다. 『장자』(莊子), 『소요유』(逍遙遊)와 『무광』(務光)은 은나라 시대의 은사로 탕왕(湯王)이 천하를 물려주려 하자 받아들이지 않고 큰 돌을 등에 지고 물 속에 가라앉아 자살했다고 한다. 『장자』, 『대종사』(大宗師), 『사기』(史記), 『백이열전』(伯夷列傳)이 그들이다. 그 자리에 올라 있으면서도 마침내 그 지위를 자연스럽게 내주고 떠난 사람들이 있었으니 요임금과 순임금이 그들이다. 처음에는 그 지위에 오르기를 원하지 않았으나 임금이 된 뒤에 부득이 물리치지 못한 사람도 있었는데 우(禹)임금이 바로 그런 사람이었다.

어찌 옛날 사람이라고 오늘날 사람들과 차이가 있겠는가? 편안함을 좋아하고 수고로움을 싫어하는 것은 대개 인지상정(人之常情)이다. 그러나 후세로 올수록 군주된 사람들은 그렇지 못하였다. 그들은 마치 천하의 이해관계에 얽힌 모든 권한이 모두 다 자기로부터 비롯된다고 생각하였다. 그리하여 천하의 이익은 모두 자신에게로 돌리고 천하의 손해는 모두 다른 사람에게 돌려도 괜찮다는 생각을 한다. 그리고 천하 사람들로 하여금 사적인 소유를 함부로 허락하지 않았고 제멋대로 자기 개인의 이익을 추구하지 못하게 막았다. 또한 자신의 사적인 이익만을 크게 넓히는 것을 천하의 가장 큰 공(公)으로 여겼다.

군주도 처음에는 부끄러워할 줄 알았다. 그러다가 시간이 오래 지나면서 차츰 익숙해진다. 그리고 당연한 것으로 여기며 독차지하였다. 천하를 자기가 차지할 막대한 재산으로만 여겨, 그 재산을 자기 자손에게 전해 영원 무궁토록 향유하려 하였다.

한나라 고조가 「내가 이루어 놓은 재물이 둘째 형과 비교할 때 누가 더 많을까?」라고 말한 것만 보아도, 이익만 추구하는 심정을 자신도 모르게 입 밖으로 내뱉는 것임을 알 수 있다. 이것은 다른 이유 때문이 아니라 옛날에는 천하 사람들이 주인이었고 군주는 지나가는 나그네였다. 그러므로 군주가 세상을 마칠 때까지 천하를 일구고 보살핀 것은 한결같이 천하를 위해서였다. 그러나 지금은 군주가 주인이 되었고 천하 사람들은 오히려 나그네가 되고 말았다. 따라서 천하의 어느 곳을 가더라도 평안하고 평화스럽지 못한 원인은 모두 군주 때문이다.

그러므로 아직 천하를 차지하지 못했을 때에는 천하 사람들을 마구 도륙하고 천하 사람들을 뿔뿔이 흩어지게 하면서까지 자기 한 사람의 재산만을 넓힌다. 그리고는 일찍이 있어 왔던 참담한 현실을 외면한 채 「나는 진실로 천하의 자손들을 위하여 창업하였노라」라고 말한다.

또한 천하를 얻은 뒤에는 천하 사람들을 고문하고 죽이는 탄압을 자행하여 천하 사람들을 뿔뿔이 흩어지게 만들면서까지 자기 한 사람의 업적 엽색 행각과 쾌락에나 봉사토록 시키는 것을 당연한 일로 여긴다. 그리고는 「이것은 벌어들인 재물이다」고 한다.

그러므로 천하에 큰 해를 입히는 자는 군주일 뿐이다. 그러나 이 세상은 군주가 없더라도 사람들은 각기 개인으로서의 삶을 영위할 것이고, 사람마다 각각 자신의 이익을 향유할 수 있을 것이다. 아! 어찌 군주라는 자리를 둔 이유가 진실로 이와 같단 말인가?[3]

고염무(顧炎武, 1613~1682)역시 천하와 국가를 명확하게 구분했다.

나라가 망하는 것(망국)이 있고 천하가 망하는 것(망천하)가 있다. 망국과 망천하를 어떻게 구분하는가? 말하자면 「나라의 주인을 바꾸고 연호를 바꾸는 것이 망국이다. 인의가 막히면 짐승을 몰아 사람을 잡아먹게 하고 끝내 사람들이 서로 잡아먹게 되니 이를 망천하라고 한다.」[4]

다시 말해서 천하는 문화와 도덕질서를 상징했다. 반면, 국가는 정치와 권력 질서다. 국가를 유지하기 위해서는 정치공학이 필요하지만 천하를 유지하기 위해서는 천하만민의 교화가 필수적이다.

나라의 보존은 군주와 신하, 그리고 귀족들이 도모하는 것이지만, 천하의 보존에는 필부와 같이 비천한 자들도 더불어 책임이 있다.[5]

추구해야 하는 것은 국가가 아닌 천하. 목표는 「국가를 천하로 만드는 것」 즉, 정치와 권력의 단위인 국가를 문명과 도덕의 단위인 천하로 만드는 것이다.

군자가 지위에 오르면 도를 추구하고자 하고, 소인이 지위에 오른다면 자신의 이익을 추구하고자 한다. 도를 추구 하려는자의 마음은 천하국가에 있고, 자신의 이익을 추구 하려는자 마음은 백성과 사물을 해하는데 있다.[6]

중국은 정치질서를 문명질서로 끌어올리면서 「천하」를 유지하는 특별한 임무가 주어졌다. 「천하」가 곧 「중화질서」인 이유다.

고대에 천자가 늘 기주에서 살았기에 후대 사람들이 기주를 중국의 호로 삼았다. 초사구가에서 높은데에서 기주를 내려본다는 내용이 있고, 회남자에서 여와가 검은 곰을 죽여서 기주를 살렸다고 내용도 있다. 노사에서 중국의 총칭은 기주라고 한다고 하며 곡량전 환공 5년에서 정나라가 동성지국(같은 성을 가지고 있는 국가: 주나라와 같은 姬성을 쓴다)이고 기주에 있다. 상서 정의에서 기주가 천하의 가운데 있고 당우하은주 등 조대의 수도이며 정나라의 위치가 왕기(王畿)과 가깝기 때문에 기주로 알려져 있다.[7]

천하는 이처럼 이미 정해진 것, 변치 않는 것이며 중국이 그것을 제대로 수호할 때 발현되고 중국이 그것을 지키지 못할 때 사라진다. 따라서 모든 왕조들은 국가 차원에 머물지 않고 천하가 되도록, 권력의 집합체가 아닌 문명 그 자체가 되도록 부단히 노력해야 했다. 반면, 만일 문명의 수호자로서의 책임과 역할을 다 하지 못한다면 중국 사람들도 그저 다른 야만인들과 다를 바가 없다.[8]

위정척사파가 봤을 때 명은 주자성리학을 완성함으로써 왕조와 천하가 일치하는 시대를 열었다. 그러나 명이란 국가가 멸망하여 천하가 다시 오랑캐의 수중에 떨어지면서 혼란기에 접어들었을 때 조선이 「도통」을 이어 받아 「천하」를 대변하는 국가가 되었다. 조선이란 작은 나라가 오랑캐들에게 둘러싸여 있으면서도 그 명맥을 유지할 수 있었던 이유는 조선이 「소중화」의 역할을 자임하여 영원불변한 「천하」의 「도」를 끝까지 지키고자 하였기 때문이다.

예송이나 사문난적 논쟁, 대원군과 위정척사파 사이의 논쟁은 누가 천하를 대표하는 「정통」이고 누가 문명으로부터 이탈하는 「이단」

인가에 대한 논쟁이었다. 현실정치와 정책을 신랄하게 비판하고 목숨을 걸고 권력을 다퉜지만 모두 천하를 대변하기 위해서였다. 천하를 대변하는 조선의 선비들이 나라를 살리기 위해서 문명을 버린다는 것은 송시열이 기축봉사에서 말했듯이 「구차하게 보존하는 것」이었다. 「대의명분」을 지키기 위해서는 나라가 없어지는 위험까지도 감수해야 했다. 나라를 잃을지언정 천하의 도를 버릴 수는 없었다.

반면, 민족주의가 지키고자 하는 것은 천하가 아닌 민족이다. 국가는 천하가 아닌 민족을 수호하기 위한 정치단위다. 민족주의자에게 민족은 천하, 도, 대의명분에 우선하는 가치다. 지속하는 것은 민족 밖에 없으며 「문화」나 「문명」은 민족을 보전하고 번영시키는데 필요한 도구에 불과하다. 민족주의의 입장에서 볼 때 위정척사파는 천하와 문명을 보전한다는 미명 하에 민족을 위태롭게 하였다. 「천하」, 즉 유교의 문화와 도덕을 지키려다 결국 민족과 민족의 안녕을 지켜줘야 할 국가를 허약하게 만들었다. 따라서, 나라를 살리기 위해서는 「천하」로 대변되는 전통문명, 즉 유교를 버려야했다. 그 대신 서양오랑캐의 종교와 사상, 문물을 도입할 해야 했다.

량치차오(梁啟超, 양계초, 1873~1929)는 중국이 더 이상 전통에 얽매이지 말고 새로운 국가로 다시 태어날 것을 주장한다. 문명의 수호자를 자처한 유학자들 때문에 중국인들은 중국을 「국가」로 생각하는 대신 「천하」, 즉 세계 유일의 문명이라고 착각하여 외국으로부터 배우기를 거부한다고 비판한다.[9] 중국이 「천하」라는 관념 때문에 민족주의, 애국주의가 모두 파괴되었다고 주장한다. 만일 중국이 자신을 「천하」로 착각하는 것을 그치고 「국가」의 차원으로 내려오지 않는다면 국가는 사라질 것이라고 경고한다.[10]

그래서 우리 백성은 항상 나라를 천하로 여겨 왔으며, 이목으로 접하는 것, 정신을 물들이는 것, 성인, 철인이 가르치는 것, 조상이 물려준 것, 이 모든 것이 한 사람이 될 수 있는 자격이었고 집안의 일원이 될 수 있는 자격이었고 한 동네, 한 종족이 될 수 있는 자격이었으며, 천하인(天下人)이 될 수 있는 자격이었다. 그러나 유독 한 나라의 국민이 될 수 있는 자격은 없었다. 국민으로서의 자격이 이 몇 가지 것들보다 훨씬 우월한 것은 아니지만, 오늘날처럼 열국이 병립한 약육강식, 우승열패의 시대에 이 자격이 없으면 결코 천지 사이에 자립할 수 없다.[11]

모든 문명은 문명과 야만을 구별하는 고유의 기준이 있다. 그 기준을 버리는 순간 그 문명은 사라진다. 그러나 국가는 다르다. 국가는 어느 특정 문명의 기준을 따를 필요가 없다.[12] 모든 국가는 국가의 생존을 위해 그 어떤 기준을 선택해도 좋다. 뿐만 아니라 국가의 생존에 도움이 된다면 하시라도 기존의 문명과 가치관을 버리고 새것을 재빨리 도입하고 수용하는 유연성을 갖고 있어야 한다. 문명주의와 민족주의는 공존할 수 없다. 하나를 선택하면 다른 하나는 포기해야 한다.

물론 민족주의자들 중에서는 전통의 중요성을 강조하는 사람들도 많다. 량치차오도 문화가 없으면 민족도 없고 국가도 없다고 한다.

안남(베트남), 조선과 같은 국가들은 가히 망할만하다. 이 나라들은 몇천 년동안 우리에 부용(附庸: 남의 힘에 기대어 따로 서지 못함)하였고, 우리가 기미(羈縻: 구슬리고 통제함)한 국가들이다. 완전하게 독립된 언어, 문자, 예법, 도덕, 풍속이 없어 우리와 동일체가 될 수 없을뿐더러, 우리와 별개로 완성된 국가로 되지 못하다가 일찍이 뜻밖의 침입을 당하게 되었다. 이 국가들이 망하는 것은 당연한 것이다.[13]

조선이나 안남(월남)처럼 중국의 문명을 받아들여 자신의 문명이라고 착각하면서 살아온 나라들은 자체의 문명이 없기 때문에 망할 수밖에 없다고 한다. 「중화」라는 보편문명으로 간주되던 유교는 이제 중국 고유의 민족문화로 인식되기 시작한다. 동시에 조선과 월남의 민족주의자들에게 유교는 중국 것, 즉 이민족의 문화가 된다.

그러나 민족주의자들에게 「전통문화」는 결코 민족보다 우위 개념이 아니다. 문화란 어디까지나 민족의 총화와 일치단결을 돕는 도구일 뿐이다. 같은 민족이라는 공동체의식을 갖기 위해서는 같은 「역사」와 「전통」, 「가치관」을 공유해야 한다. 민족이 민족일 수 있게 해줄 수 있는 것은 공유하는 전통뿐이다. 한 민족과 국가가 같은 전통을 물려받은 하나의 공동체라는 의식이 없다면 민족주의는 실패할 수 밖에 없다. 민족주의자들이 전통을 중시하는 이유는 전통이야말로 민족을 하나로 묶을 수 있는 가장 손쉬운 기제이기 때문이다.[14]

반면, 위정척사파들이 충효사상과 삼강오륜을 지키고자 했던 이유는 그것이 보편타당한 절대적인 가치라고 믿었기 때문이다. 주자성리학과 중화가 중요했던 이유는 그것이 중국것이기도 했지만 더 중요한 것은 보편타당한 진리였기 때문이다.

민족주의 지식인들에게 전통사상은 더 이상 지적으로 매력적이지 않았다. 그 보다는 서양의 과학기술과 사회과학, 인문학이 훨씬 더

량치차오(양계초)

옌푸(엄복)

매력적이고 보편타당한 지식체계였다. 민족의 부강을 보장할 수 있는 것도 서구의 근대문명이었다. 위정척사파들이 지키고자 했던 유교문명은 「우리」를 「민족」으로 만들어 줄 수 있는 유용한 기제였지만 현재와 미래의 민족과 국가의 중흥을 위해서는 아무런 역할을 해 줄 수 없었다. 그렇기 때문에 민족주의자들은 민족의 전통을 칭송하기도 하지만 필요할 때는 가차없이 「구습」으로 비판하기도 한다. 민족주의자들은 문화상대주의자들이다.[15]

물론 주자성리학의 세례를 받고 자란 조선말의 민족주의 지식인들과 정치지도자들은 주자성리학과 중화문명에 대한 강력한 향수를 갖고 있었다. 오랜 학습과 수련을 통해 물려받고 체현하고 있는 문명을 의식적으로 거부하는 것은 이론적으로나 심리적으로 쉬운일이 아니었다. 민족주의자들이 「전통」의 중요성을 강조하는 이유다. 충효 사상, 삼강오륜 등 조상으로부터 물려받은 가치관, 미풍양속, 언어 등은 민족 정체성의 핵심이다. 그런 의미에서 위정척사파나 민족주의자들이나 같은 유교전통을 지지한다고 볼 수 있다. 그러나 이는 지극히 피상적인 이해다. 전통이 중요한 것은 민족과 국가를 강하게 해주는 기제이기 때문이지 그 자체로 중요하거나 절대적이어서가 아니다. 민족주의자가 전통을 수호하고자 하는 것은 민족주의를 더 잘하기 위한 도구로서 유용했기 때문이다.[16]

한국 민족주의는 조선 문명에 대한 거부에서 출발한다. 민족이 모든 것에 우선하는 궁극적인 가치로 자리잡기 위해서는 조선이 추구했던 「중화주의」를 버려야했다. 그것이 비록 600여년 동안 조선사람을 규정하는 지고의 가치였다 하더라도 「민족」에 도움이 되지 않는다면 포기해야 했다. 아무리 「정통」이라 하여도 그것이 민족과 국가를 허약하게 만들고 결국 외세에 나라를 빼앗긴다면 아무런 소용이 없었다. 반면 민족에게 도움이 될 수 있다면 그 어떤 이념, 체제, 사상도 받아들여 「우리의 것」으로 만들 준비가 되어있어야 했다.[17] 궁극적인 목표는 민족의 보전이었다. 이를 위해서 정통과 전통을 버리고 이단과 외래문명을 수용해야 한다면 당연히 그렇게 해야했다.

　반면, 위정척사파가 바란 것은 왕도 정치도 살리고 나라도 살리는 것이었다. 왕도 정치도 나라가 있어야 펼칠 수 있기 때문이다. 그러나 위정척사파들은 왕도정치가 없는 국가를 상상할 수 없었다. 조선이 야만의 길을 갈 수는 없었다. 나라를 지킨다는 미명하에 오랑캐가 될 수는 없었다. 왕도 정치가 사라지고 패도 정치로 운영되는 나라, 문명이 사라지고 야만이 판치는 나라는 존재할 가치가 없었다. 「문명이냐, 나라냐?」라는 선택의 기로에서 위정척사파는 결국 문명을 택한다. 위정척사파는 근대화에 실패한 것이 아니라 근대화를 거부했다.

주(註)

서문

1. 출처: 행정자치부 주민등록 인구통계 http://rcps.egov.go.kr:8081/jsp/
   stat/ppl_stat_jf.jsp, 통일부, 「1992~2055 북한 인구추계」, 외교부, 「재외
   동포현황 2015」
2. 함재봉, 「한국의 문화와 예의 재건」, 『유교, 자본주의, 민주주의』 (서울: 전통
   과 현대, 2000), pp. 193-215.
3. 출처: 성, 연령 및 종교별 인구-시군구 (2015년 인구총조사) 통계청 http://
   kosis.kr/statHtml/statHtml.do?orgId=101&tblId=DT_1PM1502&vw_
   cd=MT_ZTITLE&list_id=A11_2015_50&scrId=&seqNo=&lang_
   mode=ko&obj_var_id=&itm_id=&conn_path=K1&path=%25EC%259
   D%25B8%25EA%25B5%25AC%25C2%25B7%25EA%25B0%2580%25EA
   %25B5%25AC%2520%253E%2520%25EC%259D%25B8%25EA%25B5%
   25AC%25EC%25B4%259D%25EC%25A1%25B0%25EC%2582%25AC%
   2520%253E%2520%25EC%259D%25B8%25EA%25B5%25AC%25EB%2
   5B6%2580%25EB%25AC%25B8%2520%253E%2520%25EC%25B4%25
   9D%25EC%25A1%25B0%25EC%2582%25AC%25EC%259D%25B8%25
   EA%25B5%25AC%282015%29%2520%253E%2520%25ED%2591%259
   C%25EB%25B3%25B8%25EB%25B6%2580%25EB%25AC%25B8%25EC
   %2584%25B1%252C%2520%25EC%2597%25B0%25EB%25A0%25B9%
   2520%25EB%25B0%258F%2520%25EC%25A2%2585%25EA%25B5%2
   590%25EB%25B3%2584%2520%25EC%259D%25B8%25EA%25B5%25
   AC-%25EC%258B%259C%25EA%25B5%25B0%25EA%25B5%25AC
4. Chinese Family Panel Studies's survey of 2012. Published on: The World
   Religious Cultures issue 2014: 卢云峰: 当代中国宗教状况报告——基于
   CFPS (2012) 调查数据.
5. Mariko Kato, "Christianity's long history in the margins", *The Japan
   Times* (February 24, 2009).

6. 함재봉,「한국의 민족주의와 인종차별주의」,『전통과현대』, 17호, 2001.

7. 김정호,『한국의 귀화 성씨: 성씨로 본 우리 민족의 구성』, (서울: 지식산업사), 2003, pp. 205-210.

8. 경제기획원조사통계국,『한국인의 성씨 및 본관 조사 보고: 1985년 인구 및 주택 센서스』상권. (서울: 경제기획원조사통계국), 1988, pp. 3-9. ; 통계청, "2015 인구주택총조사" 전수집계결과 보도자료, 2016년 9월 7일, p. 3

9. 교육부,「정부3.0정보공개:교육통계-초·중등교육」 http://www.moe.go.kr/sub/info.do?m=040602&s=moe

10. "국방부, 다문화 장병 입영 증가 대비-다문화 존중 교육·가정 초청 행사 확대",『국방일보』, 2016-09-12.

11. 『독립신문』, 1897년 12월 2일

12. 『독립신문』, 1899년 10월 5일, 1899년 10월 6일자, 1899년 11월 6일자, 1899년 11월 9일, 11월 14일, 1899년 11월 15일, 1899년 11월 30일 기사에 다수 표기

13. "소설 -선도자 53",『동아일보』, 1923년 5월 19일

14. 통계청, 전국사업체조사 (2014), http://kosis.kr/statHtml/statHtml.do?orgId=101&tblId=DT_1K52B02#

15. Clifford Geertz, *The Interpretation of Cultures* (New York: Basic Books, 1973,) p. 5.

16. Geertz, *The Interpretation of Cultures,* p. 6.

제1부-제1장 / 고려사람 대 조선사람

1. 『세종실록』12년(1430) 12월 22일 (양력 1431년 1월 5일): 1번째 기사.

2. 『세종실록』17년(1435) 2월 29일 (양력 3월 28일): 3번째 기사.

3. 『세종실록』17년(1435) 3월 4일 (양력 4월 2일): 3번째 기사.

4. 이영춘,「종법(宗法)의 원리와 한국 사회에서의 전통」,『한국사회사학회논문집 46집: 가족과 법제의 사회사』, 서울: 한국사회사학회, 1995, p. 22.

5. 이영춘,「종법(宗法)의 원리와 한국 사회에서의 전통」, p. 11.

6. Patricia Buckley Ebrey, *Confucianism and Family Rituals in Imperial China* (Princeton: Princeton University Press, 1991,) p. 56-61.

7. 이창기,「성리학의 도입과 한국가족제도의 변화」,『민족문화논총』, 46, 105-

137, p. 109.

8. Martina Deuchler, *The Confucian Transformation of Korea: A Study of Society and Ideology* (Cambridge, MA: Council on East Asian Studies, Harvard University, 1992,) p. 29.

9. 『고려사』 73권, 지 권제27, 선거1

10. 『고려사』 76권, 지 권제30, 백관1

11. 『고려사』 78권, 지 권제32, 식화1

12. 『고려사』 84권, 지 권제38, 형법1

13. Martina Deuchler, 위의 책, p. 30.

14. 『고려사』 2권, 세가 권제2, 태조(太祖) 26년(943) 4월.

15. 『고려사』 93권, 열전 권제6, 제신(諸臣), 최승로

16. 『고려사』 109권, 열전 권제22, 제신, 이곡

17. Martina Deuchler, 위의 책, p. 68.

18. 『고려사』 64권, 지 권제18, 예(禮) 6, 흉례, 오복제도

19. 『고려사』 64권, 지 권제18, 예(禮) 6, 흉례, 오복제도

20. Deuchler, *The Confucian Transformation of Korea*, pp. 68-69.

21. 『태종실록』 19권, 태종 10년(1410) 1월 12일

22. 『태종실록』 23권, 태종12년(1412) 2월 3일

23. 『세종실록』 10권, 세종 2년(1420) 11월 7일

24. Deuchler, *The Confucian Transformation of Korea*, p. 69.

25. Deuchler, *The Confucian Transformation of Korea*, p. 71.

26. 서긍 저, 조동원, 김대식, 이경록, 홍기표 공역, 『고려도경』 (서울: 황소자리 출판사, 2013,) p. 250.

27. 위의 책, p. 276.

28. 위의 책, p. 276.

29. 위의 책, p. 287.

30. Deuchler, *The Confucian Transformation of Korea*, p. 39.

31. 『고려사』 73권, 세가 권제27, 선거1(選擧 一), 과목1, 문종

32. 『고려사』 95권, 열전 권제8, 제신, 최충

33. Deuchler, *The Confucian Transformation of Korea*, p. 40.

34. 위의 책, p. 40.

35. 『고려사』 74권, 지 권제28, 선거2(選擧 二), 과목2, 시험관

36. Deuchler, *The Confucian Transformation of Korea*, p. 40.

37. 위의 책, p. 40.

38. 위의 책, p. 45.

39. 『고려사』 2권, 세가 권제2, 태조 26년(943) 4월

40. Deuchler, *The Confucian Transformation of Korea*, p. 45.

41. 『고려사』 21권, 세가 권제21, 신종(神宗) 즉위년(1197) 10월.

42. Deuchler, *The Confucian Transformation of Korea*, p. 56.

43. Deuchler, *The Confucian Transformation of Korea*, p. 56.

44. Deuchler, *The Confucian Transformation of Korea*, p. 56.

45. Deuchler, *The Confucian Transformation of Korea*, p. 57.

46. 『고려사』 88권, 열전 권제1, 후비(后妃), 서문

47. Deuchler, *The Confucian Transformation of Korea*, p. 57.

48. 이창기, 「성리학의 도입과 한국가족제도의 변화」, 『민족문화논총』, 46, 105-137, p. 109.

49. Deuchler, *The Confucian Transformation of Korea*, p. 60.

50. 『고려사』 28권, 세가 권제28, 충렬왕 원년(1275) 10월

51. Deuchler, *The Confucian Transformation of Korea*, p. 60.

52. 『고려사』 33권, 세가 권제33, 충선왕 복위년(1308) 11월

53. 『고려사』 33권, 세가 권제33, 충선왕 복위년(1308) 11월

54. Deuchler, *The Confucian Transformation of Korea*, p. 60.

55. 김석근, 김종록, 안성규, 이승률, 『한국문화 대탐사』, (서울: 아산서원, 2015,) p. 388.

56. 이기담, 『조선의 재산상속 풍경』 (서울: 김영사, 2006,) 67페이지.

57. 이기담, 『조선의 재산상속 풍경』, 51-64페이지.

58. 『태조실록』 6년(1397) 4월 25일 (양력 5월 22일): 2번째 기사.

59. 『태조실록』 1년(1401) 12월 5일 (양력 1402년 1월 8일): 1번째 기사.

60. 『태조실록』 6년(1406) 6월 9일 (양력 6월 24일): 3번째 기사.

61. 김용태, "조선전기 억불정책의 전개와 사원경제의 변화상," 『조선시대사학보』 58, 2011, p. 8.

62. 『세종실록』 6년(1424) 4월 5일 (양력 5월 3일): 2번째 기사.

63. 『세종실록』 9년(1427) 2월 10일 (양력 3월 7일): 4번째 기사.

64. 『세종실록』 13년(1431) 11월 11일 (양력 12월 15일): 2번째 기사.

65. 『세종실록』 14년(1432) 2월 2일 (양력 3월 3일): 3번째 기사.

1. Peter K. Bol, "Reconceptualizing the Order of Things in Nothern and Southern Sung," *The Cambridge History of China, Vol. 5, Part Two: Sung China, 960-1279* (Cambridge: Cambridge University Press, 2015,) pp. 665-726, p. 665.

2. Michael T. Dalby, "Court Politics in Late T'ang times," *The Cambridge History of China, Volume 3, Sui and T'ang China, 589-906, Part I* (Cambridge: Cambridge University Press, 1979, pp. 561-681, p. 562.

3. 스티븐 핑거, 김명남 옮김, 『우리 본성의 선한 천사』(서울: 사이언스북, 2014).

4. 이태진, 『한국사회사연구』, (파주: 지식산업사, 2008), p. 98.

5. Richard von Glahn, *The Economic History of China: From Antiquity to the Nineteenth Century* (Cambridge: Cambridge University Press, 2016,) p. 223.

6. Mark Elvin, *The Pattern of the Chinese Past: A Social and Economic Interpretation* (Stanford: Stanford University Press, 1973, p. 125.

7. Elvin, *The Pattern of the Chinese Past*, p. 127.

8. Glahn, *The Economic History of China*, p. 236.

9. Mark Elvin, 위의 책, p. 125.

10. Glahn, *The Economic History of China*, p. 223.

11. Elvin, *The Pattern of the Chinese Past*, p. 118.

12. Elvin, *The Pattern of the Chinese Past*, p. 118.

13. Elvin, *The Pattern of the Chinese Past*, p. 123.

14. Elvin, *The Pattern of the Chinese Past*, p. 122.

15. 「奏巡歷沿路災傷事理狀」(순해하면서 연도지역의 재난피해에 관한 상소문) , 『전송문권』(全宋文卷) 제243冊 제5438卷 (상해上海: 상해사서출판사 (上海辭書 出版社) , 2004), 180쪽, 181쪽.

16. Robert Hartwell, "A Revolution in the Chinese Iron and Coal Industries During the Northern Sung, 960-1126 A.D.," *The Journal of Asian Studies*, Vol. 21, No.2 (Feb., 1962), pp. 153-162, p. 157.

17. Elvin, *The Pattern of the Chinese Past*, p. 118.

18. Glahn, *The Economic History of China*, p. 224.

19. 위의 책, p. 220.

20. Joseph P. McDermott & Shiba Yoshinobu, "Economic Change in China, 960-1279, *The Cambridge History of China, Vol. 5, Part Two: Sung China, 960-1279* (Cambridge: Cambridge University Press, 2015,) pp. 321-436, p. 322.

21. McDermott & Yoshinobu, "Economic Change in China, 960-1279, pp. 322-23.

22. McDermott & Yoshinobu, "Economic Change in China, 960-1279, pp. 322-23.

23. McDermott & Yoshinobu, "Economic Change in China, 960-1279, p. 323.

24. McDermott & Yoshinobu, "Economic Change in China, 960-1279, p. 324.

25. Shiba Yoshinobu, tr. Mark Elvin, *Commerce and Society in Sung China* (Center for Chinese Studies, The University of Michigan, 1992,) p. 45.

26. McDermott & Yoshinobu, "Economic Change in China, 960-1279, p. 324.

27. Glahn, *The Economic History of China*, p. 253.

28. McDermott & Yoshinobu, "Economic Change in China, 960-1279, p. 324.

29. Glahn, *The Economic History of China*, p. 236

30. Peter Bol, *This Culture of Ours: Intellectual Transitions in T'ang and Sung China* (Stanford: Stanford University Press, 1992,) p. 251.

31. Ebrey, Walthall, Palais, *East Asia: A Cultural, Social, and Political History* (Boston: Houghton Mifflin, 2006,) p.156

32. Ebrey, Walthall, Palais, *East Asia*, p.156

33. 페트리샤 버클리 에브리 지음, 이동진, 윤미경 옮김, 『사진과 그림으로 보는 케임브리지 중국사』(서울: 시공사, 1996,) p. 157.

34. 페트리샤 버클리 에브리, 『사진과 그림으로 보는 케임브리지 중국사』, p. 157.

35. Hartwell, "A Revolution in the Chinese Iron and Coal Industries", p. 155.

36. Hartwell, "A Revolution in the Chinese Iron and Coal Industries", p. 156.

37. Hartwell, "A Revolution in the Chinese Iron and Coal Industries", p. 158.

38. Hartwell, "A Revolution in the Chinese Iron and Coal Industries", p. 161.

39. Ebrey, Walthall, Palais, *East Asia*, p. 158

40. Ebrey, Walthall, Palais, *East Asia*, p. 158.

41. 맹원로 저, 김민호 역, 『동경몽화록』 (서울: 소명출판, 2010), pp. 94-96.

제1부-제3장 / 선비의 탄생

1. Peter K. Bol, "Reconceptualizing the Order of Things in Nothern and Southern Sung," *The Cambridge History of China, Vol. 5, Part Two: Sung China, 960-1279* (Cambridge: Cambridge University Press, 2015,) pp. 665-726, p. 665.

2. Bol, "Reconceptualizing the Order of Things in Nothern and Southern Sung,", p. 666.

3. Robert Hymes, "Sung society and social change," *The Cambridge History of China, Vol. 5, Part Two: Sung China, 960-1279* (Cambridge: Cambridge University Press, 2015,) pp. 526-664, p. 621

4. Ebrey, Walthall, and Palais, *East Asia*, pp. 153-174.

5. Bol, "Reconceptualizing the Order of Things in Nothern and Southern Sung," p. 665.

6. Ebrey, Walthall, and Palais, *East Asia*, pp. 153-174.

7. Patricia Buckley Ebrey, *Confucianism and Family Rituals in Imperial China: A Social History of Writing about Rites* (Princeton: Princeton University Press, 1991,) p. 46.

8. Ebrey, Walthall, and Palais, *East Asia*, pp. 153-174.

9. Peter K. Bol, "The Sung Examination System and the Shih," *Asia Major*, 3rd series 3 No.2 (1990), pp. 149-171, p. 165.

10. Bol, "The Sung Examination System and the Shih,", p. 169.

11. John W. Chaffee, *The Thorny Gates of Learning in Sung China: A Social History of Examinations* (Cambridge: Cambridge University Press, 1985,) p. 142.

12. Bol, "The Sung Examination System and the Shih,", p. 167.

13. Bol, "The Sung Examination System and the Shih,", p. 167.

14. Chaffee, *The Thorny Gates of Learning in Sung China*, p. 41.

15. Bol, "The Sung Examination System and the Shih,", p. 170.

16. Bol, "The Sung Examination System and the Shih,", p. 170.

17. Bol, "Reconceptualizing the Order of Things in Nothern and Southern Sung," 위의 글, p. 667.

18. "其謂由道而學文道至焉文亦至焉由文而之道困於道者多也是故道為文之本文為道之用與其誘人於文孰若誘人於道之先也景山前書主文辭而言故有事雲某豈敢鄙文詞哉顧事有先後耳某之為文無能過其句讀高下時亦類乎古人 無足怪也." 왕부지 지음, 진탁 역, 『사고전서 단명집』

19. "某前書雲由道而學文道至文亦至焉 由文而之道困於道者多矣 此所謂學者先於學道而後於學文耳 而景山謂六經之道皆由文而後明 未聞先由文而失道者 景山離前書之意而言." 왕부지 지음, 진탁 역, 『사고전서 단명집』

20. Bol, "Reconceptualizing the Order of Things in Nothern and Southern Sung,", p. 668.

21. 위의 글, p. 666.

22. 當職久處田間, 習知稼事, 茲忝郡寄, 職在勸農. 竊見本軍已是地瘠稅重, 民間又不勤力, 耕種耘耨, 鹵莽滅裂, 較之他處, 大段不同. 所以土脈疎淺, 草盛苗稀, 雨澤稍愆, 便見荒歉, 皆緣長吏勸課不勤, 使之至此. 深懼無以下固邦本, 仰寬顧憂. 今有合行, 勸諭下項.

一, 大凡秋間收成之後, 須趁冬月以前, 便將戶下所有田段, 一例犂翻, 凍令酥脆, 至正月以後, 更多著遍數, 節次犂杷, 然後布種. 自然田泥深熟, 土肉肥厚, 種禾易長, 盛水難乾.

一, 耕田之後, 春間須是揀選肥好田段, 多用糞壤, 拌和種子, 種出秧苗. 其造糞壤, 亦須秋冬無事之時, 預先劃取土面草根, 晾曝燒灰, 施用大糞拌和, 入種子在內, 然後撒種.

一, 秧苗既長, 便須及時, 趁早栽挿, 莫令遲緩, 過却時節.

一, 禾苗既長, 稈草亦生, 須是放乾田水, 子細辨認, 逐一拔出, 踏在泥裏, 以培禾根. 其塍畔斜生茅草之屬, 亦須節次芟削, 取令淨盡, 免得分

耗土力, 侵害田苗, 將來穀實, 必須繁盛堅好.

一, 山原陸地, 可種粟麥麻豆去處, 亦須趁時, 竭力耕種, 務盡地力, 庶幾靑黃未交之際, 有以接續飮食, 不至飢餓.

一, 陂塘之利, 農事之本, 尤當協力興修. 如有怠惰不趁時工作之人, 仰衆列狀申縣, 乞行懲戒. 如有工力浩瀚去處, 私下難以糾集, 卽仰經縣自陳, 官爲修築. 如縣司不爲措置, 卽仰經軍投陳, 切待別作行遣.

一, 桑麻之利, 衣服所資, 切須多種桑柘麻苧, 婦女勤力, 養蠶織紡, 造成布帛. 其桑木每遇秋冬, 卽將旁生拳曲小枝, 盡行斬削, 務令大枝氣脈全盛. 自然生葉厚大, 餧蠶有力.

一, 大凡農桑之務, 不過前項數條. 然鄕土風俗, 亦自有不同去處, 尙恐體訪, 有所未盡, 更宜廣詢博訪, 謹守力行, 只可過於勤勞, 不可失之怠惰. 傳曰: "民生在勤, 勤則不匱." 經曰: "惰農自安, 不昏作勞, 不服田畝, 越其罔有黍稷." 此皆聖賢垂訓明白, 凡厥庶民, 切宜遵守. 주자, 『권농문』(1179), 이원택 옮김.

23. Ebrey, *Confucianism and Family Rituals in Imperial China*, p. 19

24. Ebrey, *Confucianism and Family Rituals in Imperial China*, p. 19

25. Ebrey, *Confucianism and Family Rituals in Imperial China*, p. 47.

26. Ebrey, *Confucianism and Family Rituals in Imperial China*, p. 48.

27. Ebrey, *Confucianism and Family Rituals in Imperial China*, p. 49.

28. Ebrey, *Confucianism and Family Rituals in Imperial China*, p. 50.

29. 후외려 저, 박완식 역, 『송명이학사 1』(이론과실천, 1993) p.106.

30. 장재 지음, 소진형 역, 『장재집』(북경: 중화서국, 1978).

31. 정호, 정이 지음, 소진형 역, 『이정집』1권, (북경: 중화서국, 1981), 10:113.

32. 정호, 정이, 『이정집』1권, 22A: 285-86.

33. Ebrey, *Confucianism and Family Rituals in Imperial China*, p. 56.

34. Ebrey, *Confucianism and Family Rituals in Imperial China*, p. 56.

35. Ebrey, *Confucianism and Family Rituals in Imperial China*, p. 57.

36. 후외려, 『송명이학사 1』, pp.108-109

37. 장재, 『장재집』, p. 260.

38. 정호, 정이, 『이정집』1권, 17:179.

39. 정호, 정이, 『이정집』1권, 15:167.

40. Ebrey, *Confucianism and Family Rituals in Imperial China,* p. 62.

41. "若是如今古禮散失 百無一二存者 如何懸空於上面說義 是說得甚麼義 須

是且將散失諸禮錯綜參考 令節文度數一一著實 方可推明其義 若錯綜得實其義亦不待說而自明矣 (賀孫)", 여정덕 편찬, 소진형 역, 『주자어류』, 84:5.

42. "古禮於今實難行。嘗謂後世有大聖人者作，與他整理一番，令人甦醒，必不一一盡如古人之繁，但放古之大意。義剛　古禮難行。後世苟有作者，必須酌古今之宜", 여정덕 편찬, 소진형 역, 『주자어류』, 84:4-5.

43. Ebrey, *Confucianism and Family Rituals in Imperial China*, p. 102.

44. Ebrey, *Confucianism and Family Rituals in Imperial China*, p. 116.

45. 주희, 소진형 역, 『주문공문집』 20:1b-a.

46. 주희, 『주문공문집』 69:17a-19a.

47. "障俗薄陋 至有父母喪不服衰者 先生首述古今禮律 開諭之 又採古今喪葬嫁娶之儀 揭示父老 合解說訓其子弟 俗崇尚釋氏 男女娶會佛廬 為傳經 女不嫁者 私0 爲菴舍以居 先生嚴禁之." 소진형 역, 『주자연보강목』.

48. Ebrey, *Confucianism and Family Rituals in Imperial China*, p. 143.

49. Ebrey, *Confucianism and Family Rituals in Imperial China*, p. 65.

50. Ebrey, *Confucianism and Family Rituals in Imperial China*, p. 66.

51. Denis Twitchett and Frederick W. Mote, eds., *The Cambridge History of China, Vol 8, The Ming Dynasty, 1368-1644, Part II*, (Cambridge: Cambridge University Press, 1998,) p. 106.

52. Ray Huang, *Taxation and Governmental Fiance in Sixteenth-Century Ming China* (Cambridge: Cambridge University Press, 1974,) p. 4.

53. Huang, *Taxation and Governmental Fiance in Sixteenth-Century Ming China*, p. 4.

54. Twitchett and Mote, eds., *The Cambridge History of China, Vol 8*, p. 106.

55. Twitchett and Mote, eds., *The Cambridge History of China, Vol 8*, p. 106.

56. Twitchett and Mote, eds., *The Cambridge History of China, Vol 8*, p. 107.

57. Twitchett and Mote, eds., *The Cambridge History of China, Vol 8*, p. 107.

58. Huang, *Taxation and Governmental Fiance in Sixteenth-Century Ming China*, p. 2.

제1부-제4장 / 조선의 혁명

1. 『고려사』, 80권, 지 권제34, 식화3, 진휼, 가뭄과 홍수 및 전염병 피해자들에 대한 진대제도, 충렬왕17년(1291) 6월. 이태진, 『한국사회사연구: 농업기술 발달과 사회변동』 (서울: 지식산업사, 2011,) p. 126에서 재인용.
2. 제1차 여몽연합군의 일본원정은 1274년, 제2차원정은 1281년에 있었으나 두 번 다 실패로 돌아갔다. 그 후 제3차원정 준비는 있었지만 무위로 돌아갔다. 1291년 당시에 전쟁준비란 제3차원정 준비를 지칭하는 것으로 보인다.
3. 『고려사』, 80권, 지 권제34, 식화3, 진휼, 가뭄과 홍수 및 전염병 피해자들에 대한 진대제도, 충렬왕 18년(1292) 윤6월, 『고려사』, 80권, 지 권제34, 식화3, 진휼, 가뭄과 홍수 및 전염병 피해자들에 대한 진대제도, 충렬왕 21년(1295) 4월.
4. 강재언, 『선비의 나라: 한국유학 2천년』 하우봉 옮김 (서울: 한길사, 2001), p. 177.
5. 보초: 원나라 때의 지폐(紙幣)로, 교초(交鈔)·은초(銀鈔)라고도 한다.
6. 『고려사』, 34권, 세가 권제34, 충숙왕(忠肅王) 원년 1314년 6월 8일 경인(庚寅). 이태진, 『한국사회사연구』 p. 126에서 재인용.
7. 『고려사절요』, 권 24, 충숙왕 6년 3월, 1319년 3월 미상, 상왕이 향을 내려주러 강절까지 갔다가 돌아오다.
8. 『익재난고』 제 9권 하(下), 사찬(史贊), 경왕(景王).
9. 강회: 장강(長江)과 회수(淮水) 유역의 지방을 말하는 곳으로 강소성(江蘇省)과 안휘성(安徽省) 지역을 말한다.
10. 『고려사』, 79권, 지 권제33, 식화2(食貨 二), 농상, 공민왕(恭愍王) 11년 (1362) 미상. 이태진, 『한국사회사연구』 p. 127에서 재인용.
11. 『세종실록』 3년(1421) 3월 24일 (양력 4월 25일): 2번째 기사.
12. 『세종실록』 4년(1422) 10월 29일 (양력 11월 13일): 2번째 기사.
13. 『세종실록』 5년(1423) 8월 9일 (양력 9월 13일): 4번째 기사.
14. 『세종실록』 10년(1428) 1월 4일 (양력 1월 20일): 4번째 기사.
15. 『세종실록』 16년(1434) 7월 2일 (양력 8월 6일): 1번째 기사.
16. 『세종실록』 5년(1423) 2월 5일 (양력 3월 16일): 6번째 기사.
17. 『세종실록』 5년(1423) 11월 7일 (양력 12월 9일): 2번째 기사.
18. 『세종실록』 6년(1424) 8월 2일 (양력 8월 25일): 2번째 기사.
19. 『세종실록』 6년(1424) 11월 24일 (양력 12월 14일): 2번째 기사.

20. 『세종실록』 8년(1426) 12월 15일 (양력 1427년 1월 12일): 4번째 기사.

21. 『세종실록』 16년(1434) 7월 16일 (양력 8월 20일): 2번째 기사.

22. 『세종실록』 16년(1434) 7월 17일 (양력 8월 21일): 2번째 기사.

23. 이태진, 『조선유교사회사론』 (서울: 지식산업사, 1989) p. 26.

24. 이태진, 『조선유교사회사론』, p. 26.

25. 『세종실록』 12년(1430) 9월 27일 (양력 10월 14일): 5번째 기사.

26. 『세종실록』 13년(1431) 5월 17일 (양력 6월 26일): 6번째 기사.

27. 『세종실록』 13년 (1431) 11월 18일 (양력 12월 22일): 3번째 기사.

28. 이태진, 『한국사회사연구』, p. 95.

29. 이태진, 『한국사회사연구』, p. 93.

30. 『고려사』 122권, 열전 권제35, 혹리(酷吏), 심우경(沈于慶).

31. 이태진, 『한국사회사연구』, p. 96.

32. 이태진, 『한국사회사연구』, p. 106.

33. 일제강점기 일본의 한 학자가 조사한 바에 의하면 당시 조선의 총 마을 수는 28,336개이고, 이중 동성동본이 거주하는 「同族部落」은 14,672개였다. 善生永助, 『朝鮮의 姓』(1934), p. 55. 정진영, "조선후기 동성마을의 형성과 사회적 기능: 영남지역의 한 두 班村을 중심으로," 『한국사론』, p. 29 인용.

34. 『태조실록』, 2년(1393년) 11월 28일 기사 3번째기사.

35. 『태조실록』, 7년(1398년) 12월 29일 신미 4번째기사.

36. 『세종실록』, 5년(1423년) 12월 20일 정묘 4번째기사.

37. 『세종실록』, 8년(1426년) 11월 7일 병신 1번째기사.

38. 이태진, 『한국사회사연구』, 서울: 지식산업사, 2011, pp. 181-182.

39. 『태종실록』, 14년(1414년) 1월 18일 계사 3번째기사.

40. 이태진, 『한국사회사연구』, p. 156.

41. 『태종실록』, 14년(1414년) 1월 18일 계사 3번째기사.

42. 『태종실록』, 12년(1412년) 10월 8일 경신 4번째기사.

43. 이태진, 『한국사회사연구』, p. 178.

44. 『세종실록』, 2년(1420년) 9월 13일 무인 4번째기사.

45. 『세종실록』, 14년(1468년) 5월 16일 을해 3번째기사.

46. 『태종실록』, 6년(1406년) 6월 9일 정묘 3번째기사.

47. 이태진, 『한국사회사연구』, p.178-179.

48. 『세종실록』, 7년(1425년) 3월 24일 갑오 4번째기사.

49. 『세종실록』, 10년(1428년) 6월 6일 정해 1번째기사.

50. 이태진, 『한국사회사연구』, p. 177.
51. 위의 책, p. 179.
52. 위의 책, pp. 181-188.
53. 『성종실록』, 10년(1479년) 1월 22일 기묘 2번째기사.
54. 『성종실록』, 10년(1479년) 2월 12일 기해 5번째기사.
55. 『성종실록』, 15년(1484년) 4월 23일 기묘 1번째기사, "지방 관서 아전의 검찰을 위해 사심관 또는 유향소를 설치하는 문제를 의논하다," 『성종실록』, 성종 15년(1484년) 5월 7일 계사 1번째기사, "지평 정이교 등이 사사전의 징세를, 김종직이 유향소 설립을 청하다," 『성종실록』, 성종 15년(1484년) 11월 12일 을미 3번째기사, "김종직이 풍속의 아름답지 못함을 아뢰고 유향소 복립을 건의하다," 『성종실록』, 성종 19년(1488년) 3월 2일 병인 1번째기사, "장령 김미가 이원을 복직시키는 명을 거둘 것과 유향소 설치를 아뢰다," 『성종실록』, 성종 19년(1488년) 5월 12일 을해 2번째기사, "유향소를 다시 설립하는 것에 대해 의정부·영돈녕 이상 등에게 의논하도록 명하다."
56. 『성종실록』, 성종 19년(1488년) 6월 28일 경신 4번째기사.
57. 이태진, 『한국사회사연구』, p. 223.

제1부 결론

1. 한국인구학회 편, 인구대사전 (대전: 통계청, 2006,) 840페이지.
2. 한국갤럽, 「2014년 한국의 설풍경」, 『갤럽리포트』, 2014.01.28; Seok-Choon Lew, *The Korea Economic Developmental Path : Confucian Tradition, Affectire Network* (New York : Palgrave Macmillan, 2013), p. 41. 참고

제2부-제1장 / 병자호란과 명의 멸망

1. 한국인구학회, «인구대사전», 통계청, 2006, pp. 845~846.
2. Martina Deuchler, *Confucian Gentlemen and Barbarian Envoys: Opening of Korea,* 1875-85, (Washington, D.C.: University of Washington Press, 1978), p. 4.

3. Deuchler, *Confucian Gentlemen and Barbarian Envoys*, p. 5.

4. 강재언, 『선비의 나라』, p. 340.

5. Angus Maddison, "Chinese Economic Performance in the Long Run," *OECD Development Center* (1998,) p. 40

6. Frederic E. Wakeman, Jr., "China and the Seventeenth-Century Crisis," *Late Imperial China*, Vol. 7, No. 1, 1986, p. 10.

7. Wakeman, "China and the Seventeenth-Century Crisis,", p. 12.

8. Frederic Wakeman, Jr., *The Great Enterprise: The Manchu Reconstruction of Imperial Order in Seventeenth-Century China, Volume 1*, (Berkeley: University of California Press, 1985), p. 24.

9. Edward L. Dreyer, "Military origins of Ming China," Frederick W. Mote and Denis Twitchett eds., *The Cambridge History of China, Vol 7, The Ming Dynasty, 1368-1644, Part I*, pp. 58~106, p. 104

10. 王日根, "明代东南海防中敌我力量对比的变化及其影响", 『中国社会经济史研究』2003年第2期, p.28

11. Dreyer, p. 104.

12. Wakeman, *The Great Enterprise*, p. 26.

13. Wakeman, *The Great Enterprise*, p. 26.

14. Wakeman, *The Great Enterprise*, p. 30.

15. Wakeman, *The Great Enterprise*, p. 36.

16. Pamela Kyle Crossley, Helen F. Siu, Donald S. Sutton, *Empire at the Margins: Culture, Ethnicity, and Frontier in Early Modern China*, (Berkeley, CA: University of California Press), p. 65.

17. 『明史』, 권238, 列傳第126, 李成梁傳.

18. Wakeman, *The Great Enterprise*, pp. 50~51.

19. Wakeman, *The Great Enterprise*, p. 53.

20. 이 자료를 발굴한 Crossley 교수는 신충일을 "The Ethnographer from Seoul"이라고 부르면서 자신의 책에 상세히 다루고 있다. Pamela Kyle Crossely, *The Manchus* (Oxford: Blackwell Publisher, 1997,) pp. 39~46.

21. 『선조실록』 71권, 선조 29년[1596년 정유/명 만력 (萬曆) 24년] 1월 30일 정유 3번째 기사.

22. Wakeman, *The Great Enterprise*, p. 53.

23. Mark C. Elliott, *Emperor Qianlong: Son of Heaven, Man of the*

World (New York: Longman, 2009,), p. 63.

24. Wakeman, *The Great Enterprise*, p. 53~54.

25. William T. Rowe, *China's Last Empire: The Great Qing* (Cambridge, MA: Havarad University Press, 2012,), pp. 14~15.

26. Elliot, *Emperor Qianlong*, p. 62.

27. Elliot, *Emperor Qianlong*, p. 62.

28. Wakeman, *The Great Enterprise*, p. 54.

29. Wakeman, *The Great Enterprise*, p. 55.

30. 임계순, 『청사: 만주족이 통치한 중국』 (서울: 신서원, 2000) p. 26, 각주 18번, 七大恨의 내용은 다음과 같다. 1) 그의 할아버지와 아버지가 明의 영토를 침범하지 않았는데도 불구하고 아무 이유 없이 명조가 그들을 죽였다. 2) 누르하치가 여진부족들을 통일하는 과정에 명이 예허(Yehe : 葉赫)部族의 편을 들었다. 3) 후금은 명의 변방 장군과의 약속에 의하여 국경을 넘어온 사람을 죽였는데 오히려 명 조정이 이에 대하여 後金에게 책임을 묻고 후금의 사절을 죽였다. 4) 예허부족이 공주를 누르하치에게 보내기로 했는데 명의 관리가 공주를 납치하여 명과 우호관계에 있는 몽고에게 주었다. 5) 後金이 紫河·三岔兒·撫安 등지를 개간하려하자 明이 여진족을 구축했다. 6) 명은 예허와 후금의 동맹을 와해시키기 위하여 계속해서 예허에게 후금을 중상 모략했다. 7) 명은 후금과 여러 여진 부족들과의 동맹을 와해시키기 위하여, 특히 예허에게 의심과 증오감을 갖도록 조장하고 명과 예허부족이 함께 後金을 압박했다.

31. Nicola Di Cosmo, "Did Guns Matter? Firearms and the Qing Formation," in L. Struve (ed.), *The Qing Formation in World-Historical Time,* (Cambridge, MA: Harvard University Asia Center, 2004), p. 141.

32. 붉은 야만인[홍이(紅夷)]은 당시 중국에서 네덜란드인들을 부를 때 사용한 단어다. 홍이포는 조선에도 전수되어 영조 때 2문이 주조되었고 병인양요, 신미양요, 운요호 사건 때 조선의 강화도 포병부대가 사용했다.

33. Di Cosmo, "Did Guns Matter? Firearms and the Qing Formation,", p. 134.

34. Di Cosmo, "Did Guns Matter? Firearms and the Qing Formation,", p. 141.

35. Wakeman, p. 126.

36. 한명기, 『정묘, 병자호란과 동아시아』, (서울: 푸른역사, 2009), p. 50.

37. 한명기, 『정묘, 병자호란과 동아시아』, p. 53.

38. Wakeman, *The Great Enterprise*, p. 128.

39. Wakeman, *The Great Enterprise*, p. 131.

40. Di Cosmo, "Did Guns Matter? Firearms and the Qing Formation,", p. 146.

41. Di Cosmo, "Did Guns Matter? Firearms and the Qing Formation,", p. 146.

42. Frederic E. Wakeman, Jr., "China and the Seventeenth-Century Crisis," *Late Imperial China,* Vol. 7, No. 1, 1986, p. 5.

43. Wakeman, "China and the Seventeenth-Century Crisis," p. 6.

44. Wakeman, *The Great Enterprise*, p. 42.

45. Wakeman, *The Great Enterprise*, p. 44.

46. Wakeman, *The Great Enterprise*, p. 45.

47. 남의현, 「명대 위소제도의 형성과 성격」, 『명청사연구』 제 43집(2015.4), p. 64.

48. Wakeman, *The Great Enterprise*, p. 47.

49. Nicolo Di Cosmo, "Marital Politics on the Manchu-Mongol Frontier in the Early Seventeenth Century," in D. Lary(ed.), *The Chinese State at the Borders,* (Vancouver: UBC Press, 2011), pp. 57~73, p. 62.

50. 임계순, 『청사: 만주족이 통치한 중국』, 도서출판 신서원, 2007, p. 30.

51. Elliot, *Emperor Qianlong*, p. 73.

52. Elliot, *Emperor Qianlong*, p. 75.

53. William T. Rowe, *China's Last Empire* p. 14.

54. Pamela Crossley, *The Manchus,* p. 44.

55. Nicola Di Cosmo, "The Manchu Conquest in World-Historical Perspective: A Note on Trade and Silver," *Journal of Central Eurasian Studies,* Vol. 1, Princeton: Institute for Advanced Study, 2009, p. 51.

56. Di Cosmo, "The Manchu Conquest in World-Historical Perspective:, p. 52.

57. Di Cosmo, "The Manchu Conquest in World-Historical Perspective:, p. 53.

58. Di Cosmo, "The Manchu Conquest in World-Historical Perspective:, p. 53.

59. Wakeman, "China and the Seventeenth-Century Crisis," p. 28.

60. Wakeman, "China and the Seventeenth-Century Crisis," p. 28.

61. Wakeman, "China and the Seventeenth-Century World Crisis," p. 28.
62. Wakeman, "China and the Seventeenth-Century World Crisis,", p. 53.
63. Di Cosmo, "The Manchu Conquest in World-Historical Perspective:, p. 54.
64. Di Cosmo, "The Manchu Conquest in World-Historical Perspective:, p. 55.

제2부-제2장 / 청의 대륙정복과 중국 지식인들의 반응

1. 맹자 지음, 박경환 옮김, 『맹자』 (홍익출판사, 2011,) pp.368~369
2. 강중기, 「황종희 '명이대방록'」, 『철학사상』 별책 제5권 제3호, 2005, p. 3.
3. 위의 글, p. 3.
4. 안병주, 「황종희 명이대방록의 공리적 민본사상」, 『대동문화연구』 제21권, 1984, p. 86에서 재인용.
5. 위의 글, p. 86에서 재인용.
6. 위의 글, p. 87에서 재인용.
7. 위의 글, pp. 107~108에서 재인용.
8. 장원철, 「명말청초 안원의 학문과 사상에 대하여」, 『남명학연구』, 제29권, 2010, p. 338.
9. Wing-tsit Chan, *A Source Book in Chinese Philosophy* (Princeton: Princeton University Press, 1963,) p. 692.
10. Chan, *A Source Book in Chinese Philosophy*, p. 693.
11. 『주역외전』, 惟器而已矣 道者器之道 器者 不可謂之道之器也 无其道 則无其器 人類能言之 雖然苟有其器矣 豈患无道哉 君子之所不知 而聖 人知之 聖人之所不能 而匹夫匹婦能之 人或昧於其道者 其器不成 不成 非无器也 无其器 則无其道 人鮮能言之 而固其誠然者也 洪荒无揖讓之 道 唐虞无弔伐之道 漢唐无今日之道 則今日无他年之道者 多矣 未有弓 矢 而無射道 未有車馬 而无御道 未有牢醴璧幣 鐘磬管絃 而无禮樂之道 則未有子 而无父道 未有弟 而无兄道 道之可有 而且无者 多矣 故无其器 則无其道 誠然之言也 而人特未之察耳 故古之聖人能治器 而不能治道

治器者 則謂之道 道得則謂之德 器成則謂之行 器用之廣 則謂之變通 器
效之著 則謂之事業 形而上者 非无形之謂 既有形矣 有形而後 有形而上
无形之上 亙古今通萬變 窮天窮地窮人窮物 皆所未有者也 故曰惟聖人然
後 可以踐形 踐其下 非踐其上也 故聰明者 耳目也 睿知者 心思也 仁者
人也 義者 事也 中和者 禮樂也 大公至正者 形賞也 利用者 水火金木也
厚生者 穀蓏絲麻也 正德者 君臣父子也 如其舍此而求諸 未有器之先 亙
古今通萬變 窮天窮地窮人窮物 而不能爲之名 而況得有其實乎 老氏瞀
於此而曰 道在虛 虛亦器之虛也 釋氏瞀於此 而曰道在寂 寂亦器之寂也
淫詞輠炙 而不能離乎器 然且標離器之名以自神 將誰欺乎

12. Chan, *A Source Book in Chinese Philosophy*, p. 693.

13. 『독통감론』. 治道之極致 上稽尚書 折以孔子之言 而蒐以尚矣 其樞 則
君心之敬肆也 其戒 則怠荒刻蠻 不及者倦 過者欲速也 其大用 用賢而興
教也 其施及於民 仁愛而錫以極也 以治唐虞 以治三代 以治秦漢而下 迄
至於今 無不可以此理推而行也 以理銓選 以均賦役 以詰戎兵 以飭刑罰
以定典式 無不待此以得其宜也 至於設爲規畫 措之科條 尚書不言 孔子
不言 豈遺其實而弗求詳哉 以古之制 治古之天下 而未可概之今日者 君
子不以立事 以今之宜 治今之天下 而非可必之後日者 君子不以垂法 故
封建 井田 朝會 征伐 建官 頒祿之制 尚書不言 孔子不言 豈德不如舜禹
孔子者 而敢以記誦所得者 斷萬世之大經乎 夏書之有禹貢 實也 而系之
以禹 則夏后一代之法 固不行於商周 周書之有周官 實也 而系之以周 則
成周一代之規 初不上因於商夏. (후략)

14. 장원철, 「명말청초 안원의 학문과 사상에 대하여」, p. 347.

15. 양희용, 「중국철학: 안원과 이공의 격물치지론 연구」, 『동양철학연구』, 제
48권, 2006, p. 329.

16. Benjamin A. Elman, *From Philosophy to Philology: Intellectual and
Social Aspects of Change in Late Imperial China,* (Los Angeles: Uni-
versity of California Los Angeles, 2001), p. 51.

17. Elman, *From Philosophy to Philology*, p. 53.

18. Elman, *From Philosophy to Philology*, p. 53.

19. Elman, *From Philosophy to Philology*, p. xix-xx.

20. Elman, *From Philosophy to Philology*, p. 14.

21. Elman, *From Philosophy to Philology*, p. 52.

제2부-제3장 / 청의 대륙정복과 조선의 대응

1. Jahyun Kim Haboush, "Constructing the Center: The Ritual Controversy and the Search for a New Identity in Seventeenth-Century Korea," in J. Kim Haboush and M. Deuchler (eds.), *Culture and the State in Late Choson Korea,* (Cambridge, MA: Harvard University Press, 2002), p. 67.
2. Haboush, "Constructing the Center," p. 68.
3. Haboush, "Constructing the Center," p. 71.
4. Haboush, "Constructing the Center," p. 69.
5. Haboush, "Constructing the Center," p. 51.
6. Haboush, "Constructing the Center," p. 69.
7. 김남윤, 「소현세자의 인질생활: 심양일기」, 장서각 편 『2012년도 장서각아카데미 역사문화강좌 자료집』, 서울: 장서각, 2012, p. 106.
8. 김남윤, 「소현세자의 인질생활: 심양일기」, p. 106.
9. 김남윤, 「소현세자의 인질생활: 심양일기」, pp. 107~108.
10. 『인조실록』, 23년(1645) 4월 26일(양력 5월 21일): 1번째 기사.
11. 강재언, 『선비의 나라』, p. 346.
12. 황비묵(黃斐默), 정교봉포(正敎奉褒), 안재원, 「아담 샬, 순치제, 소현세자: 아담을 바라보는 두 시선 사이에 있는 차이에 대해서」, 『인간·환경·미래』, 제 8호, 2012, pp. 147~182, p. 165에서 재인용.
13. 안재원, 「아담 샬, 순치제, 소현세자: 아담을 바라보는 두 시선 사이에 있는 차이에 대해서」, 『인간·환경·미래』, 제8호, 2012, pp. 147~182, p. 149.
14. 안재원, 「아담 샬, 순치제, 소현세자」, pp. 147~182, pp. 168~170.
15. 『인조실록』 23년(1645년) 6월 27일(양력 7월 20일): 1번째 기사.
16. 『송자대전』, 권5, 봉사(封事), 기축봉사(己丑封事).
17. 『송자대전』, 권 213, 삼학사전(三學士傳).
18. 『송자대전』, 권 131, 잡저(雜著), 잡록(雜錄).
19. 사문을 "This Culture of Ours"로 번역한 것은 하버드 대학교의 Peter Bol 교수다. 같은 제목의 그의 책은 송대의 주자성리학에 대한 가장 탁월한 저서 중 하나다.
20. 논어, 자한편: 5, 이한우 지음, 『논어로 논어를 풀다』, 서울: 해냄, p. 618.
21. Peter C. Perdue, *China Marches West: The Qing Conquest of Cen-*

tral Eurasia (Cambridge, MA: Belknap Press, 2005,) p. 4.

22. Haboush, "Constructing the Center," p. 71.

23. Haboush, "Constructing the Center," p. 72.

24. Haboush, "Constructing the Center," p. 72.

25. Haboush, "Constructing the Center," p. 52.

26. 『현종실록』, 즉위년(1659) 5월 5일(양력 6월 24일): 3번째 기사.

27. Haboush, "Constructing the Center," p. 52.

28. 『현종실록』, 즉위년(1659) 5월 5일(양력 6월 24일): 3번째 기사.

29. Haboush, "Constructing the Center," p. 53.

30. 국가문화유산포털(www.heritage.co.kr) 참고.

31. 『현종실록』, 즉위년(1659) 5월 5일(양력 6월 24일): 3번째 기사.

32. Haboush, "Constructing the Center," p. 53.

33. Haboush, "Constructing the Center," p. 54.

34. Haboush, "Constructing the Center," p. 54.

35. Haboush, "Constructing the Center," p. 54.

36. 윤휴, 「전례사의(典禮私議)」, 『백호전서』, 제26권.

37. 『현종실록』, 2년(1660) 3월 16일(양력 4월 25일): 3번째 기사.

38. 『현종실록』, 1년(1660) 4월 18일(양력 5월 26일): 1번째 기사.

39. 『현종실록』, 7년(1666) 3월 23일(양력 4월 26일): 1번째 기사.

40. 『현종실록』, 7년(1666) 3월 25일(양력 4월 28일): 6번째 기사.

41. Haboush, "Constructing the Center," p. 60.

42. Haboush, "Constructing the Center," p. 61.

43. Haboush, "Constructing the Center," p. 61.

44. 『현종실록』 22권, 현종 15년 7월 6일 무진 1번째 기사 1674년 청 강희(康熙) 13년.

45. 『송자대전』: 송서습유 제7권: 잡저(雜著)

46. Haboush, "Constructing the Center," p. 66.

47. Haboush, "Constructing the Center," p. 75.

48. Haboush, "Constructing the Center," p. 76.

49. 『백호전서』 제27권: 잡저(雜著), 만필(漫筆) 상(上).

50. Kim Haboush, 앞의 글, p. 76.

51. 기언 제3권 상편: 학(學).

52. 『백호전서』 제24권, 독서기의 서[讀書記序].

53. 『숙종실록』, 숙종 1년(1675) 윤 5월 26일 계축 4번째 기사.

54. Haboush, "Constructing the Center", p. 77.

55. 도올 김용옥, 『중용한글역주』 (통나무, 2011,) p. 156.

56. 『중용한글역주』 (통나무, 2011,) p. 168.

57. 『중용한글역주』 (통나무, 2011,) p. 168.

58. 『중용한글역주』 (통나무, 2011,) p. 173.

59. 『중용한글역주』 (통나무, 2011,) p. 174.

60. Haboush, "Constructing the Center," p. 87.

61. Key-Hiuk Kim, *The Last Phase of the East Asian World Order: Korea, Japan, and the Chinese Empire, 1860-1882,* (Berkeley: University of California Press, 1980), p. 28.

62. 『숙종실록』, 숙종 12년 (1686) 7월 6일 무자 1번째 기사.

63. Haboush, "Constructing the Center," p. 71.

64. 『영조실록』, 영조 69권, 25년[1749 기사/청 건륭(乾隆) 14년] 3월 23일(신미) 1번째 기사.

65. Kim, *The Last Phase of the East Asian World Order*, p. 29.

66. 제1부 참조.

67. 한명기, 『병자호란』, p. 293~294쪽.

68. 한명기, 『병자호란』, p. 294.

69. 『인조실록』, 16년(1638) 3월 11일(양력 4월 24일): 2번째 기사.

70. 위의 기사.

71. 위의 기사.

72. 『인조실록』, 16년(1638) 5월 1일(양력 6월 12일): 2번째 기사.

73. 『송자대전』 제5권 - 기축봉사(己丑封事) 8월

74. Patricia Buckley Ebrey(ed.), *Chinese Civilization: A Sourcebook,* (New York: The Free Press, 1993,) p. 274. 원문: "卒尝谓人曰: "我辈征高丽, 掳妇女数万人, 无一失节者, 何堂堂中国, 无耻至此？" 呜呼, 此中国之所以乱也。", 왕수초 지음, 『양주십일기』.

75. 이숙인, 『정절의 역사: 조선 지식인의 성 담론』 (서울: 푸른역사, 2014,) p. 97

76. 이숙인, 『정절의 역사』, p. 116.

77. 이숙인, 『정절의 역사』, p. 130.

78. 이숙인, 『정절의 역사』, p. 131.

79. 『선조실록』 36년 (1605) 8월 2일. 위의 책, p. 133에서 재인용.

80. 이정암, 『사유제집 삼절부전』, 위의 책, p. 133에서 재인용.

81. Isabella Bird Bishop, *Korea and Her Neighbors,* (Seoul: Yonsei University Press, 1970), p. 340.

82. Bishop, *Korea and Her Neighbors*, pp. 340~341

83. Bishop, *Korea and Her Neighbors*, p. 341

제2부-제4장 / 천주교의 도전

1. Don Baker, "A Different Threat: Orthodoxy, Heterodoxy, and Catholicism in a Confucian World, JaHyun Kim Haboush and Marina Deuchler, eds, *Culture and the State in late Choson Korea,* (Cambridge, MA: Harvard University Press, 1999), pp. 199~232, p. 200.

2. 함재학, 「경국대전이 조선의 헌법인가?」, 『법철학연구』 제 7권 제2호, 2004, pp. 263~288, p. 278.

3. 함재학, 「경국대전이 조선의 헌법인가?」, pp. 263~288, p. 272.

4. 함재학, 「경국대전이 조선의 헌법인가?」, pp. 263~288, p. 278.

5. 함재학, 「경국대전이 조선의 헌법인가?」, pp. 263~288, p. 277.

6. Don Baker, "A Different Threat," p. 205.

7. Don Baker, "A Different Threat," pp. 199~232, p. 205.

8. Don Baker, "A Different Threat," pp. 199~232, p. 205.

9. 강재언 저, 이규수 역, 『서양과 조선: 그 이문화 격투의 역사』 (서울: 학고재, 1998,) pp. 102~103.

10. 강재언, 『서양과 조선』, p. 105에서 재인용.

11. 강재언, 『서양과 조선』, p. 106.

12. 이익, 『성호전집』, 55권, 『천주실의』발문(跋天主實義).

13. 강재언, 『서양과 조선』, p. 110~111.

14. 윤사순, 『한국의 성리학과 실학』 (서울: 열음사, 1987,) p. 84.

15. 윤사순, 『한국의 성리학과 실학』, p. 79.

16. 안정복, 『순암집』, 민족문화추진회, 1996, 8권, p. 90

17. 금장태, 『한국유교의 재조명』 (서울: 전망사, 1982,) p. 215.

18. 금장태, 『한국유교의 재조명』, pp. 215~216.

19. 금장태, 『한국유교의 재조명』, p. 216.

20. 금장태, 『한국유교의 재조명』, p. 216.

21. 이황 저, 윤사순 역, 『퇴계선집』(서울: 현암사, 1982,) pp. 356~357.

22. 이익, 『성호사설』, 26권, 절식 (節食).

23. 안정복, 『순암집』, 민족문화추진회, 1996, 6권, p. 314.

24. 안정복, 『순암집』, p. 321.

25. 안정복, 『순암집』, p. 249.

26. Don Baker, "A Different Threat", p. 208.

27. 이익, 『성호사설』, 13권, 속유 척불 (俗儒斥佛).

28. 이익, 『성호사설』, 11권, 칠극 (七克).

29. 안정복, 「천학문답」, 『순암집』, 17권.

30. 정약용 지음, 진탁 역, 『여유당전서 1집』, 13권 기(記).

31. Don Baker, "A Different Threat:, p. 214.

32. 마테오리치, 『천주실의』(서울대학교출판문화원, 2010,) pp. 357~358. 中士曰: 如是, 則其成己爲天主也, 非爲己也, 則毋奈外學也? 西士曰: 烏有成己而非爲己者乎? 基爲天主也, 正其所以成也. 意益高者, 學益尊, 如學者之意, 止於一己, 何高之有? 至于爲天主, 其尊乃不可加矣, 孰以爲賤乎? 聖學在吾性內, 天主銘之人心, 原不能壞, 貴邦儒經所謂明德明命, 是也

33. Don Baker, "A Different Threat", p. 217.

34. 위의 책, p. 128.

35. 위의 책, p. 129.

36. 위의 책, p. 133.

37. http://info.catholic.or.kr/dictionary/view.asp?ctxtIdNum=2786&gubun=01#.

38. 위의 글.

39. 강재언, 『서양과 조선』, p. 134.

40. Jacques Gernet, *China and the Christian Impact* (Cambridge: Cambridge University Press, 1985,) p. 186.

41. Voltaire, *Essai sur les moeurs et l'esprit des nations* vol. I, 1756; 송태현, 「볼테르와 중국: 전례논쟁에 대한 볼테르의 견해」, 『외국문학연구』제48호, 2012, p. 174.

42. 전례논쟁 이후 가톨릭 교회는 1939년 교황 비오12세가 중국의 천주교도들에게 제사를 다시 허용하는 칙령을 반포하였고 1962~1965 제2차 바티칸 공의회는 각 나라의 전통이 교리와 어긋나는 것이 아니면 따라도 된다는 개방적인 원칙을 선포하였다. 이로써 한국의 천주교는 조상에 대한 제사를 허용한다. 그러나 개신교는 여전히 제사를 금함으로써 전례논쟁은 오늘도 계속되고 있는 셈이다.

43. 윤민구 역, "베이징의 구베아 주교가 사천 대리 감목 디디에르 주교에게 보낸 1797년 8월 15일자 편지", 『한국 초기 교회에 관한 교황청 자료 모음집』, 가톨릭출판사, 2000, pp. 123~124 .

44. 『정조실록』, 15년(1791) 10월 20일(양력 11월 15일): 5번째 기사.

45. 『정조실록』, 15년(1791) 10월 23일(양력 11월 18일): 1번째 기사.

46. 최재건, 『조선후기 서학의 수용과 발전』, 서울: 한들출판사, 2005, p. 133.

47. 『정조실록』, 정조 15년 (1791년) 11월 7일 무인 2번째 기사.

48. 『정조실록』, 정조 15년 (1791년) 11월 7일 무인 2번째 기사.

49. 최재건, 앞의 책, p. 135.

50. 『정조실록』 정조 12년(1788) 8월 3일 임진 1번째 기사.

51. 『정조실록』, 정조 21년(1979) 6월 21일 경인 2번째 기사.

52. 『순조실록』 순조 1년(1801), 1월 10일 정해 1번째 기사.

53. 최재건, 『조선후기 서학의 수용과 발전』, 서울: 한들출판사, 2005, p. 167.

54. 위의 책, pp. 168~189.

55. 황사영 백서, 천주교 원주교구 배론 성지 홈페이지, http://www.baeron.or.kr/sub2/sub22-1.php?h=2&m=2&z=2. '영고탑(寧古塔)'은 만주족의 발상지로 오늘날 중국 헤이룽장성(黑龍江省) 무단장시 닝안 현(寧安) 부근이다.

56. 황사영 백서, 천주교 원주교구 배론 성지 홈페이지, http://www.baeron.or.kr/sub2/sub22-1.php?h=2&m=2&z=2.

57. 최재건, 『조선후기 서학의 수용과 발전』 (서울: 한들출판사, 2005), p. 199.

58. 최재건, 『조선후기 서학의 수용과 발전』, p. 206.

59. 최재건, 『조선후기 서학의 수용과 발전』, p. 206.

60. 최재건, 『조선후기 서학의 수용과 발전』, p. 210.

61. 최재건, 『조선후기 서학의 수용과 발전』, p. 212.

62. 최재건, 『조선후기 서학의 수용과 발전』, p. 213.

63. 최재건, 『조선후기 서학의 수용과 발전』, p. 232.

64. 최재건, 『조선후기 서학의 수용과 발전』, p. 235.

65. 최재건, 『조선후기 서학의 수용과 발전』, pp. 239~240.

66. 최재건, 『조선후기 서학의 수용과 발전』, p. 240.

67. 『헌종실록』 12년(1846) 7월 3일(양력 8월 24일): 첫번째 기사

68. 최재건, 『조선후기 서학의 수용과 발전』, p. 245.

69. 헌종실록 13권, 12년(1846 병오 / 청 도광(道光) 26년) 7월 15일(무술) 1번째 기사.

70. 헌종실록 13권, 12년(1846 병오 / 청 도광(道光) 26년) 7월 15일(무술) 1번째 기사.

제2부-제5장 / 아편전쟁과 태평천국의 난, 동치중흥

1. William T. Rowe, *China's Last Empire: The Great Qing* (Cambridge, MA: Havarad University Press, 2012,) pp. 165~166.
2. Rowe, *China's Last Empire*, p. 166.
3. Rowe, *China's Last Empire*, p. 166
4. Rowe, *China's Last Empire*, p. 167.
5. Rowe, *China's Last Empire*, p. 167.
6. Rowe, *China's Last Empire*, p. 168.
7. Rowe, *China's Last Empire*, p. 169.
8. Rowe, *China's Last Empire*, p. 170.
9. Rowe, *China's Last Empire*, p. 171.
10. Rowe, *China's Last Empire*, p. 172.
11. Rowe, *China's Last Empire*, p. 172.
12. Rowe, *China's Last Empire*, p. 191.
13. John K, Fairbank, "The Creation of the Treaty System," John K. Fairbank, ed., *The Cambridge History of China, Vol. 10 Late Ch'ing, 1800-1911, Part I* (Cambridge: Cambridge University Press, 1978,) pp. 213-263, p. 244.
14. Rowe, *China's Last Empire,* pp. 190-91.
15. Fairbank, "The Creation of the Treaty System,", pp. 244~245.
16. Fairbank, "The Creation of the Treaty System,", p. 246.
17. Rowe, *China's Last Empire,* p. 191.
18. Fairbank, "The Creation of the Treaty System," p. 247.
19. Fairbank, "The Creation of the Treaty System," p. 247.
20. Fairbank, "The Creation of the Treaty System," p. 247.
21. Fairbank, "The Creation of the Treaty System," pp. 248~249.
22. Fairbank, "The Creation of the Treaty System," p. 252.
23. Fairbank, "The Creation of the Treaty System," p. 250.
24. Hummel, Arthur William, ed. *Eminent Chinese of the Ch'ing Period (1644-1912).* 2 vols. (Washington: United States Government Printing Office, 1943.)

25. Fairbank, "The Creation of the Treaty System," p. 256.

26. Fairbank, "The Creation of the Treaty System," pp. 213~263, p. 257.

27. Fairbank, "The Creation of the Treaty System," pp. 213~263, p. 257.

28. Carroll Brown Malone, *History of the Summer Palaces Under the Ch'ing Dynast* (Urbana: University of Illinois, 1934,) pp. 187~188.

29. https://www.napoleon.org/en/history-of-the-two-empires/articles/the-chinese-expedition-victor-hugo-on-the-sack-of-the-summer-palace/, 번역 함재봉.

30. Philip A. Kuhn, "The Taiping Rebellion," John K. Fairbank, ed., *The Cambridge History of China, Vol. 10 Late Ch'ing, 1800-1911, Part I* (Cambridge: Cambridge University Press, 1978,) pp. 264~316, pp.265~266.

31. A. Kuhn, "The Taiping Rebellion," p.268.

32. A. Kuhn, "The Taiping Rebellion," p.269.

33. Rowe, *China's Last Empire*, p. 187.

34. Rowe, *China's Last Empire*, p. 188.

35. Rowe, *China's Last Empire*, p. 193.

36. Daniel McMahon, "The Yuelu Academy and Hunan's Nineteenth-Century Turn Toward Statecraft," *Late Imperial China* Vol. 26, No. 1 (June 2006), pp. 72-109, p. 76.

37. 위원. 위원의 『해국도지』는 일본의 명치유신의 사상적 뿌리를 제공한 사쿠마 쇼잔(佐久間象山, 1811~1864)과 요시다 쇼인 (吉田 松陰, 1830 ~ 1859)에게 결정적인 영향을 끼친다. 조선의 추사 김정희金正喜, 1786-1856) 는 제주도에 유배중이었던 1845년 『해국도지』를 입수하여 읽었고 그의 제자인 동시에 같은 북학파로 조선의 개화파 태동에 결정적인 역할을 한 박규수(朴珪壽, 1807~1877) 역시 이 책을 김옥균, 박영효 등 자신의 문하생들에게 읽힌다.

38. Stephen R. Platt, *Provincial Patriots: The Hunanese and Modern China* (Cambridge, MA: Harvard University Press, 2007,) pp. 8~9.

39. Platt, *Provincial Patriots*, p. 9.

40. Platt, *Provincial Patriots*, p. 10.

41. Platt, *Provincial Patriots*, p. 11.

42. Elliott, *Emperor Qianlong*, p. 119.

43. Hok-lam Chan, "The Chine-wen, Yung-lo, Hung-his, and Hsuan-te reigns, 1399-1435, eds., Frederick W. Mote and Denis Twitchett, *The Cambridge History of China, Vol 7, The Ming Dynasty, 1368-1644, Part I,* pp. 182-304, pp. 220-221. 그 후 명청교체기, 1860년의 제2차 아편전쟁, 1900년의 의화단 사건 때 소실되어 현재는 700권 정도만 남아있다

44. Elliott, *Emperor Qianlong*, p. 119.

45. Elliott, *Emperor Qianlong*, pp. 121-22.

46. Platt, *Provincial Patriots*, p. 12.

47. Platt, *Provincial Patriots*, p. 12.

48. Platt, *Provincial Patriots*, p. 13.

49. Platt, *Provincial Patriots*, p. 15.

50. 人之所以異於禽獸 仁而已矣 中國之所以異於夷狄 仁而已矣 君子之所以異於小人 仁而已矣….. 仁之經緯斯為禮. 왕부지 지음, 진탁 역,『禮記章句序』.

51. Platt, *Provincial Patriots,* p. 21.

52. Platt, *Provincial Patriots*, pp. 19~20.

53. Platt, *Provincial Patriots*, p. 20.

54. Platt, *Provincial Patriots*, p. 23.

55. Rowe, *China's Last Empire*, p. 195.

56. Platt, *Provincial Patriots*, p. 24.

57. Rowe, *China's Last Empire*, p. 197.

58. Platt, *Provincial Patriot*, pp. 23~24.

59. Kuhn, "The Taiping Rebellion," p.288.

60. Kuhn, "The Taiping Rebellion," p.288.

61. Kuhn, "The Taiping Rebellion," p.289.

62. Kuhn, "The Taiping Rebellion," p.290.

63. Rowe, *China's Last Empire,* pp. 199-200

64. Rowe, *China's Last Empire*, p. 195.

65. Kuhn, "The Taiping Rebellion," p. 298.

66. Kuhn, "The Taiping Rebellion," p. 299.

67. Stephen R. Platt, *Autumn in the Heavenly Kingdom: China, the West, and the Epic Story of the Taiping Civil War* (New York: Vintage Books, 2012,) p.25

68. Platt, *Autumn in the Heavenly Kingdom*, p.25

69. Kuhn, "The Taiping Rebellion,", p. 301.

70. Kwang-Ching Liu, "The Ch'ing Restoration," John K. Fairbank, ed., *The Cambridge History of China, Vol. 10 Late Ch'ing, 1800-1911, Part I* (Cambridge: Cambridge University Press, 1978,) pp. 409~490, p. 426.

71. Liu, "The Ch'ing Restoration," p.426.

72. Platt, *Autumn in the Heavenly Kingdom*, p. 78.

73. Liu, "The Ch'ing Restoration," p.427.

74. Liu, "The Ch'ing Restoration," p.428.

75. Liu, "The Ch'ing Restoration," p.432.

76. Platt, *Provincial Patriots*, pp. 24~25.

77. Mary C. Wright, *The Last Stand of Chinese Conservatism: The T'ung-Chih Restoration, 1862-1874,* (Stanford: Stanford University Press, 1957), p. 7.

78. Wright, *The Last Stand of Chinese Conservatism*, p. 7.

79. Wright, *The Last Stand of Chinese Conservatism*, p. 7.

80. Wright, *The Last Stand of Chinese Conservatism*, pp. 21~42.

81. Wright, *The Last Stand of Chinese Conservatism*, p. 8.

82. Wright, *The Last Stand of Chinese Conservatism*, p. 8.

제2부-제6장 / 위정척사파와 쇄국정책

1. Kim, *The Last Phase of the East Asian World Order,* p. 40.

2. 순조 32권, 32년(1832 임진 / 청 도광(道光) 12년) 7월 21일(을축) 4번째 기사.

3. 『헌종실록』, 헌종 11년(1845) 7월 5일 갑신 2번째기사

4. 최재건, 『조선후기 서학의 수용과 발전』(서울: 한들출판사, 2005), p. 255.

5. Kim, *The Last Phase of the East Asian World Order,* p. 42.

6. 『철종실록』13권, 철종 12년(1861 신유 / 청 함풍(咸豊) 11년) 1월 18일(정미) 1번째 기사.

7. 김명호, 『환재 박규수 연구』 (서울: 창비, 2008,) p. 398.

8. 위의 책, p. 400.

9. 『환재 총서』, 제 5책 「熱河副使時抵人書」, pp. 618-619면), 김명호, 『환재 박

규수 연구』 (서울: 창비, 2008,) pp. 399-400 재인용.

10. 『철종실록』 13권, 12년(1861 신유 / 청 함풍(咸豊) 11년) 6월 19일(병자)
   1번째 기사.

11. 김명호, 『환재 박규수 연구』 (서울: 창비, 2008,) pp. 421.에서 재인용.

12. 김명호, 『환재 박규수 연구』, pp. 422.에서 재인용.

13. Kim, *The Last Phase of the East Asian World Order*, p. 45.

14. Kim, *The Last Phase of the East Asian World Order*, p. 45.

15. 최재건, 『조선후기 서학의 수용과 발전』, (서울: 한들출판사, 2005), p. 256.

16. 최재건, 『조선후기 서학의 수용과 발전』, p. 256.

17. 최재건, 『조선후기 서학의 수용과 발전』, p. 257.

18. 최재건, 『조선후기 서학의 수용과 발전』, p. 260.

19. 최재건, 『조선후기 서학의 수용과 발전』, p. 262.

20. 최재건, 『조선후기 서학의 수용과 발전』, p. 264.

21. Kim, *The Last Phase of the East Asian World Order*, p. 48.

22. 위의 책, p. 48.

23. 『일성록』 고종 3권, 3년(1866 병인 / 청 동치(同治) 5년) 7월 8일(갑자) 4
   번째 기사.

24. 『일성록』 고종 3권, 3년(1866 병인 / 청 동치(同治) 5년) 7월 8일(갑자) 7
   번째 기사.

25. Donald Southerton, *Intrepid Americans: Bold Koreans - Early Korean Trade, Concessions, and And Entrepreneurship* (New York, Lincoln, Shanghai: iUniverse, Inc., 2005,) p. 25.

26. 무진년(1868)에 박규수(朴珪壽)가 평안감사로 임명되었을 때였다. 미국인
   토머스(Robert Jermain Thomas, 선교사)가 군함 한 척을 타고 대동강까지
   들어왔는데, 조수가 빠지는 바람에 꼼짝도 못 하고 있었다. 박규수는 그들을
   엄습할 장교 1명을 구했다. 또 어민들이 가지고 있는 작은 배(瓜皮船) 수백 척
   에다가 장작 다발을 싣고 점화를 하였다. 그리고 궁노수(弓弩手)를 모집하여
   배에다 줄을 매고 일제히 화살을 쏘았다. 화살은 빠르고 배는 가벼워서 양인의
   군함에 꽂히고, 군함 안에 있는 인화물질이 일시에 불이 붙어 군함 전체가 모
   두 소각되었다. 적이 화염 속을 빠져나가 파도를 건너서 도주하므로, 대포로
   사격하여 그들 4~5명을 죽였다. 이 소식이 대궐로 전해지자 박규수는 자계(資
   階: 품계)를 올려 주고 장교는 진영장(鎭營將)으로 승진시켰다.

27. 『고종실록』, 고종 3년(1866) 7월 27일 계미 1번째 기사.

28. 북한은 1960년대부터 갑자기 제너럴셔먼호 사건을 주도한 인물이 김일성의 조상이라는 주장을 펴기 시작하였다. 김일성의 가계는 일찍부터 미 제국주의자들을 때려잡는 데 앞장섰다는 것이다. 이러한 주장은 1968년에 일어난 푸에블로호 사건을 전후로 더욱 강화되었다. 1968년 1월 23일 미 태평양함대 소속 전자정보함인 푸에블로호가 북한군에 의해 나포되었다. 김신조를 비롯한 북한 124군부대 31명이 청와대를 기습하려고 하였던 1.21 사태가 일어난 지 불과 이틀 후였다. 83명의 승무원 중 1명은 나포과정에서 북한군에 사살되었고 82명은 포로로 잡혔다. 이들은 고문을 비롯한 온갖 고초 끝에 1968년 12월 23일 판문점을 통하여 풀려났고 전사한 해군의 유해도 동시에 반환되었다. 그러나 북한은 푸에블로호는 돌려주지 않고 아직도 갖고 있다. 그리고 이 배는 오랫동안 대동강변 제너럴셔먼호가 격침되었다는 장소에 전시되었다.

29. Kim, *The Last Phase of the East Asian World Order*, p. 49.

30. 『일성록』 고종 3권, 3년(1866 병인 / 청 동치(同治) 5년) 9월 11일(정묘) 9 번째 기사.

31. 『일성록』 고종 3권, 3년(1866 병인 / 청 동치(同治) 5년) 9월 11일(정묘) 9번째 기사.

32. Kim, *The Last Phase of the East Asian World Order*, p. 50.

33. 『일성록』 고종 3권, 3년(1866 병인 / 청 동치(同治) 5년) 10월 15일(경자) 2번째 기사.

34. Kim, *The Last Phase of the East Asian World Order*, p. 52.

35. Kim, *The Last Phase of the East Asian World Order*, p. 51.

36. Kim, *The Last Phase of the East Asian World Order*, p. 52.

37. Kim, *The Last Phase of the East Asian World Order*, p. 53.

38. Kim, *The Last Phase of the East Asian World Order*, p. 53.

39. Kim, *The Last Phase of the East Asian World Order*, p. 53.

40. Kim, *The Last Phase of the East Asian World Order*, p. 54.

41. Kim, *The Last Phase of the East Asian World Order*, p. 54.

42. 『고종실록』 고종 3년(1866년) 9월 12일 무진 8번째 기사.

43. Chai-sik Chung, *A Korean Confucian Encounter with the Modern World* (Berkeley, CA: Institute of East Asian Studies, University of California, 1995,) p. 45.

44. Chung, *A Korean Confucian Encounter with the Modern World*, p. 47.

45. Chung, *A Korean Confucian Encounter with the Modern World*,

p. 48.

46. 부산대학교 점필재연구소 엮음, 『연보와 평전』 제 5호 (부산: 점필재연구소, 2010), p. 88.

47. 이미림, 「화서 이항로의 위정척사사상: 위정 척사론의 기반: 華夷論의 구조」, 『華西學論叢』 V, 2012년 12월 7일, pp. 263-280, p. 267.

48. 이미림, 「화서 이항로의 위정척사사상」, p. 267.

49. 이미림, 「화서 이항로의 위정척사사상」, p. 267.

50. 이미림, 「화서 이항로의 위정척사사상」, p. 268.

51. 이미림, 「화서 이항로의 위정척사사상」, p. 268.

52. 이항로, 「양화(洋禍)」, 『화서아언』, 12권, 16a, 오바타 미치히로(小幡倫格), 「이항로의 대외관 -서양에 대한 인식을 중심으로-」, 『화서학논총』 6집, 서울: 화서학회, 2014, p. 93에서 재인용.

53. 이항로, 「양화(洋禍)」, pp. 94-95에서 재인용

54. 박성순, 『朝鮮後期 華西 李恒老의 衛正 斥邪 思想』(서울: 景人文化社, 2003,) p. 227.

55. 『송자대전』, 권 131, 잡저(雜著), 잡록(雜錄).

56. 이미림, 위의 글, p. 269.

57. 박성순, 『朝鮮後期 華西 李恒老의 衛正 斥邪 思想』, p. 227.

58. 박성순, 『朝鮮後期 華西 李恒老의 衛正 斥邪 思想』, pp. 228-229.

59. 박성순, 『朝鮮後期 華西 李恒老의 衛正 斥邪 思想』, p. 228.

60. 이항로, 「양화(洋禍)」, p. 95에서 재인용.

61. 『華西雅言』 권 4, 사부(事父).

62. 박성순, 『朝鮮後期 華西 李恒老의 衛正 斥邪 思想』, p. 216.

63. 오바타 미치히로, 이항로의 대외관: 서양에 대한 인식을 중심으로, 『華西學論叢』 (6), 2014년 10월 5일. Pp. 81-112, pp. 85-86.

64. 오바타 미치히로, 이항로의 대외관, p. 85.

65. 박성순, 『朝鮮後期 華西 李恒老의 衛正 斥邪 思想』, p. 223.

66. 오바타 미치히로, 이항로의 대외관, p. 87.

67. 오바타 미치히로, 이항로의 대외관, p. 86.

68. Kim, *The Last Phase of the East Asian World Order*, p. 56.

69. Kim, *The Last Phase of the East Asian World Order*, p. 56.

70. Kim, *The Last Phase of the East Asian World Order*, p. 57.

71. Kim, *The Last Phase of the East Asian World Order*, p. 57.

72. Kim, *The Last Phase of the East Asian World Order*, p. 58.

73. 『고종실록』 8권, 8년(1871 신미 / 청 동치(同治) 10년) 2월 21일(신사) 2번째기사.

74. Ching Young Choe, *The Rule of the Taewon'gun: 1864-1873: Restoration in Yi Korea* (Cambridge, MA: Harvard East Asian Monographs, 1972,) pp. 126~127.

75. Choe, *The Rule of the Taewon'gun*, p. 127.

76. 『고종실록』, 고종 8년(1871) 4월 9일 무진 3번째 기사.

77. Choe, *The Rule of the Taewon'gun,* pp. 127~128.

78. Choe, *The Rule of the Taewon'gun*, p. 128.

79. Choe, *The Rule of the Taewon'gun*, p. 129.

80. Kim, *The Last Phase of the East Asian World Order*, p. 58.

81. 『고종실록』 8권, 고종 8년(1871 신미 / 청 동치(同治) 10년) 4월 17일(병자) 3번째 기사.

82. Kim, *The Last Phase of the East Asian World Order*, p. 59.

83. Choe, *The Rule of the Taewon'gun*, p. 130.

84. 『고종실록』 8권, 고종 8년(1871 신미 / 청 동치(同治) 10년) 4월 17일(병자) 3번째 기사.

85. Choe, *The Rule of the Taewon'gun*, p. 131.

86. Choe, *The Rule of the Taewon'gun*, p. 132.

87. 『고종실록』 8권, 고종 8년(1871 신미 / 청 동치(同治) 10년) 4월 25일(갑신) 1번째 기사.

88. *Papers Relating to the Foreign Relations of the United States,* 1867-1871, 1871, p. 129 (no. 35, Low to Fis, June 20, 1871,) Choe, p. 133 에서 번역/재인용.

제2부-제7장 / 위정척사파와 홍선대원군의 대립

1. 이영훈 편, 『수량경제사로 다시 본 조선후기』(서울: 서울대학교 출판부, 2013), p.382.

2. 한국고문서학회, 『조선시대 생활사 4 – 조선의 일상, 법정에 서다』, 서울: 역사비평사, 2013, p. 221.

3. 한국고문서학회, 『조선시대 생활사 4』.

4. 한국고문서학회, 『조선시대 생활사 4』, p. 225.

5. James B. Palais, *Politics and Policy in Traditional Korea,* (Cambridge, MA: Harvard University Press, 1975,) 페이지 p. 61.

6. Palais, *Politics and Policy in Traditional Korea,* p. 61.

7. Palais, *Politics and Policy in Traditional Korea,* p. 62.

8. Palais, *Politics and Policy in Traditional Korea,* p. 62.

9. Susan Shin, "The Social Structure of Kumhwa County in the Late Seventeenth Century," *Occaasional Papers on Korea,* no. 1 (April 1974; reprint of June 1972 ed.), pp. 9-35.

10. 김용섭, 『조선후기농업사연구 [1]: 농촌경제, 사회변동』, 서울: 일조각, 1970, p. 186.

11. Palais, *Politics and Policy in Traditional Korea,* p. 5.

12. Palais, *Politics and Policy in Traditional Korea,* p. 5.

13. Palais, *Politics and Policy in Traditional Korea,* p. 5.

14. Palais, *Politics and Policy in Traditional Korea,* p. 14.

15. Palais, *Politics and Policy in Traditional Korea,* p. 12.

16. Palais, *Politics and Policy in Traditional Korea,* p. 13.

17. Palais, *Politics and Policy in Traditional Korea,* p. 14.

18. Palais, *Politics and Policy in Traditional Korea,* p. 14.

19. Palais, *Politics and Policy in Traditional Korea,* p. 16.

20. Palais, *Politics and Policy in Traditional Korea,* pp. 171-172.

21. Palais, *Politics and Policy in Traditional Korea,* p. 172.

22. Palais, *Politics and Policy in Traditional Korea,* p. 173.

23. Palais, *Politics and Policy in Traditional Korea,* p. 173.

24. Palais, *Politics and Policy in Traditional Korea,* p. 173.

25. 『고종실록』 3권, 3년(1866 병인 / 청 동치(同治) 5년) 10월 8일(계사) 1번째기사

26. 『고종실록』, 고종 5년(1868) 10월 10일 계축 4번째기사

27. 박민영, 『대한 선비의 표상 최익현』 (서울: 역사공간, 2012,) pp. 10-11.

28. 박민영, 『대한 선비의 표상 최익현』, p. 23.

29. 박민영, 『대한 선비의 표상 최익현』, pp. 30-31.

30. 『고종실록』 5권, 고종 5년(1868 무진 / 청 동치(同治) 7년) 10월 10일(계축) 4번째기사

31. 『승정원일기』, 고종 10년 계유(1873, 동치12), 10월 26일.

32. 『승정원일기』, 고종 10년 계유(1873, 동치12), 10월 27일.

33. 『승정원일기』, 고종 10년 계유(1873, 동치12), 10월 28일(계묘)

34. 『승정원일기』, 고종 10년 계유(1873, 동치12), 10월 29일(갑진)

35. 『승정원일기』, 고종 10년 계유(1873, 동치12), 11월 2일(정미)

36. 『승정원일기』, 고종 10년 계유(1873, 동치12), 10월 29일(갑진)

37. 『승정원일기』, 고종 10년 계유(1873, 동치12), 10월 29일(갑진)

38. 『승정원일기』, 고종 10년 계유(1873, 동치12), 10월 29일(갑진)

39. 『고종실록』 10권, 고종 10년(1873 계유 / 청 동치(同治) 12년) 11월 3일(무신) 2번째기사

40. 『고종실록』 10권, 고종 10년(1873 계유 / 청 동치(同治) 12년) 11월 3일(무신) 2번째 기사

41. 『고종실록』 10권, 고종 10년(1873 계유 / 청 동치(同治) 12년) 11월 5일(경술) 2번째 기사

42. 『승정원일기』, 고종 10년 계유(1873, 동치12), 11월 9일(갑인)

43. 『고종실록』 10년 계유(1873, 동치12), 11월 9일(갑인)

44. 『승정원일기』, 고종 10년 계유(1873, 동치12), 11월 10일(을묘)

45. 『승정원일기』, 고종 10년 계유(1873, 동치12), 11월 10일(을묘)

46. 『승정원일기』, 고종 10년 계유(1873, 동치12), 11월 9일(갑인)

47. 『승정원일기』, 고종 10년 계유(1873, 동치12), 11월 9일(갑인)

48. 『승정원일기』, 고종 10년 계유(1873, 동치12), 11월 9일(갑인)

49. 『승정원일기』, 고종 10년 계유(1873, 동치12), 11월 11일(병진)

50. Palais, *Politics and Policy in Traditional Korea*, p. 200.

51. 『예기』, 「예운」 편.

52. 『맹자』, 「양혜왕」, 「장구 상」.

53. "그들은 서양의 지주들처럼 입으로는 전원적인 삶의 아름다움과 우직한 농민들의 자연친화적이고 지혜로운 삶을 칭송하면서도 본인들은 도시에 살면서 상업과 산업을 통해 부를 축적하고 국제문제에 관심을 쏟는 이중성을 보이지 않았다." Wright, *The Last Stand of Chinese Conservatism*, p. 4.

54. 『논어』, 「계씨편」, 이한우, 『논어로 논어를 풀다』(서울: 해냄, 2012,) p. 1164.

55. Benjamin Schwartz, *In Search of Wealth & Power: Yen Fu and the West* (Cambridge, MA: Belknap Press of Harvard University Press, 1964,) p. 10.

56. Schwartz, *In Search of Wealth & Power:*, p. 11.

57. Schwartz, *In Search of Wealth & Power:*, p. 11.

58. Wright, *The Last Stand of Chinese Conservatism*, p. 3.

59. Wright, *The Last Stand of Chinese Conservatism*, p. 3.

60. Schwartz, *In Search of Wealth & Power*, p. 12.

61. Schwartz, *In Search of Wealth & Power*, p. 12.

62. 환관, 『염철론』, 제1권 본의(本議)

63. Palais, *Politics and Policy in Traditional Korea*, p. 274.

64. 『승정원일기』, 고종 10년 계유(1873, 동치12): 11월 14일(기미)

65. 『승정원일기』, 고종 11년 갑술(1874, 동치13), 1월 6일(경술)

66. 『승정원일기』, 고종 11년 갑술(1874, 동치13): 1월 6일(경술)

67. 『승정원일기』, 고종 11년 갑술(1874, 동치13): 1월 13일(정사)

68. 『승정원일기』, 고종 11년 갑술(1874, 동치13): 1월 13일(정사)

69. 『승정원일기』, 고종 11년 갑술(1874, 동치13): 1월 13일(정사)

70. 『승정원일기』, 고종 11년 갑술(1874, 동치13): 1월 13일(정사)

71. 『승정원일기』, 고종 11년 갑술(1874, 동치13): 1월 20일(갑자)

72. 『승정원일기』, 고종 11년 갑술(1874, 동치13): 1월 20일(갑자)

73. 『승정원일기』, 고종 11년 갑술(1874, 동치13): 1월 13일(정사)

제2부 결론

1. Wright, *The Last Stand of Chinese Conservatism*, p. 3.

2. Palais, *Politics and Policy in Traditional Korea*, p. 5.

3. 황종희 지음, 최병철 옮김, 『명이대방록』(서울: 홍익출판사, 1999,) pp. 54-57.

4. 고염무 지음, 윤대식 옮김, 『일지록』(서울: 지식을만드는지식, 2009,) 103 페이지.

5. 위의 책, 104 페이지.

6. 君子得位, 欲行其道；小人得位, 欲済其私。欲行道者心存于天下国家, 欲済私者心存于伤人害物. 고염무, 일지록, 12권 p. 9, 진탁 역.

7. "古之天子常居冀州，後人因之，遂以冀州為中國之號。楚辭九歌覽冀州兮有餘。淮南子，女媧氏殺黑龍以濟冀州。路史云，中國總謂之冀州。穀梁傳曰，桓五年。鄭同姓之國也，在乎冀州。正義曰，冀州者天下之中州，唐虞夏殷皆都焉。以鄭近王畿，故舉冀州以為說。" 고염무, 일지록,

2권 p. 41, 진탁 역.

8. Joseph Levenson, *Confucian China and Its Modern Fate: A Trilogy,* (Berkeley and Los Angeles, University of California Press, 1958, 1964, 1965,) p. 103.

9. Levenson, *Confucian China and Its Modern Fate*, p. 104.

10. Levenson, *Confucian China and Its Modern Fate*, p. 104.

11. 양계초 지음, 이해경 주해, 『신민설』(서울: 서울대학교출판문화원, 2014,) 64페이지.

12. Levenson, *Confucian China and Its Modern Fate*, p. 104.

13. "國如安南朝鮮者可亡也 彼其千余年來僅為我附庸之邦羈縻之屬 無完全獨立之語言文字禮教習俗 既不能與我同體 欲孵化我一別體而未成 而猝早橫逆擾噬 亡其宜也" 양계초, 진탁 역, 대중화발간사, 음병실문집 33, 84쪽. (梁啟超, 大中華發刊詞, 飲冰室文集)

14. Levenson, *Confucian China and Its Modern Fate*, p. 108.

15. Levenson, *Confucian China and Its Modern Fate*, p. 106.

16. Levenson, *Confucian China and Its Modern Fate*, p. 108.

17. Levenson, *Confucian China and Its Modern Fate*, p. 95.

참고문헌

고문헌

『고려사』, 『고려사절요』, 『고종실록』, 『권농문』, 『논어』, 『독통감론』, 『독립신문』, 『맹자』, 『명사(明史)』, 『백호전서』, 『사고전서』, 『사유제집 삼절부전』, 『선조실록』, 『성종실록』, 『송자대전』, 『성호사설』, 『세종실록』, 『숙종실록』, 『승정원일기』, 『양주십일기』, 『여유당전서』, 『염철론』, 『영조실록』, 『예기』, 『익재난고』, 『인조실록』, 『일성록』, 『장재집』, 『정조실록』, 『주역외전』, 『주문공문집』, 『주자어류』, 『주자연보강목』, 『철종실록』, 『태조실록』, 『태종실록』, 『헌종실록』, 『현종실록』, 『해국도지』, 『화서아언』, 『환재총서』, 『황사영백서』.

논문 및 단행본

강재언 저, 이규수 역, 『서양과 조선: 그 이문화 격투의 역사』 (서울: 학고재, 1998).
_____ 저, 하우봉 역, 『선비의 나라 한국유학 2천년』 (서울: 한길사, 2006).
강중기, 「황종희 『명이대방록』」, 『철학사상』 별책 제5권 제3호, 2005.
경제기획원조사통계국, 『한국인의 성씨 및 본관 조사 보고: 1985년 인구 및 주택 센서스, 상권』 (서울: 경제기획원조사통계국, 1988).
금장태, 『한국유교의 재조명』 (서울: 전망사, 1982, p. 215.)
김남윤, 「소현세자의 인질생활: 심양일기」, 장서각 편, 『2012년도 장서각아카데미 역사문화강좌 자료집』 (서울: 장서각, 2012).
김명호, 『환재 박규수 연구』 (서울: 창비, 2008).
김석근, 김종록, 안성규, 이승률, 『한국문화 대탐사』 (서울: 아산서원, 2015).
김용섭, 『조선후기농업사연구 [1]: 농촌경제, 사회변동』(서울: 일조각, 1970).
김용옥, 『중용한글역주』 (서울: 통나무, 2011).
김용태, 「조선전기 억불정책의 전개와 사원경제의 변화상」, 『조선시대사학보』 58, 2011.
김정호, 『한국의 귀화 성씨: 성씨로 본 우리 민족의 구성』 (서울: 지식산업사,

　　　2003), pp. 205-210.

남의현, 「명대 위소제도의 형성과 성격」, 『명청사연구』 제 43집, 2015. 4.

마테오 리치, 『천주실의』 (서울: 서울대학교출판문화원, 2010).

맹원로 저, 김민호 역, 『동경몽화록』 (서울: 소명출판, 2010).

박경환 옮김, 『맹자』 (서울: 홍익출판사, 2011).

박민영, 『대한 선비의 표상 최익현』 (서울: 역사공간, 2012) .

박성순, 『朝鮮後期 華西 李恒老의 衛正斥邪 思想』 (서울: 景人文化社, 2003).

부산대학교 점필재연구소 엮음, 『연보와 평전』 제5호 (부산: 점필재연구소, 2010).

서긍 저, 조동원, 김대식, 이경록, 홍기표 공역, 『고려도경』 (서울: 황소자리
　　　출판사, 2013).

송태현, 「볼테르와 중국: 전례논쟁에 대한 볼테르의 견해」, 『외국문학연구』 제
　　　48호, 2012.

안병주, 「황종희 명이대방록의 공리적 민본사상」, 『대동문화연구』 제21권, 1984.

안재원, 「아담 샬, 순치제, 소현세자: 아담을 바라보는 두 시선 사이에 있는
　　　차이에 대해서」, 『인간·환경·미래』, 제 8호, 2012, pp. 147~182.

안정복, 「천학문답」, 『순암집』, 17권 (서울: 민족문화추진회, 1996).

_____, 『순암집』 8권 (서울: 민족문화추진회, 1996).

양희용, 「중국철학: 안원과 이공의 격물치지론 연구」, 『동양철학연구』, 제 48
　　　권, 2006.

에브리, 페트리샤 버클리 지음, 이동진, 윤미경 옮김, 『사진과 그림으로 보는
　　　케임브리지 중국사』 (서울: 시공사, 1996).

오바타 미치히로(小幡倫格), 「이항로의 대외관 -서양에 대한 인식을 중심으로-」,
　　　『화서학논총』 6집, 화서학회, 2014.

외교부, 『재외동포현황 2015』

윤민구 역, 「베이징의 구베아 주교가 사천 대리 감목 디디에르 주교에게 보낸
　　　1797년 8월 15일자 편지」, 『한국 초기 교회에 관한 교황청 자료 모음집』
　　　(서울: 가톨릭출판사, 2000), pp. 123~124.

윤사순, 『한국의 성리학과 실학』 (서울: 열음사, 1987).

이기담, 『조선의 재산상속 풍경』 (서울: 김영사, 2006).

이미림, 「화서 이항로의 위정척사사상: 위정 척사론의 기반: 華夷論의 구조」, 『華
　　　西學論叢』 V, 2012년 12월 7일, pp. 263-280.

이숙인, 『정절의 역사: 조선 지식인의 성 담론』 (서울: 푸른 역사, 2014).

이영춘, 「종법(宗法)의 원리와 한국 사회에서의 전통」, 『한국사회사학회논문집

46집: 가족과 법제의 사회사』(서울: 한국사회사학회, 1995).

이영훈 편, 『수량경제사로 다시 본 조선후기』(서울: 서울대학교 출판부, 2013).

이창기, 「성리학의 도입과 한국가족제도의 변화」『민족문화논총』, 46, 105-137.

이태진, 『조선유교사회사론』(서울: 지식산업사, 1989).

_____, 『한국사회사연구: 농업기술 발달과 사회변동』(서울: 지식산업사, 2011).

_____, 『한국사회사연구』(서울: 지식산업사, 2011).

이한우, 『논어로 논어를 풀다』(서울: 해냄, 2012,)

이황 저, 윤사순 역, 『퇴계선집』(서울: 현암사, 1982).

임계순, 『청사: 만주족이 통치한 중국』(서울: 도서출판 신서원, 2007).

장원철, 「명말청초 안원의 학문과 사상에 대하여」, 『남명학연구』, 제29권, 2010.

정진영, 「조선후기 동성마을의 형성과 사회적 기능: 영남지역의 한 두 班村을 중심으로」, 『한국사론』21권 (1991).

정호, 정이, 『이정집, 1권』(북경: 중화서국, 1981).

최재건, 『조선후기 서학의 수용과 발전』(서울: 한들출판사, 2005).

통계청, 「성, 연령 및 종교별 인구-시군구 (2015년 인구총조사)」

통계청, 「2015 인구주택총조사 전수집계결과 보도자료」, 2016년 9월 7일.

통일부, 「1992~2055 북한 인구추계」

핑거, 스티븐 저, 김명남 옮김 『우리 본성의 선한 천사』(서울: 사이언스북, 2014).

한국갤럽, 「2014년 한국의 설풍경」, 『갤럽리포트』, 2014. 1. 28.

한국고문서학회, 『조선시대 생활사 4-조선의 일상, 법정에 서다』(서울: 역사비평사, 2013).

한국인구학회 편, 『인구대사전』(대전: 통계청, 2006) .

한명기, 『정묘, 병자호란과 동아시아』(서울: 푸른역사, 2009).

함재봉, 「한국의 문화와 예의 재건」, 『유교, 자본주의, 민주주의』(서울: 전통과현대, 2000), pp. 193-215.

_____, 「한국의 민족주의와 인종차별주의」, 『전통과현대』, 17호, 2001.

함재학, 「경국대전이 조선의 헌법인가?」, 『법철학연구』, 제 7권, 제2호, 2004, pp. 263~288.

행정자치부, 「행정자치부 주민등록 인구통계」

후외려 저, 박완식 역, 『명이학사 1』(서울: 이론과실천, 1993).

Baker, Don, "A Different Threat: Orthodoxy, Heterodoxy, and

Catholicism in a Confucian World," Kim, JaHyun Haboush and Deuchler, Martina, eds, *Culture and the State in Late Choson Korea* (Cambridge, MA: Harvard University Press, 1999.)

Bishop, Isabella Bird, *Korea and Her Neighbors* (Seoul: Yonsei University Press, 1970.)

Bol, Peter K., "Reconceptualizing the Order of Things in Nothern and Southern Sung," *The Cambridge History of China, Vol. 5, Part Two: Sung China, 960-1279* (Cambridge: Cambridge University Press, 2015,) pp. 665-726.

_____, "The Sung Examination System and the Shih," *Asia Major,* 3rd series 3 No.2 (1990), pp. 149-171.

_____, *This Culture of Ours: Intellectual Transitions in T'ang and Sung China* (Stanford: Stanford University Press, 1992.)

Chaffee, John W., *The Thorny Gates of Learning in Sung China: A Social History of Examinations* (Cambridge: Cambridge University Press, 1985.)

Chan, Hok-lam, "The Chine-wen, Yung-lo, Hung-hsi, and Hsuan-te reigns, 1399-1435, eds., Frederick W. Mote and Denis Twitchett, *The Cambridge History of China, Vol 7, The Ming Dynasty, 1368-1644, Part I,* pp. 182-304.

Chan, Wing-tsit, *A Source Book in Chinese Philosophy* (Princeton: Princeton University Press, 1963.)

Choe, Ching Young, *The Rule of the Taewon'gun: 1864-1873: Restoration in Yi Korea* (Cambridge, MA: Harvard East Asian Monographs, 1972.)

Chung, Chai-sik, *A Korean Confucian Encounter with the Modern World* (Berkeley, CA: Institute of East Asian Studies, University of California, 1995.)

Cosmo, Nicola Di, "Did Guns Matter? Firearms and the Qing Formation," in L. Struve ed., *The Qing Formation in World-Historical Time,* (Cambridge, MA: Harvard University Asia Center, 2004,) pp. 121-166.

_____, "The Manchu Conquest in World-Historical Perspective: A

Note on Trade and Silver," *Journal of Central Eurasian Studies, Vol. 1,* 2009, pp. 43-60.

_____, "Marital Politics on the Manchu-Mongol Frontier in the Early Seventeenth Century," in D. Lary ed., *The Chinese State at the Borders* (Vancouver: UBC Press, 2011.) pp. 57~73.

Crossley, Pamela Kyle, Helen F. Siu, Donald S. Sutton, *Empire at the Margins: Culture, Ethnicity, and Frontier in Early Modern China,* (Berkeley, CA: University of California Press, 2006.)

_____, *The Manchus* (Oxford: Blackwell Publisher, 1997.)

Dalby, Michael T., "Court politics in late T'ang times," *The Cambridge History of China, Volume 3, Sui and T'ang China, 589-906, Part I* (Cambridge: Cambridge University Press, 1979, pp. 561-681.

_____, *The Confucian Transformation of Korea: A Study of Society and Ideology* (Cambridge, MA: Council on East Asian Studies, Harvard University, 1992.)

Deuchler, Martina, *Confucian Gentlemen and Barbarian Envoys: Opening of Korea, 1875-85* (Seattle: University of Washington Press, 1978.)

Dreyer, Edward L., "Military origins of Ming China," Frederick W. Mote and Denis Twitchett eds., *The Cambridge History of China, Vol 7, The Ming Dynasty,* 1368-1644, Part I, pp. 58~106, p. 104

Ebrey, Patricia Buckley, *Confucianism and Family Rituals in Imperial China: A Social History of Writing about Rites* (Princeton: Princeton University Press, 1991.)

_____, ed., *Chinese Civilization: A Sourcebook* (New York: The Free Press, 1993.)

Ebrey, Patricia, Ann Walthall, *James Palais, eds., East Asia: A Cultural, Social, and Political History* (Boston: Houghton Mifflin, 2006.)

Elliot, Mark C., *Emperor Qianlong: Son of Heaven, Man of the World* (New York: Longman, 2009.)

Elman, Benjamin A., *From Philosophy to Philology: Intellectual and Social Aspects of Change in Late Imperial China* (Los Angeles: University of California Los Angeles, 2001.)

Elvin, Mark, *The Pattern of the Chinese Past: A Social and Economic Interpretation* (Stanford: Stanford University Press, 1973.)

Fairban, John K, "The creation of the treaty system," John K. Fairbank, ed., *The Cambridge History of China, Vol. 10 Late Ch'ing, 1800-1911, Part I* (Cambridge: Cambridge University Press, 1978.)

Geertz, Clifford, *The Interpretation of Cultures* (New York: Basic Books, 1973.)

Gernet, Jacques, *China and the Christian Impact* (Cambridge: Cambridge University Press, 1985.)

Glahn, Richard von, *The Economic History of China: From Antiquity to the Nineteenth Century* (Cambridge: Cambridge University Press, 2016.)

Haboush, Jahyun Kim, "Constructing the Center: The Ritual Controversy and the Search for a New Identity in Seventeenth-Century Korea," in J. Kim Haboush and M. Deuchler (eds.), *Culture and the State in Late Choson Korea* (Cambridge, MA: Harvard University Press, 2002.)

Hartwell, Robert, "A Revolution in the Chinese Iron and Coal Industries during the Northern Sung, 960-1126 A.D.," *The Journal of Asian Studies, Vol. 21, No.2,* Feb., 19620, pp. 153-162.

Huang, Ray, *Taxation and Governmental Finance in Sixteenth-Century Ming China* (Cambridge: Cambridge University Press, 1974.)

Hummel, Arthur William, ed. *Eminent Chinese of the Ch'ing Period (1644-1912). 2 vols.* (Washington: United States Government Printing Office, 1943.)

Hymes, Robert, "Sung society and social change," *The Cambridge History of China, Vol. 5, Part Two: Sung China, 960-1279* (Cambridge: Cambridge University Press, 2015,) pp. 526-664.

Kim, Key-Hiuk Kim, *The Last Phase of the East Asian World Order: Korea, Japan, and the Chinese Empire, 1860-1882,* (Berkeley: University of California Press, 1980.)

Kuhn, Philip A., "The Taiping Rebellion," John K. Fairbank, ed., *The Cambridge History of China, Vol. 10 Late Ch'ing, 1800-1911,*

Part I (Cambridge: Cambridge University Press, 1978,) pp. 264-317.

Lew, Seok-Choon, *The Korea Economic Developmental Path: Confucian Tradition, Affective Network* (New York : Palgrave Macmillan, 2013.)

Liu, Kwang-Ching, "The Ch'ing Restoration," John K. Fairbank, ed., *The Cambridge History of China, Vol. 10 Late Ch'ing, 1800-1911, Part I* (Cambridge: Cambridge University Press, 1978,) pp. 409~490.

Maddison, Angus, "Chinese Economic Performance in the Long Run," OECD Development Center (1998.)

Malone, Carroll Brown, *History of the Summer Palaces Under the Ch'ing Dynasty* (Urbana: University of Illinois, 1934.)

McDermot, Joseph P. & Shiba Yoshinobu, "Economic change in China, 960-1279, *The Cambridge History of China, Vol. 5, Part Two: Sung China, 960-1279* (Cambridge: Cambridge University Press, 2015,) pp. 321-436.

McMahon, Daniel, "The Yuelu Academy and Hunan's Nineteenth-Century Turn Toward Statecraft," *Late Imperial China Vol. 26, No. 1,* June 2006, pp. 72-109.

Palais, James B., *Politics and Policy in Traditional Korea,* (Cambridge, MA: Harvard University Press, 1975.)

Papers Relating to the Foreign Relations of the United States, 1867-1871, 1871, p. 129 (no. 35, Low to Fis, June 20, 1871)

Perdue, Peter C., *China Marches West: The Qing Conquest of Central Eurasia* (Cambridge, MA: Belknap Press, 2005.)

Platt, Stephen R., *Provincial Patriots: The Hunanese and Modern China* (Cambridge, MA: Harvard University Press, 2007.)

_____, *Autumn in the Heavenly Kingdom: China, the West, and the Epic Story of the Taiping Civil War* (New York: Vintage Books, 2012.)

Rowe, William T., *China's Last Empire: The Great Qing* (Cambridge, MA: Harvard University Press, 2012.)

Schwartz, Benjamin, *In Search of Wealth & Power: Yen Fu and the*

West (Cambridge, MA: Belknap Press of Harvard University Press, 1964.)

Shin, Susan, "The Social Structure of Kumhwa County in the Late Seventeenth Century," *Occasional Papers on Korea, No. 1,* April 1974; (reprint of June 1972 ed.,) pp. 9-35.

Southerton, Donald, *Intrepid Americans: Bold Koreans - Early Korean Trade, Concessions, and And Entrepreneurship* (New York, Lincoln, Shanghai: iUniverse, Inc., 2005.)

Twitchett, Denis Twitchett and Mote, Frederick W., eds., *The Cambridge History of China, Vol 8, The Ming Dynasty, 1368-1644, Part II* (Cambridge: Cambridge University Press, 1998.)

Voltaire, *Essai sur les moeurs et l'esprit des nations vol. I,* 1756.

Wakeman, Frederic E. Jr., "China and the Seventeenth-Century World Crisis," in L. Wakeman (ed.), *Telling Chinese History,* (Berkeley: University of California Press, 2009.)

_____, *The Great Enterprise: The Manchu Reconstruction of Imperial Order in Seventeenth-Century China, Volume 1* (Berkeley: University of California Press, 1985.)

Wright, Mary C., *The Last Stand of Chinese Conservatism: The T'ung-Chih Restoration, 1862-1874* (Stanford: Stanford University Press, 1957.)

Yoshinobu, Shiba, tr. Mark Elvin, *Commerce and Society in Sung China* (Ann Arbor: Center for Chinese Studies, The University of Michigan, 1992.)

Chinese Family Panel Studies's survey of 2012. Published on: The World Religious Cultures issue 2014:

卢云峰：当代中国宗教状况报告——基于CFPS (2012) 调查数据.

善生永助, 『朝鮮의 姓』(1934)

「奏巡歷沿路災傷事理狀」(순해하면서 연도지역의 재난피해에 관한 상소문), 『전송문권(全宋文卷)』 제243冊 제5438卷 (상해上海: 상해사서출판사 (上海辭書出版社, 2004).

신문과 인터넷

교육부, 「정부3.0정보공개:교육통계-초·중등교육」 http://www.moe.go.kr/
 sub/info.do?m=040602&s=moe

국가문화유산포털(www.heritage.co.kr)

「국방부, 다문화 장병 입영 증가 대비-다문화 존중 교육·가정 초청 행사 확대」,
 『국방일보』, 2016년 9월 12일.

이광수,「소설 -선도자 53」, 『동아일보』, 1923년 5월 19일.

Mariko Kato (February 24, 2009). "Christianity's long history in the
 margins". The Japan Times.

통계청, 「전국사업체조사 (2014)」, http://kosis.kr/statHtml/
 statHtml.do?orgId=101&tblId=DT_1K52B02#

색인

3.1운동 9, 12, 21
3성(三省) 53
6상서(六尙書) 53
6위(六衛) 53
9시(九寺) 53

ㄱ

가경제(嘉慶帝) 367, 401
가공언(賈公彦) 264, 267
가례(家禮) 51, 106, 115, 117, 124-
126, 131, 154
가묘(家廟) 48, 51, 66, 67-71, 164
가정제(嘉靖帝) 186, 187
가족 제도 58, 169
간평의설(簡平儀說) 307
갑신정변 11, 498
갑오개혁 11
강건의 치(康乾之治)
강남농법 20, 22, 41, 42, 44, 45, 85,
90, 104, 111, 112, 115, 140-
142, 149, 150, 154, 166
강로(姜浩) 255, 495
강목속편(綱目續編) 147
강목통감(綱目通鑑) 146
강완숙(姜完淑) 344, 345
강충원(江忠源) 403
강홍립(姜弘立) 198, 199
강희제(康熙帝) 211, 235, 237, 258,
259, 285, 302, 328, 330, 332,
339
강희제(康熙帝) 211, 237, 259, 285,
328, 330, 333, 379
개원의 치(開元의 治) 300
객토법 74, 87
거란 74, 78, 81, 82, 96
건곤체의(乾坤體義) 307
건륭제(乾隆帝) 177, 259, 285, 333,
334, 339, 381
건문제(建文帝) 222
건주기정도기(建州紀程圖記) 193, 194
건주여진(建州女眞) 172, 173, 190-
193, 201, 214, 251
격물치지(格物致知) 223, 224
경국대전(經國大典) 161, 166, 262,
265, 271, 300
경대부(卿大夫) 51 115 156
경세치용(經世致用) 220, 225, 228,
236
경신환국(庚申換局) 306
경재잠도(敬齋箴圖) 314, 326
경학(經學) 65, 109, 139, 227
고든(Charles Gordon) 381, 382,
408
고든, 차알스(Charles George Gor-
don) 408
고려실록 141
고례(古禮) 48, 49, 51, 116, 118,
124
고비사막 259
고염무(顧炎武) 220, 230, 235, 236,
252, 342, 395, 523

고종(高宗) 434, 416, 425, 475, 491, 492, 493, 495, 496, 497, 498, 499, 506, 507, 509, 510, 511
고증학파(考證學派) 221, 236
고헌성(顧憲成) 225
곤여도설(坤興圖說) 308
공민왕(恭愍王) 136, 141, 142
공서파(攻西派) 317, 321, 336
공전(公田) 501,
공친왕 혁흔(恭親王 奕訢) 378, 386, 411
과거제도 43, 52, 102, 103, 107, 108, 447,
곽송림(郭松林)
곽숭도(郭崇燾) 363, 364, 391, 396, 397, 398
관혼상제(冠婚喪祭) 7, 58, 115, 118, 143, 452, 455
광성보 464, 465, 469
광저우(廣州) 368, 370, 372, 373, 377, 378
광저우스싼싱(廣州十三行) 372
광종(光宗) 53, 62, 153
광해군(光海君) 183, 198, 275, 515
교우촌(教友村) 345
구베아(Alexander de Gouvea) 331, 334, 339, 344, 345
구사 194
구양조웅(歐陽兆熊) 395, 410
구양조은(歐陽兆熊) 392
국조오례의(國朝五禮儀) 261, 271, 300
국체(國體) 276, 280

군포(軍布) 477, 478, 487
군현제(郡縣制) 153
권근(權近) 141
권농문(勸農文) 106, 112
권돈인(權敦仁) 357, 358
권보(權溥) 138
권상연(權尙然) 335-338
권세양언(勸世良言) 388
권일신(權日新) 327, 329, 330, 338
권철신(權哲身) 299, 317, 327, 329, 330, 344
권한공(權漢功) 139
균전법(均田法) 91, 92
그라몽(Jean Joseph de Grammont) 328
그랜트, 율리시스(Ulysses S. Grant) 457
그로, 장-바티스트-루이(Jean-Baptiste-Louis Gros) 354
극기복례(克己復禮) 474
근친혼 44, 48, 52, 61, 62, 64
글래드스톤, 윌리엄(William Ewart Gladstone) 372
금(金) 252
금수(禽獸) 343, 452, 455
금욕주의 311, 314, 316, 317, 318, 319, 320
기독교 12, 13, 14, 16, 17, 20, 24, 30, 42, 67, 170, 177, 374, 388, 407, 421, 443, 457
기병 195, 200, 209
기선(琦善) 368 369
기어츠(Clifford Geertz) 26

기오창가(覺昌安) 191
기유약조(己酉約條) 183
기축봉사(己丑封事) 252, 254, 292, 514
기하원본(幾何原本) 307
기해박해 11, 351, 352, 354, 416, 480
김굉필(金宏弼) 161
김구주(金龜柱) 343
김대건(金大建) 356-358
김문근(金汶根) 481
김범우(金範禹) 329, 330, 335
김수항(金壽恒) 269
김일손(金馹孫) 161
김장생(金長生) 262
김정희(秋史 金正喜) 433
김조순(金祖淳) 349, 478
김종서(金宗瑞) 48, 182
김종직(金宗直) 65, 161

ㄴ
나가사키 175, 176, 462
나림불루(納林布祿) 192
나택남(羅澤南) 403
난장(南江, 남강) 130
난징조약 369, 370
남명(南明) 208, 209, 258, 260, 293, 392
남북전쟁 28
남서계절풍(Monsoon) 150
남송(南宋) 51, 95, 102
남인 260, 262, 268, 269, 271, 272
남존여비 286, 295

남종삼(南鍾三) 426-428
네이피어, 윌리엄(William John Napier) 367
노국 141
노추(奴酋, 누르하치) 194
논어(論語) 17, 147, 257, 280, 313, 396, 495
농본 사회 92
농사직설(農事直說) 44, 150, 153
누르하치(努爾哈赤) 173, 185
니루 194, 195, 196, 212
니엔난(捻亂) 411
니칸와일란(尼堪外蘭) 191
니케아 신경 303

ㄷ
다문화 9, 21, 211
다민족 국가 209, 212
다블뤼(Marie-Nicolas-Antoine Daveluy) 352
다싱안링(大興安嶺, 대흥안령) 81
다쿠포대(大沽口炮台) 373, 377, 471
달라이 라마 259
당(唐) 264, 279
당률(唐律) 53
당률소의(唐律疏議) 300
당백전(當百錢) 487, 488, 490, 507
당육전(唐六典) 300
당태종(唐太宗) 76, 88, 98, 285
대당개원례(大唐開元禮)
대동사회(大同司會) 474, 499, 501, 503, 506
대명률(大明律) 210, 262, 264

대명집례(大明執禮) 300

대명회전(大明會典) 300

대보단(大報壇) 285

대장공주(魯國大長公主) 62, 63, 137, 141

대종(大宗) 50, 119, 120, 122, 164

대청율례(大淸律例) 300

대청통례(大淸通禮) 300

대청회전(大淸會典) 300

대한제국 9, 11, 164, 165

도광제(道光帝) 367, 368

도르곤(多爾袞) 177, 185, 201, 205, 206, 208, 212, 242, 244, 250, 251

도리, 피에르(Pierre Henri Dorie) 428

도신징(都愼徵) 271

도요토미 히데요리(豊臣秀頼) 183

도요토미 히데요시(豊臣秀吉) 183

도쿠가와 이에야스(德川家康) 183

도통(道統) 280, 281, 282, 283, 284, 449, 454, 524

도학(道學) 42, 110, 282

동경몽화록(東京夢華錄) 99

동도서기(東道西器)

동림서원(東林書院) 225

동인도회사(영국) 364, 366

동중서(董仲舒) 321, 505

동치제(同治帝) 386, 387, 411, 443, 458

동치중흥(同治中興) 396, 410, 412

동치회변(同治回變, 동간반란) 411

동학 11 481

둔전(屯田) 77, 78, 133, 188, 189, 202

드류, 에드워드(Edward B. Drew) 464

등현학(鄧顯鶴) 391, 392, 394, 395

디디에르(J. Didier de St. Martin) 334

디스라엘리, 벤자민(Benjamin Disraeli) 373

디아즈, 마뉴엘(Manuel Dias Jr.) 307

ㄹ

라미오(L. Lamiot) 350

라피에르, 아우구스탕 드(Augustin de Lapierre) 358

랑드르(Jean Marie Landre) 351

랴오양(遼陽, 요양) 198, 199

랴오허(遼河, 요하) 185

량광총독(兩廣總督) 368, 369

량치차오(梁啓超, 양계초) 525, 526

러허(熱河, 열하) 378, 411

레오 12세 349, 350

로우(Frederick F. Low) 457

로우, 프레드릭(Frederick F. Low) 457

로저스(John Rodgers) 458

로저스, 존(John Rodgers)

로즈(Pierre-Gustave Roze) 437

로크, 헨리(Henry Loch) 378

롱고바르디, 니콜로(Nicolò Longobardi) 307

뤄양(洛陽, 낙양) 76, 98

르페브르, 도미니크(Dominique Lefebvre) 354

리델(feliz Clair Ridel) 352

리델, 펠릭스-클레르(Felix-Clair

Ridel) 428

린지, 휴(Hugh Hamilton Lindsay) 417

링단 칸(林丹汗) 204, 212

ㅁ

리치, 마테오(Metteo Ricci) 298, 301, 304, 306, 309, 326, 331, 333

만권당(萬卷堂) 139

만동묘(萬東廟) 493

만력제(萬曆帝) 186, 208

만백성(萬百姓) 164

만주어 191, 192, 210

만주족 192, 194, 195

망하조약(望廈條約, 왕샤조약) 370

매스트르(Ambriose Maistre) 351, 357

매천야록(梅泉野錄) 432

맹원로(孟元老) 99

맹자 17, 224, 230, 235, 256, 282, 321, 340, 396, 449, 450, 452, 501

메이지 유신 13, 16, 24, 28, 178, 519,

멕시코 출병 444

멸사봉공(滅私奉公) 311, 312

명례방 공동체 329, 335

명말청초(明末淸初) 220, 225, 252, 260, 363, 391, 392, 396

명이대방록(明夷待訪錄) 520

명종(明宗) 55, 60, 75, 82, 274

명-청 교체기 176, 177, 220, 241, 514, 515, 516

모기령(毛奇齡) 235

모내기 74, 87, 88, 115, 153

모노카시호(Monocacy) 462, 464, 468

모리슨, 로버트(Robert Morrison) 388

모문룡(毛文龍) 201, 202

모방(Pierre Philibert Maubant) 350

목만중(睦萬中) 336

몽골 43, 81, 82, 96, 137, 170, 173, 185, 186, 188, 190, 192, 194, 196, 373, 376

무비자강 178

무이구곡(武夷九曲) 276

무제(漢武帝)

무학대사 71

묵가(墨家)사상 228

문경의 치(文景之治) 285

문명개화론 12

문묘(文廟) 111, 283

문상(文祥) 411

문연각(文淵閣) 249, 244

문화대혁명 28, 169

민족주의 5, 13, 15, 16, 21, 22, 25, 26, 520, 525, 526, 527, 528

ㅂ

바일러 196 197

박규수(朴珪壽) 420, 421, 422, 433, 434, 435, 497, 508

박원양(朴元陽) 422

박지원(燕巖 朴趾源) 433

박충좌(朴忠佐) 139

박팽년(朴彭年) 143

방아책(防俄策) 426

방적아(龐迪我, Pantoja) 307, 310

방타봉(Jean-Matthieu de Ventavon)

328, 329

백골징포(白骨徵布) 477

백귀(柏貴) 373

백련교 391, 401

백록동서원(白鹿洞書院) 390

백세불천종(百世不遷宗) 164

백이정(白頤正) 138, 139

베르뇌(Simeon Francois Berneux)
주교 351, 425, 426, 427, 428

베르테미, 줄-프랑스와-구스타브(Jules-
François-Gustave Berthemy) 426

베이징 조약 386, 411, 420, 422,
424

벨로네, 앙리 드(Henri de Bellonet)
428

벨처, 에드워드(Sir Edward Belcher)
419

벽이문(闢異文) 330

벽파 343, 352

변경인(Frontiersman) 210, 213

병오박해 11, 356, 480

병인박해 11, 351, 352, 423, 427,
428, 433, 434

병자호란 417, 514-516, 518

보스턴 차 사건(Boston Tea Party)
365, 366

보울비, 토마스(Thomas William
Bowlby) 378

볼리외, 베르나르(Bernard Louis
Beaulieu) 351, 428

볼테르(Voltaire) 333, 384

봉림대군(鳳林大君) 242, 250, 251,
254, 261, 273

부국강병 14, 252, 475, 499, 503,
504, 505, 506, 516-518

부도(浮屠) 67

부르게바인, 헨리(Henry A. Bur-
gevine) 431

북방 민족 78, 82, 96, 187, 188

북벌론 173, 260

북송(北宋) 74, 83, 85, 92, 94-99,
102, 104, 110, 111, 117, 118,
125, 184, 252, 506

북인(北人) 174, 285

북평관(北平館) 182

불교 탄압 69

뷔르기에르(Bar tholemaeus Bur-
guiere) 350

브라운, 로스(J. Ross Browne) 457

브르트니에르, 시몽(Simon Marie
Antoine Bretenieres) 428

블레이크, 호머(Homer C. Blake) 464

비변사 421, 486

비숍(Isabella Bird Bishop) 295,
296

비오 9세 442

ㅅ

사(士) 41, 53, 95, 102, 122

사고전서(四庫全書) 392, 393, 394

사군육진(四郡六鎭) 182

사농공상(士農工商) 92, 517

사단칠정론(四端七情論) 312

사당(祠堂) 67

사대봉사(四代奉祀)

사대부(士大夫) 274-276, 292, 294,

295, 298, 299, 302, 311, 335,
336, 345, 363, 366, 394, 400,
402, 406
사도신경(使徒信經) 303
사르후(薩爾滸) 198, 200, 210
사림(士林) 45, 161, 166, 260, 270
사마광(司馬光) 94, 105, 117
사마랑(Samarang) 419, 420
사무라이 28
사문(斯文) 257, 474, 515
사문난적(斯文亂賊) 23, 173, 176,
252, 258, 280, 339, 449, 475,
514, 524
사사전(寺社田) 69
사서(四書) 221, 245, 279
사서집주(四書集注) 109, 111
사신(史臣) 291
사육신 283
사전(私田) 501
사조(四祖) 59
사족(士族) 108, 337, 389
사주당 이씨(師朱堂 李氏) 65
사직(社稷) 164
사학토치령(邪學討治令) 352
사헌부(司憲府) 336, 434
사회진화론 25
산시(陝西, 섬서성) 96
산하이관 전투 208
산하이관(山海關) 197, 206
삼강오륜 10, 168, 527, 528
삼국(三國) 40, 53
삼군부 486
삼궤구고두례(三跪九叩頭禮) 197, 375

삼번의 난 258
삼전도 204, 259, 375
삼정의 문란 434, 478, 483
삼합회(三合會) 366, 373
상경회령부(上京會寧府)
상군(湘君) 178, 362, 363, 396, 398,
399, 400-404, 406, 409, 410
상서(尙書) 53, 233, 234
상세(商稅) 92
상승군(常勝軍) 382, 407
상앙(商鞅) 278, 504
상제(上帝) 310, 314, 321, 326
상평통보(常平通寶) 487, 488, 509
새벽시장(昏市) 99
샤스탕(Jacques Honore Chastan)
351, 353, 354
샬, 아담(Johann Adam Schall von
Bel) 244-248, 250, 252
샬들렌, 아우구스트(Auguste Chap-
delaine) 373
서광계(徐光啓) 302, 307
서례(書禮) 118
서세동점(西勢東漸) 23, 176, 516,
518
서역(西域, 신장) 77, 79, 322
서원 112, 145, 225, 261, 363, 392,
474, 486, 492, 495
서인 70, 260, 269, 271, 272, 273,
276, 306, 486
서장관(書狀官) 327, 420
서촉(西蜀) 139
서태후(西太后) 387
서학 175, 298, 299, 311, 327, 339,

340, 357, 451, 452, 456

석견 250, 251, 265

석경당(石敬瑭) 82

석린 250, 251

석보상절 71

석철 250, 251

선비 41, 53, 65, 102, 103, 129, 175, 260, 285, 295, 311, 312, 326, 329

선산유서(船山遺書) 396, 397, 410

선양(瀋陽, 심양) 199

선조(宣祖) 193, 294

성리학 455, 474, 484, 487, 499, 501, 514, 516

성삼문(成三問) 143

성왕(聖王) 54

성종(成宗) 45, 71, 136, 166

성호학파 327

세도정치 474, 480, 486, 476, 480, 481, 486

세실, 장-바티스트(Jean-Baptiste Thomas Médée Cécille) 354-358

세조(世祖) 62

세종(世宗) 44, 504

셍게린첸(僧格林沁)

소수서원 482

소식(蘇軾, 소동파) 110, 120

소종(小宗)

소중화(小中華) 13, 18, 23, 172, 174, 176, 252, 256, 298, 299, 339, 417, 448, 524

소현세자 242-245, 248, 250

소흥화의(紹興和議) 84

송(宋) 16, 22, 29, 85-90, 95-98, 514, 520

송명흠(宋明欽) 65

송시열(宋時烈) 173, 241, 252, 253, 448, 449, 452, 453, 474, 514, 515, 525

송준길(宋浚吉) 262, 271

송학(宋學) 74

쇄국 정책 176, 183, 285, 286, 416, 417, 436, 442, 474, 512, 514, 516

수기치인(修己治人) 112, 223

수양제(隋煬帝) 76

수차(水車) 44

숙신 옹주(淑愼翁主)

숙종 280, 285

순조(純祖) 343, 349, 352, 416

순치(順治) 206, 211, 244

숭명반청 252, 258, 280, 285, 329, 474

숭양서원(嵩陽書院) 390

숭정제(崇禎帝) 205, 208, 227, 276, 286

쉬저우(徐州, 서주) 96

슈렉, 요한(Johann Schreck) 298

슈펠트, 로버트(Robert W. Shufeldt) 444

스테이블리, 차알스(Sir Charles William Dunbar Staveley) 408

습(習) 117

시모어, 에드워드(Sir Edward Hobart Seymour) 372

시샤(西夏, 서하) 96

시서(詩書) 54
시안(西安, 서안) 76, 98
시종훈(柴宗訓) 82
시집 48, 130, 286, 291, 500
시파 343, 344, 349
시헌력(時憲曆) 298, 307
신-구법 논쟁 94
신기(申耆) 336
신돈(辛旽) 141
신라(新羅)
신명화(申命和) 64
신미양요 428, 441, 444, 457, 463,
    474
신법(新法) 75, 85, 94
신사임당 64
신서파(信西派) 318
신숙주(申叔舟)
신유박해 11, 339, 343, 345, 349,
    478
신유정변(辛酉政變)
신정왕후(神貞王后)
신주(神主) 299, 335-339, 340
신후담(愼後聃) 299
실사구시(實事求是) 40, 42, 106,
    115, 131, 222, 236
심양일기 251
심주리설(心主理說) 454
심즉리(心卽理) 224
심학(心學) 220, 229
쌍기(雙冀) 53
쓰촨(四川, 사천) 96, 106, 139
씨족 45, 58, 62, 163, 212, 287

ㅇ
아담 샬 (Johann Adam Schall) 244,
    245, 250, 252
아이신지오로(愛新覺羅, 애신각라) 211
아편전쟁 354, 362, 364, 369, 370,
    376, 389, 396, 408, 412
악대설화(幄對說話) 273
악록서원(岳麓書院) 363, 390, 397,
    398, 403
악비(岳飛) 84, 253, 278
안남(安南, 베트남) 77
안녹산(安祿山)의 난 77, 79, 80, 84,
    92
안동권씨성화보(安東權氏成化譜) 163
안우기(安于器) 139
안원(顔元) 230, 234
안정복(安鼎福) 299, 312
안츠(安次, 안치) 95
안칭(安慶) 402, 406
안향(安珦) 138
안후이(安輝, 안휘) 87, 178, 401
알래스카호(Alaska) 462
알레니, 쥴리오(Giulio Aleni) 308
암반 196
애로우호 사건(Arrow Incident) 371,
    373, 376
애절양(哀絶陽) 477
애제(哀帝) 81
앰허스트, 윌리엄(Amherst) 367
앵베르(Laurent Joseph Mari Im-
    bert) 351, 354
야소(耶蘇) 310
야시장(夜市) 99

야율아보기(耶律阿保機) 81
양국충(楊國忠) 79
양귀비 79
양명학 180, 220-222, 225
양무운동 11, 363, 364, 518
양발(梁發) 388
양방(楊芳) 408
양이(洋夷) 176, 357, 416, 417, 422, 427, 444
양주십일기(揚州十日記) 293
양쯔강(揚子江) 74, 76, 85-87, 93, 96, 150, 184, 293, 362, 369, 374, 389, 390, 402
양창대(洋槍隊) 406
양헌수(梁憲洙) 440
어사대(御史臺) 54
어재연(魚在淵) 464, 465, 469
엄숭(嚴嵩) 186
에도(江戶) 176
엘긴 대리석(Elgin Marbles) 387
엘긴(James Bruce, Earl of Elgin) 374
여덕아국(如德亞國) 310
여씨향약(呂氏鄕約) 163
여진족 23, 83, 154, 172-174, 180-182, 186
연운 16주(燕雲十六州) 81, 82
연행사(燕行使) 13, 23, 174
열하문안사 420
염복(閻復) 139
염철론(鹽鐵論) 505, 506
엽명침(葉名深) 369, 370-373
영락대전(永樂大典) 393 394

영락제(永樂帝) 134, 188, 222, 393
영원성 전투 203
영원성(寧遠城) 199
영조(英祖) 65
예기(禮記) 264, 300, 396
예기장구(禮記章句) 397
예기질의(禮記質疑) 397
예송(禮訟) 261, 271, 449, 475, 514, 515, 524
예수회 199, 244, 249, 305, 306, 328, 331-334, 339, 381
예악(禮樂) 53, 54
예악형정(禮樂刑政) 300
예조(禮曹) 148, 161, 162
오대십국 81, 82
오례(五禮) 116
오매트르(Pierre Aumaitre) 351
오삼계(吳三桂) 207
오페르트(Ernst Jakob Oppert) 428, 456
옥천희(玉千禧) 345
옹정제(雍正帝) 333, 339
와추세트호(Wachusett) 444
완안아골타(完顔阿骨打) 82
왕도 정치(枉道政治) 134, 161, 499, 500, 502-504, 506
왕부지(王夫之) 220, 230, 233
왕샤조약(望廈條約) 370
왕세전(王世全) 392
왕안석(王安石) 85, 506
왕양명(王陽明) 222, 224, 312, 313, 452
왕통(王統) 280

왜관 23, 174, 183, 184
요(遼) 96
요봉(姚烽) 139
용골대 250
우르시스, 사바티노(Sabatino de Ur-
　sis) 307
우쑹강(吳淞江, 오송강) 85
우집(虞集) 139
우탁(禹倬) 138
움피에레스(R. Umpierres) 350
웅삼발(熊三拔, Ursis) 307
워드, 프레드릭(Frederick Townsend
　Ward) 407
원경설(遠鏡說) 308
원명원(圓明園) 374, 378, 381, 382-
　385, 387, 408, 410
원숭환(袁崇煥) 199, 200, 202
위고(Victor Hugo) 382
위고, 빅토르(Victor Hugo) 382, 384
위선음즐(爲善陰騭) 147
위소(衛所) 188, 190
위앵(Martin Luc Huin) 351
위원(魏源) 363, 391
위정척사 172, 174, 176, 177, 178,
　427, 447, 474, 475, 489, 511,
　512, 514-520, 524, 527, 528
위충현(魏忠賢) 226, 227
위패 48, 67, 123, 124, 336
윌리엄스(Samuel Wells Williams)
　443
유길진(劉進吉) 350, 353
유득열 478
유명전(劉銘傳) 406

유소사(柳召史) 349
유연(柳衍) 139
유적(兪迪) 139
유조변(柳條邊) 286
유체유용지학(有體有用之學) 390
유향소(留鄕所) 159, 160, 162, 540
유향품관(留鄕品官) 158
유형원(柳馨遠) 306, 501
육경(六經) 110, 279, 491
육구연(陸九淵) 224
육유(陸游) 106
윤선도(尹善道) 268
윤유일(尹有一) 330
윤지충(尹持忠) 335-338
윤평(尹泙) 50
윤휴(尹鑴) 241, 260-265
융경제(隆慶帝) 186
은(銀) 462
은언군 이인(恩彦君 李裀) 345
을사추조적발사건(乙巳秋曹摘發事件)
　330
음사(淫祀) 156-158
음서(蔭敍) 105, 116
응천부서원(應天府書院) 390
의례(儀禮) 115, 129, 130
의정부 262, 430, 442, 459, 463,
　486
이경석(李景奭) 258
이경여(李敬輿) 258, 292
이곡(李穀) 54
이금(釐金, 리킨) 401, 402
이기경(李基慶) 336
이기이원론(理氣二元論) 223

이벽(李蘗) 327-329
이색(李穡) 141
이성량(李成梁) 191
이속빈(李續賓) 403
이수광(李睟光) 298
이수성(李秀成) 408
이숭인(李崇仁) 141
이승훈(李承薰) 327-329, 330, 338
이앙법 22
이양선 299, 419, 436
이여송(李如松) 191
이여진(李如眞) 350
이영(李英) 191
이영방(李永芳) 198
이유원(李裕元) 508-510
이이(李珥, 율곡) 167
이이제이 190
이이제이(以夷制夷)
이익(李瀷) 299, 306, 308-310, 316-318
이임보(李林甫) 79
이자성(李自成) 205-208, 244
이잠(李潛) 306
이재면(李載冕) 416, 427
이적(夷狄) 451
이정암(李廷馣) 295
이제현(李齊賢) 138-140
이지(李漬) 67
이지란(李之蘭, 퉁두란) 173, 182
이친왕 재원(怡親王 載垣) 377
이하응(李昰應) 416
이하진(李夏鎭) 306, 307
이항로(李恒老) 445, 447-450, 452-

454, 456, 457, 475, 489, 490, 491
이홍장(李鴻章) 178, 362, 363, 404-409, 411
이황(李滉) 66, 167, 240
이회장(李晦章) 447
인렬왕후(仁烈王后) 242, 261
인삼 185, 211, 215, 347
인삼 무역 215
인선대비(仁宣大妃) 271
인선왕후(仁宣王后) 287, 288
인쇄술 44, 105, 144-146, 149
인조(仁祖) 201, 242, 261, 294
인조반정(仁祖反正)
인종(人種) 5, 8, 13, 15, 16, 17, 21, 22, 24-30
인종적 민족주의파 15, 25, 27
인토르체타(Prospero Intorcetta) 245
임봉상(林鳳祥) 376
임성주(任聖周) 447
임오군란 11
임진왜란 9, 13, 20, 41, 45, 172, 174, 176, 180, 182-184, 186, 189, 191, 193, 198, 240, 258, 290
임칙서(林則徐) 367, 368

ㅈ

자급적 영농 501, 502
자의대비(慈懿大妃) 261, 262, 264, 266
자치통감(資治通鑑) 117, 144, 148
자카 전투 192

잘란 194
잠업(蠶業) 115
장가(丈家) 44, 48, 52, 130, 286
장국량(張國樑) 402
장렬왕후(莊烈王后) 261
장선징(張善澂) 288, 292
장송(Francois Nicolas Janson) 351
장시(江西, 강서) 87, 130, 222
장식(張栻) 390
장안 76, 98, 102
장유(張維) 138, 287, 291
장자 상속 59, 250
장재(張載) 118, 120, 122
장저우(漳州, 장주) 130, 410
장지동(張之洞) 411
장헌충(張獻忠) 205
재조지은(再造之恩) 183, 186, 515
재지지주(在地地主) 95
저장(浙江, 절강) 87, 139, 140
적처(嫡妻) 57, 266
전례 논쟁 327, 333, 334
절도사 77, 78, 79, 81, 188, 494
접경인 185
정관의 치(貞觀之治) 77
정덕제(正德帝) 185, 186, 222
정도전(鄭道傳) 141, 515
정몽주(鄭夢周) 141, 283, 515
정묘호란 184, 198, 202, 204, 294,
　　515
정민시(鄭民始) 337
정순왕후(貞純王后) 343, 349, 478
정약용(丁若鏞) 299, 322, 327, 324,
　　329, 330, 335, 336, 340

정약전(丁若銓) 327, 329, 335, 336,
　　344
정약종(丁若鍾) 336, 344, 349
정여창(鄭汝昌) 161
정이(程頤) 111, 119, 282
정전제(井田制) 501
정정혜 349
정철상(丁哲祥) 349
정태화(鄭太和) 263, 265
정하상(丁夏祥) 349, 350, 353
정학계(程學啓) 406
정현(鄭玄) 116, 264
정호(程顥) 119, 226, 228
정화(鄭和) 134
정화오례신의(政和五禮新儀) 125, 126
제국대장공주(齊國大長公主) 62, 137
제국주의 14, 15, 25, 30
제너럴셔먼호(USS General Sher-
　　man) 431-436
제민요술(齊民要術) 85
제우(帝禹) 390
제정 러시아 25, 29
조간(趙簡) 139
조공무역 213
조광윤(趙匡胤) 82, 104
조광조(趙光祖) 163
조구(趙構, 남송의 고종) 84
조대수(祖大壽) 202 203 243
조만영(趙萬永) 352
조맹부(趙孟頫) 139
조병현(趙秉鉉) 352
조식(曹植) 167
조신철(趙信喆) 350, 353

조안노(Poerre Marie Joanno) 351

조의제문(弔義帝文) 65

조인영(趙寅永) 352

조천(朝天) 285

조폐국 96

족보 9, 59, 120, 136, 163

종묘(宗廟) 10, 164, 243, 266, 267, 300

종묘제례(宗廟祭禮)

종법제도 20, 22, 42, 44, 45, 48, 50, 51, 52, 61, 65, 66, 108, 115, 119

좌량옥(左良玉) 205

좌종당(左宗棠) 363, 395, 396-398, 411

좌종직(左宗植) 395, 396

주권(朱權) 188, 222

주례(周禮) 42, 51, 115, 161, 264, 300

주례주소(周禮注疏) 264, 267

주문모(周文謨) 344

주어사(走魚寺) 327

주왕(周王) 50

주원장(朱元璋) 43, 132, 133, 188, 206

주자 220-228, 230, 234-236, 240, 241, 252, 254, 256, 258, 275, 276, 278, 280, 281, 284, 286

주자가례(朱子家禮) 51, 124, 131, 132, 155, 161, 163, 169, 398

주자소(鑄字所) 144, 146, 148

주자집주(朱子集註) 136, 221

주자학 16, 21, 136, 138, 142, 150,

165, 167, 169, 170, 225, 311, 452, 453

주전충(朱全忠) 81

주제군징(主制群徵) 307

중가르(準噶爾)칸 제국 258

중용장구서(中庸章句序) 281

중원(中原) 74, 76

중체서용(中體西用) 28, 178, 364, 412, 413, 518

중혼(重婚) 55, 57

중화문명 241, 252, 448, 449, 451, 452, 454, 456, 474, 528

중화질서 11, 12, 45, 164, 165, 375, 412, 524

즈리(直隷, 직례) 368

증국번(曾國藩) 396, 398, 399, 400-404, 406, 410

지행병진(知行竝進) 311, 313

지행합일(知行合一) 313

직방외기(織方外紀) 308

진사시(進士試) 335, 345, 396, 403, 404

진시황 76, 400, 475, 504, 506

집성촌(集姓村) 45, 155, 163, 164

집현전(集賢殿) 136, 143, 144, 146, 149

ㅊ

차(茶) 175

찰기(糯) 89

참최복(斬衰服) 262, 263, 265-267

참파벼 87, 88

채제공(蔡濟恭)

척사소(斥邪疏) 445, 456, 489
척사윤음(斥邪綸音)
천계제(天啓帝)
천단 164, 165, 208, 332
천문략(天問略)
천붕지해(天崩地解) 172, 220, 229, 395
천주실의(天主實義) 298, 301, 306, 309, 326, 335
천진교안(天津敎案) 413
천진암 327
천하 54, 63, 115, 120, 228
철인정치 305
철종(哲宗) 345, 416, 421, 434
첩(妾) 57
청두(成都, 성도) 95
청전(淸錢) 488
청태종 201, 202, 204, 206, 208, 242, 244, 251, 254, 287, 375
체이부정(體而不正) 263, 264, 265, 280
총리기무아문(總理機務衙門) 413
최명길(崔鳴吉) 288, 289-291
최방제(崔方濟) 356
최승로(崔承老) 54
최양업(崔良業) 356
최윤덕(崔閏德) 182
최익현(崔益鉉) 172, 475, 489, 490, 497
추한훈(鄒漢勛) 395, 396
축분(畜糞) 87
춘추전국시대 51, 115, 116, 120
충렬왕(忠烈王) 137

충선왕(忠宣王) 63, 137
충숙왕(忠肅王) 139
충효 사상 528
치력연기(治歷緣起) 307
치례(治禮) 129
친명반청 13, 23, 172, 204, 417
친미기독교파 13, 16, 17, 20, 24, 26
친소공산주의파 13, 15, 16, 17, 25, 26
친영(親迎) 48, 50, 143
친일개화파 13, 14, 16, 18, 20, 23, 24, 26, 27, 422
친중위정척사파 13, 16, 17, 18, 23, 24, 26, 417, 514
칠극(七克) 307, 319, 335
칠대한(七大恨) 197

ㅋ
카올스, 존(John P. Cowles, Jr.) 464
카이펑(開封, 개봉) 41, 83, 95, 97, 98, 99
칼레(Alphonse Nicolas Calais) 352
코리안 디아스포라 12
코리안(Korean) 4-7, 17
쿠빌라이(원 세조) 62, 137
클레멘트 11세(Clement XI) 332, 339

ㅌ
타이후(太湖, 태호) 85
태봉(泰封) 53
태서수법(泰西水法) 308
태창제(泰昌帝) 226
태평천국의 난 177, 178, 362, 363,

370, 381, 387, 389, 390, 396, 398, 407

톈진(天津, 천진) 82, 368, 373, 374, 376, 413

톈진조약 375, 377, 386, 396, 471

토마스, 로버트(Robert Jermain Thomas) 432

토번(吐蕃, 티베트) 77-79

토성품관(土姓品官) 158

ㅍ

파리외방선교회 351, 357

파크스, 해리(Sir Harry Smith Parkes) 372

팔기군(八旗軍) 195, 362, 402, 410

팔만대장경(八萬大藏經) 137

팔머스턴(Henry John Temple, 3rd Viscount Palmerston) 370, 373

패도 정치(覇道政治) 506, 516, 518

퍼아라(佛阿拉) 210

페레올, 장 조셉(Jean Joseph Ferreol) 351, 357

페롱, 스태니슬라(Stanislas Feron) 352, 456

페르비스트, 페르디난드(Ferdinand Verbiest) 307, 308

포경선 176

푸르티에(Jean Antoine Pourthi) 351

푸젠성(福建省, 복건성) 125, 130

프레스턴(W.B. Preston) 432

프티니콜라(Michel Alexander Petitnicolas) 351

피시(Hamilton Fish) 466

피시, 해밀턴(Hamilton Fish) 466, 477

피웅돈(費英東) 210

ㅎ

하위지(河緯地) 142

하이난섬(海南島, 해남도) 98

하장령(賀長齡) 391

한계원(韓啓源) 459, 491 495, 497, 499

한국 사람 4, 8-10, 16-22, 26-31, 48, 167-170

한글 44, 149

한민족 6, 15, 21

한비자(韓非子) 504

한영규(韓永逵) 336

한유(韓愈) 110

한이겸(韓履謙) 288, 290

함풍제(咸豊帝) 369, 370, 375, 377, 378

항기(恒祺) 378

항저우(杭州, 항주) 41, 83, 95

해국도지(海國圖志) 363, 391

해서여진 190-192, 198, 200, 214

향단(鄉團) 399, 400

향도(香徒) 44, 154-156

향반(鄉班) 482

향사(鄉士) 106, 112, 116

향사례(鄉射禮) 161, 162

향음주례(鄉飲酒禮)

향촌(鄉村) 133, 136, 153, 154, 157

허목(許穆) 260, 266, 269

허응(許應) 68
허투알라(赫圖阿砬) 211
헌종(憲宗) 358, 434, 480
헤르더(Johann Gottfried Herder) 30
현종(顯宗) 77, 79, 261, 267, 269, 271
협조정책(Cooperative Policy) 389, 412
호가스, 조지(George Hogarth) 432
호림익(胡林翼) 391, 402, 403
호차(胡差) 285
혼개통헌도설(渾蓋通憲圖說) 307
홍경래의 난 478
홍낙안(洪樂安) 336
홍수전(洪秀全) 388, 407, 410
홍순목(洪淳穆) 469, 491, 495, 497, 498
홍약(洪瀹) 139
홍이포(紅夷砲) 200
홍타이지(청태종) 185, 201-204, 208, 242-244
화양구곡(華陽九曲) 276
화양동(華陽洞) 276
화이(華夷) 55
화이저우(懷州, 회주) 95
화이허강(淮河, 회하) 76, 81, 84, 93
화춘(和春) 402
화회문기(和會文記) 66
환곡제도 483, 486
환구단(圜丘壇) 165
환금 작물(換金作物) 93
환향녀(還鄕女) 287

황구첨정(黃口簽丁) 477
황비묵(黃斐默) 244
황사영(黃嗣永) 299, 327, 345, 346, 348, 357
황소의 난(黃巢之亂) 80
황정견(黃庭堅) 110
황존소(黃尊素) 225, 227
황종희(黃宗羲) 220, 225, 227, 228, 236, 252, 395
황허(黃河) 75, 76, 93
회군(淮軍) 178, 363, 406, 407, 408, 409, 515
효순사실(孝順事實)
효종(孝宗) 173, 242, 252, 254, 259
후금(後金) 84, 185, 197, 199, 201, 202, 213
후난(湖南) 363, 389, 395, 400-402, 404
후주(後周) 82
후진(後晉) 82
훈민정음 149, 152
훈척신(勳戚臣) 167
훌룬구룬(忽剌國, 호륜국) 190
휘종(徽宗) 83, 125
흐베이(河北, 하북) 96
흠종(欽宗) 83
흥부전 74
흥선대원군(興宣大院君) 178, 416, 417, 434, 459, 474, 486, 496

한국 사람 만들기 1(개정판)

제1부 조선 사람 만들기 / 제2부 친중위정척사파

초판 1쇄 발행 2020년 7월 30일
초판 2쇄 발행 2021년 2월 10일
초판 3쇄 발행 2021년 7월 12일
초판 4쇄 발행 2023년 3월 8일
초판 5쇄 발행 2023년 10월 17일

지은이 함재봉
펴낸곳 H 프레스
펴낸이 함재봉
신고 2019년 12월 30일
신고번호 제 2019-24호
주소 경기도 광주시 천진암로 995-57
전화 010-2671-2949
이메일 cehahm@gmail.com

ISBN 979-11-971035-1-3 04910
ISBN 979-11-971035-0-6 (세트)

값 30,000원

※ 이 도서의 국립중앙도서관 출판예정도서목록(CIP)은 서지정보유통지원시스템 홈페이지
(http://seoji.nl.go.kr)와 국가자료공동목록시스템(http://www.nl.go.kr/kollsnet)에서
이용하실 수 있습니다.(CIP제어번호:CIP2020028450)